Goldmann Sachbuch

Walter Henry Nelson

Die Hohenzollern

Biographie eines königlichen Hauses

Wilhelm Goldmann Verlag

Bildnachweis: Bildarchiv Preußischer Kulturbesitz, Berlin

Titel der Originalausgabe: »The Soldier Kings«
Originalverlag: Putnam's Sons, New York

Aus dem Amerikanischen übertragen von Richard Paul

Made in Germany · 10/78 · 1. Auflage · 1110

Umschlagentwurf: Creativ Shop, A. + A. Bachmann, München
Umschlagbild: Friedrich II./Wilhelm II. (Gemälde), Stiftung Preußischer Kulturbesitz, Berlin
Druck: Mohndruck Reinhard Mohn GmbH, Gütersloh
Verlagsnummer: 11928 · Richter/Papenbrok
ISBN 3-442-11928-6

Für L. H.

Inhalt

Eine glanzvolle Erfahrung

Preußen, meinte Lord Acton, war kein Gigant, sondern ein Athlet; allen voran die Hohenzollern. Diese Familie entwickelte die Muskeln des Staates und ließ sie später auch spielen, die Hohenzollern verwandelten einen Schwächling, den man verspottete, in einen Riesen, den man fürchtete, ja sogar achtete. Sie gaben sich dem Zeitvertreib der Könige hin: ihre Länder und Völker zu vermehren und Macht und Wohlstand des Geschlechts zu vergrößern. Ihr Geist triumphierte über Schwierigkeiten, die zu überwinden weniger große Männer entmutigt hätte. Das Land Brandenburg, von dem aus sie darangingen, Preußen zu erbauen, war abgelegen, unfruchtbar, rückständig; es hatte keine Verbindung zur See; mehr noch, jahrhundertelang waren die Besitzungen in alle Winde verstreut und im Grunde genommen gegen einen Angriff nicht zu halten. Trotz dieser Nachteile, ohne nennenswerte Reichtümer oder Bodenschätze, bauten die Hohenzollern ein Königreich auf, aus dem dann ein Kaiserreich hervorgehen sollte. Die Einheit Deutschlands, seit Jahrhunderten verloren, wurde 1871 unter einem Preußenkönig aus dem Geschlecht der Hohenzollern wiederhergestellt. Aus kleinen Anfängen hatten es die Hohenzollern bis zum deutschen Kaiserthron gebracht und herrschten über ein wohlhabendes Deutsches Reich; nachdem sie zu Ruhm und Reichtum gekommen waren, regierten sie mehr als vierzig Jahre in Frieden.

Sie überraschten jedermann. Wer in Europa hätte es erwartet, daß dieses Geschlecht, das zu den Habenichtsen gehörte, einen solchen Aufschwung nehmen würde? Jahrhundertelang hatten sie in Mittelmäßigkeit verharrt; dann, plötzlich, kam ihr verblüffender Höhenflug. Im 17. Jahrhundert begann der preußische Adler ›seine Schwingen zu breiten‹, um den Historiker G. P. Gooch zu zitieren: ›Drei hohenzollernsche Herrscher in eineinhalb Jahrhunderten verschafften Preußen Geltung.‹

Der größte von ihnen war wohl Friedrich II., der dank schamlosmutiger Angriffe aus Preußen eine Großmacht schuf; dieser Friedrich, den man ›den Großen‹ nennt, ›steht für die Deutschen gleich neben Bismarck in der Walhalla der Nation ... unvergleichlich an

Entschlossenheit und Kraft ... Seine großen Taten hatten große Folgen. Hätte er es nicht fertiggebracht, Preußen in eine Großmacht zu verwandeln, so hätte es vielleicht nie einen Bismarck gegeben‹, meint Gooch, ›und ohne Bismarck‹, fährt er fort, ›wäre es kaum zu Hitler und dem Dritten Reich gekommen.‹

Der Aufstieg des brandenburgischen Preußen war so erstaunlich, daß die Höfe Europas Friedrich den Großen für einen unverschämten Arrivisten hielten, ganz wie seinen Vater, den wahren Gründer der preußischen Idee, der auf dem ganzen Kontinent bloß Hohn und Spott geerntet hatte. Die europäischen Höfe hatten ihren Spaß daran, auf die Hohenzollern herabzublicken und einander zuzublinzeln, was für hochnäsige, ungebildete Neureiche sie doch seien, die versuchten, ihren eigenen Verhältnissen zu entkommen. Man fand, daß sie sich zuviel herausnahmen, und versuchte, sie auf ihren Platz zu verweisen; doch jeder dieser Versuche schlug fehl, und am Ende waren die Hohenzollern noch mächtiger geworden. Manche Geschlechter, älter als die Hohenzollern, konnten sich mit den Erfolgen der Emporkömmlinge nicht abfinden. Noch als deutsche Kaiser schockierten sie die Höfe, vor allem die der deutschen Duodezfürsten, deren Länder mit Gewalt prussianisiert wurden. Fürst Günther von Schwarzburg-Sondershausen zum Beispiel bekam einen Wutanfall, als man ihm in den siebziger Jahren des 19. Jahrhunderts zu verstehen gab, er möge dem Kaiser in Berlin seine Aufwartung machen; dieser Hohenzoller könne ruhig selbst kommen, meinte das Oberhaupt dieses alten thüringischen Geschlechts, er jedenfalls denke nicht daran, sich je in die Hauptstadt zu begeben. Die Hohenzollern, stieß der alte Fürst hervor, seien nichts anderes als ›Pilze, die über Nacht aufgeschossen sind‹.

Doch Überheblichkeit nützte keinem. Wenn man die Familie Hohenzollern schon mit Pilzen verglich, so sollten sie sich für jedermann als höchst unverdaulich erweisen. Die Hohenzollern waren voller Lebenskraft, und sie wurden mit der Zeit den Habsburgern ein ebenbürtiger Gegner, selbst wenn deren Armeen die preußischen Streitkräfte an Zahl übertrafen.

Die ersten Hohenzollern, die in die Mark Brandenburg kamen, beschreibt der britische Historiker A. J. P. Taylor als ›skrupel- und charakterlose militärische Abenteurer‹; sie waren, so Taylor, ›im Kreise der Kurfürsten am rückständigsten und am wenigsten geachtet‹; sie hatten ›keine große Vergangenheit aufzuweisen, und auch mit der erworbenen Kurfürstenwürde verband sie keine Tradition‹.

Die bescheidenen Anfänge des Hauses Hohenzollern und ihr ursprünglicher Mangel an Verbindung zur Mark Brandenburg stehen außer Diskussion, aber das gereicht ihnen nicht zur Schande: sie waren Draufgänger, die es zu etwas brachten. Sie mögen Abenteurer gewesen sein, aber das unterstreicht nur die Größe und Bedeutung dessen, was sie versuchten und letzten Endes auch erreichten. Reichsgründer und Grenzbewacher waren sie ebenso wie einfache Soldaten, geniale Vollender ihrer Taten wie große Autokraten. Sie waren Aggressoren – in einer Zeit, als zynische Aggression an der Tagesordnung war; sie waren rücksichtslos in der Verfolgung ihrer gesteckten Ziele, ebenso rücksichtslos wie alle anderen Herrscher: aber sie hatten einfach mehr Erfolg. Ihr Werk, Preußen, wurde zu einem fesselnden Zusammentreffen scheinbarer Widersprüche: eine Domäne des königlichen Absolutismus und gleichzeitig ein Rechtsstaat, in dem selbst die Starken sich den Gesetzen unterwarfen; hier hatte sogar noch im 20. Jahrhundert das Gottesgnadentum der Könige eine Heimstatt, und doch galt gleichzeitig das Diktum der Aufklärung, nicht Herrscher sei der König, sondern erster Diener seines Staates; für alle liberal Eingestellten war Preußen ein riesiges Gefängnis, doch gleichzeitig für alle religiös Verfolgten, selbst für Juden, ein sicherer Zufluchtsort; der Staat war ein einziges Heerlager, ein Brutkasten von Aggressionskriegen, und doch jubelten die Liberalen von Zeit zu Zeit den Soldatenkönigen zu, als seien die preußischen Gewehre der Garant für Liberalismus, Frieden und Eintracht.

Die Geschichte der Hohenzollern ist die Geschichte eines Erfolges, und auch der Fall ihres Hauses kann ihn nicht schmälern. So wie es vielen Millionären zu Beginn der Wirtschaftskrise ging, wurden auch die Hohenzollern im Jahre 1918 von den Ereignissen überrumpelt und im darauffolgenden Zusammenbruch vernichtet. Das Wort der Madame de Pompadour ›Après nous le déluge‹ hätte auch auf Wilhelm II., den letzten regierenden Hohenzollern, gepaßt – denn der Zusammenbruch seines Hauses hatte auf sein Reich Auswirkungen, als sei eine Flutwelle losgelassen worden. Das war der Nationalsozialismus. Seine Wogen schwemmten alles hinweg, was die Hohenzollern mit solchem Eifer, solcher Rücksichtslosigkeit und doch stets mit solch liebevoller Fürsorge aufgebaut hatten: den Staat, die Lebensart, Preußen als Definition einer Geisteshaltung. Als die Hohenzollern nach 500 Jahren Herrschaft 1918 letztlich zur Flucht gezwungen wurden, rissen sie in ihrem Sturz alle anderen deutschen Fürsten mit. Die Hohenzollern hinterließen nicht nur die Erinnerung an große Taten, unvorstellbare Leistungen, nicht nur den Nährboden der sprichwörtlichen ›preußischen Glorie‹, von dem die Deutschen noch heute wie von einem Virus infiziert sind; auch ein anderes Werk blieb erhalten, das heute noch besteht und an dessen Aufbau sie nicht unerheblichen Anteil hatten: der deutsche Nationalcharakter. Das Schlagwort von der ›Schule der Nation‹ bedeutete für die Deutschen lange Zeit hindurch nichts anderes als die deutsche Armee – im engeren Sinn die Armee des preußischen Königs, die ja die Hohenzollern geschaffen und stets verbessert hatten. Ein Hohenzoller als Herrscher, das war mehr als nur ein Staatsoberhaupt: er war oberster Feldherr und nebenbei auch geistliches Oberhaupt der Staatskirche. Der Herrscher lehrte auf dem Kasernenhof ebenso wie in der

Schule und von der Kanzel herab. Im Laufe der Jahrhunderte und unter dem Schutz der Armee verwandelte sich das Haus Hohenzollern langsam zum Lehrmeister der Nation: zuerst wurden die Preußen, später auch die übrigen Deutschen durchtränkt mit Glaubensvorstellungen und Verhaltensweisen, mit Formen des Denkens und der Tat, die dem Hohenzollern-Staat dienlich waren. Und so standen diese Herrscher Pate bei der Geburt der besten und edelsten, aber auch der armseligsten Eigenschaften dieses einzigartigen und gequälten, verwirrenden und von Gegensätzen zerfleischten Volkes, dieses seltsamen Haufens von Mystikern und Militaristen, Dichtern und Denunzianten, Philosophen und Robotern, Kriechern und Männern mit Grundsätzen, Märtyrern und Stiefelleckern, Genies und destruktiven Kraftprotzen. Als Herrscher über dieses Volk setzten die Hohenzollern ein Beispiel und verkörperten alle diese Züge.

All die Jahrhunderte hindurch hatten die Hohenzollern ihre Untertanen zum Gehorsam erzogen. Dreimal nur erhoben sie sich gegen das Haus: 1448, 1848 und 1918. Die letzte Revolte war weniger gegen die Hohenzollern gerichtet als vielmehr gegen die Fortführung des Krieges; hätte Wilhelm II. es besser verstanden, die Krisensituation zu meistern, seine Dynastie wäre vielleicht nicht untergegangen, auch wenn er selbst hätte das Land verlassen müssen. Die ersten beiden Aufstände, fast auf den Tag genau durch vier Jahrhunderte getrennt, wurden teils niedergeworfen, teils ließ man sie im Sand verlaufen, in beiden Fällen aber stärkten sie die Macht der Hohenzollern. Von diesen wenigen Ausnahmen abgesehen, fanden sich die Untertanen mit der Herrschaft dieser manchmal gütigen, oft jedoch nur zu brutalen Junta militärischer Aristokraten und Höflinge ab. Am Ende hatte es die Dynastie so weit gebracht, daß jeder, der gegen ihre Machtfülle auftrat, als Widerspruchsgeist abgetan wurde. Bereits vor Beginn des Dreißigjährigen Krieges, im Jahre 1618, war Brandenburg beträchtlich gewachsen, und im ersten Kriegsjahr kam das Herzogtum Preußen unter die Oberhoheit des hohenzollernschen Kurfürsten von Brandenburg. Obwohl die Länder durch das Kriegsgeschehen zu leiden hatten, mußten sie weniger erdulden als andere deutsche Länder, und als 1640 ein hervorragend begabter junger Herrscher zur Regierung kam, erlebten sie einen bemerkenswerten Aufstieg. Schon zu Beginn des 18. Jahrhunderts, volle hundert Jahre bevor mehrere andere deutsche Fürsten aus der Hand Napoleons die Königswürde erhielten, wurde das Kurfürstentum zum Königreich erhoben. Vielleicht war Friedrich Wilhelm I., der bald danach den Thron bestieg, seinem Sohn Friedrich (dem Großen) ein schrecklicher Vater, seiner Armee aber wurde er ein liebevoller Ernährer; er war es, der die Kriegsmaschinerie schuf, die jedermann in Europa unterschätzte – mit Ausnahme seines Sohnes. Kaum hatte dieser Sohn, Friedrich II., ihn abgelöst, als er diese Kriegsmaschinerie in Bewegung setzte – und seine Siege waren so überwältigend, daß Napoleon später bemerkte,

Preußen sei einer Kanonenkugel entsprungen. Um die Wende zum 19. Jahrhundert gelang es dem inzwischen groß gewordenen Preußen, der Zerstörung unter Napoleon zu entgehen und auch die Zerstückelung seiner Lande und die französische Besatzung zu überdauern; letztlich waren preußische Soldaten mit dabei, Europa vom Joch Napoleons zu befreien, und Marschall Blücher kämpfte an der Seite Wellingtons bei Waterloo. Ein halbes Jahrhundert später, und zur Verblüffung ganz Europas, besiegten unter der Leitung Bismarcks die Hohenzollern Österreich; mit einem Schlag wurde der habsburgische Einfluß in Deutschland unterbunden und zwei Drittel der Bevölkerung in Art und Gehaben zu Preußen gemacht. Das letzte Drittel kam nach 1871 hinzu, als sich mit der Ausrufung des deutschen Kaiserreiches der uralte Traum deutscher Patrioten und Liberaler endlich erfüllte: die Schaffung der deutschen Einheit. Leider konnte der König der Preußen weder an diesem Traum noch an der neuen Kaiserwürde Gefallen finden; Preußen war ihm heilig, Deutschland nicht. Er befürchtete eine Veränderung im Wesen des hohenzollernschen Besitzes; und die meisten Hohenzollern hatten Abscheu vor jeder Veränderung.

Die stets bewegten Zeiten der Hohenzollern-Herrschaft waren eine Periode überragender Leistungen, unerhörten Heldentums im Kampf gegen überwältigende Übermacht, geprägt vom Willen zu überleben trotz gewaltiger feindlicher Koalitionen, schließlich eine Periode fieberhaften Aufstiegs. Da die Ära der Hohenzollern-Herrschaft eine Zeit der Expansion, der Gebietserweiterung war, wurde sie für die Preußen und damit auch für die Deutschen, was für den Amerikaner der Wilde Westen bedeutete. Mutige Männer, verwegene Taten, große Siegespreise – das war die eine Seite. Härte, Brutalität und Blut – das war die andere. Selbst heute noch hat sich das deutsche Volk nicht ganz von der Erinnerung an diese glanzvollen Erfahrungen lösen können. Selbst heute noch ruft das Schlagwort von ›Preußens Gloria‹ Assoziationen auf den Plan, die mit der Gegenwart fast unvereinbar sind: der Große Kurfürst, wie er sein Land von den Schweden befreit; das Häuflein der Grenadiere Friedrichs II., das nur mit seiner Tapferkeit Schlachten entscheidet; Zietens Kavallerie, mit donnernden Hufen den Feind zersprengend; der Alte Dessauer im Zwiegespräch mit Gott, bevor er bei Kesselsdorf die feindlichen Batterien überrennt; Blüchers Rache an Napoleon; Moltkes Siege – bei Königgrätz über die Habsburger, bei Sedan über die Franzosen; der nie dagewesene Wohlstand endlich, der in Deutschland um die Jahrhundertwende herrschte, nachdem ein Hohenzoller seit 1871 Kaiser des Deutschen Reiches war. Noch ist Deutschland im Bann all dieser Ideen; selbst heute noch verbinden die Deutschen mit dem Namen Hohenzollern gewisse phantastische Vorstellungen. Nur die wenigsten dürften die Wiedererrichtung der Monarchie willkommen heißen, doch zahlreicher, als man sich allgemein vorstellt, sind jene Leute, die heute noch gerne einen Hohenzollern zumindest als nominelles Staatsoberhaupt begrüßen würden. Im November 1968, genau fünfzig Jahre nachdem Kaiser Wilhelm II. Deutschland auf immer verlassen hatte, veranstaltete die ›Bild-Zeitung‹ eine Leserumfrage, wen man am liebsten im Amt des Bundespräsidenten sehen würde. Gustav Heinemann, auf den später die Wahl der Politiker fiel, landete an zweiter Stelle, mit 14,3 % aller Stimmen. Fast viermal soviel Stimmen, 53,6 %, erhielt ein Mann, der kein offizieller Kandidat der Parteien war: Prinz Louis Ferdinand von Preußen, der Thronprätendent, Enkel des letzten Kaisers und Oberhaupt des Hauses Hohenzollern.

Von der Faulen Grete zum Großen Kurfürsten

Zu den Pflichten eines Königs gehört es, Kinder zu zeugen: Königshäuser vergrößern sich immer dank ihrer Eroberungen, sei es im Krieg oder in der Liebe; sowohl im Brautgemach als auch auf dem Schlachtfeld ist der Nachfolger unerläßlich. Man mußte genügend Kinder in die Welt setzen, damit einige von ihnen überlebten. Die Hohenzollern, die sich in allen Lebensbereichen durch hohe Pflichterfüllung auszeichneten, nahmen auch diese Aufgabe sehr ernst. Ein früher Hohenzoller, Johann Georg, zeugte 23 Kinder, deren letztes nach dem Tod des Vaters geboren wurde, der im dreiundsiebzigsten Lebensjahr an den Folgen seiner großen Anstrengungen verstarb. Im 18. Jahrhundert meinte ein Verwandter mit Befriedigung, im Berliner Schloß werde ›Tag und Nacht‹ die Babyproduktion vorangetrieben. Und so kam es, daß dem Stammbaum der Familie mehr und mehr Blätter wuchsen.

All diese Hohenzollern stammten vom ersten historisch belegten Mitglied der Familie ab: Burchard I., von dem man nichts Näheres weiß, als daß er am 29. August 1061 in Begleitung eines Verwandten namens Wezilo getötet wurde. Dieses frühe und kaum bekannte Familienmitglied lebte in Süddeutschland, im heutigen Baden-Württemberg. Er und seine Nachfolger waren Schwaben; der Fleiß und die Geschäftstüchtigkeit dieses Volksstammes sind sprichwörtlich. ›Schaffe, schaffe, Häusle baue‹ ist der Wahlspruch der Schwaben. Gold und Geld anhäufen, Land erwerben – das sei für die Schwaben die wichtigste Beschäftigung, sagt der Volksmund. Wenn es je einen Deutschen gab, der ›nicht arbeitete, um zu leben, sondern lebte, um zu arbeiten‹, so muß dies ein Schwabe gewesen sein. ›Geld zuerst‹, sagt man ihnen als Motto nach und glaubt zu wissen, sie interessiere nur das, was ihr eigen sei oder durch Arbeit oder List ihr eigen werden könne. Eine ganze Reihe von Hohenzollern scheint in ihren Adern nicht wenig schwäbisches Blut gehabt zu haben.

Das schwäbische Schloß Burchards I. wurde Zolre oder auch Zolorin genannt und erhob sich auf einem Berg südlich von Tübingen. Man führt den Ursprung des Familiennamens auf den Zoll zurück, den die Grafen von Zolre möglicherweise bei Reisenden eintrieben, wie es zu dieser Zeit der Brauch war. Andere wieder leiten den Namen von ›Söller‹ ab, weil die Burg wie ein Söller auf der Bergspitze thronte. Eine weitere Auslegung führt den Namen der Hohenzollern auf den lateinischen Mons Solarius zurück, da zur Römerzeit sich auf dem Hügel ein dem Sonnengott geweihter Altar befand.

Das Geschlecht, das sich bald ›Zollern‹ und seit dem 13. Jahrhundert ›Hohenzollern‹ nannte, wäre vielleicht auf immer in Süddeutschland geblieben, wenn nicht ein Nachkomme Burchards die Sache Kaiser Friedrichs I. Barbarossa unterstützt hätte, der den Dritten Kreuzzug anführte. Nach dem Tode Barbarossas auf dem Kreuzzug verlieh sein Sohn und Nachfolger dem Grafen Friedrich III. von Zollern 1191 oder 1192 die Burggrafenwürde von Nürnberg; wie üblich nannte sich dieser nun Friedrich I., da er als erster des Geschlechts diese Stellung innehatte.

So kam es, daß ein Zweig des Geschlechts von Schwaben nach Franken zog, während ein weiterer Zweig in Schwaben blieb. Das Amt des Burggrafen beinhaltete damals das militärische Kommando der Stadt, die Rechtsprechung und die Verteidigung der kaiserlichen Burg innerhalb der Stadtmauern. Mit der Erhebung Nürnbergs zur Freien Reichsstadt erhielten die Bürger das Recht der Selbstverwaltung und der Verteidigung. Somit wurde der Burggraf gezwungen, sich außerhalb der Stadtgrenzen eine eigene Burg zu errichten; üblicherweise erbauten die Bürger dann Stadtmauern und sperrten ihn aus. In Nürnberg jedoch gingen sie noch weiter: während einer Reise des Burggrafen umgaben sie sein Schloß mit Mauern, so daß er es nur mehr mit ihrer Genehmigung betreten konnte.

Aber der Reichtum der Hohenzollern in Nürnberg wuchs dank Eroberungen, Heiraten und Ankäufen. Sie fügten ihrem Besitz noch weitere fränkische Gebiete hinzu, unter anderem die Städte Ansbach und Bayreuth. Schließlich setzte sich ein Abkomme des Geschlechts für Kaiser Sigismund ein, worauf dieser ihn mit dem wichtigsten ihrer Besitztümer belohnte: die Hohenzollern bekamen als Lehen die Mark Brandenburg, die Keimzelle des Königreichs Preußen und später auch des Zweiten Deutschen Reiches.

Die Mark Brandenburg umfaßte an die 25 000 Quadratkilometer, besaß also ungefähr die Größe Siziliens. Unter Karl dem Großen, der mit seinen Eroberungen das Fränkische Reich nach Osten bis zu den Slawen ausgedehnt hatte, war sie erstmals von Deutschen besiedelt worden. Um das Reich gegen Beutezüge der Slawen zu schützen, wurden Markgrafen ernannt, die in Burgen oder befestigten Städten residierten; unter diesen ›Pufferregionen‹ nahm die Nordmark oder Altmark den bedeutendsten Platz ein. Albrecht der Bär aus dem Hause der Askanier schuf eine schlagkräftige Verteidigungstruppe: jeder neunte Einwohner hatte dem Militärdienst nachzukommen, jedem Dieb stellte man es anheim, einzurücken oder gehängt zu werden. Albrecht der Bär eroberte Brennabor (= Brandenburg), eine Hügelfeste der slawischen Wenden, und bekehrte den wendischen Häuptling zum Christentum; als er und seine Nachfolger ihre Missionstätigkeit beendet hatten, gab es kaum noch Slawen. Bauern aus den westlichen Gemarken Deutschlands kamen, um die Länder zu besiedeln; man bot ihnen ungefähr ein halbes Joch Land, das Doppelte dessen, was sie sich zu Hause hätten erhoffen können. Diese Freigebigkeit war nicht unangebracht, denn das Land – zum Großteil Sand, Sumpf und Marschen – war doppelt so schwer zu bestellen; überdies mußte es den Angriffen der Raubritter standhalten, von denen die Gegend wimmelte und die kaum etwas Besseres waren als Banditen und Räuber.

Stehende Heere im heutigen Sinne des Wortes waren damals unbekannt, aber unter dem Befehl der askanischen Fürsten standen so viele Männer zur Verteidigung der Mark unter Waffen, daß Brandenburg einer der wichtigsten Reichsteile wurde. Im Jahre 1230 erhielten die Markgrafen von Brandenburg auch die Kurfürstenwürde. 1320 starben die Askanier aus, und die Mark fiel den Wittelsbachern zu, die sich nicht sonderlich darum scherten. Otto der Faule, ein notorischer Säufer, verkaufte das Land an Kaiser Karl IV. und jagte den Erlös die Gurgel hinunter: in seinem Schloß Wolfstein in Bayern ›verfiel er immer mehr dem Laster‹, wie uns ein Zeitgenosse berichtet, und trank sich zu Tode. Die Länder kamen an die Luxemburger, die um nichts besser waren: schließlich verpfändeten sie die Mark wie einen Ring. Dieses Schicksal widerfuhr den brandenburgischen Landen noch einige Male, bis dann die Pfandscheine in den Taschen der Hohenzollern landeten.

Friedrich IV. von Hohenzollern war zu Beginn des 15. Jahrhunderts Burggraf von Nürnberg und hatte dem Luxemburger Sigismund zur Kaiserwürde verholfen; dieser nun machte Friedrich zum Statthalter der Mark Brandenburg, wofür er ein Darlehen von 100 000 Gulden erhielt. Friedrich hatte an der Seite Sigismunds gekämpft, und der Kaiser wünschte, daß ein Mann seines Vertrauens dem kaiserlichen Gesetz in Gegenden, die von Junkern – kaum besser als Raubritter – terrorisiert wurden, wieder zur Geltung verhelfe.

Friedrich von Hohenzollern kam 1412 in die Mark Brandenburg und lud die rebellischen, nach Unabhängigkeit strebenden Junker zum Gastmahl: er wollte es im guten versuchen und nicht gleich Gewalt anwenden. Doch sie zeigten sich nicht zugänglich; einer von ihnen meinte, er würde nicht nachgeben, ›und wenn es Nürnberger regnen sollte‹. Er mußte sein Wort zurücknehmen, denn Friedrich, nicht weniger dickköpfig, war gewillt, keinerlei Rebellion und Gesetzlosigkeit zu dulden. Zuerst ließ er aus Nürnberg fränkische Ritter kommen, und dann borgte er sich aus Thüringen die ›Faule Grete‹ aus, eine gewaltige Kanone, der selbst acht Meter starke Mauern nicht widerstanden, wie es Dietrich von Quitzow an seiner Burg zu Pläne erfahren mußte; daraufhin kapitulierten die Junker. Friedrich bestrafte sie nicht für ihren Aufstand, denn er war, wie viele Hohenzollern, sobald sie ihren

Willen durchgesetzt hatten, ein großzügiger Herr. Er behielt zwar seine Kanone bei der Hand, aber er lud die Junker wieder zu Tisch.

Gegen ein neuerliches Darlehen von 200 000 Gulden verlieh der Kaiser am 17. April 1417 Friedrich den dauerhaften Besitz der Mark Brandenburg und die Titel eines Markgrafen und Kurfürsten. Der neue Mann, der sich fortan Friedrich I. nannte, erwies sich bald als äußerst fähiger Herrscher. Ein Zeitgenosse nannte ihn ›ein Vorbild an Moral und Aufrichtigkeit, wie man es selten an so hoher Stelle sah‹; er war voll der Tugenden und des ›Eifers für das Rechte‹.

Ein Mann von solchen Qualitäten aber wurde vom Kaiser anderswo gebraucht, anstatt im brandenburgischen Hinterland zu versauern. Friedrich I. residierte nur einige Jahre in der Mark und kam nach 1426 nie mehr dorthin. Zurück blieb sein Sohn, Johann der Alchimist.

Die Hohenzollern hatten es in 200 Jahren wohl verstanden, ihren Reichtum zu vervielfachen; die schwäbische Gabe, die eigene Position stets zu verbessern, und die schwäbische Fähigkeit, hart zu arbeiten, führten ein unbedeutendes Geschlecht von einer Burg auf unzugänglicher Felsenklippe zur Statthalterschaft einer großen und reichen Stadt; von dort aus hatten sie sich die umliegenden Städte zu eigen gemacht und schließlich die Herrschaft über 25 000 km² eines armen, aber strategisch bedeutsamen Landes gewonnen. Aus den Grafen von Zollern waren Burggrafen, Markgrafen und Kurfürsten geworden. Der zuletzt erworbene Titel zählte zu den höchsten weltlichen Würden und verlieh dem Besitzer Macht und Einfluß, seiner Dynastie aber die größten Ehren. So wurde die Nürnberger oder fränkische Linie der Hohenzollern zum Ausgang aller wichtigen Linien des Hauses: die Ansbacher und Bayreuther Linie, die ihre Bedeutung 1791 mit dem Anschluß an Preußen verlor, und die schwäbische Linie, die zweitwichtigste der ganzen Dynastie. Diese stammte ebenfalls von Burchard I. ab und wurde von Burggraf Friedrich II., der Mitte des 13. Jahrhunderts verstarb, gegründet; sie war ebenso dauerhaft wie die brandenburgische Linie, allerdings weniger erfolgreich, wenn man davon absieht, daß sie im 19. und 20. Jahrhundert alle Könige Rumäniens stellte: Carol I., Ferdinand, Carol II. (dessen Liaison mit Magda Lupescu unvergessen ist) und Michael, der 1947 von den Kommunisten abgesetzt wurde. (Diese Linie teilte sich im 16. Jahrhundert in die gräflichen, später reichsfürstlichen Geschlechter der Hohenzollern-Sigmaringen und Hohenzollern-Hechingen.)

Wir haben bereits kurz auf die Zwistigkeiten zwischen den hohenzollernschen Burggrafen und der Kaiserstadt Nürnberg hingewiesen: hierin liegt einer der Gründe für die Abneigung gegen alles Städtische, die für das ganze Geschlecht kennzeichnend ist. Sie waren wohl nicht die einzigen Fürsten ihrer Zeit, denen die Städte nicht behagten, weil es ihnen nicht gelang, deren Unabhängigkeitsgeist zu beugen: im 15. Jahrhundert kam es in Deutschland dauernd zu Spannungen zwischen den Städten mit ihren Patrizierfamilien und der Oligarchie der Handelsherren einerseits und den Adeligen anderseits. Es ging ganz einfach um folgendes: die Ratsherren der Städte wollten ihre Privilegien und Freiheiten bewahren, die Fürsten hingegen wollten sie ihrer Autorität unterwerfen. In der Mark Brandenburg jedoch wurde die städtische Oligarchie nicht nur vom Fürsten und von den aristokratischen Junkern bedroht, sondern auch von rebellischen einfachen Bürgern und den Angehörigen der niederen Gilden. Die Opposition in den Städten war zersplittert, und so mußte sie unterliegen.

Als die Hohenzollern in die Mark kamen, galt es, ihre Autorität gegenüber unabhängigen Junkern durchzusetzen, Rebellen und Unwillige zu unterwerfen; die folgenden Jahrzehnte mußten sie damit zubringen, die Städte in ihre Gewalt zu bekommen. Friedrichs Sohn, Johann der Alchimist, setzte den Anfang, indem er sich mit den Ratsherren verschiedener Städte gegen die aufständischen Bürger verband: so hielt er es in Prenzlau, der Stadt Brandenburg, Stendal und Salzwedel. Mitglieder der Gilden und Stände wurden gezwungen, den Ratsherren und Patriziern Gehorsam zu geloben; zahlreiche Bürger wurden hingerichtet, andere verbrannt. Johann der Alchimist hatte es verstanden, die herrschende Klasse der Städte von sich abhängig zu machen, wollten sie ihre Herrschaft weiter behalten. Doch Johann, des ewigen Haders müde, überließ im Jahre 1440 die Regierungsgeschäfte seinem Bruder Friedrich II., Markgraf von Bayreuth, der sich bald den Beinamen ›Eisenzahn‹ erwarb.

Friedrich II. war nicht damit zufrieden, daß die Ratsherren von seiner Macht abhingen. Allein der Umstand, daß sie ihre Städte selbst verwalteten, störte ihn. Bei Antritt seiner Regentschaft kam seine städtefeindliche Einstellung klar zutage: er bestätigte die Rechte und Privilegien der Schwesterstädte Berlin-Cölln nicht in der üblichen feierlichen Weise, unter Anrufung des Himmels, sondern ›in einfachen Worten‹, wie es der Stadtschreiber vermerkte. Berlin-Cölln war in seiner Machtgeltung beachtlich gestiegen: die Ratsherren hatten die Verwaltung der beiden Städte zusammengelegt, ein gemeinsames Gerichtswesen eingeführt, eigene Richter eingesetzt und waren Mitglieder der Hanse geworden. Den Zünften allerdings hatte man das Mitspracherecht an der Verwaltung verwehrt, und zusammen mit den Bürgern begingen sie 1442 den Fehler, Friedrich um Unterstützung zu bitten. Sie wollten die gemeinsame Verwaltung abgeschafft sehen, Berlin und Cölln sollten wieder eigene Stadträte erhalten; vor allem erbaten sie die landesherrliche Hilfe in ihrem Kampf um die ihnen vorenthaltenen Bürgerrechte. Es war verständlich, daß sie sich an den Fürsten wandten, der über den Dingen zu stehen schien und überdies über Bewaffnete verfügte, die zu ihren Gunsten würden eingreifen können: an wen hätten sie sich wohl sonst wenden sollen? Allerdings übersahen sie, daß Friedrich Eisenzahn, wenn überhaupt, nur aus eigenen Erwägungen intervenieren würde; es lag nicht im Interesse der Hohenzollern, den Freiheitsdrang anderer zu unterstützen, wohl aber, ihre eigene Macht zu vergrößern. Friedrich herrschte über ein rebellisches Land, über Städte, die nach Unabhängigkeit strebten; er mußte seine Herrschaft festigen. Bevor die Hohenzollern darangehen konnten, andere Länder zu erobern und zu unterwerfen, mußte dieser Prozeß in der Mark Brandenburg abgeschlossen sein.

Im Februar 1442 traf Eisenzahn an der Spitze von Bewaffneten vor Berlin-Cölln ein. Auf Schußweite angelangt, zwang er die Ratsherren, ihm die Stadtschlüssel auszuhändigen, löste den Stadtrat auf und setzte neue Räte ein, für jede Stadt einen. Er veröffentlichte ein Dekret, demzufolge jährliche Neuwahlen der Stadträte abzuhalten waren: ihre Mitglieder sollten sich in der Mehrzahl aus den Vertretern der Zünfte und des Bürgertums zusammensetzen; er selbst hatte bei jeder Wahl ein Einspruchsrecht und konnte Stellvertreter ernennen, wenn ihm dies ratsam erschien. Alle Bündnisse, die Berlin und Cölln mit anderen Städten abgeschlossen hatten, wurden für null und nichtig erklärt, und bereits sechs Monate später ging der Markgraf daran, seine Herrschaft über die Städte noch zu stärken. Das Recht der beiden Städte, eigene Richter zu bestimmen, wurde abgeschafft und ihr gemeinsames Ratshaus ebenfalls; ferner hatten die Städte dem Markgrafen ein Stück Land auf der Spreeinsel abzutreten, auf dem er sich eine Burg erbauen würde: Zwing-Cölln. Diese Befestigung sollte die Stadtbewohner an ihre Gehorsamspflicht erinnern. Der Baustein wurde 1443 gelegt, doch tatsächlicher Baubeginn war erst 1447; das Hohenzollern-Schloß, das aus dieser Feste entstand, sollte mehr als 500 Jahre unverändert bestehenbleiben, und es änderte sich während dieser Zeit auch im Wesen kaum.

Die Beziehungen zwischen den Städten in der Mark Brandenburg und ihren hohenzollernschen Markgrafen und Kurfürsten begann mit einem Mißton; in den beiden bedeutenden Städten Berlin und Cölln verschlechterten sie sich rasch. Die Errichtung der Zwingburg innerhalb ihrer eigenen Stadtgrenzen schien nicht nur ein häßliches Anzeichen dafür zu sein, daß die Kurfürsten die Absicht hatten, sich festzusetzen; die Stadtbewohner faßten sie auch als Affront, als Provokation auf. 1448 kam es zum Aufstand.

Sie öffneten eine Schleuse und versuchten, die Grundfesten der Zwingburg mit den Wassern der Spree zu überfluten; dann stürmten sie das Schloß, rannten die Tore ein, plünderten die Räume und zerstörten Material aus den Archiven. Sie nahmen den vom Markgrafen eingesetzten Richter fest, hielten ihn gefangen und weigerten sich, trotz des markgräflichen Befehls, ihn freizulassen.

Dann versuchten sie von anderen brandenburgischen Städten, die gegen den Kurfürsten Groll hegten, Unterstützung zu erhalten; sie sandten Botschaften aus, ihr Herrscher sei ein Tyrann, der nicht nur ihre Bürgerrechte und andere Privilegien mit Füßen trete, sondern sich auch um ihre persönliche Freiheit nicht kümmere. Doch nur drei oder vier andere Städte hatten den Mut, der Herrschaft des Kurfürsten die Stirn zu bieten, und das war zuwenig.

Auch der Markgraf versuchte in der Zwischenzeit, bei den Städten Brandenburgs Unterstützung zu finden. Er bereiste die Mark, hielt auf den Hauptplätzen der Städte Ansprachen, bat leidenschaftlich und beredt um ihre Hilfe bei der Niederschlagung des Aufstands, bat sie um Truppen und Beweise ihrer Treue. Er spielte auch auf die Rivalitäten an, die verschiedene Städte zu Berlin und Cölln hegten, und so entschlossen sich Spandau, Bernau und zahlreiche andere Städte, die ihren aufständischen Schwestern deren Reichtum und frühere Unabhängigkeit nachtrugen, ihre Truppen Friedrich Eisenzahn zur Verfügung zu stellen. Bald waren Berlin und Cölln von den Alliierten des Kurfürsten umzingelt, zu denen sich als Reserve noch 600 bewaffnete Ritter gesellten. Angesichts dieser überlegenen Macht mußten Berlin und Cölln kapitulieren; wie bereits erwähnt, ergaben sie sich für die nächsten vierhundert Jahre. 1452 war die Opposition so geschwächt, daß die beiden Städte sich sogar aus der Hanse zurückzogen. Aber die Opposition anderer Städte gegen manche Maßnahmen der Hohenzollern-Herrschaft blieb noch einige Zeit unter Friedrichs Nachfolger bestehen. Friedrich Eisenzahn hatte in den letzten Jahren seiner Regentschaft die eigenen Ländereien durch Kauf um die Hälfte vergrößert; er erwarb von den Deutschordensherren die Neumark. Der Orden benötigte Geld, und Friedrich nützte dies aus: im Osten seiner Nordmark erstand er Land, das ihm später ermöglichen sollte, Brandenburg mit Ostpreußen zu verbinden. Andere Landkäufe brachten Gebietserweiterungen im Südosten. Direkt im Norden lag Pommern, um das Friedrich Krieg führte, ohne es erobern zu können; er selbst wurde ein indirektes Opfer dieses Krieges. Als seine Truppen Uckermünde belagerten, saß Friedrich Eisenzahn beim Mahl; eine Kanonenkugel landete in seinem Gemach und traf den Tisch, an dem er sich befand. Solch ein Erlebnis hätte wohl jedermann aus der Fassung gebracht; Friedrich büßte sein Gehör ein, sein Gedächtnis nahm Schaden, und er begann über die Sterblichkeit des Menschen nachzudenken. Von Natur aus gläubig, zog er sich zurück, um zu meditieren; ein Jahr darauf war er tot. Das Kurfürstentum Brandenburg ging an seinen Bruder von der Ansbacher Linie der Familie: Albrecht, den man wegen seiner riesigen Kräfte und seiner kriegerischen Natur Achilles nannte. Albrecht, groß, muskulös und mit römischem Profil, leistete Bedeutendes. Er brachte die Unterwerfung der Städte, die unter seiner Herrschaft begonnen hatten, sich gegen die hohen Abgaben aufzulehnen, zum Abschluß. Auch gelang es ihm, Pommern zu erobern. Er und sein Sohn Johann, der später den Beinamen Cicero erhielt, vergrößerten mit Erfolg die Macht und den Einfluß des Hauses. (Der Glaube, Johann hätte seinen Namen daher bezogen, daß er wie Cicero brillante Reden in lateinischer Sprache hielt, ist falsch. Er war des Lateinischen überhaupt nicht mächtig und wurde auch zu Lebzeiten nie

Cicero genannt. Seinen historischen Spitznamen verdankt er Philipp Melanchthon, dem Mitstreiter Luthers.) Albrecht Achilles war ein hervorragender Herrscher. Er zeigte echtes Interesse an den Regierungs- und Verwaltungsgeschäften; er brachte Ordnung in das System der Staatsdiener, zahlte ihnen feste Gehälter und führte sogar – zu einer Zeit, als derartige Unterlagen kaum bekannt waren – ein regelrechtes System der Buchführung ein. Er war die Vorwegnahme vieler späterer Mitglieder des Hauses Hohenzollern, denn in der Familie gab es neben den Soldaten stets auch ebenso viele Buchhalter- und Verwaltertypen; charakteristisch für die ganze Dynastie ist ihr Interesse an gewissenhafter, tüchtiger, ehrlicher – und vor allem sparsamer Verwaltung.

Zu Albrecht Achilles' Zeiten war es üblich, die Länder nach dem Tode zu gleichen Teilen an die Söhne zu vererben; Albrecht aber war weitblickend genug, um einzusehen, daß diese Unsitte durch eine immer weitergehende Teilung des Besitzes eine Familie erheblich schwächte. Die Dispositio Achillea, auch Constitutio Achillea genannt, 1473 erlassen, entband die Familie der Hohenzollern von dieser Gewohnheitspflicht. Heutzutage ist sie berühmt, damals aber war es ein revolutionäres Dokument, das die Erbfolge der Hohenzollern folgendermaßen regelte: Der älteste Sohn bekam immer die Mark Brandenburg, der zweite und dritte die Besitzungen Ansbach und Bayreuth; für weitere Söhne mußten entsprechende Bistümer gefunden werden, und sollte die Ansbacher oder die Bayreuther Linie aussterben, so fiel ihr Besitz an die Brandenburger zurück. Dieses Testament Albrechts sicherte nicht nur die Beständigkeit des Familienbesitzes, sondern legte auch zum erstenmal formell die Bedeutung der Brandenburger Linie als Stammlinie des Hauses fest.

Einer der Funken, der in Deutschland die Reformation entzündete, wurde unabsichtlich von einem Hohenzoller entfacht. Johann Cicero starb 1499, als Luther erst 16 Jahre zählte. Ihm folgte sein Sohn Joachim I. Gemäß den Bestimmungen der Dispositio Achillea wählte sein Bruder Albrecht den geistlichen Stand; sofort nach seiner Priesterweihe wurde Albrecht, dreiundzwanzig Jahre alt, Erzbischof von Magdeburg und wenig später, 1514, Erzbischof von Mainz. Damit verbunden war die Kurfürstenwürde, und so verfügte das Haus Hohenzollern über zwei Stimmen bei der Wahl des Kaisers. Der junge Erzbischof, bei dem Augsburger Bankhaus Fugger tief verschuldet, beauftragte den Priester Johann Tetzel mit dem Verkauf von Ablässen, was wiederum Luther veranlaßte, 1517 seine 95 Thesen anzuschlagen. Albrecht aber, Erzbischof von Magdeburg und Kurfürst von Mainz, ließ sich durch die Bewegung des Luthertums nicht beeindrucken und war in seinem Verhalten so großzügig, daß Luther ihm vorschlug, er möge sich doch zum neuen Glauben bekehren und in Mainz die weltliche Herrschaft übernehmen. Erst anläßlich des Bauernaufstands von 1525 bezog Albrecht ernsthaft gegen den Protestantismus Stellung. Kurfürst Joachim I. jedoch war ein derart überzeugter Katholik, daß er seine Ehe dem Glauben opferte. Er erfuhr, daß seine Gemahlin, Elisabeth von Dänemark, heimlich zum Protestantismus übergetreten war; als er ihr androhte, sie lebendig einmauern zu lassen, floh sie eines Nachts, nur von einem Kammermädchen und einem Reitknecht begleitet, aus dem Berliner Schloß. Sie fand dann bei Johann dem Weisen von Sachsen Unterschlupf.

Drei Jahre vor ihrer Flucht aus Berlin begab sich ein Ereignis, bezeichnend für den Charakter dieser Hohenzollern. Joachim war ein unentschlossener Schwächling, aber er zeigte Interesse an der Wissenschaft (so gründete er 1506 die Universität zu Frankfurt an der Oder), und ein Teilgebiet, das ihn besonders faszinierte, war die Astrologie. Diese Vorliebe pflegte er in einer Sternwarte, die er sich auf seinem Schloß hatte bauen lassen. Die Hofastrologen sagten ihm eines Tages voraus, die gesamte Mark Brandenburg werde am 15. Juli 1525 von einer Flutwelle zerstört werden; Joachim, ein vorsichtiger Mann, richtete es ein, daß zumindest der Hof sich würde retten können. Eine Arche zu bauen hatte man keine Zeit, aber es reichte für Kisten und Körbe. Als am vorhergesagten Tage der Wolkenbruch auch wirklich kam, wurde alles eiligst auf Wagen verladen. Die Prozession der Höflinge erkletterte den höchsten Berg der Umgebung, den Kreuzberg, aber Joachim mußte gewußt haben, daß er sich nur an einen Strohhalm klammerte, denn immerhin war der Ararat über 4000 Meter hoch gewesen, während der Kreuzberg sich auf 72 Meter beschränkte. Joachim, Elisabeth und der gesamte Hof verbrachten den Nachmittag durchnäßt auf dem Hügel, während Truppen die Bevölkerung am Erklettern der Höhe hinderten. Letztlich hörte es natürlich auf zu regnen, und eine Horde der Höflinge watete zu den Wagen, um den Rückweg anzutreten. Zeitgenossen berichten vom Vergnügen des gemeinen Volkes beim Anblick seiner durchnäßten und verschmutzten Herren. Kaum war die Karawane im Hof des Schlosses eingetroffen, als der Regen aufs neue begann. Plötzlich schlug ein Blitz in die Wagenreihe ein; der Kurfürst war geblendet und betäubt. Als ihn schließlich der kalte Regen wieder zu sich kommen ließ, erfuhr er, sein Kutscher sei vom Blitz getroffen und getötet worden. ›Sunsten‹, weiß der Chronist lakonisch zu berichten, ›hat das Wetter keinen Schaden mehr getan.‹

Im selben Jahr jedoch ereignete sich in Deutschland ein wirkliches Unheil: der Bauernaufstand und seine blutige Unterdrückung durch den Adel. Deutschlands Wirtschaft hatte durch die Entdeckung neuer Welten jenseits der Meere an Einfluß verloren, und aus wirtschaftlicher Blüte sank das Land in ein Brackwasser der Weltwirtschaft. Der entscheidende Schlag aber wurde im Geistigen versetzt: Luther war es, der sich in seinem Sendbrief ›Wider die auffrührerischen, mörderischen Bauern‹ auf die Seite der Fürsten gegen die Bauernschaft stellte, obwohl gerade seine Ideen es waren, die ihren Schrei nach Recht entfacht hatten. Von dem Augenblick an, da Luther in aller Öffentlichkeit das Massaker an den aufständischen Bauern befürwortete, benutzten die despotischen Herrscher ihn als Strohmann. Nicht nur wurde Deutschland dem wohltätigen Einfluß der Renaissance entrissen; der angerichtete Schaden war noch weit größer. Zu guter Letzt fanden sich die Kaufleute an der Seite der Fürsten wieder, vor allem wohl auch, weil diesen als Oberhäuptern der Kirche neue, geistliche Würden zukamen. Ein Gegengewicht zur Fürstengewalt in Deutschland war im Keim erstickt worden, noch vor seinem Auftreten ausgerottet. Die Größe von Luthers Lehre, die Feststellung nämlich von der Unverletzlichkeit des menschlichen Geistes, hatte in Deutschland nur zweitrangige Bedeutung; viel wichtiger war Luthers Lehre, daß jeder etablierten Macht, selbst der von Tyrannen, absoluter Gehorsam zu zollen sei.

Kasimir, der Hohenzoller, der zu jener Zeit der Bayreuther Linie vorstand, folgte Luthers Aufruf, die Bauern abzuschlachten; wie ein Racheengel brach er über das Land herein und ließ die Bauern zu Dutzenden aufknüpfen. ›Unglückselige‹, rief er ihnen zu, ›wollt ihr die Welt in Stücke schlagen, bloß weil ihr Grund zur Klage habt?‹ Sein Bruder Georg, der im nahegelegenen Ansbach regierte, war weniger fanatisch und ließ die gefangenen Bauern wieder laufen; er unternahm sogar den Versuch, Kasimir davon zu überzeugen, ein Gleiches zu tun. In einem Antwortschreiben warnte ihn dieser, ›dem Hund nicht beizubringen, Leder zu fressen‹, sonst könne er womöglich Leine und Maulkorb durchbeißen.

Ein früherer Hohenzoller hatte bereits mit der römisch-katholischen Kirche gebrochen, und auch diese Entscheidung sollte für das Geschick seines Geschlechtes und dessen Besitzungen von schicksalhafter Bedeutung sein. Albrecht, ein Enkel des Kurfürsten Achilles, war für den geistlichen Stand bestimmt worden; 1511 wurde er zum Hochmeister des Deutschen Ordens gewählt. Die Ritter des Ordens waren Jahrhunderte vorher auf Einladung des Herzogs von Polen in das entlegene, an Rußland grenzende Preußen gezogen und widmeten sich dort ihren missionarischen Aufgaben. Sie bekehrten die Preußen, indem sie ganz einfach den Großteil der heidnischen Bevölkerung (ihre Sprache war dem Litauischen ähnlich) niedermetzelten, um dann die Lande mit deutschen katholischen Bauern und Stadtbewohnern zu bevölkern. Nach und nach bildeten sich in dieser entfernten Provinz große Städte heran, Kultur und Handel blühten auf; der Einfluß des Ordens erstreckte sich bis Estland. Im Laufe der Zeit jedoch begann die Gegenwart dieser Deutschen den Polen ein Dorn im Auge zu sein, so wie der Glanz der deutschen Städte ihre Habgier weckte. Im 15. Jahrhundert eroberten die Polen einige der preußischen Landstriche von denjenigen adeligen Siedlern zurück, die sie vorher eingeladen hatten, und der Orden sah sich gezwungen, Westpreußen mit Danzig zurückzugeben und die Oberherrschaft des Königs von Polen über die Länder des Ordens anzuerkennen. Als Albrecht von Hohenzollern Hochmeister des Ordens wurde, befand sich dieser auf dem Nullpunkt. Die Ritter hatten ihn in der Hoffnung erkoren, er würde für sie Geld und Truppen zu finden wissen, um gegen Polen zu kämpfen. Albrecht begann auch 1519 den Krieg gegen Polen, aber die erhoffte Hilfe blieb aus; er wurde besiegt und aufs neue zu einem beschämenden Frieden gezwungen. Nach wie vor blieben die Mitglieder des Ordens Vasallen des polnischen Königs, und jeder Hochmeister mußte in Warschau den Lehenseid schwören und für sich und alle seine Ritter das Gelöbnis ablegen, ›die zu lieben, die Polen liebte, und die zu hassen, die Polen haßte‹.

Insgeheim interessierte sich Albrecht für die Reformation, obwohl sein Orden natürlich römisch-katholisch war: 1522 hatte ihn Andreas Osiander, ein Prediger aus Nürnberg, bekehrt; ein Jahr später besuchte der Hochmeister sogar Luther in Wittenberg. ›Zieh dein Mönchsgelübde zurück, nimm dir ein Weib und löse den Orden auf. Und dann mache dich zum erblichen Herzog von Preußen‹, sagte dieser zu ihm. Albrecht überdachte es eine Weile schweigend und lachte dann hellauf, als er die Ironie dieser Worte verstand: man hatte ihn zum Hochmeister gewählt, um den Orden zu schützen, und nun schlug ihm Luther vor, ihn aufzulösen. 1525 entsagte er dem Orden, und der König von Polen bestellte Albrecht zum Herzog von Preußen; in seinem Banner trug er erstmals den schwarzen preußischen Adler. Die Ehe aber, die er einging, stand unter einem schlechten Stern: sein Sohn und Nachfolger war irrsinnig. Nach dem Tod dieses geisteskranken Herzogs Albrecht Friedrich übernahm der Kurfürst von Brandenburg auch die Herzogswürde von Preußen. Das geschah 1618, und das war der Beginn des Staates Brandenburg-Preußen. Aber die beiden Länder grenzten nicht aneinander, und auch das im Westen Deutschlands erworbene Territorium, die Herzogtümer Jülich-Cleve, lagen nicht an Brandenburgs Grenzen. Die Hohenzollern herrschten über große Gebiete, aber sie waren außerstande, sie wirklich zu verwalten, weil sie sich von Polen bis zum Rhein hinzogen. Wann immer sie von einer Besitzung in eine andere reisen wollten, mußten sie fremdes Land durchqueren. Kein Wunder also, daß sie ständig daran dachten, sich diese Länder einzuverleiben. Bevor es aber noch dazu kommen konnte, wurden ihre eigenen Besitzungen von fremden Heeren überfallen: über Deutschland war das Grauen des Dreißigjährigen Krieges hereingebrochen. Es stellte sich heraus, daß Brandenburg einfach unmöglich zu verteidigen war: nicht eine einzige seiner Städte lag mehr als einen Tagesmarsch von der Grenze entfernt. Mehr noch, zu Beginn des Krieges schon war der Staat wirtschaftlich auf dem absteigenden Ast, denn in den vergangenen Jahrzehnten hatten sich die Handelsstraßen verlagert; viele von ihnen berührten überhaupt nicht mehr brandenburgisches Gebiet. Auch für die Staatsfinanzen war der Krieg ein schwerer Schlag: das Land fiel in Schutt und Asche, und seine Bewohner mußten Unmenschliches erdulden. In Tangermünde zum Beispiel, wo der erste Hohenzoller versucht hatte, die aufständischen Junker mit Einladungen zum Abendbrot auf seine Seite zu ziehen, war die Hungersnot so groß, daß man Menschenfleisch aß, wie Berichte von Zeitgenossen aussagen. ›Mehr noch, die Leute aßen ihre eigenen Kinder auf.‹

Zwei Generationen waren dem Gemetzel des Kriegsgeschehens ausgeliefert. Kurfürst Georg Wilhelm, der den brandenburgischen Thron 1619 bestieg, tat sein Bestes, um es beiden Seiten recht zu machen; es half ihm nichts. In jener schrecklichen Zeit war er völlig fehl am Platz. Brandenburg hätte damals den Großen Kurfürsten gebraucht, aber das Land bekam nur den Vater. ›Was Georg Wilhelm im großen und ganzen tat‹, schrieb Thomas Carlyle, ›muß man als gar nichts bezeichnen; seine Tätigkeit beschränkte sich darauf, zu leiden.‹

Wie sein Schwager Gustav Adolf von Schweden war er Protestant, doch er war völlig in Händen seines willensstarken Beraters Adam von Schwarzenberg, der den katholischen Habsburgern ergeben war und wohl auch in ihrem Sold stand. So verzettelte er sich in einer Politik der Halbheiten, schwankte von einer Seite zur anderen, bis jedermann mit bemerkenswerter Einmütigkeit sich daranmachte, über seine Länder herzufallen und sie auszuplündern.

Schon vor Beginn des Krieges war Deutschland ein Krüppel, nun ließ man den Krüppel zu Tode bluten. Das Gewirr von souveränen Staaten, aus denen sich das Reich zusammensetzte, war wirtschaftlich immer schwächer geworden und befand sich im Niedergang, bevor noch der Krieg ausbrach, aber dieser Krieg beschleunigte den Zerfall, bis Deutschland auch das letzte Quentchen seiner früheren Bedeutung eingebüßt hatte.

Es war gar nicht ein einzelner, sondern vier voneinander unabhängige Kriege, eine vierfache Potenzierung des Grauens und des Blutvergießens, die zwar teilweise religiöse Beweggründe hatte, im großen und ganzen jedoch aus territorialen und dynastischen Gründen begonnen worden war. Die böhmische Phase des Krieges, mit der alles seinen Anfang nahm, wurde dadurch ausgelöst, daß protestantische böhmische Adelige an Stelle des Habsburgers und späteren Kaisers Ferdinand II. den protestantischen Pfalzgrafen am Rhein, Friedrich V., den ›Winterkönig‹, zu ihrem König wählten. Die Streitkräfte der katholischen Liga unter der Führung des Herzogs von Bayern, Maximilian, und des belgischen Grafen Johann Tserclaes von Tilly besiegten die Protestanten 1620 und 1623. Das Eingreifen des Königs von Dänemark, des Anführers der Protestantischen Union, bedeutete den Beginn des zweiten, des dänischen Abschnitts der Kriegshandlungen. Albrecht von Wallenstein übernahm den Oberbefehl der kaiserlichen, das heißt der katholischen Armee, und besiegte innerhalb von vier Jahren die Dänen, die sich 1629 aus dem Krieg zurückzogen. Ein Jahr später landete König Gustav Adolf von Schweden an der Küste Pommerns, im Norden der Mark Brandenburg, vorgeblich in der Absicht, die in Deutschland unterdrückten Protestanten zu beschützen; in diesem dritten Kriegsabschnitt wurde ihm die Unterstützung des katholischen Frankreich zuteil, das die Hoffnung hegte, der Krieg würde die Macht des Hauses Habsburg schwächen. Furchtbare Schlachten wurden gefochten, 1632 wurde Tilly tödlich verwundet, und noch im selben Jahr fiel Gustav Adolf. Wallenstein, der eine riesige Privatarmee befehligte, und der Kaiser, dessen Interessen er nach außen hin vertrat, gerieten immer weiter auseinander; zu guter Letzt wurde Wallenstein ermordet; obwohl der Kaiser mit der Tat nicht direkt zu tun hatte, belohnte er jene, die sie ausgeführt, auf wahrhaft fürstliche Art. 1634 errangen die Kaiserlichen bei Nördlingen einen Sieg über die Schweden, und ein Jahr später wurde der Prager Friede besiegelt, dem Brandenburg nach Zusicherung der Glaubensfreiheit beitrat.

Dieser Friedensschluß aber bedeutete nicht das Ende des Krieges, denn nun trat Frankreich, das den Eindruck hatte, der Sieg sei den Habsburgern zugefallen, offen an der Seite Schwedens in den Krieg ein. Von 1635 bis 1648 gingen die Kampfhandlungen weiter und erstreckten sich, noch blutiger als zuvor, auf Skandinavien, die Niederlande, Italien und die Iberische Halbinsel, obwohl das Hauptgeschehen weiterhin auf Deutschlands Boden wütete. Die französisch-schwedische Koalition trug schließlich den Sieg davon, es begann der Fall des Hauses Habsburg, und Frankreich wurde die erste Macht in Europa. Offiziell fand der Krieg 1648 durch den Westfälischen Frieden sein Ende – zumindest in Deutschland, denn anderswo ging er weiter: Frankreich und Spanien befehdeten sich noch elf Jahre lang.

Als Krieg war er blutiger als die meisten gewesen; genauer gesagt, man hatte noch nie einen blutigeren erlebt. Feindliche Armeen zogen kreuz und quer durch das Land, blindlings und in einer Hysterie des Hasses, die aus der Verzweiflung geboren war, zerstörend, was ihnen in den Weg kam. Der Kampf war vorgeblich aus religiösen Gründen begonnen worden; bald wurde es klar, daß dies nur ein Deckmäntelchen war, unter dessen Schutz die Armeen ihre eigenen Ziele verfolgten. Folterungen und Unmenschlichkeiten waren die Regel; ferner holten sich die Soldaten fast ausnahmslos ihren Unterhalt durch Raub und Mord von der Zivilbevölkerung und hatten oft genauso zu hungern wie die Bauern, die sie bestahlen. Von den Ästen baumelten die Leichen Gehängter; man traf auf Tote, den Mund voller Erde und Gras; Eingekerkerte, von denen man hätte meinen können, sie seien vor den Übeln des Kriegs in Sicherheit, mußten ihre hungrigen Wärter fürchten. Städte und Dörfer trugen den Hauch des Todes; mit Ruß- und Aschenschwaden zogen Seuchen – auch die Pest – über das Land. Bauern, deren Höfe außerhalb der Befestigungen lagen, wurden niedergemetzelt, ihre Frauen geschändet und verstümmelt, ihr Vieh davongetrieben oder geschlachtet. Wer von Soldaten gesehen wurde, war dem Tode oder der Zwangsrekrutierung verfallen; die Städte gehörten dem, der als erster über sie herfiel. In drei Jahrzehnten des Gemetzels und der Entbehrungen hatten die Soldaten jegliches Gefühl für Mitleid verloren, während die Bevölkerung alle Hoffnung aufgab. Durch Zufall entgingen manche Städte, wie etwa Dresden und Hamburg, der Zerstörung, viele andere jedoch hörten praktisch zu bestehen auf. Schätzungen zufolge büßte Magdeburg 90 % seiner Bevölkerung ein, Wolfenbüttel ebenso, Kolmar 50 %; Berlin und Cölln, die anfangs 25 % ihrer Einwohner verloren, waren bald auf 50 % reduziert. Der Staat Württemberg verlor 80 % seiner Bevölkerung, Bayern 80 000 Familien. Die Stadt Chemnitz fand sich mit 200 ihrer ursprünglich 1000 Einwohner wieder. Allein die Schweden zerstörten 18 000 Dörfer, 1500 Städte und 200 Burgen. Die Bevölkerung Deutschlands wurde um ein Drittel dezimiert.

In Brandenburg versuchte sich Kurfürst Georg Wilhelm in einer Politik der Befriedung, doch sein Land wurde von seinem schwedischen Schwager, der umsonst auf Unterstützung für die Sache der Protestanten gewartet hatte, überrannt. Nachdem sie Pommern erobert hatten, zogen die Heere Gustav Adolfs durch Brandenburg und nahmen zahlreiche Städte ein, darunter Frankfurt an der Oder, Küstrin und sogar Spandau, das direkt vor den Toren Berlin-Cöllns lag. Als Tilly seine kaiserlichen Truppen gegen Magdeburg führte, zögerte Georg Wilhelm, den Entsatz der Stadt durch den Schwedenkönig zu gestatten – denn dazu hätte dieser durch Länder des Markgrafen ziehen müssen –, obgleich der Erzbischof von Magdeburg ein Hohenzoller war ... So konnte Tilly Magdeburg ohne besondere Schwierigkeiten erobern; er schlachtete praktisch sämtliche vierzigtausend Männer, Frauen und Kinder der Stadt ab. Als Georg Wilhelm endlich 1635 dem Prager Frieden beitrat, wurde er damit zum Feind der Schweden, deren Truppen nach wie vor auf seinem Gebiet lagerten; doch der Kaiser kam ihm nicht zu Hilfe, um sie zu vertreiben. 1638 hatte Georg Wilhelm genug und ließ sein Volk im Stich, das heißt in den Händen Schwarzenbergs. Er selbst zog in das weit entfernte Königsberg in Ostpreußen, wo er bis zu seinem Tod auch blieb. Die Lösung des Problems Schwarzenberg überließ er seinem Sohn und Nachfolger, das dieser auch bewältigte.

Während Brandenburg tief in den Krieg verwickelt war, wurde der Sohn des Kurfürsten, teils aus erzieherischen Gründen, teils als Vorsichtsmaßnahme, mit 15 Jahren nach Holland geschickt. Das Haus Hohenzollern war schon so verarmt, daß seine Mutter am Essen sparen mußte, um die Reise zu bezahlen. Friedrich Wilhelm reiste in Begleitung eines Erziehers namens Leuchtmann, der überzeugter Kalvinist war, und eines Freundes, Werner von der Schulenburg, der auf die besondere Bitte des Prinzen mit von der Partie war. Sie kamen nach Leiden, wo der Sohn des Kurfürsten einige Jahre die Universität besuchte; er studierte Sprachen und die Wissenschaften, entwickelte ein Interesse vor allem für Handel und Wirtschaft und sammelte selbst im Kriegswesen einige Erfahrungen: er besuchte nämlich einen Verwandten, den Prinzen von Oranien, der in seinem Lager bei Schenkenschanz gegen die Spanier kämpfte; hier eignete er sich einige praktische Kenntnisse der Kriegführung an, die ihm später von beachtlichem Nutzen sein sollten. Aus dem Militärlager reiste er nach Den Haag, wohin ihn eine Gruppe niederländischer Aristokraten zu einem Treffen der ›Mitternachtsgesellschaft‹ eingeladen hatte. Schulenburg warnte ihn, die Betreffenden seien bekannt für ihre Verworfenheit, doch Friedrich Wilhelm ließ sich nicht abhalten, er wollte sich selbst überzeugen und sich nicht aufs Hörensagen verlassen. Und richtig platzte er mitten in eine Orgie hinein, aber zur allgemeinen Verwunderung machte er auf der Stelle kehrt. Man bat und versuchte, ihn zurückzuhalten, aber er lehnte es ab und reiste stracks nach Schenkenschanz, wo er dem Prinzen von Oranien alles erzählte. Dieser war äußerst davon beeindruckt, daß ein so junger Mensch diesen Versuchungen nicht erlegen war und die Kraft hatte, sich davon zu lösen. ›Wer so früh schon solche Selbstbeherrschung erlernt hat‹, sagte er zu Friedrich Wilhelm, ›wird Großes vollbringen.‹

Was dieser denn auch tat ... Mehr als hundert Jahre später ließ der bedeutendste der Hohenzollern, Friedrich II., der Große, seinen Sarg öffnen, betrachtete die noch gut erhaltenen Züge Friedrich Wilhelms und sagte zu seinen Höflingen, indem er die Hand des Toten ergriff: ›De grandes choses Messieurs, celui-ci a fait – Meine Herren, dieser hier hat Großes vollbracht!‹

Was diesem jungen Mann alles gelang, ist allerdings verblüffend. Als er mit 20 Jahren Kurfürst von Brandenburg wurde, fand er ein so mitgenommenes Land vor, daß man es ruhig hätte als zerstört bezeichnen können: allein um das Land wieder fruchtbar zu machen, brauchte man zwei Jahre. Die Besitzungen der Hohenzollern waren auf ein Nichts zusammengeschrumpft, zersplittert, von den Schweden besetzt, auf die Gnade der feindselig gestimmten Habsburger angewiesen; die Städte verwüstet, die Bevölkerung dezimiert, entmutigt und des Krieges müde. Der Kurfürst konnte nicht einmal seine Residenz in Berlin aufschlagen, denn das Dach seines Schlosses drohte einzustürzen, und die Lebensmittel der Stadt reichten nicht einmal für eine selbst bescheidene Hofhaltung aus. Was die deutsche Nation, dieses Flickwerk von Fürstentümern, anging, so schien sie endgültig zu bestehen aufgehört zu haben. Acht Jahre nachdem Friedrich den Thron bestiegen hatte, ließ der Westfälische Friede das Deutsche Reich zwar am Leben, aber seine Macht war gebrochen. Die Artikel des Friedensschlusses ermöglichten es den deutschen Fürsten, ihre eigenen Angelegenheiten selbst zu regeln, und machten aus jedem einzelnen trotz des auf dem Papier noch bestehenden kaiserlichen Machtausspruches einen absoluten Herrscher, der niemandem Rechenschaft schuldig war. Das hieß, daß die Nation nicht bloß geteilt war – es gab sie einfach nicht mehr. Deutschland umfaßte nunmehr 51 Freie Reichsstädte, 45 freie Städte, 77 größere Fürstentümer und 1475 unabhängige reichsunmittelbare Herrschaften. 1800 politische Einheiten wurden zu einer Art stilisierten Mittelalters geschweißt, während das Volk auf den Mann wartete, der den Bann brechen würde: damals kam die Legende von Kaiser

Friedrich Barbarossa auf, der im Kyffhäuser auf seine Stunde warte, mit seinem langen roten Bart, der durch den Tisch aus Marmor gewachsen ist, ›auf dem sein Haupt ausruht‹.

Der Aufbau der Mark Brandenburg verlangte von Friedrich Wilhelm unbändige Energie, Glauben und Entschlossenheit, dazu den natürlichen Optimismus der Jugend – alles Dinge, die er im Überfluß besaß. Von angenehmem Äußeren, mit stark ausgeprägter Nasen- und Mundpartie, wachen blauen Augen und einem athletischen Körper, war der neue Kurfürst nicht nur intelligent, sondern auch von Kraft und Glauben getragen. Der Wiederaufbau der Mark Brandenburg verlangte es, sich lange noch vor der Unterzeichnung des Westfälischen Friedens aus dem Krieg zu lösen. Dieses gelang ihm 1641, ein Jahr nach der Übernahme des Kurfürstentitels; damals schloß er mit den Schweden einen Waffenstillstand. Um dies zu erreichen, mußte er jedoch alle Hoffnung fahren lassen, Westpommern zu gewinnen, das damals schwedischer Kontrolle unterstand: damit gab es auch keine Hoffnung mehr auf Stettin, den bedeutenden Hafen an der Odermündung, der ihm die Seeverbindung gegeben hätte. Seit er die holländische Seemacht kennengelernt hatte, war der Traum von einem Hafen immer stärker in den Vordergrund gerückt, und er hatte sich der unmöglichen Hoffnung hingegeben, seine zerstörten Besitzungen in ein zweites, ebenso reiches Holland zu verwandeln.

Schwarzenberg aber arbeitete stillschweigend auf die Zerstörung all dieser Pläne hin; schon hatte er die Offiziere Friedrich Wilhelms zu überzeugen gewußt, daß sie dem Kaiser Gehorsam schuldeten und dem Kurfürsten ihre Treue aufkündigten. Ein dem Kurfürsten ergebener Offizier, Burgsdorff, nahm die Festung Küstrin für Friedrich Wilhelm ein und ließ die verräterischen Offiziere festnehmen; aber noch waren nicht alle Schwierigkeiten aus der Welt geschafft, obwohl die Offiziere der Infanterie den Treueeid auf den neuen Kurfürsten ablegten. Schwarzenberg besaß nämlich nach wie vor die Unterstützung des Kaisers, und Friedrich Wilhelm befand sich weit entfernt in Königsberg, während Schwarzenberg sich in Berlin aufhielt; doch eines Tages im März 1649 fiel der ungetreue Ratgeber bei einem Abendessen um und starb – ›an Gram des Geistes und Verwirrung der Gefühle‹, wie die Ärzte nachträglich feststellten. Friedrich Wilhelms Neffe, der Markgraf Ernst von Jägerndorf, nahm seinen Posten ein und begann sogleich, gegen den ausdrücklichen Wunsch des Kaisers, Soldaten zu entlassen und sogar von den Offizieren eine Aufstellung über die von der Zivilbevölkerung abgepreßten Waren und Geldbeträge zu fordern. Die Offiziere meuterten, und einer von ihnen drohte sogar, eher Spandau in die Luft zu sprengen als eine solche Liste einer Zivilperson auszuhändigen. Zur Verwunderung aller, die seinen Vater gekannt hatten, handelte Friedrich Wilhelm rasch, befahl, einige der aufständischen Offiziere festzunehmen, und entließ eine ganze Anzahl anderer. In der

Zwischenzeit erhob sich die Landbevölkerung gegen die schwedischen Truppen, die besonders gewütet hatten: diese Revolte veranlaßte die Schweden, am 14. Juli 1641 mit Friedrich Wilhelm einen Waffenstillstand zu schließen. Alle diese Unruhen aber forderten ihren Tribut: Markgraf Ernst war ihrer müde geworden und dankte ab; ein Jahr später war er tot. Seine Stellung übernahm eine Zeitlang der treue Burgsdorff, bis dann im März 1643 Friedrich Wilhelm sich in seine Residenzstadt Berlin begab, um selbst die Angelegenheiten des Staates in seine starken und energischen Hände zu nehmen.

Er fand eine Stadt vor, in der die Bevölkerung so tief gesunken war, daß sie sich von Hunden, Katzen, Ratten und manchmal auch Menschen ernährte. In Brandenburg gab es keine Landwirtschaft mehr, die Höfe waren zerstört, die Bauern ermordet; wie bereits 200 Jahre früher durchstreiften Raubritter und Freibeuter das Land. Mutlosigkeit, Fatalismus, Zynismus und Opportunismus machten sich breit. Der Kurfürst brauchte Zeit und Ruhe, um das Land wieder aufzubauen, und so verfiel er auf den Gedanken, sich durch eine Heirat Schweden zum Verbündeten zu machen: er wollte Königin Christine, seine Cousine, ehelichen und Prinzgemahl werden. Schwedische Hofkreise stemmten sich gegen dieses Vorhaben, ganz zu schweigen vom polnischen König, dessen Beziehungen zu Friedrich Wilhelm wohlüberlegtes Vorgehen erforderten; selbst Königin Christine schien von dem Gedanken nicht allzu begeistert zu sein und sprach von ihrem hohenzollernschen Freier nur als von dem ›kleinen Bürgermeister‹.

Friedrich Wilhelm aber wandte sich dringenderen Geschäften zu. Um Handlungsfreiheit zu gewinnen, benötigte er ein stehendes Heer; die Mittel dazu mußte er sich durch Eintreibung von Steuern beschaffen. Seine preußischen Stände waren störrisch, sie sträubten sich, den Steuereintreibern zu willfahren; dazu kam noch eine gewisse religiöse Feindseligkeit: sie waren in der Mehrzahl Lutheraner, der Kurfürst aber war Kalvinist. Friedrich Wilhelm hatte nicht die Absicht, die Stände zu unterdrücken: er war dafür, daß sie ihre Privilegien behielten, aber er sah klar die Notwendigkeit ein, seine Länder zu einen. Es blieb ihm keine andere Wahl, also begann er, die Steuern mit Gewalt einzutreiben, festigte seine Position und zwang die Stände zum Gehorsam.

1646 besuchte Friedrich Wilhelm ein zweites Mal Holland, seine große Liebe, und dort verlor er zum erstenmal sein Herz. Die Dame war Louise Henriette, die Tochter des Prinzen von Oranien. Er hatte sie als zwölfjähriges Mädchen kennengelernt, sie aber weder damals noch seither beachtet. Friedrich Heinrich von Oranien erteilte dem Bund seinen Segen. Bald schon, im Dezember 1646, fand die Hochzeit statt, denn der Vater der Braut war krank und wollte die Zeremonie noch miterleben.

Louise Henriette war eine außergewöhnliche Frau: sanft und liebevoll, dabei aber willensstark und mit politischem Verständnis begabt. Friedrich Wilhelm wieder war wie fast alle Hohenzollern jähzornig;

die meisten Mitglieder der Familie waren cholerisch, plötzlichen Wutanfällen und Zornausbrüchen ausgesetzt, sie hämmerten dann mit der Faust auf den Tisch, stampften mit den Füßen oder schlugen wütend die Türen hinter sich ins Schloß. Louise hatte für alles eine Erklärung, gute Erklärungen manchmal, aber damit beschwor sie Streit herauf. ›Übernehmen doch Sie die Regierung, Madame‹, rief er dann aus und warf ihr den Kurfürstenhut vor die Füße. ›Einen Kopfputz sollte ich wohl eher tragen als dies!‹ Aber letztlich war dies nicht so ernst gemeint, denn ihr Rat bedeutete ihm viel, und es kam vor, daß er den Staatsrat verließ, um Louise in ihren Gemächern aufzusuchen und ihre Meinung zu einer Frage einzuholen. Ganz wie ihr Freund Schwerin, von dem man angenommen hatte, er sei ihr Verehrer, war auch Louise fromm und tief gläubig. Zusammen beschwichtigten sie den Kurfürsten, der die Neigung hatte, mit harter Faust zu regieren; zusammen versuchten sie, in einem innerlich zerrissenen und von religiösem Hader betroffenen Land Harmonie zu schaffen. Sie war es, die den Kurfürsten drängte, die unbewohnten Landstriche mit sparsamen und fleißigen holländischen Siedlern neu zu bevölkern. Dies gelang auf Grund aufwendiger Zugeständnisse: sie wurden von allen Steuern und Abgaben befreit, durften ihre Gemeinden selbst verwalten, ihr Holz kostenlos aus den königlichen Forsten holen; schließlich hatten sie nur wenig Pacht für den Grund und Boden zu entrichten, den sie bearbeiteten, in manchen Fällen hatten sie sogar das Recht, ihren Besitz an ihre Kinder zu vererben. Natürlich fühlten sich die ansässigen deutschen Bauern und Dorfbewohner benachteiligt. Die ständige Schlichtung von Streitfällen, die der Kurfürst persönlich zu überwachen hatte, wurde für ihn zu einer Schule der Staatskunst. Zuerst lernte Friedrich Wilhelm die Wahrheit über sein eigenes Volk: wie es den Schwärmen erpresserischer Beamten ausgeliefert war, wie es bei der Landzuteilung benachteiligt wurde.

Wieder handelte der Kurfürst rasch und überlegt. Er entließ einen Teil der Beamten, die die Bauern ausgebeutet hatten; die Vorrechte der Verbliebenen wurden beschnitten; die landesherrlichen Fischteiche und Weinberge wurden zur Pacht ausgeschrieben, der Landbesitz liberalisiert, die Zahlung drückender Abgaben abgeschafft und die Pächter sogar vom persönlichen Dienst des Kurfürsten befreit.

In der Zwischenzeit ging er daran, ein stehendes Heer zu schaffen, sehr zum Mißvergnügen seiner Junker, die anstatt des ›nationalen‹ Heeres unter dem persönlichen Befehl des Kurfürsten viel lieber Privatarmeen unter ihrer eigenen Führung gesehen hätten. Selbst der treue Burgsdorff stellte sich, wie die meisten preußischen Adeligen, gegen Friedrich Wilhelm: er verlor seine Position als militärischer Berater, teils seiner Ansichten wegen, teils weil Louise ihn ungehobelt und vulgär fand. Seinen Platz nahmen drei Generäle ein, die dem Kurfürsten treu ergeben waren.

Nach und nach gelang es dem Kurfürsten, seine verstreuten Besitzungen verwaltungstechnisch zu vereinen und den widerstrebenden Untertanen seinen Willen und seine Entschlossenheit aufzuzwingen. Die Stärke seines neuen Heeres, seine eigene starke Persönlichkeit und seine zunehmende Macht brachten auch in der Außenpolitik Erfolge. Er war ein praktisch veranlagter Mann, und so zerriß er den Vertrag mit Polen, machte seine Ansprüche auf das Herzogtum Preußen geltend. Man behauptete von ihm, er sei brutal, zynisch und skrupellos; Carlyle bezeichnet ihn als ›einen der durchtriebensten Männer‹, fügt jedoch hinzu, er sei ›in keiner Weise ungerecht‹ gewesen. Zweifellos ergriff er jede Gelegenheit, die sich ihm bot; seine wahre Größe liegt darin, daß er aus der Mark Brandenburg das Bestmögliche herausholte.

Manche seiner Versuche, das Ansehen seines Staates zu heben, scheinen aus heutiger Sicht leicht theatralisch oder phantastisch. Zu einer Zeit, da seine Mittel noch so beschränkt waren, daß er von anderen Staaten abhängig war, ging er daran, eine Flotte nach holländischem Vorbild aufzubauen, und versuchte sogar, Kolonien zu gründen. 1682 schuf er eine Afrika-Kompanie und gründete eine Niederlassung an der Küste Guineas. Seine Flotte bestand aus 28 Schiffen und war mit mehr als 500 Kanonen bestückt; er gewann sogar eine Seeschlacht gegen die Spanier und gründete daraufhin eine Ostindische Gesellschaft für den Handel mit Indien. Solche Expeditionen hatten für Brandenburg wenig Bedeutung, aber sie sind mehr als bloße geschichtliche Raritäten, denn sie zeigen uns die Phantasie, den weiten Horizont und den Mut des Herrschers wie auch sein Interesse für den Handel und das Wohlergehen nicht nur seines Hofes, sondern auch seines Volkes.

Größere Bedeutung aber kommt der Tatsache zu, daß es Friedrich Wilhelm schließlich gelang, sein Land von den Schweden zu befreien, die es neuerlich besetzt hatten, während der Kurfürst an der Seite des Kaisers im Süden Deutschlands gegen Ludwig XIV. kämpfte. Ludwig war zeitweise Friedrich Wilhelms Schutzherr gewesen, und dieser hatte oft genug geschwankt, ob er sich dem ›Sonnenkönig‹ oder dem Habsburger Kaiser zuwenden solle, bis dann die Greueltaten der französischen Soldateska in der Pfalz und des Kurfürsten Sympathien für Holland, das mit Ludwig damals Krieg führte, Friedrich Wilhelm Ende 1674 dazu bewogen, nach Straßburg zu ziehen. Dort traf ihn ein tragisches Schicksal: sein ältester Sohn Karl Emil, in den der Kurfürst alle seine Hoffnungen gesetzt hatte, wurde verwundet und starb. Frankreich, das sich der Streitmacht des Kurfürsten entledigen wollte, bewog Schweden, in Abwesenheit Friedrich Wilhelms und seiner Truppen, Brandenburg anzugreifen – und das trotz eines erst vor kurzem unterzeichneten schwedisch-brandenburgischen Nichtangriffspaktes. Doch ein leichter Sieg über reiches Land, auf das die Schweden ohnehin ihr Auge geworfen hatten, war eine zu große Versuchung. Sie fielen in Brandenburg ein; das Land wurde auf weite Strecken verwüstet, und die Bevölkerung hatte aufs neue zu leiden.

Die Junker und Adeligen aber unterstützten nicht etwa die Sache des abwesenden Kurfürsten, sondern ergriffen die Gelegenheit, um soviel eigene Macht als nur möglich zurückzugewinnen, vor allem um ihren langgehegten Traum der ›Privatarmeen‹ erfüllen zu können; zu ihrer Verblüffung jedoch erhoben sich die brandenburgischen Bauern spontan zur Verteidigung des Landesherren. Sie formierten militärische Einheiten und marschieren mit handgemalten ›Kurfürstenbannern‹ zu den Klängen eines Liedes, dessen Text die Begeisterung ausdrückte, mit der selbst arme Bauern für den Landesherrn ihr Blut vergießen.

Am 5. Juni 1675 begann Friedrich Wilhelm den langen Marsch vom Elsaß nach Brandenburg. Er war damals bereits 55 Jahre alt, litt an Arthritis und hatte große Schmerzen, doch das hielt ihn nicht davon ab, wie seine Männer drei lange Wochen im Sattel zu verbringen. Er führte 6000 Berittene, 12 000 Mann Fußvolk und drei Kanonen mit sich; die feindlichen Truppen zählten 16 000 Mann, in drei Gefechtseinheiten eingeteilt. Der Kurfürst beschloß, den Angriff gegen die mittlere zu führen, als wolle er das Herz des Feindes durchbohren. Die Schlacht wurde am 16. und 17. Juni geschlagen; in der Nacht gelang es dem Kurfürsten, die Schweden bis Fehrbellin zurückzudrängen. Der Gegenangriff des Feindes brachte die zahlenmäßig unterlegenen Brandenburger ins Wanken; da warf sich Friedrich Wilhelm höchstpersönlich den Schweden entgegen. Sein Schwert hoch erhoben, rief er aus: ›Vorwärts! Euer Fürst und Heerführer siegt mit Euch – oder er stirbt wie ein Ritter.‹ Sogleich war er von schwedischen Reitern umringt, ein Adjutant warf sich vor seinen Herrn und fiel; dann brachen die preußischen Dragoner durch und schlugen ihn heraus. Der persönliche Einsatz des Kurfürsten hatte den Sieg gerettet, denn nun griffen die Brandenburger mit frischem Mut an, und die Schweden mußten sich auf Fehrbellin zurückziehen. Als man Friedrich Wilhelm vorschlug, die Stadt niederzubrennen, gab er zur Antwort, er sei ›nicht gekommen, sein Land zu zerstören, sondern es zu retten‹.

Am folgenden Tag zogen die Schweden ab, im ganzen Land erhoben sich die Bauern gegen ihre Peiniger und vertrieben sie. 1677 hatte Friedrich Wilhelm Stettin eingenommen und die Schweden aus Pommern verjagt. Nun hatte er endlich, so glaubte er, seinen Wunsch nach einem Hafen erfüllt, aber er irrte sich: im Frieden von Nijmwegen, 1678, bestanden die Franzosen darauf, daß er Westpommern den Schweden zurückerstatte, und da Kaiser Leopold I. es ablehnte, Friedrich Wilhelm zu unterstützen, mußte er wohl oder übel nachgeben.

Sein letzter Kampf gegen die Schweden fand 1679 statt; wieder einmal hatten sie, mit ihrem eigenen Besitz unzufrieden, zum Angriff geblasen, diesmal nicht gegen Brandenburg, sondern gegen Preußen; wie die sieben biblischen Plagen fielen sie über das Land her, marschierten gegen Königsberg und bedrohten die Stadt. In Tagesmärschen von 100 Kilometern eilte ihnen Friedrich Wilhelm zu Hilfe und fand die Stadt noch in Händen der Verteidiger vor. Bei den Schweden war die

Trichinenkrankheit ausgebrochen – das ostpreußische Schweinefleisch war ihnen nicht bekommen. Der Kurfürst hatte Berlin zu Weihnachten 1678 verlassen und in zwei Wochen 650 Kilometer zurückgelegt; dann hetzte er sein Heer auf 1200 hölzernen Schlitten durch Schnee und Eis weitere 150 Kilometer, schlug die Schweden vernichtend und vertrieb sie aus Preußen.

Diese siegreichen Schlachten, vor allem Fehrbellin, brachten ihm den Titel ›Großer Kurfürst‹ ein, obwohl er ihn durch seine aufgeklärte Politik ebenso verdient hätte. Er hatte nicht nur Größe, sondern auch Grandiosität. Man sieht es deutlich an seinen Gesetzen über die Liberalisierung von Landwirtschaft, Industrie und Handel; man sieht es an seiner Fähigkeit, eine Art von modernem Staat zu schaffen, mit zentraler Organisation (wozu auch ein Postwesen gehörte) und einem stehenden, besoldeten Heer. Man sieht es auch an seiner Toleranz in religiösen Belangen: obwohl selbst frommer Protestant, duldete er in seinem Land Katholiken und Juden. Er war stets ein praktischer Mann, sah gerne Bürger und Kaufleute um sich; auch besaß er selbst das Einfühlungsvermögen und den sicheren Blick des guten Kaufmanns, was die Nöte und Bedürfnisse seines Staates betraf. Diese Einstellung trat zutage, als Frankreich 1685 das Edikt von Nantes aufhob und die protestantische Minderheit ihrer Rechte beraubte, als Tausende von Hugenotten ein neues Heim finden mußten; da verurteilte Friedrich Wilhelm sofort das Vorgehen der Franzosen und bot jedem Hugenotten, der zu ihm kommen wollte, Asyl.

Mit einem Federstrich war Friedrich Wilhelm eine besonders aktive Blutauffrischung gelungen. In Berlin allein ließen sich 5000 Hugenotten nieder, Künstler, Handwerker, Kaufleute, wodurch die Bevölkerung der Stadt auf 25 000 stieg, während sie bei seiner Machtübernahme nur 6000 Seelen gezählt hatte. Aber nicht nur Hugenotten lud er ein, sich in Brandenburg niederzulassen: holländische Bauern gab es bereits, und nun kamen weitere Einwanderer aus den Niederlanden: Maurer, Bildhauer, Architekten. Sie wurden beim Bau der Stadtbefestigungen beschäftigt, ein riesiges Unterfangen, das ein volles Vierteljahrhundert in Anspruch nahm; sie bauten auch den Friedrich-Wilhelm-Kanal, der die Elbe mit der Spree verband und dem Kurfürstentum endlich den Anschluß an einen Seehafen, Hamburg, gab.

Louise war gestorben – auf dem Totenbett hatte sie ihm zum Abschied noch dreimal die Hand gedrückt. Sie ging ihm ab. Diener überraschten ihn, wie er ihr Porträt betrachtete und sagte: ›Louise, Louise, wie fehlt mir doch dein Rat!‹ In späteren Jahren sollte er ihm noch mehr fehlen, als er in zweiter Ehe Dorothea von Holstein-Glücksburg zur Gemahlin nahm. Die Witwe des Herzogs von Braunschweig war eine schlichte und praktisch veranlagte Frau; sie ließ das Nobelviertel Dorotheenstadt, damals noch ein Randbezirk Berlins, errichten, und ihr verdankt die Hauptstadt die Prachtstraße ›Unter den Linden‹. Aber sie war auch hart und unduldsam und entsprach immer mehr der Karikatur einer Stiefmutter. Als sie den Kurfürsten ehelichte, war Karl Emil noch am Leben, er war stark, dickköpfig und eigensinnig: ihm konnte sie nicht beikommen. Aber dann fiel er bei Straßburg, und die Stiefmutter peinigte die verbliebenen kleinen Prinzen.

Nicht selten war Friedrich Wilhelm heftig, im allgemeinen jedoch gerecht: eine nördliche, brandenburgische Version Ludwigs XIV., des Sonnenkönigs. Zwar ließ er kein Versailles errichten, aber wie der Franzose fühlte auch er sich als Verkörperung des Staates und seines Volkes, der lebende Ausdruck des massiven Volkswillens. Der Ausspruch Ludwigs XIV., ›L'Etat c'est moi‹, hätte auch von dem Großen Kurfürsten stammen können, der die Ansicht vertrat, sein Staat und er selbst seien von Gott eingesetzt und daher untrennbar verbunden. Er drückte dem Land Brandenburg und dem Hause Hohenzollern den Stempel des Absolutismus auf, er hatte den Ständen Räson beigebracht und die Verwaltung radikal zentralisiert; er war es auch, der den Militarismus in Deutschland einführte, von dem sich das Land nie wieder erholen sollte. Ein majestätischer und stattlicher Mann mit stark ausgeprägter Nase und einer Allongeperücke, war er auch nach außen hin die prächtige Verkörperung des barocken Herrschers im besten Sinne des Wortes, in allem, was er tat, dem Gedeihen seines Staates – und das hieß für ihn sein Land und sein Volk – tief verbunden. Er war zur Macht gekommen, als das Geschick der Hohenzollern und Brandenburgs an einem Tiefpunkt angelangt waren; er führte sie nach oben und setzte den Grundstein für spätere Größe. Unter seiner Herrschaft begann die Aufklärung einzelne helle Flecken auf das sonst düstere Bild des Staates zu werfen. Das Land besaß in ihm einen Förderer von Kunst und Wissenschaft, Industrie und Erziehung; die Renaissance war an Deutschland vorbeigezogen, aber jetzt setzte der Aufschwung ein. Jedoch seine Herrschaft brachte letztlich so viel Licht, daß die Schattenseiten um so stärker zutage traten: er legte den Grundstein für den modernen absolutistischen Militärstaat Preußen. Er starb 1688, nicht ganz vierzig Jahre nach der Hinrichtung Karls I. von England; man behauptete später, der Absolutismus wäre an Deutschland spurlos vorübergegangen, wenn irgend jemand, irgendwo, irgendwann einen Hohenzollern ermordet hätte. Aber das ist nie geschehen, und so ist es zu erklären, daß spätere Hohenzollern, die an Bedeutung meist hinter Friedrich Wilhelm zurückstanden, bei ihren Regierungsgeschäften völlig freie Hand hatten.

Der verwachsene Lebemann

Der Kurs, den das Haus Hohenzollern – und damit auch Preußen und ganz Deutschland – nach dem Tod des Großen Kurfürsten einschlagen sollte, wurde noch zu dessen Lebzeiten entschieden: nicht von ihm jedoch, nicht einmal nach seinem Willen, sondern von einer unbeholfenen Amme. Man schrieb das Jahr 1657, der Große Kurfürst stand am Beginn seiner Herrschaft: er war siebenunddreißig Jahre alt, und große Taten und 31 Regierungsjahre lagen noch vor ihm. Am 11. Juni des Jahres hatte die Kurfürstin Louise ein drittes Kind geboren: das zweite, das am Leben bleiben sollte, denn ihr erster Sprößling war weniger als ein Jahr nach seiner Geburt verstorben; der zweite, Karl Emil, der Erbprinz, von dem wir bereits sprachen, zählte damals zwei Jahre.

Der kleine Friedrich war sechs Monate alt, als seine Eltern ihn zusammenpackten und einer Amme übergaben, damit sie ihn auf eine Winterreise nach dem preußischen Königsberg begleite. Es handelte sich um eine mehrere hundert Meilen lange Wegstrecke, die in einer Kutsche zurückzulegen war. Man bedenke: diese Unternehmen hatten nichts mit unseren heutigen Vergnügungsreisen gemein; derartige Touren waren eher Torturen! Noch hundert Jahre später waren die Straßen so mit Schlaglöchern übersät, daß man besser mit einem Pferd querfeldein ritt, als sich den Straßen anzuvertrauen; aus gutem Grund hießen sie Knüppelstraßen. Diese Einzelheiten sind für unsere Geschichte nicht unwesentlich: die Kutsche schaukelte über das Land, die unvorsichtige Amme gab nicht gut genug auf das Kind acht, der Junge fiel zu Boden – oder fiel er gegen sie? Man weiß es nicht genau; fest steht aber, daß der kleine Friedrich sich am Rücken verletzte, wovon er sich später in seinem Wachstum nicht mehr erholen sollte; seine Statur verkümmerte, und es blieb ihm eine Art von Buckel.

Von den drei Kindern war er das schwächste, zerbrechlichste und hilfloseste: so kam es, daß die Kurfürstin, freundlich und kinderliebend wie sie war, ihn ohne Unterlaß verhätschelte. Als er älter wurde, regte sie ihn zum Studium an, ließ ihn in Musik und Zeichnen unterrichten. Letzten Endes mag sie sich wohl gedacht haben, war er ja wohl für andere Aufgaben kaum nütze, vor allem nicht für das rauhe Kriegshandwerk. Selbst Karl Emil, ein derber, eher ungehobelter Bursche, war stets freundlich und nett zu Friedrich, und dessen Leben wäre wohl in friedlichen und angenehmen Bahnen verlaufen, wenn er nicht Bruder und Mutter verloren hätte. Kurfürstin Louise Henriette starb zuerst: 1666 waren Karl Emil elf und Friedrich neun Jahre alt. Als der Große Kurfürst zwei Jahre später Dorothea von Holstein-Glücksburg zur zweiten Gemahlin nahm, standen Karl Emil und Friedrich in der Zuneigung Dorotheas, falls sie zu einer solchen überhaupt fähig war, erst an zweiter Stelle. Sie waren nur Stiefsöhne, während der Kurfürst ihr eigene Nachkommen schenkte, die sie ihnen natürlich vorzog: Philipp, der ein Jahr nach der Hochzeit auf die Welt kam, und Albrecht, der drei Jahre später geboren wurde.

Nach dem Tode Karl Emils wandte sich Dorothea dem schwächlichen Friedrich zu, den das Schicksal plötzlich zum Thronfolger bestimmt hatte. Sie intrigierte gegen ihn, in der Hoffnung, die Kurfürstenwürde für Philipp, ihren Erstgeborenen, zu erhalten, oder zumindest ihren beiden Kindern einige wertvolle, dem zukünftigen Kurfürsten vorbehaltene Landstriche zukommen zu lassen. Ihre Haltung war für Friedrich stets eine große Belastung, vor allem, da sein Vater sich anscheinend weder mit dem Tod Karl Emils noch mit der Vorstellung abfinden konnte, diesen schwachen und mißgebildeten Jungen als Nachfolger zu haben. Die schwere Faust des Hohenzollern Friedrich Wilhelm, sein Hang zu Wutausbrüchen und Strenge, war durch die Kurfürstin Louise Henriette gemildert worden; das Ausmaß ihres guten Einflusses auf seine Persönlichkeit trat erst nach ihrem Tode voll und ganz zutage. Als Friedrich Wilhelm älter wurde, ließ die Verbindung mit der kalten, sachlichen und autoritären Dorothea seine Härte und Kälte immer stärker in den Vordergrund treten, vor allem, was seine Haltung zu seinem mißgebildeten Sohn anging, in dem er eine Minderung seiner eigenen Glorie erblickte.

In seiner Jugend hatte sich Friedrich sehr zu seiner Cousine Elisabeth Henriette von Hessen-Kassel hingezogen gefühlt; er blieb ihr über die Jahre hinweg treu und wollte sie zur Gemahlin nehmen. Dies aber paßte seiner Stiefmutter nicht ins Konzept, wie überhaupt fast alle seine Pläne: die beiden stritten auf das heftigste. Hofklatsch über ihren Streit verwandelte sich bald zu unheilvollen Gerüchten. Man behauptete, Dorothea wolle ihn aus dem Weg räumen, man gab zu verstehen, sie würde nicht zögern, ihn umzubringen. Behauptungen, daß es ihr nicht schwerfallen dürfte, sich Gift zu beschaffen, müssen bis zu Friedrichs Ohren gelangt sein und veranlaßten ihn zum Handeln, als sie ihm nach einem besonders bitteren Streit gedroht hatte: ›Das werden Sie zu büßen haben!‹ Friedrich floh noch in derselben Nacht aus Berlin; nur von einem Dienstboten und seinem Mentor Eberhard von Danckelmann begleitet, eilte er nach Kassel zu seiner Tante und der Cousine, die er zu seiner Frau machen wollte.

Schwerin, Friedrichs Mutter ergebener und aufrichtiger Freund, überredete letzten Endes den Großen Kurfürsten, er solle doch seinen Sohn, trotz Dorotheens Widerstand, Elisabeth Henrietta heiraten lassen; die Hochzeit fand zwar statt, aber die Intrigen der Stiefmutter gingen weiter. Mindestens ein Mordversuch ist belegt: knapp nach seiner Hochzeit versuchte sie, ihn zu vergiften, wahrscheinlich auch, um die Geburt weiterer Hohenzollern-Erben von vornherein zu vereiteln. Es geschah im Anschluß an eine Tasse Kaffee, die Friedrich nach einem Mahl mit seiner Stiefmutter getrunken hatte. Was immer sich auch in dem Getränk befunden haben mochte, dem Erbprinzen wurde übel, er zog sich in ein anderes Zimmer zurück, wo er von Krämpfen geschüttelt wurde. Sein Zustand war besorgniserregend; noch dazu schwebte er in Todesängsten; er war überzeugt, daß man ihn vergiftet hatte. Der Arzt, nach dem man geschickt hatte, ließ auf sich warten; inzwischen gab Danckelmann dem Prinzen ein Brechmittel. Das Medikament brachte Friedrich wieder auf die Beine; Danckelmann hatte ihm das Leben gerettet, wie er jedermann erzählte. Friedrich aber beeilte sich, den Berliner Hof zu verlassen; er ließ sich auf dem Land nieder und ersuchte seinen Vater, dort bleiben zu dürfen. Von da an – der Mordversuch muß sich um 1680 zugetragen haben – bis zum Tode seines Vaters, acht Jahre später, blieb Friedrich den schlechten Einflüssen des Hofes, oder zumindest seinen bösartigen Unterstellungen, fern.

Elisabeth Henrietta starb 1683 (wieder sprach man von Giftmord). Ein Jahr später beschloß Friedrich, Sophie Charlotte von Hannover zur Gemahlin zu nehmen; damit befand er sich erneut im Widerspruch zu den Wünschen seiner Stiefmutter, die sogar die Braut verleumdete und ihre Jungfräulichkeit bezweifelte. Von diesen Beleidigungen angewidert, zog sich Friedrich endgültig zurück, nahm seine junge Gemahlin mit und brach sofort jede Verbindung zum Hofe seines Vaters ab.

Die politischen Auswirkungen dieser Entscheidung waren beträchtlich und erstreckten sich bis in die Zeit Friedrichs des Großen. Erbprinz Friedrich war sehr profranzösisch eingestellt: Ludwig XIV. war Taufpate seiner Erstgeborenen. Der Sonnenkönig wußte sowohl von der Feindschaft zwischen der Kurfürstin und dem jungen Friedrich als auch vom Einfluß Dorotheas in Berlin. Angesichts seiner Schwierigkeiten mit dem Großen Kurfürsten ließ Ludwig Dorothea großzügige Geschenke zukommen, damit sie auf die Politik ihres Gemahls Einfluß nehme und sie etwas frankophiler gestalte.

Friedrichs hannöversche Braut Sophie Charlotte machte aus ihrer Aversion gegenüber Frankreich keinen Hehl und unterstützte ein Bündnis zwischen Brandenburg und dem Habsburger Kaiser Leopold I. Seit dem Frieden von Nijmwegen hegte Friedrich zwar eine starke Antipathie gegen Leopold, aber das lag weit zurück, während sein Haß gegen die Stiefmutter frisch war. Auch trugen Ludwigs XIV. Geschenke an Dorothea dazu bei, den Prinzen auf die Seite des Kaisers überschwenken zu lassen.

Gerade zu dieser Zeit trugen der Kaiser und der Große Kurfürst einen Streit aus, bei dem es um einige schlesische Herzogtümer ging, die die Hohenzollern für sich beanspruchten und die abzutreten Österreich nicht gewillt war. Um die Angelegenheit ins reine zu bringen, schlug Leopold dem Kurfürsten vor, an ihrer Stelle den Kreis Schwiebus anzunehmen, ein kleines Landstück in der Nähe von Frankfurt an der Oder, unmittelbar an der brandenburgischen Grenze. Für Friedrich Wilhelm hieß es, entweder Schwiebus zu akzeptieren oder überhaupt nichts zu erhalten. Diese Verhandlungen fanden drei Jahre vor dem Tod des Großen Kurfürsten statt: er war 65 Jahre alt, erschöpft, des Streitens müde, bereit, wenigstens irgend etwas zu erhalten. Also nahm er das Angebot an. Aber zu dem Zeitpunkt, da der österreichische Botschafter in Berlin mit Friedrich Wilhelm die Übergabe von Schwiebus aushandelte, spann er im geheimen Ränke, um es wiederzubekommen. Der Erbprinz lebte auf dem Land und war durch seine Entfremdung vom Hof in größeren Geldschwierigkeiten: Kaiser Leopold hatte eine Lösung für die finanziellen Nöte dieses jungen Mannes parat. Er erbot sich, ihm eine Rente auszusetzen, unter der Bedingung, Friedrich verpflichte sich, sofort nach Antritt der Kurfürstenwürde Schwiebus zurückzuerstatten. Teils um das Geld zu bekommen, teils in der Absicht, sich durch dieses heimliche Bündnis mit den Habsburgern an der Stiefmutter zu rächen, ging der Erbprinz auf den Handel ein – ungefähr zu der gleichen Zeit, da der Große Kurfürst seine Zustimmung zum Erwerb von Schwiebus gab, ohne die geringste Ahnung davon zu haben, daß sein Sohn das Versprechen abgegeben hatte, die Kreisstadt zurückzuerstatten. Carlyle berichtet über Leopolds hinterhältiges Manöver und vergleicht es mit der Handlungsweise ›gewisser betrügerischer Geldverleiher einem leicht beeinflußbaren jungen Herren in Geldnöten gegenüber, der in ihre Hände gefallen ist‹.

Zwei Jahre später starb Friedrich Wilhelm, und sein einunddreißigjähriger Nachfolger nahm den Titel Kurfürst Friedrich III. von Brandenburg an. Sieben Jahre lang weigerte er sich, Schwiebus zurückzugeben, bis er dann den Drohungen nachgab; den Drohungen und seinem schrankenlosen Ehrgeiz, der weit über die schlesische Kreisstadt hinauszielte. ›Ich muß, will und werde auch mein Wort halten‹, erklärte er, als er Schwiebus zurückgab, nachdem er den Habsburger sieben Jahre hingehalten hatte. Anschließend überließ er es ›der Nachwelt‹, die Ansprüche der Hohenzollern in Schlesien wahrzunehmen, ›wenn Gott eines Tages die Möglichkeit dazu geben sollte‹, und diese Gelegenheit wurde von Friedrich dem Großen beim Schopfe ergriffen.

Der große, alles bestimmende Ehrgeiz des neuen Kurfürsten war es, König zu werden. Königliche Haltung hatte sein Vater bewiesen; was er, Friedrich, anstrebte, waren die Insignien königlicher Macht, die sein Vater zu begehren nie gewagt hatte. Schon als er den Kurfürstenhut aufsetzte, hatte er sich an seinen Eltern gerächt und das Testament seines Vaters zerrissen, in dem Friedrichs Stiefgeschwistern, den Kindern Dorotheens, Ländereien vermacht waren. Dann ließ er 1698 durch Andreas Schlüter eine prächtige Reiterstatue des Großen Kurfürsten anfertigen. 1688, im Jahr seiner Thronbesteigung, wurde Sophie Charlotte ein zweiter Sohn geboren (der erste war als Kleinkind verstorben), der zu Ehren des Großen Kurfürsten den Namen Friedrich Wilhelm erhielt. Ironie des Schicksals: dieser Sohn sollte seinem Vater Verachtung entgegenbringen, die Entfremdung, ja selbst den Haß weiterführen, der das Haus Hohenzollern durch Generationen hindurch erschütterte.

Die Regierungszeit des Kurfürsten Friedrich III. war in gewisser Hinsicht eine lange Reihe von Überkompensationen, durch die er seinen Buckel und die Behandlung, die man ihm in seiner Jugend angedeihen hatte lassen, vergessen machen wollte. Da man seinen Körper nicht gerade als schön empfand, wollte er ihn hinter Reichtum und Glanz verbergen. War seine äußere Erscheinung auch alles eher denn olympisch, so wollte er in Stöckelschuhen, erlesenen Perücken und den teuersten Gewändern herumstolzieren und seine Residenzstadt in einen Königshof verwandeln, koste es was es wolle. Es ging ihm weniger darum, ein guter, als vielmehr ein glorreicher Herrscher zu sein, und so übergab er die Führung der Staatsgeschäfte an Eberhard von Danckelmann, dem Mann, der ihm das Leben gerettet hatte. Danckelmann bekleidete in den ersten neun Jahren von Friedrichs Regierung den Posten des Ersten Ministers (dann wurde er durch die Intrigen der Kurfürstin gestürzt). Seine wichtigste Aufgabe – die einzige, auf die es ankam – war die Frage der Königskrone.

Nur der Kaiser des Heiligen Römischen Reiches, der Habsburger Leopold I., konnte ihm die Königswürde verleihen. Friedrich hatte Glück: als er zur Macht kam, war der Kaiser gerade auf der Suche nach Verbündeten, denn er wollte eine Koalition gründen, um die ehrgeizigen Pläne Ludwigs XIV. zu durchkreuzen. Darüber hinaus hätte für Friedrich ein Beitritt zu dieser Großen Allianz eine Reihe von persönlichen Genugtuungen bedeutet, denn damit eröffnete sich ihm die Möglichkeit, seinem Vater und seiner Stiefmutter einen (wenn auch nur symbolischen) Schlag zu versetzen, da ja der eine von den Franzosen materiell unterstützt, die andere einfach bestochen worden war. Für Brandenburg ergab sich außerdem die Möglichkeit, Revanche für Nijmwegen zu nehmen. Also unterstellte Friedrich sein Heer dem Kaiser, und bereits sechs Monate nach Antritt seiner Regentschaft waren seine Truppen in der Nähe von Bonn, wo er Wilhelm von Oranien auf dessen Fahrt nach England Rückendeckung gegen einen französischen Angriff gab.

Friedrichs Streitkräfte blieben durch Jahre im Dienst des Kaisers; Brandenburg verfügte über 30 000 hervorragend ausgebildete und äußerst disziplinierte Soldaten, für die damalige Zeit eine beträchtliche Streitmacht, was auch Kaiser Leopold anerkennen mußte. Achttausend davon spielte Friedrich aus, um sich die Königswürde zu verschaffen, denn je näher das Ende des 17. Jahrhunderts rückte, desto erpichter war er darauf: der benachbarte Kurfürst von Sachsen hatte im Jahre 1691 sein Ziel erreicht – er war zum König von Polen gekrönt worden – und ein Jahr später erhielt der Herzog von Hannover die Kurfürstenwürde verliehen. Rund um ihn sah er Rangerhöhungen: der Sachse hatte ihn bereits überrundet, und der Hannoveraner rückte näher.

Friedrich aber konnte nicht König von Brandenburg werden, denn sein Land lag innerhalb der Grenzen des Heiligen Römischen Reiches, und von einer Ausnahme – Böhmen – abgesehen, war der einzige König im Reichsverband der Kaiser selbst. (Die Ausnahme war der König von Böhmen, der aber zu dieser Zeit de facto gleichzeitig Habsburgerkaiser war. Die Königswürde eines der Kurfürsten erklärt sich daraus, daß die ›Goldene Bulle‹, welche die Stellungen der Kurfürsten überhaupt definierte, ein Werk Kaiser Karls IV. war, der auch den Titel eines Königs von Böhmen führte. Dadurch wurde der König von Böhmen einer der drei geistlichen und vier weltlichen Personen des Reichs, welche die Kurfürstenwürde besaßen; die anderen waren die Erzbischöfe von Mainz, Köln und Trier, der Herzog von Sachsen, der Markgraf von Brandenburg und der Pfalzgraf am Rhein.) Alle anderen Herrscher führten Titel wie Kurfürst, Herzog, Fürst oder Markgraf. Wenn also Friedrich eine Königskrone begehrte, mußte er außerhalb der Reichsgrenzen König werden, so wie der Herzog von Sachsen.

Preußen, dessen erbliche Herzogswürde er innehatte, schien demnach die beste, wenn nicht die einzige Lösung des Problems zu sein, aber wie konnte er König von Preußen werden, wenn er vornehmlich in der Mark Brandenburg regierte? Ärger noch: die westliche Hälfte der ehemaligen Lande des Deutschen Ritterordens wurden von Polen beansprucht. Westpreußen unterstand dem König von Polen. Wie also sollte Friedrich König von Preußen werden, wenn er nur über eine Hälfte des Landes gebot?

Diese und ähnliche Überlegungen schufen ein Dilemma, das für weniger ehrgeizige Männer als Friedrich unüberwindlich gewesen wäre. Aber in seiner festen Entschlossenheit, die Königswürde zu erlangen, löste er das Problem auf die einfachste Weise: er ersetzte einfach das Wörtchen ›von‹ durch ein anderes: ›in‹. Er würde eben König *in* Preußen sein, statt *von* Preußen; gleichzeitig würde er Markgraf von Brandenburg bleiben und sich weiterhin dort aufhalten. Diese Lösung schien niemanden zu stören, vor allem da er doch in erster Linie in Berlin regieren würde, nicht in Preußen; und wenn, so nur über die Hälfte des Landes. Er selbst war hocherfreut, daß man ihn von nun an nicht mehr, wie bisher, mit ›Durchlaucht‹, sondern mit ›Majestät‹ anzusprechen hatte.

Im November 1700 wurde ihm die Erlaubnis verliehen, den Königstitel zu tragen: Kaiser Leopold I. betrachtete die Angelegenheit als nebensächlich und zeigte sich an ihrem Ausgang völlig desinteressiert

(Friedrichs Sache war in Wien mit Erfolg von einem adeligen Jesuitenpater namens Wolf vorgebracht worden, der sich anscheinend Hoffnungen machte, auf Grund dieser Intervention würde es seinem Orden später gestattet sein, das protestantische Brandenburg zu unterwandern.) Am 17. Dezember 1700 brach der Markgraf und Kurfürst Friedrich III. nach Königsberg zu seiner Krönung auf. Sein Gefolge bestand aus 1800 Kutschen, die in drei Abteilungen reisten: Sophie Charlotte, die künftige Königin, reiste in der zweiten und der zwölfjährige Friedrich Wilhelm, der künftige Kronprinz, in der dritten. Für den Troß wurden mehr Pferde mobilisiert, als Friedrichs Hauptstadt Einwohner zählte: längs der 400 Meilen langen Wegstrecke wurden deren 30 000 postiert. Das ganze Land wurde aufgefordert, Friedrichs neue Würde zu feiern. Jede Stadt, jede Landgemeinde, die er auf dem Hin- oder Rückweg durchquerte, zierte festlicher Schmuck; die Gebäude, ja selbst die Straßen, die seine Kutschen benützten, waren mit Stoffen ausgeschlagen. Jede Kanone feuerte Salutschüsse ab, jeder Soldat, jeder Offizier salutierte und jubelte dem vorbeiziehenden Zug zu. Aus den Brunnen floß Wein, und jeder Tag war ein Fest. Im Schloß zu Königsberg setzte sich der König die Krone selbst aufs Haupt und krönte dann seine Gemahlin; die Feierlichkeit war auf den ausdrücklichen Wunsch Friedrichs in das Schloß verlegt worden, um seine Unabhängigkeit von der Kirche zu unterstreichen. Danach wurde in der Schloßkapelle eine zweite Zeremonie abgehalten, bei der König und Königin die Weihe von zwei protestantischen Bischöfen erhielten, die Friedrich eigens zu diesem Zweck ernannt hatte. Diese endlosen Verwicklungen des Zeremoniells schienen die neugebackene Königin zu langweilen, denn sie nahm ungerührt eine Prise Schnupftabak nach der anderen.

Mag auch der Königin die volle Bedeutung der Königskrönung des Kurfürsten Friedrich III., der nun König Friedrich I. war, entgangen sein, ein scharfsinniger Beobachter der europäischen Szene hatte sie voll erfaßt. Prinz Eugen von Savoyen, der große Heerführer des Kaisers, meinte, als er von der Krönung erfuhr, ›die kaiserlichen Minister, die dem Kaiser geraten haben, den König von Preußen anzuerkennen, gehören gehängt‹.

Allerdings wäre es auch Prinz Eugen niemals in den Sinn gekommen, die obskure Hohenzollern-Dynastie könnte eines Tages das Haus Habsburg als dominierende Macht in Deutschland ablösen; und auch Friedrich konnte selbst in seinen kühnsten Träumen nicht daran denken. Was ihn betraf, so war Brandenburg-Preußen lediglich in den Rang erhoben worden, der dem Land hauptsächlich durch die Taten des Großen Kurfürsten zustand; des weiteren war die Krone ein Symbol der Vereinigung von Brandenburg und Preußen, denn von nun an wurde Brandenburg weniger erwähnt: man sprach von der königlichpreußischen Armee und von der königlich-preußischen Verwaltung.

Die Rückkehr des frischgebackenen Königs in seine Hauptstadt war ebenso glänzend wie die Reise zur Stätte seiner Krönung. Um sicherzugehen, daß man ihn auch gebührend willkommen heiße, verweilte er mehrere Wochen auf seinem Landsitz, um den Bewohnern der Hauptstadt genug Zeit für ihre Vorbereitungen zu lassen. Am 6. Mai erwiesen sie ihm die Reverenz: er ritt ein durch ein halbes Dutzend geschmückter Ehrenpforten, hinter ihm seine Königin, deren achtspänniger Kutsche andere Karossen folgten, in denen sich der Kronprinz und Höflinge befanden. Tausende jubelten ihm zu, die Glocken aller Kirchen läuteten, und von den Stadtmauern und Schiffen auf der Spree feuerten 200 Kanonen ihren Salut.

Der Kanonendonner von den Schiffen erinnert uns an des Großen Kurfürsten erste Bemühungen um eine Flotte. Seit seiner Thronbesteigung als Kurfürst hatte Friedrich die Flotte weiter ausgebaut. Ihm gehörten vier große, seetüchtige Segelschiffe, die er in England hatte anfertigen lassen, und vier vergoldete, achtzehnreihige Galeeren. Sie befanden sich im Besitz des Königs, hatten aber keinen festen Ankerplatz. Später ließ sich König Friedrich in Amsterdam eine noch prunkvollere Jacht zimmern, die ihn 100 000 Taler kostete; diese war anfangs auf der Spree vertäut, gegenüber von Schloß Monbijou, das der Schwiegertochter des Königs gehörte, später wurde sie dann nach Potsdam gebracht. Wie alles in der Umgebung Friedrichs, war auch das Schiff ein Schaustück, Beweis seiner Bedeutung.

In den Jahren des Wartens auf seine Königskrönung war Friedrich nicht untätig geblieben. Sein Wunsch, Berlin eines Königs würdig zu gestalten, hatte ihn riesige Summen für den Bau öffentlicher Gebäude und Paläste gekostet; durch ihn wurde das Stadtbild völlig verändert. Andreas Schlüter, der Bildhauer und Architekt, war einer der großen Künstler, die Friedrich nach Berlin holen ließ: er schuf für Sophie Charlotte einen herrlichen Palast, das heutige Charlottenburg. Von seiner Fertigstellung im Jahre 1699 bis zu ihrem Tod sechs Jahre später benützte sie das Gebäude als ihren hauptsächlichen ›Salon‹. Dort umgab sie sich mit den exquisitesten Dingen, die sie nur auftreiben konnte; man behauptete, daß sie sich auch mit Liebhabern umgebe und daß die zahlreichen Herren, die ihr den Hof machten, den Palast in ein einziges riesiges Boudoir verwandelt hätten. Abseits von diesem Treiben stand ein trotziger Fünfzehnjähriger, der das alles haßte. Er konnte Parfüms nicht ausstehen, fand die kultivierte Art seiner Umgebung widerlich und betrachtete Luxus als Zeichen der Verderbtheit. Er rieb sich das Gesicht mit Speck ein, damit ihm Sonne und Wind die Haut gerbten. Für Vater und Mutter hatte er nur Spott und Verachtung, wenn er sah, wie Friedrich versuchte, mit seinen Stöckelschuhen imposant zu wirken oder seine schiefe Schulter unter wallenden Perücken zu verbergen; wie Sophie Charlotte sich dicht verschleierte, um ihren Teint nicht der Sonne auszusetzen. Er hatte sich den Eltern völlig entfremdet: sein Vater war für ihn ein verschwenderischer Geck, seine Mutter ein frivoles Frauenzimmer und, wie er argwöhnte, eine Ehebrecherin. Er, der Sohn und Erbe, Kronprinz Friedrich Wilhelm, beabsichtigte bereits zu dieser Zeit, die Vergnügungspaläste zu schließen und seinen Hof wie eine Offiziersmesse zu führen. Er wuchs inmitten von spitzengeschmückter und goldbortenbesetzter Eleganz auf; von höfischen Galanen und geistreichen Köpfen umringt, entwickelte sich Friedrich Wilhelm immer mehr zu einem ungehobelten Sadisten.

Keine Stadt außerhalb Frankreichs war so französisch wie das Berlin Friedrichs I., kein Hof in Europa kopierte die französische Galanterie so sehr. Der Großteil der Konversation und fast die gesamte Korrespondenz wurde auf französisch abgewickelt, und es gab damals in Berlin sogar mehrere Zeitungen in dieser Sprache. Nach den Flüchtlingen, die der Große Kurfürst aufgenommen hatte, strömten jetzt mehr Franzosen als je zuvor nach Berlin: Schneider, Hutmacher, Perückenfriseure, Tanzmeister, Fechtlehrer, Spezialisten der höfischen Etikette, Fachleute für französische Lebensart und Sitten ... Angeblich bezahlte der König manche von ihnen so gut wie seine Minister, denn das Wichtigste war ihm Zeremoniell, Etikette und dergleichen. Er war, wie sein Enkel Friedrich der Große von ihm sagte, ›klein in großen Belangen, groß aber in Kleinigkeiten‹.

Letztlich jedoch kamen seine Marotten Preußen und seiner Hauptstadt zugute: er brachte nicht nur das Haus Hohenzollern zu königlicher Würde, er hob auch das kulturelle Niveau seines Landes. In Anlehnung an die Académie Française errichtete er die Preußische Akademie der Wissenschaften, zu deren ersten Präsidenten er den Philosophen Gottfried Wilhelm von Leibniz verpflichten konnte. Leibniz, ein Freund von Sophie Charlotte, war der bedeutendste deutsche Gelehrte seiner Zeit, und seine Zusage war für Berlin eine große Ehre. 1694 gründete Friedrich die Universität in Halle, er und seine Gemahlin nahmen nicht nur Modegecken bei Hofe auf, sondern auch Vertreter von Wissenschaft und Kunst.

Kaum hatte Andreas Schlüter den Palast für Sophie Charlotte vollendet, als Friedrich den Bau eines Zeughauses für sich in Auftrag gab. Das Gebäude sollte eine Kopie des Pariser Louvre werden, mit kleinen Änderungen, die der französische Botschafter François Blondel vorgeschlagen hatte. Das Zeughaus erhob sich am Beginn der Straße ›Unter den Linden‹, ganz in der Nähe des Hohenzollern-Schlosses, an dem auch Schlüter mitgearbeitet hatte. Der Architekt blieb in königlichen Diensten, bis Friedrich I. verstarb und sein Sohn ihn verjagte; er war Präsident der Preußischen Akademie der Künste, die vier Jahre vor der Akademie der Wissenschaften gegründet worden war, und Friedrichs Nachfolger hatte für Kunst oder Künstler keine Verwendung. Leibniz blieb bis zum Tode seiner Freundin und Gönnerin Sophie Charlotte in Preußen; später kam er nur mehr selten nach Berlin und starb ziemlich vergessen in Hannover.

All diese Unternehmungen auf den verschiedensten Gebieten der Kultur verschlangen riesige Summen. Es besteht kein Zweifel darüber, daß der ›kleine König‹ Friedrich die feste Absicht hatte, aus Berlin eine Art Versailles zu machen und selbst zu einem Sonnenkönig zu werden; wenn er seinem Vorbild nicht entsprechen konnte, was die Erfolge und Taten anging, so war doch zumindest seine Prunkentfaltung jener Ludwigs ebenbürtig. Friedrichs andere Liebhabereien aber kosteten den Staat mindestens ebensoviel: die ausgefallensten Einrichtungsgegenstände für den Palast, eine Sammlung von Edelsteinen, an deren Beschaffung ein Heer von Händlern jahrelang tätig war, und sogar einen Privatzoo, für den er Löwen, Leoparden und Eisbären kommen ließ. All diese Extravaganzen brachten es mit sich, daß der König ohne Unterlaß auf der Suche nach Bargeld war. Nach dem Sturz des begabten Danckelmann im Jahre 1697 gewannen drei Günstlinge immer mehr Einfluß bei Hof: sie verdankten ihre Stellung vor allem ihrem Talent, stets neue Geldquellen zu finden (und die Staatsschuld in die Höhe zu treiben). Sie hießen Wartenberg, Wartensleben und Wittgenstein und waren sehr bald unter dem Spitznamen ›die drei Wehen‹ bekannt. Sie verdoppelten die Ausgaben für den königlichen Haushalt und zweigten auch für sich selbst genug ab, bis ihre Machenschaften 1711 aufgedeckt und die drei Ratgeber entlassen wurden, was auf die Initiative des einzigen Mannes zurückging, der Interesse hatte, Geld zu sparen: Friedrich Wilhelm, der Kronprinz. Der Thronfolger und Erbe war von der Verschwendungssucht seiner Umgebung entsetzt, sollte er sie doch am eigenen Leibe erleben: als er sich vermählte, organisierte sein Vater ein Hochzeitsfest, bei dem 640 Kälber, 100 Ochsen, 1102 Truthähne, 650 Enten, 1000 Tauben und 7200 Eier verbraucht wurden. Schwerer wog die Tatsache, daß das preußische Heer völlig von Zuwendungen fremder Geldgeber abhing und damit die Handlungsfreiheit des Staates radikal eingeschränkt war. Dies zeigte sich 1700, als der Zweite Nordische Krieg ausbrach, und ein Jahr später noch einmal, bei Beginn des Spanischen Erbfolgekrieges. Im Nordischen Krieg hatte König Karl XII. von Schweden den Zaren Peter den Großen bei Narva besiegt, Polen erobert und nun sein Heerlager in Sachsen, nahe der preußischen Grenze, aufgeschlagen. Der Streit um die spanische Erbfolge begann mit dem Tod Karls II., als Franzosen, Habsburger und Bayern gleichzeitig das Erbe beanspruchten. Der Krieg breitete sich aus, als Holland und England in den Kampf eintraten, nachdem Ludwig XIV. nach dem Tode Wilhelms von Oranien (1698 bis 1702 König von England) den Thronprätendenten der Stuarts als rechtmäßigen König Englands anerkannt hatte.

Friedrich I. sah seine wahren Interessen im Konflikt zwischen Schweden und Rußland, denn er hoffte, daraus wertvolle Landstriche für Preußen gewinnen zu können: an der Ostsee winkte der so wichtige Zugang zum Meer; selbst Westpommern könnte an ihn fallen, dachte er, wenn Rußland als Sieger aus dem Kampf hervorginge. Es war ihm aber nicht möglich, sich dem Zaren gegenüber zu verpflichten, weil der Zustand seiner Staatskasse ihn jeder Handlungsfreiheit beraubte. Die Russen hätten ihm Hilfsgelder für seine Armee zahlen müssen, was sie ablehnten. Auf der anderen Seite war der Kaiser durchaus bereit, Geld herzugeben, vorausgesetzt, Preußen kämpfte an der Seite der Österreicher, Engländer und Holländer gegen die Franzosen. Sich dieser Sache anzuschließen, dachte Friedrich, hieße seine Ansprüche auf einige der Ländereien der Familie Oranien festigen: damit würde er, wie schon sein Vater, zum Verteidiger des Protestantismus und der deutschen Interessen werden. Die preußischen Truppen fochten also im Spanischen Erbfolgekrieg, zeichneten sich bei Höchstädt und auf anderen Schlachtfeldern aus und brachten Preußen kleine Besitztümer von den Oraniern ein, die sich quer durch Europa von der Schweiz bis nach den Niederlanden hinzogen. Zu guter Letzt wurde Preußen auch noch in den Schwedisch-Russischen Krieg hineingezogen, doch dies geschah erst nach dem Tode König Friedrichs I. und knapp nachdem sein Sohn ihm auf dem Thron gefolgt war.

Sophie Charlotte hatte einen Spitznamen: sie nannte sich gern ›die erste preußische Republikanerin‹, in Anspielung darauf, daß sie nichtadelige Intellektuelle den adeligen Höflingen vorzog; aber dieser selbstverliehene Titel entsprang mehr intellektueller Prahlerei. Ihren Gemahl rief sie ›König Äsop‹. Seine letzten Jahre waren nicht besonders glücklich. Zwischen ihm und dem Kronprinzen gab es wenig gemeinsame Interessen und noch weniger freundschaftliche Gefühle füreinander. Russische und polnische Truppen besetzten unter Mißachtung der Neutralität des Reiches im Nordischen Krieg den schwedischen Teil Pommerns, womit nur allzu deutlich wurde, daß Preußen nicht einmal im eigenen Hinterland durchzugreifen imstande war. Friedrichs Truppen standen im Westen im Einsatz, und seine Staatskasse war so leer, daß er keine Streitkräfte mobilisieren konnte, um die Ostgrenze zu verteidigen. Friedrichs Untertanen, deren Vermögen der König verpfändet hatte, verübelten ihm seine verschwenderische Hofhaltung. Berlin schickte sich an, eine glänzende Stadt zu werden, aber die Entwicklung des allgemeinen Wohlstandes hielt damit nicht Schritt. Allerdings machte Brandenburg-Preußen einen wohlhabenderen Eindruck und befand sich in besserem Zustand als andere deutsche Staaten: die Straßen waren zwar nach wie vor miserabel, aber dennoch besser im Stand erhalten und markiert als anderswo; die Gasthöfe sauberer und weniger unsicher; die Landwirtschaft blühte und gedieh. Aber viele, wenn nicht alle diese Vorzüge ließen sich auf die Herrschaft des Großen Kurfürsten und die Politik Danckelmanns zurückführen; in späteren Jahren hatte es unter den ›drei Wehen‹ nichts als Mißwirtschaft gegeben. Die natürlichen Eigenschaften des Volkes (und nicht zuletzt der niederländischen und hugenottischen Immigranten): Fleiß, Sparsamkeit und Ehrlichkeit, hatten dem Staat geholfen; Friedrich I. hatte diese Entwicklung nur behindert. Seine Leistungen lagen auf dem Gebiet der Kultur und Kunst oder dort, wo sie nur wenig Anstrengung verlangten: so vereinigte er zum Beispiel mit einem Federstrich Berlin,

Cölln und die Vorstädte zu einer einzigen Stadt Berlin, die damals eine Bevölkerung von 57 000 Einwohnern zählte.

Großvater zu sein bereitete ihm große Freude, vor allem die Geburt des Jungen, der später Friedrich der Große werden sollte. Im Jahre 1706, sieben Jahre vor seiner Thronbesteigung, hatte der achtzehnjährige Kronprinz Friedrich Wilhelm die Prinzessin Dorothea von Hannover zur Gemahlin genommen; sie waren das Paar, von dem behauptet wurde, es betreibe die Babyproduktion ›ohne Unterlaß Tag und Nacht‹. Von den zahlreichen Kindern, die vor dem Tode Friedrichs I. geboren wurden, blieben nur zwei am Leben: Wilhelmine, geboren 1709, und Friedrich, der drei Jahre später zur Welt kam; die anderen Kinder des Königspaares wurden nach 1713, dem Todesjahr Friedrichs I., geboren.

Zumindest aber hatte dieser die Freude, einen überlebenden Enkel zu sehen, dem man seinen Namen gegeben hatte. Er war vernarrt in den Knaben. Die Nabelschnur des kleinen ›Fritz‹ wurde in einer vergoldeten Silberkapsel aufbewahrt, auf die er hatte gravieren lassen: ›Friedrich, Prince de Preussen d'Orange et né le 24 janvier 1712 à 11 heures, et demi du Matin.‹ Ein Brief, den er am 30. August 1712 – Fritz war damals gerade sieben Monate alt – an die Kurfürstin Sophie von Hannover sandte, verrät den gleichen Stolz. ›Eure Kurfürstliche Durchlaucht‹, schrieb der König von Preußen, ›werden sich zweifelsohne mit uns erfreuen, daß der kleine Prinz Fritz nunmehro 6 Zehne hat und ohne die geringste incommoditet. Daraus kann man auch die predestination sehen, daß alle seine Brüder daran haben sterben müssen, dieser aber bekommt sie ohne Mühe wie seine Schwester ...‹

Der Empfänger dieses Schreibens war Friedrichs I. frühere Schwiegermutter, denn nach dem Ableben von Sophie Charlotte hatte sich der einundfünzigjährige König 1708, nur fünf Jahre vor seinem eigenen Tod, aufs neue vermählt. Diese dritte Ehe (Sophie Charlotte war bereits seine zweite Gemahlin gewesen) war alles andere als glücklich und hatte nicht unbeträchtlichen Anteil an den Sorgen seiner letzten Jahre.

König Friedrich I. war diese Ehe aus seltsamen Gründen eingegangen. Der Kronprinz hatte bis 1708 nur einen Thronfolger gezeugt, der innerhalb eines Jahres verstorben war. Der König sorgte sich, die Brandenburger Linie des Hauses Hohenzollern könnte aussterben, was auch seine übergroße Freude bei der Geburt des kleinen ›Fritz‹ erklärt. Anläßlich eines Kuraufenthaltes in Karlsbad legte man König Friedrich nahe, wenn der junge Kronprinz nicht fähig sei, gesunde Nachkommenschaft in die Welt zu setzen, so sei doch er mit seinen 51 Jahren noch Manns genug, es selbst zu tun – obwohl der Herrscher kränkelte, sich schwach fühlte und ›die Wasser nehmen‹ mußte. Man fand ihm eine vierundzwanzigjährige Prinzessin, Sophie Louise von Mecklenburg-Schwerin. Er nahm sie zur Gemahlin, brachte sie mit allen Ehren nach Berlin – und fand dort seinen Kronprinz und dessen Gemahlin bei der erfolgreichen Babyproduktion vor: Wilhelmina und, einige Zeit später, der kleine Fritz kamen zur Welt. Das war natürlich für Friedrich eine Quelle des Trostes. Seine Gemahlin hingegen entpuppte sich als fanatische und puritanische Anhängerin Luthers. Außerdem war sie auf dem Weg, verrückt zu werden. Bald schon zeigte sie Anzeichen geistiger Umnachtung, schloß sich in ihre Gemächer ein und ließ den König nicht zu sich; binnen kurzem schnappte sie über, und man mußte sie unter Aufsicht stellen. Eine Zeitlang müssen sie ein seltsames Paar abgegeben haben: der schwächliche, alternde und verwachsene König und seine geistesgestörte Gemahlin, wie sie sich auf schwankenden Beinen unsicher fortbewegten, umgeben von Brüsseler Spitzen und Schulden. Zu guter Letzt hatte sie ihn auf dem Gewissen. Eines Morgens entsprang sie ihren Bewachern und lief durch die Gänge des Palastes bis zum Schlafgemach des Königs, in das sie völlig unerwartet, nur mit ihrem weißen Untergewand bekleidet, hineinstürzte. Friedrich wurde jäh aus dem Schlaf gerissen, denn sie war im wahrsten Sinne des Wortes hereingestürzt, durch die geschlossene Glastür seines Schlafgemachs, und er sah sich einer weißgekleideten, blutüberströmten, schreckenerregenden Erscheinung gegenüber. Dafür hielt er sie auch in der Tat: er vermeinte, ihm sei ›die weiße Dame‹ erschienen, der Geist der Gräfin Agnes von Orlamünde, das Familiengespenst der Hohenzollern, dessen Auftreten stets den Tod eines Familienmitglieds anzeigte. Er fiel in Ohnmacht, kam nicht mehr zu sich und starb einige Tage später. Sein Leben, eine endlose Reihe von glorreichen Ersatzhandlungen und Banalitäten, endete in der gleichen Art, wie er es gelebt hatte: mit einer dumpfen Note von Widersinn und Wahn und mit einem Hauch von Traurigkeit. Er selbst verspürte in seinen letzten Jahren, daß die Freudenpaläste, die er errichtete, jeder Freude entbehrten – und das sollte sich nach seinem Tode mit aller Deutlichkeit bewahrheiten.

Eine Leidenschaft für das Ausgefallene

Man nehme ein Kind, zu Reichtum und Ehren geboren, umgebe es von Geburt an mit Schmeichlern und Kriechern, zwinge es nie, oder nur selten, etwas zu tun, das es nicht willens ist zu tun, sehe ihm all seine Grillen und Launen nach, gestatte ihm, jedem boshaften Impuls, jeder sadistischen Neigung nachzugeben, lasse es nie, oder fast nie, das Wort Nein hören, wechsle seinen Lehrer jedesmal, wenn es ihn zur Erschöpfung gebracht hat ... Zu all dem komme noch ein roher, kleinlicher, geiziger, rachsüchtiger und gewöhnlicher Charakter, und was ist dann das Ergebnis? Ein verzogener Bengel – gelinde gesagt, und man würde sich hüten, ihm andere Menschen auf Gedeih und Verderb auszuliefern. Gerade das aber kam auf Preußen zu, als König Friedrich Wilhelm I. von Hohenzollern den Thron bestieg. Er war ein unmögliches Kind und, als er herangewachsen war, ein unglaublicher König. Alle oben beschriebenen Eigenschaften waren in ihm vereint und machten ihn zeitweise, oder besser gesagt meistens, zu einem wahren Ungeheuer. Trotzdem kann paradoxerweise nicht geleugnet werden, daß aus ihm ein großer König wurde. Er konnte zwar nie die Zuneigung eines anderen Menschen erringen und niemand schlug je vor, ihn Friedrich Wilhelm den Großen zu nennen, aber er war groß in seinen Taten, gut auch für sein Volk, in dem Sinn nämlich, als eine starke Dosis Rizinusöl als Segen bezeichnet werden kann.

Das Haus Hohenzollern hatte es weit gebracht – von einem kleinen Lehen in Süddeutschland zum Herrscherstuhl der Mark Brandenburg. Sie waren nun Kurfürsten, wenn auch ihr Land rückständig war, arm und gering geachtet, und ihre Stimme kaum Gewalt hatte in dem erlauchten Kollegium, das von Zeit zu Zeit zusammentrat, um den Kaiser des Heiligen Römischen Reiches Deutscher Nation zu wählen. Dann wurden sie Könige in Preußen, wobei sie meist in Brandenburg residierten – auch das war schon etwas, aber wieder nicht sehr viel, wenn man in Betracht zieht, wie armselig dieses Königreich war, gemessen an den anderen damals bestehenden. Der erste König ›in‹ Preußen, der verwirrende kleine Friedrich I., war so entzückt von seiner Königswürde, daß er sich ganz darauf konzentrierte, sie zu schmücken und zu genießen: sonst tat er nichts. Es war immer noch sehr wenig, in Berlin König zu sein, aber es sollte bald mehr gelten. Der moderne preußische Staat jüngerer Geschichte, der glänzende Erfolge zu verzeichnen hatte und zum Kern des zweiten deutschen Kaiserreiches wurde, wurde von dem ›Ungeheuer‹ geschaffen, von dem hier die Rede ist; es hatte schon seine Richtigkeit damit, ihn nach seinem Großvater, dem Großen Kurfürsten, zu nennen, der den Weg für ihn geebnet hatte.

Man kann nicht von einem ›Wachstum‹ des modernen Preußen sprechen. Der neue König Friedrich Wilhelm I. und sein Sohn Friedrich der Große schufen Preußen; es war, wie der britische Historiker A. J. P. Taylor sagt, ›ein ebenso künstliches Unterfangen wie das Anlegen eines Kanals‹.

Preußen mochte ein Nichts gewesen sein – unter den Hohenzollern wurde es etwas. Es wurde etwas geschaffen, das mehr war als ein Staat, mehr als ein Königreich; es war eine geheime Waffe, eine Macht in europäischen Angelegenheiten. Seine Möglichkeiten wurden von jedem zeitgenössischen Herrscher übersehen; in diesem so entlegenen Gebiet wurde eine autokratische Staatsmaschinerie aufgebaut, die sich auf eine mächtige Armee stützte. Die treibende Kraft war der Gehorsam des Volkes. Luther, der den Gehorsam heilig hielt, hatte das Volk Gehorsam gelehrt; König Friedrich Wilhelm I. bleute es ihm ein.

Nationen können, wie Pflanzen, organisch wachsen, nämlich langsam und gesund auf dem gemeinsamen Nährboden des Volkswillens. In einem solchen Falle findet ein großer Reifungsprozeß statt. Der ›Baum der Freiheit‹ (um Jeffersons Ausspruch aus dem Jahre 1787 zu verwenden) wird mit ›seinem natürlichen Dünger, dem Blut der Patrioten und Tyrannen‹, erneuert. Die Briten wie auch (später) die Franzosen machten die berauschende Erfahrung, einen Monarchen zu enthaupten. Das Beispiel wirkte auf die nachfolgenden Könige. Wie gesagt, nie verlor ein Hohenzoller seinen Kopf, im wörtlichen Sinn genommen zumindest, und die Untertanen dieser Hohenzollern haben es auch nie in Betracht gezogen, einen solchen Akt der Majestätsbeleidigung zu begehen.

Der Staat Brandenburg-Preußen machte keinen Reifungsprozeß durch, sein Wachstum war erzwungen. Wunderbare Schöpfungen können entstehen, wenn auf die Natur künstlich Druck ausgeübt wird: das Ergebnis kann groß und prächtig ebenso wie unnatürlich und grotesk sein. Die Hohenzollern erzwangen das Wachstum ihrer Länder, indem sie jenen Dünger verwendeten, mit dem sie am besten umzugehen wußten: Gewalt und Blut. Die Mittel waren meist rücksichtslos; das Ergebnis war schreckenerregend, das Ende vorherzusagen. Ein brillantes, doch groteskes staatsmännisches Experiment wurde vorangetrieben. Die Hohenzollern waren wie Botaniker, die nach Ruhm und Erfolg hungern: Aus ihren Untertanen schufen sie pflanzliche Mutationen. Sonderbarerweise war es Martin Luther selbst, der den Anstoß zu dieser grotesken Entwicklung lieferte. Durch die Bibel gab er den Deutschen eine nationale Sprache, aber, wie Taylor sagt, ›er gab Deutschland auch das Gottesgnadentum der Könige oder vielmehr das Gottesgnadentum jeder verankerten Autorität‹. Die Herrscher wurden Oberhaupt der Kirche, des Staates und der Armee, was eine liberale Entwicklung nicht gerade begünstigte. In Brandenburg-Preußen bedeutete dies, daß den Bürgern in der Schule, zu Hause, in der Kirche und in den Kasernenhöfen *ein* Grundsatz eingehämmert wurde: Gehorsam gegenüber der Obrigkeit. Dieser Gehorsam, der die Billigung der Kirche fand, wurde vom Staat mit allen Mitteln erzwungen.

Wären die Hohenzollern anders geartet gewesen, so hätten sie ihr Land vielleicht in eine andere Richtung gesteuert. So aber verachteten sie meist ihr Volk, mißtrauten ihrem niederen Landadel, sprangen hart mit ihren Offizieren um, waren brutal zu ihren Soldaten und gehässig zu ihrem Beamtenstand. Religion war für sie das Vorhängeschloß an der Kette, an die sie ihr Volk gelegt hatten – aber auch sie waren durch diese gefesselt, denn durch sie war es den meisten von ihnen unmöglich, auch nur einen liberalen Gedanken zu fassen. Welchen Heimsuchungen das Geschlecht ausgesetzt war, ersieht man an dem Maß an Haß, der sich durch die Familiengeschichte zieht: der Sohn, der den Eltern entfremdet ist, sie verachtet und sogar verabscheut; die Eltern, die diese Gefühle erwidern. Er wurde zu einem Krebsgeschwür an ihrer Seele, war aber vielleicht unvermeidbar. Überall ist die Beziehung zwischen König und Kronprinzen so beschaffen, daß der eine weiterleben will, um regieren zu können, während der andere den Wunsch hat, an seine Stelle zu treten, woraus sich ableiten ließe, er könnte seines Vaters Tod wünschen. Unter den Hohenzollern nahm dieses Verhältnis oft noch abstoßendere Züge an, denn in dieser Familie gab es eine große Anzahl von boshaften, eitlen, selbstgefälligen Männern, die leicht in Wut gerieten, die streng und oft brutal waren und denen man selten widersprach. Nachtragend gegenüber ihren Kindern, rachsüchtig gegen ihre Eltern, vernachlässigten sie oft die Interessen ihrer Untertanen, die sie verachteten. Wäre die Entwicklung parlamentarischer Kontrollmittel erlaubt gewesen, so hätte eine Möglichkeit bestanden, den Hohenzollern Grenzen zu setzen. So aber hatten sie völlig freie Hand, vor allem dank des Gehorsams, den sie ihrem Volk eingebleut hatten, und noch mehr durch die Militärdiktatur, mit der sie ihre Länder unterdrückten. Sie züchteten ein stolzes und tatkräftiges Volk, aus dem aber schließlich eine unverhältnismäßig große Zahl von Raufbolden und Speichelleckern hervorging.

Das also war geschaffen worden. Jener König, der zu dieser Entwicklung am meisten beitrug, wurde am 14. August 1688 geboren, wenige Monate nach dem Tod seines Großvaters, des Großen Kurfürsten, nach dem er genannt wurde. In früher Kindheit wurde er zwar verhätschelt, doch dank seiner robusten Natur entwickelte er sich nicht zu einem Weichling; dafür wurde er aber zu einem ganz und gar unmöglichen Menschen. Als er fünf Jahre alt war, lud ihn seine Großmutter, die Kurfürstin Sophia von Hannover, zu sich ein, mußte ihn aber zurückschicken, da er sich die ganze Zeit mit seinem Vetter, Prinz Georg von Hannover, dem späteren Georg II. von England, in den Haaren lag. Später kam der junge Friedrich Wilhelm immer wieder auf Besuch nach Hannover, und jedesmal benahm er sich schandbar, balgte sich auf dem Boden mit Georg herum, den er haßte und dessen Nase er blutig schlug, obwohl dieser einige Jahre älter war als er. In Berlin hatten es die anderen mit ihm auch nicht leichter. Seine erste Erzieherin, Frau von Montbail, und die Hilfserzieherin wurden von seinem Benehmen zu Tode erschreckt, als er noch ein Kind war. Einmal weigerte er sich verbissen, eine Schuhschnalle auszuspucken, die er im Mund hatte, und schluckte sie entweder unabsichtlich oder aus Trotz. Ein Arzt bekam sie schließlich wieder heraus, aber vorher war der gesamte Palast in Hysterie verfallen. (Diese silberne Schnalle landete später in einem Berliner Museum; auf einem Schildchen ist sorgsam das Datum festgehalten, an dem seine Majestät die Schnalle wieder von sich gab: am 31. Dezember 1692, als er vier Jahre alt war.) Bei einer anderen Gelegenheit, als Frau von Montbail ihm etwas befohlen hatte, was er als Beleidigung empfand, lief der junge Prinz zum Fenster und drohte, sich drei Stockwerke hinabzustürzen, wenn sie ihm nicht seinen Willen ließe. (Es ist nicht ganz klar, ob er auf die Fensterbank hüpfte und hinunterzuspringen drohte, oder, wie an anderer Stelle berichtet wird, sich hinausschwang und, nur mit den Händen an der Brüstung hängend, drohte, sich fallen zu lassen.)

Schon früh im Leben entwickelte er einen Abscheu gegen Prunk. Zu dieser Zeit fettete er sein Gesicht mit Speck ein, um braun zu werden wie ein Soldat. Als ihm eines Morgens befohlen wurde, einen goldbrokatenen Morgenmantel anzulegen, zeigte der kleine Friedrich Wilhelm deutlich, was er davon hielt: er warf ihn ins Feuer. Genauso starrsinnig, wenn nicht ärger, war er bei seinem Studium. Als er sieben Jahre alt war, wurde ein verdienter, etwas wichtigtuender General zu seinem Erzieher bestellt. Es war dies Graf Alexander von Dohna, der den Knaben in Latein unterrichten sollte. Er scheiterte an dieser Aufgabe. Die Instruktoren, die ihm das Klavier- und Flötenspiel beibringen sollten, waren allerdings noch schlechter dran, denn er haßte Musik und lehnte es ab, sich darin auch nur zu versuchen. In den Künsten hatten es die Lehrer kaum besser, obwohl es ihm Spaß machte, die Zeichnungen anderer zu kolorieren, was er in seinem ganzen weiteren Leben gerne tat.

Sein erster Lehrer, Friedrich Cramer, hatte einen großen, wenn auch nicht unbedingt vorteilhaften Einfluß auf den Knaben. Cramer war sehr gebildet, was ihn mit Stolz erfüllte, verlor aber sehr leicht die Beherrschung. Seine Abneigung gegenüber allem, was französisch war, muß wohl durch seinen nächsten Lehrer entstanden sein, einen Franzosen namens Rebeur, ein pedantischer, langweiliger und streng auf Zucht haltender Mann, der Friedrich Wilhelm dazu nötigte, endlose Textstellen aus klassischen Werken oder dem Alten Testament abzuschreiben, und damit dem Prinzen die Gelehrsamkeit für alle Zeit vergällte.

Angesichts seiner widerspenstigen und rebellischen Natur konnte Königin Sophie Charlotte, launenhaft und leichtfertig wie immer, nur nachgeben. Friedrich Wilhelms Erzieher, dem Grafen von Dohna, gab sie sogar schriftliche Instruktionen, sich seinem Schützling nicht zu widersetzen. In späteren Jahren gab Friedrich Wilhelm zu, daß seine Mutter ihn übermäßig verwöhnt habe, und warf ihr das sogar vor, aber da war es schon zu spät. Einen Charakterzug ihres Sohnes lehnte sie zutiefst ab, und das war seine geizige Natur, die Tatsache, daß er es haßte, Geld auszugeben. Außerdem mißfiel es ihr, daß ihn seine ungehobelte Art gegenüber dem anderen Geschlecht dazu führte, grob zu den Damen bei Hof zu sein.

›Guter Gott!‹ schrieb sie einer Vertrauten, dem Fräulein Pöllnitz, ›geizig in so zartem Alter. Andere Laster können überwunden werden, aber dieses nimmt mit den Jahren zu. Welche Widernatürlichkeit des Herzens, das zum mindesten Gegenstand der männlichen Höflichkeit sein soll!‹

Friedrich Wilhelm hatte zwei Jugendlieben: Soldaten drillen und sparen. Er sparte sein Taschengeld, um eine Kompanie junger adeliger Kadetten aufzustellen, die er selbst ausbildete. Nicht sehr sanft übrigens, denn einmal sah man, wie er einen seiner Soldaten, einen jungen Herzog, an den Haaren schleifte. Als er acht Jahre alt war, führte er ein Hauptbuch mit dem Titel ›Mein Dukatenkonto‹ – es war das einzige Buch, auf das er Wert legte. Eine weitere Jugendliebe löste bei Friedrich Wilhelm einen lebenslangen Abscheu aus: seine Cousine, die fünf Jahre ältere Caroline von Ansbach-Bayreuth. Sie behandelte ihn nicht wie einen Freier, sondern wie einen kleinen Jungen und legte so den Grundstein zu seiner später auftretenden Aversion gegen Frauen. Außerdem heiratete sie seinen hannöverschen Vetter Georg II., den er nicht ausstehen konnte, und nährte damit Haßgefühle, die ein ganzes Leben lang vorhalten sollten, denn keiner der beiden Vettern hatte auch nur das geringste für den anderen übrig.

Als Friedrich Wilhelm sechzehn war, erlaubte ihm sein Vater, nach Holland und England zu reisen. Seine Mutter legte besonders viel Wert auf diese Reise, in der Hoffnung, daß sie seinen Horizont erweitern, ihn bilden, ihm Gutes tun würde. Tatsächlich hätte es so kommen und das Schicksal des Staates, den er regieren sollte, beeinflussen können. Der Herzog von Marlborough hatte bereits ein Schiff zur Verfügung gestellt, das Friedrich Wilhelm nach England bringen sollte, als den Prinzen die Nachricht erreichte, daß seine Mutter am 1. Februar 1705 gestorben war. Er kehrte nach Berlin zurück, die Reise nach England fand nicht statt, weder damals noch später. Bei seiner Rückkehr übertrug ihm der Vater zu seiner Freude das Kommando über ein Infanterieregiment. Nun war sein sehnlichster Wunsch erfüllt worden: Er hatte richtige Soldaten. Friedrich Wilhelms Auge fiel sogleich auf den größten Mann des Regiments. Er trug den imponierenden Namen Ehrenreich Bogislaus Creutz, war Sohn eines Amtsmannes und Kriegsgerichtsrat des Regiments. Friedrich Wilhelm machte ihn zu seinem Privatsekretär, drei Jahre später überredete er seinen Vater, ihn in den Adelsstand zu erheben, und machte ihn, als er selbst König wurde, zum Minister. Friedrich Wilhelm war früh auf das gestoßen, was später zu einer Besessenheit werden sollte, zur einzigen Schwäche, die er sich gestattete: Soldaten von riesenhaftem Wuchs. ›Wer mir lange Kerls schickt‹, gab er in späteren Jahren zu, ›kann mit mir machen, was er will.‹

Im nächsten Jahr, 1706, kämpfte der Kronprinz an der Seite Marlboroughs und des Prinzen Eugen von Savoyen im Spanischen Erbfolgekrieg, der sich von 1701 bis 1713/1714 hinzog. Im selben Jahr heiratete Friedrich Wilhelm die Prinzessin Sophie Dorothea von Hannover, die Schwester seines verhaßten Vetters Georg. 1709, mit einundzwanzig Jahren, betrat Friedrich Wilhelm wieder das Schlachtfeld an der Seite des Herzogs von Marlborough und des Prinzen Eugen und wurde Zeuge der Schlacht von Malplaquet, des ärgsten Gemetzels dieses Krieges, bei dem 36 000 bis 39 000 Mann getötet wurden. Er war davon so beeindruckt, daß er alljährlich diesen Gedenktag in Berlin festlich beging.

Es zerbrach die gläserne Tür; die weiße Frau, die wahnsinnige Königin, hatte Friedrich I. unter die Erde gebracht. Friedrich Wilhelm, als König Friedrich Wilhelm I., bereitete seinem Vater ein würdiges Begräbnis. Es fehlte an nichts, keine Kosten wurden gescheut – es war ein Begräbnis, wie es dem alten König gefallen hätte. Bei der Zeremonie fand man allerdings für den Verstorbenen kein würdigeres Attribut als ›der Großherzige‹. Das war er auch wirklich gewesen, wie jeder Höfling wußte. Nun kam die Abrechnung.

Kaum war die Beerdigung vorüber, eilte der neue König in den Palast, um die Perücke abzustreifen, die er zu tragen gezwungen worden war und die er bei dieser Gelegenheit als letztes Zeichen der Ehrerbietung gegenüber dem alten Mann getragen hatte: keine Perücken, keine extravagante Kleidung, kein Luxus mehr. Er kündigte an, daß er auf eine Krönung verzichtete – er erinnerte sich nur zu gut daran, wieviel die letzte gekostet hatte. In Hemdsärmeln half er den Bediensteten, im Palast alle Draperien, Vorhänge und Wandbehänge herunterzureißen und die gepolsterten Möbel und sogar die Teppiche – ›alles nur Staubfänger‹ – hinauszuwerfen. Seines Vaters Diamanten, Weine, Kutschen und wilde Tiere wurden verkauft – die Tiere und Edelsteine kamen zu August dem Starken von Sachsen, der auch den Zeremonienmeister erbte, da ein Spezialist für Protokoll und Etikette in Berlin nicht mehr vonnöten war. Der König bezog mit seiner Familie eine kahle, beinahe bürgerliche Fünf-Zimmer-Suite und verwandelte den Rest des Gebäudes in Büros, so daß er seine Untergebenen persönlich überwachen und sie sich vornehmen konnte, wenn sie nachlässig waren. Sein erster Brief als König, der uns bekannt ist, zeigt, welchen Weg er einzuschlagen beabsichtigte (seine Jugendlieben Soldaten und Sparen tauchten hier wieder auf). ›Sagt dem Fürsten von Anhalt‹, schrieb er, ›daß ich der Finanzminister und Feldmarschall des Königs von Preußen bin‹. (Interessanterweise schrieb er schon König *von* Preußen, denn eigentlich gab es noch keinen König von Preußen, bis durch die Teilung Polens unter Friedrich dem Großen Westpreußen hinzukam, trotzdem wurde das ›von‹ viel früher benutzt, als die Ansprüche entstanden.) Er war aber alles andere auch. Er leitete die gesamte Wirtschaft, die kirchlichen Angelegenheiten, das Erziehungswesen, die Justiz und die Polizei, kurzum alles, wo es von Nutzen sein konnte, daß er Hand anlegte. Er war jedenfalls sicher, daß es von Nutzen sein würde.

General Friedrich von Grumbkow, der damals gerade fünfunddreißig Jahre alt war, also zwölf Jahre älter als der König, wurde mit allen Staatsangelegenheiten betraut, während dem Fürsten Leopold von Anhalt-Dessau die Verantwortung für die Armee übertragen wurde. Der Fürst war ein Draufgänger und hatte berühmte Schlachten mitgemacht, darunter Höchstädt und Malplaquet. Grumbkow war ein Höfling im Soldatenkleid, ein ehemaliger königlicher Reitknecht, nebenbei Oberleutnant der Infanterie. Im Jahre 1703, zehn Jahre bevor Friedrich Wilhelm ihn beauftragte, seine Geschäfte zu führen, war Grumbkow mit fünfundzwanzig Jahren Erster Mundschenk bei Hof und General. Wie Fürst Leopold von Anhalt-Dessau, der alte Haudegen, hatte Grumbkow zwar auch an der Schlacht von Malplaquet teilgenommen, aber das war auch alles – und während der Kampfhandlungen hielt er sich in einem Graben versteckt. Er war nie eine Kämpfernatur gewesen: In Stralsund schützte er einen verstauchten Fuß vor, als der Kampf begann. Wo andere aktiv wurden, blieb er nur Zuschauer. Der große Prinz Eugen soll mehr als zehnmal zu ihm gesagt haben: ›Sie werden entweder in einem Verlies oder in einem Palast sterben‹, worauf Grumbkow, stets der aalglatte Höfling, geantwortet haben soll: ›Ich prophezeie, daß letzteres eintreffen wird. Ich werde mein Bestes tun, es zu verdienen.‹

Tatsächlich war Grumbkow, als er kurz vor dem König starb, bei diesem in Ungnade gefallen, nachdem er sich während der gesamten Regierungszeit Friedrich Wilhelms I. glänzend durchgeschlagen hatte, unerhörte Schmiergelder sowohl von Österreich als auch von Frankreich (die natürlich Rivalen waren) genommen und praktisch nur seine eigenen Interessen verfochten hatte. Ihm gehörte das einzige Haus in Berlin, das während der Regierungszeit König Friedrich Wilhelms I. als luxuriös bezeichnet werden konnte: Grumbkow war dies gestattet, denn es gehörte zu seinen Pflichten, ausländische Würdenträger zu empfangen.

Er war sozusagen der Partygeber vom Dienst. Auch war er ein starker Esser und gewaltiger Trinker, sein Spitzname war Biberius. Man kann Grumbkow kaum Vornehmheit nachsagen, aber sein großes Verdienst war es, daß er seinen cholerischen König bei Laune halten konnte. Jeder Herrscher braucht anscheinend einen Vertrauten und ein ›Küchenkabinett‹: Grumbkow war ordinär genug, um sich gegenüber diesem König behaupten zu können. Wenige Herrscher jedoch haben solche Vertraute über die Küche hinaus: Grumbkow machte sie zum Zentrum der Macht.

Eine Zeitlang wurde ihm vom König die Verantwortung für praktisch alle Belange übertragen; er begann selbst in militärischen Angelegenheiten dem Fürsten Leopold hineinzureden. Grumbkow war eine der verblüffenden Schwächen Friedrich Wilhelms, ähnlich der, die er für die ›Langen Kerls‹ hatte. Schließlich erschöpfte sich aber die Geduld Friedrich Wilhelms. Als Grumbkow starb, bemerkte der König: ›Jetzt werden die Leute endlich nicht mehr sagen können, Grumbkow macht alles! Hätte er vierzehn Tage länger gelebt, dann hätte ich ihn einsperren lassen.‹

Die Rivalität zwischen Grumbkow und dem Fürsten Leopold von Anhalt-Dessau entwickelte sich zu einer hitzigen Fehde, die der König anscheinend schürte, obwohl er bei drei Gelegenheiten, als sie zu einem Duell ausartete, Grumbkows Partei ergriff. Grumbkow, der ein Feigling war, hätte natürlich nicht gekämpft, und der König bewog schließlich Fürst Leopold, die Angelegenheit zu vergessen und öffentlich zu erklären, Grumbkow sei ein ›Ehrenmann‹. Leopold war schließlich so angewidert, daß er sich auf seine Güter zurückzog und während der letzten zehn Jahre der Regierungszeit Friedrich Wilhelms unter Prinz Eugen diente.

Die Bedeutung des ›Alten Dessauers‹ für das Haus Hohenzollern und die Macht Preußens kann nicht genug hervorgehoben werden. Von 1693, als er siebzehn Jahre alt war, bis zu seiner letzten Schlacht im Alter von siebzig war er Soldat – Befehlshaber auf dem Schlachtfeld, Erneuerer des Militärs und Exerziermeister. Die hervorragende preußische Armee, die Friedrich Wilhelm schuf und derer sich Friedrich der Große dann bediente, ist in erster Linie dem Fürsten von Anhalt-Dessau zu verdanken. Er war ein Vetter König Friedrich Wilhelms, seine Mutter war eine Schwester der ersten Frau des Großen Kurfürsten, eine holländische Prinzessin aus dem Hause Oranien. Er hatte den persönlichen Mut, eine Bürgerliche, die Tochter eines Apothekers, zu heiraten, trotz der enormen Widerstände seiner Familie. Wie überall, hatte er auch hier eine glückliche Hand, denn seine Frau erwies sich als so hervorragend, daß sie die Staatsangelegenheiten von Anhalt-Dessau während der Abwesenheit des Fürsten als Regentin erledigte. Wie Friedrich Wilhelm war er freimütig, anspruchslos, rauhbeinig und manchmal grob. Damit erwarb er sich die Freundschaft des Königs und die Ergebenheit seiner Offiziere und Mannschaften. Er begegnete dem Kronprinzen Friedrich Wilhelm in der Schlacht von Malplaquet, wo er Marlboroughs Lager zugeteilt war. Hier legten sie den Grundstein für ihre Freundschaft, die für Preußen von Bedeutung werden sollte, denn schon bald beauftragte Friedrich Wilhelm den Fürsten mit der Ausbildung der preußischen Armee. Seine Kriegsphilosophie war einfach: ›Gut feuern, schnell nachladen; Unerschrockenheit und mutige Attacken sind der sicherste Weg zum Sieg.‹ Er verwendete als erster den eisernen Ladestock, der einen großen Fortschritt im Feuern bedeutete. Außerdem führte er wieder das Marschieren im Gleichschritt ein, wodurch die Kolonnen schwenken und manövrieren konnten, eine Voraussetzung für eine gutfunktionierende Militärmaschinerie. (Das Marschieren im Schritt war jahrhundertelang in Vergessenheit geraten, nämlich seit der Zeit der Römer. Frankreichs Marschall Moritz Graf von Sachsen hatte diese Technik wieder aufgegriffen, und sie wurde sehr schnell von Frankreich, England und Preußen übernommen.)

Friedrich Wilhelm und Fürst Leopold entdeckten sehr bald weitere gemeinsame Interessen. Sie waren beide gläubige Protestanten und hatten die gleiche Einstellung zur Religion. Sie waren rechtschaffen und fromm, das machte sie streng und brutal. Sie waren gottesfürchtig, das machte sie unerbittlich und erbarmungslos. Ihr Gott war streng, sie dienten ihm, indem sie bei anderen weder Schwäche noch Trägheit, noch Irrtümer tolerierten. Beide Männer leisteten auf ihrem Gebiet Hervorragendes; doch beide waren Rohlinge. Eine Geschichte, die Friedrich der Große einmal von einem geschwätzigen alten Soldaten hörte, wirft ein Licht auf die Charaktere der beiden: ›Ich habe da einen sehr guten Spaß, den ich Euer Majestät erzählen muß‹, sagte der alte Soldat zu Friedrich Wilhelms Sohn. ›Als der König, Euer Vater, noch Kronprinz war, stand ich als Ordonnanz in seinen Diensten. Eines Tages reisten wir mit dem Fürsten von Anhalt-Dessau nach Potsdam. In Zehlendorf fanden sie einen schlafenden Kuhhirten mit seiner Herde, und da sie im Augenblick nichts Besseres zu tun hatten, fanden sie es einen kapitalen Spaß, den armen Tieren die Schwänze abzuschneiden, und das taten sie denn auch.‹

Mit ihren Soldaten war es nicht viel anders. Weder der König noch sein Exerziermeister hatten Zeit für Spitzfindigkeiten. Sie prügelten ihre Rekruten so lange, bis aus ihnen verschreckte, aber glänzend gedrillte Gliederpuppen wurden, und ebenso ließ der König jedem anderen, der sein Mißfallen erregt hatte, weil er nicht hart genug arbeitete, eine Tracht Prügel verabreichen.

Kaum hatte Friedrich Wilhelm den Thron bestiegen, ließ er sich die Liste des königlichen Haushalts bringen. Darauf standen die Namen von einhundertvierzig Höflingen. Vor den Augen des entsetzten Oberzeremonienmeisters griff Friedrich Wilhelm nach der Feder und strich die ganze Liste durch (schließlich reduzierte er den Hofstaat auf ein Dutzend Höflinge). ›Meine Herren‹, platzte ein General danach vor den erschrockenen Höflingen heraus, ›unser gütiger und freundlicher

Herr ist tot, und der neue König schickt jeden von Ihnen zum Teufel!‹ Jedermann, der in seinen Diensten verblieb, mußte die Perücke und die französische Hofkleidung ablegen und sie durch den Hängezopf, den blauen Rock und die weißen Gamaschen der preußischen Armee ersetzen. Die Atmosphäre im Palast der Hohenzollern war so militärisch, daß die Handvoll von Pagen, die bei Tisch bedienten, bei ihrer Arbeit nicht nur von den zwölf königlichen Jägern, die zu dieser Extraarbeit herangezogen waren, sondern auch von Grenadieren unterstützt wurden. Der Hofstaat war so klein, daß die Kammerdiener des Königs, die täglich mit ihm zusammenkamen, eine übertriebene Bedeutung gewannen. Das führte sogar dazu, daß einer der Kammerdiener, Eversmann, regelmäßig Schmiergelder aus Wien und London bezog, um zugunsten dieser Höfe zu intrigieren.

Die Reduzierung des Hofstaates erfolgte allerdings nicht allein aus Knauserei, sondern vor allem, weil Friedrich Wilhelm die wirtschaftliche Lage des Staates klug einschätzte. Sein Vater hinterließ ihm ein stark verschuldetes Brandenburg-Preußen. Der Sohn beschloß, es wohlhabend zu machen und alle Schulden des Vaters zu bezahlen. Zu diesem Zweck verkaufte er seines Vaters Diamanten und den größten Teil seines Gestüts (in den Stallungen standen nun nicht mehr über eintausend, sondern nur dreißig Pferde, und auch die prächtigen Geschirre wurden größtenteils veräußert). Er verkaufte das teure Mobiliar des Palastes, war aber vorsichtig genug, seine Silbersammlung zu behalten und sogar zu vergrößern (Platten und Gefäße, ein goldenes und ein silbernes Tafelservice), da er damit rechnete, daß er es, wenn notwendig, zu Bargeld machen konnte.

Nützlichkeit war das Schlagwort während der Regierungszeit dieses Königs. Alles, was nicht einem nützlichen Zweck diente, wurde rücksichtslos aus Preußen vertrieben. Künstler (wie zum Beispiel Schlüter) wurden fortgejagt, Architekten, die noch am Schloß arbeiteten, erhielten eine Frist von drei Jahren, während derer sie fertig werden mußten, und wurden dann des Landes verwiesen. Es wurde nur jenen Malern gestattet zu bleiben, die damit einverstanden waren, für eine bestimmte Summe jährlich eine festgesetzte Zahl von Gemälden herzustellen. Dies war auch ein Grund, daß Oswald Spengler nach dem Ersten Weltkrieg erklärte, Preußentum und Sozialismus hätten vieles gemeinsam – in dieser Hinsicht stimmte es wirklich. Friedrich Wilhelm hätte die folgende Feststellung aus Karl Marx' ›Kapital‹ sicher voll und ganz unterschrieben: ›Nichts kann einen Wert haben, wenn es nicht Nutzgegenstand ist. Wäre es nutzlos, dann wäre auch die darin enthaltene Arbeit nutzlos, könnte nicht als Arbeit betrachtet werden und daher keinen Wert schaffen.‹ Friedrich Wilhelm bestand darauf, daß jede Tätigkeit, sei sie privat oder öffentlich, ›ein Plus‹ hervorbringen mußte, wie er es bezeichnete, etwas Zusätzliches. Marktweibern wurde befohlen, ihre Finger zu beschäftigen und Socken zu stricken. Pastoren, die länger als eine Stunde predigten, wurde eine Geldstrafe auferlegt. Die Küchenausgaben des Schlosses mußten ihm, wie alle anderen, täglich bis ins kleinste detailliert unterbreitet werden. Der schwäbische Instinkt, Schätze anzuhäufen, brach bei diesem König wieder hervor. Er liebte es, die geringste Geldverschwendung zu notieren, und schrieb beispielsweise einmal ›Ein Taler zu viel!‹ auf eine Abrechnung von Ausgaben für Diners, die sich auf 31 Taler und 16 Groschen belief. ›Der einzig wahre Stein der Weisen‹, schrieb der König und gab damit ein weiteres Beispiel für diese schwäbische Gesinnung, ›ist, daß das Geld im Land bleibt!‹ Bei einer anderen Gelegenheit wurde er noch deutlicher: ›Geld ist die Hauptsache!‹

Er mag schon der ›Finanzminister des Königs‹ gewesen sein, wie er sagte, aber in erster Linie war er Soldat. Er trug jeden Tag Uniform und Degen und mied den Prunk des 18. Jahrhunderts. Sein Rohrstock wurde mehr noch als ein Zepter zum Symbol seiner Regierungszeit. Er prügelte damit jeden, oft ungeachtet seines Ranges. Er tat dies, weil er sich von Spitzbuben und Halunken umgeben wähnte; weil er sich im wahrsten Sinn des Wortes als Vater seines Volkes betrachtete und als solcher die Aufgabe hatte, wenn nötig, dreinzuschlagen; und weil er Müßiggang, Faulheit, Luxus und dergleichen als die größten Sünden, als einen sicheren Beweis für Verderbtheit und ein Werk des Teufels betrachtete. Er wanderte durch seine Hauptstadt, durch fast verlassene Straßen, denn die meisten Leute flohen in ihre Häuser und verrammelten ihre Fenster, wenn sein Kommen gemeldet wurde. Sah er jemanden faulenzen, so ergriff er den Mann und verprügelte ihn höchstpersönlich. Hörte er Zänkereien im Inneren eines Bürgerhauses, so riß er die Tür auf, stürzte hinein und züchtigte die Streitenden. Dennoch tat er all dies anscheinend ohne böse Absicht und hätte nie jemandem geglaubt, der so närrisch gewesen wäre, ihm zu berichten, sein Volk fürchte und hasse ihn. Solche Gefühle wären ihm widernatürlich erschienen.

Einmal erwischte er in einer Berliner Straße einen Mann, der bei seinem Kommen Reißaus genommen und den er zum Stehenbleiben aufgefordert hatte. Der König packte ihn und fragte den erschreckten Unglückswurm, warum er davongelaufen sei.

›Ich hatte Angst‹, stammelte dieser.

›Angst? Angst!‹ schrie Friedrich Wilhelm mit rotem Gesicht und am Rande eines Schlaganfalls. ›Lieben sollt ihr mich! Lieben, Halunke!‹ und ein Hagel von Stockschlägen prasselte auf Kopf und Schultern des Kerls herab.

Aber er war unparteiisch, er behandelte alle, Bürgerliche wie Adelige, gleich. Er verlangte, daß alle gute Christen, fleißige Bürger und tapfere Soldaten sein sollten, nicht mehr und sicherlich nicht weniger. Er selbst bestimmte, ob sie entsprachen. Ein Adeliger, der Geld unterschlagen hatte, der Domänenrat Baron von Schlubhut, sollte auf Befehl des Königs gehenkt werden, nachdem ihn ein Gericht nur zu einer Gefängnisstrafe verurteilt hatte. Schlubhut protestierte bei Friedrich

Wilhelm, ›daß es nicht Landessitte sei, einen preußischen Edelmann so zu behandeln‹, und versprach, das Geld zurückzuzahlen, worauf der König, bleich vor Wut, brüllte: ›Ich will dein schurkisches Geld nicht!‹ Und er ließ ihn vor den Augen aller auf offener Straße hängen.

Alle waren zu Tode erschrocken, und das mit gutem Grund. In seinen Gemächern trug Friedrich Wilhelm, wie man sagte, zwei mit Salz geladene Pistolen und feuerte damit auf seine Kammerdiener, wenn sie sich nicht schnell genug in Bewegung setzten. Ein Kammerdiener verlor dabei ein Auge, ein anderer wurde am Fuß schwer verletzt. Er war so gefürchtet, daß ein Staatsbeamter, den er hatte rufen lassen, vor Furcht tot umfiel, bevor der König noch irgend etwas zu ihm gesagt hatte. Ein anderer wurde wüst geprügelt und ›Spitzbube und Halunke‹ genannt, weil er, nach seinem neuen Titel gefragt, elegant geantwortet hatte: ›Ich bin Eurer Königlichen Hoheit Geheimer Staatsrat Blank‹, wo er nur einfach sagen sollte: ›Ich bin der Geheime Staatsrat Blank.‹ Selbst die Offiziere seiner Armee wurden vor den Augen ihrer Leute mit dem Stock verprügelt. Als er einmal einen Major schlug, zog der gedemütigte Offizier seine beiden Pistolen, feuerte eine Kugel vor des Königs Pferd in den Boden und tötete sich darauf selbst, indem er sich mit der zweiten Pistole in die Schläfe schoß.

Natürlich war er mehr als absonderlich, doch es wäre falsch, ihn als verrückt abzutun. Er übernahm eine bankrotte Nation, die er dadurch, daß er über alles wachte und den Rohrstock immer griffbereit hielt, zu Wohlstand führte und ihre Armee zur besten Europas machte. Er hatte seine Überspanntheiten, aber er war auch logisch und zweifellos brillant. Seine Zielstrebigkeit, sein unbändiger Wille und sein Temperament vollbrachten ein großes Werk. Er wollte um jeden Preis jede menschliche Verfehlung ausrotten und begann, den preußischen Staatsdienst absolut unbestechlich zu machen, ein Werk, das von seinem Sohn fortgeführt wurde. In der Justizverwaltung war er unparteiisch, begünstigte niemanden und war zu allen streng.

In den ersten Jahren seiner Regierung schuf er das sogenannte Generaldirektorium, in dem alle militärischen, finanziellen und administrativen Angelegenheiten vereinigt waren. Es wurde zum mächtigsten und bedeutendsten Werkzeug der königlichen Regierung, während den beiden Ressorts Auswärtige Angelegenheiten und Justiz nie soviel Aufmerksamkeit geschenkt wurde. Das Generaldirektorium umfaßte mehrere Abteilungen; über allem stand der Präsident, welcher natürlich der König war.

Niemand wagte ihm zu widersprechen oder auch nur einen ehrlichen Rat zu geben – mit einer bemerkenswerten Ausnahme. Der Errichtung eines tatsächlichen Kabinetts, in dem alle Angelegenheiten des Staates besprochen werden konnten, kam Friedrich Wilhelm mit seiner *Tabagie* oder *Tabakskollegium* am nächsten. Die Mitglieder dieses Gremiums trafen jeden Abend bei des Königs liebster Freizeitbeschäftigung, dem Pfeifenrauchen, zusammen: davon leitet sich auch der Name dieses

Kollegiums ab. Es begann um etwa fünf oder sechs Uhr und konnte bis spätnachts oder sogar in die frühen Morgenstunden dauern. Die meisten Mitglieder waren Generäle, aber es gab auch Minister, ausländische Botschafter sowie gewisse Günstlinge des Königs, wie ein holländischer General namens Ginkel. Bediente waren aus dem Raum ausgeschlossen, so daß man sich in Gespräch und Benehmen keinen Zwang anzutun brauchte. Ein Buffet mit kaltem Fleisch und verschiedenen Käsesorten war vorbereitet, obzwar der König sich um etwa neun Uhr für kurze Zeit entschuldigte, um mit der Königin zu Abend zu essen, wonach er wieder zu seinen Vertrauten zurückkehrte. Es wurden lange holländische Pfeifen geraucht, und jeder der Männer hatte vor sich einen Krug mit Braunschweiger Bier und einen Becher. Jeder mußte herzhaft trinken, um dem König zu gefallen, und sogar an einer leeren Pfeife ziehen, wenn er keine gestopfte vertrug. (Friedrich Wilhelm rauchte oft dreißig Pfeifen an einem Abend!) Diese Zusammenkünfte waren auch bildend. Ein Vortragender las laut aus Zeitungen und Zeitschriften, nicht nur aus deutschen, sondern auch aus französischen und solchen aus Wien, vor und mußte dann der versammelten Gesellschaft erklären, was vielleicht nicht verstanden worden war. Lange Zeit war dieser Mann Jakob Paul von Gundling, des Königs wandelndes Lexikon, der ihn überallhin begleiten mußte und zur Zielscheibe eines lebenslangen Hasses des Königs auf Pedanten, Lehrer und Gelehrte wurde, die er ›Schwarzscheißer‹ (Tintenkleckser) nannte.

Der arme Gundling war sein Spaßmacher und Hofnarr, das Opfer boshafter Streiche, bei denen die anderen Mitglieder der *Tabagie* mittaten, obwohl Gundling gleichzeitig auch ständig befördert wurde, dabei allerdings nicht an Bedeutung gewann. Jede Beförderung wurde eine neue Demütigung für ihn. Er wurde zum Präsidenten der Akademie der Wissenschaften ernannt und war damit Nachfolger des großen Leibniz. Es war ein bedeutungsloser Posten, da unter dieser Regierungszeit die Akademie ihre Arbeit stillegte und die königliche Bibliothek in einem Vierteljahrhundert nicht mehr als eine Handvoll Bücher an Neuzugängen zu verzeichnen hatte. Gundling wurde zum Hofzeremonienmeister befördert, es wurde ihm befohlen, bei dieser Gelegenheit die Uniform des ehemaligen Oberzeremonienmeisters, der bei der Thronbesteigung Friedrich Wilhelms nach Sachsen übersiedelt war, anzulegen. Es war dies eine gräßliche, überladene Uniform mit weißem Ziegenhaar, Straußenfedern und Stöckelschuhen. Gundling wurde in dieser Tracht öffentlich in sein Amt eingeführt, und während der Zeremonie überreichten ihm der König und seine Vertrauten aus der *Tabagie* einen dressierten Affen, der genauso gekleidet war. Sie kündigten allen Anwesenden sogar an, daß dies Gundlings außereheliches Kind wäre, und zwangen ihn dann, es in die Arme zu schließen und ›anzuerkennen‹. Bei Sitzungen der *Tabagie* mußte Gundling Artikel, die ihn inkriminierten, laut vorlesen. Der König hatte sie bei Zeitungsverlegern in Auftrag gegeben. Außerdem machte man ihn jeden Abend stockbetrunken, was den König zu neuen Bosheiten inspirierte. Bei einer Gelegenheit, als der betrunkene Gundling seine Kammerherrnuniform anhatte, schnitten die Mitglieder der *Tabagie* den Zeremonienschlüssel, das Zeichen seines Amtes, den er um den Hals trug, ab. Als er erwachte, drohte der König, ihn zu bestrafen wie einen Soldaten, der sein Gewehr verloren hatte. Gnädig schonten sie das Leben des Mannes, aber Gundling wurde gezwungen, etwa eine Woche lang mit einem vergoldeten, drei Fuß langen Schlüssel um den Hals herumzugehen. Danach gab man ihm das Original zurück. Im Schloß zu Königswusterhausen bei Berlin, wo die *Tabagie* sich oft versammelte, wachte Gundling einmal in seinem Bett auf und merkte zu seinem Grauen, daß mehrere kleine Bären ihn fast zu Tode drückten. Sie waren von den Trinkkumpanen des Königs (mit gestutzten Nägeln) in sein Zimmer gebracht worden. Tagelang spuckte Gundling Blut. Bei einer anderen Gelegenheit befahl der König vier Grenadieren, Gundling zu ergreifen und ihn auf dem Eis auf- und abschnellen zu lassen, bis er durchgebrochen war, während der König und seine Gefährten, brüllend vor Lachen, vom Fenster aus die Szene verfolgten. Gundling kam nie zur Ruhe; oft kam er nach Hause und fand die Tür zu seinem Zimmer mit Ziegeln vermauert, er mußte dann sehen, wo er einen Platz zum Schlafen fand. Schließlich versuchte Gundling zu fliehen, man ergriff ihn, stellte ihn wegen Desertion vor Gericht und drohte ihm mit dem Tode. Der unglückliche Gundling, der um sein Leben zitterte, fand nach seiner Verurteilung heraus, daß alles nur ein Riesenspaß gewesen war – er wurde befördert und seine Bezüge erhöht. Nachdem der König angekündigt hatte, daß Gundling schon lange den Titel eines Grafen verdiente, erhob er ihn in den Adelsstand – allerdings nur in die Baronie. Schließlich gab er ihm boshafterweise freien Zutritt zu den königlichen Weinkellern, er durfte trinken, soviel er wollte. Dies war die einzige Freiheit, die Gundling am Hof der Hohenzollern je genossen hatte, und sie brachte ihn schnellstens um. Im Jahre 1731 starb er im Alter von achtundfünfzig Jahren anscheinend an übermäßigem Alkoholgenuß – so erklärten jedenfalls die Ärzte nach einer Obduktion seines mit Geschwüren übersäten Magens. Der letzte Streich des Königs fand beim Begräbnis statt. Auf seinen Befehl wurde Gundling in großem Stil begraben – in einem Weinfaß.

Auf diese oder eine ähnliche Weise wurden die meisten Mitglieder des Hofstaates während der Herrschaft Friedrich Wilhelms I. behandelt. Wie der König seinen Hofstaat traktierte, wenn er guter Stimmung war, zeigt sich an folgendem Beispiel: An manchen Sonntagen, nach dem nachmittäglichen Gottesdienst, hatte der gesamte Hofstaat in Reih und Glied vor dem König zu defilieren; er nahm hoch zu Roß die Wagenparade ab. Friedrich Wilhelm sprach huldvoll zu ihnen, und als sicherstes Zeichen seiner Zufriedenheit konnte es gewertet werden, wenn er einen der Vorüberfahrenden begrüßte, und zwar nicht durch ein freundliches Wort, sondern durch das Zeichen des Hahnreis, des Gehörnten.

Man erzählte sich, daß so manche der Damen in den Wagen in Ohnmacht fiel, wenn der Gemahl an ihrer Seite auf diese ungewöhnliche Art gegrüßt wurde.

Am bemerkenswertesten allerdings war des Königs Vorliebe für hochgewachsene Soldaten. Als er König wurde, stellte er rasch das Potsdamer Leibregiment der ›Langen Kerls‹ auf. (Vehses *Memoiren* enthalten die folgende interessante, aber fragwürdige Vermutung, die mehr eine Rechtfertigung als eine Erklärung zu sein scheint: ›Der bekannte Chevalier Zimmermann ... zitiert im Auftrag des Geheimen Staatsrates von Schlieben, der bei der Öffnung des Testamentes Friedrich Wilhelms zugegen war, folgende Stelle daraus: ‚Mein ganzes Leben lang war ich, um dem Neid des österreichischen Hofes zu entgehen, gezwungen, zwei Leidenschaften an den Tag zu legen, die ich nicht besaß: einerseits eine lächerliche Liebe zum Geld und andererseits eine übermäßige Liebe für lange Kerls. Nur wegen dieser beiden ins Auge springenden schwachen Seiten gestatteten sie es mir, einen großen Schatz zu horten und eine starke Armee aufzubauen. Nun, da sie beide ins Leben gerufen wurden, muß mein Nachfolger nicht länger eine Maske tragen!'‹) Diese ›Langen Kerls‹ wurden nicht nur unter seinen eigenen Untertanen angeworben, sondern auch im Ausland gekauft, kamen als Geschenke ausländischer Höfe oder von jemandem, der sich seine Gunst sichern wollte, oder sie wurden einfach entführt, nicht nur in Preußen, sondern fast in ganz Europa. Tausend Menschenfänger arbeiteten für den König, um jeden Mann, der über sechs Fuß maß, zu entführen; mehr als zwölf Millionen Taler sollen angeblich zwischen 1713 und 1735 für den Ankauf jener Rekruten ausgegeben worden sein, die den Truppen von Anwerbern entkamen. Kein Mann, der während dieser Zeit durch Preußen reiste, war wirklich sicher, denn jedem konnte es passieren, gewaltsam in die preußische Armee gesteckt zu werden, aber hochgewachsene Männer hatten überhaupt keine Chance. Sogar vornehme ausländische Diplomaten, die zufällig großer Statur waren, wurden entführt und in die Garde der Riesen gesteckt. Kamen dann Proteste, so entließ der König sie mit Entschuldigungen und Bedauern, aber er hörte deswegen nicht damit auf. Seine Rekrutierungsoffiziere, die sowohl gewöhnliche Soldaten als auch Riesen suchten, zogen bis nach Italien. So wurden ein Priester aus Welschtirol und ein Mönch aus einem Kloster in Rom entführt und zur Garde gesteckt. Der Priester hatte gerade den Dorfbewohnern die Messe gelesen. Einer der größten war ein Ire namens Kirkland, der vom preußischen Botschafter in London ausfindig gemacht worden war. Der Botschafter zahlte dessen früherem Dienstgeber neuntausend Taler und nahm ihn für drei Jahre als Kammerdiener in seine Dienste. Dies war natürlich nur ein Vorwand, und Kirkland kannte auch nicht die Identität des Botschafters. Nichtsahnend segelte er mit ihm nach Deutschland und wurde ordnungsgemäß in die Garde aufgenommen. (Auf Grund dieses Zwischenfalls konnte der Botschafter nicht mehr nach London zurückkehren.)

Friedrich I. (1372–1440), Begründer der preußischen Hohenzollerndynastie. 1415 verlieh Kaiser Sigismund ihm, dem Burggrafen Friedrich VI. von Nürnberg, die Kurfürstenwürde. Rechts: Siegel der Verleihungsurkunde.

Belehnung des Burggrafen Friedrich von Nürnberg mit der Mark Brandenburg durch Kaiser Sigismund. Die Abbildung stammt aus der Handschrift des Ulrich Richenthal von Konstanz und gilt als die älteste Darstellung der Belehnung des Burggrafen.

Joachim I. (Joachim Nestor) war der 5. Kurfürst von Brandenburg aus dem Hause Hohenzollern (1499–1535). Er war der Stifter der Universität Frankfurt/O. und Begründer des Kammergerichts.

Der Große Kurfürst
Friedrich Wilhelm (1620–1688).

Der erste König in Preußen, Friedrich I. (1657–1713). (Gemälde von Friedrich Wilhelm Weidemann, Ausschnitt).

›Das schönste Mädchen, das man mir verschaffte‹, soll der König gelegentlich bemerkt haben, ›wäre mir gleichgültig! Aber Soldaten – das ist meine Schwäche!‹ Damit meinte er, daß er kein Wüstling sei, denn in der Tat, er war sehr puritanisch, wenn es um Sex ging, aber die Mutmaßung, daß er mehr als das war, ist nicht von der Hand zu weisen. Jedenfalls waren die Soldaten, obschon eine fixe Idee, nicht seine einzige Schwäche. Der Tabak und die Jagd waren weitere Neigungen. Er aß und trank kräftig und liebte vor allem Austern, von denen er manchmal hundert auf einen Sitz verschlang. Außerdem hatte er die Manie, sich unzählige Male am Tag die Hände zu waschen und sehr oft sein Hemd zu wechseln. Dies war in seiner Zeit äußerst ungewöhnlich.

Ein Dominikanerpriester namens Bruns, der katholische Feldkaplan der Garde, erzählt in seinem Tagebuch über die unbeschreibliche Verzweiflung derer, die in dieses Regiment gesteckt worden waren. Die Hälfte der viertausend Mann waren Katholiken, und fast jeder war gegen seinen Willen hier. Nach seinem Bericht gab es ›Franzosen, Italiener, Spanier, Portugiesen, Ungarn, Slawen, Kroaten, Polen, Böhmen, Engländer, Iren, Russen, Türken, Schweden, Dänen, Äthiopier und andere Ausländer aus Asien, Afrika und Amerika‹. Auch Priester, Prinzen, Grafen, Doktoren der Rechte und Ärzte befanden sich unter jenen, denen dieser Dienst aufgezwungen wurde. Die Zustände waren so erbärmlich, daß Meuterei auf der Tagesordnung stand. Bruns sagte, daß die Soldaten ständig versucht hätten, die Stadt Potsdam niederzubrennen und den König zu töten, in der Hoffnung, dadurch ihre Freiheit wiederzuerlangen. Andere verstümmelten sich selbst, begingen Selbstmord oder töteten andere, um dafür selbst getötet zu werden. Als Vergeltung wurden laut Bruns fürchterliche Strafen ausgesprochen, und immer waren diese Täter Ausländer und Katholiken, so daß der König von Bruns schließlich eine Erklärung verlangte, warum die Soldaten seines Glaubens ›so schlecht‹ seien. Pater Bruns bemerkte mutig, daß dies nicht erstaunlich sei, da es sich um Ausländer handelte, die sehr oft mit brutaler Gewalt hierhergebracht worden waren. Und er zitiert folgende Antwort des Königs: ›Ich selbst habe nie jemanden zu etwas gezwungen. Wenn jemand gezwungen wurde, Soldat zu werden, so ist das die Schuld der Anwerber, denen ich aber nie einen solchen Befehl gab. Außerdem bezahle ich sie gut, und es fehlt ihnen an nichts.‹ Pater Bruns gab zu, daß dem so war. Aber trotz des hohen Soldes, den das Leibregiment erhielt, wurde die Verzweiflung immer größer. Sie waren letzten Endes nicht für ein paar Jahre angeworben worden, sondern mußten bei Todesstrafe bis an ihr Lebensende dienen, außer es beliebte dem König, sie in den Ruhestand zu versetzen.

Peter der Große, den Friedrich Wilhelm bewunderte und der einer der Paten des Kronprinzen Fritz war, sandte Friedrich Wilhelm I. während des ersten Jahres seiner Herrschaft ›achtzig Moskowiter von bemerkenswert hohem Wuchs‹. Später sandte er ihm weitere hundertfünfzig, und auf Grund eines Übereinkommens, das während eines Besuches Peters in Berlin geschlossen wurde, schickte dieser dann jährlich ein Kontingent außergewöhnlich großer Russen zu den Potsdamer Blauröcken. Nach Peters Tod führte die Zarin das Vermächtnis fort, indem sie ihren Provinzstatthaltern befahl, ›alle Männer mit einer Größe von sechs Fuß vier Zoll oder mehr, deren sie in ihrer Provinz habhaft werden konnten‹, nach Potsdam zu senden.

Der russische Hof war nicht der einzige, der diese Manie zum Anlaß nahm, um sich Friedrich Wilhelm zu Dank zu verpflichten. An jedem europäischen Hof war es ein offenes Geheimnis, daß dort, wo Diplomatie und Drohungen ihr Ziel verfehlten, große Soldaten zum Erfolg führten. Der österreichische Gesandte in Berlin, Graf Friedrich Heinrich von Seckendorf, schrieb Prinz Eugen nach Wien, er solle ihm zwei Dutzend ›der edelsten, größten und jüngsten Männer‹ senden, denn mit diesen werde er ›in der Lage sein, mehr zu tun als mit den mächtigsten Argumenten‹. Die Männer kamen, und der König unterschrieb einen Vertrag mit den Österreichern. Einmal versuchten es auch die Engländer. Sie sandten fünfzehn große Iren, die ›sehr gnädig aufgenommen‹ wurden. Im Jahre 1715 sandte der sächsische Minister dem König als Geburtstagsgeschenk zwei teure türkische Pfeifen samt einer ansehnlichen Kiste Tabak und ließ alles durch einen sieben Fuß großen Boten überbringen, wobei er den König bat, sowohl die Geschenke als auch den ›Cupid, der sie überbringe‹, gnädig annehmen zu wollen. Diese Art der Bestechung war so offenkundig und so erfolgreich, daß ausländische Diplomaten sich Reserven an großen Kerlen anlegten und, statt den ganzen Posten zur Erlangung einer einzigen Gunst zu verwenden, dem König immer nur ein paar von ihnen anboten und den Rest als Rücklage behielten.

August der Starke, König von Polen und Kurfürst von Sachsen, hatte eine kleinere Ausgabe dieser Garde der Riesen aufgestellt; im Jahre 1730, anläßlich eines Besuches in der sächsischen Hauptstadt Dresden, bekam sie Friedrich Wilhelm das erstemal zu Gesicht. Am meisten fesselte ihn jedoch ein acht Fuß großer, aber beschränkter Schwede. Friedrich Wilhelm quälte August tagelang, bis dieser ihm schließlich den Schweden und vierundzwanzig andere ›lange Kerls‹ gab. Der Schwede wurde nach Potsdam gebracht, aber soviel Mühe sich der König auch gab, er konnte ihn nicht wie einen preußischen Grenadier drillen, da halfen nicht einmal Prügel. Wütend über den riesigen Ochsen, jagte ihn der König aus der Garde und aus Potsdam hinaus. Dies war sicher einer der wenigen Fälle, wenn nicht überhaupt der einzige, daß ein Mann so schnell aus diesem Regiment entlassen wurde. Der Schwede stolperte davon, bis er schließlich nach Berlin kam, war aber nicht fähig, dort seinen Lebensunterhalt zu verdienen, und mußte schließlich in der Hauptstadt elendiglich verhungern.

Die abscheulichste Menschenjagd fand in seinem eigenen Herrschaftsbereich statt, wo Friedrich Wilhelm tun und lassen konnte, was er wollte. Als die Universität von Halle heftig gegen die Entführung eines Studenten der Rechte protestierte, schnaubte der König als Antwort nur: ›Kein Getue – er ist mein Untertan!‹ Und zitierte die Bibel, um diese Entführung zu rechtfertigen: Im Ersten Buch Samuel, Kapitel acht, Vers 11–16, steht über ›die Art des Königs, der über euch herrschen wird: ‚Und eure schönsten Jünglinge und eure Esel wird er nehmen und seine Geschäfte damit ausrichten.'‹

Ein gewaltsamer Tod war nichts Seltenes, denn jene, die ihren Entführern entwichen, wurden oft auf der Flucht getötet. Doch des Königs Grundsatz war ›Aug' um Auge‹, und auch übereifrige Werber bekamen die Härte des Gesetzes zu spüren. Einer von ihnen, ein Oberstleutnant und Baron namens Hompesch, hatte in Zürich durch eine List einen Zimmermann in eine Kiste gelockt (um seine Länge zu messen), diese dann geschlossen und nach Potsdam geschafft. Das sollte ihn beinahe den Hals kosten. Er hatte nämlich vergessen, Luftlöcher in die Kiste zu bohren, und so wurde diese zu einem Sarg. Hompesch wurde zum Tode verurteilt, weil er den Tod eines ›Rekruten‹ verursacht hatte. In seinem Fall aber war der König gnädig, vielleicht, weil er durch den Eifer des Mannes gerührt war, und verwandelte das Urteil in lebenslänglichen Kerker.

Das Leibregiment bestand ursprünglich aus zwölfhundert Mann; als es von Friedrich Wilhelms Nachfolger aufgelöst wurde, zählte es 3030 Mann. Pater Bruns vermerkte, daß es zeitweilig auf 4000 Mann anwuchs. Das erste Kontingent wurde aus den 30 000 Soldaten herausgesucht, die Friedrich Wilhelm übernommen hatte. Diese ersten Mitglieder mußten ohne Schuhe mindestens sechs Fuß groß sein. Später, als dann die Werber wahre Riesen brachten, wurden die längsten von ihnen, von denen einige fast neun Fuß groß waren, in die vordersten Glieder gestellt. Wenn sie mit ihren spitzen Helmen, die einer Bischofsmütze ähnelten, marschierten, erreichten sie manchmal eine Größe von mehr als zehn Fuß. Die besonderen Günstlinge des Königs wurden in Lebensgröße gemalt und diese Gemälde dann überall im Palast aufgehängt. Als Jonas, ein ehemaliger norwegischer Schmied, starb, ließ ihn der gramgebeugte König in Marmor hauen.

In den *›Lettres familières‹* schildert der Baron Bielfeld einen Abend, den er unter den Offizieren des Leibregimentes verbracht hatte. ›Alle diese beleibten Maschinen sind große Weintrinker‹, schreibt er und führt weiter aus, wie der Abend im Hause des Obersten mit übermäßigem Trinken begann; dann kam das Abendessen, dann eine Tanzunterhaltung. ›Ich schaute hierhin und dorthin‹, schreibt Bielfeld, ›und erwartete das Erscheinen der Damen. Wie verblüfft war ich aber, als mir einer dieser Enochsöhne, ein Riese mit hochrotem, vom Wetter gegerbten Gesicht, die Hand reichte, um den Ball zu eröffnen. Es brachte mich natürlich ganz aus der Fassung, daß mir vorgeschlagen wurde, mit einem Mann zu tanzen! Aber sie ließen mir wenig Zeit, darüber nachzudenken, und ich mußte tanzen! Der Befehlshaber tanzte und alle Offiziere tanzten. Und gegen Ende wurde dieser Männerball dank des Champagners, der in Strömen floß, sehr lebhaft ... Um etwa acht Uhr abends gaben die meisten dieser fürchterlichen Krieger den Kampf auf, weil ihre riesenhaften Glieder nicht mehr länger fähig waren, Bacchus und Terpsichore Widerstand zu leisten, und torkelten davon.‹

Die große Schwäche des Leibregimentes war sein mangelnder *esprit de corps*. Etwa 250 von ihnen desertierten pro Jahr. Meuterern schnitt man Nasen und Ohren ab, und sie verbrachten den Rest ihres Lebens im Spandauer Gefängnis. Auf Deserteure wurde ein Kopfgeld ausgesetzt, und Dörfer, in denen man einen fand, ohne daß er angezeigt worden wäre, wurden hart bestraft. Nichtsdestoweniger erzählte man sich, daß Amsterdam in diesen Jahren von uniformierten preußischen Soldaten wimmelte, die alle desertiert waren. Aber auch die Werber hatten kein leichteres Leben als das Wild, das sie jagten. Auf Landstraßen und in den Schenken wurden sie ermordet, und die Bauern griffen sie mit Äxten und Hunden an.

Die Blauen, mit ihrem riesigen gezwirbelten Schnurrbart, waren Teil des Zeremoniells und hatten die Aufgabe, das Schloß und die öffentlichen Gebäude zu bewachen. Der König war zu sehr in sie vernarrt, als daß er sie in den Krieg geschickt hätte. Sie waren seine Spielzeugsoldaten, und er exerzierte selbst mit ihnen. Sein Auge war so scharf, seine Fähigkeit, die geringste Abweichung in einer Reihe zu erkennen, so entwickelt, seine Strenge bei den kleinsten Einzelheiten und Unregelmäßigkeiten so groß, daß man von den Blauen sagte, sie bewegten sich nicht nur präzis, sondern perfekt. ›Beim Kommando hörte man nur einen einzigen Laut in der Reihe, einen rhythmischen Marschschritt und einen Knall beim Feuern.‹ Die Methoden, die im Leibregiment der Riesen entwickelt wurden und auf erbarmungslosem Drill, nie endendem Terror und fürchterlichen Prügeln basierten, wurden in der Folge auf alle preußischen Regimenter übertragen, bis König Friedrich Wilhelm I. schließlich eine Militärmaschine geschaffen hatte, der damals keine andere gleichkam. Er konnte sagen: ›Niemand kann uns Widerstand leisten‹, obwohl er dafür keinen Beweis hatte. Friedrich Wilhelm spielte Soldat, aber er zog nie in den Krieg.

Daher hatte auch niemand in Europa vor der damals geschaffenen preußischen Armee Angst. Man sagte, Friedrich Wilhelms Werber waren sowohl die Geißel als auch das Freiwild ganz Europas, aber ihre Tätigkeit verärgerte die europäischen Höfe nur dann, wenn sie allzu frech in fremden Königreichen auftraten. Die Staatsmänner dieser Zeit vermerkten belustigt, wie versessen der König auf akromegale Mißbildungen war. Sie übersahen, daß das Spielzeug, das der König schuf, tödlich war. Georg II. von England tat ihn ab als ›mein Bruder, der Exerzierunteroffizier‹ (eigentlich Schwager, denn Friedrich Wilhelm war mit Georgs Schwester verheiratet). Der preußische König dagegen bezeichnete den König von England ›mein Bruder, der Komödiant‹, oder ›mein Bruder, der Rotkohl‹. Die preußische Armee, die der ›Exerzierunteroffizier‹ zusammen mit dem Alten Dessauer geschaffen hatte, wurde in ganz Europa ›eine Armee von Deserteuren‹ genannt. Man ging darüber hinweg, was sich als schwerer Fehler erweisen sollte. Mit dieser Armee nämlich sollte Friedrich Wilhelms Sohn ganz Europa auf den Kopf stellen, und durch sie sollte es den Hohenzollern möglich werden, sich ein Kaiserreich zu schaffen.

›Gott weiß, daß ich zu ruhig bin‹

Dem König Friedrich Wilhelm I. war jedermann suspekt: er verdächtigte die Leute verräterischen Ehrgeizes, egoistischer Motive, Parteigängertums oder, wie es nicht selten vorkam, ganz einfach der mangelnden Liebe zu ihrem König. Die Regierung war nur ihm Rechenschaft schuldig, und er hielt die Junker von der Macht fern. Er wollte weder eine preußische Magna Charta noch wollte er eine aristokratische Hofhaltung mit all dem Firlefanz, der damit verbunden war. In den Kreisen des Bürgertums fühlte er sich wohler; er hatte sich selbst einmal als ›echten Republikaner‹ bezeichnet und liebte die Hausmannskost im Hotel ›Zum König von Portugal‹, wo ihn Frau Nicolai, die Gattin des Besitzers, seine Lieblingsspeise, Pökelkamm mit Kohl, vorsetzte. Während seiner Regierung gab es elf Minister bürgerlicher Abstammung, Offiziere kamen oft aus den Mannschaftschargen, und selbst der diplomatische Dienst stand Bürgerlichen offen. Eines Tages beklagte sich ein Baron von Strunckede bei ihm, ein Baron jüngeren Datums als er selbst, Herr von Pabst, habe in der Kirche vor ihm gesessen; der König gab ihm zur Antwort: ›Das ist alles Unsinn, in Berlin gibt es keine Rangordnung ... Wenn Pabst in der Kirche vor mir sitzt, so bin Ich stets Ich und meine Abstammung bleibt dieselbe.‹ Hatte er das von seiner Mutter gelernt, die sich selbst als ›erste preußische Republikanerin‹, ja sogar als ›erste republikanische Königin‹ bezeichnet hatte?

Der Bürger war in Handel und Wirtschaft reich geworden; der König erhob ihn in den Adelsstand und ließ ihn in alteingesessene Familien einheiraten. Die einzige Vorschrift, die er in dieser Beziehung der Aristokratie machte, war, Töchter und Witwen ›armer Leute oder Bauern‹ oder von Leuten ›schlechten Leumunds‹ nicht zur Gemahlin zu nehmen. Geld war auch in Preußen das wichtigste Attribut, vor allem seit der Adel an Noblesse verloren hatte: die verschwenderische Herrschaft Friedrichs I. und der Einbruch der Pariser Eitelkeit bei Hof hatte dem Adel in den Augen der Massen Würde und Ansehen gekostet, während er selbst das Volk als gemeinen Pöbel behandelte.

Immer noch konnten Adelige von ihren Domänen aus Zentren der

Macht formen, wenn man ihnen gestattete, ihre Provinzen selbst zu verwalten; also nahm ihnen Friedrich dieses Recht. Innerhalb der Armee räumte er ihnen eine gewisse Stellung ein, denn die verschiedenen Regimenter wurden auf lokaler Basis unter ihrer Führung rekrutiert; seinen Verwaltungsapparat aber besetzte der König mit Vertretern des Mittelstandes, nicht etwa des Adels. Er wußte, diese Legion von Rechtsgelehrten, dieses Regiment der Schreiber und Beamten würde ihm treu sein, weil sie völlig von seinen Zahlungen abhingen.

So wurden die verschiedenen Bausteine der späteren preußischen Glorie an ihren Platz gestellt. Die aufstrebende Mittelklasse fand ihr Betätigungsfeld entweder in der staatlichen Bürokratie, oder aber sie profitierte von der Zusammenarbeit mit dem Staatsapparat. Die Händler und Unternehmer aus ihren Reihen benötigten des Königs guten Willen, um ihre Geschäfte erfolgreich abwickeln zu können; da die Mehrzahl von ihnen mit der Belieferung der Armee zu tun hatte, verwandelte sich die preußische Bourgeoisie in eine Klasse von königlichen Verwaltern und Nutznießern des neuen Militarismus. Die Arbeiter und Bauern wiederum existierten bloß; es gab sie, wie es zum Beispiel in Preußen die Haustiere gab. Sie bildeten eine gesichtslose Masse, wirtschaftlich eine Macht, politisch eine Null. Sie rackerten wie Sklaven oder dienten in der Armee; außerhalb ihrer eigenen Klasse schenkte ihnen niemand Beachtung. Nicht umsonst sollte die Französische Revolution noch einige Jahre auf sich warten lassen.

Zum aufsteigenden Absolutismus der Hohenzollern war in Preußen kein Gegengewicht zu finden. Die Junker und das stehende Heer übten die Macht im Lande aus, und sie verhinderten bis in das späte 19. Jahrhundert die Entwicklung wohlhabender Städte und eines wohlhabenden Bauerntums. Die wirtschaftliche Rückständigkeit des Volkes vergrößerte die Macht der Junker; in den meisten Landesteilen betrug die Bevölkerungsdichte ein Drittel, wenn nicht ein Viertel jener von Sachsen, Württemberg, Holland oder Frankreich. Diese Tatsache festigte die Macht der Junker in ihren entlegenen Provinzen, die durch ihre Abgeschiedenheit liberalen Einflüssen nicht zugänglich waren. Die Mehrheit der Untertanen des Königs war leibeigen und sollte es auch bleiben, bis der vollständige, wenn auch vorübergehende Zusammenbruch Preußens unter Napoleon Bonaparte den Staat zu winzigen Reformen zwang.

Friedrich Wilhelm I. hatte das Modell des hohenzollernschen Absolutismus nicht geprägt, nur zurechtgeschliffen; eingeführt hatte es der Herrscher, dessen Namen er trug: Friedrich Wilhelm, der Große Kurfürst. Er hatte das stehende Heer geschaffen, welches die dominierende Kraft der preußischen Gesellschaftsform werden sollte; und in dem gleichen Maße, wie er die Macht der Junker auf ihren Besitztümern festigte, beschnitt er ihren Einfluß auf die Nation als Ganzes. Der Große Kurfürst hatte zwischen dem König und den Ständen eine Koalition zusammengebracht, und dieser Bund hatte jede Liberalisierung zu unterbinden gewußt. Der Große Kurfürst hatte das Fundament gelegt, seine Nachfolger bauten es zur Hohenzollernmacht aus; F. L. Carstens stellt ganz richtig fest, daß er zwar bei Lebzeiten von Ludwig XIV. überschattet wurde, ›sein Werk aber jenes des Franzosenkönigs über Generationen hinweg überlebte‹.

Die Verbindung zwischen den Junkern und ihrem Monarchen nahm den Charakter einer Symbiose an: die Stände beherrschten dank der fortdauernden Unbedeutsamkeit der preußischen Städte das Land, und der König machte mit ihnen gemeinsame Sache. Die Interessen der Junker waren klassenmäßiger und nicht regionaler Natur. Dem niederen Stadtadel fühlten sie sich nie verbunden wie etwa Teile der englischen Aristokratie. Das Fehlen eines solchen Bindeglieds sollte sich als ›die Achillesferse der Stände‹ erweisen – aus diesem Grund war es ihnen nie möglich, sich gegen die Hohenzollern zu verbünden, was wiederum das Herrscherhaus in die Lage versetzte, die Klasseninteressen der Junker zu benützen, um sich ihrer Loyalität der Krone gegenüber zu versichern. Die Hohenzollern hielten die Junker im Sattel und umgekehrt. Der preußische Adel hatte nie auch nur die geringste Verpflichtung dem Volk gegenüber verspürt, das er unterdrückte, versklavte, verschleppte oder einfach umbrachte; die Junker in jener Zeit waren Landverwalter mit der Feinfühligkeit texanischer Rinderbosse und nicht selten der Menschlichkeit von Seeräubern. Da sie sich kaum darum gekümmert hatten, ihre eigenen Freiheiten gegenüber dem Königshaus zu verteidigen, scherten sie sich den Teufel um die Freiheiten anderer; auch in Zukunft sollten sie sich nur dann gegen ihren Herrscher stellen, wenn es um wirtschaftliche Belange ihrer eigenen Klasse ging, wenn das Wohl und Wehe des Königs oder der Nation dem Interesse ihrer Hühnerhöfe zuwiderlief.

Das Preußen Friedrich Wilhelms I. kam auf Touren: ein Trupp gesichtsloser Verwaltungsbeamter, vom König angetrieben, trieb seinerseits den Staatsapparat an, Friedrich Wilhelm löste die preußischen Länder aus, die sein Vater verpfändet hatte und die 1709 von der Pest heimgesucht worden waren. Um die Gegend wieder zu bevölkern, wurden 1732 protestantische Bauern ins Land gebracht; aus Salzburg kamen Religionsflüchtlinge zu Hunderten, sie wurden in Ostpreußen angesiedelt, wo ihre Nachkommen verblieben, bis sie 1945 ausgewiesen wurden. Wilhelm Strahtmann, der damalige Botschafter Braunschweigs in Berlin, stellte fest, daß Friedrich Wilhelm durch die Lebensbedingungen und den religiösen Eifer der Salzburger so gerührt war, daß ›Seiner Majestät Tränen über die Wangen ronnen‹, als er sie empfing. Die Salzburger bevölkerten die dezimierten Landstriche und verdoppelten den Ernteertrag; später sollte die Landwirtschaft die Hälfte des Volkseinkommens stellen. Kronprinz Fritz schrieb an Voltaire einen Brief, in dem er schilderte, wie sein Vater das Land wieder fruchtbar gemacht hatte. Der König, schrieb er, war in den

Osten des Landes gereist, um mit eigenen Augen ›die Zerstörungen zu sehen, die durch Krankheit und Not gleichermaßen wie durch die Habsucht und die Gier der lokalen Verwaltung über das Land gebracht worden waren‹; der Anblick von ›zwölf oder fünfzehn verlassenen Städten, zwischen vier- und fünfhundert unbewohnten Dörfern, und überall brachliegenden Feldern‹ habe ihn entsetzt. Mit Bewunderung schrieb Fritz, sein Vater habe diesen Landstrich in eine Stätte verwandelt, wo ›Fruchtbarkeit und Reichtum herrschen‹, und auch Voltaire war des Lobes voll. ›Eine riesige Wüste‹, schrieb er, sei durch Mittel urbar gemacht worden, ›die von jenen anderer Fürsten unserer Zeit um vieles abwichen‹.

›Jeden Tag gibt Seine Majestät neue Beweise Ihrer Gerechtigkeit‹, schrieb der sächsische Botschafter in Berlin und berichtete, wie der König den Postmeister von Potsdam behandelt hatte, nachdem dieser mehreren Reisenden einer Postkutsche um 6 Uhr morgens den Zutritt zum Gebäude verwehrt hatte. Inkognito schloß er sich den Reisenden an, klopfte an die Türen und warf auch einige Fenster ein. Letzteres brachte den Postmeister an die Tür, worauf ›Seine Majestät sich zu erkennen gab und dies dem Postmeister gleich mit seinem Stock tüchtig einbleute ... ihn von Haus und Stellung verjagte, nicht ohne sich bei den Reisenden für die Faulheit des Beamten zu entschuldigen‹. Wie der Botschafter in seinem Bericht abschließend feststellt, ›machen Exempeln dieser Art, von denen ich noch einige andere anführen könnte, jedermann aufmerksam und pflichtbewußt‹.

Durch den König wie von einem Feldwebel angetrieben, sorgte die preußische Verwaltung für Ordnung und Wohlstand. Lokale Steuereintreiber, mit Polizeigewalt und großem Einfluß auf Landwirtschaft und Handel des Königreiches ausgestattet, trugen dazu bei, die Macht der Junker in den Provinzen noch mehr einzuschränken. Diese Beamten vollendeten unter der Regierung Friedrich Wilhelms I. die Unterstellung des gesamten Königreichs unter die zentrale Autorität, bis jeglicher Machtwille der Provinzen gebrochen war und die Hohenzollern absolutistisch herrschten und regierten.

Das Wichtigste aber blieb in Preußen die Armee. Alle Hohenzollern waren Soldatenkönige, aber Friedrich Wilhelm I. liebte es, so genannt zu werden. ›50 000 Soldaten sind mehr wert als 100 000 Minister‹, sagte er und machte sich daran, diese Anzahl noch zu vergrößern, indem er den Stand der preußischen Armee von den 30 000, die er übernommen hatte, auf 80 000 Mann aufstockte. Obwohl Preußen der Bevölkerung nach an 13. Stelle in Europa rangierte, besaß es die viertgrößte Armee; allein diese Tatsache hätte bereits die Besorgnis der europäischen Höfe hervorrufen können, aber ahnungslos verspottete man den Soldatenkönig als Feigling, der nie einen Krieg führte. Mit einer Ausnahme: zwei Jahre nach seiner Thronbesteigung fochten Friedrich Wilhelms Truppen bei Stralsund einen kurzen Krieg gegen Schweden aus und hielten sich recht wacker. Im Frieden von Stockholm (1720) erhielt Preußen Stettin, den langersehnten Seehafen, und dazu noch die östliche Hälfte von Schwedisch-Pommern. Als Friedrich Wilhelm starb, wurden fünf Sechstel des Staatshaushaltes für die Erhaltung der Armee aufgewendet. (Auch später blieb man dabei: 1786 waren es drei Viertel und 1806 fünf Siebentel.) Also wurde ein eigener Rekrutierungsfonds geschaffen. Die Hauptleute erhielten Pauschalzahlungen, mittels derer sie Männer zu rekrutieren und auch zu erhalten hatten; der König teilte sein Reich in Bezirke ein, von denen jeder die Mannschaften für ein bestimmtes Regiment zu stellen hatte, eine Maßnahme, welche die Rivalität zwischen den einzelnen Rekrutierungsoffizieren vermindern sollte. Die meisten Soldaten stellte der Bauernstand; die Wehrpflicht betrug 20 Jahre, was viele Bauern zum Selbstmord trieb. ›Einmal Grenadier, immer Grenadier‹, sagte der König, aber er war klug genug zu wissen, was es für die Landwirtschaft bedeuten würde, wenn alle Bauernjungen zur Armee eingezogen wären. Sobald sie eine genügende Ausbildung hatten, wurde den Soldaten neun Monate im Jahr Urlaub gewährt, währenddessen sie stets der Autorität des Regimentes unterworfen und der lokalen Gerichtsbarkeit entzogen blieben. Nur drei Monate im Jahr erreichten die Regimenter ihre volle Stärke: im Frühjahr und zu Manöverzeiten. Der König baute zwar Befestigungen und Kasernen, aber meistens waren die Soldaten privat einquartiert und logierten bei Bürgern, die zur Bereitstellung der Räumlichkeiten verpflichtet waren. Überall gab es Soldaten; in Berlin trug jeder fünfte Einwohner Uniform.

Auch Regierungsbeamte gab es überall, und der König hatte ihren Aufgabenbereich bis ins letzte Detail persönlich und mit militärischer Genauigkeit geregelt. Innerhalb weniger Tage schrieb Friedrich Wilhelm für sie ein Regelbuch, das aus 35 Kapiteln, unterteilt in 297 Paragraphen, bestand und die genauen Pflichten der Staatsangestellten, vom Minister bis zum Nachtwächter, definierte. Staatsangestellte wurden nie in den Provinzen ihrer Herkunft eingesetzt, als Vorbeugung gegen Bestechlichkeit und Wucher. Der König instruierte seine Beamten, die ihnen unterstellten Gebiete nicht mit Pferden zu bereisen, die man für die Arbeit in der Landwirtschaft vorteilhafter einsetzen könne, sondern zweirädrige Karren zu benützen. Zur Ernte- und Saatzeit hatten die Inspektoren nichts auf den Bauernhöfen zu suchen: sie würden die Bauern von der Arbeit abhalten. Selbst über die Handhabung von Pflug und Dreschflegel, über die Wolfsjagd und die Ausbildung von Gärtnern und Müllern erließ der König genaueste Anweisungen. Er verfügte, das Getreide habe in ertragreichen Jahren aufbewahrt, bei schlechter Ernte jedoch verkauft zu werden; er ließ Sümpfe und Marschen trokkenlegen, gab Industrie und Handel neuen Auftrieb und setzte überall die ›preußische Ordnung‹ ein. Die Bezeichnung ›verantwortlich für . . .‹ wurde zur Bibel des Königreiches, jeder Beamte wußte genauestens, wofür er verantwortlich war und welche Strafe ihn erwartete, sollte er versagen. Daran ließ der König keine Zweifel aufkommen, wie der kleine Galgen beweist, den er eigenhändig in sein Anweisungsbuch eingesetzt hatte, sooft im Text das Wort ›verantwortlich‹ vorkam.

Mit seinen Junkern verfuhr er keineswegs besser. ›*Nihil credo!* Aber das *credo*‹, meinte er eines Tages, ›daß die Junkers ihre Autorität wird ruiniert werden müssen. Denn ich stabiliere meine Autorität wie *un rocher de bronze!*‹ Bei einer anderen Gelegenheit schrieb er: ›Die Junker sollen nach meiner Pfeife tanzen oder der Teufel hole mich, wenn sie sich widersetzen, tractire ich sie als Rebellen und lasse sie henken und rösten wie der Zar!‹

›Gott weiß, daß ich gar zu tranquill bin‹, pflegte er zu sagen. ›Wenn ich mehr cholerisch wäre, ich glaube, es würde besser sein.‹ Er meinte, er sei zu freundlich und nachgiebig zu jenen, die ihm zuwiderhandelten, und in der Außenpolitik hatte er damit sogar recht. Wie bereits gesagt, hielten ihn die ausländischen Höfe für einen Feigling, weil er nie in den Krieg gezogen war; die Briten meinten verächtlich, er ›spiele nur in der eigenen Schafherde den Wolf‹, und Peter der Große bemerkte, Friedrich Wilhelm sei friedliebend, nicht etwa weil er das Fischen als Tätigkeit ablehne, sondern weil er fürchte, sich die Füße naß zu machen. In der Tat aber war Friedrich Wilhelm keineswegs ein Feigling, sondern es fehlte ihm lediglich an Selbstvertrauen. Er wußte, daß sein Königreich lächerlich gemacht wurde, daß ganz Europa über seinen Hof schmunzelte, weil er selbst sich wie ein exzentrischer Possenreißer benahm; wenn immer er mit Königen zu tun hatte, fühlte er sich fehl am Platz, und er war es auch. Er hielt sich selbst für einen ungezierten, ehrlichen, offenherzigen und freimütigen Kerl; er sah Preußen von rangälteren Höfen umgeben, in denen elegante und ränkevolle Berater, schlaue und gewitzte Diplomaten und überhaupt in Schmeichlertum und Heuchelei bewanderte Höflinge ein und aus gingen. Er hatte nicht Unrecht: der König von Preußen war in der Tat ein von weltstädtischen Gaunern umgebener Bauernlümmel. Er fürchtete stets, seine mühsam aufgestapelten Schätze zu verlieren, und wollte um jeden Preis verhindern, sich mit anderen Höfen einzulassen, denn dies hätte den Intriganten die Möglichkeit gegeben, Preußen um seinen beginnenden Reichtum zu betrügen. Er kannte die Grenzen seiner Person ganz genau und meinte zu seinem Sohn: ›Vor allem mache es mir nicht gleich in allen Belangen der Diplomatie, denn ich habe nie auch nur das Geringste davon verstanden.‹

Friedrich Wilhelm I. war nichts weiter als ein mit Heißluft, Giftgasen und Donnergrollen gefüllter apoplektischer Luftballon. Ihn zu beschreiben heißt die Welt der Realität verlassen: Jahr für Jahr nahm er an Leibesumfang zu; bei seinem Tod maß sein Bauch 255 Zentimeter, wenn nicht mehr, und er wog 123 Kilogramm. Dazu war er noch klein, so daß die massige und aufgedunsene Gestalt sich bereits dem Grotesken näherte: ein kurzer Nacken und ein großes Haupt, dessen Haut als ›rot, grün, blau und gelb überschattet‹ beschrieben wurde, vervollständigen die Gestalt. Bei Hof wurde sein Auftreten stets als furchterregend bezeichnet, obwohl er im Ausland keinesfalls Angst einzujagen vermochte. Er vermeinte, seine 80 000-Mann-Armee und seine wohlgefüllte Kriegskasse würden ihm in der Außenpolitik von Nutzen sein, aber nicht einmal Kaiser Karl VI. ließ sich zu einer Konzession herbei, obwohl er ihn sein ganzes Leben hindurch treu verteidigt hatte.

›Ich gehe nit ab vom Kaiser oder der Kaiser muß mich mit Füßen fortstoßen‹, sagte er einmal. So weit ging der Kaiser zwar nie, aber es steht außer Zweifel, daß er Preußen nie die treue Unterstützung dankte. Als der König seine Ansprüche auf die rheinischen Herzogtümer Jülich und Berg geltend machte, behandelte der Kaiser ihn sehr von oben herab! (Als sei er ›der Fürst von Zipfel-Zerbst‹, wie Friedrich Wilhelm sich bitter beklagte.) Karl bot zuerst eine Kompromißlösung an, brach dann sein Versprechen und gab Preußen überhaupt nichts. Man nahm Friedrich Wilhelm ganz einfach nicht ernst, wie der französische Botschafter in Berlin feststellte: ›Dank seiner Unbeständigkeit kann der König von Preußen weder seinen Freunden nützlich noch seinen Feinden gefährlich werden.‹ Friedrich Wilhelm fand dies alles unverständlich und fast frustrierend. ›Ich begreife nichts mehr in dieser Welt‹, schreibt er dem Alten Dessauer, ›Gott gebe nur bald ein seliges Ende, um allen den Schelmereien ein Ende zu machen, da es nit länger auszuhalten ist.‹ Unsicher wie er war, klagte er am Ende, man habe ihn nicht verstanden. Als eine seiner Husarenschwadronen in voller Montur geschlossen desertierte, sagte er: ›Wird man nun in der Welt womöglich denken, wie schlecht ich meine Leute halte!‹ Zu guter Letzt hatte er überhaupt keine Lust, seine Macht weiter auszuüben. ›Ich wunsche itzo nits mehr in der weldt, als in auswertige lande weit von mein landen ein hüpschen einsamen ordt auszusuchen, wo ich in der stille lehben kann. Denn ich in dieser weldt nits Nutze bin und mir über alles ergerdt; als denn ich ein filosofies lehben führen will.‹

Aber zum Philosophieren blieb keine Zeit; zu viel mußte getan, zu viel überblickt werden, zu viele Orders warteten darauf, erlassen zu werden. Obwohl er gern ›Soldatenkönig‹ genannt wurde, bezeichnete ihn sein Volk als ›die Erz-Sandbüchse‹, weil er so viel Sand verbrauchte, um die Tinte der zahllosen Instruktionen zu trocknen, die aus seiner Feder flossen. Nichts entging seiner Aufmerksamkeit, nichts seinem wachsamen Auge. Er hatte es sich zur Gewohnheit gemacht, Menschen auf der Straße anzusprechen; er forderte sie stets auf, Namen und Beschäftigung bekanntzugeben. Kamen sie dem nach, so ließ er sie ungeschoren ziehen; wenn nicht, verprügelte er sie. ›Wer bist du?‹ fragte er, und: ›Sieh mir in die Augen, Mann!‹ Eine schüchterne Antwort rief seinen Zorn hervor, manche mutige Entgegnung erregte seine Bewunderung. Ein aufgeputzter Jüngling, den er eines Tages ansprach, entpuppte sich als Student der Theologie. ›Woher?‹ brüllte ihn der König an. ›Aus Berlin, Majestät!‹ war die Antwort. ›Aha!‹ rief der König, ›die Berliner sind eine unnütze Bande!‹ Der Student zuckte nicht mit der Wimper und gab zurück: ›Ja, das stimmt, die meisten sind es;

ich aber kenne zwei Ausnahmen.‹ Interessiert fragte der König, wer die beiden wohl seien, worauf der Student ihm zu Antwort gab: ›Aber Majestät, Ihr selbst und ich natürlich!‹ Der König riß die Augen auf und lachte; später ließ er den Studenten prüfen und verschaffte ihm eine Stelle als Kaplan.

Urwüchsige Antworten dieser Art gefielen dem König. Man muß ihm zugute halten, daß er für Heuchler nie etwas übrighatte. In für ihn bezeichnender Manier hatte er 1723 auch gegen sie ein Reglement erlassen, weitere Mengen an Tinte und Sand vertan: ›Wir lieben keinerlei Art der Heuchelei, und man hat Uns stets die ganze Wahrheit zu sagen.‹ Das war selten der Fall, denn mit seinen plötzlichen Wutausbrüchen, dem Erbübel der Hohenzollern, jagte er jedermann einen heillosen Schrecken ein. Manche konnte er nicht einschüchtern, Könige zum Beispiel; bei ihnen konnte er ausspannen und ihre Gesellschaft genießen, vor allem bei Peter dem Großen und August dem Starken, beides Männer nach seinem Geschmack, zumindest in gewisser Art; im Gegensatz zu Friedrich Wilhelm waren sie Freigeister, aber sie waren auch erdgebunden wie er.

Peter der Große kam am 19. September 1717 auf Staatsbesuch nach Berlin; er kannte die Stadt zwar schon, war aber das erstemal nur kurz und ohne seinen Hofstaat gekommen. Diesmal aber hatte er, auf dem Rückweg von Paris, eine kleine Armee mitgebracht: sie bestand aus ungefähr 400 ›Damen‹ aus dem Gefolge der Zarin, ›Damen, wenn sich die Möglichkeit dazu ergab‹, wie Prinzessin Wilhelmine in ihrem Tagebuch vermerkte; sie war damals erst neun Jahre alt und trug ein, die Damen hätten genauso als ›Kammerzofen, Köchinnen und Wäschermädchen‹ gearbeitet. Königin Sophie war nicht begeistert, sie zu empfangen; diese Frauen waren eine lärmende und zerlumpte Bande, und die meisten von ihnen trugen Babys in den Armen; fragte man sie danach, so erhielt man stets die gleiche Antwort: ›Der Zar hat mir die Ehre erwiesen.‹ Zwei Tage vor seiner Ankunft in Berlin hatte Peter im nahegelegenen Magdeburg haltgemacht, wo ihn der berühmte Samuel von Cocceji empfangen hatte, der Mann, der später das gesamte preußische Recht reformieren sollte; der Zar hatte Cocceji und die anderen durch seine Art völlig verblüfft. Während der Begrüßungsansprachen hielt er sich zwischen zweien seiner Hofdamen auf, legte seine Arme um ihre Schultern und faßte mit beiden Händen in die vollen Brüste.

Aber das war erst der Anfang. Friedrich Wilhelm war persönlich anwesend, als eine seiner Lieblingsnichten, die Herzogin von Mecklenburg, den Zaren empfing. Kaum hatte die junge Herzogin den Raum betreten, als ihr Onkel, der Zar, sie auch schon in die Arme schloß, ins nächste Zimmer, ein Schlafgemach, trug und sich mit ihr vergnügte, ohne überhaupt die Tür zu verschließen, so daß ihr Gatte, der Herzog von Mecklenburg, die Sache mitansehen mußte. (Dieser aber hatte ein dickes Fell: Er und seine Gemahlin luden Peter ein, nach Berlin auch

Mecklenburg zu besuchen. Russische Truppen, die dem Herzog bei der Niederschlagung einer Rebellion behilflich gewesen waren, hatten soeben erst das Land verlassen; der Herzog stand also beim Zaren tief in der Schuld. Zwei Jahre nach der oben erwähnten Szene verließ die Herzogin ihren Gemahl und zog nach Moskau.)

Die Zarin war nach Wilhelmines Beschreibung ›stämmig und dunkel‹, ›ohne Grazie und Anmut; beim Ansehen erkannte man bereits ihre niedrige Herkunft‹. Sie war in der Tat eine Bauerndirne aus Litauen, ursprünglich Marketenderin in der Armee des Zaren: eines Tages rettete sie Peter das Leben, und er machte sie zu seinem Weib, später auch zur Zarin. Ihr Gewand, erinnert sich Wilhelmine, war mit ›Silber und schmierigem Schmutz überladen‹ und mit ›armseligen kleinen‹ Diamanten besetzt, die ›schlecht gefaßt‹ waren. Wenn sie ging, war es, als hörte man ›einen Maulesel mit seinen Schellen am Geschirr‹, denn ihr Übergewand war ›ganz behängt mit Orden und kleinen Dingen aus Metall ... und mit einer Menge dergleichen‹. Sie bildete einen bemerkenswerten Kontrast zum Zaren, denn dieser war sehr hochgewachsen, wie Wilhelmine schreibt, in einer ›wilden Art‹ schön; er trug eine einfach geschnittene Marineuniform. Auf eigene Bitte hin wurden der Zar und sein Hof im Schloß Monbijou einquartiert, das er für erholsamer hielt als das Berliner Schloß. Vor der Ankunft der Gäste hatte Königin Sophie wohlweislich alle Kunstgegenstände und Sachen aus Kristall entfernen lassen, denn sie wußte von früheren russischen Gästen noch, wie solch eine Invasion auszugehen pflegte. Trotz dieser Vorkehrungen forderten die vier Tage Aufenthalt ihren Tribut, und die Gästezimmer in Monbijou mußten nach der Abreise des Zarenhofs völlig erneuert werden.

Geschenke wurden ausgetauscht: Peter der Große erhielt die herrliche Jacht, die Friedrich Wilhelms Vater in Holland erstanden hatte, aber er begehrte auch, was Carlyle zimperlich als ›antike Ungebührlichkeit‹ bezeichnet, einen römischen Fruchtbarkeitszauber, wahrscheinlich in Phallusform, den er im königlichen Kuriositätenkabinett gefunden hatte. Friedrich Wilhelm war mit Freuden bereit, das unmögliche Ding loszuwerden, wurde aber von Peter aufs höchste überrascht, als dieser, blendender Laune, die Zarin zwang, ›das Objekt‹ vor allen zu küssen. ›Kopp ab!‹ rief Peter auf deutsch: das stand ihr bevor, falls sie es ablehnen sollte. Zu guter Letzt kam es noch zu einem Austausch: russische ›Lange Kerls‹ gegen deutsche Waffenschmiede und Militärausbilder: mit letzteren war übrigens der Hauptakzent der preußischen Exporte jener Jahre gegeben.

Friedrich Wilhelm war von seinen Gästen begeistert – von ihrer Abreise ebenfalls. Er hatte Peter gern; die robuste Natur dieses Mannes, seine Natürlichkeit und Wildheit, seine militärische Art beeindruckten ihn mehr als die kultivierten Manieren, die er bei den Franzosen und Österreichern beobachtet hatte. Brandenburg-Preußen war letztlich zur Hälfte östlich, ursprünglich von Slawen bewohnt, und die weite Landschaft in ihrer Ausdehnung erinnerte an die winddurchtosten Ebenen Rußlands. Peters amouröse Aktivitäten jedoch fanden in Friedrich Wilhelm keinen Bewunderer, denn der preußische König blieb stets ein prüder Puritaner, die Gier des Zaren gefiel ihm, seine Begierden nicht. Als seine Gäste Berlin verließen, um sich nach Mecklenburg zu begeben, ließ Friedrich Wilhelm sie nach Potsdam und zur Grenze geleiten. Plötzlich packte ihn Bestürzung über die Höhe seiner Ausgaben während des Staatsbesuchs. Er ermächtigte seine Beamten, für Peters Reise nach Mecklenburg noch 6000 Taler auszulegen – ›keinen Pfennig mehr, wohlverstanden!‹ Vor ihrer Abreise gab er Anweisungen, man möge Peter andere Summen nennen. ›Man lasse ihn wissen, es habe mich dreißig oder vierzig Tausend gekostet.‹

Schon Peter war eine Prüfung des Schicksals gewesen, aber doch nur ein Vorgeschmack dessen, was ihn beim Besuch Augusts, König von Polen und Kurfürst von Sachsen, erwarten sollte. Dies geschah 1728, neun Jahre später, als Kronprinz Fritz sechzehn war und seinen Vater zum erstenmal begleitete.

In der Zwischenzeit war Friedrich Wilhelms Onkel, der hannöverische Georg I. von England, gestorben. Sein Tod bedeutete für den Preußenkönig einen harten Schlag. Als er mit dem britischen Botschafter in Berlin sprach, rannen ihm vor Schmerz die Tränen über die Wangen, obwohl vielleicht der Tod des ersten Georg daran weniger die Schuld trug als die Vorstellung, sein verhaßter Cousin Georg II. (›dieser Rotkohl‹) würde nun König von England.

Seine Laune wurde keineswegs dadurch gebessert, daß er in allerletzter Zeit mit August dem Starken einen Streit gehabt hatte. Schuld daran war die Schwäche des Königs für seine Riesen-Soldaten. Der preußische Hauptmann Natzmer war nach Sachsen entsandt worden, um ›Lange Kerls‹ zu rekrutieren, das heißt ganz einfach, sächsische Soldaten zum Desertieren zu bewegen, eine damals übliche Art, die preußische Armee zu vergrößern. Aber der sächsische Hof empfand es, wie alle anderen, gar nicht mehr lustig, wenn sich die Auswirkungen von Friedrich Wilhelms verrücktem Hobby bis in das eigene Land erstreckten. Preußische Werber waren bereits in mehreren Ländern festgenommen worden, und August hatte persönlich gegen ihr Auftreten in Sachsen schärfstens protestiert. Als Hauptmann Natzmer entdeckt wurde, verfolgte man ihn bis über die Grenze; die sächsischen Häscher drangen bis ins Brandenburgische, nahmen ihn dort fest und schleppten ihn nach Sachsen, wo man kurzen Prozeß mit ihm machte und ihn aufknüpfte. Friedrich Wilhelm war so wütend, daß er dem Baron von Suhm, den Vertreter Sachsens am Berliner Hof, eine Botschaft sandte und ihm androhte, ihn als Vergeltungsmaßnahme ebenfalls zu hängen; völlig verschreckt floh Suhm in seine Heimat und erstattete August Bericht. Dort schalt man ihn einen Feigling, und der König von Polen schickte Friedrich Wilhelm einen Brief in schärfstem Ton, was er denn zum Teufel damit meinte, Suhm zu drohen und ›die Majestät der Könige so frech zu insultieren‹. Wie alle Großmäuler, gab auch Friedrich Wilhelm klein bei. Er beteuerte, er sei von einem ungeschickten Beamten falsch verstanden worden und es sei nie die Rede davon gewesen, Suhm auch nur ein Haar zu krümmen.

Friedrich Wilhelm war in Ängsten: seine Beziehungen zu Sachsen, das heißt also zu Polen, waren an einem Tiefpunkt angelangt, und sein verachteter Cousin war König von England. Mehr noch, er fürchtete stets, ermordet zu werden, und machte sich über echte (und eingebildete) Leiden endlose Sorgen. Sein Verhalten schwankte zwischen Prahlsucht und falschem Pathos; auf Zuversicht folgten Perioden der Depression; Arbeitswut wechselte mit Zeiten, da der König niedergeschlagen, resignierend und untätig war. In Wirklichkeit lassen all diese Symptome auf ›ausgeprägte manisch-depressive Zyklothymie‹ schließen, wie es ein Historiker ausdrückte.

Dieses verheerende Klima bei Hof wurde nun durch einen gewissen August Hermann Francke aus Lübeck noch verschlechtert, der an der Gründung der Universität Halle mitbeteiligt war, das dortige weltberühmte Waisenhaus gestiftet hatte und obendrein noch ein bekannter Schüler Philipp Jacob Speners war, ein Vertreter des Pietismus, jener Bewegung also, die bereits Luthers Lehre als reformbedürftig erachtete. Knapp vor seinem Tod befand sich der Vierundsechzigjährige in Berlin und gab dem König und seiner Familie religiösen Unterricht.

Francke, behauptet Wilhelmine, habe ›den König damit unterhalten, daß er sein Gewissen selbst in den unschuldigsten Angelegenheiten mit Skrupeln belastete. Er verwarf jede Freude, alle verdammenswert, sagte er, selbst die Musik und die Jagd. Nur über das Wort Gottes habe man zu sprechen, jede andere Unterhaltung sei verboten.‹ Ohne Unterlaß predigte Francke vor dem Preußenkönig und vollbrachte es, sagte seine Tochter, ›das Übel‹ seiner Melancholie noch zu verstärken.

›Der König holte uns jeden Nachmittag zur Predigt‹, vermerkt sie in ihren Memoiren, ›sein Kammerdiener nannte uns einen Psalm, den wir alle zu singen hatten; man mußte dieser Predigt mit einer Aufmerksamkeit folgen, als halte sie ein Apostel. Mein Bruder und ich waren stets zum Lachen aufgelegt und konnten uns nicht immer zurückhalten, obwohl wir ernsthaft versuchten, uns zu beherrschen ... Daraufhin strenge Verweise, alle Bannflüche der Kirche kamen über unsere Häupter, und wir mußten sie mit reuigen Sündermienen entgegennehmen, zu welchen wir unsere Gesichter nur mit Schwierigkeit bringen konnten. Mit einem Wort, dieser Bursche von Francke ließ uns ein Leben wie Trappistenmönche führen.

Derartige bigotte Exzesse brachten den König auf weitere bizarre Ideen. Er beschloß, zugunsten meines Bruders abzudanken. Er würde uns, so sagte er, 10 000 Kronen jährlich zukommen lassen und sich mit der Königin und den Nächsten nach Wusterhausen zurückziehen. ‚Dort', – sagte er, ‚will ich zu Gott beten und die Landwirtschaft bestellen, und Weib und Tochter sollen dem Haushalt obliegen. Du bist klug', sagte er zu mir, ‚ich werde dich zur Wäschebeschließerin machen, du sollst das Linnen flicken und in Ordnung halten. Frederika (damals dreizehn), die geizig ist, soll sich der ganzen Vorräte des Hauses annehmen. Charlotte (damals elf) soll auf den Markt gehen und für den Einkauf sorgen; und mein Weib wird sich um die kleinen Kinder und die Kirche kümmern.‘‹

Gesagt, getan; fast getan. Der König nahm wieder auf seinem Thron Platz und bereitete einen ganzen Satz von Instruktionen vor, den Kronprinzen betreffend: noch mehr Tinte und Sand wurden verbraucht. Das Tabakskollegium war entsetzt: es schien, als würde der König diese verrückten Pläne auch in die Tat umsetzen wollen. Am meisten bestürzt aber waren die beiden österreichischen Agenten in Friedrich Wilhelms nächster Umgebung: Grumbkow und Graf Seckendorff fürchteten, ihre Macht in Berlin würde sich in nichts auflösen, wenn Kronprinz Fritz den Thron bestiege, denn seine Sympathien für England waren bekannt. Also arbeiteten die beiden einen Plan aus, um den König von diesen Ideen abzubringen und ihn vielleicht auch von seiner Melancholie zu heilen: die Medizin, die sie ihm verschrieben, war ein Besuch in Dresden, am Hof Augusts des Starken.

Wie die Geschichte die Beziehungen Grumbkows und Seckendorffs zum König zeigt, waren die beiden Männer wahre Experten darin, den Monarchen zu täuschen. Seckendorff selbst war überhaupt nur durch eine solche List in das Berliner Schloß eingedrungen: Grumbkow hatte eines Tages Verlangen nach einem Verbündeten im Tabakskollegium – und einem zweiten österreichischen Agenten im engsten Kreis um den König – verspürt und Seckendorff, den der König im Spanischen Erbfolgekrieg und bei Stralsund kennengelernt hatte, nach Berlin kommen lassen. Aber Grumbkow konnte den Grafen nicht einladen, ohne des Königs Argwohn auf den Plan zu rufen. Also richtete man es ein, daß Seckendorff ›zufällig‹ in der Nähe des Schlosses vorbeischlenderte, ebenso zufällig zu genau jener Zeit, da der König die Angewohnheit hatte, aus einem der Fenster zu blicken, um zu sehen, was vorging. Hocherfreut, den alten Freund erblickt zu haben, fragte der König Seckendorff, wie lange er vorhabe, in Berlin zu bleiben. Nur zwei oder drei Tage, antwortete dieser, er sei auf dem Wege nach Skandinavien. Friedrich Wilhelm bot ihm im Schloß Quartier und bat ihn, ein wenig länger zu bleiben; Seckendorff blieb. Er war so offensichtlich ein Ränkeschmied und Intrigant, daß alle, auch die Königin, ihm aus dem Weg gingen; nur der König war mit Blindheit geschlagen und merkte nicht, daß er von ihm für Österreich ausgenützt wurde. Er lehnte es ab, von dem Grafen Schlechtes zu denken, war er doch begeistert von Seckendorffs Art, der ohne Unterlaß den weitschweifigen, ermüdenden und höchst uninteressanten Geschichten des Königs lauschen konnte.

Nun war die Frage, wie man Friedrich Wilhelm bewegen konnte, nach Dresden zu reisen, und Seckendorff und Grumbkow beschlossen, dieselbe Technik noch einmal anzuwenden. Diesmal war der ›zufällig‹ Berlin besuchende Gast ein früherer preußischer Feldmarschall, der geradewegs aus Warschau, vom Hofe Augusts, kam. Er legte den Streit um Baron von Suhm bei und erwähnte, August würde sich außerordentlich freuen, Friedrich Wilhelm als seinen Gast in Dresden beim Karneval begrüßen zu dürfen; dieser Aufforderung folgte bald eine formelle Einladung des Königs von Polen, die Friedrich Wilhelm annahm.

Die österreichischen Agenten rieben sich die Hände; sie waren sicher, Augusts fröhliches und ausschweifendes Hofleben würde Friedrich Wilhelm vom Pietismus und seinen Abdankungsplänen wie auch Preußen von England abbringen. Diesem Lockmittel folgte ein weiteres: August unternahm den Versuch, Friedrich Wilhelm im wahrsten Sinn des Wortes zu verführen.

Ein ›Engel‹ in Nöten

Im Leben eines jeden Jungen kommt einmal der Zeitpunkt, in dem er merkt, daß sein Vater alles andere als vollkommen ist; keiner hatte mehr Grund dazu als der Kronprinz Fritz. Sein Vater glaubte, daß er vollkommener sei als die meisten anderen Könige; doch in Wirklichkeit hatte Friedrich Wilhelm I. die Manieren eines Wirtshauskrakeelers, die Instinkte eines Rohlings und wie so viele Hohenzollern ein ungezügeltes Temperament. Zu all dem kam schließlich noch die sadistische Behandlung seines Sohnes. Wenn es darum ging, mit jemandem übel umzuspringen, war dieser König ein wahrer Demokrat: Jedermann erhielt in vollem Ausmaß die Behandlung, die ihm zustand, unabhängig von Rang und Namen.

Kinder waren keine Ausnahme. Es gab genügend Nachkommen, die den Zorn des cholerischen Königs hervorriefen. Obwohl sie ihren Mann nicht ausstehen konnte, ließ Königin Sophie Dorothea fortwährend seine plumpen Annäherungen über sich ergehen; sie gebar ihm eine riesige Nachkommenschaft; insgesamt waren es vierzehn Kinder. (Von den elf, die ihre ersten Jahre überlebten, waren folgende von einigem Interesse: Wilhelmine [1709–58], später Markgräfin von Bayreuth und Autorin glänzender Memoiren; Friedrich [1712–86], Kronprinz, der spätere König Friedrich II.; Louise Ulrike [1720–82], später Königin von Schweden und Mutter mehrerer schwedischer Könige; Augustus Wilhelm [1722–58], Vater des Nachfolgers von Friedrich dem Großen; Heinrich [1726–1802], Armeeführer unter seinem Bruder, Ferdinand [1730–1813], der ebenfalls unter seinem Bruder diente, Vater des Prinzen Ferdinand von Hohenzollern. Friederike, Sophie und Louis Amalie waren von geringerer historischer Bedeutung.) Friedrich Wilhelm nahm sich nie eine Geliebte, im Gegensatz zu so vielen anderen Königen; die Vermutung liegt nahe, daß Sophie Dorothea ihm dankbar gewesen wäre, hätte er dies getan.

Kronprinz Fritz, wie schon bemerkt, war zwar nicht das erste Kind von Sophie Dorothea, aber der erste männliche Nachkomme, der überlebte; seine Geburt war dann auch Anlaß zu großer Freude in Berlin. Er wurde ein Jahr vor der Krönung seines Vaters geboren und auf den Namen Friedrich Karl getauft; Friedrich nach seinem Großvater und Karl nach Kaiser Karl VI., der einer seiner Paten war (zu denen auch Zar Peter der Große gehörte).

Er war ein Sonntagskind – ein Glückskind – von dem man annahm, daß es mit einem sechsten Sinn begabt war und die Fähigkeit besaß, Geister zu sehen. Das Kind war bildhübsch, mit großen blauen, leuchtenden Augen, die sein ganzes Leben lang Besucher betören sollten. Es schien, als ob die Vorsehung das Glück für ihn gepachtet hätte; wie sein Großvater bemerkte, bekam er seine Zähne ohne jegliche Schwierigkeiten, und überdies schoß im Garten des Schlosses ein alter Baum plötzlich um 31 Fuß in die Höhe und trieb mehr als 7000 Blüten, als begrüße er die Ankunft dieses Prinzen.

In den ersten Jahren seines Lebens war er der Obhut von Frauen anvertraut: einer gewissen Frau von Kamecke und einer Frau von Roucoulles, wobei letztere, ein Flüchtling französischer Hugenotten, fünfundzwanzig Jahre zuvor als Frau von Montbail den jungen und unmöglichen Friedrich Wilhelm zu erziehen versucht hatte. Dessen Sohn besaß all die Eigenschaften, an denen es dem anderen gemangelt hatte. Der junge Kronprinz Friedrich, den man Fritz oder Fritzken nannte, war ganz einfach ›ein Engel‹. Munter, aufgeweckt, zärtlich und sehr liebevoll, gewann er während dieser Jahre die Herzen aller, sogar seines Vaters. In der Tat hatte der König das Neugeborene in seinen Armen fast erdrückt. Frau von Roucoulles nannte er ›liebe Mama‹ *(chère Maman)*. Sie hatte großen Einfluß auf ihn, und mit einer für ihn bezeichnenden Ergebenheit sandte er ihr noch Jahre nachdem er ihrer Obhut entzogen worden war Briefe, Geschenke und Geld.

Fritz zeigte wenig Interesse für das Soldatenleben, was seinen Vater, den Soldatenkönig, sehr beunruhigte. Doch als der Feldzug von Stralsund vorbereitet wurde, packte das Fieber der Vorbereitungen auch den jungen Fritz: die abziehenden Truppen, das Musizieren der Militärkapellen, der Lärm der Grenadierstiefel und der Gewehre, das Getöse und Waffengeklirr um ihn herum. Im Alter von vier Jahren sah man ihn eine kleine Militärtrommel bearbeiten, ein Bild, das des Königs Herz erwärmte, als gutes Zeichen aufgefaßt wurde und sofort durch den französischen Emigranten Antoine Pesne in dem Gemälde ›Der kleine Trommler‹ verewigt wurde; es erweckt den Eindruck, als ob Fritz in den Krieg ziehen würde, wobei seine Schwester Wilhelmine, damals sechs oder sieben, ihn liebevoll zurückzuhalten versucht, während ein kleiner Mohr sie mit einem Sonnenschirm beschützt und ein Gardist in einiger Distanz Wache hält.

Sonst ist von Fritz' Kindheit bis zum Alter von sieben Jahren, als seine Erziehung ihren Anfang nahm, wenig bekannt. Sein Erzieher und dessen Assistent waren Generalleutnant Graf Finck von Finckenstein und Oberstleutnant von Kalkstein, gemeinsam mit einem dritten Lehrer, Duhan de Jandun, und vielen anderen Instruktoren. Duhan hatte die Aufmerksamkeit des Königs bei Stralsund auf sich gelenkt, wo er in der Armee diente, jedoch bald darauf konnte er beweisen, daß er mehr war als ein bloßer Soldat. Ihm ist es zu verdanken, daß das Wissen des Prinzen sich weitete und immer mehr auf philosophische Probleme konzentrierte. Fritz liebte ihn, betrachtete ihn als seinen Mentor und schrieb ihm im Alter von fünfzehn Jahren in erbärmlichem Französisch einen Brief, in dem er seine Gefühle offenbarte.

›Mein lieber Duhan‹, schrieb er, ›Ich verspreche Ihnen, wenn ich erst einmal über mein Geld verfügen kann, jährlich 2400 Kronen zu übersenden und ich werde Sie immer lieben, sogar mehr als jetzt, wenn dies überhaupt möglich sein sollte.‹

Er suchte nach einem Ventil, einem Objekt für seine Zuneigung, denn die ersten Anzeichen väterlichen Mißfallens offenbarten sich in der unwirschen Anweisung, der Prinz solle ›nicht so schmutzig sein‹. Der König wußte genau, bis ins letzte Detail, was gut für seinen Sohn war, ebenso wie er wußte, was gut für sein Volk war. Friedrich Wilhelm zweifelte niemals daran, daß er selbst immer im Recht war und immer über alles am besten Bescheid wußte. Diese Überzeugung entsprang nicht sosehr einer wie immer gearteten königlichen Arroganz als vielmehr einer ganz gewöhnlichen Beschränktheit. Er hatte eine exakte Vorstellung über die Zukunft seines Sohnes und Erben; er sollte selbstverständlich eine genaue Kopie seines Vaters werden. Dieses Mal aber konnte Friedrich Wilhelm auf den Unterricht und Bildungsweg seines Sohnes Einfluß nehmen und so alle Erziehungsfehler ausmerzen, die an ihm selbst begangen worden waren und die er in seinem späteren Leben dank seiner Weisheit und seiner großen Willenskraft zu überwinden verstand. Bezüglich des Unterrichts verfaßte der König zwei detaillierte Programme, die den Erziehern des Kronprinzen übergeben wurden, eines aus dem Jahre 1718, als diese ernannt wurden, das andere aus dem Jahre 1721, als der Prinz neun Jahre alt wurde.

›Gottesliebe und Gottesfürchtigkeit‹ sollten dem Prinzen beigebracht werden. ›Keine falschen Religionen oder Sekten‹ durften ›in seiner Anwesenheit erwähnt werden‹, mit Ausnahme der römisch-katholischen Kirche, über die er in Kenntnis gesetzt werden mußte (›unmöglich, sie zu ignorieren‹), der gegenüber man ihm jedoch eine gewisse Abneigung und die Einsicht in ihre Grundsatz- und Sinnlosigkeit eintrichtern mußte.

Fritz sollte von ›jeder Blasiertheit und falschem Stolz‹ ferngehalten werden, er sollte Mäßigkeit und Demut lernen und unter Androhung ›Meines allerhöchsten Mißfallens‹ sollte ihm nie geschmeichelt werden.

Was den formalen Unterricht betraf, so sollte Fritz unter keinen Umständen Lateinlektionen erhalten, denn der König fand, die Sprache sei tot und unnütz; er sollte sowohl im Französischen als auch im Deutschen einen korrekten Stil erlernen, die Antike sollte nur kurz gestreift werden, das Hauptaugenmerk sollte auf die vergangenen 150 Jahre gerichtet sein (›mit größtmöglicher Intensität‹). Geographie, Mathematik, Arithmetik sollten ebenfalls unterrichtet werden, ebenso ›bis auf die letzten Grundsätze die Artillerie (und) Wirtschaft‹. Befestigungsstrategie und andere Bereiche der Militärwissenschaft sollten im Detail erörtert werden, ›um aus diesem Jungen einen Mann zu bilden, mit den Kenntnisen und Eigenschaften eines Offiziers und Generals ... erfüllt von Liebe zu dem Beruf des Soldaten‹.

›Beide Erzieher‹, schrieb der König, ›sollten ihn mit äußerster Bestimmtheit davon überzeugen, daß auf dieser Erde Ruhm und Ehre eines Fürsten nur mit dem Schwert erfochten werden können; und daß die Welt ihn verachten würde, wenn er dies nicht lieben sollte, und nicht sein alleiniges Heil in ihm zu finden versuchte.‹

Des weiteren schrieb der König, ›sollte der Prinz die Trägheit verachten lernen, in der Überfluß und Verschwendung ihren Ursprung haben‹. Um dies zu erreichen, ›darf Fritz niemals alleine gelassen werden, weder bei Tag noch bei Nacht, einer der Lehrer soll immer in seinem Zimmer schlafen‹. Sollte Fritz ›gewissen Exzessen frönen‹, die, wie der König betonte, jungen Leuten seines Alters gemein sind, ›dann hätten die Lehrer solche Probleme mit ihrem Verstand zu lösen‹. Derart waren also die allgemeinen Erziehungsregeln für diesen Prinzen. Sie enthielten, wenn man ehrlich ist, viele richtige und besonnene Grundsätze, die aber alle durch des Königs schwere Faust zunichte gemacht wurden.

1721 ergingen neue Anweisungen von seiten des Königs, die dazu dienten, jede wache Minute seines Sohnes zu regeln.

›Am Sonntage‹, schrieb er vor, ›soll Er des Morgens um sieben Uhr aufstehen, sobald Er die Pantoffel an hat, soll Er vor dem Bette auf die Knie niederfallen und zu Gott kurz beten, und zwar laut, daß Alle, die im Zimmer sein, es hören können ... Und hierauf das Vater Unser. Sobald dies geschehen ist, soll er sich geschwinde und hurtig anziehen und sich *propre* waschen, schwänzen und pudern, und muß das Anziehen und kurze Gebet in einer Viertel Stunde fix und fertig seyn. Wenn das geschehen ist, dann sollen alle seine Domestiquen und Duhan hereinkommen, das große Gebet zu halten, auf die Knie; darauf Duhan ein Capitel aus der Bibel lesen soll und ein oder ander gutes Lied singen.‹ All dies habe um Viertel vor acht zu Ende zu sein. Sodann bis neun Uhr Studium des Evangeliums, darauf habe Fritz den König in die Kirche zu begleiten und gemeinsam mit ihm das Frühstück einzunehmen.

›Der Rest vom Tage aber ist vor Ihn. Des Abends soll er um halb zehn Uhr von mir guten Abend sagen, dann gleich nach der Kammer gehen, sich sehr geschwind ausziehn, die Hände waschen‹, darauf wieder Gebet und Hymne, bis er sich gegen halb elf Uhr zu Bett begibt.

Des Montags um sechs Uhr wird Er gewecket, und sobald solches geschehen ist, sollen sie Ihn anhalten, daß Er, sonder sich ruhen oder nochmals umzuwenden, hurtig und sogleich aufsteht.‹ Daraufhin Morgengebete wie am Sonntag. ›Wenn dies getan ist, hat er so schnell wie möglich in seine Schuhe zu schlüpfen und seine Gamaschen überzustreifen; ebenso sein Gesicht und seine Hände zu waschen ...‹ Während sein Haar gekämmt und gebunden (›aber nicht gepudert‹) wird, ›hat er zur gleichen Zeit Frühstück und Tee einzunehmen, so daß beide Tätigkeiten vor halb sieben Uhr beendet sein sollen.‹ Nach einem weiteren Gottesdienst hatte Duhan von sieben bis neun Uhr Geschichtsunterricht zu geben, anschließend hatte der Prinz bis Viertel vor elf Uhr Unterricht in christlichem Glauben zu erhalten. ›Um drei Viertel auf elf Uhr soll Er sich das Gesichte geschwind mit Wasser und die Hände mit Seife waschen, sich weiß anziehen, pudern und den Rock anziehen und um elf Uhr zum König kommen; da bleibt Er bis zwei Uhr ...

Um punkt zwei Uhr geht er auf sein Zimmer zurück, wo ihn Duhan erwartet bis drei Uhr die Landkarte zu weisen ...‹ Von drei bis vier soll Duhan ›die Moral tractiren‹, von vier bis fünf ›teutsche Briefe mit Ihm schreiben und dahin sehen, daß er einen guten Stylum bekomme. Um fünf Uhr soll Er die Hände waschen und zum Könige gehen, ausreiten sich in der Luft und nicht in der Kammer divertiren und thun was Er will, wenn es nur nicht gegen Gott ist.‹

Der Montagstundenplan wurde, betreffs der Unterrichtsgegenstände, für die anderen Wochentage leicht abgeändert. Mittwoch und Samstag war die Möglichkeit eines freien halben Tages gegeben, allerdings konnte Fritz den freien Samstagnachmittag zugunsten von mehr Arbeit und Wiederholungen verwirken, wenn er die morgendlichen samstägigen Prüfungen nicht bestand, in denen er zeigen sollte, daß er vom wöchentlichen Unterricht ›profitiret‹ habe.

Der König schloß seine Anweisungen an Finckenstein, Kalkstein und Duhan mit ›einer generellen Regel, die ich Ihnen nicht oft genug in das Gedächtnis rufen kann‹:

›Was das An- und Ausziehen betrifft, müssen Sie ihn daran gewöhnen, daß dies in der raschestmöglichen Zeit vor sich zu gehen habe. Sie werden ebenfalls darauf achten, daß er lernt, seine Kleider ohne fremde Hilfe selbst an- und abzulegen, daß er sauber und ordentlich ist und nicht so schmutzig.‹

Diese Verhaltensregeln forderten es geradezu heraus, übertreten zu werden; darüber war sich Fritz im klaren. Sie riefen Widerstand in ihm hervor, sie bildeten den Ursprung des Haders zwischen ihm und dem König. Das Verbot des Lateinunterrichtes zum Beispiel weckte Neugier und Interesse für die Sprache. Er brachte es nie zu mehr als oberflächlichen Kenntnissen, doch selbst in späteren Jahren zeigte er eine Neigung für das, was man ihm in seiner Jugend verboten hatte. ›*O tempora, o mores!*‹ schrieb er einmal und fügte hinzu, ›Sie sehen, ich habe mein Latein nicht vergessen!‹

Als einmal einer von Duhans Hilfslehrern dem Prinzen Unterricht in der verbotenen Sprache gab, kam plötzlich der König in das Zimmer. Es gelang nicht mehr, all die Latein- und Wörterbücher, unter ihnen die *Aurea Bulla,* die Goldene Bulle Kaiser Karls IV., dem erzürnten Blick Friedrich Wilhelms zu entziehen.

›Was ist das?‹ schrie Friedrich Wilhelm, bleich vor Wut. ›Was treibt Er mit meinem Sohn?‹

›Wir lesen die *Aurea Bulla,* Eure Majestät‹, antwortete der Lehrer eingeschüchtert und duckte sich vor dem Zorn des Königs.

›Ich werde Ihm *auream bullam,* Schurke!‹ brüllte Friedrich Wilhelm und schlug mit seinem Stock so lange auf Kopf und Schultern des Mannes ein, bis dieser aus dem Zimmer flüchtete.

Es war mehr als ein Zeichen von Ungehorsam: vielleicht war es Rebellion. Wenn der Prinz in Latein unterrichtet wurde, was würde als nächstes folgen? Da gab es noch andere, mißverständliche Anzeichen von Auflehnung, Ungehorsam und Widerspenstigkeit: Weit davon entfernt, sich mit militärischen Studien und Soldatenspielen zu beschäftigen, liebte Fritz die Poesie und, noch ärger, das Flötenspiel! Und dies ungeachtet der Tatsache, daß er im Alter von fünf Jahren eine Kompanie Kadetten zum Ausbilden bekommen und obwohl er mit neun die hohenzollernsche Version eines Puppenhauses erhalten hatte: das Miniaturmodell des Zeughauses Unter den Linden, voll Miniaturkanonen und anderem Kriegsgerät. Der König begann zu fühlen, daß all seine Hoffnungen umsonst waren. Mit sieben Jahren hatte der Prinz seinen Vater überrascht und begeistert, als er in der Uniform eines Musketiers vor seiner Türe Wache stand. Da lachte dem König das Herz im Leibe! Wie hatte sich all dies geändert! Friedrich Wilhelm murrte, daß sein Sohn sich in einen ›effeminierten Kerl‹ verwandelt hätte. Sein Anblick irritierte den König: Fritz liebte es, sich französisch zu kleiden, was dem König viel zu geckenhaft schien, und trug seine Haare nicht im Haarzopfstil eines preußischen Grenadiers, sondern in sanften Locken, die ihm in das Gesicht und in den Nacken fielen.

Doch zumindest dagegen gab es ein Mittel: den Friseur, der prompt aufgefordert wurde, unter den Augen des Königs seine Arbeit zu verrichten. Tränen rannen über Fritz' Wangen, als jener sich über seine Haare machte. Diese Tränen schienen Beweis genug, daß es ordentlich gestutzt wurde, und so konnte der König sich dem Studium der Zeitung widmen, bis die Arbeit beendet war. Doch der Haarschneider erbarmte sich des Prinzen, band dessen Locken derart, daß sie zwar ordnungsgemäß gestutzt schienen, jedoch jederzeit offen getragen werden konnten – wofür der Prinz diesem Manne ewig dankbar blieb.

Der König verlangte von seinem Sohn Ehrlichkeit, doch sein andauerndes Nörgeln zwang diesen zur Verstellung. Fritz kam darauf, daß er unbehelligt blieb, wenn er seinem Vater ein heuchlerisches Theater vorspielte; es war für ihn eine Lektion in praktischer Schlauheit, die ihm später noch sehr viel helfen sollte. Fritz und seine Schwester Wilhelmine erfanden sogar eine Geheimsprache, mittels derer sie Warn- und Notrufe durchgeben konnten.

Fritz behauptete später, daß Wilhelmine sein Interesse an der Literatur gefördert habe. ›Wißt Ihr, wem ich die Gewöhnung an die Arbeit und die Vorliebe für das Studium, das mir mehr als alles andere das Leben angenehm macht, verdanke?‹ fragte er einen seiner engsten Freunde im Jahr 1758, als er König war. ›Meiner Bayreuther Schwester! Als sie sah, daß ich gar kein Verlangen hatte, mich zu beschäftigen oder zu lesen, und daß ich am liebsten ziellos herumlief, sagte sie eines Tages: ‚Schämst du dich nicht, mein lieber Bruder, unaufhörlich herumzulaufen? Ich sehe dich niemals mit einem Buche in der Hand. Du vernachlässigst deine Fähigkeiten, und was für eine Rolle wirst du spielen, wenn du einmal berufen bist, eine zu spielen?‘ Diese Worte und danach einige Tränen rührten mich tief, ich begann zu lesen, aber ich fing mit Romanen an.

Es war jedoch Befehl gegeben worden, mich am Lesen zu hindern; so war ich gezwungen, meine Bücher zu verstecken und mich vorzusehen, daß man mich beim Lesen nicht ertappte. Wenn mein Erzieher, der Marschall Finck, und mein Kammerdiener schliefen, so stieg ich über das Bett meines Dieners hinweg und schlich mich ganz, ganz leise in ein anderes Zimmer, wo beim Kamin eine Nachtlampe brannte. Bei dieser Lampe zusammengekauert las ich das Buch von Pierre de Provence, der schönen Magelone und andere Bücher, die meine Schwester und verschwiegene Leute mir verschafften ...

Mein Vater hielt mich zunächst für eine Art menschlicher Knetmasse, aus der man formen könnte, was einem beliebte. Aber wie sehr täuschte er sich darin! Er tat alles, um einen Jäger aus mir zu machen, und ich wurde es nicht, so wenig, daß ich mich auf dem Stand, den man mir angewiesen hatte und an dem das Wild unfehlbar vorüber mußte, mit Lesen beschäftigte und sowohl Hasen wie Hirsche entwischen ließ, ohne sie überhaupt gesehen zu haben. Ihr könnt Euch denken, welch eine schöne Szene man mir machte, man überhäufte mich mit Vorwürfen und Spötterei, man machte sich lustig über meine Unaufmerksamkeit und Gleichgültigkeit, und mein Vater rief verzweifelt und voll Herzweh: ‚Aus dem Jungen wird niemals etwas werden!‘

Er wollte durchaus nicht, daß ich läse, und ich habe viel mehr gelesen als alle Benediktiner zusammen. Er wünschte nicht, daß ich tanzte, und ich habe es dennoch getan, ja, ich habe den Tanz sogar geliebt ... Mein Vater wollte, ich sollte Soldat werden, aber er hat es sich nicht träumen lassen, daß ich es eines Tages in dem Maße sein würde wie jetzt ...‹

Kurz und gut, der Prinz mochte alles, was der König nicht mochte, nahm Manieren an, die der König nicht guthieß und hatte Interessen, die der König unmoralisch und gottlos fand. Der wachsende Zorn des Vaters kam zum Ausbruch, als Fritz zwölf war, anläßlich eines Diners, das von Grumbkow gegeben wurde und bei dem Fritz an der Seite seines Vaters saß. Friedrich Wilhelm begann einen seiner endlosen Vorträge, die vor allem an seinen Sohn gerichtet waren, den er für gottlos, herzlos, ungehorsam, eigensinnig und frech hielt. Während seiner Moralpredigt begann Friedrich Wilhelm, den Arm um den Kronprinzen gelegt, diesem jeden einzelnen Punkt seiner Rede buchstäblich einzubleuen. Er begann mit leichten Klapsen auf die Wange; bald wurde der König lebhafter, seine Stimme immer lauter, seine Erregung immer stärker – er gab dem Jungen eine Kopfnuß, damit er sich die Lektion auch merke. Einen Augenblick später hatte der König die Herrschaft über sich selbst verloren; er traktierte Fritz mit Faustschlägen, ohrfeigte ihn und zog ihn an den Haaren, dann sprang er auf und begann Teller an die Wand zu schmettern. Grumbkow, stets der diplomatische Höfling, versuchte die Situation zu retten und warf auch seine Teller an die Wand, als ob die ganze Szene einer Weinlaune entsprungen oder einfach ein Riesenspaß sei, doch keiner lachte. Kronprinz Fritz stand zitternd neben seinem Vater, leichenblaß im Gesicht, weniger vor Angst, als vor Verachtung. Und das dauerte an. Zwei Jahre später sprach Fritz im geheimen mit dem englischen wie auch mit dem französischen Botschafter. Wie würden sie sich verhalten, wenn der König sterben sollte, oder ... Die Botschafter schrieben nach London und Paris, daß sie es nicht wagten, all die Dinge, die ihnen der Kronprinz erzählt habe, dem Papier anzuvertrauen. Hatte er den Plan gefaßt, den König zu stürzen, oder glaubte er, daß sein Vater verrückt wurde?

Fritz war zum Mann geworden, daß heißt, er hatte die Pubertät erreicht. Der König befragte einen Geistlichen nach dem Religionswissen des Prinzen; als man ihm sagte, daß sein Sohn wohl die Schrift, aber nicht den Sinn des Evangeliums verstehe, erklärte Friedrich Wilhelm, daß dies genug sei. Er entließ Duhan und die anderen Erzieher, als der Junge um die fünfzehn Jahre alt war, und steckte den Prinzen in die Garde. Vier Offiziere, von denen einer ständig an der Seite des Prinzen sein mußte, wurden zu seinen Bewachern bestimmt. Der König wollte jede, auch die kleinste Unregelmäßigkeit in Fritzens Benehmen erfahren.

Im Oktober 1723, als Fritz beinahe zwölf Jahre alt war, war sein Großvater mütterlicherseits, Georg I. von England, nach Berlin gekommen.

Königin Sophie Dorothea, die Schwester Georgs II., war eine ehrgeizige, intrigante Frau, die ihren Kindern, vor allem Fritz und Wilhelmine, treu ergeben war; sie plante eine Doppelhochzeit, die die Bindung der preußischen und englischen Dynastien festigen sollte. Für Wilhelmine hatte sie den Herzog von Gloucester vorgesehen (der gleichzeitig Herzog von Edinburgh war und später Prince of Wales wurde), Fritz sollte Amelia heiraten, eine Tochter des Sohnes Georgs I. Welchen Kurs die europäische Geschichte genommen hätte, wären die preußischen und britischen Monarchien durch diese Heirat vereint worden, läßt faszinierende Kombinationen offen. Wie dem auch sei, es kam nicht dazu. Als zum erstenmal davon die Rede war, befürwortete Friedrich Wilhelm die Doppelhochzeit, doch später führte dieser Vorschlag zu neuerlichen Auseinandersetzungen zwischen dem König auf der einen und der Königin, Wilhelmine und Fritz auf der anderen Seite.

Wilhelmine war vierzehn Jahre alt, als Georg I. und ›Fred‹ (Friedrich Ludwig, der ›Zukünftige‹ Wilhelmines) nach Berlin kamen. Auf diese machte sie einen guten Eindruck, auch sprach sie Englisch und man sagte ihr, daß sie ›so ganz wie eine Engländerin aussehe und dafür geschaffen sei, einmal Herrscherin über dieses Land zu sein‹. Wilhelmine wußte, daß das ein großes Kompliment war. ›So etwas zu sagen, heißt etwas‹, schrieb sie, ›denn diese Engländer glauben, sie seien allen anderen Völkern so überlegen, daß es ein hohes Kompliment sei, wenn sie jemandem sagten, er hätte englische Manieren.‹ Das war auf jeden Fall der Eindruck, den sie vom Gefolge Georgs I. hatte; was den König selbst betraf, frappierte er sie durch seine ›spanischen Manieren ... von besonderer Feierlichkeit‹. Er war offensichtlich bei schlechter Gesundheit, denn beim Abendessen fiel er um und blieb bewußtlos eine Stunde liegen. Er weilte dann noch vier Tage im Schloß, sah zu, wie der junge Fritz seine Kadettenkompanie ausbildete, und bereitete sich darauf vor, am 12. Oktober den Vertrag der Doppelhochzeit zu unterzeichnen. Dann ging er mit Friedrich Wilhelm auf die Jagd, ohne den Vertrag unterschrieben zu haben, während man die Königin Sophie Dorothea zu Hause ließ, da sie unpäßlich war. Tatsächlich hatte sie in den letzten Monaten zugenommen und sich krank gefühlt. Auch in den nächsten Wochen blieb sie schwach und benommen, doch niemand konnte sich ihren Gesundheitszustand deuten. Plötzlich, in der Nacht zum 8. November, verspürte sie entsetzliche Schmerzen, man dachte, es seien Blähungen, woraufhin der König in ihr Schlafzimmer gerufen wurde. Zur allgemeinen Verblüffung war ihr Unbehagen gar nicht auf Blähungen zurückzuführen: sie bekam ein Kind! Die Geburt war so plötzlich, daß der König Hebammendienste leisten mußte. Die Königin hatte bereits zwölf Kinder zur Welt gebracht, und man hätte annehmen können, daß ihr die Symptome bekannt wären. Die Tatsache, daß sie nichts gewußt hatte, löste in höfischen Kreisen die größte Belustigung und für einige Zeit viel Geschwätz aus. Das Kind war Anna Amelia, deren Schicksal später mit der tragischen Figur des Barons Friedrich von der Trenck verbunden war.

Im Jahre 1724, dem Jahr des Grumbkow-Diners, ein Jahr nach dem Besuch Georgs I. und den Verhandlungen über die Doppelhochzeit, als Fritz zwölf Jahre alt war, wurde die Pragmatische Sanktion von Karl IV., dem Kaiser des Heiligen Römischen Reiches, allgemein bekanntgegeben. In diesem Dokument, das 1713 zum erstenmal veröffentlicht wurde, bestimmte Karl, daß die weiblichen Erben und Thronfolger im selben Maße erbberechtigt seien als die männlichen. Das alles tat er für seine Tochter Maria Theresia, die damals sieben Jahre alt war und die später Fritzens Widersacherin werden sollte. Ihr Vater, der Kaiser, verbrachte seine letzten Jahre damit, Unterschriften nachzujagen, die er für dieses Dokument benötigte, da es letztlich nur ein wertloses Stück Papier war, solange er nicht die Zustimmung anderer Staaten hatte. Friedrich Wilhelm, der dem Kaiser wie immer treu ergeben war, unterschrieb, aber ein paar andere taten es nicht, einer von ihnen war August von Sachsen, der sich sein Einverständnis teuer bezahlen lassen wollte.

Am 3. Mai 1725 wurde Fritz mit knapp dreizehn Jahren Hauptmann der Garde; als er im nächsten Jahr zum Major erhoben wurde, führte er sein 2400 Mann starkes Regiment von ›Langen Kerls‹ zur Parade. Zu dieser militärischen Übung mußte er sich die Haare nach Kommißart schneiden lassen. Nun waren ihm kein weiterer Unsinn, keine Schlaffheit, keine Geckenmanieren und kein Französisieren mehr erlaubt. Was immer man vom Bücherstudium hielt, wie wünschenswert auch immer ein ›guter Stil‹ nach französischer und deutscher Art sein mochten, es war ein Nichts im Vergleich zur Armee, wie Friedrich Wilhelm sie sich vorstellte; die preußische Ausbildung von Grenadieren wurde als die edelste und höchste Betätigung angesehen, und ihre absolute Perfektion als das höchste Ziel im Leben eines Mannes.

Daß Fritz nun Soldat war, machte ihn nicht notwendigerweise zum Liebling seines Vaters. 1722 hatte Sophie Dorothea dem König einen zweiten Sohn geschenkt, der nun seine ersten Jahre gut überstanden hatte: August Wilhelm war noch ein Knirps, als Fritz in die Garde eintrat, und sein Vater war ganz vernarrt in ihn, mehr noch als seinerzeit in Fritz. Der Kronprinz war jetzt in einem schwierigen Alter, und doppelt so schwer hatte es ein Vater, der so wenig Verständnis und Toleranz aufbrachte wie Friedrich Wilhelm. Der kleine August Wilhelm hingegen machte keine Schwierigkeiten, er war bloß bezaubernd. Dazu kam noch etwas anderes: da er nicht Kronprinz oder Erbe war, sammelten sich um ihn keine Gruppen, wie es – so argwöhnte der König – bei Fritz der Fall war, denn an einem Königshof gibt es immer Leute, die die ›Kronprinzenpartei‹ bilden und so auf die Zukunft bauen, indem sie sich auf die Seite des Thronfolgers und gegen den König stellen.

Nach und nach gab es am preußischen Hof mehr Intrigen als irgendwo anders in Europa; zumindest berichteten dies die in Berlin akkreditierten Botschafter. Da war einerseits die englische Partei, der die Königin, Prinzessin Wilhelmine und der Kronprinz angehörten, ihr entgegen wirkten die österreichischen Agenten Grumbkow und Seckendorff, die Kumpane des Königs aus dem Tabakskollegium. Beide Parteien suchten Gehör beim König zu finden, doch die kaiserliche Seite war hoffnungslos im Vorteil. Die englandfreundliche Partei war aus persönlichen, familiären Gründen dem Monarchen entfremdet; Grumbkow und Seckendorff taten ihr übriges, bei den Sitzungen des Tabakkollegiums den Haß des Königs gegen seine mutmaßlichen Erben zu nähren.

Die Königin Sophie Dorothea war von Anfang an ihrem Gemahl feindlich gesinnt; einige Monate schlechter Behandlung hatten genügt.

Am Beginn ihrer Ehe hatte der König mit der Scheidung gedroht. ›Glauben Sie mir‹, hatte sie ihm geantwortet, ›mein eigenes Leben bedeutet mir nicht viel. Sie haben es mir zu sehr verbittert, als ich ihm nachtrauern würde.‹ Wie seinen Kindern, warf er auch ihr vor, ihn nicht genug zu lieben; diese Idee, sagte sie ihm, sei nur eines seiner bösartigen Hirngespinste. Ein einziges Mal behandelte er sie mehr als anständig: als ihre Mutter ihr drei Millionen Taler hinterließ. ›Diese nur in Verwahrung zu bekommen‹, berichtet ein Botschafter, ›überschüttete der König sie mit Höflichkeiten und nahm alles hin. Im Augenblick, da das Geld in seine Schatzkammer gelangt, wird sich das ohne Zweifel ändern.‹ Ein Geheimrat wurde nach Hannover gesandt, um das Geld zu holen, doch der Bruder der Königin (wieder dieser verdammte Georg!) weigerte sich, auch nur einen Penny herauszurücken. ›Ein Kujon, wer gut hannoveranisch ist!‹ war der Trinkspruch des Königs in Anwesenheit der Königin, und alle Höflichkeit war dahin.

Die Dinge wurden noch schlimmer, als der König erfuhr, daß Fritz bei seiner Armee die Uniform als ein Leichentuch bezeichnet und sich beklagt hatte, die Disziplin in der preußischen Armee sei zu brutal; überdies wurde er einmal, als er den mannhaften Sport der Jagd ausüben sollte, unter einem Baum liegend bei der Lektüre eines Buches gefunden. Immerzu mußte sich dieser Junge rebellisch und herzlos zeigen (dachte zumindest der König), und seit der Zeit des Zwischenfalls bei Grumbkows Diner versuchte er auch gar nicht mehr, seine Einstellung zu seinem Sohn zu verbergen – zuerst hatte er sich um den Kronprinzen gesorgt, dann geärgert, später war er tief betroffen (so behauptete er), und schließlich haßte er den Jungen bis aufs Blut. In seinem Herzen wünschte er, daß August Wilhelm ihm als König von Preußen nachfolge, aber wie konnte dies geschehen? Ein Weg war offen, und als der König einmal seine Beherrschung verlor, erwies es sich, daß er diese Wahnsinnsidee zumindest erwogen hatte: Bei einer Gelegenheit tat er so, als würde er Fritz mit einer Vorhangschnur erdrosseln, und fast wäre ihm das auch gelungen.

Zu diesem Zeitpunkt fand die Reise nach Dresden statt. Der König hatte nicht die Absicht gehabt, Fritz mitzunehmen, erst in der letzten Minute gab er seine Einwilligung dazu, auf Drängen Augusts des Starken, seines Gastgebers. Es war Fritzens erster Ausflug aus seiner unmittelbaren Umgebung hinaus in die ›Welt‹.

Was war das für eine Welt! Der Kurfürst von Sachsen und König von Polen hatte den Ruf, den galantesten Hof in ganz Europa zu unterhalten: dieser Hof war für seine Korruption, seine Eleganz, seine Dekadenz, seinen Luxus und seine Vergnügungssucht weltbekannt. August bekam den Beinamen ›der Starke‹ für seine kräftige Gestalt und seine legendäre Manneskraft; die Zahl seiner unehelichen Nachkommen ist mit 354 überliefert. Aber nicht nur im Bett, sondern auch in der Königswürde stach er Friedrich Wilhelm aus. Er war damals

58 Jahre alt (Friedrich war 40), aber dennoch kräftiger, sowohl in geistiger als auch in körperlicher Hinsicht. Sogar sein Königstitel war älter: Er war König von Polen geworden, lange bevor Friedrich Wilhelms Vater König von Preußen wurde. (Den Aufstieg der Hohenzollern zu königlichem Rang verdankten sie auch August dem Starken. Als der protestantische Kurfürst von Sachsen zur römisch-katholischen Religion übertrat, der Voraussetzung für die polnische Königskrone, war das religiöse Gleichgewicht der Macht in Norddeutschland gestört. Es war deshalb wünschenswert, einen protestantischen Herrscher im Rang zu erhöhen, um dieses wiederherzustellen.) In der Tat hatte er alle Vorzüge, die der Hohenzollern-König nicht besaß; er war charmant, heiter und geistig wie körperlich in bester Verfassung.

Der König kam am 14. Januar 1728 nach Dresden, Fritz einen Tag später. Friedrich Wilhelm schlug Augusts Einladung, bei ihm zu wohnen, aus und zog statt dessen in einfachere Quartiere, als Gast des Stadtkommandanten von Dresden, Feldmarschall Wackerbarth, der ein Freund aus den Tagen in Stralsund war. Friedrich Wilhelm war nur mit einigen Begleitern gekommen, unter denen sich auch Grumbkow befand, und wünschte keine Umständlichkeit. Als Fritz mit seinen beiden Erziehern, Finckenstein und Kalkstein, in Dresden ankam, wurde er bei Feldmarschall Graf Flemming einquartiert. Bald zog auch Friedrich Wilhelm bei ihm ein – denn mitten in der Nacht des 17. Januars brannte Wackerbarths Haus nieder, beinahe über dem Kopf des Königs von Preußen, der in seinem Nachtgewand flüchten mußte und nichts als seine Schmuckschatulle retten konnte.

Viele Wochen lang gab es jeden Tag Bälle und verschwenderische Diners – es war die Zeit des Karnevals. Da konnte man Schauspiele sehen, Opern, Feuerwerke, Kanonensalven, Tierhetzen und Jagden: von all den Dingen genoß Friedrich Wilhelm am meisten die Diners. Die Küche von Dresden war unendlich viel besser als die von Berlin, denn es gelüstete August nach mehr als nur Schweinefleisch und Kohl. Friedrich Wilhelm, der immer fetter wurde, ließ sich auf den ungeheuerlichen Banketten am meisten servieren. Am besten gefiel ihm Augusts Trinkgefäß, das einen harmlosen Schuß abfeuerte, wenn es jemand an die Lippen führte: diese Art von derben Scherzen liebte der preußische König am meisten.

Einen anderen von Augusts derben Späßen fand er allerdings weniger amüsant. Die beiden Könige waren eines Abends auf dem Weg zu einer Unterhaltung und schritten durch das Schloß, als August der Starke Friedrich Wilhelm in einen Nebenraum führte, unter dem Vorwand, einen Blick auf die Einrichtung zu werfen. Der Raum interessierte Friedrich Wilhelm; er war reich geschmückt und nach ›ganz exquisiten‹ Geschmack eingerichtet, wie Wilhelmine es beschrieb. Als er dastand und seinen Blick durch den Raum schweifen ließ, wurde ein Vorhang an einem Ende zurückgezogen, und man sah ein schönes nacktes Weib lockend auf einem Ruhebett liegen. Nichts blieb dem Blick verborgen, denn der Körper der Verführerischen war von einer großen Anzahl von Kerzen prachtvoll beleuchtet; nur ihre Augen waren maskiert, was ihrer Erscheinung noch mehr mysteriöse Verlockung verlieh – Friedrich Wilhelm erstarrte auf seinem Platz und wußte nicht, was er tun sollte.

August war natürlich weniger plump; schließlich hatte er diese Darstellung anordnen lassen, um zu sehen, ob Friedrich Wilhelms sexuelle Gelüste geweckt werden könnten. Er war ein höflicher Mann, der großen Charme besaß und der nun seine Talente der geheimnisvollen Dame entgegenbrachte. Er trat zu ihr hin und bat sie, die Maske abzunehmen; er sagte, er hoffe, sie würde das nicht abschlagen, wenn zwei Könige sie um diese Gunst bäten. Sie nahm ihre Maske ab und offenbarte ein hübsches Gesicht. (Wilhelmine nannte sie ›viel schöner als man Venus und Grazien malte ... weißer als Schnee, und von anmutigerer Gestalt als die Venus von Medici‹, ein ›Schatz‹ und eine ›Göttin‹, Baron von Pöllnitz vom preußischen Hof sagte, sie hätte ›eines der lieblichsten Gesichter der Welt‹.)

Das war einfach zuviel für Friedrich Wilhelm. Als August seine Reaktion abschätzte, räusperte sich Friedrich Wilhelm höflich: ›Man muß zugeben, daß sie sehr schön ist‹, drehte sich dann aber sofort um. Während er das tat, erblickte er etwas, das ihn vor Entsetzen lähmte: sein Sohn Fritz stand im Saal und starrte die Schöne auf dem Bett an. Friedrich Wilhelm sprang nach vorn, stülpte seinen Hut über das Gesicht seines Sohnes und stieß ihn aus dem Saal, weg von der Stätte der Versuchung. Später lud er Grumbkow vor und beklagte sich bitter, daß August ihn verführen wollte. Grumbkow versicherte seinem König, daß alles nur ein Scherz war, doch Friedrich Wilhelm war es todernst. Wenn August noch einmal etwas Ähnliches versuchen sollte, würde er sofort Dresden verlassen, sagte er, und beauftragte Grumbkow, diese Nachricht seinem Gastgeber zu übermitteln. August brüllte vor Lachen, als Grumbkow ihm Friedrich Wilhelms Warnung überbrachte, und entschuldigte sich dann sofort und höflichst beim König. Es war klar, daß man Friedrich Wilhelms Sexualität nicht wecken konnte.

Mit dem Kronprinzen Fritz war es anders. Der sechzehnjährige Junge hatte vermutlich zum erstenmal eine nackte Frau erblickt und, wie Wilhelmine schrieb, ›rief dieses Erlebnis in ihm nicht soviel Entsetzen hervor wie bei seinem Vater‹. Fritz erhielt von August dem Starken prompt die ›Venus aus dem Kabinett‹ auf eher außergewöhnliche Weise.

Er schloß einen Handel mit August ab. Am Hof von Dresden gab es eine gewisse Gräfin Orzelska, eine Favoritin (und vermutlich eine Maitresse) von August, in die sich der junge Fritz hoffnungslos verliebte. Sie hatte eine merkwürdige Vergangenheit, ihre Mutter war eine französische Zofe in Warschau gewesen, ihr Vater war August selbst. Als sie erwachsen war, wurde sie von einem Soldaten namens Rutowski zur Maitresse gemacht – und dieser Rutowski wieder war einer von Augusts 354 unehelichen Kindern. Rutowski stellte das Mädchen später

August vor, daß heißt also, er überließ seine Halbschwester seinem (und ihrem) Vater. Fritz, der von den Damen am Dresdner Hof sehr beeindruckt war, hatte diese Gräfin Orzelska nicht nur wegen ihrer Schönheit und ihrer Heiterkeit ausgesucht, sondern auch weil sie unwiderstehlich unkonventionell war. Sie ging in Männerkleidern herum und war, nach Pöllnitz' Meinung, irgendwie ›grandios‹ und ›sehr liberal‹. August, der den höfischen und hübschen Kronprinzen Fritz sehr mochte und jede seiner Launen in Dresden tolerierte, wünschte jedoch die Gunst der Gräfin Orzelska allein zu genießen. Und so gab er Fritz als Entschädigung die Formera, die ›Venus aus dem Kabinett‹. Allerdings dürfte Fritz dennoch den größten Vorteil aus dem Handel gezogen haben, denn nach der Formera gab sich ihm auch die Gräfin Orzelska hin.

Von einer dieser beiden Damen, oder vielleicht von jemandem anderen in Dresden, wurde der Kronprinz Fritz möglicherweise mit einer venerischen Krankheit angesteckt. Wilhelmine behauptet fest, es sei so gewesen, aber ihre Memoiren sind nur teilweise glaubhaft; preußische Geschichtsschreiber behaupten eifrig das Gegenteil. Zwar unterstreicht Wilhelmine stets gerne das Unheimliche, aber das beweist nicht, daß ihre Behauptung in diesem Fall unbedingt falsch ist. Jedenfalls erkrankte Fritz nach seiner Rückkehr nach Berlin und wurde ›zum Schatten seiner selbst‹. Spekulationen über sein späteres Leben, in dem er ein ausgeprägtes Desinteresse an Frauen zeigte, lassen die Annahme zu, daß die Ärzte an ihm herumgepfuscht und vielleicht an seinem Penis eine Operation vorgenommen haben, die es ihm später unmöglich machte, den Geschlechtsverkehr zu vollziehen, oder daß er entmannt worden wäre beziehungsweise eine Störung seines hormonellen Gleichgewichts erfahren hätte. Generationen von Historikern sind sich darüber in den Haaren gelegen, aber Fritzens Schwester zumindest hatte nie den leisesten Zweifel.

Während seiner Krankheit erfuhr Fritz zum erstenmal seit Jahren von seinem Vater freundliche Aufmerksamkeit. Zum Alten Dessauer meinte der König, man könne nur sehen, wie ein Vater seine Kinder liebe, wenn diese erkrankt seien; kaum war Fritz wieder gesund, entbrannte der Haß gegen den Sohn aufs neue.

Er zwang Fritz, am Ende der Tafel zu sitzen (außer bei den Mahlzeiten war er aus den Augen seines Vaters verbannt), und selbst auf diese Entfernung von dreißig Plätzen könne er sehen, sagte der König, daß der Kopf des Sohnes von üblen Gedanken erfüllt sei. Er begann Teller nach Fritz und Wilhelmine zu werfen; die Kinder lernten es, sich zu ducken.

Fritz war in einer ausweglosen Lage: Er wollte sich um jeden Preis mit seinem Vater versöhnen, aber alle Versuche schlugen fehl. Wenn er dem Vater höflich und unterwürfig antwortete, behauptete dieser, er lüge; beharrte er auf seiner Meinung und beugte er nicht das Haupt, so explodierte der Vater angesichts der Rebellion. In der Zwischenzeit versuchte Fritz jedenfalls, seine Unterrichtsstunden ertragbar und angenehm zu gestalten, vor allem durch Musik. Ein Lehrer wurde insgeheim angestellt und unterrichtete den Prinzen im Flötenspiel. Keine leichte Angelegenheit, da er in den Gemächern des Prinzen im Kamin sitzen mußte, für den Fall, der König käme herein. Im September 1728 schrieb Fritz seinem Vater einen erniedrigenden, kriecherischen Brief, in dem er ihn bat, wieder in seine Gunst aufgenommen zu werden. Sein Gewissen sei rein, schrieb er, und wenn er sich unabsichtlich etwas habe zuschulden kommen lassen, ›das meinen lieben Papa verdrossen habe, so bitte ich hiermit unterthänigst um Vergebung, und hoffe, daß mein lieber Papa den grausamen Haß, den ich aus allem Seinen Thun genug habe wahrnehmen können, werde fahren lassen; ich könnte mich sonst gar nicht darein schicken, da ich sonsten immer gedacht habe, einen gnädigen Vater zu haben, und ich nun das Contraire sehen sollte ...‹

Sein Vater antwortete rasch, ebenfalls in einem Brief, obwohl sie in demselben Schloß wohnten, nur wenige Schritte voneinander entfernt. Die Anredeform in der dritten Person Einzahl wurde im Umgang mit Untergebenen und Leuten niederen Standes benutzt.

›Sein eigensinniger, böser Kopf, der nit seinen Vater liebet; denn wann man nun alles thut, absonderlich seinen Vater liebet, so thut man, was er haben will, nit wenn er dabei steht, sondern wenn er nit alles sieht. Zum anderen weiß er wohl, daß ich keinen efeminirten Kerl leiden kann, der keine menschliche Inclinationen hat, der sich schämt, nit reiten noch schießen kann, und dabei malpropre an seinem Leibe, seine Haare wie ein Narr sich frisiert und nit verschneidet, und alles dieses tausendmal reprimandiret, aber alles umsonst und keine Besserung in nits ist. Zum anderen hoffärtig, recht bauernstolz ist, mit keinem Menschen spricht, als mit welche, und nit popular nud affabel ist, und mit dem Gesichte Grimassen macht, als wenn er ein Narr wäre, und in nits meinen Willen thut, als mit der Force angehalten; nits aus Liebe, und er alles dazu nits Lust hat, als seinen eigenen Kopf zu folgen, sonsten alles nits nütze ist. Dieses ist die Antwort. Friedrich Wilhelm.‹

Wenig später, in Wusterhausen, versuchte Fritz noch einmal sich mit dem König zu versöhnen. Es war anläßlich eines Diners, und Fritz, dem Befehl seines Vaters gehorchend, der männlichen Beschäftigung des Trinkens nachzugehen, hatte weit mehr als üblich getrunken. Bald begann er dem sächsischen Botschafter zu erzählen, wie unerträglich sein Leben sei, er bat ihn, er möge bei August vorstellig werden, damit dieser Friedrich Wilhelm zu verstehen gebe, er solle seinen Sohn ins Ausland reisen lassen. Bald begann seine Stimme das Gespräch der anderen zu übertönen, obwohl die Königin ihm verzweifelt bedeutete, er möge leiser sprechen. Aber der betrunkene Fritz fuhr fort zu erzählen, wie unglücklich er sei, und warf bei jedem Satz ein ›Und trotzdem liebe ich ihn!‹ Schließlich ließ sich sein trunkenes Gerede nicht mehr überhören – es drang auch bis zum König.

›Was sagt er?‹ rief der König, der die Stimme seines Sohnes vom anderen Ende der Tafel vernommen hatte.

Suhm, der sächsische Botschafter, war darauf bedacht, den König zu besänftigen und jede Szene zu vermeiden, er bedeutete Friedrich Wilhelm, Fritz sei ein wenig betrunken und sein Gerede habe wenig Sinn.

›Ach, er tut nur so!‹ antwortete der König. ›Ich will wissen, was er sagt.‹

Suhm sagte, der Kronprinz habe seiner Liebe für den König Ausdruck verliehen, aber dieser meinte verächtlich: ›Das gibt er vor!‹ In diesem Moment erhob sich die Königin von der Tafel und bedeutete Fritz, ihr zu folgen. Fritz erhob sich, bat seinen Vater um seine Hand, überschüttete sie mit Küssen und versuchte gleich darauf seinen Vater zu umarmen. Die Königin verließ voller Widerwillen allein den Saal, aber die anderen Gäste riefen: ›Bravo! Lang lebe der Kronprinz!‹ und Fritz, vom Alkohol und der eigenen Gefühlsregung benommen, fiel vor seinem Vater auf die Knie, umklammerte die Beine des Königs und beschwor ihn, er wolle ihn, seinen Vater, stets lieben und ihm stets gehorchen. Er äußerte sich hysterisch über ›Feinde‹, die ihn beim König verleumdeten, denn er wußte von Grumbkows und Seckendorffs Tätigkeit. Tränen rannen über die Wangen des armen Kronprinzen, die Gäste priesen neuerlich die offen zutage getragene Sohnesliebe, und selbst Friedrich Wilhelm war letzten Endes gerührt und brummte: ›Nun, es ist schon gut, werde nur ein ehrlicher Kerl.‹ Man half dem Kronprinzen ins Bett, und der König war für den Rest des Abends bester Laune. Am nächsten Tag aber vermochten einige Höflinge, wahrscheinlich die beiden österreichischen Agenten, den König davon zu überzeugen, daß alles Lüge und Verstellung gewesen sei.

Dann wurde alles nur noch schlimmer. Eines Tages klagte man Fritz an, er sei probritisch gesinnt, und er antwortete: ›Ich schätze das Englische, weil ich weiß, die Leute dort lieben mich‹, worauf ihn der König am Rockkragen packte und verprügelte. Der britische Botschafter in Berlin notierte: ›Man hat allgemein die Befürchtung, daß sich binnen kurzem eine Tragödie abspielen wird.‹

Fritz schrieb seiner Mutter, er könne die Behandlung in Berlin nicht länger ertragen. ›Ich bin in der ärgsten Verzweiflung. Der König hat völlig vergessen, daß ich sein Sohn bin. Man treibt mich zum Äußersten. Ich habe zuviel Ehre im Leib, um solche Behandlung zu ertragen, und bin entschlossen, dem auf die eine oder andere Art ein Ende zu machen.‹

Als Friedrich Wilhelm dies erfuhr, spottete er: ›Hätte mein Vater mich so behandelt, ich hätte mich längst umgebracht. Aber du hast keinen Mut und bist ein bloßer Schurke.‹ Dann sagte er ihm, die Leute, die ihm vorspiegelten, die Dinge würden sich zum Besseren wenden, seien in Wahrheit seine Feinde. ›Denn im Gegenteil, du wirst merken, daß ich von Tag zu Tag strenger werde.‹ Und so kam es auch. Eines Abends, als sich die gesamte Familie in Reih und Glied aufstellte, um den König zu küssen, zögerte Fritz. Friedrich Wilhelm packte seinen Sohn bei den Haaren, warf ihn zu Boden und zwang ihn, seine Stiefel zu küssen. ›Ich tractire Euch wie mein Kind, aber nicht wie einen Offizier!‹ schrie er.

In der Zwischenzeit hatten die Engländer die Möglichkeit einer Doppelhochzeit stets offengelassen, dabei aber zu verstehen gegeben, entweder Doppelhochzeit oder gar keine. Dies aber gefiel Friedrich Wilhelm überhaupt nicht. Er hatte beschlossen, Fritz nicht mit einer englischen Prinzessin zu verheiraten, aus dem einfachen Grund, damit diese nicht ›die englische Art‹ nach Berlin bringe. Des Königs Dickköpfigkeit in diesem Punkt brachte die Vermählung Wilhelmines mit dem Prince of Wales zum Scheitern. Beinahe konnte man sich auf einen Kompromiß einigen und die Doppelhochzeit doch noch retten, doch dann änderte Friedrich Wilhelm seine Meinung – dreimal in zwei Tagen. Grumbkow intrigierte nach Kräften, um die Verbindung zu hintertreiben, einige seiner Briefe, die Grumbkows verräterisches Spiel bewiesen, kamen dem britischen Gesandten in die Hände, und der legte sie dem König vor. Endlich hatte Friedrich Wilhelm einen Beweis, daß sein Günstling ein Verräter war und in fremdem Sold stand und daß die Doppelhochzeit aus Gründen hintertrieben wurde, die nicht notwendigerweise im besten Interesse des Landes waren – doch der König warf kaum einen Blick auf den Brief, schob ihn ärgerlich zur Seite, schrie den Gesandten an: *›Messieurs, j'ai eu assez de ces choses-là!‹* (›Meine Herren, nun habe ich genug von dieser Sache!‹) und stürmte aus dem Zimmer. Er konnte es weder vor anderen noch vor sich selbst zugeben, daß man ihn düpiert hatte. Und so wurde in einem Akt des Selbstbetrugs die Doppelhochzeit abgeblasen.

Was Fritz betraf, so entlud sich der nach einem Ventil suchende Zorn des Königs auf ihn. Obwohl er zwischendurch einmal vom Oberstleutnant zum Fähnrich degradiert worden war, hatte man ihn wieder zum Obersten befördert. Mit achtzehn war er mit seinem Vater bei Manövern in Sachsen. Dort packte der König seinen Sohn vor aller Augen, zerrte ihn am Haar, schlug auf ihn ein und jagte ihn davon, blutend, mit zerzauster Uniform und völlig verzweifelt. Nur die Flucht aus Preußen konnte ihn noch retten, und er begann auf Flucht zu sinnen. Die Folgen sollten schrecklicher sein als alles, was er bisher zu erdulden gehabt hatte.

›Der Mann ist verrückt!‹

Die so oft laut gewordene Vermutung, daß Friedrich der Große homosexuell war, rührt zum Teil von seiner Beziehung zu Hans Hermann von Katte, einem Leutnant der Potsdamer Garde, her. Zur Bestätigung dieser Theorie führen deren Verfechter nicht nur des Prinzen erklärte ›Liebe‹ zu Katte, sondern auch seine spätere Unfähigkeit an, ein weibliches Wesen zu lieben. Indessen gibt es keinen Beweis für diese Unterstellung. Fritz mag oder mag nicht homosexuelle Beziehungen zu Katte gepflogen haben, obwohl der Mangel an Beweisen eher dazu führt, die Verdächtigung fallenzulassen. (Voltaire bestärkte sie dann wieder durch die Behauptung, Friedrich der Große hätte in späteren Jahren homosexuelle Beziehungen zu seinen Soldaten gehabt.)

Die Liebe des Kronprinzen Fritz zu Katte wurde sicherlich nicht durch homosexuelle Neigungen ausgelöst; der von Natur aus warmherzige Prinz, dem am Hof Wärme verwehrt blieb, brauchte einen Freund, dem gegenüber er seiner eigenen Liebesfähigkeit freien Lauf lassen konnte. Fritz hatte in Berlin oder Potsdam nur wenige Anhänger. Der gleichaltrige Katte war ein treuer Freund.

Es hatte noch einen solchen Freund gegeben, Leutnant Peter Christoph Karl von Keith, ein Abkömmling schottischer Edelleute, die sich in Pommern niedergelassen hatten. Keith war der Kopf einer Clique junger Offiziere, die sich um den Kronprinzen sammelten – wodurch sie sich in beträchtliche Gefahr begaben, denn des Prinzen Freunde wurden naturgemäß zu Feinden des Königs. Mit Keith und den anderen benahm sich Fritz wie alle jungen Männer in seinem Alter, er unterhielt sich – das heißt, er warf Fensterscheiben ein, hielt Zechgelage, ›tobte herum‹. Als Keith zu einem anderen Regiment nach Wesel am Rhein versetzt wurde, stieß Fritz auf Katte, den er früher nur flüchtig gekannt hatte. Katte bedeutete für Fritz mehr als Keith, da Katte ihm mehr als reine Unterhaltung bot, er gab ihm auch auf intellektueller Ebene Anregung. Allen Berichten zufolge war der Leutnant eine bemerkenswerte Persönlichkeit, deren Interessen von der Mathematik bis zu den Künsten und der Philosophie reichten. Er hatte in Halle (in Berlin gab es damals noch keine eigene Universität) die Rechte studiert, er besaß Witz, Charme, Lebensfreude und großen Mut. Seine Züge waren fast erschreckend, und Wilhelmine fand ihn ausgesprochen häßlich, er war pockennarbig und hatte dichte, dunkle Augenbrauen, die ihm in seinen Schultagen den Spottvers eintrugen:

Wer solche Brauen hat
Wie der Ritter Katt
Der endet am Galgen
Oder unterm Rad.

Dieser Vers sollte sich als prophetisch erweisen.

Fritz stand nun faktisch unter Hausarrest, das heißt unter dauernder Aufsicht. Ein Oberst von Rochow und ein Leutnant Dietrich Keyserlingk wurden zu seiner Leibwache – in Wahrheit zu Wächtern – bestimmt, denn es waren Gerüchte zum König gedrungen, daß der Prinz Fluchtpläne schmiedete. Seine Ungnade dem Prinzen gegenüber kannte zu jener Zeit keine Grenzen. Friedrich Wilhelm hatte fast aufgehört, ihn als Mensch zu betrachten. Dies ging so weit, daß der König auf die Bitte der Königin von England (der geliebten Karoline seiner Jugendtage) um ein Bild seines Sohnes antwortete, jegliches Bild eines langschwänzigen Affen erfülle denselben Zweck.

Als Fritz in der Potsdamer Garnison unter Bewachung stand, konnte Katte manchmal des Nachts heimlich in sein Zimmer eindringen und etwa eine Stunde bleiben. Auch das gab später Anlaß zu jenen Gerüchten von Homosexualität, obwohl sich die beiden anscheinend nur unterhielten. Man darf nicht vergessen, daß Fritz hohe Intelligenz und lebhafte Wißbegierde besaß: Katte, der acht Jahre älter und gebildeter war, faszinierte Fritz und ermöglichte ihm, seinen Geist zu schärfen. Sie debattierten über Religion und Philosophie, lehnten die eine ab und begeisterten sich für die andere, kurz, sie besprachen, wie junge Männer es zu tun pflegen, gewichtige Dinge wie das Wesen des Universums und Belangloseres wie den Klatsch aus Berlin oder Potsdam. Bald kamen sie auch auf des Prinzen Pläne zu sprechen.

Seit einigen Monaten hegte der Kronprinz ernsthaft Fluchtgedanken und hatte sogar seinen Onkel Georg II. um Asyl in England ersucht. Dies beunruhigte Georg, der zwar dem Prinzen entgegenkommen, aber nichts unternehmen wollte, was Friedrich Wilhelm in seinem Zorn dem Habsburger Kaiser noch näherbringen könnte. Er riet Fritz daher zur Geduld und empfahl ihm, nicht übereilt zu handeln; Onkel Georg würde dafür seine beträchtlichen Schulden übernehmen. Fritz hatte gezwungenermaßen 7000 Taler borgen müssen, da ihn sein Vater übertrieben knapp hielt. Er teilte den Engländern mit, daß sich seine Schulden auf 15 000 Taler beliefen, und obzwar sie ein wenig stutzten, gaben sie ihm die gesamte Summe. Dadurch blieb Fritz einiges übrig, das er zur Finanzierung seiner Flucht verwenden wollte: weitere Mittel wurden durch den Verkauf von Juwelen flüssig gemacht.

Endlich bot sich eine Gelegenheit zur Flucht – gerade weil der König Maßnahmen dagegen traf. Am 15. Juli 1730 hatte Friedrich Wilhelm Potsdam verlassen, um sich auf eine längere Reise durch die deutschen Staaten zu begeben, und hatte Fritz mitgenommen, um ihn besser unter Kontrolle zu haben.

Er unternahm die Reise im Interesse des Kaisers, zur Unterstützung der Pragmatischen Sanktion. Vor der Abreise übergab der Kronprinz dem zurückbleibenden Katte seine gesamte weltliche Habe: Juwelen, Ringe, Bücher und einen tragbaren, mit Papieren angestopften Sekretär. Katte hatte vor, um Urlaub einzukommen, vorgeblich um Rekruten anzuwerben, er sollte Fritz unterwegs treffen, vielleicht in Cannstatt bei Stuttgart. Keith, der damals am Rhein stationiert war, würde sich ihnen anschließen, und zusammen würden sie über den Fluß hinüber nach Frankreich fahren. Der König von Frankreich hatte Fritz bereits zugesagt, daß er dort in Sicherheit wäre. Fritz war davon überzeugt, daß Georg II. ihm später jenseits des Kanals Zuflucht gewähren würde. Ein jüngerer Bruder des Leutnants Keith, ein Page des Königs, schloß sich der Verschwörung an.

Fritz reiste hinter der königlichen Kutsche und wurde von drei Offizieren – Rochow, dem alten General Buddenbrock und dem alten Oberst Waldau – bewacht. In Leipzig bereitete ihnen der Stadtkommandant, General Hopfgarten, ein opulentes Mahl, aber seine Begrüßung des Königs von Preußen war so aufwendig und seine Ansprache so weinerlich unterwürfig, daß Friedrich Wilhelm völlig außer sich weiterstürmte und die Mahlzeit unberührt stehenließ. Wie Friedrich Wilhelm später berichtete, sagte Hopfgarten, König August von Sachsen, wäre er bloß informiert gewesen, hätte sich Flügel gewünscht, um zu den Preußen zu eilen, und sich ›nach polnischer Sitte‹ so tief verneigt, daß er Friedrich Wilhelms Füße umfangen hätte können. Von solch blumenreicher Sprache wurde Friedrich Wilhelm ganz übel. Beim nächsten Aufenthalt stieß Graf Seckendorff zu Friedrich Wilhelms Gesellschaft. Er hatte kaltes Essen mitgebracht. Mahlzeiten im Freien waren Friedrich Wilhelm überhaupt am liebsten. Auf Reisen pflegte er unterwegs irgendwo zu halten, unter den Bäumen zu essen, weiterzueilen und nachts sogar eine Scheune zu requirieren, um dort auf dem Stroh zu schlafen. Friedrich Wilhelm reiste stets mit enormen Tempo, hielt sich kaum länger als einen Tag in einer Stadt auf und legte erstaunlich weite Strecken ohne Unterbrechung zurück. Er ließ sich von den schlechten Wegen voller Schlaglöcher nicht im geringsten behindern; seine Kutschen schaukelten einfach über sie hinweg und rüttelten weiter, stoßend und zuckelnd, wie von Furien gehetzt. Der König raste durch zehn Städte, bis er nach Ansbach kam, wo er eine Woche blieb, da dort seine sechzehnjährige Tochter Friederike lebte, die vor kurzem den Markgrafen geheiratet hatte. In Ansbach erstand Fritz zwei Mäntel französischen Schnitts für seine Flucht nach Frankreich, einen davon hellrot, eine Farbe, die sein Vater verabscheute. Schon in Ansbach machte er einen Fluchtversuch, doch als sich dieser nicht durchführen ließ, schmiedete er Pläne für eine Flucht zu einem späteren Zeitpunkt.

In der Zwischenzeit hatte ihm Katte geschrieben, daß es ihm unmöglich gewesen sei, Urlaub zu bekommen, und daß sie daher getrennt fliehen müßten, um dann mit Keith entweder in Holland oder in Frankreich zusammenzutreffen.

Es wäre naheliegend zu glauben, daß sich der Kronprinz mit äußerster Vorsicht verhalten hätte, aber es scheint, daß er zu tollkühn, zu prahlerisch oder vielleicht zu unerfahren war. Als die Kutsche des Prinzen in Richtung Rhein fuhr, nahm Fritz seinen roten Mantel heraus und zog ihn vor den Augen seiner drei Bewacher an. Rochow protestierte, der Prinz solle besser darauf achten, daß der König diesen Mantel ja nicht sehe. Fritz zuckte die Achseln, bemerkte, daß er ihn nur gekauft habe, weil das Wetter kälter als erwartet war, und schob ihn beiseite. Die Gesellschaft fuhr in Richtung Mannheim, wo der Pfalzgraf zu Rhein residierte. Um die gesamte Strecke bis zur Stadt nicht in einem Tage zurückzulegen, befahl der König ausnahmsweise, in einem Dorf namens Steinfurth frühzeitig zu halten. Dort nahm er zwei Scheunen in Anspruch, eine für sich und seine Gesellschaft und die andere für den Prinzen und seine Bewacher. Um fünf Uhr früh wollte man aufbrechen.

Fritz gab dem Pagen Keith den Befehl, um drei Uhr seine Pferde bereitzuhalten. Kurz nach zwei stand Fritz leise auf, kleidete sich an und warf sich den roten Mantel um, dessen Taschen mit seinen ganzen Sachen vollgestopft waren. Gummersbach, der Bursche Rochows, der neben dem Kronprinzen schlief, wachte auf und fragte Fritz, was er mache. ›Ich stehe schon auf‹, gab ihm Fritz gelassen zur Antwort. ›Stell keine dummen Fragen‹. Aber der Bursche ließ nicht locker. Erinnere sich der Prinz denn nicht, daß er diesen Mantel nicht hervornehmen solle? Der Prinz schüttelte diese Bemerkung mit der Antwort ab: ›Ich habe eben Lust, ihn zu tragen‹, und trat hinaus ins Freie. Der Bursche weckte sofort den Oberst von Rochow, der sich eilig anzog und hinausging, um nachzusehen, was los war. Er fand Fritz, der in seinem roten Mantel herumstand, knüpfte ein freundliches Gespräch mit ihm an und wartete ab, was passieren würde. Um halb vier erschien Keith mit zwei gesattelten Pferden. Rochow fragte, für wen diese bestimmt seien, und Keith antwortete, für ihn und einen anderen Pagen, sie würden für die Reise vorbereitet. ›Seine Majestät bricht heute erst um fünf Uhr auf‹, machte Rochow Keith aufmerksam. ›Führe Er die Pferde weg.‹

Als Keith dies tat, erschienen die anderen Bewacher Fritzens; einen Augenblick später kam auch Seckendorff und riß die Augen auf, als er den roten Mantel erblickte. Rochow scherzte über die Angelegenheit. ›Wie gefällt Ihnen Ihre königliche Hoheit in dem Mantel?‹ fragte er, als ob es ein Spaß wäre. Dann fügte er hinzu: ›Natürlich darf ihn Seine Majestät nie sehen!‹ Rochow und die anderen zwei Bewacher führten den Prinz zurück in die Scheune, nahmen ihm den Mantel ab und trafen Vorbereitungen zur Abfahrt in des Prinzen Kutsche. Da diese etwas schwerer und langsamer war als jene des Königs, mußte sie früher aufbrechen.

Der Prinz hätte vor dem König Mannheim erreichen sollen, aber in der Tat traf die königliche Kutsche dreieinhalb Stunden zuvor ein; was Fritz und seine Bewacher aufhielt, bleibt ein Rätsel. Es war elf Uhr dreißig am Vormittag des 4. August 1730, als Fritz und die drei Offiziere endlich in Mannheim eintrafen, um den König auf einer Stadtrundfahrt zu begleiten.

Im Laufe des Tages gelang es dem Kronprinzen, dem Pagen Keith einen Zettel zuzustecken, auf dem er ihm befahl, in Mannheim zwei Pferde zu beschaffen und sie für den nächsten Tag bereitzuhalten. Auf Grund seiner Begegnung mit Rochow am frühen Morgen aber gingen Keith die Nerven durch: Er wußte, daß es ihn den Kopf kosten würde, sollte er jemals wieder dabei ertappt werden, wie er dem Prinzen half. Von Steinfurth bis Mannheim war er zitternd und vor Furcht und Gewissensbissen bebend neben der königlichen Kutsche geritten, denn wer war er, des Königs Willen entgegenzutreten? Der nächste Tag war ein Sonntag, und Keith besuchte gemeinsam mit der Gesellschaft des Königs die Kirche. Anscheinend berührte ihn dies so tief, daß er unmittelbar darauf vor dem König auf die Knie fiel und ihm alles gestand.

Friedrich Wilhelm zügelte seinen Zorn; er befand sich nicht in Preußen, wo er tun konnte, was ihm beliebte, sondern war ein Gast, der die Formen wahren mußte. Er teilte Rochow, Buddenbrock und Waldau mit, daß sie ihm mit ihrem Kopf dafür hafteten, daß der Prinz ›tot oder lebendig‹ preußisches Territorium erreiche.

Noch drei Aufenthalte waren vorgesehen, ehe sie endlich bei Wesel am Rhein, wo Leutnant Keith stationiert war, preußisches Hoheitsgebiet betraten; jedesmal gelang es Friedrich Wilhelm, seine Ungeduld und seinen Zorn zu unterdrücken, um seine Gastgeber nicht in Verlegenheit zu bringen. Was Fritz betrifft, hatte er keine Ahnung, daß der Page alles gestanden hatte, obwohl der König sich ihm einmal zuwandte und sarkastisch bemerkte: ›Ich bin erstaunt, daß du noch da bist. Ich hätte gedacht, du wärest jetzt schon in Paris.‹ Fritz, der etwas verwundert war, antwortete leichthin: ›Wenn ich gewollt hätte, wäre ich schon dort.‹ Dann steckte er dem Pagen einen Zettel zu, auf dem stand: ›Es schaut schlecht für uns aus. Sorge dafür, daß wir wegkommen.‹

Zwei Tage später, am 8. August, wurde noch mehr Öl ins Feuer des königlichen Zorns gegossen. Man übergab ihm einen Brief, den Fritz aus Ansbach an Katte geschrieben hatte: dieser war versehentlich an Kattes Cousin, einen Hauptmann, gelangt, der ihn an den König weiterleitete.

›In zwei Tagen werde ich frei sein‹, schrieb Fritz. ›Ich habe Geld, Kleider, Pferde; meine Flucht wird zweifellos gelingen, und sollte man mich verfolgen, werde ich Zuflucht in einem Kloster suchen, wo niemand den Erzketzer, mit Mönchskappe und Skapulier verkleidet, entdecken wird. Du wirst mir sofort folgen mit den Sachen, die ich Dir anvertraut habe, auch wenn wir uns erst wieder überm Kanal treffen: nimm den Weg nach Holland über Leipzig und Wesel, dort hörst du von mir.‹

Der König schäumte vor Wut, beherrschte sich aber, bis seine Gesellschaft mit dem Schiff rheinabwärts nach Wesel fuhr. In der Nähe von Mainz platzte dem König endlich die Geduld. Er packte Fritz, schlug ihn mit seinem Stock ins Gesicht, bis seine Nase blutete, verfluchte ihn als Deserteur und Verräter, bis Buddenbrock eingriff, um den Schlägen ein Ende zu machen. Fritz und der Page Keith wurden vom König getrennt und auf ein anderes Schiff gebracht, wo sie unter strenger Aufsicht blieben. Trotzdem gelang es Fritz irgendwie, zwei Briefe hinauszuschmuggeln, einen für Leutnant Keith und den anderen für Katte in Berlin. ›Rette Dich, alles ist verloren!‹ lautete der Brief an Keith. Fritz hatte sogar seinen Erzfeind Seckendorff angefleht, ihm ›in diesem Labyrinth‹ zu helfen, und Seckendorff tat ihm tatsächlich den Gefallen: Er versuchte den König zu beruhigen – vielleicht aus Mitleid, sehr wahrscheinlich aber, weil er wußte, daß der Prinz eines Tages doch noch König werden würde. Loyal, wie er war, hatte der Prinz nicht um Hilfe für sich selbst gefleht, sondern für die Leutnants von Keith und Katte. Was ihn am unglücklichsten mache, hatte er Seckendorff erklärt, war, daß sie durch sein Verschulden zu Schaden kommen sollten. ›Wenn er alles gesteht und nichts zu verschweigen versucht‹, erklärte der König Seckendorff, werde er vielleicht Gnade walten lassen, und fügte hinzu: ›Aber ich weiß, das wird er nicht tun.‹

Tatsächlich war der König nun der Überzeugung, daß hinter der ganzen Sache mehr steckte als bloß Fritzens Wunsch, sich einer schlechten Behandlung zu entziehen. Ohne Zweifel, dachte er, lag die Schuld bei England, bei Georg II. Das Ganze war ein Komplott, um Friedrich Wilhelm zu stürzen und Fritz auf unredliche und blutige Weise auf den Thron zu setzen. Er war voll von solchen Gedanken, als er dem Prinzen in Wesel, auf preußischem Gebiet, das nächste Mal begegnete.

›Warum wollte Er desertieren?‹ fragte der König seinen Sohn.

›Weil Sie mich nicht wie einen Sohn, sondern wie einen Sklaven behandelt haben.‹

›Dann‹, erwiderte der König, ›ist Er nichts als ein erbärmlicher Deserteur, der keine Spur von Ehre im Leib hat!‹

›Ich habe soviel Ehre wie Sie!‹ antwortete Fritz. ›Ich habe nichts getan, als was Sie, wie Sie mir schon hundertmal gesagt haben, an meiner Stelle tun würden!‹

Über diese Worte ergrimmt, zog Friedrich Wilhelm seinen Degen und drang auf seinen Sohn ein; er hätte ihn durchbohrt, hätte sich nicht der Kommandant von Wesel, General von der Mosel, mit den Worten: ›Wenn Sie Blut wollen, Majestät, dann nehmen Sie meines, aber schonen Sie das Ihres Sohnes‹, vor den Prinzen geworfen. Man brachte Fritz schleunigst aus dem Zimmer: der König schrie, daß er ihn nie wieder sehen wolle, und gab den Auftrag, den Deserteur zu vernehmen. Oberst von Denschau, der den Prinzen nicht leiden konnte und der ein Mitglied des königlichen Tabakkollegiums war, wurde mit der Leitung des Verhörs betraut, und Friedrich Wilhelm legte die Fragen fest, die gestellt werden sollten. Fritz stand jetzt formell unter Arrest und wurde von bewaffneten Soldaten bewacht.

Bald wußten alle Höfe Europas von der Verhaftung des Prinzen. Gerüchte kamen auf, daß gewisse Mächte versuchen könnten, ihn zu retten. Um dies zu verhindern, ließ der König den Prinzen in die Festung Küstrin östlich von Berlin bringen. Fritz wurde in eine geschlossene Kutsche gesperrt und von einer Abteilung Soldaten umgeben, die Befehl hatten, ihn zu töten, sollte er einen Fluchtversuch machen. Es durfte unterwegs nirgends angehalten werden; sollte der Prinz austreten wollen, dürfe er dies laut königlicher Order nur auf offenem Feld tun, wo es weder Hügel noch Bäume oder Gebüsch gab, die ihn der ständigen Beobachtung durch seine Wächter hätten entziehen können.

Ganz Berlin war in Aufruhr. Katte schaffte schnell Fritzens Geld und Papiere zur Königin. Da diese wußte, daß der König bei seiner Rückkehr verlangen würde, Fritzens tragbaren Schreibtisch und dessen Inhalt zu sehen, verbrannte sie zusammen mit Wilhelmine alle Briefe, die den Prinzen belasteten und von denen einige unter den Umständen tatsächlich als Hochverrat ausgelegt werden können. Dann füllten sie den Schreibtisch mit ungefähr sechs- bis siebenhundert harmlosen Briefen, welche die zwei Frauen, Tag und Nacht arbeitend, noch rechtzeitig vor der Rückkehr des Königs fälschen konnten.

Befehl zur Verhaftung Kattes war eingetroffen. Warum Katte nicht sofort geflüchtet war, bleibt ungeklärt, er traf Vorbereitungen dazu, reiste aber nie ab. ›Sie sind *noch immer* da, Katte?‹ fragte ihn sein Major am Tag vor seiner Verhaftung. ›Ich reise heute nacht ab‹, antwortete Katte, aber er tat es nicht. Oberst Pannewitz, der Order hatte, ihn am nächsten Morgen zu verhaften, hoffte ihn nicht mehr in Berlin vorzufinden, aber er war geblieben, und der Befehl mußte ausgeführt werden. Keith hatte mehr Glück als Katte oder war entschlossener. Er eilte nach Den Haag, von wo ihn der deutsche Sekretär Lord Chesterfields nach England schaffte. Als Friedrich Wilhelm dies erfuhr, ließ er ein Abbild von Keith verteilen und am Galgen annageln. Das wenige, das Keith besessen hatte, wurde konfisziert.

Der Tag vor Kattes Verhaftung war der 15. August, der Geburtstag des Königs, und Königin Sophia gab einen Ball zu seinen Ehren. Als dieser in vollem Gang war, erhielt sie einen Brief vom König, dessen Inhalt sie ›totenbleich‹ werden ließ. Was darin stand, ist unbekannt, aber ein anderer Brief des Königs an Frau von Kamecke im Schloß bezieht sich darauf: ›Ich habe leider das Unglück, daß mein Sohn hat desertieren wollen ... ich habe ihn arretiren lassen, ich habe meiner Frau geschrieben; Sie muß es ihr vorsichtig beibringen, wenn es auch ein paar Tage tauern solte, daß sie nicht von krank wird. Übrigens beklagen sie einen unglücklichen Vater ...‹

Friedrich Wilhelm machte sich Sorgen um die Gesundheit der schwangeren Königin, aber seine Besorgnis war nicht ganz echt. Als er das Schloß in Berlin am 27. August wieder betrat und die Königin sah, verkündigte er ihr: ›Euer nichtswürdiger Sohn ist nicht mehr, er ist tot!‹

›Wie!‹ rief die Königin Sophie verzweifelt. ›Sie waren so grausam, ihn zu töten?‹

›So ist es‹, log der König. ›Aber was ich jetzt wünsche, ist die versiegelte Schatulle, die Sie erhalten haben.‹

Sie ging sie holen. ›Mein Gott, mein Sohn!‹ klagte sie. Der König öffnete die Schatulle und machte sich über die Briefe her; er konnte nichts finden, was die Engländer belastete, und das steigerte seinen Zorn.

Eine unglaubliche Szene folgte. Die Königin und ihre Kinder flehten um Gnade für Fritz, denn sie hatten in der Zwischenzeit erfahren, daß er noch nicht tot war. Sie küßten dem König die Hände, weinten und jammerten; sogar der vierjährige Prinz Heinrich warf sich vor seinem Vater auf die Knie.

Kaum erblickte der König Wilhelmine, als er die Selbstbeherrschung wieder völlig verlor.

›Infame Canaille!‹ schrie er sie an. ›Du wagst es, dich vor mir zu zeigen? Geh und leiste deinem Schurken von einem Bruder Gesellschaft!‹

Wilhelmine erzählt, daß Friedrich Wilhelm ›schwarz im Gesicht wurde, seine Augen sprühten Feuer, er schäumte vor Wut‹. Er packte sie mit einer Hand, schlug sie mehrmals mit der Faust ins Gesicht; an der Schläfe getroffen, brach sie ohnmächtig zusammen. Der König, noch immer in rasender Wut, trat nach ihr, während die Königin, die anderen Prinzessinen und das gesamte Gefolge kreischend umherliefen und versuchten, ihn davon abzuhalten. Zwei Damen brachten Wilhelmine mit kaltem Wasser wieder zu Bewußtsein; sie aber machte es ihnen nur zum Vorwurf und sagte, daß der Tod tausendmal besser gewesen wäre. Wie Wilhelmine berichtete, ›schrie die Königin fortwährend, sie hatte die Fassung völlig verloren: sie rang die Hände und lief verzweifelt im Zimmer hin und her. Des Königs Gesicht war vor Wut so entstellt, daß er schrecklich anzuschauen war. Die Kleinen lagen auf den Knien und flehten für mich ...‹

All dies geschah im Erdgeschoß des Schlosses bei offenen Fenstern. Durch den Lärm angelockt, hatte sich draußen eine Menschenmenge angesammelt; der Lärm hatte auch die Schloßwache hervorgerufen, die die Zuschauer zu zerstreuen versuchte. Der König teilte Wilhelmine mit, er werde sie wegen ihrer Mitschuld am ›Hochverrat‹ für den Rest ihres Lebens in den Kerker werfen, und beschuldigte sie sogar, ein Verhältnis mit Katte gehabt und ihm einige Kinder geboren zu haben.

›Das ist nicht wahr!‹ warf ihre Gouvernante ein. ›Wer immer Eurer Majestät das erzählt hat, hat gelogen.‹ In diesem Augenblick ging Katte vorbei, der von vier Soldaten zum Schloß gebracht wurde, wo er vom König vernommen werden sollte. ›Blaß und niedergeschlagen‹, schreibt Wilhelmine, die ihn durchs Fenster beobachtete, ›zog er seinen Hut, um mich zu grüßen.‹ Als der König hörte, daß Katte gekommen war, verließ er seine unglückliche Familie. ›Jetzt werde ich den Beweis für die Schuld des Schurken Fritz und der Canaille Wilhelmine haben‹, brüllte er, als er den Saal verließ, ›klare Beweise, um sie köpfen zu lassen!‹

In der Festung Küstrin wurde der Kronprinz in einer spärlich möblierten Zelle, die nur ein Fenster hoch oben in der Wand hatte, untergebracht; die Türe war versperrt und verriegelt, sie wurde Tag und Nacht bewacht. Er trug Gefängniskleidung, bekam weder Gabel noch Messer (sein Essen wurde ihm bereits vorgeschnitten serviert), und niemand durfte mit ihm sprechen. Zwei Offiziere hatten den Befehl, die Zelle jeden Tag zu durchsuchen und ihm eine Leibschüssel zu bringen; sie sollten bei ihm bleiben, während er Gebrauch davon machte. Lediglich eine Kerze wurde ihm zugestanden, welche um sieben Uhr abends gelöscht werden mußte. Kein Lesestoff, mit Ausnahme der Bibel und eines Gebetbuches, sollte ihm erlaubt werden. Es wurde ihm jegliche Nachricht über das Schicksal seiner Mitverschwörer verweigert, obwohl er bereits von Kattes Verhaftung wußte. Allein dies quälte ihn schrecklich, und er flehte ständig für Katte, wobei er behauptete, daß er selbst der Alleinschuldige wäre.

Doch vergebens: Der König war entschlossen, die ›Wahrheit‹ herauszubekommen, inwieweit der Fluchtversuch mit dem englischen Komplott, Fritz auf den Thron zu setzen, in Zusammenhang stand. Er war bereit, Katte und seinen eigenen Sohn foltern zu lassen, um ihnen ein derartiges Geständnis zu entreißen, und konnte nur durch Grumbkow und Seckendorff von diesem Vorhaben abgebracht werden. Man stellte dann eine Kommission auf, um den Prinzen zu vernehmen; ihr wurde eine Liste von 178 vom König aufgestellten Fragen vorgelegt. Nach zwei Wochen Einzelhaft kam der Kronprinz vor die Kommission. Er beantwortete die Fragen aufrichtig und sogar willig und gab offen seine Schuld zu. Friedrich Wilhelm befahl dann der Kommission, ihm weitere Fangfragen zu stellen. Doch der Kronprinz erwies sich ihnen mehr als gewachsen. Auf die Frage, ob er es verdiente, König zu werden, erwiderte er, er könne sein Richter nicht sein. Auf die Frage, ob er sein Leben geschenkt haben wolle, antwortete er, daß er sich des Königs Gnaden und Willen unterwerfe. Zuletzt wurde er gefragt, ob er bereit wäre, sein Leben zu retten, indem er auf die Thronfolge verzichtete, ›dieweil er durch Brechung seiner Ehre sich der Subzession unfähig gemacht habe‹. Der Prinz vermied eine direkte Antwort und sagte, ›sein Leben wäre ihm so lieb nicht, aber Seine Königliche Majestät werde so sehr ungnädig nicht auf ihn werden‹. Der Prinz versuchte dann Öl auf die Wogen zu gießen, indem er eine demütige Bittschrift an den König richtete, worin er sagte, daß er einsehe, daß alles von Anfang an seine Schuld gewesen sei, aber daß er keine bösen Absichten gehabt habe; am meisten bekümmerte ihn der Schmerz, den er dem König, dessen ›Willen und Gnade‹ er sich unterwerfe, bereitet habe. Friedrich Wilhelm zerriß diese Erklärung, sobald er sie erhalten hatte. Voll Wut, daß es ihm nicht gelungen war, seinen Sohn zu überführen, befahl er, Fritzens Haft noch zu verschärfen. Man hatte ihm auch mitzuteilen, daß niemand in Berlin sich überhaupt noch an ihn erinnere, daß die Königin nicht mehr seinen Namen zu hören wünsche und daß Wilhelmine ›hinter Schloß und Riegel‹ gehalten werde.

Sein Zorn wurde durch die Behauptungen ausländischer Zeitungen genährt, der Kronprinz habe zu fliehen versucht, weil sein Vater ihn habe bewegen wollen, zum Katholizismus überzutreten, damit er Maria Theresia von Österreich heiraten könne. ›Weiß Gott, ich könnte niemals so ein Schurke sein‹, beteuerte Friedrich Wilhelm und gab daraufhin den Befehl, daß jedem, der in seinem Reich die Geschichte weitererzählte, die Zunge abgeschnitten werden sollte. Sein Zorn erstreckte sich auf ein sechzehnjähriges Mädchen namens Dorothea Ritter, die Tochter eines kleinen Beamten, welcher der Prinz einmal Seidenbänder und Notenblätter geschenkt hatte. Überzeugt davon, daß dahinter unsittliches Verhalten und nicht nur Freundlichkeit steckte, ließ der König sie von Ärzten untersuchen, die berichteten, daß sie unberührt war. Diese enttäuschende Eröffnung versetzte den Monarchen in solche Wut, daß er das Mädchen öffentlich auspeitschen ließ, zuerst vor dem Rathaus, dann vor dem Haus ihres Vaters und dann ›in allen Teilen der Stadt‹. Nachher wurde ihr Vater seines Postens enthoben, sie wurde ›lebenslänglich‹ eingekerkert (tatsächlich wurde sie nach drei Jahren freigelassen).

Ein Kriegsgericht wurde einberufen, um über die Leutnants Katte und Keith (diesen in Abwesenheit) zu urteilen. Generalleutnant Graf von der Schulenburg war Vorsitzender des fünfzehnköpfigen Gerichtes. Er hatte den Befehl, sich auf das Protokoll, in dem die Untersuchungsergebnisse festgehalten waren, zu beschränken.

Das Gericht beriet vier Tage lang, dann verurteilte es Katte zu lebenslänglicher Haft, obzwar es sich wohl bewußt war, daß der König ihn zu Tod verurteilt haben wollte. Der König lehnte es ab, das Urteil zu bestätigen, und verurteilte selbst Katte zum Tod. Aus Rücksicht auf die Familie des Angeklagten (zwei seiner Großväter waren Feldmarschälle), schrieb der König, daß ›Katte, ob er schon nach den Rechten verdient gehabt, wegen des begangenen Crimen laesae majestatis mit glühenden Zangen gerissen und aufgehenkt zu werden, er dennoch nur, in Consideration seiner Familie, mit dem Schwert vom Leben zum Tode gebracht werden solle. Wenn das Kriegsgericht dem

Katte die Sentenz publicirt, soll ihm gesagt werden, daß es Seine Königliche Majestät leid thäte, es sei aber besser, daß er stürbe, als daß die Justice aus der Welt käme.‹ Als Kattes Vater, ein Generalleutnant aus Königsberg, um Gnade bat, hörte ihn Friedrich Wilhelm teilnahmsvoll an und antwortete: ›Was sollen wir arme Väter tun? Ihr Sohn ist ein Schurke; meiner auch.‹

Das Todesurteil durch Enthaupten wurde nicht nur von Rachegefühlen diktiert. Es sollte eine Lehre sein, nicht nur den anderen Offizieren seiner Leibwache (die *garde gens d'armes*), sondern auch den Adeligen des Königs. Während der Regierungszeit Ludwigs XIV. hatte ein blutiger Aufstand der Adeligen gegen den König stattgefunden, die sogenannte Fronde. Es war nicht wahrscheinlich, daß so etwas in Brandenburg-Preußen passieren würde, wo der Adel längst seiner Freiheiten beraubt worden war, aber Friedrich Wilhelm wollte auf Nummer Sicher gehen, besonders da es bekannt war, daß die Sache des Kronprinzen ihre Sympathien geweckt hatte. Katte mußte daher sterben, einerseits, damit Gerechtigkeit nicht ›von der Erde verschwinde‹, andererseits, um die Macht der Hohenzollern in ihren Ländern wieder zu bestätigen. Damit die Lehre für den Kronprinzen auch wirksam sein sollte, befahl der König, daß Katte in Küstrin sterben solle und Fritz zuschauen müsse. ›Woferne ja daselbst nicht Platz genug dazu wäre, müsset Ihr einen anderen Platz nehmen, so daß der Kronprinz aus dem Fenster solchen gut übersehen kann‹, schrieb der König.

Die Qualen, die der Kronprinz durchmachte, als es ihm klarwurde, daß sein Plan, den Zornesausbrüchen seines Vaters zu entkommen, einem anderen Mann das Leben kosten sollte, offenbaren seinen Charakter. Am 2. September übergab er der Kommission, die mit seiner Vernehmung beauftragt war, eine Erklärung, die an den König weitergereicht wurde. Der Kronprinz betonte darin, daß er allein schuldig sei, daß Katte nicht nur keinen Anteil an dem Fluchtplan gehabt habe, sondern daß er von Fritz ›verführt‹ worden sei und daß, wenn der König entschlossen sei, das Todesurteil über Katte auszusprechen, es richtiger wäre, es an ihm selbst zu vollziehen, da seine Schuld, als Königssohn, um so größer sei.

Der König hatte bereits ein Gnadengesuch von Kattes Großvater, dem Feldmarschall Graf von Wartensleben, zurückgewiesen und war erst recht nicht in der Stimmung, sich eines von seinem verhaßten Sohn anzuhören. Katte selbst verfaßte noch ein letztes Gesuch um Begnadigung und, als dieses erfolglos blieb, schrieb er seinem Vater einen Abschiedsbrief, in dem er die Hoffnung ausdrückte, daß er an seinen überlebenden Söhnen Trost finden möge. Dann bereitete sich Katte mit äußerster Fassung auf den Tod vor.

Friedrich Wilhelm überwachte persönlich alle Einzelheiten der Hinrichtung Kattes; er befahl sogar, daß die Leiche und dessen abgetrennter Kopf noch einige Stunden nachdem ›der Scharfrichter sein Schwert abgewischt hat‹ vor des Prinzen Fenster liegenlassen werden sollte. Die Exekution sollte um sieben Uhr am Morgen des 6. November 1730 stattfinden. Der Kronprinz wurde um fünf Uhr geweckt und davon in Kenntnis gesetzt. Er hatte noch nichts davon gewußt; man hatte ihm nicht einmal das Urteil des Kriegsgerichts mitgeteilt. Er rief aus: ›Jesus, nimm mein Leben für seines!‹ und fiel von Weinkrämpfen geschüttelt zu Boden. In den verbleibenden zwei Stunden flehte er um Erlaubnis, dem König zu schreiben, daß er auf die Krone verzichte, wenn Katte am Leben bliebe – doch alles war umsonst. Um sieben Uhr wurde er von seinen Aufsehern ans Fenster geführt. Der Morgen war kalt und trübe, die Soldaten bereits auf ihrem Platz. Dann wurde Katte zwischen zwei Gefängnisgeistlichen hinausgeführt. Er blickte hinauf zu Fritzens Fenster. ›Mein lieber Katte!‹ rief der Prinz. ›Ich bitte Dich ... tausendmal um Verzeihung.‹ Er warf ihm einen Kuß zu. Katte schaute ihn an und antwortete gelassen: ›Kein Grund zur Verzeihung. Es ist leicht, für einen so liebenswerten Prinzen zu sterben!‹ Eine Augenbinde zurückweisend, kniete sich Katte am Schafott hin. Mit einem Schwertschlag trennte der Scharfrichter den Kopf vom Körper. Kronprinz Fritz, dem zum Glück der Ausblick auf das Schafott verstellt war, brach in den Armen seiner Aufseher zusammen und verfiel für den Rest des Tages in ein hitziges Fieber.

Fritz war sicher, daß er selbst der nächste sein würde. Tatsächlich drohte seinem Leben größte Gefahr, denn sein Vater dachte allen Ernstes an die Hinrichtung seines Sohnes. Fritz war ein preußischer Offizier, der zu ›desertieren‹ versucht hatte; die einzige Strafe dafür war der Tod. Die Tatsache, daß das Kriegsgericht sich als unzuständig erklärt hatte, den Thronfolger zu verhören, tat nichts zur Sache; der König selbst sollte die Todesstrafe verhängen. Friedrich Wilhelm war jedoch nicht unbeugsam, wenigstens dann nicht, wenn er unter äußerstem Druck stand. Dieser Druck kam jetzt aus allen Richtungen. Die deutschen Fürsten, der englische, der russische, der polnische, der schwedische, sogar der österreichische Hof versuchten den König zu Gnade zu bewegen. Der alte General Buddenbrock ging sogar so weit, sich mit dramatischer Geste den Waffenrock aufzureißen, und rief mit entblößter Brust aus: ›Wenn Eure Majestät Blut haben muß, nehmen Sie meines, aber jenes andere Blut sollen Sie nicht haben, solange ich noch meine Stimme erheben kann!‹ Sogar Grumbkow und Seckendorff schlugen sich schließlich auf des Prinzen Seite, wenigstens insofern, als sie um Gnade für ihn baten.

Von den Vorgängen wußte der Prinz nicht. Seine Angst blieb groß. Kaplan Müller von den *gens d'armes* kam nach Kattes Hinrichtung zum Prinzen in die Zelle und fand ihn krank und fiebernd, worauf er dem Prinzen ein mit Wasser einzunehmendes Pulver anbot. Der Prinz lehnte es ab – aus Furcht, es könnte Gift sein. Er nahm es erst an, nachdem der Pastor selbst die Hälfte davon eingenommen hatte. Aber auch dies setzte des Prinzen Angst kein Ende, denn der Geistliche hätte geschickt werden können, um ihn auf den Tod vorzubereiten.

Es stellte sich jedoch bald heraus, daß Kaplan Müller beauftragt war festzustellen, ob der Prinz wirklich reumütig war und den ›verderblichen‹ Glauben an die Vorbestimmung aufgegeben hatte. Fritz begriff rasch, daß der König eine so leicht gewonnene Seele nicht zu schätzen wissen würde, daher debattierte er mit Müller und ließ sich nur allmählich Punkt für Punkt im Laufe der darauffolgenden Tage ›überzeugen‹. König Friedrich Wilhelm beobachtete den Fortschritt seines Sohnes und freute sich wie ein Erweckungsprediger, der erfolgreich um die Seele eines besonders starrsinnigen Sünders gerungen hatte. Am 17. November, elf Tage nach Kattes Tod, besuchte eine von Grumbkow geführte Kommission Fritz und nahm seine Erklärung auf, mit der er sich voll und ganz des Königs Willen unterwarf. Am nächsten Tag hatte Grumbkow eine freundliche Unterredung unter vier Augen mit dem Prinzen, und am Tag darauf leistete Fritz einen feierlichen Eid auf die zuvor notierte Erklärung. Die Freundlichkeit Grumbkows trug viel dazu bei, die Angst des Prinzen zu zerstreuen. Es schien ihm wahrscheinlich, daß er doch am Leben bleiben sollte; was hätte sonst sein früherer Feind für Gründe, so liebenswürdig zu werden? Sicherlich würde Grumbkow es nicht wagen, das Mißfallen des Königs zu erregen, indem er sich jemandem gegenüber freundlich erwies, den der König als Deserteur hinzurichten beabsichtigte. Es schien offensichtlich, daß sich Grumbkow an der ›aufgehenden‹ Sonne (wie der König Fritz sarkastisch nannte) nach dem Abgang Friedrich Wilhelms wärmen wollte. Und das konnte, wie jedermann wußte, in Anbetracht der Krankheiten Friedrich Wilhelms, seines enormen Gewichts, seiner Schlagflüssigkeit (sein Gesicht lief auf erschreckende Art und Weise in allerlei Farben, sogar schwarz an) jederzeit eintreffen.

Kurz nachdem er seinem Vater Gehorsam geschworen hatte, teilte man Fritz mit, was dieser nun mit ihm vorhatte. Er sollte als Beamter in der Kriegs- und Domänenkammer in Küstrin eintreten und sollte alles über die Länder erfahren, die er eines Tages vielleicht erben würde. Er sollte am unteren Ende des Ratstisches sitzen, und es war ihm insbesondere verboten zu tanzen, Musik zu hören, auswärts zu essen, Gäste einzuladen, leichte Sommerkleidung zu kaufen, Hamburger Austern zu bestellen, nach neun Uhr abends Kerzen brennen zu lassen oder mit Fremden in Abwesenheit der ihm zugeteilten Bewachung zu sprechen. Sein Lesestoff war auf erbauende Lektüre beschränkt, und wenn er Themen berührte, die außerhalb seines Aufgabenbereiches lagen, wurde ihm Schweigen geboten. Weder Zukunftspläne noch Politik durften erörtert werden, ja sogar Geometrie, Kriegstechnik und ähnliche Gegenstände wurden ihm verboten. Er sollte lernen, wie man düngte, wie man den Boden pflügte und säte, wie man Steuern einhob, und wie man einen Gewinn aus örtlichen Unternehmen zog.

Er ging seine Arbeit willig an und war klug genug, seinen Vater mit den genauen Nachrichten zu versorgen, die er hören wollte. Er schrieb dem König Berichte über eine in der Nähe gelegene Glashütte und machte ihm die erfreuliche Mitteilung, daß sie in jenem Jahr wahrscheinlich ›ein Plus‹ von mehr als 857 Taler bringen würde; teilte ihm mit, daß er acht Wildeber und zwei Säue bei einer Jagd erlegt hatte; er schrieb von einem fabelhaften ›Riesenkerl‹, den er gesehen habe und wie unglücklich er gewesen sei, daß er ihn nicht für seinen lieben Papa habe erbeuten können; er erklärte, er wäre der glücklichste Mensch auf Erden, wenn ihm Papa die neuen Vorschriften für die Infanterie zu lesen schickte; und er ließ den König wissen, daß er ihm ein großes Stück besonders saftigen Schweinefleisches, das er in der Nähe besorgt, gesandt hatte. Indessen vertrieb er sich die Zeit, indem er etwas dümmliche Gedichte an die Frau eines Obersten in Küstrin schrieb. Sie beantwortete diese halbherzigen Liebesbezeugungen mit eigenen Versen, die sie, wie sie (um den Prinzen zurückzuhalten) sagte, mit Hilfe ihres Gatten verfaßt hatte.

Diese Liebelei, die anscheinend nie über Verseschmieden hinausging, war möglicherweise eher auf Fritzens Eigenliebe und seine poetische Ader als auf irgend etwas anderes zurückzuführen. Fritz bildete sich viel auf seine Talente und auf sein gutes Aussehen ein und liebte es, sie vor bewundernden Augen vorzuführen.

Nachdem Fritz ein Jahr lang in Küstrin gedient hatte, zeigte sich Friedrich Wilhelm seinem Sohn zum erstenmal seit jenem Auftritt in Wesel, als er ihn fast mit seinem Schwert durchbohrt hätte. Fritz warf sich seinem Vater zu Füßen und mußte eine lange Moralpredigt über sich ergehen lassen. Noch zweimal an jenem Tag warf sich Fritz in aller Öffentlichkeit vor seinem Vater nieder, wodurch er die Zuschauer zutiefst ergriff und sogar seinen Vater rührte. Es war der Geburtstag Friedrich Wilhelms. Fritzens Geschenk kindlicher Verehrung und Ergebenheit veranlaßten ihn, dem Kronprinzen öffentlich zu verzeihen. Er umarmte Fritz und sagte: ›Sei brav, so wie du offenbar die Absicht hast, und ich werde für dich sorgen.‹ Als die königliche Kutsche abfuhr, standen Fritz Tränen in den Augen. ›Ich hätte bisher nicht geglaubt, daß der König die geringste Regung von Liebe für mich empfindet. Zu dieser Stunde bin ich davon überzeugt.‹

Trotz seiner Vergebung konnte Friedrich Wilhelm es nicht lassen, Kritik an seinem Sohn zu üben. Fritz hatte seinen Vater gebeten, wieder zu seinem Regiment zurückkehren zu dürfen. Der König erwiderte: ›Was gilt es, wenn Dir recht Dein Herz kitzele, wenn ich aus Paris einen maître de flûte mit etlichen zwölf Pfeifen und Musique-Büchern, ingleichen eine ganze Bande Komödianten und ein großes Orchester kommen ließe, wenn ich Franzosen und Französinnen, auch ein Paar Dutzend Tanzmeister nebst einem Dutzend petits-maîtres verschriebe, so würde ich Dir dieses gewiß besser gefallen, als eine Compagnie Grenadiers; denn die Grenadiers sind doch, Deiner Meinung nach, nur Canailles; aber ein petit-maître, ein Französechen, ein bon mot, ein Musiquechen und Komödiantechen, das scheinet was Nobleres, das ist was Königliches, das ist *digne d'un Prince*.‹

Dennoch erlaubte er Fritz, sich am 20. November, anläßlich Wilhelmines Vermählung mit einem entfernten Verwandten, einem Sohn des Markgrafen von Bayreuth, in grauem Zivil in Berlin zu zeigen. (Wilhelmine hatte in die Wahl ihres Vaters eingewilligt, nachdem sie hörte, was ihr sonst bevorstehen würde: Fritz würde als Gefangener in Küstrin verbleiben; man würde sie in der Festung Memel einsperren; und ihre Gouvernante würde man öffentlich auspeitschen. Der Offizier, der ihr diese Warnung verkündete, fügte hinzu, daß ihm nichts eine größere Freude bereiten könnte, als zuzusehen, wie das Blut den nackten Rücken des hübschen Fräuleins von Sonsfeld herunterlief.)

Die Hochzeit war prachtvoll. Siebenhundert Paare tanzten drei Tage lang, und Friedrich Wilhelm sorgte dafür, daß der Bräutigam fast ständig betrunken war, ›um seinen Charakter zu stärken und ihn zu bilden‹. Seit dem Begräbnis seines Vaters hatte der König nicht mehr so viel Geld ausgegeben. Vielleicht feierte er nicht so sehr die Hochzeit, wie den letzten *coup de grace*, den er den Plänen der Königin bezüglich einer Doppelhochzeit mit Großbritannien versetzt hatte. Die Königin war in der Tat völlig verzweifelt. Sie beschwor Wilhelmine, ihrem Mann wie ›eine Schwester‹ zu sein, so daß die Hochzeit eines Tages für null und nichtig erklärt werden könnte mit der Begründung, daß sie nie vollzogen wurde, wonach sie noch immer den englischen Kronprinzen heiraten könnte.

Fritz erschien am Hochzeitsball, war eiskalt seiner Schwester gegenüber und unfreundlich zu ihrem Mann; in Wirklichkeit quälte ihn der Gedanke, daß seine Freiheit durch diese Hochzeit erkauft werde. Auch von ihrer Mutter empfing Wilhelmine kaum Beweise der Zuneigung. Später schrieb sie, daß die Königin ›in der Tat nur Liebe für ihre Kinder empfand, insofern sie ihrem Ehrgeiz nützten ...‹ Friedrich Wilhelm dagegen überhäufte nun seine Tochter, die er früher als ›niederträchtige Canaille‹ bezeichnet hatte, mit Zärtlichkeit. Bei ihrer Abreise erklärte er, derart von ›Traurigkeit übermannt zu sein‹, daß er es nicht einmal ertragen könne, sich von ihrem Bräutigam zu verabschieden; nachher, wie sie bemerkte, ›nahm er keine weitere Notiz‹, von ihr und erfüllte keines der Versprechen ›wundervoller Gunst‹, die er ihr zugesichert hatte.

Kurz darauf besuchte der Prinz eine Truppenparade mit seinem Vater und wurde vom Volk mit großer Begeisterung gegrüßt; dann überreichten Fürst Leopold von Anhalt-Dessau und einige Generäle dem König ein Bittschreiben, er möge Fritz dem Heer zurückgeben. Am 30. November trug Fritz wieder Uniform. Friedrich Wilhelm schien erfreut. Doch sagte er einem Beamten, man müsse etwas gegen Fritzens ›watschelnden Gang‹ und seine Gewohnheit unternehmen, ›auf den Zehenspitzen zu wippen‹.

Fritz wurde mit seinem Regiment nach Ruppin und Nauen verlegt, weit genug von seinem Vater entfernt, um ihm das Leben erträglich zu machen. Er spielte wieder Flöte; dieses Instrument sollte bis zu seinem Lebensende für ihn mehr als alles andere Trost und Entspannung sein. Er interessierte sich auch für Handel, Wirtschaft und Verwaltung – und seltsamerweise lag ihm daran, sich einen Ruf als Frauenheld zu verschaffen. Plötzlich hieß es, daß Frauen sein größter Ausgabenpunkt waren, obzwar der kluge Seckendorff erkannte, daß Fritz mehr am Ruf als an eigentlichen Taten gelegen war. ›Man hält aber dafür‹, sagt Seckendorff, ›daß die Kräfte des Körpers die Neigung des bösen Willens nicht genug secundiren, folglich der Kronprinz in seinen Galanterien nicht mehr einen eitlen Ruhm sucht als eine sündliche Neigung.‹ Gerüchte gingen um, daß Luise Eleonore von Wresch, die Frau des Hauptmanns in Küstrin, dem Kronprinzen einen Sohn geboren hatte. Grumbkow sagte Seckendorff, daß, sollte dies zutreffen, ihr Ehemann das Kind verleugnen würde; bezeichnenderweise tat er dies nicht. Grumbkow fügte die Bemerkung hinzu, daß ›Seine Majestät über die Angelegenheit insgeheim ziemlich erfreut ist‹. Tatsächlich hatte der König lange befürchtet, der ›weichliche‹ Prinz könnte homosexuell sein. Die Schwangerschaft der Frau von Wresch schien das Gegenteil zu beweisen und erweckte auch die Hoffnung, daß Fritz für einen Stammhalter sorgen werde, wenn er einmal heiratete.

Im Jahre 1731, als der Kronprinz neunzehn Jahre alt war, nahm der König die Suche nach einer Frau für seinen Sohn auf. Er wählte Elisabeth Christine von Bevern-Braunschweig, die als Nichte der Kaiserin die einzige mit dem Haus Habsburg verwandte protestantische Prinzessin war. Die Heirat wurde von Seckendorff und Grumbkow arrangiert, um Preußen enger an Österreich zu binden. Der König jedoch schrieb seinem Sohn, daß er ganz Europa nach der passenden Gemahlin abgesucht hätte. Elisabeth, sagte er, sei ›wohl aufgezogen, modeste und eingezogen (unaufdringlich); so müssen die Frauen sein ... nicht häßlich; auch nicht schön ... Sie ist ein gottesfürchtiges Geschöpf und das ist das Wichtigste.‹

Insgeheim war der Prinz außer sich. Er sagte, daß ihm die ärgste Hure Berlins lieber wäre als diese ungebildete, blöde Prinzessin (deren Ruf ihm bekannt war); könnte der König nicht wenigstens jemanden finden, mit dem er reden könne? In einem Brief an Grumbkow, der zu seinem Vertrauten geworden war, drohte Fritz mit Selbstmord und sprach dann von späterer Untreue oder Scheidung. Er drang darauf, daß Grumbkow den König dazu überrede, seinen Entschluß rückgängig zu machen, aber Grumbkow weigerte sich, ›das Verderben‹ auf diese Weise heraufzubeschwören, und wies den Prinzen darauf hin, daß der König einmal die Befürchtung ausgesprochen hatte, daß Fritz doch noch ›unter Henkers Hände kommen‹ würde.

Da er keine andere Wahl hatte, gab der Kronprinz nach. Sein Vater brach vor Glück in Tränen aus, als er die Nachricht erfuhr, sagte, daß dies der schönste Augenblick seines Lebens sei, und bestellte Fritz nach Berlin für die Verlobungszeremonie. Als diese vorbei war, verließ Fritz die Stadt, um das Kommando über sein Regiment zu übernehmen. Dann schrieb er an Seckendorff, daß es niemals eine ›Weiberherrschaft‹ in seinem Haus geben würde. ›Wenn ich heirate‹, schrieb er, ›werde ich Madame ihren eigenen Weg gehen lassen und was mich anbetrifft, werde ich tun, was mir gefällt. Und es lebe die Freiheit!‹

In Berlin sagte die Königin zu Wilhelmine: ›Euer Bruder ist verzweifelt über diese Heirat, und er hat allen Grund dazu. Sie ist wahrhaftig eine Gans. Was auch immer man sie fragt, antwortet sie nur mit Ja oder Nein und lacht dumm dazu, daß einem ganz übel wird.‹ Prinzessin Charlotte, die jüngere Schwester Wilhelmines, stieß mit ihrem Urteil ins selbe Horn: ›Eines Morgens war ich zugegen, als sie Toilette machte. Sie stinkt wie die Pest. Ich war dem Ersticken nahe. Ich glaube, sie muß zehn oder elf Fisteln haben ... auch bemerkte ich, daß sie mißgestaltet ist: ihr Mieder ist auf einer Seite gefüttert, und eine Hüfte ist höher als die andere.‹ Seckendorff schrieb nach Wien, daß sie gar nicht so übel sei: Einige Tanzstunden und anderer Unterricht würden ihr zugute kommen; auch würden ihre Pickel gewiß vergehen, ihre Pockennarben wahrscheinlich verblassen und ihr Hals weniger hager wirken, worauf sie durchaus schön werden könnte.

Es ist schwer festzustellen, wie häßlich sie eigentlich war, obzwar sie auf Porträts (wie zu erwarten) als hübsch dargestellt wird. Der Kronprinz schrieb an Grumbkow: ›Die arme Seele tut mir leid. Es wird um eine unglückliche Prinzessin mehr auf der Welt geben.‹ In einem seiner Briefe an Wilhelmine nannte er sie ›ein angenehmes Wesen‹, sagte, daß er ihr nicht schlecht gesinnt sei, ›aber lieben‹, schrieb er, ›kann ich sie nicht. Ich hasse sie nicht so sehr, wie ich vorgebe. Ich affectire völlige Abneigung, damit der König meinen Gehorsam umso höher werten möge, Sie ist hübsch, hat einen Teint wie Milch und Blut, zarte Züge und das Gesicht einer durchaus schönen Person. Natürlich hat sie keine Lebensart und kleidet sich sehr schlecht ...‹ Sein Urteil ist verläßlicher als jenes der Königin oder der Prinzessin Charlotte, denn die Königin war derartig verbittert über das Scheitern ihrer Heiratspläne, daß sie, wie es G. P. Gooch ausdrückt, sich nur allzu sehr freute, ›Salz in die offene Wunde‹ streuen zu können.

Die Bemerkungen Seckendorffs jedoch sind ernster zu nehmen, da er immerhin die Braut ausgesucht hatte und man daher erwarten konnte, daß er sie eher in einem günstigen Licht darstellen würde – sogar Eugen von Savoyen gegenüber.

Des Königs Freude über die Verlobung war groß, doch mißbilligte er, daß Fritz seiner Braut nur selten schrieb. ›Was soll ich ihr denn schreiben?‹ protestierte Fritz, gehorchte aber. Der König nahm den vermehrten Briefwechsel wahr und verkündete, daß ›das Paar sehr verliebt‹ sei. Die Hochzeit wurde für den 12. Juni 1733 festgelegt.

Sie fand im Hause des Großvaters der Braut, des Herzogs von

Braunschweig-Wolfenbüttel, statt. Danach schrieb der Kronprinz an Wilhelmine: ›Gott sei Dank ist das Ganze vorbei!‹ Er verbrachte eine Stunde im Brautbett, dann verließ er seine Braut, zog sich an und begab sich zu den Festlichkeiten in den Schloßgarten. Sobald diese zu Ende waren, kehrte er zu seinem Regiment zurück. Elisabeth blieb im Berliner Schloß, wo sie von der Königin und den Prinzessinnen ignoriert wurde und der König so weit gegen seine Grundsätze handelte, daß er ihr Tanzen, Philosophie und alte Literatur beibringen ließ. Manche Historiker behaupten, daß die Stunde nach der Hochzeit das letztemal war, daß Fritz je das Bett seiner Frau bestieg. Später sprach er sich in privaten Briefen bewundernd über ihre sexuellen Attribute aus, aber dies mag er auch nur aus Effekthascherei geschrieben haben. Den Rest seines Lebens dürfte Fritz in fast asketischem Zölibat verbracht haben. Er sah zwar gewisse Frauen gerne um sich, aber diese mußten sowohl Geist als auch Schönheit besitzen, und seine Beziehungen zu ihnen blieben intellektueller Natur. Wie es um sein Geschlechtsleben stand, mag für immer ein Geheimnis bleiben. Man weiß nur, daß er nach seinem Tod von einem Schweizer Arzt untersucht wurde, der dann behauptete, Friedrich wäre von stümperhaften Ärzten, die seine Geschlechtskrankheit heilen wollten, verstümmelt worden und dadurch impotent gewesen. Mehrere preußische Ärzte beeilten sich, dieser Behauptung entgegenzutreten, worauf Friedrichs Leichnam schleunigst außer Reichweite gebracht wurde. Es gibt keine anderen ›Augenzeugen‹. Sein ganzes Leben lang achtete Friedrich darauf, daß niemand, nicht einmal sein Kammerdiener, ihn nackt sah.

Jetzt, da er über einundzwanzig und verheiratet war und wieder in Gunst stand, hatte er sein Leben als ›Prinz Fritz‹ hinter sich gelassen; als Kronprinz Friedrich war er nun Herr seines eigenen Hausstandes. Das war Rheinsberg, ein verfallenes Schloß an einem See nördlich von Berlin, das ihm der König überlassen hatte, dazu die Mittel, es zu renovieren. Hier sollte Fritz die glücklichsten Jahre seines Lebens verbringen. Ein verabschiedeter Hauptmann, der Maler Georg Wenzeslaus von Knobelsdorff, half ihm bei Wiederaufbau und Neueinrichtung; es ist bezeichnend, daß alle Fresken Allegorien darstellten, die die triumphale ›Morgenröte‹ zeigten, in der Friedrich als ›Philosophenkönig‹ erscheinen würde. Als Rheinsberg fertig war, kam Elisabeth, die dann fünf Jahre blieb. Sie war ein mitleiderregendes Geschöpf, obwohl sie in Friedrich wenig Anteilnahme erweckte. Er erwies ihr große Höflichkeit, doch niemals Zuneigung, und kaum war er König geworden, wurde sie praktisch aus seinen Augen verbannt. Sie entsagte niemals ihrer Liebe zu ihm und konnte nie begreifen, warum er sie nicht auch liebte. Der Grund lag vielleicht außerhalb ihres Verständnisses. Sie war Friedrich einfach nicht klug genug. Er achtete sie sehr um ihrer Sanftheit willen und ihrer Bemühungen, ihm angenehm zu sein: doch er liebte sie nicht. Diese Verbindung, sagt Gooch, war ›die Ehe des Adlers und der

Taube‹; tatsächlich war es die Heirat einer freundlichen, doch langweiligen Hausfrau mit einem der hervorragendsten Männer aller Zeiten. Sie ergab sich in ihr Schicksal und freute sich über die wenigen Gesten der Höflichkeit, der Galanterie und des Respekts, die ihr Friedrich erwies. Er setzte ihr eine jährliche Apanage von 40 000 Talern aus; sie schenkte mehr als die Hälfte davon den Armen. Als sie im Alter von einundachtzig Jahren starb, hinterließ sie eine Grabschrift für sich: ›Es hat Gott gefallen, mich so zu beschützen, daß ich niemals eine Handlung begangen habe, durch die irgendein Mensch mit meinem Wissen an seinem Glücke gelitten hätte.‹ Das guten Gewissens sagen zu können, bedeutet viel; ein ›Adler‹ wie Friedrich hätte das niemals schreiben können.

Im Sommer 1734, während des Polnischen Erbfolgekrieges, wurde es Friedrich gestattet, sich den am Rhein operierenden preußischen Truppen anzuschließen. Dieser eher unbedeutende Konflikt entstand aus dem Streit um den polnischen Königsthron zwischen August III., dem Sohn und Nachfolger Augusts des Starken von Sachsen, und Stanislaus Laszczynski. Hauptkriegsschauplatz war Italien; die Feldzüge am Rhein, an denen Friedrich teilnahm, waren unwesentlich. (August III. wurde 1734 in Krakau gekrönt und in Warschau 1736 als König anerkannt.)

Kaum hatte Friedrich die Nachricht erhalten, daß er am Krieg teilnehmen könne, als er – charakteristischerweise – hastig zwei Gedichte über die Kriegsführung zu Papier brachte; er bemerkte später dazu, daß es dabei anscheinend mehr Schmutz als Poesie gäbe. Bei der Belagerung von Philippsburg, wo er die Feuertaufe empfing, ritt er mit einigen anderen durch ein unter Artilleriebeschuß liegendes Wäldchen; Beobachter behaupteten, daß der Kronprinz, ohne auch nur einmal anzuhalten, ruhig mit seinen Gefährten weiterplauderte, obwohl links und rechts Bäume niedergemäht wurden.

Nicht nur, daß es ihm gelang, Kaltblütigkeit im Feuergefecht zu bewahren; er erlernte auch das Kriegshandwerk von niemand geringerem als dem Prinzen Eugen von Savoyen, einem der hervorragendsten Heerführer seines Zeitalters. Friedrich war einundzwanzig, als er Prinz Eugens Lager betrat, der alte Kämpe siebzig. Ein Mann von phänomenaler Tapferkeit, der Narben von dreizehn Wunden trug, war er gleichzeitig ein bedeutender Staatsmann ebenso wie ein Schutzherr der Aufklärung. Der ›edle Ritter‹, wie er so oft genannt wurde, war ein überragender Könner auf dem Gebiet der Militärwissenschaft wie des Bewegungskrieges, ein kühner und äußerst einfallsreicher Taktiker und als Heeresführer so vertraut mit der Psyche des Soldaten, daß er seine eigenen Truppen anfeuerte und mit Kampfgeist erfüllte, während er dem Gegner Furcht und Schrecken einflößte. Fast ganz auf sich allein gestellt, erneuerte er nach dem Aufstieg Frankreichs im Gefolge des Dreißigjährigen Krieges Habsburgs Macht. Siebzehn große Schlachten, die Eugen von Savoyen gewann, erhoben Österreich, das bereits die Vorherrschaft unter den deutschen Staaten besaß, in den Rang einer

Großmacht. Seine Zeitgenossen hielten ihn für ein Genie ebenso wie für einen der ersten ›Europäer‹, denn er war Franzose der Kultur nach (ein Schutzherr Rousseaus und anderer französischer Aufklärer), Deutschland und dem Hause Österreich treu und voll Bewunderung für englischen Handel und italienische Kunst. Sein Wissen um die Bedeutung Preußens hoffte er am Rhein gegen Frankreich verwenden zu können; ebenso verstand er die Bedeutung des Kronprinzen Friedrich für Österreich, insbesondere da dieser junge Mann so frankophil war, daß man munkelte, er beabsichtige den französischen Gesandten in Berlin, den Marquis de la Chétardie, nach seiner Thronbesteigung zu seinem ersten Minister zu machen.

Eugen schrieb an den Kaiser in Wien: ›Es hängt sehr viel davon ab, den Prinzen für uns zu gewinnen, denn er wird eines Tages mehr Freunde gewinnen, als sein Vater hat, und ebensoviel Nutzen stiften.‹ Aber König Friedrich Wilhelm I. hatte dem Prinzen Eugen eigene Anweisungen seinen Sohn betreffend gesandt: ›Er kann milde behandelt werden, doch soll er keine kaiserliche Leibgarde erhalten, denn es soll ihm nicht gestattet sein, eine noch bessere Meinung von sich selbst zu bekommen, als er ohnehin schon hat.‹ Ein paar Tage später ritt Friedrich Wilhelm selbst ins Lager, so sehr unter Gicht leidend, daß man befürchtete, er würde sterben. Eugen führte lange Gespräche mit Kronprinz Friedrich; der junge Mann wollte alles über Politik und Kriegskunst erfahren, während der Alte den Kronprinzen für die Sache Habsburgs zu gewinnen suchte. Es gelang ihm, Friedrich das Zugeständnis abzuringen, daß er nach seiner Thronbesteigung die Pragmatische Sanktion anerkennen würde; Friedrich erbat als Gegenleistung, daß der Kaiser seinen alten Feind Seckendorff aus Berlin abberufe und erneut bei Friedrich Wilhelm vorstellig werde, um ihn zu einer besseren Behandlung des Kronprinzen zu bewegen. Der Kaiser antwortete, er habe seine Zuneigung bereits durch das Handschreiben an den König von Preußen bewiesen, in dem er ihn bat, das Leben seines Sohnes zu schonen, und daß er Friedrich des öfteren mit Geld ausgeholfen habe. Er wollte nicht erneut schreiben, doch stimmte er zu, Seckendorff abzuberufen.

Doch dies alles konnte Friedrich in späteren Jahren nicht an Österreich binden. Er mag vieles vom Prinzen Eugen gelernt haben, aber die wichtigste Einsicht, die er im österreichischen Lager während des Polnischen Erbfolgekrieges gewann, war die vollkommene Desorganisation und Verwirrung unter den österreichischen Truppen. Er war als Bundesgenosse in den Krieg gezogen und blieb Spion. Später äußerte er sich kurz und bündig über Prinz Eugens letzten, nicht allzu glorreichen Feldzug: ›Welch niederdrückende Erkenntnis für unsere Eitelkeit. Daß ein Condé, ein Eugen oder ein Marlborough miterleben muß, wie sein Geist früher verfällt als sein Körper. Die größten Genies sterben als Schwachsinnige. Arme Menschheit, rühme Dich Deiner Größe, wenn Du es wagst!‹

Während dieses Feldzuges vermerkte Friedrich auch, daß Prinz Eugen seit neuestem zu einem ›Drillteufel‹ wie der Alte Dessauer geworden war. Er hatte frühzeitig herausgefunden, daß jedermann bereit schien, vom preußischen Militärsystem zu lernen, auch wenn es keiner mochte.

Nachdem der König seinen Sohn von der Front abberufen hatte, kehrte Friedrich nach Rheinsberg zurück, wo er die Jahre von 1735 bis 1740 verbrachte und das wiederhergestellte Schloß zum Anziehungspunkt für Intellektuelle, Künstler und geistreiche Männer machte, wobei ihn der cholerische König seltsamerweise ungestört gewähren ließ.

Der König war krank und schien dem Tode nahe. Seine Gelenke brannten und schmerzten wie offene Wunden; die Wassersucht ließ seinen gigantischen Körper noch mehr anschwellen; Kreislauf, Lunge, Niere und Herz waren angegriffen. Diesem Leiden zum Trotz brach er zu einer Reise durch die ostpreußischen Agrarprovinzen auf, wobei er auf jeglichen Komfort verzichtete und Friedrich mitnahm, um des Prinzen Erziehung zu vervollständigen. Wieder raste er über elende Straßen, schlief in Scheunen und ließ kaum jemals halten. Diese Reise brachte ihn beinahe um, aber sie führte zu einer bemerkenswerten Veränderung in der Beziehung zwischen Vater und Sohn. Mit dem Ende der Reise waren auch die letzten Funken der Zwietracht verflogen, und man verkehrte nun auf freundschaftlichem Fuße. Sie waren immer schon nicht nur durch Haß und Verachtung, sondern auch durch Liebe verbunden gewesen; Friedrich wünschte verzweifelt, des Vaters Zuneigung und Achtung zu gewinnen, während der König bloß einen richtig gehorsamen Sohn haben wollte, wie er es nannte. Nun da Seckendorff Berlin verlassen hatte und Grumbkow gestorben war, konnten die eisigen Beziehungen auftauen und sich normal entwickeln, denn es gab keine österreichischen Agenten mehr, die des Königs Zorn mit immer neuen Verleumdungen anfachten.

Nach Berlin zurückgekehrt, bereitete sich Friedrich Wilhelm mit bemerkenswerter Fassung auf den Tod vor. Jahrelang hatte er ihn gefürchtet, aber hauptsächlich deswegen, weil er an die Folgen dachte, die dieser für sein Königreich und das Haus Hohenzollern mit sich bringen würde. Er hegte den Verdacht, sie würden dabei vor die Hunde gehen, wobei mit dem Hund Fritz gemeint war. Nun, da die Verleumder verschwunden waren, konnte sich zwischen Vater und Sohn jenes Verhältnis entwickeln, das ihrer Natur entsprach, ein liebevolles, wie es schon immer hätte sein sollen, hätten nicht Dritte es untergraben. Der König war über die Zukunft seines Reiches unbesorgt; er bemerkte sogar zu seinen Generälen, welches Glück er hatte, seine Länder einem Sohn wie Friedrich anvertrauen zu können.

Der König ließ sich nach Potsdam bringen, um, wie er verkündete, dort zu sterben. Sein Hofprediger, ein Mann namens Roloff, stand ihm bei, sich darauf vorzubereiten. Friedrich Wilhelm wußte, daß ihm seine königlichen Hoheitsrechte im Jenseits nicht helfen würden und er vor dem Thron Gottes nicht ein ehemaliger König, sondern gleich jedem Bettler sein würde. Trotzdem war er zuversichtlich, denn er nahm an, es würde große Freude über ihn herrschen und ihm wohl ergehen, hatte er doch die Gebote Gottes stets gehalten. Roloff ließ diplomatisch einfließen, daß alle Menschen Sünder seien und auch Friedrich Wilhelm keine Ausnahme bilde; sei dem wie auch immer, erwiderte der König, was Könige angehe, wäre er vollkommener gewesen als die meisten anderen. Da Roloff nicht sofort zustimmte, verlangte der König nur ein Beispiel zu hören, wann er nicht gerecht oder fromm gehandelt habe. Mutig nannte Roloff mehrere, darunter die Unterdrückung des Volkes, das schärfstens besteuert und gegen seinen Willen zu Bauprojekten gezwungen wurde, ebenso wie die Hinrichtung des Barons von Schlubhut, der seine Veruntreuungen selbst gestanden und angeboten hatte, den Schaden wiedergutzumachen, und der ohne jedes Verfahren gehängt wurde. Der König erhob Einspruch: Der Ratsherr von Schlubhut mochte nicht vor Gericht gestanden haben, aber ganz gewiß sei ihm Gerechtigkeit widerfahren. Roloff bestand indessen darauf, daß die Strafe zu hart gewesen sei und den Beigeschmack der Tyrannei gehabt habe.

Friedrich Wilhelm stritt dies ab, doch Roloff beharrte, daß er ohne jeglichen Vorbehalt bereuen müsse. Denn wie könnte er Vergebung im Himmel erwarten, wenn er sie nicht vor seinem Tode allen seinen Feinden gewähre!

Nun, meinte der König, das sei in Anbetracht dieser Schurken ein wenig viel verlangt, aber er würde es trotzdem tun. Ja sogar dem ›verachtenswerten Bruder‹ der Königin werde er verzeihen und ihr erlauben, nach seinem Tod an Georg II. zu schreiben, um ihn davon in Kenntnis zu setzen. Roloff widersprach: Verzeihung dürfte nicht aufgeschoben werden, bestand er. Das war zu viel für den Sterbenden. Er befahl dem Prediger, sich um seine Predigten zu kümmern und ihn, den König, mit ›Staatsangelegenheiten‹ nach bestem Wissen verfahren zu lassen; dann verabschiedete er ihn.

Friedrich kam mehrmals von Rheinsberg, um nach seinem Vater zu sehen, doch er war bemüht, die Besuche nicht zu übertreiben, damit der König nicht glaube, sein Sohn könne seinen Tod kaum erwarten. Der König unterwies den Prinzen sorgfältig in Staatsangelegenheiten und gab genaue Anweisungen für das Begräbnis. Die Grenadiere sollten drei Salven feuern, diktierte er, und es müsse Sorge getragen werden, daß ordentlich geschossen werde (›nicht plackeren‹); so wie seine Herrschaft sollte sich auch sein Begräbnis durch Einfachheit auszeichnen.

Bis zu seinem Ende praktisch veranlagt, überprüfte der König die Maße seines Sarges und ließ ihn an sein Bett schieben, wo er am besten zur Hand wäre. Seine Familie und seine Generäle sangen ihm seine Lieblingshymnen, und er fiel in den Gesang ein. Als man zu einer Strophe über die Toten kam, die die Welt so nackt verlassen, wie sie in diese gekommen sind, unterbrach Friedrich Wilhelm und stellte richtig: ›Nicht ganz nackt‹, sagte er, ›ich werde Uniform tragen.‹

In den frühen Morgenstunden des 13. Mai 1740 raffte sich der König auf und verlangte nach seinem Rollstuhl. Er besuchte zuerst Ferdinand, seinen jüngsten Sohn, der sich von den Masern erholte, und nahm zärtlich von ihm Abschied; dann ließ er sich in das Gemach der Königin schieben, sagte ihr, sie möge aufstehen, und teilte ihr mit, daß er an diesem Tag sterben werde. Er berief seine Minister und setzte sie in Kenntnis, daß er zugunsten des Kronprinzen abzudanken wünsche. Von dem Zimmer, in dem der König saß, konnte man hinüber zum königlichen Marstall blicken, und er ließ die Pferde herausführen; als sie vorgeführt waren, befahl er Leopold von Anhalt-Dessau, seinem ältesten Freund, und Oberst von Hacke, seinem Generaladjutanten und zweiten Günstling, sie sollten sich jeder zum Abschied ein Pferd aussuchen, das beste des Stalles. Fürst Leopold war zu sehr vor Rührung übermannt, um mehr zu tun als auf das erstbeste Pferd zu zeigen, worauf der König protestierte, er habe das schlechteste genommen, und auf ein anderes deutete, von dem er garantieren könne, daß es besser sei. Leopold war vor Trauer stumm und kämpfte mit den Tränen; der König tröstete ihn und verbot ihm zu weinen. ›Dies ist eine Schuld, die wir alle begleichen müssen‹, sagte er.

Da er zu schwach war, um von der ganzen Versammlung gehört zu werden, diktierte der König sein Abdankungsdekret einem alten General, der es laut wiederholte. Dann sagte man dem König, dies müsse zu Papier gebracht werden, gefertigt und gesiegelt werden, doch brach Friedrich Wilhelm kurz darauf ohnmächtig zusammen, und die Urkunde wurde niemals benötigt.

Man brachte ihn wieder zu Bett, er lebte noch einige Stunden. Zum letztenmal beobachtete er die Wachablösung. Um elf Uhr wurde der kalvinistische Hofprediger Cochius gerufen, um am Bett des Königs zu beten. ›Nicht so laut!‹ fuhr ihn Friedrich Wilhelm an. Er rief nach einem Spiegel, um sich zum letztenmal zu betrachten, und murmelte: ›Nicht so abgezehrt, wie ich dachte.‹ Dann ließ er den Feldscher seiner ‚Langen Kerls' kommen und sich von ihm den Puls fühlen, um zu erfahren, wie lang er noch zu leben habe. ›Leider nicht mehr lange‹, sagte der Arzt. ›Der Puls ist nicht mehr zu spüren.‹ Das schien dem König unsinnig. ›Unmöglich‹, behauptete er und hob den Arm. ›Wie könnte ich meine Finger so bewegen, wenn ich keinen Puls mehr hätte?‹

Die Anstrengung erschöpfte den König. Er erlitt einen Schwächeanfall, von dem er sich nicht mehr erholte; bevor ihm die Augen zufielen, murmelte er seine letzten Worte: ›Herr Jesus, in dir leb' ich; Herr Jesus, in dir sterb' ich; in Leben und Tod bist du mein Gewinst.‹

Nachmittags zwischen drei und vier Uhr starb dieser bemerkenswerte Mann im Alter von einundfünfzig Jahren. Am gleichen Tag noch riefen Herolde seinen Sohn als neuen König aus. Die Nachricht von Friedrich Wilhelms Tod verbreitete sich wie ein Lauffeuer in Potsdam und der Hauptstadt, als wäre ein Feind von den Stadttoren Berlins verschwunden. Den Rest des Tages und bis tief in die Nacht freuten sich die Leute, lachten, jubelten und feierten, Wildfremde umarmten einander in den Straßen. Ihre Not war vorbei; dessen waren sie gewiß.

›Rettet euch, alles ist verloren!‹

Unter all den Hohenzollern kommt keiner jenem Friedrich II. gleich, der sich in Krieg und Frieden den Beinamen ›der Große‹ erwarb und der in den Herzen der Deutschen einfach als der ›Alte Fritz‹ weiterlebt. Er war für Preußen das, was Napoleon für Frankreich, Julius Cäsar für Rom war; hätte er versagt, so wären die Länder der Hohenzollern unter den europäischen Mächten aufgeteilt worden: Brandenburg-Preußen wäre wohl von der Landkarte verschwunden, und die Geschichte Deutschlands – und Europas – hätte einen anderen Verlauf genommen. Um aus Preußen eine europäische Großmacht zu schaffen, riskierte er alles – seine Länder, seine Untertanen, und ganz gewiß seine eigene Person. Mehrmals war er nahe daran, das Spiel zu verlieren, und hätte er nicht ebensoviel Glück wie Genie besessen, so wäre sein Königreich vernichtet worden. Tatsächlich aber führte dieser Soldatenkönig sein Land an den Rand des Ruins; wie er selbst zugeben mußte, befanden sich seine Länder zeitweise im gleichen Zustand wie damals, als sie sein Urgroßvater, der Große Kurfürst, nach den Verheerungen des Dreißigjährigen Krieges übernahm. Aber ebenso wie sein großer Ahnherr brachte auch Friedrich II. das darniederliegende Land wieder zu Ansehen und Wohlstand. Unter ihm erreichte Preußen den Höhepunkt seines Ruhms, und Berlin konnte als Zentrum einer Großmacht mit Wien und Paris wetteifern.

Diesem Friedrich II. ist die Geburt des modernen Preußen zu verdanken, wenn auch die Grundlagen dazu von seinem Vater geschaffen wurden. Das einzige, worauf er sich dabei stützen konnte, ja, das einzige, worüber er verfügte, war das Erbe seines Vaters: die Armee – eine hervorragend präparierte Waffe, die allerdings kaum je im Einsatz gestanden hatte. Friedrich war rücksichtslos und ohne falsche Skrupel, gleichzeitig ein gerechter Herrscher und ein hochbegabter, brillanter Kopf; er war besessen von verzehrendem Ehrgeiz, durch und durch ein absoluter Herrscher – und doch ruhten ausgerechnet auf ihm eine Zeitlang die Hoffnungen aller liberal Denkenden in ganz Europa. Aber die Ironie des Schicksals wollte es, daß sein Ehrgeiz die Oberhand über seine fortschrittlichen, aufgeklärten Neigungen gewann. Er hätte mehr als ein Vater für sein Land sein können: er hätte Preußen durch das Zeitalter der Aufklärung hin zum Beginn liberaler Reformen führen müssen. Statt dessen wurden durch seine Herrschaft der preußische Militarismus und der hohenzollerische Absolutismus gestärkt – ja, sie wurden zu Götzenbildern, weil sie sich unter ihm scheinbar so gut bewährt hatten.

Als Friedrich Wilhelm I. starb, hätte niemand vorauszusagen gewagt, was aus Friedrich II. werden würde. Keiner wußte, was von diesem Kronprinzen, der so plötzlich König geworden war, zu halten sei; man konnte nur Vermutungen anstellen und hoffen, er würde kein Unheil anrichten. Er werde in seiner Gruft in Potsdam sitzen und ihn auslachen, sagte vor seinem Tode der alte König zu seinem Sohn, wenn er sich nicht bewähre und sein Erbe nicht gut verwalte. Diese Vorstellung sollte Friedrich II. viele Jahre lang verfolgen. Was die Generäle und Minister seines Vaters betraf, so stellten sie alle seine Fähigkeiten in Frage, teilten die Bedenken seines Vaters und mutmaßten unruhig, was wohl Preußen und sie selbst von dem neuen König zu erwarten hätten.

Fünf Jahre lang hatten sie ihn kaum zu Gesicht bekommen. Friedrich hatte in Rheinsberg gelebt; dort schrieb er Verse, las philosophische Werke, spielte Flöte, korrespondierte mit Voltaire und umgab sich mit Leuten minderer Art – sogar mit Künstlern, Dichtern und dergleichen. Würde er sich als Niete erweisen und das Land vor die Hunde gehen lassen? Sie fürchteten, er könnte seinem Großvater, dem ersten Friedrich, nachgeraten, dessen Sinn vor allem nach Luxus und höfischer Prunkentfaltung gestanden hatte, mochte er auch sein Land in tiefe Schulden stürzen.

Zu ihrer großen Überraschung trösteten die Hurrarufe in Berlin Friedrich nicht über den Tod seines Vaters hinweg. Einerseits war sein Schmerz echt, anderseits war er sich darüber im klaren, daß der Jubel des Volkes nicht so sehr seiner Thronbesteigung als vielmehr dem Hinscheiden seines Vaters galt. Zum größten Erstaunen des Hofes trieb die bloße Erwähnung vom Tod seines Vaters dem jungen König Tränen in die Augen. Er wurde von Schluchzen geschüttelt, schritt ziellos auf und ab und war von niemandem zu beruhigen. Man hätte meinen mögen, er habe einen Freund verloren. Nur allmählich gewann er Haltung, gab sich gesetzt, würdevoll, liebenswürdig. Seine Mutter bat er, ihn nicht mit ›Ew. Majestät‹ anzureden. ›Nennen Sie mich stets Ihren Sohn, Madame‹, sagte er, ›dieser Name ist mir teurer ...‹ Die dramatischen Ereignisse rund um ihn regten seine dichterische, ja, seine theatralische Phantasie an. Ernst und mit nassen Augen versammelte er seine Generäle und Minister um sich, deren jeder sich fragte, wie lange er sich wohl halten werde. Er dankte ihnen für die ›prächtige Armee‹, an deren Aufbau sie mitgeholfen hatten. Sie aber waren neugierig, was dieser Flötenspieler, Schriftsteller und Poet mit 80 000 Soldaten und einer Kriegskasse von acht Millionen Taler beginnen würde.

Sie wollten ihrem neuen König den Treueid leisten, doch er winkte ab. ›Unter Männern von Ehre‹, sagte er sanft, ›bedarf es keiner Eide.‹ Dann teilte er ihnen zu ihrer noch größeren Erleichterung mit, daß es überhaupt keine Änderung in der Besetzung der Ämter geben werde; des Vaters Berater und Offiziere würden auch die seinen sein. Fürst Leopold von Anhalt-Dessau fragte, ob er und seine Söhne ihre Befehlsstellungen beibehalten dürften. Friedrich versicherte ihm, daß dies der Fall sein würde, doch fügte er nachdrücklich hinzu: ›Was die Autorität anlangt, so kenne ich in Preußen keine andere außer der des Königs.‹ Das war ein Ton der Strenge, den keiner erwartet hatte. Dann fügte er noch – scheinbar beiläufig – hinzu, daß ihm gegen manche von ihnen Klagen ›wegen unangebrachten Geizes, Willkür und Überheblichkeit‹ zu Ohren gekommen seien. Er wolle nicht auf Einzelheiten eingehen, sagte er ruhig, aber sie sollten darauf bedacht sein, keinen weiteren Anlaß zu derlei Anwürfen zu geben. Ehe er sie entließ, bemerkte er noch, sollte es jemals einen Unterschied zwischen den Interessen des Königs und seines Reiches gegeben haben, so sei dies nun vorbei. Von nun an seien die beiden identisch. ›Wenn sich beide nicht miteinander vertragen‹, sagte er, ›muß des Landes Vorteil den Vorzug vor unseren eigenen besonderen Interessen haben.‹

Was sie zu hören bekommen hatten, klangen wie hübsche Gemeinplätze und verschleierte Drohungen; keiner von ihnen wußte, was der junge König damit bezwecken mochte. Noch immer könnte er sich als Schöngeist herausstellen, der eine gewaltige Armee geerbt hatte, mit der er nichts anzufangen wußte – ein Dilettant, den ein blindes Schicksal auf einen Thron absoluter Macht gesetzt hatte.

Die europäischen Höfe beeindruckte er jedenfalls nicht. Er galt als uninteressante Figur, und selbst das wenige, das über ihn bekannt war, ließ sie absolut gleichgültig. Überdies war er der Sohn seines Vaters, und dieser wurde von Europas Monarchen beinahe als Hanswurst betrachtet. Sie hatten Friedrich Wilhelm I. mehrfach hintergangen, hatten Bündnisse mit Preußen gebrochen. Sie hatten ihm mehr als nur die kalte Schulter gezeigt: sie hatten ihm ihre Verachtung entgegengebracht. Das hohenzollernsche Lehen, die frühere Markgrafschaft Brandenburg, hatte nie eine bedeutende Funktion ausgeübt. Sie war Spielball oder Werkzeug anderer Staaten gewesen. So unseriös stand der Hohenzollernhof unter Friedrich Wilhelm da, daß ein gewisser Baron Pöllnitz Jahre hindurch sein Einkommen dadurch sehr erheblich aufbessern konnte, indem er von Berlin aus die Höfe Europas mit Klatschberichten versorgte, in denen er über die neuesten Protokollverstöße, Ungeschicklichkeiten und Blamagen aus Preußen informierte. Diese saftigen Brokken wurden bei den Diners in ganz Europa serviert und ließen die Abonnenten von Pöllnitz' Korrespondenz vor Lachen beinahe platzen. Was war vom Sohn eines solchen Clowns wohl zu erwarten?

Daß Friedrich II. der erklärte Liebling der europäischen Intellektuellen war, half auch nicht viel. Es setzte bloß sein Ansehen bei Staatsmännern und Generälen, sowohl daheim als auch im Ausland, herab. Angefangen mit Voltaire, dessen Wohlwollen sich Friedrich in seinen Rheinsberger Tagen versichert hatte, waren die Intellektuellen Europas fasziniert von der charmanten Ungereimtheit, die sich ihnen darbot: ein Dichter, der ausgerechnet Preußen regierte; ein eleganter Essayist, der Dekrete erließ; ein Flötenspieler, nach dessen Flöte 80 000 Mann marschierten! Diese Intellektuellen waren ihm in ähnlicher Weise zugetan, in der andere Intellektuelle später John F. Kennedy verehrten. Die Gründe waren dieselben: er hatte Lebensart und Eleganz, er war kultiviert und belesen, und – entscheidender noch als alles andere –: er liebte sie.

Allerdings ahnte keiner von ihnen – weder die Intellektuellen noch seine Ratgeber und Generäle –, daß ein ›Fieber‹, wie er es später nannte, in ihm zu brennen begann, und daß er den Genius besaß, dieses Feuer zu jenem Stoff zu wandeln, aus dem wahre Größe geschmiedet wird. Träume beunruhigten seinen Schlaf mit gleicher Regelmäßigkeit, wie Alpträume seinen Vater gepeinigt hatten. Aber im Gegensatz zu seinem Vater, der seine nächtlichen Qualen stets verschwieg, sprach Friedrich offen über seinen Traum. Dieser handelte – wie könnte es anders sein – von seinem Vater: Friedrich Wilhelm und ein Trupp Soldaten kamen, um ihn festzunehmen. Für welches Verbrechen? ›Weil er seinen Vater nicht genug geliebt habe.‹ Dann – knapp vor der Festnahme – wandelte sich die Szene des Traumes zu einem Schlachtfeld; wieder stand der alte Friedrich Wilhelm seinem Sohn gegenüber. ›Habe ich es recht gemacht?‹ fragte der Träumende, und Friedrich Wilhelm antwortete: ›Ja.‹ ›Wohl, dann bin ich zufrieden‹, sagte Friedrich zu seinem Vater. ›Euer Beifall gilt mir mehr als der der ganzen Welt.‹

Wie anders aber konnte er sich die Anerkennung des toten Königs verdienen, als daß er ihn rächte? Und wie konnte er seinen Vater am besten rächen, wenn nicht dadurch, daß er den Herrschern Europas ihr höhnisches Lachen über Preußen ins Gesicht zurückschleuderte? So reifte in Friedrich der Entschluß, Preußen groß zu machen und dabei selbst groß zu werden. Oder besser gesagt: durch das Wachsen seines Ansehens würde Preußens Größe gewinnen. Diese beiden Vorstellungen waren in seinen Gedanken untrennbar miteinander verwoben, verknüpft durch das Band der Eitelkeit. Später sollte er über seine ersten militärischen Unternehmungen sagen: ›Ich war jung, hatte viel Geld, eine große Armee und wollte meinen Namen in der Zeitung lesen.‹ Obschon darin viel Wahrheit lag, war der schnoddrige Ton unecht. In Wirklichkeit war es ihm todernst, und er hielt seine Pläne völlig geheim. Diese waren noch nicht genau formuliert, und erst durch die Ereignisse sollten sie Gestalt gewinnen. Inzwischen aber ließ Friedrich II. die Dinge an sich herankommen.

Dennoch war er aber darauf aus, seinen Namen in der Zeitung zu lesen, und betrieb zielstrebig die Realisierung seines Wunsches. Tatsächlich brachte er es innerhalb drei Wochen nach seines Vaters Tod fertig, den preußischen Hof aus den Klatschspalten der Zeitungen zu streichen und dafür auf deren Titelseiten zu bringen. Jede neue Nachricht aus Berlin war so, wie man sie sich von einem ›königlichen Philosophen‹, wie er nun allgemein genannt wurde, wünschen konnte. Jedes neue Edikt war eine vollendete Geste gegenüber der einen oder anderen Interessengruppe – fast als hätte ein Public-Relations-Fachmann ihn beraten. Alle Erlässe zeugten von aufgeklärter Gesinnung, und alle spiegelten sie wohl des Königs ehrliche Meinung wider, waren aber dabei darauf berechnet, der Öffentlichkeit angenehm und wohlgefällig zu sein.

Es war relativ leicht, fortschrittliche Dekrete zu erlassen. Friedrich II. mußte lediglich einige der Verordnungen seines Vaters aufheben; damit allein machte er schon guten Eindruck. Zwei Tage nach seines Vaters Tod veranlaßte Friedrich, daß die Berliner ›Gazette‹ seine Erklärung an die Minister veröffentlichte. Damit sagte er seinen Untertanen, ›es ist Unsere Meinung nicht, daß ihr (die Minister) Uns inskünftige bereichern und Unsere armen Untertanen unterdrücken sollet‹. Schon diese Erklärung an sich stand in verblüffendem Gegensatz zu den Gepflogenheiten Friedrich Wilhelms, der münzengefüllte Fässer in den Kellern seines Schlosses hortete. Nur vier Tage später, am 6. Juni, befahl er die Rückberufung des Philosophen Christian Wolff aus Marburg. Friedrichs Vater hatte Wolff gezwungen, die Universität von Halle zu verlassen, wobei die Gründe dieser Abberufung für den Soldatenkönig bezeichnend waren: Ein Jahrzehnt lang hatte sich der Philosoph in Halle mit den Pietisten herumgezankt, doch der König schenkte dieser Auseinandersetzung bis zu dem Tage keine Beachtung, an dem sich Wolff an die Gerichte wandte. Die Feinde Wolffs machten sich an den König heran und interpretierten diesem den Streitfall in praktischer (und stark vereinfachter) Form. Sie redeten Friedrich Wilhelm ein, daß, nach eventueller Anerkennung des Determinismus Wolffs durch die Gerichte, es unmöglich sein werde, einen Soldaten wegen Fahnenflucht zu bestrafen, weil dieser geltend machen könne, er habe ja nur so gehandelt, wie ihm zu handeln vorbestimmt gewesen sei. Plötzlich leuchtete nun Friedrich Wilhelm ein, worum es ging. Er ließ Wolff von der Universität jagen und befahl ihm unter Androhung der Todesstrafe, Preußen sofort zu verlassen. Bei der Rückberufung Wolffs führte Friedrich II. aus, daß dieser ›ein Mann sei, der die Wahrheit sucht und liebet, und der von jedermann geachtet werden sollte‹. Dann ging er noch einen Schritt weiter und offerierte Pierre Louis Moreau de Maupertuis, dem Pariser Mathematiker und Astronom, den Vorsitz der Akademie der Wissenschaften. Diese Einladung nahm der Franzose augenblicklich an. Friedrich ermächtigte auch die Berliner Verleger Haude und Spener, eine neue Zeitung zu drucken, ganz ohne Zensur – denn, wie Friedrich sagte: ›Gazetten, wenn sie interessant sein sollen, dürfen nicht geniret werden.‹

Ein mit königlicher Bewilligung erlassenes Dekret verminderte allerdings die Wirksamkeit dieser Ermächtigung. Lokale und landesinterne Nachrichten würden demnach keiner Zensur unterworfen, im Falle von Auslandsnachrichten aber müsse die Anweisung des Königs ›mit einem Körnchen Salz‹ angewendet werden, um die Monarchen anderer Staaten nicht zu verstimmen oder zu beleidigen.

Besonderes Aufsehen erregte ein bald darauf erlassenes Dekret, das die Folter abschaffte. Friedrich II. war der erste europäische Regent, der diesen Schritt wagte – und er wagte ihn gegen den Protest seiner Richter, die sofort voraussagten, daß nun wohl jeder Dieb und Halunke Deutschlands nach Preußen fliehen und daß man ohne dieses extreme Mittel aus Verbrechern niemals die Wahrheit herausbekommen werde. Die Bestrafung von Verbrechern war in Berlin – wie damals übrigens auch andernorts – fürchterlich. Ein berühmtes Beispiel aus dem Jahre 1718, also nur 22 Jahre früher, berichtet von zwei Bediensteten der Berliner Residenz, die aus dem Schatz des Schlosses etwas Gold gestohlen hatten. Die beiden Männer, Runck und Stieff, wurden im Beisein einer Volksmenge von 30 000 Personen aufs Rad geflochten. Das bedeutete, daß man sie mit ausgestreckten Armen und Beinen radial entlang der Speichen an ein Wagenrad band. Während dieses nun in langsame Drehungen versetzt wurde, schlug man mit Eisenstangen auf die Delinquenten ein, wobei ihnen nach und nach alle Knochen im Leibe gebrochen wurden, bis der Tod sie schließlich erlöste. Nicht einmal der ›Gnadenstoß‹ wurde ihnen gewährt, worunter man Schläge verstand, die gegen die Brust oder den Bauch des Opfers geführt wurden und dieses schneller töteten.

Das war eine der Strafen für Schwerverbrecher, aber auch leichtere Vergehen zogen strenge Sühne nach sich. Früher war es üblich gewesen, Kutscher, die die Geschwindigkeitsbeschränkungen übertreten hatten, durch 25 Stockhiebe zu bestrafen; Leuten, die Bäume oder Rebstöcke beschädigt hatten, wurden die Hände abgehackt. Solche Gepflogenheiten, wie übrigens auch der sogenannte ›Zwick‹ mit rotglühenden Eisenzangen, waren keine spezifisch preußische oder deutsche Erfindung, sondern damals in weiten Teilen Europas verbreitet. Daß Friedrich II. sie eliminierte, war eine revolutionäre Tat allersten Ranges.

Auch eine traditionelle Strafe für Kindesmord wurde von Friedrich II. abgeschafft: ab sofort wurden die Täter (und Täterinnen) einfach enthauptet, anstatt wie bisher in Ledersäcken ertränkt zu werden, die man sie vor der Exekution selbst zu nähen gezwungen hatte. Der König tilgte auch die öffentliche Demütigung unverheirateter Mütter, die bis dahin der Hauptgrund für Kindesmord gewesen war. Hingegen sah er eine harte Bestrafung für Soldatenmißhandlung vor; aber auch für jene, die bei der Werbung ›zu eifrig‹ vorgingen. Diese Maßnahmen brachten ihm die Zuneigung sowohl der Armee als auch jener Kreise, die vom Militarismus nichts hielten. Ein weiteres Edikt beseitigte einen ganzen Wust verhaßter Jagdprivilegien des Adels, ja sogar des Königs selbst. Damit erwarb er sich die Zuneigung und getreue Gefolgschaft des Bauernstandes. Sodann führte er den Vorsitz in einem Treffen der Freimaurer und proklamierte allgemeine Religionsfreiheit, ja er machte sich sogar erbötig, Moscheen bauen zu lassen, falls sich dies als nötig erweisen sollte. In seinem Lande, sagte er, solle ein jeder ›auf seine eigene Façon selig werden‹. Diese Erklärung versetzte ganz Europa in Entzücken.

Händler und Kaufleute waren überrascht und geschmeichelt, daß der neue König sie um Rat fragte. Er erbat Vorschläge und Empfehlungen zur Förderung von Handel und Gewerbe. Die Verbraucher freuten sich, daß Friedrich II. alle Härten, die sich aus dem vorangegangenen strengen Winter ergeben hatten, linderte, indem er den Bedürftigen die Kornkammern öffnete. (Friedrich Wilhelm hatte sich geweigert, dies zu tun, weil er zur Zeit der höchsten Not bereits zu krank war, die Getreideverteilung persönlich zu überwachen, und Veruntreuungen befürchtete.) Friedrich führte auch große Getreidemengen ein, verkaufte Wild aus den königlichen Forsten zu mäßigen Preisen und gewährte den am schwersten Betroffenen finanzielle Unterstützung. Daneben entwickelte er Pläne, um den Wohnbau voranzutreiben und die Beschäftigungslage zu verbessern, und lieferte auf allen Gebieten jeden nur möglichen Beweis dafür, daß er ein tiefes und persönliches Interesse an Wohlergehen, Wohlstand und der Zufriedenheit seiner Untertanen hatte.

Als hätte es noch weiterer Beweise seiner fortschrittlichen Einstellung bedurft, erschien gerade zu dieser Zeit der *Anti-Machiavel*, eine Flugschrift, die – obwohl schon früher verfaßt – erst jetzt, nach seiner Thronbesteigung, mit Hilfe Voltaires im Ausland veröffentlicht wurde. Diese Publikation war eine Sensation, obwohl sie wenig wirklich Neues enthielt. Was die Leute daran fesselte, war, daß der Verfasser ein König war. Man sah in jener Veröffentlichung eine gültige Formulierung des liberalen politischen Standpunktes Friedrichs II., und selbst der Erzzyniker Voltaire war dieser Meinung.

Drei Wochen voll der Reformen gingen dem Staatsbegräbnis seines Vaters voran, bei dem Friedrich Wilhelms über alles geliebte ›Langen Kerls‹ ihrem Mentor und Ausbildner einen letzten Salut feuerten. Bei dieser Gelegenheit nahm Friedrich II. eine Parade der Garde ab. Unmittelbar danach löste er dieses Lieblingsspielzeug seines Vaters einfach auf. Einige der Riesen beschlossen, in preußischen Diensten zu bleiben. Die Mehrheit aber, die durch den neuen König nun von ihrer Sklaverei befreit war, zog es vor, nach Hause zurückzukehren. Diese Tat des neuen Königs wurde allgemein gut aufgenommen. Zwei Erwägungen lagen ihr zugrunde: Kurz vor seinem Tode hatte Friedrich Wilhelm die Schaffung dieses ›Riesenspielzeugs‹ bereut und seinem Sohn gestanden, daß er wohl selbst schon längst diesen Verband aufgelöst hätte; nur falscher Stolz habe ihn daran gehindert. Auf seinem Totenbett legte er ihm nahe, die kettenbehangenen Riesen abzuschaffen. (Es wird berichtet, daß einer der Gardegrenadiere ihm in seinen letzten Stunden vorgeführt wurde, um eine prächtige neue Uniform zu zeigen. Friedrich Wilhelm soll ihn eine Zeitlang angestarrt und dann gestöhnt haben: ›Eitelkeit, alles Eitelkeit!‹ Aber Friedrich II. wollte nicht bloß den Wunsch seines toten Vaters erfüllen. Der Unterhalt dieser Regimenter kostete den Staat jährlich mehr als eine viertel Million Taler, ganz zu schweigen von den Beträgen, die für die Rekrutierung dieser Giganten veranschlagt werden mußten. Friedrich II. errechnete, daß er für diese Summe seiner Armee sechzehn neue Bataillone schaffen und erhalten konnte, und machte sich augenblicklich ans Werk, dies zu tun.

Zur großen Freude seiner Minister und Generäle hielt Friedrich II. Wort und entließ keinen von ihnen. Baron Podewils, der Schwiegersohn Grumbkows, wurde sogar Außenminister. Selbst der klatschsüchtige Pöllnitz behielt seinen Posten. Über ihn sagte Friedrich kurz und bündig: ›Bei Tisch unterhaltend, dann einsperren.‹

Einige alte, offene Rechnungen beglich er großzügig. Kattes immer noch trauernden Vater beförderte er zum Feldmarschall und erhob ihn in den Grafenstand. Keith, der nach Großbritannien geflohen war, kehrte zurück und erhielt einen bescheidenen Posten. Der Familie Münchows (des Gouverneurs der Festung Küstrin, der den Zorn des Königs dadurch herausgefordert hatte, daß er sich seinem Gefangenen gegenüber freundlich verhielt) verschaffte er Anstellungen. In keinem Falle aber gab es bei ihm Nepotismus oder ungerechte Bevorzugung. Seine alten Gefährten aus Rheinsberger Tagen mußten erfahren, daß der König sie mit Gedichten als Zeichen seiner Zuneigung bedachte; befördert aber wurden nur jene, die es verdienten. Nun, da ihr früherer Kumpan König war, hatten sie einen ›Dukatenregen‹ erwartet. Wer allerdings auf den erfrischenden Guß wartete, fand sich bald auf dem Trockenen. Die Rheinsberger Freunde nannten den Tag der Thronbesteigung Friedrichs II. daraufhin *la journée des dupes* – den Tag, an dem sie hereingelegt wurden –, und es stand für sie außer Zweifel, daß nun die Tage der Vetternwirtschaft gezählt seien. Der Markgraf von Schwedt mußte das erfahren, als er in Anwesenheit des Königs einen anstößigen Witz zum besten gab – in der irrigen Annahme, Friedrich würde sich daran, wie schon seinerzeit als Kronprinz in Rheinsberg, herzlich ergötzen. Friedrich blickte den armen Heinrich von Schwedt eisig und durchdringend an und sagte sehr ernst: *›Monsieur, à présent je suis roi!‹* (›Mein Herr, ich bin jetzt König!‹)

Knobelsdorff merkte, woher nun der Wind wehte, und machte sich eilig an die Arbeit. Friedrich II. hatte verlauten lassen, daß Bauten – und nicht Spielzeugsoldaten – seine ›Puppen‹ seien, und befahl ihm, Unter den Linden ein Opernhaus zu errichten. So erwarb sich Knobelsdorff durch echte Leistung, was ihm bloße Freundschaft mit dem König nicht gebracht hätte. Die beiden engsten Freunde Friedrichs aus der Rheinsberger Zeit blieben seine Vertrauten, erhielten aber keine wichtigen Positionen. Einer von ihnen war Baron Dietrich Keyserlingk (den Friedrich Caesarion nannte). Es war jener junge Offizier, der vor vielen Jahren, gemeinsam mit Rochow, dazu bestimmt worden war, ihn zu bewachen, und der bereits des Kronprinzen Freund gewesen war. ›Mein lieber Caesarion‹, sagte Friedrich II. einmal zu ihm, ›du bist ein lieber Bursche, wohl belesen, du hast erfreulichen Witz und eine hübsche Singstimme – aber dein Rat ist der eines Dummkopfs.‹ Charles Etienne Jordan, ein französischer Hugenotte, schon in Rheinsberg Friedrichs Sekretär und literarischer Berater, blieb auch weiterhin sein Sekretär. Obwohl er gehofft hatte, Präsident der Preußischen Akademie der Wissenschaften zu werden, wurde er jedoch nur Vizepräsident unter Maupertuis. Dem Herzen des Königs am nächsten aber stand Michael Gabriel Fredersdorf. Er war der einzige Mensch, dem der König je sein Herz öffnete, der einzige, in dessen Gesellschaft er sich ganz entspannte. Auch Fredersdorf stammte aus den Tagen des Schreckens, war ein Andenken an Küstrin. Er war ein einfacher Grenadier in dem Regiment gewesen, das Generalmajor Kurt Christoph von Schwerin befehligte – der Offizier, der sich bei den kriegsgerichtlichen Verhandlungen gegen Friedrich und Katte am stärksten für den Kronprinzen eingesetzt hatte. Schwerin hatte Fredersdorf, als er merkte, daß dieser ein ausgezeichneter Flötist war, aus den Reihen der Gemeinen genommen und ihn nach Küstrin abkommandiert, damit er dort dem Kronprinzen Gesellschaft leiste. Seit dieser Zeit waren Fredersdorf und der Prinz unzertrennlich. Fredersdorf gegenüber kehrte Friedrich niemals den Herrn hervor; anderseits hatte Fredersdorf die glückliche Gabe, den Kronprinzen – und später auch den König – beinahe als seinesgleichen zu akzeptieren, ohne jemals zu versuchen, aus dieser Beziehung etwas für sich persönlich herauszuschlagen. Gerade dafür war Friedrich besonders dankbar. Daher wurde Fredersdorf auch der wahre Vertraute des Königs und nicht nur, was er seiner äußeren Stellung nach war: des Königs Kammerherr und Leibdiener. (Die Tatsache, daß ein König solche tiefe Zuneigung zu seinem Leibdiener und Kammerherrn empfinden konnte, gab dem gehässigen Gerede über eine homosexuelle Bindung neuerliche Nahrung. Dieses schien aber eher daher zu kommen, daß eine solche Freundschaft als sehr ungewöhnlich empfunden wurde, denn für eine derartige Bindung gab es nicht den geringsten Beweis.)

Friedrich genoß es von Herzen, König zu sein.

›Adieu!‹ schrieb er in einem in dieser Zeit entstandenen Brief. ›Jetzt muß ich dem König von Frankreich schreiben, ein Flötensolo komponieren, ein Gedicht für Voltaire verfassen, das Heeresreglement ändern und tausend andere Dinge mehr erledigen.‹

Er sprühte, er funkelte, er war ein Salonlöwe. Voltaire war von seinem Freund bezaubert. ›Jetzt schon seid Ihr in Eurem eigenen Lande, aber auch in ganz Europa beliebt‹, schrieb er dem König. Dann bat er Friedrich, sich bei der Arbeit etwas zu schonen, ›im Namen der Menschheit, für die Ihr zu einer Notwendigkeit geworden seid . . .‹

Der französische Botschafter beschrieb Friedrich als ›die hübscheste, niedlichste Majestät der Welt‹: etwa einen Meter siebzig groß, graziös und etwas nachlässig in seinen Bewegungen (obschon er etwas rundlich war, mit ›zu hohen‹ Hüften und ›zu dicken‹ Beinen). Er hatte lockiges Haar, blaue Augen und ein wohlgebräuntes Antlitz. Seine Hände aber, dem Gebrauch der Zeit folgend mit Ringen überladen, waren sehr weiß. Der Botschafter meinte, Friedrichs Ausdruck sei lebendig, einnehmend, ›edel‹; sein Blick, vor aufmerksamer Klugheit strahlend, sei geeignet, die gleichgültigste Zunge zu lösen. Dieser Ausdruck der Augen wurde später als der ›friederizianische Blick‹ berühmt. Derart funkelnde Augen hatte man in Berlin bei Hof seit den Tagen von Friedrichs Großmutter Sophie Charlotte nicht mehr gesehen, die damals mit ihnen ganz Berlin bezauberte.

Friedrich verwarf in eigener Machtvollkommenheit den Titel, den der Kaiser den Hohenzollern-Königen in Brandenburg-Preußen gegeben hatte. Er änderte seinen Titel von König ›in‹ Preußen *(rex Borussorum)* in König ›von‹ Preußen *(rex Borussiae)*, welche Bezeichnung wohl allgemein in Gebrauch stand, aber niemals öffentlich proklamiert worden war. Dann wendete er seinen jugendfrischen friederizianischen Blick konkreten Taten zu und zog seinen Degen. Europa nahm diese Geste nicht zur Kenntnis, da der Anlaß so unwichtig schien. In Wirklichkeit freilich hatte sie große Bedeutung: König Friedrich stellte sich selbst auf die Probe.

Es handelte sich um Herstal, eine unbedeutende Stadt in der Nähe von Lüttich, die 1732 an Preußen gefallen war, sich aber mit Unterstützung des Fürstbischofs von Lüttich der Eingliederung ins preußische Königreich widersetzte, da keiner ihrer Bürger in Friedrich Wilhelms I. Armee einrücken wollte. Wohl hatte Friedrich Wilhelm Truppen entsandt und die Stadt gezwungen, ihm Treue zu schwören. Die Bürger der Stadt aber kehrten sich nicht an den Eid, und Preußen sah sich genötigt, diesen kleinen Ort so stark zu besetzen, bis er bereit war, das preußische Hoheitsrecht auf Herstal um 125 000 Taler zu veräußern, doch fanden sich damals keine Interessenten.

Bald nach seiner Thronbesteigung bestand Friedrich II. darauf, daß das widerspenstige Herstal ihm persönlich den Treueid leiste. Herstal aber weigerte sich ganz offen und erklärte, es unterstehe dem Fürstbischof von Lüttich und sei mit diesem verbündet. Friedrich II. fragte seine Minister, was ein königlicher Philosoph und Philosophenkönig wohl im Falle solch offenen Aufruhrs zu tun hätte. Sie rieten zur Vorsicht, auf daß nicht eine voreilige Aktion zum Krieg führe. Friedrich strafte prompt ihren Rat mit Verachtung – eine Verachtung, die sich lange halten sollte. Er empfahl ihnen, sich um ihre Politik zu kümmern, von der sie etwas verstünden, vom Kriege aber lieber nicht zu reden; das wäre bloß, ›als wollten Irokesen über Astronomie sprechen‹. Diese beleidigende Äußerung schockierte die Minister derart, daß ein Geheimer Rat einen Schlaganfall erlitt und wenige Wochen später starb. Bald schon zeigte es sich, daß die übrigen von dieser Szene kaum weniger betroffen waren, denn Friedrich fragte sie nun überhaupt nicht mehr um Rat, sondern zog es vor, direkt durch private diplomatische Beauftragte zu verhandeln. Er stellte dem Fürstbischof von Lüttich ein zweitägiges Ultimatum. Als dieser ihm antworten ließ, niemand könne einem Reichsfürsten ein Ultimatum stellen, reagierte Friedrich darauf kurzerhand durch Entsendung dreier Bataillone preußischer Grenadiere und einer Dragonerschwadron – nicht etwa nach Herstal, sondern direkt nach Lüttich. Diese besetzten die Ländereien des Bischofs, hoben zur Deckung der Besatzungskosten Kontributionen ein und machten die Befehle des Königs bekannt. Der verzweifelte Fürstbischof erbat von Frankreich und Österreich Hilfe, um die Eindringlinge zurückzuwerfen. Doch von beiden Staaten kamen nur tröstende Worte. Sechs Wochen später ergab sich der Fürstbischof in sein Schicksal. Friedrich zwang ihn, für das unbedeutende, kleine Herstal 250 000 Taler zu zahlen – das Doppelte des Betrages also, der dem Fürstbischof acht Jahre früher zu hoch erschienen war.

Es war ein großer Erfolg – allerdings im kleinen sozusagen – immerhin aber war selbst Voltaire begeistert und klatschte Beifall. Da hatte nun sein braver *roi philosophe* tatsächlich den Fürstbischof überredet, und zwar mit Hilfe von ›zweitausend guten Gründen‹, wie Voltaire sagte, auf die Zahl der preußischen Truppen anspielend.

Die Preußen hatten am 11. September mit der Belagerung Lüttichs begonnen. Am gleichen Tage bewirtete Friedrich Voltaire zum ersten Male in einem preußischen Schloß in der Nähe von Cleve. Friedrich litt an Malaria – einer Krankheit, die damals bei den Bewohnern der sumpfigen Moorgegend um Berlin und Potsdam weit verbreitet war. Voltaire fand den König in einem beinahe unmöblierten Raum, wo er ›in Schweiß und Fieberschauern unter einer armseligen Decke lag, in einen Hausrock aus grobem blauen Düffel gehüllt‹.

›Ich konnte ihn nur bewundern und still sein‹, schrieb Friedrich über dieses Zusammentreffen mit dem Manne, den er von allen Menschen seiner Zeit am meisten verehrte. Auch Voltaire bekannte, daß er von Friedrichs Persönlichkeit fasziniert war. ›Ich habe einen der bezauberndsten Menschen kennengelernt‹, schrieb Voltaire. Friedrich, sagte er, ›würde überall umworben, selbst wenn er kein König wäre. Er ist ein Philosoph ohne Strenge, voll Milde und von gewinnendem Wesen. Ist er bei seinen Freunden, so vergißt er, daß er König ist – ja er vergißt es so völlig, daß auch ich fast vergaß ... daß ich am Fußende des Bettes von einem Herrscher saß, der eine Armee von 100 000 Mann befehligte ...‹

Am 20. Oktober erwarb der Fürstbischof Herstal – bedroht von Friedrichs Kanonen. Am gleichen Tage starb Kaiser Karl VI., und acht Tage später verschied Rußlands Zarin Anna Iwanowna. Friedrich war so krank, daß keiner seiner Freunde und Ratgeber es wagte, ihm die Nachricht vom Tode des Kaisers zu überbringen. Schließlich übertrugen sie diese Aufgabe seinem Kammerdiener, dem guten Fredersdorf. Doch die Todesbotschaft hatte auf den kranken König eine ganz unerwartete Wirkung: sie erwies sich als ein so kräftiges Stärkungsmittel, daß der König geradewegs aus dem Bette sprang und, wie er sich ausdrückte, das Fieber ›hinauswarf‹.

›Der Kaiser ist tot‹, schrieb er Voltaire am Tage, an dem er davon erfuhr. ›Sein Tod verändert all meine friedlichen Pläne, und ich glaube, im Juni wird es mehr um Pulver, Soldaten und Gräben gehen, als um Schauspielerinnen, Balletts und Theater. Jetzt ist die Zeit für die völlige Umwandlung des hergebrachten politischen Systems ...‹

Das war keine müßige Prahlerei oder bloße jugendliche Phantasterei. Meldungen von der Aufrüstung in Preußen erreichten bald Wien, Paris, London und andere Städte. Obwohl man sich in den meisten Hauptstädten Gedanken darüber machte, was wohl hinter diesen Meldungen stecken möge, zeigte sich kaum jemand ernsthaft besorgt. Die Frage, die zu dieser Zeit alle in erster Linie beschäftigte, war die Nachfolge im Reich. Während einige Staaten dafür waren, das Imperium zu erhalten, sahen andere im Tode Karls VI. eine willkommene Chance, die kaiserliche Macht zu brechen. Des Kaisers Tochter Maria Theresia hatte die Nachfolge ihres Vaters angetreten. Da sie aber nicht Kaiser werden konnte, war sie bemüht, die Staaten Europas zu bewegen, ihren Gemahl Franz von Lothringen-Toscana als Kaiser anzuerkennen und so die territoriale Integrität des Reiches zu bewahren. Das nämlich hatte Karl VI. gewünscht und tatsächlich ja auch durch die Pragmatische Sanktion festgelegt. Maria Theresia nahm die preußische Aufrüstung zwar zur Kenntnis, dachte aber nicht im Traum daran, daß sich daraus eine Bedrohung für sie ergeben könnte. Sie glaubte, Friedrich II. werde sich dem Reich gegenüber ebenso loyal verhalten, wie es sein Vater immer gewesen war. Gewiß würde sie ihn ebenso herablassend und mit leiser Verachtung behandeln können, wie es Karl VI. stets mit Friedrich Wilhelm I. gehalten hatte. Sie meinte, daß Friedrich im alleräußersten Fall die Herzogtümer Jülich und Berg am Rhein bedrohen könne, die das Haus Hohenzollern schon seit Jahren für sich zu gewinnen versucht hatte. Doch Frankreich würde es keineswegs zulassen, daß Preußen Länder besetzte, die seiner Grenze so nahe lagen.

Friedrich freilich hatte ganz anderes im Sinn, als gegen Jülich und Berg vorzugehen. Das waren für ihn kleine Fische. Eine derartige Aktion würde niemand in Erstaunen versetzen – ganz im Gegenteil: es war genau das, was man sich vom kleinen Preußen erwartete. Glück und Ruhm – die Schlagzeilen in der Zeitung! – lagen ganz woanders und erforderten auch kühnere Schritte. Friedrich richtete seinen begehrlichen Blick auf Maria Theresias reichste Provinz, ein üppiges Akkerbaugebiet mit großen Bodenschätzen – vor allem Kohle – und aufstrebenden, wohlhabenden Städten: Schlesien. Ein Angriff auf dieses Land bedeutete einen Dolchstoß in den Rücken Österreichs, dem Brandenburg immerhin Gefolgschaft schuldete.

›Wenn Regenten miteinander brechen wollen‹, schrieb Friedrich II. einige Jahre später, ›so geht es nicht um den Inhalt der Erklärungen und Verträge, die sie daran hindern sollten. Sie stellen sich auf ihren Standpunkt, führen Krieg und überlassen es irgend einem Rechtsgelehrten, plausible Entschuldigungen für alles zu finden.‹

In diesem Falle allerdings hatte ein findiger Advokat Friedrich II. schon im voraus die Rechtfertigung für seinen Angriff an die Hand gegeben. Es handelte sich dabei aber nur um eine rein akademische Fleißaufgabe, die ohne Einfluß auf die eigentliche Entscheidung Friedrichs blieb. Kaum war Kaiser Karl VI. gestorben, da sandte der Kanzler der Universität Halle, Ludwig, an Friedrich eine hochgelehrte Untersuchung, an der er vierzig Jahre gearbeitet hatte und worin Preußens Rechtsanspruch auf Schlesien einwandfrei untermauert wurde. Dieser Rechtsanspruch gründete sich auf einen vor dreihundert Jahren geschlossenen Vertrag, der inzwischen freilich längst jegliche Bedeutung verloren hatte – wenn auch der Großvater Friedrichs II. versucht hatte, seinen Anspruch geltend zu machen und seine Nachfolger aufgefordert hatte, den Kampf um die gerechte Sache nicht aufzugeben.

Als es Maria Theresia klar wurde, daß die Preußen an der Grenze Schlesiens aufmarschierten, wies sie ihren Botschafter in Berlin an, ihr zu berichten, was all das zu bedeuten habe. Dieser allerdings hatte es mit diesem Auftrag nicht leicht. Niemand vermochte ihm die gewünschte Auskunft zu geben, denn Friedrich ließ selbst seine eigenen Minister im dunkeln. Eine Woche, ehe die preußischen Einheiten die Grenzen überschritten, meinte der österreichische Botschafter zu Friedrich: ›Um diese Jahreszeit sind die Straßen in Schlesien in einem furchtbaren Zustand.‹ Friedrich II. erwiderte darauf scherzhaft: ›Ach, das Schlimmste, was man dabei riskiert, sind ein paar Schlammspritzer.‹

Niemand wollte daran glauben, daß Friedrich wirklich wagen würde, Schlesien anzugreifen. Das wäre ja ein unerhörter Bruch der internationalen Ordnung, ein Akt offener und völlig ungerechtfertigter Aggression – kurz, eine Tat, wie sie jeder Herrscher des achtzehnten Jahrhunderts für sein Leben gern begangen hätte, wäre nicht die Macht des Anstandes und der Gewohnheit stärker gewesen. Überdies schien eine Invasion Schlesiens zu diesem Zeitpunkt auch vom militärischen Standpunkt her unwahrscheinlich. Es war immerhin Dezember; Kriege aber pflegte man im Frühjahr und Sommer zu führen, wenn man sich nur mit dem Feind und nicht auch noch mit Schlamm, Schnee und Eis auseinanderzusetzen hatte.

Friedrich II. jedoch erklärte kühn seinen Entschluß, Schlesien anzugreifen und zu erobern, und das am 10. Dezember! Diese Erklärung verband er mit einem eher unverschämten Angebot: Für den Fall, daß ihm Maria Theresia ganz Schlesien friedlich überlasse, würde er, Friedrich, bei der Kaiserwahl für ihren Gemahl stimmen, würde die österreichische Wiederaufrüstung mitfinanzieren und schließlich auch noch die territoriale Unantastbarkeit aller übrigen Besitzungen Österreichs garantieren. Friedrich erwartete nicht, daß Maria Theresia auf seine Bedingungen tatsächlich eingehen würde, und niemand wunderte sich, als sie ablehnte. Am 13. Dezember nahm Friedrich an einem großen Maskenball seines Berliner Hofes teil, tanzte mit allen begehrenswerten Damen und machte sich dann noch in der gleichen Nacht an der Spitze seiner Truppen auf den Weg nach Schlesien. ›Der Mann ist verrückt!‹ sagte Ludwig XV., als er davon erfuhr.

Friedrich selbst allerdings erschien sein Einmarsch in Schlesien ein völlig logisches und vernünftiges Unternehmen. Der Tod der Zarin, weit mehr noch als der Karls VI., ermöglichte diesen Handstreich; Preußen brauchte – wenigstens auf einige Zeit – vom Osten nichts zu fürchten. In Moskau regierte nun ein Kind, und bei Hof hatte man den byzantinischen Vorhang heruntergelassen, um hinter ihm zu konspirieren, ohne je hinauszublicken, was draußen vorging. Diese Situation, meinte Friedrich, gebe Preußen in Europa freie Hand. Was nun Frankreich anlangte, so würde es eher die Konkurrenten von Maria Theresias Gatten Franz um den Kaiserthron unterstützen als diesen selbst. Überdies war Schlesien von lediglich zwei Regimentern Infanterie – also kaum 3000 Mann – beschützt, gegen die Friedrich 40 000 Mann marschieren ließ.

Nun war also die von Friedrichs Vater und Fürst Leopold ausgebildete und ihm vererbte prächtige Kriegsmaschinerie im Rollen – oder, besser gesagt: sie schlurfte durch den Schlamm Schlesiens. Es gab überhaupt keinen Widerstand. Drei befestigte Städte versuchten sich zu wehren, doch Friedrich ließ sie einfach links liegen, um sie erst später leichterhand zu erobern. Bis zur Einnahme der schlesischen Hauptstadt Breslau am 1. Januar 1741 war nicht ein einziger Schuß gefallen. Außer dem Eheweib eines Soldaten, das unterwegs in einen Fluß gestürzt und ertrunken war, gab es keine Verluste zu beklagen.

Ein derartiger Erfolg hätte wohl jeden jungen Mann stolz gemacht – jedenfalls setzte er Friedrich in Erstaunen. Freilich hatte dieser ungerechtfertigte Angriff sein Bild als Philosophenkönig in der Öffentlichkeit etwas getrübt. Als wolle er sich für die Eroberung Schlesiens entschuldigen, behandelte er die Menschen in dem besetzten Land besonders gut – fast als hätte er sie befreit. Den Protestanten bot er den Schutz eines protestantischen (genaugenommen: eines atheistischen) Königs, nachdem sie unter den katholischen Habsburgern diskriminiert wurden. Den Katholiken in Schlesien aber gewährte Friedrich volle Religionsfreiheit. Die Erlässe des Königs, die überall angeschlagen waren, sicherten der Zivilbevölkerung zu, sie würden nicht beschädigt, bedrängt oder ›im friedlichen Besitze ihres Eigentumes‹ gestört werden. Jeden seiner Soldaten, der einen Zivilisten belästigte oder gar mißhandelte, strafte Friedrich rasch und streng. Während des gesamten Feldzuges hielt er auf strikteste Disziplin. Als sie zu merken begannen, daß die ganze Sache weit besser ablief, als sie befürchtet hatten, erschienen vielen Schlesiern die Preußen beinahe als Retter – um so mehr, da die habsburgische Herrschaft oft nicht gerade fortschrittlich war. Dies wurde offensichtlich, als Friedrich die Hauptstadt Breslau betrat.

Breslau wurde von einer Garnison der Bürgerwehr verteidigt, die seine Stadttore verschlossen hielt. Die heranrückenden Preußen, unter ihrem General von Münchow, näherten sich der ersten Sperre. Münchow verpaßte einem Posten, der sich zur Wehr setzen wollte, ein paar Maulschellen, und die Stadt ergab sich am nächsten Tag. Das war der einzige Schlagwechsel des ganzen Feldzugs. Am 3. Januar 1741 ritt Friedrich II., elegant in silberverbrämtem blauem Samt gekleidet, auf einem grauen Roß in die Stadt ein, ihm voran vier riesige Preußen in scharlachroter Livree – Bedienstete, die aus der aufgelösten Leibgarde der Riesen stammten. Der König nahm in einem Palais in der Albrechtstraße Quartier. Dort gab er für den schlesischen Adel zwölf Tage später einen Ball. Als Friedrich in die Stadt einzog, jubelte ihm das Volk zu. Nach einiger Zeit hatte er auch die Herzen des Adels erobert. ›Eine solche Begeisterung habe ich noch nirgends gesehen‹, schrieb ein preußischer Beobachter.

Andernorts war man von diesem kecken Handstreich weniger begeistert. Der britische Botschafter in Österreich murrte, der neue König von Preußen verdiene es, politisch exkommuniziert zu werden. Die Österreicher waren so wütend, daß Mörder gedungen wurden, die diesen Emporkömmling von einem König umbringen sollten, ehe er noch weiteres Unheil anrichten konnte.

Und er war wirklich ein Emporkömmling – er gab es sogar selbst zu. Während seines Feldzugs hatte er seine frühere Bemerkung über sein Verlangen nach öffentlicher Anerkennung und seine Hoffnung auf Ruhm wiederholt, allerdings nur vertraulich. So schreibt er in einem Brief vom 3. März an Jordan: ›Meine Jugend, das Feuer der Leidenschaft, das Verlangen nach Ruhm, ja selbst Neugier, um Dir nichts zu verhehlen, und endlich ein geheimer Instinkt . . . die Genugtuung, meinen Namen in den Zeitungen und später in der Geschichte zu sehen, hat mich verführt.‹

Friedrich II. hatte am 17. Januar einen völlig erfolgreichen Abschluß seines Feldzuges vorausgesagt. Wenige Tage vorher gab es durch einige kurze Scharmützel nur geringe Verluste. ›Die ganze Eroberung hat uns nur zwanzig Mann und zwei Offiziere gekostet‹, stellte Friedrich nachher fest. Er hatte damals noch keine Ahnung von dem Blutbad, das anheben sollte, als Österreich sich zur Rache anschickte.

Die Österreicher stellten alsbald unter General Adam von Neipperg eine Streitmacht von 15 000 Mann auf. Mitte Februar stand diese Truppe in Böhmen, von Schlesien nur mehr durch die Berge getrennt. Jetzt aber zeigte der Winter sein wahres Gesicht: der Schlamm hatte sich in Eis verwandelt, und es gab heftigen Schneefall. Friedrich war überzeugt, daß die Österreicher bei solchem Wetter nicht angreifen würden. Noch hatte er nicht begriffen, daß er auf das Überraschungsmoment kein Monopol besaß.

Bei einem entsetzlichen Schneesturm führte Neipperg Anfang April seine Armee nach Schlesien und entsetzte dort rasch die Stadt Brieg. Das war einer jener festen Plätze, die von den Preußen belagert wurden, nachdem Friedrichs Soldaten zunächst unbekümmert an ihnen vorbeigezogen waren. Am 10. April trafen die beiden Armeen in der Nähe von Mollwitz aufeinander. Dies sollte nun die erste Schlacht des jungen Königs werden, und er beschloß, sich selbst an die Spitze seiner Truppen zu stellen, zum Entsetzen seines Feldmarschalles Schwerin; denn die Offiziere mußten nun ihre Aufmerksamkeit zwischen der Schlacht und dem Schutz des Königs teilen.

Die Preußen gingen in ihrer bewährten Form gegen den Feind vor: die Flanken von Kavallerie geschützt und im Zentrum, im Abstand von 300 Metern, zwei Schwarmlinien preußischer Infanterie. Sie schlugen zu, ehe die österreichische Artillerie einzugreifen vermochte. Daraufhin attackierte die österreichische Kavallerie. In gestrecktem Galopp ritt sie auf die Preußen ein und erledigte im Handumdrehen den Gegner, der ihr nur schwache Gegenwehr bot. (Anhalt-Dessau, der von der Kavallerie nicht annähernd soviel hielt wie von seinen Grenadieren, hatte es verabsäumt, sie zu einer schlagkräftigen Truppe auszubauen.) Im Nu waren die österreichischen Reiter in die Reihen des preußischen Fußvolkes eingebrochen und hatten dessen Schlachtordnung aufgelöst. Soldaten irrten umher, Pferde bäumten sich, und was zunächst als perfekte Ordnung erschienen war, wandelte sich nun rasch in völliges Chaos. Friedrich, der seine Front zerbrechen sah, meinte, nun sei alles verloren. Mit Ungestüm ritt er mitten unter seine Männer und versuchte sie zu sammeln und anzufeuern: ›Brüder, Kinder, Burschen!‹ rief er. ›Es geht um die Ehre Eures Landes, ums Leben Eures Königs!‹

Nichts half. Das Fußvolk war durch das Chaos so verwirrt, daß einige von ihnen sogar auf die eigenen Leute feuerten. Verzweifelt ließ Friedrich es zu, daß seine Offiziere ihm vom Schlachtfeld halfen. Er ritt so rasch von dannen, daß er sogar seine Leibgarde hinter sich ließ, die zehn Stunden lang nichts von ihm zu sehen bekam. Friedrich, dessen Unerschrockenheit später legendär werden sollte, hatte alle Hoffnung aufgegeben.

Da sie jetzt der Verantwortung für ihren König enthoben waren, versammelten Schwerin und seine Offiziere die ihnen verbliebenen Truppen. Doch nun irrte die österreichische Kavallerie planlos umher; sie war in einen Sumpf geraten, und anstatt die Verwirrung der Preußen zum Angriff zu nutzen, blieb die österreichische Infanterie einfach stehen, als sie ihre Reiterei aus den Augen verloren hatte.

Schwerin ordnete seine schreckliche, noch vom Alten Dessauer gedrillte Waffe, die Grenadiere, und ließ sie dann auf den Feind los. Das war eine Geheimwaffe, der bisher noch kein europäischer Gegner auf dem Schlachtfeld gegenübergestanden hatte.

›Mein Lebtag habe ich nichts Superberes gesehen‹, schrieb später ein österreichischer Offizier über das Schauspiel, wie diese Soldaten Schulter an Schulter mit fliegenden Fahnen und zum Klang ihrer Querpfeifen in makellos weißer Uniform und blauen Waffenröcken vorrückten. ›Sie marschierten mit der größten Contenance‹, setzte unser Berichterstatter seine Erzählung fort, ›und so nach der Schnur, als ob es auf dem Paradeplatz wäre. Das Seitengewehr machte in der Sonne den schönsten Effekt und ihr Feuer ging nicht anders als ein stetes Donnergrollen‹.

All das war aber nicht nur schön: es war beinahe unheimlich, diese Grenadiere ohne das leiseste Zögern auf sich zukommen zu sehen. Kaum fiel ein Mann, trat sofort ein anderer an seine Stelle, so daß das erste Glied stets eine einzige, dicht geschlossene Sturmlinie bildete. Angesichts dieses unheimlichen Feindes zerbrach die Schlachtordnung der österreichischen Infanterie; die Haufen, zu denen sich der Gegner zusammenschloß, wurden zersprengt, und bald begann eine allgemeine Flucht.

Acht Stunden hatte die Schlacht bei Mollwitz gedauert. Es gab neuntausend Tote, Verwundete oder Vermißte, wobei diese Zahl sich zu etwa gleichen Teilen auf die beiden Kampfparteien verteilte. Der Sieg war errungen – nicht so sehr durch Friedrich, als durch seinen Feldmarschall Graf Schwerin. Der König, der vom Ausgang der Schlacht nichts wußte, ritt den ganzen Tag hindurch wie von Furien gehetzt weiter. Bei Einbruch der Nacht erreichte er Oppeln, wußte allerdings nicht, daß die Österreicher es inzwischen erobert hatten. Als Posten beim Stadttor auf den einsamen Reiter in preußischer Uniform zu feuern begannen, mußte dieser die Flucht ergreifen. Die Posten freilich hatten keine Ahnung davon, daß hier Friedrich II. von Preußen auf sie zukam. Hätten sie es geahnt und ihn getötet oder gefangengenommen, die Geschichte wäre wohl anders verlaufen.

Nachdem Friedrich Oppeln hinter sich gelassen hatte, ritt er wieder über die Neisse zurück, bis er nach Löwen kam. Dort erst erfuhr er, daß Schwerin bei Mollwitz siegreich geblieben war. Er glaubte seinen Ohren nicht zu trauen.

Achtundvierzig Stunden lang war er ohne Rast oder Nahrung geblieben, erschöpft, halb verhungert, verzweifelt. Obwohl er später in allen Einzelheiten niederschrieb, was in diesem Feldzug geschehen war, erwähnte er doch mit keinem Wort seinen wilden, einsamen Ritt durch die Nacht, sprach auch nie zu irgend jemandem darüber. Man kann nur mutmaßen, wie es damals in ihm aussah.

In dem kleinen Gasthaus der Witwe Panzern am Marktplatz von Löwen aß Friedrich ein Brathuhn, trank dazu Kaffee und weckte so wieder seine Lebensgeister. Erfrischt und in Hochstimmung durch die Nachricht von Schwerins Sieg, kehrte er sodann nach Mollwitz zurück. Diese Schlacht, sagte er später, sei seine ›Schule‹ gewesen. Nie wieder würde er eine Schlacht verlorengeben, die erst halb geschlagen sei.

Auch für das übrige Europa war die Schlacht bei Mollwitz eine Lehre – ja, dieser Sieg wurde förmlich zu einer Sensation: Dem habsburgischen Goliath war in dem kleinen Preußen ein David erwachsen. An vielen Orten war man nun bereit, daraus die entsprechenden Folgerungen zu ziehen. Die Großmächte distanzierten sich eine nach der anderen von Österreich. Selbst Ludwig XV., der Friedrich einen Verrückten genannt hatte, schloß nun ein Bündnis zwischen Frankreich und Preußen, und Friedrich wurde allseits gefeiert. In dieser Rolle gefiel er sich so gut, daß er dem neuen französischen Gesandten, Marschall Charles de Belle-Isle, Gelegenheit gab, seine Preußen ›bei der Arbeit‹ zu sehen – nämlich bei der Belagerung und Einnahme Briegs.

Es folgten nun Monate reger diplomatischer Tätigkeit, in denen sich die Mächte Europas neu gruppierten und Österreich neuerlich aufrüstete. Unter neuer Führung im Felde gelang es den Österreichern, Bayern zu überrennen und die französischen Truppenkontingente in Böhmen zu bedrohen. Friedrich zeigte sich besorgt und brach einen Geheimvertrag mit Maria Theresia, den er vorübergehend im Oktober 1741 geschlossen hatte: er griff das österreichische Kronland Mähren an. Mitte Mai 1742 schlug er hier bei Chotusitz im Elbetal seine zweite große Schlacht.

Friedrich hatte ein Jahr damit zugebracht, seine Kavallerie zu vervollkommnen. Er war entschlossen, daß sie sich nun, nach ihrem Versagen bei Mollwitz, bewähren sollte – ebenso wie die Österreicher darauf brannten, mit ihrer Infanterie diesmal die Scharte von Mollwitz auszuwetzen. Der alte General Buddenbrock, schon ein hoher Siebziger, befehligte den Angriff der preußischen Kürassiere – mit solchem Erfolg, daß die österreichische Kavallerie, obwohl sie den Preußen an Feldstärke sogar etwas überlegen war, unter seinem Ansturm auseinanderbrach.

Anstelle des Schnees bei Mollwitz waren hier die Kämpfenden eingehüllt in Staubwolken, aufgewirbelt von stampfenden Rossen. Wieder irrten Tausende preußischer Infanteristen ziellos umher, als die österreichischen Husaren ihren ungebrochenen Angriff mitten in sie hinein richteten. Die Husaren ritten quer durch die preußischen Linien und setzten in deren Rücken die Stadt Chotusitz in Brand. Dann aber fielen sie unerwartet aus: einige von ihnen hatten begonnen, das Feldlager der Preußen zu plündern, andere wieder wurden vom Schlachtfeld durch jene Brände abgeschnitten, die sie eben selbst gelegt hatten.

Wieder formierten sich, wie schon in Mollwitz, die preußischen Grenadiere neu, und wieder bewährte sich ihre eiserne Disziplin. Präzise wie auf dem Paradefeld nahmen sie Aufstellung und marschierten los, direkt auf die österreichischen Geschütze zu. Reihenweise wurden sie niedergemäht, aber selbst im Tode noch hielten sie Disziplin, während hinter ihnen schon die nächsten vortraten, um die Lücke zu schließen. Das erfüllte den Feind mit Entsetzen. Es schien, als ob die Toten vor ihnen immer wieder aufstünden und es keine Chance gäbe, diese menschliche Maschine je aufzuhalten.

Nun sandte Friedrich eine Reserve von einundzwanzig Bataillonen in die Schlacht, die mit schnellfeuernden leichten Geschützen ausgerüstet waren. Diese frischen Truppen, die Friedrich am rechten Flügel seiner Front einsetzte, drohten die österreichischen Streitkräfte einzukreisen. Um zu retten, was noch zu retten war, zogen sich die Österreicher zurück. Auf dem Schlachtfeld ließen sie 3000 Tote und Verwundete zurück. Weitere 3000 Mann wurden vermißt. Wieder hatte Preußen den Sieg errungen, wieder hatten die Preußen mehr als 4000 Mann verloren, darunter auch einen General und drei Obersten. Diese Bilanz bedeutete, grob gerechnet, 1000 Mann pro Stunde dieser vierstündigen Feldschlacht. ›Wer hätte gedacht‹, schrieb Friedrich nach der Schlacht an Jordan, ›daß der Schüler Jordanscher Philosophie, Ciceronischer Rhetorik und Baylescher Dialektik bestimmt sei, die Rolle eines Kriegers zu spielen ... daß die Vorsehung einen Poeten dazu ausersehen würde, das europäische System umzustürzen und alle Berechnungen der Könige von Grund aus zu verrücken?‹

Als Graf Seckendorff noch im Berliner Schloß war, schrieb er Prinz Eugen von Savoyen über ein Gespräch, das er mit dem damaligen Kronprinzen Friedrich geführt hatte.

›Er sagte mir, er sei ein Poet und könne hundert Zeilen in nur zwei Stunden verfassen‹, berichtete Seckendorff. ›Er könne auch ein Musiker, ein Philosoph, ein Arzt oder ein Mechaniker sein. Was er aber niemals sein wird, ist ein General oder ein Feldherr.‹

Friedrich hatte das Gegenteil bewiesen. Nun konnte der Geist seines Vaters in Frieden ruhen. Im Juli 1742 vermittelte Großbritannien einen Vertrag zwischen Preußen und Österreich, in dem Friedrich II. ganz Schlesien mit Ausnahme des Gebietes von Teschen an der mährischen Grenze, mit den Städten Troppau und Jägerndorf, zugesprochen wurde. Als Gegenleistung zahlte Friedrich einige Schulden Karls VI., versprach Duldsamkeit gegenüber dem Katholizismus in seinen Landen und sagte zu, sich aus dem Österreichischen Erbfolgekrieg zurückzuziehen, den sein Angriff auf Schlesien mit ausgelöst hatte.

Diese Lösung freilich ließ seine neugefundenen französischen Verbündeten leer ausgehen. Da er erlangt, was er erstrebt, nämlich Schlesien, hinterging Friedrich nun die Franzosen, wie er ehedem die Österreicher hintergangen hatte. Durch diesen Separatfrieden blieb Frankreich unter Ludwig XV. weiterhin kriegführende Partei und geriet in große Bedrängnis. Friedrich drückte sein Gewissen diesbezüglich keineswegs: er meinte, die Franzosen hätten sich ›wie Narren‹ benommen. Voltaire gegenüber verglich er seine Handlungsweise mit der eines Mannes, der sich von einer Frau, die er als zu schwach und treulos erkannt hat, scheiden läßt. Wer aber war, genau besehen, treulos gewesen? Friedrich hatte nicht nur seinen Vertrag mit Ludwig XV. gebrochen – er hatte gleichzeitig auch Verrat an den Idealen seiner Jugend und den Hoffnungen seiner Freunde begangen. Zur Zeit seiner Thronbesteigung hatte das *Gentleman's Magazine* in London geschrieben: ›Der König, der dieser Tage in Preußen den Thron bestieg, hat seinen Untertanen die glückliche Aussicht auf eine mildreiche, huld- und ruhmvolle Regentschaft eröffnet ...‹ Es schien, als seien Huld und Milde über Nacht verschwunden. Was nun geboren wurde, war das, was Preußische Historiker stets Preußens Gloria nennen soll-ten. Friedrich drückte dies in einem Brief an seinen Vertrauten Jordan so aus: ›Laß doch die Unwissenden und Neider schwätzen ... Mein Ziel ist der Ruhm. In ihn bin ich verliebter denn je.‹ Bei einer anderen Gelegenheit schrieb er: ›Wir sind durch schlechte Straßen und noch schlechteres Wetter arg geplagt worden. Aber was sind Anstrengungen, Sorgen und Gefahren, verglichen mit dem Ruhm? Ihm gilt eine so aberwitzige Leidenschaft, daß ich es gar nicht zu begreifen vermag, daß diese Leidenschaft nicht jedermann den Sinn verdreht.‹ Voltaire gegenüber bekannte er seine Besessenheit mit folgenden Worten: ›Gern wollte ich meinen Beruf mit einem anderen vertauschen, wäre da nicht das Phantom des Ruhmes, das mich so häufig heimsucht.‹

Dieser geniale Schachzug – zunächst Schlesien zu gewinnen und sich dann aus einem Großkrieg zurückzuziehen, zu dessen Ausbruch er selbst beigetragen hatte – stellte viele seiner intellektuellen Bewunderer auf eine ernste Probe. Wohl war ihm sein Handstreich geglückt, aber man traute ihm nun nicht mehr. Sein Separatfrieden mit Österreich und seine Preisgabe Frankreichs stießen selbst jene Intellektuellen ab, die ihm – wie etwa Voltaire – den Angriff auf Schlesien verziehen hatten. Diesen Franzosen (und die einzigen Intellektuellen, die im Zeitalter der Aufklärung zählten, lebten in Frankreich) schien es, als verbinde Friedrichs Pakt mit Österreich ihn mit allem, was ihnen verhaßt und verächtlich war: mit den Habsburgern, die die reaktionäre alte Ordnung des Absolutismus repräsentierten, mit dem Klerikalismus und mit dem Katholizismus.

Friedrich bereitete seine Verteidigung vor und nannte sie: ›Ein Gericht der öffentlichen Meinung über jene, die den unglückseligen Beruf des Politikers ausüben.‹ Seine Schrift beeindruckte niemand; selbst seine eigenen Untertanen waren enttäuscht. Sie murrten, daß, was Schlesien dem König auch immer an wirtschaftlichen Vorteilen bringe, dieser das Geld noch rascher ausgebe, als es hereinkomme. Sie vermerkten säuerlich, daß einige seiner anfänglichen Reformen nicht wirklich durchgeführt wurden, daß er, kaum war das Garderegiment der Riesen aufgelöst, seine Armee um zehntausend Mann vergrößert hatte, und daß er nun, zwei Jahre später, und nachdem ihnen der schlesische Krieg den Frieden gebracht habe, seine Armee auf die Rekordstärke von 140 000 Mann ausbaue. Zu alledem schien es, als sei der erst einunddreißigjährige Friedrich nach seiner Rückkehr vom Schlachtfeld autoritärer denn je und sowohl mürrischer als auch zänkischer, als ihnen lieb war. Sie ahnten nicht, daß das Schlimmste – und damit freilich auch das Beste – erst kommen sollte.

›Soll ich denn niemals zur Ruhe kommen?‹

Zweien seiner Vorgänger brachte Friedrich II. Bewunderung entgegen, und das aus gutem Grund: Friedrich Wilhelm, dem Großen Kurfürsten, und seinem eigenen Vater, König Friedrich Wilhelm I. Trotz des großen Leids, das ihm sein Vater zufügte, zollt er ihm in der von ihm verfaßten Familiengeschichte *(Histoire de la Maison de Brandebourg)* reiches Lob. Er wußte, daß er seinen Erfolg weitgehend der von seinem Vater geschaffenen Kriegsmaschinerie und dem von diesem aufgehäuften und an ihn vererbten Kronschatz verdankte. Friedrich Wilhelm hatte den bürokratischen Verwaltungsapparat aufgebaut, der die innere Ordnung Preußens gewährleistete. Wie *un rocher de bronze* hatte er die Junker seine Macht fühlen lassen, bis jegliche Opposition erloschen war. Er und der Alte Dessauer hatten das Untier herangezogen und ausgebildet, das Friedrich nun auf Europa losließ.

Die überraschende Eroberung Schlesiens, aber mehr noch die völligen Niederlagen der österreichischen Armee bei Mollwitz und Chotusitz, verhalfen Preußen beinahe über Nacht zur Stellung einer Großmacht. Freilich war nach dem Dreißigjährigen Krieg auch das Brandenburg des Großen Kurfürsten sehr mächtig gewesen. Während seiner 48jährigen Regierungszeit hatte der Große Kurfürst aus seinen Ländereien eine Macht geschmiedet, mit der man im Norden Europas rechnen mußte. Aber mit dieser Feststellung ist auch schon alles gesagt: Brandenburg war ein Machtfaktor oben im Norden, nicht aber in den Geschicken Gesamteuropas. Unter dem Großen Kurfürsten gab es eine kleine Armee und primitive wirtschaftliche Verhältnisse. Beides besserte sich unter dem Vater Friedrichs II. Gerade der Hohenzoller, der sich am meisten darauf zugute tat, der ›Soldatenkönig‹ genannt zu werden, ging in die Geschichte ein als einer der größten Männer friedlicher Innenpolitik in Preußen. Während seiner Regierungszeit war man in Preußen mit Bienenfleiß an der Arbeit: Er sah darauf, daß alles in seinem Königreich gut funktionierte und daß jedermann arbeitete. Er brachte Wohlstand und Ordnung in seine Lande und führte sie zu bis dahin unbekannter Blüte. Doch wie sich herausstellen sollte, war es seine persönliche Schwäche – seine Leidenschaft für Soldaten, zu deren

Einsatz im Kampf er selbst nie das Herz hatte –, die letztlich die größte und bleibendste Wirkung hatte. Hätte Friedrich II. von seinem Vater die Armee von 80 000 Mann nicht geerbt, vielleicht hätte er sie auf die Beine stellen können. Wahrscheinlich wäre das aber zu spät gewesen. Tatsache ist, daß ihm diese Armee zu dem historisch günstigsten Augenblick zur Verfügung stand, nämlich unmittelbar nach seiner Thronbesteigung. Wie er selbst mit sicherem Blick erkannte, ermöglichte ihm der beinahe gleichzeitige Tod des österreichischen Kaisers und der russischen Zarin, das Gleichgewicht der Kräfte in Europa umzuwerfen und den kühnen Schlag zu führen, der ganz Europa zunächst empören und schließlich in Staunen versetzen sollte – seinen Angriff auf das Habsburgerreich.

Man darf Friedrichs II. Erklärung für die Besetzung Schlesiens nicht so einfach hinnehmen. In ihm war ein unbändiges Verlangen nach Ruhm. Das war es, was ihm den Mut gab, das Habsburgerreich anzugreifen, dem Preußen so lange die Treue gehalten hatte. Daneben gab es aber auch noch triftigere Gründe: Trotz aller Bemühungen Friedrich Wilhelms I., seine Lande auf das beste zu nutzen, blieben diese doch letztlich arm und nicht sehr fruchtbar. Dagegen konnte man nichts tun, sie blieben, wie sie immer schon gewesen: sandig, sumpfig und waldig. Aber auch in anderer Hinsicht blieben sie wie schon früher: sie lagen weit auseinander, waren schwer zu verteidigen und nicht leicht zu regieren. Friedrich II. bezeichnete sein Erbe mehr ein Kurfürstentum als ein Königreich. Es fehlte diesem Gebilde an geographischem und innerem Zusammenhalt, war nicht Fisch, nicht Fleisch, und Friedrich selbst nannte es einen ›Hermaphroditen‹. Wenn Preußen je ein wirkliches – und überdies auch noch ein wohlhabendes – Königreich werden sollte, dann brauchte es dringend mehr Land, das heißt, mehr Einwohner, größere Naturschätze. Kurz, das Land mußte sich konsolidieren, und Friedrichs erster Schritt in dieser Richtung war der Angriff auf Schlesien. Das also waren die wirtschaftlichen Gründe für seinen Handstreich. Bismarck bemerkte dazu: ›Friedrich der Große hat zwar Schlesien geraubt, ist aber doch einer der größten Männer aller Zeiten.‹

Immerhin: Raub bleibt Raub. G. P. Gooch schreibt: ›Auch wenn man das Vorhandensein alter Rechtstitel und die Tatsache, daß sittliche Überlegungen bei allen Herrschern des achtzehnten Jahrhunderts mit Ausnahme Maria Theresias eine geringe Rolle spielten, voll in Rechnung stellte, gehört der Raub Schlesiens zusammen mit der Teilung Polens zu den sensationellen Verbrechen der Neuzeit. Er löste in ganz Europa eine Welle der Raubgier aus, von der nach und nach auch Kriege zwischen den Herrscherhäusern ihren Ausgang nahmen. Dazu Macaulay: ›Die ganze Welt eilte zu den Waffen. Auf das Haupt Friedrichs kommt alles Blut, das überall auf der Welt vergossen wurde. Die bösen Folgen seiner Verruchtheit machten sich bemerkbar in Ländern, denen der Name Preußen unbekannt war. Das Vorgehen Preußens in Europa ermöglichte es den Briten, sich überseeische Besitzungen Frankreichs anzueignen. Diese Situation war für beide Seiten von Vorteil, da England später, während des Siebenjährigen Krieges, durch seine Kolonialunternehmungen einen Teil der französischen Streitkräfte außerhalb Europas band.

Der freche Zugriff auf Schlesien zeitigte nachhaltige Einwirkungen auf Friedrichs Charakter. Vom jungen Idealisten aus den frohen Rheinsberger Tagen blieb nichts übrig. Friedrich II. begann sich als absoluter und unumschränkter Herrscher und Herr seines eigenen Schicksals zu fühlen.

Von den alten Rheinsberger Gefährten war Friedrichs Freund Knobelsdorff einer der ersten, der diese Veränderung mit Mißfallen wahrnahm. Er und der König bauten in Berlin ein Forum Fridericianum in klassizistischem Stil. Die Oper Unter den Linden sollte der Grundstein dieses Projekts werden. Kaum war sie vollendet, mußte Knobelsdorff mit Bestürzung erkennen, daß Friedrich seinen großzügigen Plan nicht mehr unterstützte. Auch die enge Freundschaft, die sie einst verband, hatte gelitten. Knobelsdorff war von nun an nicht mehr der Freund des Königs, sondern einer seiner zahllosen Diener, die seine Anordnungen auszuführen hatten. Friedrich II. hatte sich nun angewöhnt, die Leute kurz anzuschnauzen. Immer mehr kam er davon ab, von irgend jemandem Rat einzuholen. Er trug stets Uniform. Das ›Bahrtuch‹ seiner Jugend erdrückte seine fortschrittlichen Ideale. Er machte sich die rustikale Einfachheit seines Vaters zu eigen, lehnte es ab, Staatsornat zu tragen, und nannte die Krone ›einen Hut, in den es oben hereinregnet‹. Er begann, sich ziemlich affektiert in verdrückte Uniformröcke ohne Distinktionen zu kleiden, und in späteren Jahren war er bei allen festlichen Anlässen leicht daran zu erkennen, daß er der einzige war, der nicht im Schmuck von Orden prangte. Aus dem eleganten, französisierten Dandy früherer Jahre wurde nun allmählich ein reizbarer, zynischer und in steigendem Maße menschenfeindlicher preußischer Offizier. Das Gedankengut der Aufklärung hatte dem Hause Hohenzollern keinen territorialen Gewinn gebracht, wohl aber ein Angriffskrieg. Der Erste Schlesische Krieg, der auf die Besetzung des Landes folgte, brachte Verluste von 20 000 Mann (Tote, Verwundete und Deserteure) und kostete 5 Millionen Taler. Um diesen Preis hatte Friedrich ein Gebiet gewonnen, in dem über eine Million Menschen lebten, die jährlich mehr als vier Millionen Taler an Steuern zahlten. Was nun die schönen Künste anlangte, so sah der König nicht ein, warum er ihnen nicht sozusagen mit der linken Hand nachgehen könnte, während die Rechte das Schwert führte. Und tatsächlich gelang ihm das. Er komponierte und musizierte, schrieb mit erstaunlicher Fruchtbarkeit Essays und Gedichte, ja sogar szenische Versuche, arbeitete an seiner umfangreichen ›Geschichte‹ und regierte überdies auch noch. Er empfing Voltaire, der nicht nur gekommen war, um vor einem in Ehrfurcht ersterbenden Berliner Hof aus seinen Werken zu lesen, sondern auch, um eine diplomatische Mission zu erfüllen: Seine Aufgabe war es, Preußen wieder für Frankreich zu gewinnen. Was Voltaire in Berlin sah, begeisterte ihn: ›Hier bin ich in Frankreich‹, bemerkte er. ›Französisch ist die einzige Sprache. Deutsch spricht man bloß mit Soldaten und mit Pferden.‹ Dieser Besuch war nur kurz, doch was er dabei erlebte und empfand (jedermann schien, wie er feststellen konnte, seine Gedichte auswendig zu kennen), bewog ihn später, für längere Zeit nach Preußen zu kommen.

Inzwischen hatte Friedrich die Heirat seiner Schwester Luise Ulrike mit dem schwedischen Königshaus ausgehandelt. Eine andere Schwester des Königs, Amalie, wurde vom Hofe verbannt, indem man sie zur Vorsteherin eines protestantischen Damenstiftes machte. Man hatte Amalie einer Affäre mit einem jungen Stabsoffizier Friedrichs II., Baron Friedrich von der Trenck, verdächtigt. Diesem wurde von Friedrich ein schreckliches Schicksal bereitet. Es fällt schwer, sich einen Reim auf die unnachsichtige Verfolgung Trencks durch Friedrich zu machen, da der König in bezug auf geschlechtliche Angelegenheiten von fast berüchtigter Freizügigkeit war. Friedrich hob alle preußischen Unzuchtparagraphen auf, befreite die Mütter unehelicher Kinder von ihrem Stigma und stellte sich selbst in seinem eigenen Kreis bei Hof schützend vor jene Damen, die unverheiratet schwanger wurden. Trencks Beziehung zu Amalie aber scheint bei Friedrich eine sehr heftige Abneigung hervorgerufen zu haben, wozu wohl auch beitrug, daß Trenck, wie man wußte, mit seinem Cousin korrespondierte, der in österreichischen Diensten stand. Gleichgültig, ob zwischen Baron von der Trenck und Prinzessin Amalie nun wirklich eine Beziehung bestand, oder ob sich Friedrich II. diese nur eingebildet hatte – jedenfalls verhaftete man Trenck im Jahre 1743 und setzte ihn in der Festung Glatz fest. Von dort brach er drei Jahre später aus. Nun ließ der rachsüchtige König eine regelrechte Menschenjagd auf Trenck veranstalten. Im Jahre 1754 entführten Friedrichs Agenten Trenck aus Danzig und brachten ihn nach Preußen zurück, wo er in der Festung Magdeburg eingekerkert wurde. Dort blieb er zehn Jahre lang in einer Einzelzelle angekettet. Auf Betreiben Maria Theresias wurde er zu Ende des Siebenjährigen Krieges freigelassen. Sein Haß gegen den Absolutismus friderizianischer Prägung veranlaßte Trenck später, während der Revolution nach Frankreich zu gehen. Dort wurde er als österreichischer Spion verhaftet und im Alter von 68 Jahren auf der Guillotine hingerichtet. Friedrich II. meinte dazu: ›Von den Trencks taugt keiner etwas.‹

Beide Trencks wurden vom Schicksal verfolgt. Der österreichische Trenck wurde im Jahre 1731 vom österreichischen Heer strafweise pensioniert und trat einige Jahre später in die russische Armee ein. Dort wurde er aber wegen Ungehorsams und Brutalität zum Tode verurteilt. Dieses Urteil wurde später zu einer Freiheitsstrafe gemildert. Nach seiner Freilassung kehrte er nach Wien zurück, war hier aber solchen Verfolgungen ausgesetzt, daß er in einem Kloster Zuflucht suchte. Schließlich fiel er unter eine Amnestie und erhielt das Kommando über eine Einheit von ihm selbst ausgerüsteter südslawischer irregulärer Truppen. Bei der Schlacht von Soor im Zweiten Schlesischen Krieg wurden Trencks Panduren beschuldigt, sich mehr mit Plündern als mit Kämpfen befaßt zu haben; er selbst wurde angeklagt, er habe Friedrich II. von Preußen entkommen lassen. Die Österreicher verurteilten ihm zu Tode, doch später wurde auch dieses Todesurteil in lebenslängliche Haft umgewandelt. Im Alter von nur 38 Jahren starb er im Gefängnis auf dem Spielberg zu Brünn.

Die Affäre Trenck war für Friedrich nicht kennzeichnend und durchaus kein Beispiel für seine sonst sprichwörtliche Gerechtigkeit. Er befaßte sich mit der Reform der preußischen Gesetzgebung. Vorher schon erließ er ein Dekret, das jedem einzelnen seiner Untertanen gestattete, ohne Rücksicht auf Rang und Stellung bei ihm selbst in Audienz zu erscheinen. Das was durchaus nicht eine leere Geste, um seine autokratische Regierungsform zu drapieren: von da an kamen die Leute wirklich Tag für Tag mit ihren Bitten und Anliegen zu ihm, sein ganzes Leben lang – mit Ausnahme der Zeiten, zu denen er im Felde stand.

Der schlesische Feldzug hatte alle Stärken, aber auch alle Schwächen der preußischen Armee aufgezeigt. Nach der Schlacht bei Mollwitz machte Friedrich die Bemerkung: ›Unsere Infanterie besteht aus lauter Helden ... aber die Kavallerie ist nicht wert, daß sie der Teufel holt.‹ Nun, da der Krieg wenigstens vorübergehend zu Ende war, machte man sich mit aller Energie daran, die Reiterei zu verbessern. Manöver wurden abgehalten, und je überzeugender sich seine Truppen bewährten, desto rigoroser schloß er alle Beobachter aus dem Ausland aus. Er wollte mit seinen Truppen bei ihrem nächsten Waffengang ganz Europa überraschen.

Noch eine weitere Schwäche der preußischen Armee war Friedrich aufgefallen: die Unwissenheit ihrer Offiziere. Wohl war unter Friedrich Wilhelm I. ein allgemeines Pflichtschulwesen eingeführt worden, aber wenn dieses auch dem echten Analphabetentum wirksam entgegentrat, so hatte es doch bedauerlicherweise keinen Einfluß auf das niedere Bildungsniveau der gehobenen Stände. Die Offiziere Friedrichs II. rekrutierten sich aus den Junkern des Landadels. Wie bereits an anderer Stelle vermerkt, handelte es sich hier nicht um kultivierte, gebildete Landbesitzer, sondern um schlichte Landwirte, die auf ihren schlammigen Feldern besser Bescheid wußten als bei den Klassikern. Taylor nennt sie ›Barbaren, die mit einem Gewehr umzugehen und – was aber weit wichtiger ist – die doppelte Buchführung gelernt hatten‹. Wenn diese Leute nach Berlin kamen, um in die Armee einzutreten, bedeutete dies bloß, ›daß sie die Dreschtenne mit der Kaserne vertauschten‹. Man mußte sie erziehen und bilden, ihren Weitblick schärfen und sie mit den Gesetzen von Strategie und Taktik vertraut machen, damit aus ihnen mehr als bloße Frontkommandeure und Truppenoffiziere wurden.

Friedrich unterschätzte Maria Theresias Entschlossenheit. Er wollte es einfach nicht glauben, daß sie, solange sie überhaupt noch Truppen im Felde stehen hatte, seinen frechen Angriff auf Schlesien niemals ungestraft hinnehmen würde. In Wirklichkeit aber war Maria Theresia über Friedrichs Raubüberfall so erzürnt, daß sie sagte, sie verlöre lieber einen Teil ihres Reiches an Bayern als auch nur ein Dorf an Preußen. Als der Herbst des Jahres 1743 herankam, begann Friedrich II. einzusehen, daß seine Position in Schlesien durchaus nicht so gesichert war, wie er sich dies gewünscht hätte. Österreich führte nun Krieg mit Frankreich und dessen bayrischer Marionette, Kaiser Karl VII. Das Ausscheiden Preußens aus dem Kriege hatte Österreich gestärkt, und es begann nun, seine Kräfte zu sammeln. Friedrich witterte eine echte Gefahr: Ludwig XV. von Frankreich konnte sich – dem Beispiel Friedrichs folgend – aus dem österreichischen Erbfolgekrieg zurückziehen. Das würde Österreich ungeheuer stärken, und dies wiederum könnte leicht dazu führen, daß Österreich das von ihm – Friedrich – geraubte Schlesien zurückzugewinnen trachte. Die Tatsache, daß England im Jahre 1743 in den Krieg gegen Frankreich eingetreten war, ließ die Lage für Friedrich noch ungünstiger erscheinen.

Unter dem Eindruck dieser Entwicklung unterzeichnete Friedrich einen Zwölfjahresvertrag mit Ludwig XV., der seinerseits froh war, Verbündete zu finden – selbst einen Verbündeten, der ihn erst jüngst im Stich gelassen hatte. Im August 1744 verfaßte Friedrich ein Memorandum an die Höfe Europas, in dem er erklärte, aus welchen Gründen er in den Krieg eintrete. Er machte sich zum Vorkämpfer des Kaisers, des Rechtes und der Verfassung, ja selbst des Friedens, wenn er schrieb: ›Seine Majestät greift zu den Waffen, nur um dem Reiche die Freiheit, dem Kaiser die Ehre und Europa den Frieden zu bringen.‹ Das war natürlich alles Unsinn. Der Zweite Schlesische Krieg bezweckte lediglich, Friedrich die Beute seines Raubkrieges dauernd zu sichern. Er begann mit dem Einfall in Böhmen und der Einnahme Prags. Zur gleichen Zeit legte Friedrich Frankreich nahe, im Westen kühner vorzugehen.

Die Franzosen aber ließen die Österreicher entkommen und verfolgten sie auch nicht, als sich diese nach Osten wandten, um in Böhmen der Drohung Friedrichs entgegenzutreten.

Ludwig XV. war nur deshalb ins Feld gezogen, weil seine Mätresse, die Herzogin von Châteauroux, ihn in der Rolle eines Helden sehen sollte. Kaum war er im Krieg, da ergriff ihn ein Fieber, von dem sein Beichtvater behauptete, daß es tödlich verlaufen werde. Die Kirche verweigerte ihm die Absolution, wenn er sich nicht von seiner Mätresse trenne. Er tat dies nur zu gern, denn die Herzogin war längst schon für seinen Geschmack zu kühn und ehrgeizig gewesen. Geheilt und seiner Sünden ledig, gab Ludwig den Krieg auf und kehrte zu seinen anderen Frauen zurück.

Als der Herbst gekommen war, schwärmte der einzige wirklich fähige und erfahrene österreichische Truppenkommandeur, Feldmarschall Graf Otto Ferdinand von Traun, mit seinem Heer in Böhmen aus und hielt die Preußen in Atem. Traun vermied es, dem Feind jene Art der regulären Feldschlacht zu liefern, die die preußischen Grenadiere so hervorragend beherrschten. Statt dessen schickte er seine ungarischen Husaren aus: sie führten Überfälle und Überraschungsstreiche gegen die Preußen, plünderten, griffen an, wichen zurück. Bald stockte bei den Preußen der Nachschub: ihre Truppen wurden krank, geschwächt und demoralisiert. In den drei Monaten von Oktober bis Dezember desertierten nicht weniger als 17 000 Mann der preußischen Streitkräfte. Viele von ihnen waren seinerzeit gegen ihren Willen zum Wehrdienst gepreßt worden. (Friedrich pflegte alle von ihm gefangengenommenen Soldaten zum Dienst in seiner eigenen Armee zu zwingen.) ›Wir haben keine Armee mehr‹, bekannte einer seiner Beamten, ›alles, was wir jetzt noch haben, ist ein Haufen Bewaffneter, der nur mehr notdürftig durch die Macht der Gewohnheit und die Autorität der Offiziere zusammengehalten wird. Und die Offiziere selbst sind unzufrieden ... Beim kleinsten weiteren Rückschlag, oder auch bei der bloßen Fortsetzung des Krieges in dieser Jahreszeit haben wir mit allgemeiner Insubordination und Aufstand zu rechnen. Solches hätte man unter preußischer Disziplin für undenkbar gehalten.‹

Und in der Tat: die Niederlagen hörten nicht auf. Die Preußen mußten ganz Böhmen räumen und sich nach Schlesien zurückziehen. Aber selbst dort hatten sie vor Traun keine Ruhe, und die Preußen, die diesem Bewegungskrieg noch immer nicht gewachsen waren, verbarrikadierten sich in ihren Festungen, während Friedrich nach Berlin zurückeilte. Dort ging er fieberhaft ans Werk, seine Reserven zu sammeln und einen neuen Weg zum Erfolg zu suchen.

Er fand ihn überraschenderweise in der Person eines kränklichen, zänkischen neunundsechzigjährigen Mannes, den Friedrich längst als Relikt aus den Tagen seines Vaters abgeschrieben hatte: Fürst Leopold von Anhalt-Dessau. Dieser alte Recke, der immerhin noch über ein gerüttelt Maß an Erfahrung verfügte, wurde an der Spitze eines Ersatzheeres nach Schlesien geschickt. Einer seiner Söhne, der selbst ein erfahrener Feldherr war, begleitete ihn.

Auf dem Wege nach Süden muß diese Expeditionstruppe wahrlich einen seltsamen Anblick geboten haben, denn der Alte Dessauer war nicht nur bejahrt, sondern überdies so leidend, daß er über die miserablen Straßen auf einem Karren fahren mußte. Da saß er nun auf seinem Wägelchen, wurde gerüttelt und geschüttelt und fluchte vor sich hin, denn zu allem Überfluß bombardierte ihn der junge König von Berlin her mit einer verdrießlichen und kritischen Botschaft nach der anderen. Nicht genug damit, war auch Fürst Leopolds Sohn erkrankt. Er konnte sich kaum auf seinem Pferde halten, ritt aber dennoch, vor Fieber glühend, neben dem Wagen seines Vaters her. Die beiden Kranken dürften weniger den Anblick einer strafenden und rächenden, als vielmehr einer lahmen und bresthaften Macht geboten haben, die einen Trupp blind gehorsamer Männer anführte.

Ob nun aber krank oder gesund, der von Anhalt-Dessau hatte die Regimenter, die er anführte, geschaffen. Er wußte, wie sie einzusetzen waren, und in atemraubenden drei Wochen warfen die beiden Siechen alle Österreicher aus Schlesien hinaus. Dabei hatte ihnen allerdings auch die Kurzsichtigkeit Maria Theresias geholfen, die, anstatt den Preußen Feldmarschall von Traun entgegenzuschicken, für diese Aufgabe ihren Schwager, Prinz Karl von Lothringen, erwählte. Das war ein Mann, der als militärischer Versager selbst im österreichischen Heer kaum seinesgleichen hatte.

Daheim in Berlin allerdings mußte Friedrich feststellen, daß seine Kassen leer waren und der Staat mit viereinhalb Millionen Talern verschuldet. Es fehlten dem König die Mittel, den Kampf fortzusetzen, wogegen den Österreichern wenigstens diese Sorge erspart blieb. Für Friedrich II. war es eine beachtliche Leistung, Preußen an den Rand des Ruins gebracht zu haben. Während der Regierungszeit seines Vaters sagte man, daß Preußen in Europa unerreicht dastand – einfach weil das Land solvent war. Der Kriegsschatz Friedrich Wilhelms I., der immerhin acht Millionen Taler betragen hatte, war aufgebraucht, und mit ihm viel vom allgemeinen Wohlstand des Landes. Friedrichs Untertanen murrten über die drückenden Steuern, die für die ständige Aufrüstung erforderlich waren. Schon früher war man der Ansicht gewesen, daß sich Preußen das 80 000-Mann-Heer Friedrich Wilhelms kaum habe leisten können. Nun aber mußte es mit den gleichen Ressourcen noch weitere 60 000 Mann erhalten. Die Einnahmen, die aus Schlesien fließen sollten, flossen noch nicht; Schlesien brachte nichts ein als Sorgen und zwei Kriege. Es stellte sich heraus, daß Friedrich nicht in der Lage war, bei seinem eigenen Volk Geld einzutreiben. Seine persönlichen Besitzungen brachten schließlich eine Million Taler auf – etwa ein Viertel der benötigten Summe. Ausländische Staaten und Bankhäuser weigerten sich, ihm Kredit zu geben. Friedrichs finanzielle Lage wurde schließlich so verzweifelt, daß Podewils, der schon die ganze Zeit zur Vorsicht und Sparsamkeit gemahnt hatte, nun das Ende Preußens – ja vielleicht sogar der Mark Brandenburg – voraussah. Der König war damals so arm, daß er alle massiv-silbernen Einrichtungsgegenstände seines Palastes zu barem Gelde machte und damit noch weitere der von seinem Vater sorglich angelegten Reserven aufzehrte. In tiefster Nacht, damit die Bürgerschaft von diesen Verzweiflungsmaßnahmen nicht Kenntnis erlange, ließ Fredersdorf den ganzen Schatz des Schlosses an Silberstühlen, Kerzenleuchtern, Bilderrahmen, Kamingarnituren usw. in die Berliner Münze schaffen, wo alles eingeschmolzen wurde.

Mehr noch aber als durch den finanziellen Ruin war Berlin durch Einmarsch und Belagerung bedroht. Eine feindliche Streitmacht von 110 000 Mann bereitete sich zum Angriff vor. Dies war eine so unmittelbare Gefahr, daß Friedrich den Befehl zur Evakuierung der Zivilbevölkerung und zur anschließenden Verteidigung der Stadt gab. Als Podewils diese Order erhielt, stöhnte er: ›Mir stehen die Haare zu Berge!‹

Friedrich selbst sah die Lage etwas zuversichtlicher, obwohl er später selbst in seiner ›Geschichte‹ zugab: ›Kein General beging mehr Fehler in diesem Krieg als der König.‹ Gelegentlich wurde er melancholisch und sagte voraus, er werde sich vielleicht ins Exil begeben müssen. Aber solche Depressionen dauerten nie lange an, und bald nahm er dem Schicksal gegenüber wieder eine heroische Haltung ein. Dies fiel ihm nicht schwer, dank seines beträchtlichen Egoismus. ›Werdet ein ebenso guter Philosoph, als Ihr Politiker seid,‹ riet er seinem ›Angsthuhn‹, wie er Podewils damals nannte. ›Lernt dem Unglück eine Stirn von Erz entgegenzusetzen und noch bei diesem Leben auf Güter, Ehren und eitle Flitter verzichten ... die uns nicht über das Grab nachfolgen.

Ich werde siegen ... Welcher Schiffskapitän, wenn er sich vom Feinde umringt und keine Rettung mehr sieht, würde nicht den Mut haben, seine Pulverkammern in die Luft zu sprengen? Eine Frau, die Königin von Ungarn, verzweifelte nicht, als der Feind vor den Toren Wiens stand und sie ihre reichsten Ländereien verloren hatte. Sollten da wir weniger Tapferkeit beweisen?

Bisher haben wir noch nicht eine Schlacht verloren. Irgendein glücklicher Ausgang kann uns noch höher erheben, als wir je standen. Es ist mein Stolz, daß ich mehr als irgend einer meiner Vorfahren für den Ruhm meines Hauses getan habe, daß ich unter den gekrönten Häuptern Europas eine würdige Rolle gespielt habe; mich darin zu behaupten, erscheint mir als meine persönliche Aufgabe, die ich erfüllen werde, und koste es mich Glück und Leben. Ich habe jetzt keine andere Wahl: entweder ich werde meine Macht aufrechterhalten ... oder ... der Name Preußens wird mit mir begraben ... Wenn ich untergehen sollte, so sei es ruhmvoll mit dem Schwert in der Hand!‹ Später sagte er seinen Soldaten: ›Ich werde siegen, oder keiner von uns wird Berlin jemals wiedersehen!‹ Dieser wehmütige Ausspruch hob den Kampfgeist der Truppen. Friedrichs Plan war, seine 65 000 Preußen als Köder einzusetzen, um die 80 000 Österreicher unter Karl von Lothringen zu jener Art der festen Feldschlacht zu verleiten, in der sich seine Grenadiere so überlegen zeigten. Er wählte den Ort der Schlacht, Hohenfriedberg, und entwickelte eine Strategie der Scheinangriffe, die mit echten abwechselten und den Feind zuerst täuschten und dann zerschmetterten. Nach dreistündigem Kampf hatten die Preußen den Sieg errungen. Friedrich selbst führte drei Bataillone zum Angriff auf die Artilleriestellungen der Österreicher. Nur 360 Mann kamen bei diesem selbstmörderischen, aber erfolgreichen Unternehmen mit dem Leben davon. Die eiskalte Wut seiner Armee brachte Friedrich den Erfolg. Ein preußisches Regiment aus Bayreuth schlug ganz allein zwanzig österreichische Bataillone in die Flucht. Am Ende der Schlacht hatte der Feind 7650 Tote, Verwundete oder Vermißte. Die Preußen hatten um den Preis von 900 Toten und 3800 Verwundeten vier feindliche Generäle, 66 Geschütze, 76 Feldabzeichen und 6000 Soldaten des Feindes gefangengenommen und erbeutet.

Gedemütigt durch den katastrophalen Ausgang dieser Schlacht, wollte Maria Theresia die Scharte auswetzen. Sie war offenbar durch Schaden nicht klug geworden, da sie den Oberbefehl nochmals dem eben erst geschlagenen Karl von Lothringen gab.

Diesmal allerdings – bei Soor – wurden die Preußen überrascht. Die Österreicher besetzten die Anhöhen rings um ein felsiges Tal, in dem die Preußen kampierten. Die österreichischen Generäle waren begeistert. Karl von Lothringen aber, dem das Debakel von Hohenfriedberg noch in den Knochen saß, blieb selbst angesichts des scheinbar sicheren Sieges düster. ›Ihr kennt die Preußen noch nicht!‹ warnte er.

Am 30. September 1745 um vier Uhr morgens meldete man Friedrich, daß sich eine große Menge feindlicher Reiterei nähere. Er schwang sich auf sein Roß und ritt zu einem Aussichtspunkt. Kein Zweifel: er war eingeschlossen, saß in der Falle. Wenn er sich jetzt defensiv verhielt, riskierte er die völlige Vernichtung seiner Streitkräfte. Ein Angriff aber war schier unmöglich, denn das hieß ausschwärmen und vom Tal her die umliegenden Höhen erstürmen, die alle von feindlichen Truppen und Artillerie besetzt waren. Friedrich beschloß es dennoch zu wagen.

Den ersten Stoß führte die preußische Reiterei, die hügelan direkt die österreichischen Geschützstellungen angriff und sich in die Kavallerie des Feindes verbiß, die ihr von den Höhen herab entgegenstürmte. Mit jeder Kanonade fielen preußische Pferde und Reiter, der Rest aber setzte ›mit ungebrochenem Schwung unter völliger Mißachtung des Gegners‹ seinen Angriff fort, wie es später im offiziellen österreichischen Bericht von der Schlacht hieß. Buddenbrocks Kürassiere, die schwere preußische Kavallerie, stürmte nun einen felsigen Hang hinan mitten hinein in das mörderische Feuer der Österreicher. Sie erlitten fürchterliche Verluste, griffen aber mit solcher Wildheit weiter an, daß es ihnen gelang, die Höhen zu nehmen. Noch schwerer aber war der Ausbruch aus dem Tal für die preußischen Grenadiere. Sie mußten bergauf marschieren, direkt in die Mündungen der österreichischen Geschütze. Sie achteten ihrer Verluste nicht und bewiesen wieder einmal jene Gleichgültigkeit gegen alle Gefahr, jene Todesverachtung, für die sie berühmt waren. Allenthalben brachten rings im Tal grenzenlose Tapferkeit und Opfermut den eingeschlossenen Preußen den Sieg. Gegen Mittag waren die völlig verstörten Österreicher in vollem Rückzug. Wie konnte man von ihnen verlangen, daß sie sich weiterhin diesen Geistersoldaten, diesen seelenlosen Automaten entgegenstellten, denen offenbar nicht einmal der Tod Einhalt gebieten konnte?

Für Friedrich war es ein außerordentlich teuer erkaufter Sieg, aber doch immerhin ein Sieg. Beinahe 4000 Preußen blieben tot oder verwundet auf dem Schlachtfeld. Das preußische Lager war einem Angriff zum Opfer gefallen (Trencks Panduren!), lag in Schutt und Asche. Die Frauen und Verwundeten, die sich dort befunden hatten, waren ermordet. Friedrich hatte den Verlust seiner Feldtruhe, seiner Bücher, Schnupftabakdosen, Federn und Papiere, ja sogar seiner Windspiele zu beklagen, die alle an diesem Tage den ungarischen Husaren zur Beute geworden waren. (Sein Lieblingshund, Biche, wurde ihm zurückgestellt, noch ehe seine Soldaten aus der Kriegsgefangenschaft zurückkehren durften. Friedrich weinte vor Freude, als man einige Tage später die Hündin, um ihn zu überraschen, in sein Gemach ließ.)

Noch aus dem zerstörten Lager schrieb Friedrich sofort an Duhan und bat ihn, ihm seine Bibliothek mit Werken von Cicero, Horaz, Voltaire, Montesquieu und anderen zu ersetzen. Von Fredersdorf erbat er zwei neue Flöten, da er ohne Flöten nicht einmal im Felde leben konnte. Auch eine edelsteinbesetzte Schnupftabakdose bestellte er, die ganz jener glich, die ihm ein ungarischer Husar gestohlen hatte. Er hatte begonnen, Schnupftabakdosen zu sammeln, am Ende besaß er 130. Er pflegte mehrere dieser Dosen in seine weiten Manteltaschen zu stopfen und ließ sie dort wie einen Rosenkranz durch seine Finger gleiten. (Aus dieser unbewußten Handlung sowie seiner starken Neigung zur Flöte zogen später die Psychoanalytiker gewisse Schlüsse, bei denen diese Gegenstände zu Genitalsymbolen wurden.)

Mehr denn je verließ sich Friedrich auf Tröstungen, die nicht von Menschen kamen. Er war einsam, vor allem im Jahre 1745, in dem seine beiden engsten Freunde Jordan und Keyserlingk plötzlich starben. Er begann seine Whippet-Hündinnen menschlicher Gesellschaft vorzuziehen. In einer menschenfeindlichen Stimmung gab er es selbst zu: Diese Hündinnen ›waren seine Kinder‹, schreibt seine Biographin Edith Simon, ›oder, wie ziemlich nahelegend die Lästermäuler bald andeuteten, sein Harem‹. Dieser Zwinger, der ihn überallhin begleitete, brachte ihm jene Art hündischer Ergebenheit entgegen, die sich ein Alleinherrscher wünscht, der keine Lust mehr hat, sich Widerreden anzuhören. Anderseits schloß er sich eng an Fredersdorf an, um so mehr, als nun Jordan und Keyserlingk tot waren. Er bemutterte seinen Kammerdiener, machte sich über dessen Krankheiten Sorgen und vertraute ihm Aufgaben an, die weit über seine eigentliche Stellung bei Hofe hinausgingen. ›Gott bewahre Dihr!‹ schrieb er unmittelbar nach dem Sieg bei Soor an Fredersdorf. ›Mache doch meine Sachen in Berlin wie ich es haben will, Brauche braf (Arznei), nim Dihr in acht und werde gesundt!‹ Neben Fredersdorf war der einzige Mann, der für den König ›in Berlin nach dem Rechten sah‹, sein treuer, verschlossener Privatsekretär August Friedrich Eichel, den ein Gesandter einmal ›die wirkliche Regierung‹ nannte. Friedrich hatte weder *Tabagie*-Kumpane noch ein wirkliches Kabinett. Während seiner Amtszeit wurde Preußen durch das Büro Eichels von den Privatgemächern des Königs aus regiert. Die Minister des Kabinetts sanken zum Rang bloßer

Laufburschen herab. Eichel war von solcher Verschlossenheit und untadeliger Loyalität, daß Friedrich einmal sagte: ›Jemand, der herausbringen will, was ich im Sinne habe, muß mich schon selbst bestechen. Doch Eichels – und selbstverständlich auch Fredersdorfs – Macht beschränkte sich darauf, die Befehle des Königs weiterzugeben. Friedrich war ein völliger Autokrat, und alle seine Beamten waren sich dessen bewußt. Sie behielten wohl ihre Ämter, aber nur wenig von ihrem Stolz. Sie blieben auf ihren Posten, waren aber entmachtet.

›Soll ich denn nie Ruhe haben können?‹ rief Friedrich im November 1745 aus, als feindliche Verbände sich neuerlich zur Schlacht gegen ihn rüsteten. ›So zu leben ist kein Leben!‹ Noch einmal schickte er den Alten Dessauer dem Feind entgegen. Der Feind: das waren diesmal die Sachsen. Fürst Leopold und sein Sohn Moritz (der, wie der König selbst, damals dreiunddreißig Jahre alt war), brachen mit dem Heere auf. Doch Friedrich ging alles zu langsam, und er peinigte die beiden mit stichelnden, kritischen, ja sogar beleidigenden Botschaften. Diese ständigen Ermahnungen durch Friedrich II., den Fürst Leopold ohnedies nicht recht leiden mochte, erbosten den Alten Dessauer, und er setzte seinen Marsch geruhsam in dem ihm genehmen Tempo fort. Schließlich schickte ihm Friedrich am 9. Dezember einen bissigen Brief, in dem er ihn des Ungehorsams und übermäßiger Vorsicht zieh. Der König schloß sein Schreiben mit den Worten: ›Ich verstehe darunter keinen Scherz und mögen mich EW. Liebden nicht vor einen Fürsten von Zerbst und Cöthen nehmen, sondern meine Ordres eine Genüge tun. Friedrich.‹

Als der Alte Dessauer dieses Schreiben erhielt, barst er förmlich vor Wut, und da er seinen Zorn an niemandem anderen auslassen konnte, richtete er ihn auf den Feind. Rasch und in wütendem Angriff nahm er die sächsische Stadt Meißen und stürmte dann im Lande umher, ständig auf der Suche nach der Hauptmacht der Sachsen. Am 15. Dezember 1745 konnte er sie in der Nähe von Kesselsdorf stellen. Sie anzugreifen hieß, geradewegs in die Mündungen der dortigen Artillerie zu marschieren. Dazu führte der Weg noch durch ein Tal, dessen Flanken völlig von den Sachsen beherrscht wurden. Der von Anhalt-Dessau brachte seine Truppen in Schlachtordnung, kniete nieder, wie er dies vor jeder Schlacht tat, und betete. ›Oh Gott, laß mich nicht in meinen alten Tagen Schande erfahren‹, soll er damals zum Himmel gerufen haben. ›Herrgot hilf mich, und wenn Du das nich willst, dann hilf wenigstens die Schurken, die Feinde, nicht, sondern siehe zu, wie es kommt. Amen. In Jesu Namen: Marsch!‹ Dann griff er an und gewann, gegen alle Wahrscheinlichkeit und mit schrecklichen Verlusten, die Schlacht. Nach zwei Stunden waren die Sachsen so zermürbt, daß sie die Flucht ergriffen. Der Schrecken saß ihnen so tief in den Gliedern, daß ihr Rückzug erst in Böhmen zum Halten kam. Auch Fürst Leopolds Angriffsmacht war so heftig, daß sich sein Vormarsch kaum verlangsamte. Schnell nahm er die Stadt Dresden ein, binnen einer Woche war ganz Sachsen in seiner Hand.

Mit Bitterkeit mußte Maria Theresia die völlige Niederlage erkennen: zum zweiten Male mußte sie Schlesien an Friedrich verlorengeben. Der Friedensvertrag wurde am Weihnachtstag des Jahres 1745 unterzeichnet. Auch Friedrich war froh, daß der Krieg nun zu Ende war, denn er hatte die Schatzkammern Preußens geleert. Doch gab er sich, obwohl er an verzweifeltem Geldmangel litt und beinahe jeden Reparationsbetrag hätte erhalten können, den er verlangte, mit einer Million Taler zufrieden. Es war ihm ja nur um den gesicherten und bleibenden Besitz Schlesiens zu tun. Den hatte er mit diesem Feldzug erworben, und daneben auch noch den Namen Friedrich der Große, wie sein Volk von nun ab seinen dreiunddreißigjährigen König nannte. Innerlich aber wußte er so gut wie Maria Theresia, daß man hier keinen Friedensvertrag, sondern eigentlich bloß einen Waffenstillstand unterzeichnet hatte. ›Von jetzt ab würde ich keine Katze angreifen, außer ich sei dazu gezwungen. Wir haben uns den Neid Europas durch den Erwerb Schlesiens zugezogen, und alle unsere Nachbarn sind in Alarm versetzt. Da ist keiner, der uns nicht mißtraut.‹

Der Vertrag von Dresden, der den Krieg beendete, beinhaltete unter anderem, daß Friedrich der Große den Gemahl Maria Theresias als Kaiser Franz I. anerkenne. Damit hatte er zum zweitenmal Frankreich im Stich gelassen. Als im Jahre 1748 der lange österreichische Erbfolgekrieg endlich vorbei war, wurde Friedrichs Besitzrecht auf Schlesien von allen Siegermächten des Friedensvertrages anerkannt. So kam es, daß von allen Kriegsteilnehmern Preußen als einziges Land nennenswerten Gewinn davontrug. Freilich wußte Friedrich, daß er nicht allzusehr auf derlei feierliche Erklärungen vertrauen durfte. Es hatte zweier Kriege bedurft, um sich Schlesiens vollends zu versichern; die Eroberung selbst hatte nur sechs Wochen erfordert. Friedrich wußte, daß er seine Armeen auch in Zukunft brauchen würde. ›Verhandlungen ohne Waffen machen etwa so wenig Eindruck wie eine Partitur ohne Instrumente‹, sagte er einmal. Das hieß, daß Preußen ein bewaffnetes Heerlager und der Philosophenkönig vor allem Soldat bleiben mußte.

Die Schlesier erhielten bald Anschauungsunterricht über den Unterschied zwischen österreichischer und preußischer Regierungsform. Unter den Österreichern hatte innerhalb der letzten hundertfünfzig Jahre kein Habsburger Schlesien besucht, Friedrich II. kam wenigstens einmal, meist aber zweimal jährlich nach Schlesien und blieb jedesmal mindestens zwei Wochen. Das hielt er auch mit den anderen Provinzen seines Reiches so. Der König hatte seine Residenz in Potsdam, außerhalb Berlins, denn dort gefiel es ihm besser als in der Hauptstadt. Tatsächlich aber verbrachte er einen großen Teil des Jahres damit, in Karossen oder zu Pferd die preußischen Lande zu inspizieren. Er trat seine Inspektionsreisen erst an, nachdem er sich aus der Fülle der Berichte, die auf seinem Potsdamer Schreibtisch zusammenströmten, gründlich vorbereitet hatte. Wenn er den Verwaltern der landwirtschaftlichen und

Manufakturenbetriebe entgegentrat und ihnen Fragen über die Ertragslage stellte, hatte er stets ein dickes ledergebundenes Notizbuch in der Hand, das bis an den Rand mit Daten und Statistiken über die Ernte oder die Produktionsziffern des Vorjahres gefüllt war. In den Städten und Dörfern sprach er mit den dortigen Beamten. Ohne Unterlaß durchquerte er sein Reich und nahm dabei endlose Wagenfahrten auf erbärmlichen Straßen in Kauf. Er schritt über kotige Felder, sprach mit den Bauern bei der Arbeit und wog dabei bedächtig ihr Gemüse in seiner juwelengeschmückten Hand. Er war ein wandelndes Nachschlagewerk für Wirtschaftsstatistik und wußte über alle Schwierigkeiten, mit denen man an diesem oder jenem Ort zu kämpfen hatte, Bescheid. Diese Inspektionstätigkeit bildete für seine Beamten einen ständigen Ansporn, bis zu Friedrichs nächstem Besuch ihre Anstrengungen zu verdoppeln. Selbst Beamte der unteren Ränge der Ortsverwaltungen wurden fast nie ohne die Zustimmung des Königs ernannt. Ehe auch nur der kleinste Amtsgehilfe in irgendeinem entlegenen Städtchen seinen Posten antreten konnte, mußte Friedrich befragt werden.

Friedrich II. stand jeden Tag um drei oder vier Uhr auf, um das ungeheure Arbeitspensum zu bewältigen, das täglich auf ihn wartete. Er schlief nur fünf oder sechs Stunden. Seine Diener waren angewiesen, ihn zur festgesetzten Stunde zu wecken, indem sie ein nasses Tuch auf sein Gesicht fallen ließen. Er neigte nämlich im Grunde dazu, lange zu schlafen, und sein Wecker lief meist ab, ohne daß er sich erhob. Doch Friedrich hielt sich in eiserner Disziplin. Einmal blieb er – als Experiment sozusagen – mit Hilfe von mehreren Litern Kaffee (den er in späteren Jahren mit Mostrich zu versetzen pflegte) vier Tage lang wach. Die Berge von Korrespondenz, die auf ihn warteten, erledigte er meist noch früh am Tage. Keine Frau, nicht einmal eine Zofe oder Dienstmagd, durfte jemals seine Gemächer betreten. Ein Soldat weckte ihn, ein Lakai band ihm den Zopf, während er schon das erste Bündel Briefe in der Arbeit hatte, die er mit fettigen und schweißnassen, von Schnupftabak gebräunten Fingern durchblätterte. Er schwitzte sehr stark (allnächtlich waren seine Bettücher und seine Matratze durchnäßt), und obwohl er sich häufig mit feuchten Tüchern reinigte, gab er zu, er sähe ›ein bißchen wie ein Schwein‹ aus. Jeden Tag zog er die gleiche abgetragene, ausgebesserte, fleckige und manchmal sogar zerrissene Uniformjacke an und setzte seinen alten Dreispitz auf, den er den ganzen Tag lang aufbehielt. Nachdem er seine Post durchgesehen hatte – Ansuchen und Fürbitten von Bauern und einfachen Leuten ebenso wie offizielle Memoranden –, erhielt er Meldung über die Fremden, die während der Nacht in Potsdam angekommen waren. Wer von diesen sein Interesse weckte, den ließ er durch einen Berittenen zu sich führen. Danach berichteten ihm seine Generäle über militärische Angelegenheiten, worauf er als Frühstück mehrere Gläser Wasser und Tassen Kaffee zu sich nahm – wozu er in jüngeren Jahren auch noch ein wenig Schokolade mümmelte. Kirschen und mancherlei anderes Obst waren stets zur Hand. Einmal schrieb er Fredersdorf, er habe am Vortage Kirschen um 180 Taler gegessen, da er diese Primeurs mit 2 Talern pro Stück bezahlen mußte. Vor neun Uhr spielte er ein oder zwei Stunden lang Flöte. Das war so seine Art zu meditieren, denn beim Spiel strömten ihm, wie er einmal sagte, seine besten Einfälle in einer Flut von Harmonien zu. Anschließend erschienen der Reihe nach seine Kabinettsräte vor ihm, denen der König seine Entschlüsse und Entscheidungen in vielerlei Angelegenheiten bekanntgab. Zwischen zehn und elf hielt Friedrich Audienz oder schlenderte im Schloßgarten umher. Immer wieder waren Besucher aus dem Ausland überrascht, wie ärmlich gekleidete Bürger zu den Schloßfenstern hereinblickten, um zu sehen, ob sie ihren König sprechen könnten: ja man konnte es sogar erleben, daß Landleute im Schloßpark herumwanderten, in der Hoffnung, Friedrich auf einem seiner Spaziergänge zu begegnen.

Wenn Friedrich sich in Potsdam aufhielt, dann nahm er zu Pferd um elf Uhr die Parade seiner Garde ab und kommandierte sie manchmal sogar selbst. Diese Gepflogenheit behielt er Jahr für Jahr bei, selbst noch in seinem schmerzgeplagten hohen Alter: weder strömender Regen noch Schneestürme, noch sengende Hitze konnten ihn davon abhalten. Um Punkt zwölf zog er sich zum Mittagmahl zurück, das zwei oder drei, ja manchmal sogar vier Stunden dauerte, wobei sich der König mit Gästen aus aller Welt und auch mit einigen wenigen Deutschen umgab. Diese Gastmähler wurden berühmt: sie erinnerten etwas an den jungen Kronprinzen und die Rheinsberger Atmosphäre. Die Konversation war lebhaft und mit friderizianischem Esprit gewürzt; das Essen war ausgezeichnet und auf französische Art zubereitet; die Gäste waren hervorragende Männer aus der Diplomatie und dem Geschäftsleben, Publizisten und Gelehrte. Friedrich hatte scharfgewürzte ausländische Speisen gerne und beschäftigte zwölf gutbezahlte Köche, darunter Italiener, Franzosen und Russen. Ihre Leistungen bewertete er jeden Tag mit Noten auf der Menükarte. Er achtete auf die Ausgaben seiner Küche ebenso genau wie auf die seiner Ministerien. Einmal, als ihm eine Rechnung über 25 Taler für hundert Austern und noch einige andere Speisen vorgelegt wurde, kritzelte er darunter ›Räuberei!‹, rechnete alle Einzelposten durch und schloß mit der Bemerkung: ›Alles über zwölf Taler ist gemeiner Straßenraub!‹

Nach Tisch spielte er eine halbe Stunde lang Flöte und unterzeichnete dann die Schreiben, die er am Vormittag diktiert hatte. Er bestand darauf, daß jedes Memorandum und jeder Brief noch am gleichen Tage beantwortet wurde. Nur Todesurteile wurden auf den nächsten Tag aufgeschoben, um der Sache gründlichere Überlegung zu geben. Kaffee, Komponieren und Lektüre füllten seinen späteren Nachmittag, manchmal empfing er nochmals Bittsteller. Am Abend zwischen sechs und sieben spielte er Flöte in einem kleinen Kammerkonzert, zu dem er seine Mitmusizierenden persönlich einlud. Friedrich liebte diese Kammermusikabende, und doch hatte er jedesmal Lampenfieber. Angst vor einer falschen Note ließ seine Hand zittern, und mehr noch zitterte sie, wenn sein Lehrmeister sich vorsichtig räusperte, denn dieses Räuspern zeigte einen Fehler an. Manchmal waren die Leute, die er zum Musizieren einlud, Berufsmusiker. Bei anderen Anlässen spielten hochgestellte Gäste mit. Im Jahre 1770, während eines Besuches der Kurfürstin-Mutter von Sachsen, sang sie und spielte Klavier, während Friedrich und sein alter Lehrmeister Johann Joachim Quantz erste Flöte, der Herzog von Braunschweig erste Geige und Friedrichs Bruder und Nachfolger, der Prinz von Preußen, Cello spielten.

Das Abendessen, dem der König wohl beiwohnte, aber selbst nichts zu sich nahm, konnte irgendwann zwischen frühem Abend oder manchmal sogar erst nach Mitternacht stattfinden. Voltaire war vom Frohsinn und Geist, den Friedrich bei der Tafel zeigte, sehr beeindruckt.

Außer im Kriegsfall oder während Friedrichs Inspektionsreisen in seine Provinzen wurde die strikte Einhaltung dieses Tagesablaufes nur selten unterbrochen. Manöver und Militärparaden fanden im Frühjahr oder im Herbst statt. Mitte Juni nahm Friedrich II. einen Übersichtsbericht auf Ministerebene ab. Jeder Kabinettsminister hatte kurz, genau und zufriedenstellend über die Arbeit seines Ministeriums im abgelaufenen Jahr zu berichten. Dabei musterte ihn der König mit eisigem Blick von Kopf bis Fuß und klopfte ihm gelegentlich mit seinem Spazierstock, den er immer bei sich trug, auf die Schulter. War Friedrich zufrieden, so sagte er: ›Eh bien!‹ War er aber unzufrieden, schlug er dem betreffenden Minister etwas kräftiger auf die Schulter und warnte ihn ›Erwisch ich Ihn nochmal bei einer Nachlässigkeit, dann geht's nach Spandau!‹ (in die Festungshaft). Nachdem er die Berichte aller seiner Minister entgegengenommen hatte, machte Friedrich Urlaub an den Thermalquellen von Eger und Bad Pyrmont. Ein Aderlaß – viermal im Jahr unterzog er sich einer solchen Prozedur – stärkte ihn für seine Inspektionsreise durch Schlesien. Den Monat zwischen Weihnachten und seinem Geburtstag verbrachte er immer in Berlin. Diese vier Wochen waren während seiner ganzen Regierungszeit die gesellschaftliche ›Saison‹ in Preußen. Friedrich war in dieser Zeit so gesellig, daß er sogar seine Königin besuchte und eine Mahlzeit mit ihr gemeinsam einnahm. Bei diesen Anlässen verbeugte er sich beim Betreten des Speisesaals, verbeugte sich, ehe er sich ihr gegenüber niederließ, und verbeugte sich schließlich noch einmal, ehe er wieder ging. Das war alles. Er sprach nie auch nur ein Wort, denn es gab nichts zu sagen.

Das von Knobelsdorff erbaute Opernhaus, das auch als Theater verwendet wurde, kostete Friedrich im Jahr 400 000 Taler. Der Eintritt war frei. Berliner ohne Rang und Position konnten freilich in diesem Prunktheater nicht einmal Stehplätze bekommen, da alle Sitze und Logen Beamten, Offizieren und Soldaten vorbehalten waren. Man lud Johann Sebastian Bach aus Leipzig ein, in der Oper Unter den Linden zu spielen, aber außer ihm waren nur wenige Deutsche unter den

Künstlern, die man dort zu sehen und zu hören bekam. Friedrich weigerte sich einmal, eine deutsche Sängerin einzuladen, mit dem Bemerken, er wolle ›lieber Rosse wiehern hören‹. Sänger aus dem Ausland dagegen, vor allem eine Signorina Barberini aus Italien, standen in hohem Ansehen. Barbara Campanini, wie sie wirklich hieß, war schön, talentiert und äußerst reizvoll. Als sie einmal ihr Engagement in Berlin abbrach, um sich mit einem ihrer Liebhaber einige ruhige Wochen in Venedig zu gönnen, nahm Friedrich den venezianischen Gesandten in Berlin als Geisel fest, bis sie sich wieder an der Oper zeigte. Dann allerdings ließ er ihr eine Gage ausbezahlen, die das Dreifache des Salärs eines preußischen Ministers betrug. Er speiste oft mir ihr, besuchte ihre Privatgemächer und behandelte sie überhaupt mit solcher Großzügigkeit, daß bald das Gerücht aufkam, sie sei seine Mätresse. Das freilich mag bloß eine unhaltbare Spekulation müßiger Klatschmäuler bei Hof gewesen sein, denn Friedrich war von der Schönheit und dem Geist dieser Italienerin ebenso begeistert wie von den Eigenschaften anderer außerordentlicher Damen seiner Zeit. Es gibt keinerlei Beweise dafür, daß er je mit irgendeiner dieser von ihm bewunderten Frauen intim gewesen ist. Barbara Campanini heiratete schließlich den Sohn von Friedrichs Hofreformator Cocceji. Beim ihm blieb sie vierzig Jahre lang, bis zum Tode Friedrichs II., dann ließ sie sich von ihm scheiden.

In diesen friedlichen Jahren war Voltaire der aufsehenerregendste Besucher in Berlin. Friedrich II. hatte sich seit Jahren darum bemüht, Voltaire zu einem längeren Aufenthalt in Preußen zu bewegen. Der Tod seiner Freundin erleichterte ihm den Abschied von Paris – und ein Reisezuschuß des preußischen Hofes (immerhin 40 000 Taler) ließ ihn 1750 endlich die Reise nach Berlin antreten. ›Majestät, Sie sind bewunderungswürdig‹, erklärte Voltaire, ›Sie sind vielleicht der größte Herrscher, der je auf einem Thron saß!‹ Fünf Wochen später, nachdem ihn Friedrich zum Kammerherrn ernannt, ihn mit der höchsten preußischen Auszeichnung, dem Orden *Pour le mérite*, dekoriert und ihm neben freier Station mit Bediensteten noch 5000 Taler im Jahr ausgesetzt hatte, schrieb Voltaire an einen Freund: ›Entweder ist er der beste, oder aber ich bin der dümmste Mann der Welt.‹ Ein Jahr später bekannte er, der König habe ihm den Kopf ›völlig verdreht‹ – und das alles durch ›des Königs große, blaue Augen, sein bezauberndes Lächeln, seine verführerische Stimme, seine fünf Schlachten, seine ausgesprochene Vorliebe für die Einsamkeit, in der er an Versen und Prosa arbeitet, Freundschaftsbeweise, die einem die Sinne rauben, ein wunderbares Konversationstalent, Freizügigkeit, völlige gesellschaftliche Gleichheit, und tausenderlei Höflichkeiten und Aufmerksamkeiten, die – selbst wenn von einem einfachen Bürger erwiesen – einen für diesen Mann völlig einnehmen würden ...‹

Es dauerte aber nicht lange, und die große gegenseitige Bewunderung ließ nach. Voltaire einerseits war zu sehr auf Geld versessen. Friedrich anderseits zu geizig. Man setzte die Voltaire zustehenden Kaf-

Der Begründer Preußens als Militärmacht, Friedrich Wilhelm I. (1683–1757), der Soldatenkönig. (Gemälde von Antoine Pesne.)

Friedrich der Große (1712–1786) im Alter von 69 Jahren. Das Gemälde stammt von Anton Graf und hängt im Schloß Sanssouci.

Königin Luise von Preußen (1776–1810) trug wesentlich dazu bei, daß sich die Deutschen von der Unterdrückung durch Napoleon befreiten. Das Bild zeigt sie im Kreise ihrer Familie.

Friedrich Wilhelm IV.
(1795–1861).

Die französische Karikatur auf die Kaiserdeputation vom 2. 4. 1849 trägt folgenden Text: »Die Unentschlossenheit des Königs von Preußen: – Nun, Majestät, entscheiden Sie sich . . . nehmen Sie die Krone des deutschen Kaisers an? . . . ich bekomme langsam Krämpfe in den Armen, ich kann nicht ewig auf den König von Preußen warten!«

Der erste Hohenzollern-Kaiser Kaiser
Wilhelm I. (1797–1888).

fee- und Zuckermengen herab. Trotzig rächte dieser sich dafür, indem er mehr Kerzen verbrauchte. Dann führte Voltaires Habsucht zu einem häßlichen Prozeß mit einem Berliner Geldverleiher. Es gelang Friedrich, die Geldgier seines kulturellen Salonlöwen zu übersehen. Daß ihm aber Voltaire bei einem späteren Streit über zwei Mitglieder der Berliner Akademie der Wissenschaften widersprach, ging dem König gegen den Strich. Voltaire nahm nicht nur gegen Friedrichs Protégé Maupertuis Stellung, sondern er übertraf sich dann noch selbst an Keckheit, indem er Maupertuis, der immerhin Präsident dieser Akademie war, in seiner Streitschrift lächerlich machte. Dieses Pamphlet wurde im Auftrage Friedrichs vom Scharfrichter öffentlich verbrannt, und die Asche wurde Maupertuis übersandt, um die ihm angetane Kränkung zu sühnen. Später ließ dann Friedrich II. in bezug auf seine Freundschaft mit Voltaire verlauten, er habe ›die Apfelsine ausgedrückt und die Schale fortgeworfen‹. Voltaire verließ Preußen im März 1753, und obwohl die beiden Primadonnen Friedrich und Voltaire noch bis zum Tode des letzteren miteinander korrespondierten, sahen sie einander doch nie wieder von Angesicht zu Angesicht. ›Sie wissen, daß Sie sich in Preußen schmachvoll aufgeführt haben‹, schrieb der König an Voltaire, ›Sie verdienen wohl, das Innere eines Kerkers kennenzulernen. Ihre Talente sind nicht weiter bekannt als Ihre Treulosigkeit und Bosheit.‹ Und dennoch hatten beide Männer auch weiterhin vieles gemeinsam, denn sie haßten und liebten die gleichen Dinge: sie haßten Aberglauben und Unwissenheit und wußten Geist und Freundschaft zu schätzen. Als er 84 Jahre alt war, schrieb Voltaire an Friedrich: ›Möge aus Friedrich dem Großen Friedrich der Unsterbliche werden!‹ Und als Voltaire schließlich starb, hieß es in der Grabrede des Königs, er ›würde bereits einen Ehrenplatz unter der kleinen Zahl der wahren Wohltäter der Menschheit verdienen ..., hätte er nicht mehr getan, als für die Sache der Gerechtigkeit und Toleranz einzutreten ...‹ Das war großzügig von Friedrich, vor allem, wenn man bedenkt, daß Voltaire nach seiner Abreise von Potsdam ein anonymes und anstößiges Buch veröffentlichte, in dem in derben Ausdrücken angedeutet wurde, Friedrichs Beziehungen zu Offizieren und Pagen seien anrüchig gewesen. (Von Fredersdorf schrieb Voltaire: ›Jung und hübsch wie er nun einmal war, diente er dem König in mehr als einer Weise.‹) Friedrich tat dies als ›leeres Geschwätz‹ ab, auf das zu antworten sich nicht lohne. ›Ich diene dem Staat‹, schrieb der König, ›mit all den Fähigkeiten und mit der Reinheit, mit der mich die Natur ausgestattet hat ...‹

Im Sommer des Jahres 1756 hatte Friedrich II. mehr zu tun, als nur seinem Staat zu dienen: er mußte ihn retten, denn der Untergang stand vor der Türe. Wo immer Friedrich hinsah, war er von Feinden umringt, die sich entweder bereits miteinander gegen Preußen verbündet hatten oder im Begriff standen, dies zu tun. Im Norden Schweden, im Osten Rußland, im Westen Frankreich und im Süden seine alten

Feinde Sachsen und Österreich. Wohl hatte Preußen jetzt ein stehendes Heer von 150 000 Mann, doch waren auf der Gegenseite an die 500 000 angetreten. Preußen hatte erst etwa 4 Millionen Einwohner und ein rückständiges Wirtschaftsgefüge, das kaum geeignet war, einen langen Krieg auszuhalten. Jeder einzelne von Preußens drei großen Gegnern (Frankreich, Österreich und Rußland) verfügte über größere Reserven an Menschen und Material, und jeder von ihnen hielt sich für fähig, Preußen ganz allein den Garaus zu machen. Vereint schien es ihnen ein leichtes, den Staat Friedrichs des Großen zu überwältigen und dieses Preußen von der Landkarte zu fegen. Der Siebenjährige Krieg begann mit einem vorbeugenden Überraschungsangriff, der bezweckte, diese Einkreisung zu brechen. Ein solcher Angriff gründete sich auf ähnliche Erwägungen nationaler Notwehr, die zwei Jahrhunderte später zum Sechstagekrieg Israels gegen die arabischen Staaten führten.

Nur allmählich war Preußen in eine derart verzweifelte Lage geraten. Ein Jahr nach dem Vertrag von Dresden war unter dem Einfluß von Fürst Wenzel Anton von Kaunitz-Rietberg das außenpolitische Konzept Maria Theresias völlig überholt worden. (Er hatte Österreich bei den Verhandlungen um Beendigung des Erbfolgekrieges vertreten.) Kaunitz, den man oft den fähigsten Diplomaten des 18. Jahrhunderts nannte, verstand es, Maria Theresia davon zu überzeugen, daß Österreichs traditionelle Feindschaft mit Frankreich und Rußland nicht mehr zeitgemäß sei. Die wahren Feinde Österreichs seien Preußen und diese Emporkömmlinge, das Haus Hohenzollern. Diese Auffassung, wiewohl ihr fast alle übrigen Berater Maria Theresias widersprachen, stimmte mit der Meinung der Kaiserin selbst überein, und sie spornte Kaunitz dazu an, Österreichs neues außenpolitisches Konzept in die Tat umzusetzen.

Demgemäß ging Kaunitz daran, aus Frankreich einen Verbündeten Österreichs zu machen. Dies wurde ihm dadurch erleichtert, daß am Hof von Versailles nun Madame de Pompadour und andere an Einfluß gewannen und die alte antiösterreichische Partei allmählich in Ungnade fiel. Ferner trug auch die Tatsache, daß Friedrich Frankreich zweimal im Stich gelassen hatte, dazu bei, daß die Beziehungen zwischen Versailles und Potsdam nicht gerade von großer Zuneigung getragen wurden. Wenn es Österreich gelang, Preußen zu schlagen, dann wäre Frankreich vielleicht in der Lage, England mit Erfolg zu bekämpfen, und alles könnte einen anderen Lauf nehmen. Inzwischen nährte die Zarin ihren Haß gegen Friedrich II. und schloß ein Bündnis mit Österreich. Allenthalben in Europa kam es zu neuen Allianzen. Das traf auch für Preußen zu, denn es war England daran gelegen, die Besitzungen Georgs II. in Deutschland, nämlich das Kurfürstentum Hannover, gegen den Zugriff Frankreichs zu sichern. Demgemäß unterzeichneten England und Preußen im Jahr 1756 die Konvention von Westminster, in der sich Friedrich verpflichtete, Hannover zu verteidigen. (Das entlastete England, das sich mit Frankreich auf Kriegsschauplätzen in Indien und Kanada im Kampfe befand und deshalb die Zahl seiner auf dem europäischen Kontinent gebundenen Truppen einschränken wollte.) Indirekt aber verletzte die Konvention von Westminster Friedrichs Bündnis mit Frankreich, und als dieses erneuert werden sollte, lehnte Frankreich die Verlängerung ab. Eine Weile blieb Friedrich optimistisch, da er immer noch, nun aber schon irrigerweise, annahm, Frankreich und Österreich seien unversöhnliche Feinde. Er vertraute darauf, daß sein Bündnis mit England Rußland daran hindern würde, ihm entgegenzutreten.

Er hatte überall Spione und Agenten, und bald schon ließen ihn ihre Berichte erkennen, daß er vergebens gehofft hatte. Eine riesige Allianz wurde gegen ihn geschmiedet. An Verbündeten besaß Preußen bloß England (das auf anderen Kriegsschauplätzen kämpfte) und Braunschweig sowie Hessen-Kassel. Aber er hatte ja noch nie eine Schlacht verloren. Das gab ihm Selbstvertrauen, ja mehr noch: es machte ihn tollkühn. Er sagte zu Schwerin, er habe wohl viele Feinde, aber keine Furcht. Seinem Bruder, dem Prinzen von Preußen, schrieb er, daß die preußischen Offiziere, die seine Kriege mitgemacht hätten, wüßten, daß weder Widrigkeiten noch die Zahl der Feinde des Kronprinzen diesen den Sieg rauben könnten. Dann ging er daran, seinen ersten Schlag zu führen, und entfesselte damit den blutigsten Krieg des 18. Jahrhunderts. Am 28. August 1756 marschierte er in Sachsen ein, nachdem er vorher seine 150 000 Soldaten an den Grenzen seines Königreiches in Stellung gebracht hatte. In Schlesien kommandierte Schwerin 37 000 Mann, 26 000 hüteten die Grenze gegen Rußland, und 11 000 schützten Pommern vor den Schweden (trotz der Tatsache, daß Schwedens Königin dem Hause Hohenzollern entstammte). Unter seiner eigenen Führung sammelte Friedrich 70 000 Mann und marschierte mit ihnen in Sachsen ein, wo er auf so gut wie keinen Widerstand stieß. Die Sachsen zogen sich bis an die böhmische Grenze zurück, und nachdem Friedrich Dresden eingenommen und den Österreichern bei Lobositz in Nordböhmen am 1. Oktober eine schwere Niederlage beigebracht hatte, ergaben sich die Sachsen und wurden daraufhin Mann für Mann in die preußischen Streitkräfte eingegliedert. Man ernannte Verwalter, die Sachsen wirtschaftlich auspressen sollten, ›bis die Kerne fliegen‹, und Friedrich verbrachte die ruhigen Wintermonate in Dresden. ›Ich hege nicht die leisesten Besorgnisse‹, schrieb er Ende Oktober. Er war so zuversichtlich, daß er im Januar sogar Berlin besuchte. Er wußte damals noch nicht, daß er seine Hauptstadt sieben Jahre nicht wiedersehen sollte.

Am 10. Januar 1757 erließ Friedrich II. einen Befehl, der in die Geschichte Preußens als eines der begeisterndsten und charakteristischsten Dokumente eingehen sollte, die von diesem großen Soldatenkönig hinterlassen wurden. ›Wenn ich getötet werde,‹ schrieb er an Baron Finck von Finckenstein, dem Freund aus Knabentagen, der nun sein Innenminister war, ›muß alles ohne die kleinste Änderung weitergehen, und ohne daß jemand merkt, daß nun alles in anderen Händen ruht. Wenn ich das Unglück habe, in Gefangenschaft zu geraten, so verbiete ich jegliche Rücksichtsnahme auf meine Person. Man achte nicht darauf, was ich in der Gefangenschaft vielleicht schreiben mag. Wenn sich ein solches Mißgeschick ereignet, so will ich mich für den Staat opfern, und alle Treue und Loyalität möge dann meinem Bruder entgegengebracht werden, der mir, gemeinsam mit allen meinen Ministern und Generälen, mit seinem Kopf dafür haftet, daß man für meine Person weder Land noch Lösegeld bietet, und daß der Krieg so weitergeführt und alle Chancen so genützt werden, als hätte es mich auf der Erde nie gegeben.‹ Dieser Text ist dem Befehl ähnlich, den er während des Ersten Schlesischen Krieges am 7. März 1741 erließ, während er Podewils sagte, dieser hafte ihm mit seinem Kopf, daß er auch ausgeführt werde: ›Wenn ich durch einen unglücklichen Zufall gefangen werden sollte, befehle ich Ihnen . . ., daß Sie während meiner Abwesenheit meine Befehle nicht zur Kenntnis nehmen, daß Sie meinen Bruder beraten, und daß der Staat sich zu keiner unwürdigen Tat erniedrigt, um meine Freiheit zu erkaufen. Ganz im Gegenteil: für diesen Fall befehle ich, daß man dem Feind noch heftiger zuleibe rücken möge. *Je ne suis roi que lorsque je suis libre*. Nur wenn ich frei bin, bin ich König . . .‹

Daß Friedrich eines Tages vom Feind gefangengenommen würde, war durchaus nicht unwahrscheinlich. Vor so einer Eventualität war der König ebensowenig gefeit wie irgendeiner seiner Offiziere und Soldaten. Im Gegensatz zu Ludwig von Frankreich und anderen Monarchen führte Friedrich II. nicht nur seine Truppen selbst ins Feld, sondern ritt an ihrer Spitze auch ins Schlachtgetümmel. Stets war er ihnen voran und setzte sich dem Gewehrfeuer und den Degen der Feinde aus. Daß sie ihren König so an ihrer Seite Leib und Leben einsetzen sahen, feuerte seine Soldaten zu Taten von erstaunlicher Tapferkeit an. Seine Standhaftigkeit selbst angesichts allergrößter Widrigkeiten und Rückschläge führte dazu, daß sich seine Offiziere und Soldaten verpflichtet fühlten, es ihrem König gleichzutun. Mehr als irgendein anderer Faktor hat wohl der persönliche Mut und die Entschlossenheit Friedrichs des Großen dazu beigetragen, Preußen in den schweren Jahren, die nun folgten, zu retten. Einen solchen König, den seine Offiziere und Männer nicht nur fürchteten, sondern vor allem bewundern mußten, konnte man einfach nicht im Stich lassen.

Der erste Januar dieses Krieges brachte die Nachricht von einem russisch-österreichischen Bündnis. Jeder der beiden Signatarstaaten verpflichtete sich, 80 000 Mann zu stellen – wobei der ausdrückliche Zweck dieser Allianz war, Österreich Schlesien zurückzugewinnen und Preußen auf immer zu vernichten, da, wie es in diesem Dokument hieß, ›der Friede in Europa unmöglich gesichert werden könne, solange der König von Preußen nicht der Mittel beraubt sei, eben diesen Frieden zu stören ...‹ Am 1. Mai unterzeichnete Frankreich einen Vertrag, in dem eine beträchtliche finanzielle Unterstützung und ein Heer von 115 000 Mann für die Wiedererlangung Schlesiens zur Verfügung gestellt wurden. Dies veranlaßte Kaunitz zu erklären: ›Mit Gottes Hilfe werden wir so viele Feinde gegen den unverschämten König von Preußen aufbieten, daß er sich unterwerfen muß.‹ Die Schweden wurden durch die Aussicht, Pommern zurückzuerhalten – jene Provinz, aus der der Kurfürst sie einst vertrieben hatte –, zum Eintritt in den Krieg bewogen. Rußland hatte eigentlich keine Händel mit Friedrich, war aber nun in die zu dessen Vernichtung geschmiedete Koalition tief verstrickt. Was Preußens Verbündeten England anlangte, so hatte dieser nicht genug Schiffe, mit denen es die Küsten Preußens gegen die Russen und Schweden hätte verteidigen können. Dafür war England auch auf seinen überseeischen Kriegsschauplätzen in Indien und Nordamerika im Kampf gegen Frankreich viel zu sehr engagiert.

Im Mai 1757 fiel Schwerin in einer Schlacht vor den Toren Prags. Wohl siegten hier die Preußen, doch folgte darauf im Juni der Sieg der Österreicher bei Kolin, der Friedrich nach Sachsen zurückwarf. Dieser Rückschlag im Verein mit einer kurzen Besetzung Berlins durch russische und österreichische Einheiten erschütterte den Optimismus des Königs. Einem Freund schrieb er: ›Das Glück hat mir den Rücken gekehrt. Ich hätte darauf gefaßt sein sollen: schließlich ist Fortuna eine Frau, und ich bin kein Liebhaber ...‹ Einem anderen Freund vertraute er an: ›Sie müssen in mir eine Mauer sehen, die vom Unglück der letzten zwei Jahre geborsten ist. Von allen Seiten stürmt man gegen mich an ... Aber glauben Sie ja nicht, daß ich schwach werde. Wenn alles zusammenbricht, so werde ich mich ruhig unter den Trümmern begraben lassen. In diesen Zeiten des Mißgeschicks muß man sich wappnen mit eisernen Entschlüssen und einem Herzen von Erz. Es kommen Tage für eine stoische Haltung ...‹

Die ›stoische Haltung‹ sollte triumphieren – wenigstens in diesem Jahr. Obwohl der österreichische Sieg bei Kolin im Juni eine Katastrophe für Friedrich gewesen war, brachte doch der Rest des Jahres für Preußen nur Ruhm. Friedrichs Sieg bei Roßbach über die Franzosen und die kaiserliche Armee, die Magdeburg bedrohten, war eine heroische Leistung. Siege dieses Ausmaßes veranlaßten später Napoleon Bonaparte zu dem Ausspruch, der Siebenjährige Krieg sei nicht von den Heeren der Preußen, sondern von Friedrich II. persönlich gewonnen worden. Bei Roßbach erwies sich auch General Friedrich Wilhelm von Seydlitz als einer der größten Kavalleriebefehlshaber aller Zeiten. (Seydlitz war ein so hervorragender Reiter, daß seine Kunststücke fast legendär waren. Eines der berühmtesten bestand darin, durch die Flügel einer sich mit voller Geschwindigkeit drehenden Windmühle zu reiten.) Schon bei Kolin hatte er sich durch eine wagemutige Attacke gegen die Österreicher ausgezeichnet. Friedrich verlieh damals dem erst sechsunddreißigjährigen Offizier den *Pour le mérite* und beförderte ihn zum Generalmajor. Vor der Schlacht von Roßbach überging Friedrich zwei ranghöhere Generäle und vertraute seine gesamte Kavallerie – immerhin achtunddreißig Schwadronen – Seydlitz an. Seydlitz wurde nur von achtzehn Geschützen und sieben Infanteriebataillonen (von denen nur zwei mehr als fünf Salven feuerten) unterstützt. Der Feind stand seinen Reitern mit 64 000 Mann gegenüber. In knapp vierzig Minuten war er durch die Wut des preußischen Angriffs aus seinen Stellungen geworfen und in die Flucht geschlagen. Bei der Verfolgung blieb Seydlitz, obwohl schwer verwundet, an der Spitze seiner Reiter. Noch in der gleichen Nacht beförderte ihn der König zum Generalleutnant und verlieh ihm den Schwarzen Adlerorden, den sein Großvater Friedrich I. anläßlich seiner Krönung gestiftet hatte. ›Das Treffen vom 5. November‹, schrieb Friedrich später, ›ging sehr günstig aus. Wir nahmen 8 französische Generäle, 260 Offiziere und 6000 Mann gefangen. Wir verloren einen Obersten, zwei andere Offiziere und 67 Soldaten. 223 Soldaten wurden verwundet. Nie hätte ich ein solches Ergebnis zu erhoffen gewagt ... Diese furchtbaren Zeiten und dieser Krieg werden sicherlich als ein Wendepunkt in die Geschichte eingehen.‹

Die vernichtende Niederlage, die die kleine Streitmacht preußischer Reiter einem Heer von 64 000 Mann bereitet hatte, machte Friedrich II. über Nacht zum berühmtesten Mann in Europa; in England hielt man ihn beinahe für einen Halbgott. Aus Familiengründen haßte Georg II. seinen Neffen, aber für den einfachen Engländer, der Friedrich im Gasthaus ›Zum König von Preußen‹ hochleben ließ, war dieser der große ›protestantische Held‹ Europas.

Einen Monat später steigerte sich sein Ruhm noch durch eine Schlacht, die, wie Napoleon sagte, allein schon genügt hätte, Friedrich II. unsterblich zu machen und ihm einen Platz unter den größten Feldherren aller Zeiten zu sichern. Friedrich war nach Leuthen geeilt, um dort die Österreicher, die gerade das unweit gelegene Breslau eingenommen hatten, neuerlich anzugreifen. Am 3. Dezember 1757 versammelte Friedrich seine Offiziere um sich und informierte sie auf französisch über seine Pläne. Ein Unteroffizier zeichnete den genauen Wortlaut von Friedrichs Erklärung auf. Er dankte den Offizieren ›aus vollem Herzen‹ für ihre bisherigen treuen Dienste und sagte, er baue seinen gesamten Schlachtplan für den kommenden Tag einzig auf ihre Tapferkeit und Erfahrung auf.

›Ich werde alle Regeln der Kriegführung über den Haufen werfen und einen Feind angreifen, der uns nicht nur an Stärke zweifach überlegen ist, sondern überdies auch auf hohem Terrain in guten Stellungen steht‹, sagte er zu seinen Offizieren. ›Ich muß diesen Schritt wagen oder es ist alles verloren. Wir müssen den Feind schlagen oder uns alle von seiner Batterie begraben lassen. So denke ich und so werde ich handeln ... Ist aber einer unter Ihnen, der sich fürchtet, alle Gefahren mit mir zu teilen, der kann noch heute seinen Abschied erhalten, ohne von mir den geringsten Vorwurf zu erfahren.‹ Friedrich hielt inne und wartete. Dann lächelte er freudig. ›Schon im voraus hielt ich mich überzeugt, daß keiner von Ihnen mich verlassen würde! Ich rechne also ganz auf Ihre treue Hilfe und auf den sicheren Sieg. Sollte ich fallen und Sie für Ihre mir geleisteten Dienste nicht belohnen können, so muß es das Vaterland tun. Und nun gehen Sie und wiederholen Sie Ihren Regimentern, was Sie jetzt von mir gehört haben. Sagen Sie ihnen aber auch, daß ich jeden einzelnen genau im Auge behalten werde. Das Regiment Kavallerie, welches sich nicht sofort, wenn es befohlen wird, unaufhaltsam auf den Feind stürzt, lasse ich gleich nach der Schlacht absitzen und mache es zu einem Garnisonsregiment. Das Bataillon Infanterie, das, treffe worauf es wolle, nur zu stocken anfängt, verliert die Fahnen und die Säbel, und ich lasse ihm die Borten von der Montierung schneiden. Nun leben Sie wohl, meine Herren! In kurzem haben wir den Feind geschlagen, oder wir sehen uns nie wieder.‹

Schon früh am nächsten Morgen ließ der König seine 32 000 Preußen gegen 60 000 Österreicher marschieren. Friedrichs Gegner hatten zwischen den Dörfern Leuthen (das der Schlacht ihren Namen geben sollte) und Lissa, etwa 15 Kilometer westlich von Breslau, gute Stellungen eingenommen. Am frühen Nachmittag nahm Friedrich Neumarkt und die dort postierte österreichische Feldbäckerei samt 10 000 Laib frischgebackenen Brotes. Neumarkt war nur von tausend kroatischen Soldaten verteidigt worden, die Hälfte von ihnen nahm er gefangen. Als er von Neumarkt weiterzog, erhielt Friedrich die gute Nachricht, daß Prinz Karl von Lothringen sich über Feldmarschall Dauns Instruktionen hinweggesetzt und seine österreichische Armee aus ihren geschützten Stellungen gezogen hatte. Er ging nun vor, um Friedrich in offener Feldschlacht gegenüberzutreten, wobei er darauf vertraute, daß die überlegene Stärke seiner Truppen ihm den Sieg bringen werde. Acht Kilometer von Breslau trafen die Preußen auf die Vorhut einer österreichischen Armee, nämlich eine Einheit sächsischer Dragoner. Friedrich befahl seiner eigenen Kavallerie, sofort frontal und von der Seite anzugreifen und schlug den Feind in die Flucht. Mehr als 500 Mann nahm er gefangen. Eine Weile rückten nun die Preußen vor, dann überblickten Friedrich und seine Offiziere das Terrain von einem nahegelegenen Hügel. Dabei entdeckten sie, daß die Hauptmacht der Österreicher nur etwa drei Kilometer von ihnen entfernt war. Das Gelände machte es unmöglich, den rechten Flügel der Österreicher anzugreifen; der linke aber, in der Nähe von Leuthen, schien verwundbar. Friedrich entwickelte einen Plan, der dem Feind seine Absicht verbergen sollte. Er wollte seine Truppen so vorrücken lassen, daß sie sich schräg hintereinander befanden, so daß immer ein großer Teil seiner Einheiten dem Feind verborgen blieb, bis es zu spät war. Abschließend würden sie alle eine halbe Rechtswendung vollführen und zur Schlacht Aufstellung nehmen. Nur seine vorbildlich ausgebildeten Preußen waren fähig, ein solches Manöver auszuführen.

Die Österreicher beobachteten ihre Flanken, von deren Seite sie den Angriff erwarteten, da Friedrich dafür bekannt war, Frontalangriffe zu vermeiden. Als Prinz Karl sah, wie sich scheinbar abgerissene, kleine Truppeneinheiten südwärts auf ihn zu bewegten, sagte er Feldmarschall Daun, daß sie sich offenbar ›fortschmuggeln‹ wollten, und daß man ihnen wohl vernünftigerweise dazu Gelegenheit geben sollte. Dann kam ein Berittener vom rechten Flügel der Österreicher und meldete, daß man preußische Kavallerie gesehen habe, die sich offenbar zum Angriff anschicke. Man bedürfe dringender Hilfe. Als eine zweite und dringendere Botschaft mit der Bitte um Unterstützung einlangte, schickte Prinz Karl den Marschall Daun mit der ganzen österreichischen Kavalleriereserve los, um den rechten Flügel der Österreicher zu schützen – Kilometer von dem Ort entfernt, wo Friedrich wirklich anzugreifen gedachte. Um ein Uhr nachmittags sandte Friedrich Kavallerie und Infanterie in die Schlacht, um den linken Flügel der Österreicher anzugreifen. Die Österreicher schlugen den ersten Ansturm des Feindes zurück. Als aber dann die preußische Kavallerie unter General Hans Joachim von Zieten neuerlich angriff, begannen die Reihen der Österreicher zu wanken. So verbissen kämpfte die preußische Infanterie, daß Fürst Moritz von Anhalt-Dessau sie sogar zurückhalten mußte, als sie ihr Angriffsziel erreicht hatten. ›Das ist der Ehre genug, Jungens!‹ schrie er ihnen zu. ›Marsch zurück in Reservestellung!‹ Die Antwort, die sie ihm angeblich darauf gaben, ist berühmt geworden: ›Der Teufel hol' die Reserve! Gib uns mehr Patronen! Mehr Patronen – schnell!‹

Die linke Flanke der Österreicher war zusammengebrochen, ihr Kern aber, in der Nähe von Leuthen selbst, hielt stand, und Friedrich hatte keine Infanteriereserven mehr. Überdies mußten sowohl er als auch seine österreichischen Gegner erkennen, daß die Preußen von der wilden Wut ihres Angriffs erschöpft waren. Diesen Augenblick benützte die Kavallerie der Österreicher zu einer Attacke auf die preußischen Grenadiere, und sie hätten diese auch sicher überwältigt, hätte nicht General Driessen, der sich mit einer kleinen preußischen Kavallerieeinheit in einer Senke bereithielt, eingegriffen. Er hatte von Friedrich selbst striktesten Befehl, seine Reiter nur dann einzusetzen, wenn Österreicher angriffen. Driessen ließ die österreichische Reiterei an sich vorbeiziehen und fiel ihnen dann in den Rücken. Der Kommandeur der österreichischen Kavallerie, General Lucchesi, fiel, seine Männer wurden in die Flucht geschlagen. Daraufhin wandte sich Driessen gegen die österreichische Infanterie, griff sie im Rücken und an den Flanken an und riß sie auf. So kühn war der Angriff Driessens, daß Friedrich, als ihm alle Einzelheiten gemeldet wurden, herausplatzte: ›Was, Driessen, der alte Narr?‹

Als die Schlacht bei Leuthen geschlagen war, dunkelte es bereits. Friedrich stieg auf sein Pferd, und an der Spitze zweier Grenadierbataillone verfolgte er den Feind entlang der Straße nach Lissa. In Lissa selbst stieß er auf eine größere Anzahl Österreicher und gab seinen Truppen Anweisung, sie zu Paaren zu treiben. Der König stieg vom Pferd. Ein stattliches Haus, etwas abseits von der Hauptstraße, fiel ihm auf. Als er in diesem Hause österreichische Offiziere sah, trat er keck und ohne jeden Schutz ein. ›*Bon soir, messieurs*‹, sagte er, ›ist hier noch Platz? Ich nehme an, Sie haben mich nicht erwartet?‹ Sprachlos umstanden die österreichischen Offiziere den Eßtisch. Sie hatten den König von Preußen sogleich erkannt; es wäre ein leichtes gewesen, ihn zu ergreifen und gefangenzunehmen. Seine lächelnde Selbstsicherheit aber lähmte sie. Es fiel ihnen nichts Besseres ein, als sich der Reihe nach dem König vorzustellen. Friedrich gab ihnen höflich Bescheid und sagte, seine Offiziere würden wohl anderwärts Quartier finden. Sie mögen, da sie nun schon einmal hier waren, doch einfach bleiben. Was ihn selbst betraf, so hatte er sein ›Quartier‹ bald gefunden: ein Haufen Stroh in einem einfachen Bürgerhaus des Städtchens.

Roßbach und Leuthen waren zwei strahlende Siege, die den Ruhm, den Friedrich stets gesucht hatte, festigten; doch die Existenz Preußens – und das wußte Friedrich sehr gut – war durch sie noch nicht gesichert. Die Russen sammelten ihre Kräfte, und Friedrich wußte genau, was dies bedeutete: das Schlimmste sollte erst kommen. Inzwischen machte er sich vom Dezember bis zum Frühling des nächsten Jahres daran, die Wunden seiner Armee zu heilen und ihren Kampfesmut neu zu stärken. Wieder schrieb er Gedichte und Epigramme, las philosophische Werke und tröstete und beruhigte sich beim Flötenspiel. Am 7. Februar 1758 konnte er schreiben: ›Ich bin auf große Abenteuer gefaßt ... Die Könige, die Kaiser und die Zeitungsschreiber sind mir auf den Fersen, aber ich hoffe, die ganze Gesellschaft zu schlagen. Ich sehe dem Ereignis als Philosoph entgegen, denn ich weiß, daß Furcht sinnlos ist, und daß Geschick oder Zufall entscheiden.‹ Einige Monate später allerdings, als die Russen zum Angriff gegen seine Truppen nach Westen zogen, zeigte er sich besorgter. ›Ich führe ein Leben wie ein Hund‹, schrieb er am 28. Juli, ›wenn nur die kleinste Sache unglücklich ausgeht, bin ich verloren ...‹ Und der Atheist Friedrich fügte sogar hinzu: ›Lassen Sie Messen lesen für die Seele Ihres Freundes, der im Fegefeuer sitzt ...‹

Die Schlacht von Zorndorf, in der Friedrich, wieder mit Seydlitz an seiner Seite, den Russen gegenüberstand, war eine der blutigsten des ganzen Krieges. Erst nach vielen Stunden verbissenen Kampfes Mann gegen Mann konnte der Widerstand der Russen gebrochen werden. In einem fürchterlichen Gemetzel, in dem Seydlitz seine Kavallerie an drei beinahe undurchdringlichen russischen Infanteriekarrees blutig stieß, wurden 12 500 Preußen und 21 000 Russen getötet oder verwundet. Sir Andrew Mitchell, ein Engländer, der Friedrich II. begleitete, berichtete: ›Wir stehen am Rande der Vernichtung. Die Russen kämpften wie die Teufel. Alles wurde nur durch den festen Sinn des Königs gerettet. Wollte Gott, ich wäre schon fort von diesem Schauplatz des Schreckens und des Blutvergießens.‹ So furchtbar war dieser Waffengang gewesen, daß Friedrich sich genötigt sah, die geschlagenen Russen entkommen zu lassen. Seine Truppen waren zu erschöpft, um die Verfolgung aufzunehmen. Friedrich mußte feststellen, daß die Russen immer noch über beachtliche Reserven verfügten. Was ihnen aber fehlte, war ein kampferprobter Feldherr, der sie hätte erfolgreich einsetzen können.

Auf diesen preußischen Sieg, der eigentlich eher einem Patt glich, folgte dann bei Hochkirch eine Niederlage durch die Österreicher. Friedrich war sehr deprimiert, um so mehr, als am gleichen Tag auch seine über alles geliebte Schwester Wilhelmine starb. Am 23. November schrieb er: ›Unser Feldzug ist zu Ende. Keine Seite hat mehr aufzuweisen als den Verlust manchen braven Kerls, das Unglück vieler armer Soldaten, die für ihr Leben zu Krüppeln geworden sind, die Verwüstung der Provinzen und Plünderung und Einäscherung blühender Städte . . .‹ Er begann seine Feinde anzuklagen und ihnen vorzuwerfen, daß sie ihn ›in so blutiger und grausamer Weise‹ verfolgten, wobei er völlig außer acht ließ, daß immerhin er selbst durch den Einfall in Schlesien das Geschehen ins Rollen gebracht hatte. Das Menschengeschlecht erfüllte ihn mit wachsendem Zynismus. ›Dieser Krieg ist furchtbar‹, schrieb er, ›und er wird von Tag zu Tag barbarischer und unmenschlicher. Dieses angeblich kultivierte Jahrhundert ist immer noch sehr blutgierig, oder, um es genauer zu sagen: der Mensch wird zum unbezähmbaren Tier, wenn er seinen Leidenschaften freien Lauf läßt. Ich verbringe den Winter wie ein Karthäusermönch. Ich esse allein, bringe meine Tage mit Lesen und Schreiben zu und verzichte auf das Abendbrot . . .‹ Im März 1759 gab er zu, daß er ›ohne irgendeinen glücklichen Zufall keinen Ausweg‹ sehe, denn seine Feinde waren ihm an Truppenstärke doppelt überlegen, und er mußte dauernd von einem Schlachtfeld zum anderen eilen, um eine Front, die ins Wanken geraten war, zu stärken und sich einem überlegenen Gegner zu stellen. Dabei hatten seine Einheiten oft Tagesmärsche von 35 Kilometern und mehr zu bewältigen.

Friedrich II. erlitt die schwerste Niederlage in diesem Krieg am 12. August 1759 bei Kunersdorf. Obwohl Friedrichs Soldaten mit gewohnter Disziplin und Tapferkeit kämpften, wurden sie doch in sechsstündigem Gefecht völlig geschlagen. Dem König wurden zwei Pferde unterm Leib weggeschossen, und eine Kugel drückte eine Schnupftabaksdose in Friedrichs Tasche flach. Als der Kampf vorbei war, lag die halbe preußische Armee verwundet oder gefallen auf dem Schlachtfeld; der Feind hatte 170 Geschütze erbeutet. Die Verluste der verbündeten russisch-österreichischen Armeen betrugen dagegen nur 15 700 Mann. Die Friedrich verbliebenen Einheiten wurden nicht durch Seydlitz gerettet, dessen mutiger Einsatz an diesem Tage vergeblich war, sondern durch die Unbeholfenheit und Langsamkeit der feindlichen

Generäle, die es unterließen, die Niederlage Friedrichs mit einer Verfolgung der preußischen Truppen zu besiegeln. Am nächsten Tage stießen 23 000 Preußen als Verstärkung zu Friedrich, doch er war so gebrochen, daß er die Giftpillen in seiner Tasche durch seine Finger gleiten ließ. Nach der Katastrophe von Kunersdorf schrieb er heim: ›Retten Sie die königliche Familie. Ich habe keine Reserven mehr, und, um die Wahrheit zu sagen, ich glaube, alles ist verloren. Ich werde den Untergang meines Landes nicht überleben. Adieu für immer!‹

Daß die Russen es verabsäumten, nach Berlin zu marschieren, nannte Friedrich ›das Wunder des Hauses Brandenburg‹. Als weiterer glücklicher Umstand sollte sich der Mangel an Koordination zwischen dem österreichischen und dem russischen Generalstab erweisen. Als der Winter herannahte, schien es Friedrich, als sei nun endlich eine Atempause in Sicht. Das Jahr war schrecklich gewesen, aber Preußen hatte es überlebt. Stoische Haltung, zusammen mit ungeheurer Ausdauer, hielten das preußische Heer aufrecht. Friedrich war völlig erschöpft, kämpfte aber dennoch weiter. Er hoffte auf eine glückliche Wendung, sagte aber, er wolle, wenn sich eine solche nicht einstelle, ›nicht länger ein Spielball des Glücks‹ sein. Er sei ›angewidert und lebensmüde‹, sagte er, und könne nur ›still vor sich hin stöhnen‹. Seinen Soldaten gegenüber aber zeigte er sich nach wie vor stark und voll Selbstvertrauen. Während und nach der Schlacht riß er sie durch seine überzeugenden Worte und seine väterliche Besorgnis mit. In all ihrer Qual war er stets bei ihnen und erduldete selbst alles, was sie erdulden mußten. Er schlief in eiskalten Scheunen auf Stroh und aß so miserable Kost, daß er sich damit seine Verdauung für immer verdarb.

Um das Jahr 1760 hatten sich die Russen an die Oder zurückgezogen, nachdem die russischen Truppenteile in den von ihnen besetzten Gebieten alle Lebensmittel und andere Versorgungsgüter aufgezehrt und verbraucht hatten. Nun standen Friedrich nur mehr die Streitkräfte der Österreicher gegenüber. Wohl gewann Friedrich die Schlacht von Liegnitz, aber sein Sieg änderte nichts an der Lage Preußens. ›Das letzte Wort ist noch nicht gesprochen‹, schrieb er, ›mir wurden die Kleider zerfetzt und meine Pferde getötet. Bis jetzt bin ich unverwundbar ...‹ In einem späteren Schreiben fügte er hinzu, daß dies kein besonderer Sieg gewesen sei: ›Wunder sind nötig, um all die Schwierigkeiten zu überwinden, die ich voraussehe.‹ Seine Kraft, sagte er, sei im Versiegen und seine körperlichen Beschwerden im Zunehmen. Er allein kannte die Gefahren, die noch vor ihm lagen, und wußte wie schwer es ihm fallen würde, ihnen zu begegnen. ›Ich behalte alle Sorgen für mich selbst. Ich teile der Öffentlichkeit nur meine Hoffnung mit und die wenigen guten Nachrichten, die ich ihr geben kann.‹ Er wisse nicht, ob er den Krieg überleben werde, fügte er hinzu und fuhr fort, daß er in diesem Falle entschlossen sei, sein weiteres Leben ›am Busen der Philosophie und der Freundschaft‹ zu verbringen. Im Oktober sagte er voraus, er werde Leipzig, Wittenberg, Torgau und Meißen zurückgewinnen – das alles aber werde ihm nicht helfen, denn der Feind würde sich in Dresden und den schlesischen Bergen halten können, wodurch er dann im nächsten Jahr zum vernichtenden Schlag gegen Preußen ausholen könne. Wieder erwog er, Selbstmord zu begehen, und sagte, er wisse, wie er seinem Unglück ein Ende setzen könne. ›Nachdem ich meine Jugend meinem Vater und mein Mannesalter meinem Lande geopfert habe‹, sagte er, ›denke ich, daß ich das Recht habe, über mein Alter selbst zu verfügen ... Brandenburg bestand, ehe ich geboren wurde, und wird auch nach meinem Tode weiterbestehen. Im Alter von fünfzig Jahren hat man so viele Gründe, das Leben zu verachten. Vor mir liegt ein Alter voller Schwäche und Sorgen, voller Kümmernisse und Trübsinn, voller Schande und Beleidigung. Ich habe alle mein Freunde und teuersten Verwandten verloren. Nichts mehr gibt mir Hoffnung. Ich muß es erleben, wie mich meine Feinde mit Verachtung behandeln und in ihrem Hochmut schicken sie sich an, mich mit Füßen zu treten.‹

Bei Torgau an der Elbe schlug Friedrich der Große am 3. November 1760 die letzte große Schlacht dieses Krieges. Nur 600 von seinen 6000 Grenadieren überlebten das mörderische Feuer der 400 feindlichen Geschütze, aber dann trugen Zietens Kavallerie und die unverbrauchten Infanterieregimenter der preußischen Reserve doch den Sieg davon. Sie waren wie immer ungebrochenen Mutes und brachten die Österreicher zur Verzweiflung. Drei Pferde wurden Friedrich unter dem Leib weggeschossen, und schließlich wurde er auch selbst noch von einem feindlichen Geschoß niedergeworfen. Von ihren 44 000 Mann verloren die Preußen 13 120 (also etwa 30 %), während die Österreicher nur 11 260 (etwa 17 %) ihres 65 000-Mann-Heeres einbüßten. (Von diesen 11 260 Mann waren 6000 Gefangene.) Jedenfalls wichen die Österreicher vor Zietens Attacke zurück und räumten das Feld. Obwohl sie nur etwa drei Stunden gedauert hatte, schwächte diese schreckliche Schlacht beide Heere doch so sehr, daß es in diesem Jahr zu keinen weiteren Waffengängen kommen sollte. ›Im nächsten Jahr wird alles von neuem losgehen‹, bemerkte Friedrich nach der Schlacht bei Torgau düster, und fünf Tage später schrieb er: ›... Mir schwillt von meinen Erfolgen nicht der Kamm. Meine vielen Feinde erdrücken mich ... [und sind nicht] hinreichend geschwächt, als daß man sie zum Frieden zwingen könnte. Tatsächlich ist die Zukunft so schwarz, als läge ich schon auf dem Grunde des Grabes ...‹

1761 war das ruhigste Jahr des Krieges. Friedrich konnte es kaum glauben, daß nicht irgendeine neue Katastrophe oder irgendein weiterer blutiger preußischer Pyrrhussieg vor ihm lag. Am 7. Juni meinte er, diese ›völlige Stille‹ sei nur ›das Vorspiel eines heftigen Sturmes‹. Er verbrachte seine Zeit damit, schier unersättlich seine lateinischen und französischen Bücher zu lesen. Seine Philosophie aber mußte immer wieder ›solche Schläge hinnehmen, daß sie zeitweilig ins Wanken‹ geriet. Seine Leiden zwangen ihn, über die Schrecken des Krieges nachzudenken. ›Es ist Zeit für Frieden‹, schrieb er ›sonst werden Hunger und Seuchen die Menschheit an den Geißeln und Tyrannen rächen und Angreifer wie Verteidiger, Freund und Feind, gleichermaßen hinwegraffen. Gott schütze uns vor solchem Geschehen, und sei Ihrer Seele und der Meinen gnädig, wenn wir eine solche haben.‹

Das Jahr ging ohne einen größeren militärischen Zusammenstoß vorüber, aber die Lage Friedrichs blieb unverändert. Immer noch stand die Große Koalition gegen ihn gerüstet und entschlossen, Preußen auf immer zu vernichten. Was aber noch schlimmer war: die englischen Zuschüsse, die bisher zur Finanzierung der preußischen Armee beigetragen hatten, erschienen nun zweifelhaft. Alles gerechnet, war die Lage im Januar 1762 so düster wie nur je zuvor. Es gab keinen Grund zum Optimismus. Dann endlich, am 5. Januar, lächelte Frau Fortuna dem König, der einst gesagt hatte, er sei nicht ihr Galan. Kaiserin Elisabeth von Rußland, die Friedrich den Großen mit all ihrer Leidenschaft gehaßt hatte, starb plötzlich und unerwartet an Trunksucht und ausschweifendem Lebenswandel. Als Friedrich zwei Wochen später die Nachricht erhielt, nahm er sie zum Anlaß für ein Gedicht, in dem er Elisabeth Messalina und die ›Konkubine‹ von Russen und Kosaken nannte. Vorsichtig gratulierte er ihrem Nachfolger Peter III. (dessen Gemahlin später Katharina die Große wurde) zu seiner Thronbesteigung. Er wußte wohl, daß Peter ihn bewunderte, doch er ahnte damals noch nicht, wie sehr. Zar Peter zog sich sogleich aus dem Kriegsbündnis zurück, räumte Ostpreußen (das die Russen besetzt hatten) und stellte Friedrich sogar 18 000 Mann zur Verfügung. Friedrich jubelte. Er schrieb: ›Wir stehen im Begriffe, sofort Frieden zu schließen und vielleicht sogar ein Bündnis einzugehen, welches uns diese schändliche und sengende Horde von Wilden und damit auch die Schweden vom Halse schafft . . .‹ Auch das könnte ihn allerdings noch nicht von allen Sorgen befreien, denn die Österreicher würden ›kämpfen, bis sie ihren letzten Heller ausgegeben haben . . . Der Krieg geht weiter, und wir haben es noch mit zwei gefährlichen Mächten zu tun (Österreich und Frankreich). Da aber zwei weniger ist als drei und vier, wird unsere Lage um 50 Prozent erträglicher.‹ Friedrich war für diese Wendung so dankbar, daß er Peter III. Briefe schrieb, wie er sie nie mehr an irgendeinen anderen Menschen schreiben sollte. In ihnen pries er des Zaren ›Tugenden . . . Selbstlosigkeit . . . Edelmut . . . und viele andere bewundernswerte Eigenschaften‹. Diese hätten Peter zu ›einem Gegenstand der Anbetung‹, einem beinahe ›göttlichen Wesen‹ gemacht. Er erklärte dem Zaren: ›Sie dürfen mein Herz zu Ihren ersten Eroberungen zählen . . . Alle meine Offiziere sagen, lange lebe unser geliebter Kaiser.‹

Darauf folgte am 22. Mai der Friedensschluß mit Schweden. ›So gehen unsere Prüfungen zu Ende‹, schrieb Friedrich. ›Vergleichen Sie meine Lage im nächsten Monat mit der vom letzten Dezember. Damals lag der Staat in den letzten Zügen; wir erwarteten die Letzte Ölung, ehe wir den letzten Atemzug taten. Nun bin ich zweier Feinde ledig . . .‹

Bereits am 9. Juli wurde Peter III. vom Thron gestürzt und ermordet. Friedrich eilte, sich das Wohlwollen Katharinas, der Nachfolgerin Peters, zu sichern. Diese bestätigte wohl den Friedensvertrag mit Preußen, zog aber ihre Friedrich geliehenen Truppen ab. Damit war wohl Rußland aus dem Krieg geschieden, das Bündnis mit Preußen aber vorbei. ›Ich bin Fortunas Kreisel, und sie hält mich zum besten‹, stellte Friedrich fest. ›Aber was kann ich tun? Geduld!‹

Dies sollte sich bald als richtig erweisen, denn Frankreich begann die Lust am Krieg zu verlieren, während anderseits England – unter seinem neuen König und ebenso neuen Premierminister – seine Unterstützung zurückzog. Jetzt stand den Preußen nur mehr Österreich gegenüber, ›der letzte Kämpfer in der Arena‹, wie Friedrich richtig vorausgesagt hatte.

Am 29. Oktober 1762 schlug Friedrichs hochbegabter Bruder, Prinz Heinrich, bei Freiburg die letzte Schlacht des Siebenjährigen Krieges. Danach gelang es auch noch Prinz Ferdinand, die Franzosen über den Rhein zurückzuwerfen. Schließlich blieb Maria Theresia nichts mehr übrig, als den Tatsachen ins Auge zu sehen: Wenn es ihr nicht einmal mit Hilfe einer so übermächtigen Koalition gelungen war, Friedrich II. und Preußen zu zerschmettern, so würde dies Österreich allein schon gar nicht schaffen. In Hubertusburg, unweit von Leipzig, begannen die Friedensverhandlungen. Während diese im Gange waren, schrieb Friedrich einen Brief nach Hause, in dem er sich mit einem Mann auf stürmischer See verglich, der zum erstenmal wieder Land erblickte: ›Manchmal bin ich über diese frohen Aussichten so glücklich, daß ich an ihre Wirklichkeit nicht glauben mag ...‹ Und doch wurde der Friedensvertrag am 15. Februar unterzeichnet. In ihm wurden die Grenzen des Jahres 1756 – und damit der Besitz Schlesiens durch Preußen – bestätigt. Dieser Friede festigte auch Preußens neu errungene Stellung unter den Großmächten Europas.

Friedrich war erleichtert, aber zu erschöpft, um sich seines Erfolges wirklich zu freuen. Einen Monat später kehrte er, zum erstenmal seit vielen Jahren, nach Berlin zurück und kam sich, 51 Jahre alt, dort wie ein Fremder vor. Er sagte, er gehöre eigentlich in ein Heim für alte Kriegsveteranen. Seine Verdauung war ruiniert, sein Haar ergraut, seine Gestalt gebeugt; er ging auf einen Krückstock gestützt. Als er in seine Hauptstadt einzog, fand er keinen seiner alten Freunde mehr vor. Er ging der öffentlichen Willkommensfeier, die man für ihn veranstaltet hatte, aus dem Wege und kehrte in tiefster Nacht ins Schloß zurück. ›Madame sind korpulenter geworden‹, waren seine ersten Worte zu der Königin, die ihn am Eingang empfing.

›Ich bin grau wie ein alter Esel‹, mußte Friedrich II. bei seiner Rückkehr aus dem Krieg feststellen. ›Es scheint mir, als verlöre ich alle paar Tage einen weiteren Zahn, und die Gicht hat mich halb lahm gemacht.‹ Doch die Glorie, der er in seiner Jugend nachgestrebt war, hatte er gefunden: Die Welt war voll von seinem Ruhm. In London hatte man eine Puppe in preußischer Uniform, die den König darstellte, auf einem Esel durch die Straßen reiten lassen. Die Londoner breiteten ihre Mäntel vor diesem seltsamen Umzug auf die Straße und die Menge schrie Hosianna, als wäre Friedrich Jesus, der in Jerusalem einritt. In Italien wurde er wie ein Heiliger verehrt und in den Fenstern brannten Kerzen vor seinem Bild. In Venedig hatten sich die Mönche des Klosters St. Giovanni e Paolo in zwei feindliche Parteien geteilt – die ›Preußen‹ und die ›Österreicher‹ –, die sich mit Tellern, Schüsseln und Trinkkrügen bekämpften. Auch hier errangen die ›Preußen‹ den Sieg. In Sizilien drängte man Reisenden aus Preußen körbeweise Obst auf und bot ihnen Krüge mit Wein an. Allerorten wurden sie von offiziellen Abordnungen begrüßt, die ihnen gegenüber die Ehrerbietung der Bevölkerung für den König von Preußen zum Ausdruck brachten. Schon bei seiner Thronbesteigung, als seine fortschrittliche Gesinnung sich in so vielen Erlässen manifestiert hatte, war Friedrich beliebt gewesen. Jetzt aber war er mehr als beliebt; man verehrte, ja man fürchtete ihn, der gegen alle Regeln der Wahrscheinlichkeit triumphiert und sich erfolgreich gegen das von vielen verhaßte Haus Habsburg behauptet hatte.

Friedrichs Armee war der einzige Garant für die Überlebensfähigkeit seines Staates – das hatte dieser Krieg bewiesen. Also beschloß er sofort, diese Armee einsatzbereit und in einer ständigen Kriegsstärke von 150 000 Mann zu halten. Die spätere Bemerkung Mirabeaus begann sich zu bewahrheiten: Andere Staaten hätten ihre Armeen, aber nur die preußische Armee habe ihren eigenen Staat. Der Armee flossen zwei Drittel des preußischen Nationaleinkommens zu, jeder sechste Mann des Königreichs Preußen leistete Waffendienst. Als Friedrich starb, war seine Armee beinahe so groß wie die des weit größeren und reicheren Frankreich.

Friedrich löste einige der ›freien Bataillone‹ auf, die er während des Siebenjährigen Krieges zusätzlich zu seinen regulären Einheiten hatte aufstellen müssen. Auch reinigte er das Offizierskorps von Elementen der Bourgeoisie. Um 1806 zählte das Offizierskorps von mehr als 7000 Mann nur 695 Nichtadelige (in Artillerie- und Train-Einheiten). Er war der Ansicht, daß Bürgerliche nicht über genug Ehrgefühl verfügten, um als Offiziere zu dienen. Ehrgefühl nämlich war es vor allem, was Friedrich von seinen Offizieren verlangte. Friedrich von der Marwitz beschrieb es als ›Ablehnung jeglichen persönlichen Vorteiles, allen Gewinnes, aller Bequemlichkeit – ja, jeglichen Bedürfnisses, solange nur die Ehre erhalten bleibe! Anderseits aber auch jegliches Opfer dafür, für ihren König, für ihr Vaterland, für die Ehre der preußischen Waffen! In ihren Herzen: Pflicht und Treue, und keine Angst ums eigene Leben!‹ Wie Gordon Craig in seiner Studie über die preußische Armee ausführt, war die Bourgeoisie mehr durch materielle als durch moralische Erwägungen motiviert. In Katastrophensituationen folgte sie zu sehr der Vernunft, um Opfermut als notwendig oder empfehlenswert anzusehen.

Was aber hatte Preußen gerettet, wenn nicht die Aufopferung aller persönlichen Interessen, die Unterordnung des einzelnen im Dienste der großen Sache und eiserne militärische Disziplin? Da sich klar gezeigt hatte, daß Preußen seine Existenz solchen militärischen Tugenden verdankte, nahm man allgemein an, daß diese Tugenden auch eine ruhmreiche Zukunft verbürgen würden. Schon unter Friedrich Wilhelm I. hatten Kabinettminister, ebenso wie Generäle und Obersten, ohne Fragen und Widerrede gehorcht und Befehle mit militärischer Pünktlichkeit und Genauigkeit ausgeführt. Unter Friedrich dem Großen wurde dieses Reglement auf das gesamte Königreich ausgedehnt. Die obersten Stufen der Verwaltung waren mit Offizieren aus dem Adelsstand besetzt, die unteren Ränge mit Unteroffizieren oder Soldaten, die in einem der Feldzüge Friedrichs zu Invaliden geworden waren. Die Bevölkerung, die sie zu regieren halfen, versorgte die Armee mit den Früchten ihrer Felder und den Erzeugnissen ihrer Fabriken und diente selbst in ihren Reihen. Da Friedrich II. alle Entscheidungen selbst traf, wurde der Staatsapparat für ihn zu einem Werkzeug, das er benützte, und nicht zu einer selbständigen Macht, die die politischen Geschicke des Landes beeinflussen und Selbstvertrauen erlangen konnte. Das Bürgertum war es zufrieden, wenn es lediglich seinen materiellen Vorteil hatte, und strebte nie nach der Macht.

So wurde das Königreich zu einem reinen Militärstaat, denn die Armee war in gewisser Hinsicht der Regierung nicht untergeordnet oder von dieser unabhängig: Genaugenommen *war* die Armee die Regierung, denn nicht nur der König war vor allem selbst Soldat, sondern auch fast alle seiner Verwalter, Beamten und adeligen Grundbesitzer waren Soldaten. Solange dies so blieb, schreibt Craig, ›machte allein das Prestige der Armee ... Reformen unmöglich‹. Und Craig fährt dann fort: ›So war es etwa schwierig zu behaupten, zu viel Disziplin schade der Beamtenschaft oder den Preußen überhaupt, da doch die Disziplin und der strikte Gehorsam preußischer Truppen auf dem Schlachtfeld selbst den Feinden und Gegnern Preußens Bewunderung abgenötigt hatte. Man konnte unmöglich irgendwelche wesentliche gesellschaftliche Reformen erhoffen, solange die Einheit des Offizierskorps vom Schutze der Feudalrechte der adeligen Grundbesitzer abhing oder solange erbliche Leibeigenschaft die Grundlage der Einteilung des Landes in Verwaltungsbezirke bildete. Die Armee formte den Staat nach ihrer Eigengesetzlichkeit. Dadurch wurde sie schließlich das Haupthindernis, das sich jeder politischen oder sozialen Reform entgegenstellte.‹

Ein weiteres Hindernis für Reformbestrebungen aller Art waren der Nimbus und das Prestige des Königs in Preußen. Diese waren so über alle Maßen groß, daß niemand im Königreich die Errichtung eines Militärstaates durch Friedrich ernsthaft in Frage stellte – von ganz wenigen mißmutigen Intellektuellen abgesehen. Die meisten von diesen flohen aus Preußen und behaupteten, das Land sei eine reine Militärdiktatur. Die Preußen aber, die im Lande blieben, waren mit dem Stand der Dinge durchaus zufrieden. Jedermann, sogar Goethe, der nun wirklich kein Preuße war, verehrte Friedrich II. nicht nur als einen Alexander den Großen, sondern beinahe als einen König Salomo. Nicht nur hatte er sein Königreich vor dem Untergang gerettet, er hatte es auch nach dem Friedensschluß wieder aufgebaut, ohne sich Schonung zu gönnen, stets im Bewußtsein, daß der König der erste Diener seines Staates sei.

Nach dem Ende des Siebenjährigen Krieges wurde ein Programm des Wiederaufbaus und der Industrialisierung in Angriff genommen. Beauftragte des Königs ritten durch ganz Preußen und registrierten Schäden und Verluste, die die Bevölkerung erlitten hatte. Diese wurden durch den Staat teilweise wiedergutgemacht. Lebensmittel und Viehfutter aus den Überschüssen der Armee wurden verteilt. Die Bauern erhielten Vieh, Saatkorn, Bauholz und oft auch Bargeld, damit sie ihre Höfe wiederaufbauen konnten. Wieder einmal wurden, wie schon früher, Kolonisatoren zur Einwanderung eingeladen: neue Städte entstanden, brachliegendes Land wurde aufgeforstet oder wieder landwirtschaftlich urbar gemacht. In Berlin wurde eine neue Preußische Staatsbank gegründet, deren Kapital der König selbst beisteuerte. Ein System staatlicher Zuschüsse in Verbindung mit strenger Kontrolle der Erzeugerindustrien wurde eingeführt, um Produktion und Ausfuhr zu fördern und den Bedarf an Einfuhrgütern zu senken. In Berlin wurde eine königliche Porzellanmanufaktur gegründet. Um sie wettbewerbsfähig zu machen, wurde Meißener Porzellan aus Sachsen nicht nur in Preußen verboten, sondern es war nicht einmal der Transit von Meißener Ware durch Preußen erlaubt. Auf ähnliche Weise forcierte und schützte man auch die Erzeugung von Seide, Satin, Woll- und Baumwollwaren, und bald schon gehörten Textilien zu Preußens wichtigsten Exportartikeln, durch die zur Zeit von Friedrichs Tod dem Staate ein Außenhandelsüberschuß von drei Millionen Talern zufloß. Man baute Kanäle und errichtete Staatsmonopole für Tabak, Kaffee und Salz. Man begann die großen Bodenschätze Schlesiens auszubeuten. Die schlesische Bergbauverwaltung nahm den Abbau von Kohle, die Verarbeitung von Eisenerz und die Anlegung von Bleigruben und -schmelzen ernsthaft in Angriff.

In den siebziger Jahren erschwerte eine Lebensmittelknappheit, die beinahe zu einer Hungersnot ausartete, den Wiederaufbau. Die großen Unterstützungen und Zuschüsse, die der König einführte, erhöhten die an sich schon drückende Steuerlast. Als seine Minister klagten, sie sähen keine Möglichkeit, das Steueraufkommen weiter zu erhöhen, wandte sich Friedrich um Hilfe an das Ausland. Zwei Pariser Ratgeber schlugen die Einführung der französischen Methode vor: die Einhebung der indirekten Steuern durch selbständige Steuerpächter oder Inkasso-Agenten. So wurde die *régie,* eine verhaßte Institution, eingeführt. In ihr waren französische Steuereintreiber tätig, die nicht nur das Vierfache ihrer preußischen Kollegen verdienten, sondern überdies noch von jeder weiteren Steuererhöhung, die sie der gepeinigten Bevölkerung herauspreßten, eine fünfprozentige Prämie einstrichen. So war es unvermeidlich, daß der wachsende Wohlstand von Verärgerung über die harten Maßnahmen begleitet war, mit denen er künstlich erzwungen wurde. Das aber führte nun wieder dazu, daß Friedrichs Mißtrauen gegen sein Volk wuchs. Aus diesem Mißtrauen heraus gründete er die erste geheime Staatspolizei Preußens, wobei er sich auch hier eines französischen Vorbildes bediente. Die Unterwelt wurde von geheimen Vertrauensleuten durchsetzt, doch lehnte es Friedrich ab, seinen Agenten auch die Bespitzelung anderer Gesellschaftsschichten zu erlauben – obwohl sein Polizeichef dazu riet.

Friedrichs Mißtrauen erstreckte sich auf viele Bereiche des Lebens. Je älter, desto autokratischer wurde er; immer mehr neigte er dazu, das aus Frankreich stammende Gedankengut der Aufklärung aus Preußen fernzuhalten – gerade jenes Gedankengut also, dessen Hort und Symbol er als Kronprinz gewesen war. Rousseau sagte, daß das politische System Friedrichs den mittleren und niederen Ständen jede Möglichkeit politischer Bildung raube. Und tatsächlich lähmten die Maßnahmen des Königs alle Gedanken und Handlungen in seinem Reich. Die Mittelklasse, der man erlaubt hatte, ihre Haut im Offizierskorps des Königs zu Markte zu tragen, wurde nun aus diesem verbannt. Die Aristokratie, an sich schon stark durch ihre Monopolstellung in der Armee, wurde nun noch mächtiger durch ihr Eindringen in die zivile Verwaltung. Friedrich gab ärmeren Adeligen Anstellung und setzte ihnen Gehälter aus, auch stärkte er ihre Macht gegenüber den leibeigenen Bauern und landwirtschaftlichen Arbeitskräften. Diese Macht war nur in bezug auf Rekrutierung eingeschränkt, so daß die Bauern doch wenigstens gegen die grausamste Ausbeutung geschützt waren. In den letzten Jahren seines Lebens, also nach der Teilung Polens, verfügte der Adel über noch mehr Ländereien und noch mehr Leibeigene, denn Friedrich war es gelungen, durch den Gewinn Westpreußens eine Landbrücke von der Mark Brandenburg nach Ostpreußen herzustellen. Nun war der König am Gipfel seines Erfolges angekommen.

Die Hauptstadt, die sich mit vielen neuen Palästen und Kulturbauten geschmückt hatte, war ein Symbol für die neuerlangte Bedeutung des Hohenzollern-Reiches. Friedrich II. allerdings zog es auch weiterhin vor, in seinem bezaubernden kleinen Schloß Sanssouci in Potsdam zu wohnen, das er sich nach dem Zweiten Schlesischen Krieg hatte bauen lassen. In Berlin wurde im Jahre 1785 Schloß Bellevue eröffnet. Der Grund, auf dem es stand, hatte einst dem nun längst verstorbenen Knobelsdorff gehört. Dort hatte der Architekt gelebt, dessen Verhältnis zu Friedrich sich verschlechterte, nachdem das Forum Fridericianum erbaut worden war – wobei allerdings der ursprüngliche Plan durch spätere Änderungswünsche des Königs zerstört wurde. Der zauberhafte französische Barockbau, in dem Prinz Ferdinand wohnte, wurde später zum Ausgangspunkt aller feierlichen Aufmärsche, die die Hohenzollern-Herrscher Unter den Linden entlang zu ihrem Berliner Schloß veranstalteten.

Friedrich II. starb ein Jahr nach der Eröffnung von Schloß Bellevue. In den letzten Jahren seines Lebens war er unmerklich immer mehr zur legendären Gestalt geworden, ein zierlicher, gebeugter alter Mann, in dessen gebrechlichem Körper faszinierende Augen loderten. Er war verdrießlich, zanksüchtig, mürrisch und empfindlich. Jeder ungeschickte Kerl, der sein Mißfallen erregte, mußte gewärtigen, daß er des Königs Stock mit der silbernen Krücke zu spüren bekam. Sein Essen machte ihm Schwierigkeiten (es war teuflisch scharf gewürzt); er werkte in seiner Bibliothek herum und hoffte immer noch darauf, seine schriftstellerische Tätigkeit (und nicht seine Waffentaten) würden ihm zur Unsterblichkeit verhelfen; er inspizierte seine Provinzen und strafte seine Beamten – und in allem war er halb Mythos, halb geisterhafte Erscheinung, ein charismatischer Führer, der Größte seines Geschlechts; das Volk hielt ihn bald für einen Tyrannen, bald für einen Heiligen. Die Veteranen, die seine Kriege überlebt hatten, beteten ihn an und nannten ihn ›Vater‹. Alle anderen nannten ihn den Alten Fritz, und wenn er nach Berlin kam, versuchten sie, nach seinen Kleidern zu haschen und seine Stiefel zu küssen.

Daß er für jedermann zu sprechen war, brachte ihm viel Liebe und Zuneigung. Er war nicht, wie die Habsburger oder andere Könige, unerreichbar und schwebte sozusagen in den Wolken. Seine sparsame und einfache Kleidung, seine stoische Verachtung persönlicher Bequemlichkeit, seine asketische Erscheinung – all das gewann ihm die Herzen seiner Untertanen, denn in ihm verkörperten sich die bodenständigen deutschen Ideale harter Arbeit, Schlichtheit und ungezwungene Mannesrede und Lebensart in der Person eines absoluten Herrschers. Über Friedrich gab es – nicht nur in Preußen, sondern auch in ganz Europa – buchstäblich Hunderte von Geschichten und Anekdoten. Jede einzelne dieser Geschichten war dazu angetan, die ihm entgegengebrachte Verehrung noch zu erhöhen, und doch beruhten sie alle entweder auf Wahrheit, oder es war doch wenigstens ein Körnchen Wahrheit in ihnen. Sein ätzender Humor schockierte, sein Gerechtigkeitssinn begeisterte die Leute, denn beide setzte Friedrich meist am rechten Ort ein. Als er einst ein Todesurteil unterschreiben sollte, das gegen einen Kavalleristen ergangen war, der mit seinem Pferd Sodomie getrieben hatte, befahl Friedrich II. einfach: ›Das Schwein zur Infanterie versetzen!‹ Oft konnte er seine boshafte Zunge einfach nicht im Zaum halten. Seine spöttischen Bemerkungen über andere Herrscher führten häufig zu diplomatischen Verwicklungen, denn natürlich wurden sie, kaum hatte er sie ausgesprochen, weitergetragen. Anderseits fehlte es ihm nicht an Wärme und Güte, und seinen Neffen und Nichten war er aufrichtig zugetan. Als in seinen letzten Jahren eine seiner Nichten ihm eine Rede hielt, sagte er zu ihr: ›Vielen Dank, mein liebes Kind, für die angenehmen Dinge, die du deinem alten Onkel erzählst. Er verdient sie wahrlich nicht. Er ist eine gebrechliche alte Plaudertasche, die man auf dem kürzesten Wege ins Jenseits senden müßte, wo sie dann ihr müßiges Gerede fortsetzen kann ...‹ Einer seiner Neffen, Prinz Louis Ferdinand, sah in dem Alten Fritz einen liebenswerten Sonderling. Als Louis Ferdinand sieben Jahre alt war und an den Tauffeierlichkeiten für seinen jüngeren Bruder teilnahm, hörte er, wie Friedrich der Große, der Pate, zu ihm sagte: ›Mein kleiner Mann, als ich dich über dieses Taufbecken hielt, hat der Prediger eine so lange Rede gehalten, daß ich dich wegschickte, ehe sie zu Ende war. Das Unrecht muß ich heute wiedergutmachen.‹ Sprach's, ergriff das Gefäß mit Taufwasser und goß es über den Jungen.

Er war praktisch begabt, erfindungsreich, geschickt und – vor allem – meistens gerecht. Einmal reformierte er die Regierung, entließ Beamte und befaßte sich höchstpersönlich zwei Monate lang mit einem Fall, in dem ein Dorfmüller berechtigte Beschwerde gegen einen Adeligen geführt hatte. Er duldete bei niemand eine Ungerechtigkeit und gab lieber eigene königliche Vorrechte auf, als daß er eine Beugung seiner strengen Rechtsauffassung zugelassen hätte. Der Fall eines anderen Müllers, der in Potsdam eine Windmühle betrieb, ist berühmt geworden – vor allem, weil er sich wirklich zugetragen hat. Das Geklapper der Windmühle des braven Mannes störte den Frieden im Schloß Sanssouci. Friedrich, der nun einmal seine Ruhe haben wollte, versuchte, des Müllers Grundstück aufzukaufen. Der aber weigerte sich es zu verkaufen. Er ließ dem König sagen, die Mühle gebe ihm einen guten Lebensunterhalt und sichere ihm ein zufriedenes Alter. Über diesen Widerspruch erzürnt, drohte Friedrich, das Grundstück beschlagnahmen und die Mühle niederreißen zu lassen. Darauf antwortete der Müller: ›Ja, wenn es kein Kammergericht in Berlin gäbe!‹ Friedrich, der sich sein Leben lang dafür eingesetzt hatte, daß das Recht des Landes auch für den König gelten solle, gab sich geschlagen. Die Mühle klapperte friedlich weiter, und die Geschichte, die in Hunderten preußischer Dörfern immer wieder erzählt wurde, bestärkte Friedrichs Untertanen in dem Glauben, daß ihr autokratischer König ein Vorkämpfer gegen königliche Tyrannei sei. (Als Napoleon in Potsdam ankam, um Friedrichs Grabmal zu besuchen, zeigte man ihm die Mühle und erzählte die Geschichte. Er weigerte sich, sie zu glauben, und erklärte, eine solche Handlungsweise sei unvereinbar mit dem Majestätsbegriff und den königlichen Vorrechten.)

Beamte, die sich als Blutsauger erwiesen, sandte Friedrich ohne Rücksicht auf ihren Rang ins Gefängnis; er sah darauf, daß nur ehrliche Männer dem Staate dienten. Einmal fand der König einen Brief, der an Christian Ernst von Malschitzki, einen seiner Zimmerpagen, adressiert war. In diesen Zeilen dankte die Mutter des Pagen ihrem Sohn dafür, daß er ihr seine Ersparnisse übersandt hatte. Der König ließ eine Rolle Goldstücke in die Tasche des Pagen gleiten. Alsbald meldete der Page dem König, er habe Gold gefunden, das ihm nicht gehöre. Friedrich war von der Ehrlichkeit des Knaben so beeindruckt, daß er ihn beförderte. Von Malschitzki starb schließlich im Jahr 1835 im Alter von sechsundsiebzig Jahren als Oberst und Direktor des Kriegsbüros.

Beamte, ja sogar Bedienstete, die schlagfertig waren und dem König in demselben Ton antworteten, wie er sie angesprochen hatte, wurden von Friedrich belohnt und oft auch befördert. Berühmt in dieser Hinsicht wurde Pfund, des Königs Kutscher. Der König liebte es, so schnell zu fahren, wie Droschkengäule eben laufen können – jedenfalls aber immer in gestrecktem Galopp. Als Pfund einst so dahinraste, stürzte die Kutsche um, und Friedrich wurde auf die Straße geschleudert. Friedrich griff sofort nach seinem Stock und war drauf und dran, Pfund für seine Ungeschicklichkeit zu verprügeln. Doch dieser entwaffnete ihn völlig durch die unschuldige Frage: ›Wie? Und haben vielleicht Eure Majestät nie eine Schlacht verloren?‹ Ein andermal hatte Pfund den König so verärgert, daß er seines Postens bei Hof enthoben wurde und mit einem Maultierkarren den Mist aus den Ställen wegführen mußte. Als der König ihn fragte, wie ihm seine neue Arbeit gefiele, antwortete Pfund nur: ›Mist oder Majestät, Esel oder Pferde – Transport bleibt Transport!‹ Bald war er wieder auf seinem alten Posten.

Aber Friedrich war mehr als nur ein liebenswerter und etwas absonderlicher Onkel. In der Art, in der er Leute behandelte, die seinen Unwillen erregt hatten, konnte er recht grausam und willkürlich sein. Während eines Feldzuges in Böhmen mißlang dem Erbprinzen von Braunschweig einiges. Friedrich ritt in gestrecktem Galopp auf ihn zu und rief: ›Prinz, Sie wissen doch hoffentlich, daß Sie ein Idiot sind. Ob Sie nun Hoheit sind oder nicht – Befehle müssen Sie befolgen!‹ Vor dessem versammeltem Stab kanzelte er den leichenblassen Prinzen ab. Friedrich konnte es auch nicht lassen, Leute bei der Tafel zu erniedrigen oder auf ihre Kosten Späße zu machen. Er verachtete die Kirchen, ja den religiösen Glauben selbst, und kränkte und verärgerte viele gläubige Menschen durch seine spöttischen Bemerkungen. Einmal entschuldigte sich am Karfreitag der alte Zieten bei Tisch, um zur Kommunion zu gehen und einige Zeit allein in stiller Andacht zu verbringen. Bei der nächsten Mahlzeit fragte ihn dann der König: ›Nun, Zieten, wie sind Ihnen die Sakramente bekommen? Haben Sie den wahren Leib und das Blut Christi gut verdaut?‹ Darauf lautes Gelächter; doch Zieten stand auf und hielt zur Verteidigung seines Glaubens eine so mannhafte Rede, daß Friedrich sich später entschuldigte und sagte: ›Glücklicher Zieten! Ich wollte, ich könnte glauben wie Ihr. Haltet an Eurem Glauben fest. Es wird nicht mehr vorkommen.‹ Es kam freilich bloß mit Zieten nicht mehr vor, denn Friedrich konnte sich seiner Angriffe auf den Aberglauben, wie er alle Arten der Religiosität nannte, nicht enthalten. Als ihm einmal die Fassade einer Potsdamer Kirche nicht gefiel, ließ er sie so ändern, daß sie das einfallende Licht abhielt. Als sich dann der Pastor und seine Gemeinde beschwerten, verwarf er ihre Beschwerde mit den ätzenden Worten: ›Selig sind, die da nicht sehen und dennoch glauben.‹

Es war unvermeidlich, daß die Mißachtung des Königs für Kirchen und Religion die Gesellschaft, die sich unter seiner Regierung entwickelte, zu Freidenkern machte und bald auch zu losen Sitten führte. Friedrich selbst aber blieb an den philosophischen Fragen interessiert, die sich aus seinem – wenn auch negativen – Interesse an der Religion ergaben. Er wurde Freimaurer und beschäftigte sich eine Zeitlang mit Astrologie, ja sogar mit Alchimie. Nach einiger Zeit aber glaubte er an diese Dinge nicht mehr. Einmal erzählte er einem Freund, er habe sich eingehend mit Astrologie befaßt. ›Das Ergebnis war‹, sagte er, ›daß ich außer Altweibergeschichten und Unsinn nichts kennenlernte.‹ Im Jahre 1738 – also noch in seiner Kronprinzenzeit – wurde er Freimaurer. Schließlich gründete er die Berliner Loge in Charlottenburg, deren Meister vom Stuhl er wurde. Später aber trat er aus der Loge aus, als man einen Freimaurer, der General war, des Betruges und Hochverrates überführte. Schließlich stellte er sich völlig gegen die Freimaurerei, und zwar wegen ihres religiösen Gehaltes. Im Jahre 1782 sagte er: ›Diese religiöse Sekte ist noch absurder als die anderen . . .‹ Sein ursprünglicher Beitritt fußte auf seiner Überzeugung, daß geheime Brüderschaften, die sich mit Recht und Wahrheit befaßten, die Gesellschaft gerecht regieren könnten. Später tat er die Geheimbünde ab und regierte ganz allein, nur auf seinen eigenen Willen, sein Gerechtigkeitsgefühl und seinen Stock mit der silbernen Krücke vertrauend.

Jahrelang plagten ihn Gicht und Hämorrhoiden, schwere Krankheiten aber waren ihm erspart geblieben. Doch in den letzten Jahren seines Lebens litt er an Wassersucht, und viele andere Leiden suchten ihn heim. Er wurde in zunehmendem Maße mürrisch, melancholisch, mißtrauisch und seltsam. Er hüstelte ununterbrochen, konnte nachts kaum schlafen, stand aber nach wie vor jeden Tag früh auf und nahm ohne Rücksicht auf das Wetter stundenlang die Parade seiner Truppen ab. Daneben erledigte er noch eine umfangreiche Korrespondenz und kümmerte sich höchstselbst um alle Staatsgeschäfte. Eines seiner letzten bestand darin, daß er im September 1785 einen Handelsvertrag mit den Vereinigten Staaten von Amerika schloß. Dieser wurde in Den Haag ratifiziert; der Vertreter der neuentstandenen Republik war Benjamin Franklin. Im gleichen Jahr brachte Friedrich einen Fürstenbund zustande, um den ehrgeizigen Plänen der Habsburger entgegenzutreten.

›Ich bin es müde, über Sklaven zu herrschen‹, schrieb der König einige Monate, ehe er starb. Er nannte sein Volk *canaille* – Gesindel, und als einmal jemand einwandte, daß die Leute, die dem König auf den Straßen zujubelten, doch wohl kaum Gesindel seien, antwortete Friedrich gereizt: ›Setze Er einen alten Affen aufs Pferd und lasse Er ihn durch die Straßen reiten, so werden diese Kerls ebenso zusammenlaufen.‹ Er verachtete seine Untertanen und hielt sie kurz. War er auch oft ein gütiger Despot, ein Despot blieb er dennoch. Er stellte die Weichen für die Zukunft: Er machte die Alleinherrschaft populär, selbst wenn ihre Methoden oft verhaßt waren. Der strenge, asketische absolute Herrscher, der sich in der Rolle eines Dieners des Staates gefiel, wurde zu jener Heldengestalt, die man in künftigen Jahren immer wieder heraufbeschwor. Selbstlose dienende Hingabe an den autokratischen Staat wurde zu einem preußischen Ideal, und dies war weitgehend dem Beispiel zu verdanken, das Friedrich vorgelebt hatte. Er diente seinen Untertanen als Vorbild stoischen Erduldens und unbedingter Pflichterfüllung bis zum bitteren Ende – selbst als er schon Blut hustete und seine Gliedmaßen von der Wassersucht unförmig aufgedunsen waren. Kein Wunder, daß sie ihn anbeteten. Ein Beispiel dieser Verehrung finden wir in einem Bericht eines seiner Untertanen über den Einzug des Königs in Berlin an einem Maitage des Jahres 1785, also nur ein Jahr vor seinem Tode. ›Der König‹, schreibt unser Gewährsmann, ›war nur ein Mann von dreiundsiebzig, schlecht gekleidet und staubbedeckt, der von des Tages harter Arbeit zurückkehrte. Jeder aber wußte, daß dieser alte Mann für ihn arbeitete, daß er dieser Aufgabe sein ganzes Leben gewidmet und daß er sich ihr noch nicht einen einzigen Tag entzogen hatte. Ringsum, nah und fern, konnte man die Früchte seiner Arbeit sehen, und so brachte sein bloßer Anblick Gefühle der Ehrfurcht, Bewunderung, des Stolzes und Vertrauens zur Entfaltung – kurz, alle guten Regungen im Menschen.‹

In diesen Worten sind die Leistungen und Erfolge des großen Königs zusammengefaßt. Er hatte es zuwege gebracht, daß man ihn in der öffentlichen Meinung völlig mit dem Begriff des Wohles der Allgemeinheit identifizierte. Seine Untertanen waren der aufrichtigen Überzeugung, daß dieser alte Mann wirklich für sie alle arbeitete – und dies, obwohl es genug Beweise für das Gegenteil gab, obwohl die Junker noch immer ihre Leibeigenen unterdrückten, und obwohl Friedrich sie alle für Gesindel hielt. Ja, sie gingen sogar noch weiter: Auch die Frucht ihrer eigenen Arbeit, auch den steigenden Wohlstand ihres Landes, schrieben sie ihm und seinen Anstrengungen zu. Diese Verehrung hielt sich im preußischen Volk mehrere Generationen lang. Damit aber verehrten die Preußen auch die militärischen Tugenden des Gehorsams und der eisernen Pflichterfüllung. Im Jahre 1859 beschrieb der deutsche Romancier Gustav Freytag die Gefühle, welche die Deutschen beseelten, als sie sich 1815 – also mehr als eine Generation nach dem Tode Friedrichs des Großen – freiwillig zum Kampf gegen Napoleon Bonaparte meldeten. Aus Freytags Beschreibung können wir erkennen, daß selbst dann noch die lodernden friderizianischen Augen ein ganzes Volk hypnotisieren und anfeuern konnten:

›Friedrich wurde der Held der Nation. Die Deutschen erhoben ihn mehr noch als Gustav Adolf. Er regierte den Geist von Menschen weit über die engen Grenzen seines Reiches hinaus. In den fernen Alpentälern, unter Leuten, die eine andere Zunge sprachen und die einem anderen Glauben anhingen, wurde er in Bild und Schriften wie ein Heiliger verehrt. Er war ein mächtiger Herrscher, ein begnadeter Befehlshaber, und überdies – was die Deutschen vor allem schätzten – er war ein großer Mann in einer der höchsten Stellungen, die es auf Erden gibt. Seine persönliche Erscheinung und sein Benehmen führten dazu, daß Ausländer und sogar seine Feinde ihn bewunderten. Er gab dem Volke die Begeisterung für die Größe alles Deutschen, Streben nach höheren irdischen Interessen und den Wunsch nach einem gemeinsamen deutschen Staat wieder ... Denn die Deutschen wurden besser, wohlhabender, glücklicher, wenn etwas sie jenseits der begrenzten Interessen ihres Privatlebens und an den kleinlichen literarischen Streitgesprächen vorbeiführte; wenn sie eine große Persönlichkeit mutig nach den höchsten Dingen greifen sehen ... Unter ihm begannen, zum erstenmal seit Jahrhunderten, die Enkel jener Bürger, die den großen Siebenjährigen Krieg erlebt hatten, wieder ihre eigenen Kräfte zu fühlen ... Sein Vermächtnis an sie war der Grundstein zu einem deutschen Reich ... Aber in den Stuben deutscher Bauern richtete das Bild des alten Königs im Dreispitz und mit dem kleinen Zöpfchen seinen ernsten Blick nicht vergeblich auf das von ihm wiedererweckte Leben; nicht umsonst waren die Mütter dieser Generation zur Kirche gelaufen, um Gottes Segen auf seine Waffen herabzuflehen. Nun sollte der ganze Segen, der auf seinem Leben lag, sich erst wirklich erweisen. Der Geist des großen Mannes lebte im deutschen Volk weiter. Fünfzig Jahre, nachdem der König aus dem Siebenjährigen Krieg heimgekehrt war, und dreihundert Jahre, nachdem Luther so ernsthaft seinen Gott zu finden gesucht hatte, stählte sich das deutsche Volk zum größten Kampf, den es jemals erfolgreich geführt hatte. Die Väter schickten nun ihre Söhne und die Frauen ihre Männer in den Krieg. Die Deutschen traten dem Tod mit einem Lied auf den Lippen entgegen, um der deutschen Seele einen Leib, dem Vaterland ein Reich zu gewinnen.‹

Es ist eine Ironie der Geschichte, daß ausgerechnet Friedrich II. solche Gefühle wecken sollte, denn er war niemals ein großer ›Deutscher‹ gewesen. Stets war er ein Preuße, der oft genug anderen deutschen Staaten mit Waffengewalt entgegentrat und dem es keinesfalls um die Einheit aller Deutschen zu tun war. Der Mythos ist hier aber wichtiger und mächtiger als der Mensch – der an sich schon wichtig genug war.

Zu Friedrichs Lebzeiten gab es nur wenige, die den im Grunde diktatorischen Charakter seines militärisch-autokratischen Staates erkannten. Geheimrat Heinrich von Schön nannte preußische Beamte der späteren Zeit ›sklavischer als westindische Neger‹, weil sie sich freiwillig despotischen Befehlen beugten. Ganz Ähnliches mußte sich Friedrich II. von einem britischen Diplomaten anhören, der den König einmal dadurch in Empörung versetzte, daß er sagte, er wolle lieber ein ›Affe in Borneo‹ als ein Untertan der preußischen Krone sein. James Harris, der spätere erste Earl of Malmesbury, beurteilt Friedrich in einem an den Earl of Suffolk gerichteten Brief vom 18. März 1766 folgendermaßen:

›Die Grundlage des Verhaltens Seiner Preußischen Majestät, vom Tag seiner Thronbesteigung bis heute, scheint zu sein, daß er die Menschheit als Ganzes, vor allem aber jenen Teil von ihr, den er zu regieren bestimmt war, als nur dazu geschaffen betrachtet, seinen Willen auszuführen; beziehungsweise das auszuführen, was dazu dient, seine Macht zu mehren und sein Reich zu vergrößern. Von dieser Basis ausgehend, hat er sich immer nur von seinem eigenen Verstand und Urteil leiten lassen, ohne jemals irgend einen seiner Minister und Stabsoffiziere zu Rate zu ziehen. Er tat dies nicht so sehr, weil er etwa von ihren Fähigkeiten keine hohe Meinung hatte, sondern weil er das bestimmte Gefühl hegte, daß, wenn er in ihnen mehr als bloße Werkzeuge sehe, sie mit der Zeit ihren eigenen Willen entwickeln und dann, anstatt nur Ausführungsgehilfen zu sein, selbständig zu handeln versuchen würden.

Um an diesem System festzuhalten, mußte er sich allen Mitleides und aller Gewissensbisse entäußern, vor allem aber auch jeglicher Religiosität oder Moral. An Stelle der Religion setzte er Aberglauben, an Stelle der Moral das, was man in Frankreich *sentiment* nennt. Wenn wir dies einmal verstanden haben, erklärt sich für uns auch jenes bunte Gemisch aus Menschlichkeit und Barbarei, das für seine Persönlichkeit so charakteristisch ist ...

So verlor er sein Hauptziel nie aus den Augen und zeigte sich im Augenblick, in dem dieses auf dem Spiel stand, bar jeden Gefühls. Obwohl er als Einzelperson oft human, gütig und freundlich erscheint und oft auch wirklich ist, verlassen ihn diese Eigenschaften doch in dem Augenblick, da er als König handelt. Dann verbreitet er, wohin er auch geht, Elend, Leid und Verfolgung ... Mag er auch in unwichtigen Fragen versagt haben: Entschlossenheit und Gewitztheit, die er zur Geltung brachte, wie es die Situation erforderte, und die stets von großem Talent begleitet waren, halfen ihm doch fast jedes wichtige Unternehmen, hatte er sich erst einmal auf dasselbe eingelassen, auch erfolgreich zu Ende führen ... Zweifellos verdankt er dies größtenteils seiner überlegenen Begabung, und doch scheint es mir, als könnten wir noch einen anderen Grund in Charakter und Lage seiner Untertanen aufspüren. Im allgemeinen sind sie arm, eitel, unwissend und prinzipienlos. Wären sie reich gewesen, so hätte sein Adel sich nie bereitgefunden, mit Eifer und Begeisterung als subalterne Offiziere zu dienen. Ihre Eitelkeit gestattet es ihnen zu glauben, sie könnten ihre eigene Größe an der Größe ihres Monarchen messen. Ihre Unwissenheit erstickt in ihnen jegliche Regung von Freiheit und Opposition, und ihre Prinzipienlosigkeit macht sie zu willigen Werkzeugen für die Ausführung jeglichen Befehls, der ihnen erteilt werden mag, ohne daß sie sich daran kehren, ob der Befehl nun recht und billig sei oder nicht ...

Wenn man all dies bedenkt, so erscheint es vielleicht etwas weniger erstaunlich, als es allgemein den Anschein hat, wenn ein Herrscher, der über ein derartiges Volk gebietet, ein Land zu so großem Ruhm geführt hat, das seiner geographischen Lage, seinem Klima und seiner Bodenbeschaffenheit nach unter den Mächten Europas wohl nur eine sehr untergeordnete Rolle hätte spielen sollen. So ist es denn auch nicht schwer vorauszusehen, daß es – gerät es erst einmal in andere Hände – seine Vormachtstellung rasch wieder verlieren wird ...‹ (Diese Voraussage erwies sich als höchst zutreffend.) Was nun James Harris' Analyse Friedrichs II. und seiner Untertanen anlangt, so kann man diese nicht gut als Ansicht eines Mannes abtun, der Preußen gegenüber völlig negativ eingestellt ist. Harris (1746–1820) war von 1772 bis 1776 außerordentlicher Gesandter am preußischen Hof und in Preußen so angesehen, daß ihm der König (der Nachfolger Friedrichs II.), als Harris im Jahre 1788 in den Adelsstand erhoben wurde (Baron Malmesbury von Malmesbury; 1800 wurde er dann Earl), gestattete, den preußischen Adler in seinem Wappen zu führen.

Am 18. August 1786, zwei Stunden und zwanzig Minuten nach Mitternacht, starb Friedrich II. Seine letzten Worte waren: *›Cela sera bon; la montagne est passée.‹* So hieß er den Tod willkommen – natürlich auf französisch, denn das war die einzige Sprache, derer er sich bediente. Nur gemeinen Soldaten und gewöhnlichen Untertanen gegenüber, verwendete er sein miserables Deutsch. Hätte er James Harris' Beurteilung seines Volkes gelesen, so hätte er mit ihm in vielen Punkten übereingestimmt. Er hatte deutsche Kunst, deutsche Literatur, die deutsche Sprache – ja, genaugenommen, sein Volk selbst – immer schon verachtet.

Sein Kammerdiener bereitete die Leiche zum Begräbnis vor. Die Hemden des Königs waren vom Schweiß so durchtränkt, daß man ihm zur Beisetzung ein Hemd seines Kammerdieners anziehen mußte. Auch seine übrigen Kleidungsstücke waren so schäbig, daß man sie als Lumpen an einen jüdischen Händler verkaufte. Als man den Sarg des Königs durch die Straßen führte, lag eine seltsame Stille über der Menge. Mirabeau sagt, die Leute seien ›still wie das Grab‹ gewesen. ›... keiner trauerte. Man konnte keine Äußerung des Bedauerns, keinen Seufzer, kein Lobeswort hören. Das also war aus so vielen gewonnenen Schlachten, aus so viel Ruhm, aus einer Regierungszeit von fast einem halben Jahrhundert voller großer Taten geworden. Alle sehnten sich nach einem Ende dieser Ära, und alle beglückwünschten sich innerlich, daß sie nun vorbei war.‹

In späteren Jahren errichtete man Unter den Linden ein großes Reiterstandbild Friedrichs des Großen. Christian Daniel Rauch hat es geschaffen. Die Haltung des großen Mannes ist tatsächlich der eines Soldatenkönigs angemessen. Friedrich sitzt zu Roß, seine rechte Hand ruht, mit nach hinten abgebogenen Fingern, an seiner Hüfte. Dabei springt der Ellbogen so hervor, daß sein Umhang in wahrhaft königlichem Faltenwurf vom Oberarm rückwärts fällt. Sein Pferd steht mit erhobener Vorderhand, als scharre es ungeduldig, um weiter vorwärtsstürmen zu können. In dieser Statue scheint Bewegung wie in einem metallenen Foto eingefroren. Sie mag einen Moment der Rast auf einem Feldzug oder während eines Manövers zeigen. Es scheint, als habe Friedrich angehalten, um die Lage zu beurteilen oder den Vorbeimarsch eines Trupps Soldaten zu beobachten. Am Fuße des Standbildes finden sich Gruppen kleinerer Gestalten, Offiziere darstellend, die Friedrich seine Kriege gewinnen halfen. Bei einem Vergleich mit dem Abbild Friedrichs fällt einem ihr männlich-robustes Aussehen und Gehaben sofort auf. Die Gestalt zu Pferd unter dem großen Dreispitz ist runzelig wie eine Dörrpflaume. Das Gesicht mit der straffgespannten Haut und der spitzen Nase erinnert weniger an Cäsar, Alexander oder Napoleon als an irgendeine staubbedeckte ägyptische Leiche. Die frettchenhaften Züge stehen in groteskem Gegensatz zu den dicken Beinen und der plumpen Gestalt des Königs, doch sie zeigen jenen charakteristischen Blick, den sich alle Hohenzollern nach Friedrich II. zu imitieren bemühten – jenen ›Fritzischen Blick‹: reizbar, empfindlich und kritisch, doch voll königlichen Feuers.

Es liegt etwas Maliziöses in ihm, der Ausdruck des bösartigen und sarkastischen Witzes, mit dem Friedrich so oft seine Untergebenen in ihrer Gegenwart und Könige in deren Abwesenheit erniedrigte. Das Gesicht legt Zeugnis von der Persönlichkeit des Mannes ab, nicht aber von den Fähigkeiten, die in ihm ruhten, jene verborgenen Tiefen, aus denen er seine Tapferkeit und Entschlußkraft schöpfte. Man sieht die Schattenseite dieses großen Mannes: wie er sich zur Schau stellte und mit seinem bissigen Witz und seiner kultivierten Virtuosität im engen Kreise seiner Anbeter prunkte; wie angesichts von Kritik oder Opposition sein Temperament jäh aufflammte; wie er fast jedermann anschnauzte oder benörgelte; wie er andere mit Wortspielen und geschliffenen Späßen reizte und verwundete; wie er so oft in seiner sorgfältig verdrückten, fleckigen, ja sogar geflickten Uniform, die er in seinen späteren Jahren trug, als Poseur wirkte; und wie er stets in seinen Feldlagern und Musikzimmern, Salons und Schlachtfeldern herumeilte und kritisierte, nörgelte, spottete, höhnte, stichelte und kicherte. Die pergamentene Haut, die über sein Gesicht gespannt scheint, unterscheidet sich stark von den Gesichtern der Soldaten am Fuße des Standbildes. Das sind Männer aus Fleisch und Blut, mit herzhaftem Appetit, und man steht bei diesem Vergleich unter dem Eindruck, als sei die Mumie, die Preußen in diesen Jahren regierte, eine bösartige Königin gewesen. Und doch, trotz allem, erfuhren die Geschicke Preußens nach seinem Tod eine solche Wendung, daß die Preußen nur ehrlich wünschen konnten, Friedrich II. möge noch unter ihnen weilen.

Niedergang, Wiedergeburt und Reaktion

Die Preußen mögen Friedrich den Großen zwar angebetet haben, doch zusammen mit ihm seine so lange und strenge Regierungszeit zu durchleben, war einer Residenz auf preußischem Olymp vergleichbar. Nach einiger Zeit waren sie von der dünnen Höhenluft erschöpft. Sie hatten genug von der Pflichterfüllung und wollten sich lieber etwas unterhalten. Als der Neffe Friedrichs II. den Thron im Alter von einundvierzig Jahren bestieg, dachten sie, die Zeit für eine Lockerung der strengen Bräuche sei gekommen*. Der neue Herrscher machte sich sofort dadurch beliebt, daß er friderizianische Sparsamkeit aufgab und einige der unpopulärsten Maßnahmen seines Onkels aufhob: nämlich die *Régie* und die staatlichen Kaffee- und Tabakmonopole. Er erweckte zunächst auch dadurch guten Eindruck, daß er den hochmütigen Hohenzollern-Brauch abschaffte, Untergeordnete nur in der dritten Person Einzahl anzusprechen, so als wäre der angesprochene ›Er‹ gar kein Mensch, sondern eine Sache.

Friedrich Wilhelm II., wie er sich nannte, war freundlich, höflich und an der Förderung der schönen Künste interessiert. Er spielte gut Cello und kümmerte sich um Musik und Theater. Er war groß und stattlich (man nannte ihn später auch Friedrich Wilhelm den Dicken), aber es wurde bald offenbar, daß er ernstzunehmende Schwächen hatte. Friedrich II. hatte noch zu seinen Lebzeiten diese Fehler erkannt, denn schon damals war der Prinz von Preußen für seine Neigung zu Mätressen berüchtigt. ›Ich werde Ihm sagen, wie es nach meinem Tode gehen

* Der zweitälteste Sohn Friedrich Wilhelms I., Prinz August Wilhelm, war zum Prinzen von Preußen (Titel eines Erbprinzen, der nicht Sohn eines regierenden Monarchen war) ernannt, starb aber bereits mit sechsunddreißig Jahren und beinahe in Ungnade, denn der König, sein älterer Bruder, hatte ihn aus der Armee entfernt, nachdem er im Jahre 1757 durch sein Ungeschick den siegreichen Ausgang einer Schlacht gefährdet hatte. Nach seinem Tode ging der Titel auf seinen vierzehnjährigen Sohn über. Die Geschichte Preußens hätte vielleicht eine andere Wendung genommen, wäre es Friedrich II. gestattet gewesen, einen seiner anderen Brüder – vor allem etwa den hochbegabten Heinrich – als seinen Nachfolger zu bestimmen.

wird‹, sagte Friedrich der Große einem seiner Vertrauten ein Jahr vor seinem Tod: ›Es wird ein lustiges Leben bei Hofe werden. Mein Neffe wird den Schatz verschwenden, die Armee ausarten lassen. Die Weiber regieren, der Staat wird zugrunde gehen.‹

Seine Prognose sollte sich als ziemlich zutreffend erweisen. Die Bürger, die sich so sehr nach einem weniger gestrengen Herrscher gesehnt hatten, bekamen ihn bald satt. Nur fünf Monate nach der Thronbesteigung Friedrich Wilhelms II. konnte Mirabeau schreiben: ›Von Tag zu Tag verachtet man den neuen König mehr. Die Leute haben jenes Gefühl des Erstaunens, das dem der Verachtung vorangeht, bereits überwunden.‹ Zunächst waren sie von der Untätigkeit des Königs nur überrascht, aber bald schon wurden sie durch diese erschreckt. Mirabeau schrieb weiter: ›Nun sind sie erstaunt, ... wenn sich einmal herausstellt, daß irgendeine neue Torheit oder alte Sünde nicht einen ganzen Tag in Anspruch nimmt. Und doch könnte seine Sucht, selbst zu regieren, *ohne irgend etwas zu tun*, kaum mehr einen höheren Grad erreichen. Während der letzten beiden Monate hat der König mit keinem seiner Minister mehr irgendein Staatsgeschäft besprochen.‹

Mirabeau stellte auch fest, daß ›der neue König, anstatt seine Untertanen zu sich heraufzuziehen, zu diesen hinabsteige‹. ›Friedrich Wilhelm haßt nichts, liebt aber auch kaum etwas. Das einzige, was ihm wirklich zuwider ist, sind Leute von Geist und Intellekt. Im königlichen Haushalt herrscht völliges Durcheinander. Aufsicht und Planung liegt in den Händen der unteren Bedientenränge ... Gelder werden sinnlos ausgegeben ... überall findet man Wirrwarr und Zeitvergeudung. Die Diener fürchten den Jähzorn des Königs, sind aber anderseits die ersten, die über seine Unfähigkeit klagen. Die Papiere sind nicht in Ordnung, Bittschriften werden nicht beantwortet. Der König öffnet nie selbst einen Brief, und keine Macht der Erde könnte ihn dazu bringen, vierzig Zeilen auf einmal zu lesen ...‹

Friedrich Wilhelm II. regierte elf Jahre lang, aber man könnte ebensogut sagen, er habe überhaupt nicht regiert, denn unter ihm fielen die Geschäfte des Staates in die Hände einer Clique, die nur darauf aus war, sich zu bereichern. Es ist eine Ironie der Geschichte, daß sich während seiner Amtsperiode die Lande der Hohenzollern sehr wesentlich vergrößerten, und zwar dank der zweiten und dritten Teilung Polens. Durch diese wuchs das preußische Staatsgebiet bis Warschau, ja sogar noch weiter nach Osten – doch waren dies nur Scheingewinne, die bald wieder verschwanden. (Zehn Jahre später wurde dem übermäßig aufgeblasenen Ballon Preußen die Luft abgelassen. Selbst nach dem Zusammenbruch des napoleonischen Reiches erlangte Preußen nur einen Bruchteil all seiner verlorenen Gebiete wieder.)

Preußen wurde von seltsamem Gesindel, von einer bunt zusammengewürfelten Gesellschaft von Abenteurern und Dirnen regiert, die gemeinsam das Staatsschiff lenkten. An vornehmster Stelle unter ihnen befand sich die erste ›Preußische Pompadour‹, eine Trompeterstochter namens Wilhelmine Encke, die sich der König zur Mätresse erkoren hatte. Andere Mitglieder dieser frohen Gesellschaft waren ihr nomineller ›Gatte‹, ein Säufer, Fresser und bösartiger Ränkeschmied namens Rietz, Sohn des Potsdamer Schloßgärtners, der nun Leibdiener und Kämmerer – und damit ein fast allmächtiger Vertrauter – des Königs wurde; Johann Christoph von Wöllner, ein skrupelloser Opportunist und Profitgeier; General Johann Rudolf von Bischoffswerder, der sich seinen Einfluß auf den König durch Aphrodisiaka und spiritistische Séancen sicherte, und Wöllners grotesker Sekretär Mayr, der in religiösem Wahnsinn endete.

Friedrich Wilhelm hatte seinen Geschmack für einen ausschweifenden Lebenswandel früh kultivieren können und besaß schon mit zwanzig den Ruf eines Wüstlings. In diesem Jahr heiratete er Elisabeth von Braunschweig-Wolfenbüttel. Auch sie war erst zwanzig, ein bezauberndes Mädchen aus guter Familie. Es dauerte nicht lange, und sie erfuhr von seinen Mätressen. Ein Zeitgenosse schreibt: ›Die Prinzessin dachte, sie hätte Grund, sich über ihren Ehegatten zu beklagen. Unglücklicherweise war sie zu stolz, um die Zurücksetzung nicht zu fühlen, und zu temperamentvoll, sich nicht zu revanchieren ...‹ Sie dachte gar nicht daran, die Ehebrüche, die sie nun beging, zu verbergen. Nach vierjähriger Ehe ließ sich ihr Gatte, der damals noch immer Thronfolger war, von ihr scheiden. (Man setzte ihr eine kleine Pension aus und befahl ihr, den Rest des Lebens in Küstrin zu verbringen. Es wird berichtet, daß sie einmal versuchte, nach Venedig zu entfliehen, doch scheiterte dieser Versuch. Im Jahre 1840 starb sie im Alter von 94 Jahren in Stettin.) Er heiratete dann Prinzessin Friederike von Hessen-Darmstadt. Aus erster Ehe hatte er ein Kind, eine Tochter. Seine zweite Frau gebar ihm sieben Kinder, deren erstes ein Knabe war, der ihm später auf dem Thron folgte.

Keine seiner beiden Frauen bezauberte ihn so sehr wie Wilhelmine Encke. Er hatte Wilhelmine kennengelernt, als sie erst vierzehn war, und sie auf seine Kosten erziehen lassen. Ihre ältere Schwester war eine vollendete Kurtisane; sie lehrte Wilhelmine die Liebeskunst mit solcher Perfektion, daß Friedrich Wilhelm schließlich 30 000 Taler jährlich für sie ausgab, obwohl er damals noch immer Thronfolger war und keine großen Summen zur Verfügung hatte. (Der britische Botschafter berichtet, daß Friedrich Wilhelm 300 000 Taler Schulden hatte und nicht einmal seine Wäscherin bezahlen konnte.)

Wilhelmines Einfluß auf den Prinzen von Preußen war so groß, daß sein Onkel, Friedrich der Große, den Befehl erließ, seine Dienststellen mögen ›den Empfehlungen einer bestimmten hochgestellten Persönlichkeit bezüglich Posten und Ernennungen keinerlei Beachtung mehr schenken‹. Er arrangierte sogar Wilhelmines Heirat mit Rietz in der Hoffnung, damit zwischen ihr und seinem Neffen eine Entfremdung herbeizuführen. Der gute Onkel hätte sich wohl kaum einen übleren Kerl aussuchen können. Kaum war Friedrich II. tot und sein Neffe auf dem

Thron, da hielt Rietz schon die Macht in Händen. Er wurde Haushofmeister, selbst die Verwaltung des Haushaltsfonds wurde in seine Hände gelegt. Da hatte man nun wahrlich den Bock zum Gärtner gemacht. Wie viele Hohenzollern war Friedrich Wilhelm II. ein Choleriker. Rietz aber nahm Püffe, Fußtritte und Schläge gelassen hin und gab sie bloß mit Zinsen an die unter ihm Stehenden weiter. Einer, der ihn kannte, schrieb: ›Rietz' Glückseligkeit lag im Essen und Trinken, in der Befriedigung seiner schier unersättlichen Eitelkeit und im Aufspeichern von Kapital für seine alten Tage.‹

Kaum saß Friedrich Wilhelm II. auf dem Thron, wurden schon palastartige Wohnhäuser für Wilhelmine und ihre Schwester eingerichtet. Von ihren beiden Brüdern wurde der eine Stallmeister, der andere Oberjägermeister des Königs, und sogar Rietz' Bruder bekam eine einflußreiche Stelle als Kammerdiener und Sekretär des Königs. Doch ihnen allen sollte bald in reichem Maße noch mehr zufließen.

Wilhelmine allerdings mußte sich zu dieser Zeit mit einer unangenehmen Situation auseinandersetzen: sie war vierunddreißig, war beinahe zwanzig Jahre lang die Mätresse Friedrich Wilhelms gewesen, und nun begann er sich nach anderen Damen umzusehen. Sie machte sich ihm prompt dadurch unentbehrlich, daß sie ihm drei neue Gespielinnen zuführte: ein Wäschermädchen, eine Schauspielerin und eine Ballerina. Andere aber, die Wilhelmines Feinde waren, versuchten gleichfalls, sich den Appetit des Königs zunutze zu machen. Diese brachten in rascher Folge zwei bigamistische und morganatische Ehen zustande: erst heiratete der König Julia von Voß (die er zur Gräfin Ingenheim erhob), und dann, nach deren Tode, die Gräfin Sophie Dönhoff. Die Königin billigte diese Heiraten, denn sie hoffte, daß damit Wilhelmine ausgeschaltet würde. Die Hofprediger billigten sie gleichfalls, wobei sie sich auf einen Präzedenzfall stützen konnten: Martin Luthers Billigung der bigamistischen Ehe Philipps von Hessen.

Des Königs alter Kumpan Bischoffswerder war von Anfang an ein Feind Wilhelmines. Er erhielt seinen Einfluß auf Friedrich Wilhelm dadurch aufrecht, daß er seinem Aberglauben und seiner geschlechtlichen Gier immer neue Nahrung gab. (Als Friedrich Wilhelm noch Prinz von Preußen war, arrangierte Bischoffswerder eine spiritistische Séance, in der die Geister von Leibniz, Marc Aurel und des Großen Kurfürsten sich meldeten und in den Prinzen drangen, Wilhelmine doch unbedingt aufzugeben. Dieser gespensterhafte Auftritt erschreckte und ängstigte den Prinzen so sehr, daß er danach ausgerechnet in Wilhelmines Armen Trost und Beruhigung suchte.) Bischoffswerder – und daneben auch Wöllner – führten Friedrich Wilhelm bei den Freimaurern, den Rosenkreuzlern und schließlich auch noch in den Geheimorden der Illuminaten ein. Sie lehrten ihn auch ein italienisches Aphrodisiakum mit dem hübschen Namen ›Diavolini‹ kennen, das seine erschlaffende Sinneslust wieder aufpeitschte. ›Du wirst noch als Bettler sterben‹, warnte Bischoffswerders Frau ihren Mann, ›wenn du die letzten Tage des Königs nicht dafür benützt, etwas für deine Familie zu tun.‹ Bischoffswerder nahm sich diese Mahnung so zu Herzen und war bei seinen Unternehmungen so erfolgreich, daß Oberst Christian von Massenbach in seinen Memoiren schreiben konnte, Bischoffswerder sei ›auf Friedrichs Thron gesprungen . . . und schließlich König von Preußen‹ geworden.

Auch allen anderen ging es, seitdem man die friderizianische Sparsamkeit abgeschafft hatte, gut. Während der langen Regierungszeit Friedrichs des Großen war der höchste preußische Orden *Pour le mérite* nur an siebzig Männer verliehen worden. Unter Friedrich Wilhelm bekam ihn offenbar jeder Günstling, und dazu noch Ländereien, Schlösser, Herrensitze, Pensionen und neue Titel. Zum Entsetzen des alten Erbadels wurden etwa sechzig Bürgerliche geadelt, wobei dreiundzwanzig von ihnen gleich Grafen wurden. Ein Beobachter berichtet, Rietz habe Adelsbriefe (wie auch Orden und Auszeichnungen) verkauft, und fügt hinzu: ›Mancher preußische Adelige, dessen Söhne heute mit dem Ruhm ihrer Vorfahren prahlen, wurde nicht vom König, sondern nur von dessen Kammerdiener geadelt.‹

Während die Außenpolitik Preußens in Bischoffswerders Händen lag, zeichnete Wöllner für das Ressort ›Inneres‹ verantwortlich. Wöllner war ein früherer Pastor, der sich schon am Anfang seiner Laufbahn dadurch ausgezeichnet hatte, daß er mit der Tochter des Mannes durchging, der ihn als Erzieher für seinen Sohn angestellt hatte. Friedrich Wilhelm erhob ihn in den Adelsstand und vertraute ihm sowohl die preußischen Staatsfinanzen als auch die Verwaltung der königlichen Gebäude an. Als Nebenbeschäftigung sammelte Wöllner Gedichte und vertrauliche Briefe Friedrichs des Großen, in denen dieser Einzelpersonen oder Religionsgemeinschaften angegriffen hatte und ließ sie abdrucken, um das Ansehen des toten Königs zu schmälern. Als Staatsminister und Chef des Departements für Kirchenangelegenheiten erklärte er jeden fortschrittlichen und vom Gedankengut der Aufklärung inspirierten Erlaß, den Friedrich II. je herausgegeben hatte, für ungültig. Wie autokratisch Preußen auch immer unter Friedrich dem Großen gewesen sein mag – hinsichtlich der Religionsfreiheit, die allen seinen Bürgern zustand, bekleidete es unter den Ländern Europas eine einzigartige Stellung. Damit war es nun zu Ende. Wöllner ordnete völlige Orthodoxie an und führte den Hof – so frivol und korrupt es dort auch zuging – zu einem inbrünstigen christlichen Fundamentalismus. Wer sich nicht daran hielt, wurde drakonisch bestraft. Dies gab den Anstoß dazu, daß Wöllner alle Strafen, gleichgültig für welches Verbrechen oder Vergehen, drastisch verschärfte. Ganze Gemeinden – Kinder und Greise nicht ausgenommen – mußten Spießruten laufen. Das war eine alte bei den Preußen (und übrigens auch bei den Irokesen) übliche Strafe, bei der der Delinquent mehrmals zwischen zwei Reihen von Soldaten durchlaufen mußte, die mit Haselstöcken nach Kräften auf ihn einschlugen. Friedrich der Große (und sogar schon sein sonst nicht gerade zartbesaiteter Vater) hatten die Prügelstrafe für

Bauern abgeschafft. Unter seinem milden und lebensfrohen Nachfolger Friedrich Wilhelm II. wurde sie in ganz Preußen wieder eingeführt.

Mayr, der kahlköpfige, ausgezehrte und tiefgebeugte Sekretär Wöllners, wurde zu einer weiteren grotesken und verderblichen Macht bei Hof. Er war ein aktiver Rosenkreuzler, nahm an zahlreichen okkulten Riten teil und ging im Schloß in seltsamen magischen Gewändern herum. Er war von seinen religiösen Vorstellungen ganz besessen und versuchte einmal, eine Offenbarung dadurch gewaltsam herbeizuführen, daß er eine Bibel fast völlig hinunterschluckte. Dieses Experiment brachte ihm allerdings statt höherer Erkenntnis nur hohes Fieber ein. Bald aber zeigten sich noch ernstere Symptome seines religiösen Wahnsinns. Als er einmal von der Kanzel predigte, rief er: ›Diesmal werde ich Euch einmal wirklich aufwecken!‹ und feuerte während des Gottesdienstes zwei Pistolen in seine Zuhörerschaft. Mit dieser Gewaltmethode gelang es ihm aber bloß, einen der Gläubigen zu verwunden. Nicht lange danach wurde er in Ketten in eine Irrenanstalt überführt, wo er sich allerdings alsbald genügend erholte, um in Königsberg in Ostpreußen zum Pastor ernannt zu werden.

Bischoffswerder brachte ein Bündnis zwischen dem Preußen Friedrich Wilhelm II. und Österreich zustande, und zwar gegen das Frankreich der Revolutionszeit. (Wohl war die öffentliche Meinung in Preußen überwiegend dem revolutionären Frankreich günstig gestimmt, aber wie gewöhnlich achtete man bei Hof nicht darauf.) Als die Franzosen Österreich im April 1792 den Krieg erklärten, stieß Preußen mit 45 000 Mann zu den 56 000 Mann starken Österreichern, um gemeinsam ›diese Anwälte in Paris‹, wie man bei Hof die Revolutionäre nannte, aufs Haupt zu schlagen. Der bejahrte Herzog von Braunschweig wurde an die Spitze der vereinigten Heere gestellt, und der König von Preußen brach zum Rhein auf, um sich dort dem Feldzug anzuschließen. Gräfin Dönhoff, die damals schon die morganatische Gattin des Königs war, schrieb an ihren Gemahl: ›Ich werde mich ganz von Euch abwenden, wenn Ihr Euch leichtfertig auf ein so schwieriges und gefährliches Abenteuer einlaßt. Wenn Ihr nicht an der Spitze von 200 000 Preußen und 250 000 Österreichern steht, dann könnt Ihr alle Hoffnung auf den Sieg aufgeben. Mit einer Handvoll Leute werdet Ihr nur Euer Leben riskieren und Eure Ehre beflecken. Ihr werdet von der Front vertrieben und zurückgeschlagen werden. Eure ritterliche Laune macht Euch zu einem Don Quixote . . .‹

Es zeigte sich, daß sie mehr militärischen Verstand besaß als des Königs Außenminister, Bischoffswerder, der dem Oberst von Massenbach riet, nicht zu viele Pferde zu kaufen, da ›die Komödie nicht lange dauern kann und wir im Herbst schon wieder daheim sind‹.

Über Ersuchen adeliger französischer Flüchtlinge, die sich im österreichisch-preußischen Feldhauptquartier drängten, veröffentlichte der Herzog von Braunschweig am 25. Juli ein unglückliches Memorandum, das in Paris verbreitet wurde und das er noch lange bereuen sollte. In diesem Memorandum drohte er eine Strafaktion gegen die Rebellen an und sagte warnend, Paris würde im Falle ernstlicher Gegenwehr dem Erdboden gleichgemacht werden. Weit davon entfernt, die Revolutionsregierung einzuschüchtern, bestärkte diese Drohung sie nur in ihrem Streben, die Invasion der Koalitionspartner zurückzuschlagen. Deren Armee drang am 19. August 1792 in Frankreich ein. Das preußische Kontingent wurde vom König von Preußen, seinem Cousin, dem neunzehnjährigen Prinz Louis Ferdinand, und von Bischoffswerder angeführt. Die gesamte Streitmacht, die unter der Führung des Herzogs von Braunschweig nach Frankreich zog, bestand aus 42 000 Preußen, 29 000 Österreichern und 4000 bis 5000 französischen Emigranten. Ihre Vorstellungen waren völlig überholt: Jahre nach dem Tode Friedrichs des Großen glaubten sie noch von seinem Schlachtenruhm zehren zu können. Nachdem sie am 20. August Verdun eingenommen hatten, stießen sie einen Monat später bei Valmy auf Widerstand. Valmy war nur ein kleines Dorf an der Straße nach Paris, das zu erobern sie ausgezogen waren. In diesem Dorf aber wurden sie geschlagen – das heißt, sie zogen sich vom Schlachtfeld zurück, in vollendeter preußischer Marschordnung und Disziplin, versteht sich. Die mörderische Kanonade dauerte bis zum Einbruch der Dunkelheit an. Beide Seiten gaben etwa 40 000 Schuß ab, wenn auch jede der beiden kriegführenden Parteien nur etwa 200 Mann an Toten und Verwundeten zu beklagen hatte.

An diesem Abend berieten die preußischen Offiziere darüber, wie sie wohl diese Schlacht gegen desorganisiertes Gesindel verloren haben konnten, das ihnen nur zahlenmäßig ebenbürtig war. (34 000 Preußen standen 52 000 Franzosen gegenüber, doch stellten sich von diesen nur etwa 36 000 den preußischen Angreifern.) Einige machten die feindliche Artillerie für ihren Mißerfolg verantwortlich, andere den Schlamm; wieder andere vertraten die Ansicht, sie hätten die Schlacht verloren, weil sie nicht angegriffen hätten. Tatsächlich scheiterte die preußische Armee, weil sie ihren Angriff nicht mit genügender Entschlossenheit vortrug. Um die Wahrheit zu sagen: sie hatten ihre Entschlossenheit verloren. Sie besaßen eine Armee, aber keine kühnen Generäle; sie verstanden sich auf Strategie und Taktik, aber ihr Wissen war ein halbes Jahrhundert alt. Ihnen stand hier etwas völlig Neues gegenüber. Die Drohungen gegen Paris hatten Tausende von Franzosen dazu veranlaßt, sich freiwillig zu melden. Frankreich wurde von einer Welle patriotischer und revolutionärer Begeisterung getragen. Überall wurden Freiwilligenbataillone gebildet. Als diese den disziplinierten, aber lustlosen Preußen gegenübertraten, ließ ihr Enthusiasmus die Preußen zögern, und schließlich zogen sie sich zurück. Unordnung und Verzweiflung, vereint mit dem Gefühl, gedemütigt worden zu sein, herrschten im Feldlager der Preußen. Die preußischen Offiziere saßen düster blikkend herum und konnten einfach nicht verstehen, was geschehen war. Einer, an den an diesem Abend manche Frage gerichtet wurde, war Goethe, der an dem Feldzug als Berater des Herzogs von Weimar teilnahm. ›Größte Bestürzung breitete sich in der Armee aus‹, berichtet Goethe später. ›Bis zu diesem Morgen hatte man sich nichts dabei gedacht, alle diese Franzosen aufzuspießen und zu verschlingen, ja ich selbst wurde dadurch versucht, an dieser gefährlichen Expedition teilzunehmen, daß ich einer solchen Armee und dem Herzog von Braunschweig unbedingt vertraute. Nun aber gingen alle traurig herum und vermieden es, ihren Kameraden in die Augen zu sehen. Traf man einander, so nur um zu fluchen oder Verwünschungen auszustoßen. Bei Einbruch der Nacht ... fragte man mich, was ich von der Lage halte, denn es war mir oft vergönnt gewesen, die Truppen mit einigen kurzen Bemerkungen aufzuheitern und zu erfrischen. Diesmal sagte ich zu ihnen: ‚Dieser Ort und dieser Tag bestimmen den Anfang einer neuen Ära der Weltgeschichte –, und ihr werdet sagen können, ihr seid dabeigewesen!'‹

Goethe behielt recht. Am nächsten Tag schaffte die Nationalversammlung in Paris die Monarchie ab und rief die Republik aus. Vier Monate später fiel der Kopf Ludwigs XVI.

Wenige Tage nach Valmy begann die preußische Armee ihren Rückzug und überschritt am 23. Oktober wieder die französische Grenze, diesmal aber in der anderen Richtung. Sie marschierten in tiefer Niedergeschlagenheit, der Nachschub war ausgefallen, die Soldaten waren halb verhungert und mußten schmutziges Wasser trinken. Die Hälfte von ihnen hatte kein Schuhwerk mehr, und alle dachten nur noch daran, das nackte Leben zu retten.

Friedrich Wilhelm II. ließ es sich selbst etwas besser gehen als seiner Armee: er verbrachte ein liederliches und fröhliches Jahr in Frankfurt am Main. Die Frankfurter, die ihn bald ›unseren lieben dicken Willi‹ nannten, zogen aus seiner Großzügigkeit Gewinn. Er hatte seinen Hofstaat, samt Wilhelmine und ihrem ›Gemahl‹, seinen Diener und Kämmerer, bei sich. Etwa um diese Zeit begegnete Goethe Rietz in einer Schenke. Der sehr dicke Rietz stellte fest, daß Goethe groß und kräftig gebaut war. Daraufhin sagte er dem Dichterfürsten: ›Die Leute meinen immer, Männer von Geist müßten zart und kränklich aussehen und nun haben wir hier gleich *zwei* lebende Beispiele für das Gegenteil.‹

Im Jahre 1793 brachte ein zweiter Feldzug den Preußen einige kleinere Erfolge. Sie eroberten Mainz zurück, das die Franzosen im Vorjahr genommen hatten. Wieder gelang es ihnen nicht – oder sie unterließen es – weiterzustürmen. Statt dessen verbrachten sie zwei Monate untätig, während die Diplomaten wenigstens eine Teilung Polens erreichten. Als Massenbach Friedrich Wilhelm dringend nahelegte, doch gegen das Frankreich der Revolutionszeit vorzugehen, zeigte der König wieder einmal, worauf das Interesse Preußens und der Hohenzollern wirklich gerichtet war: ›Wir haben bekommen, was wir wollten‹, sagte er, ›nämlich einen Teil Polens.‹ Daraufhin kehrte er nach Berlin zurück. Obwohl es im Jahre 1794 noch zu einem dritten Feldzug gegen Frankreich kam, nahm Preußen daran kaum teil, da seine Finanzen erschöpft waren. Der Friede von Basel, durch den diese Kriegszüge ihren Abschluß fanden, verlegte die Grenze Frankreichs an den Rhein. Dies sollte noch böse Folgen haben, denn Preußen war nun zwischen zwei potentiellen Gegnern eingeklemmt: zwischen Frankreich und Rußland.

Kurz nachdem Friedrich Wilhelm II. in das Potsdamer Schloß zurückgekehrt war, endete seine Beziehung zu Gräfin Dönhoff. (Ihr gemeinsamer Sohn, der Graf von Brandenburg, wurde später preußischer Ministerpräsident.) Nun, da beide morganatische Ehen des Königs nicht mehr bestanden, belegte Wilhelmine Rietz, geborene Encke, Friedrich Wilhelm wieder ganz mit Beschlag. In Wirklichkeit war ihr Einfluß auch während des Frankreichfeldzuges groß gewesen, und ihr Anteil an Preußens Abenteuer war mindestens ebenso groß wie der Bischoffswerders – ja vielleicht sogar noch größer. Nun, nach des Königs Heimkehr, erreichten ihre Macht und ihr Einfluß neue Höhen. Sie war ihrer Sache so sicher, daß sie Preußen auf ein Jahr verließ, um Italien zu bereisen. Sie sagte dem König, daß ihre Gesundheit dies erfordere; tatsächlich verbrachte sie den Großteil ihrer Reise in Betten – von einem Ende des italienischen Stiefels bis zum anderen. Ob jung oder alt, der Adel war von ihr begeistert. Selbst die italienischen Höfe nahmen sie unterwürfig auf, als wäre sie eine Königin. Nur die Königin von Neapel weigerte sich. Wilhelmines Stand störte sie dabei, nicht etwa ihr Beruf. Sie hätte die Kurtisane ohne weiteres bei Hof empfangen, wäre sie bloß keine Bürgerliche gewesen. Wilhelmine war gekränkt und schrieb dem König von ihrer peinlichen Lage; – einer Lage, die dadurch noch verschärft wurde, daß der König ihre Tochter zur Gräfin gemacht hatte, während sie selbst immer noch einfach Madame Rietz war. Das rührte den König. Er sah zu, daß sie von Rietz geschieden wurde (der Tatsache zum Trotz, daß diese Ehe rechtlich nie bestanden hatte), und schickte dann seinen Stallmeister, Wilhelmines Bruder, mit dem Adelsbrief nach Venedig. So wurde die Tochter des Trompeters zur Gräfin Lichtenau und erhielt ein Wappen, das den preußischen Adler und die Preußenkrone zeigte.

Als sie vernahm, daß ihr Geliebter erkrankt war, eilte Gräfin Lichtenau sofort nach Potsdam zurück, um ihn zu pflegen – und sich an ihrer neuen Glorie zu ergötzen. Sie ließ in ihr Haus ein Theater einbauen und zwang den ganzen Hof, ja sogar die Königin selbst, die Vorstellungen zu besuchen. Vom König bekam sie drei Landsitze, verschiedene jährliche Zuwendungen, und schließlich ließ er noch eine halbe Million Taler in holländischen Bankaktien auf sie überschreiben. Einmal bot er ihr sogar an, für sie den ganzen Bezirk Pyrmont, das damals ein unabhängiger Staat war, zu kaufen. Sie verzichtete auf dieses großzügige Geschenk mit der Begründung, sie fürchte, ›auf dem Gipfel werde sie Schwindel ergreifen‹. Noch ein weiteres lockendes Angebot lehnte sie aus Treue zu ihm ab: als er ihr während seiner letzten Krankheit zwei Millionen Taler in britischen Banknoten schenken wollte, damit sie sich in England niederlassen könne. Zu ihrer Ehre sei gesagt, daß sie bis zu Friedrich Wilhelms letztem Atemzug nicht von seiner Seite wich.

Der Tod näherte sich dem König gegen Ende des Jahres 1797. Berlin war um diese Zeit voll von Kurpfuschern, Magnetiseuren, okkulten Heilkünstlern, aber auch von Ärzten – und alle waren sie bemüht, das Leben des Königs zu retten. Es wurde geraten, daß der König (der ein Herzleiden hatte) den Atem neugeborener Kälber inhalieren möge. Andere meinten, er möge den ›reinen Atem‹ zweier Kinder im Alter von acht bis zehn Jahren atmen, zwischen denen er jede Nacht schlafen sollte. Auch schlug man vor, ihn dauernd mit Blasmusik zu umgeben, wogegen er unter gar keinen Umständen den Klang einer Violine vernehmen sollte.

Keine dieser Verordnungen und Kuren half. Beim Diner am 12. November fiel er beim Knall eines Champagnerpfropfens in Ohnmacht. Drei Tage später nahm er von seiner Königin und von seinem Kronprinzen Abschied. Während er mit ihnen sprach, lag er halb aufrecht in den Armen der Gräfin Lichtenau, die ihn stützte. In einer plötzlichen Gemütsaufwallung umarmte die Königin die Mätresse ihres Gemahls, küßte sie und dankte ihr dafür, daß sie ihn während seiner letzten Krankheit so selbstlos und aufopfernd gepflegt hatte. Der Kronprinz aber sah dieser Szene mit Haß und Verachtung zu.

Als der König am 16. November um neun Uhr morgens starb, war die Gräfin Lichtenau nicht bei ihm. Die Aufregung und Anstrengung waren zu viel für sie geworden, und der Leibarzt hatte sie zu Bett geschickt. Nur Rietz und zwei Diener waren an seinem Totenbett. Einer der beiden, der den Herrscher leiden sah, sagte laut: ›Ja ist es denn noch immer nicht vorbei? Will er denn gar nicht sterben?‹ Verzweifelt wandte sich der König, der dies vernommen hatte, an den anderen Diener und bat, ihn nicht in seiner letzten Not zu verlassen. Diese Bitte waren seine letzten Worte.

Die erste Regierungstat des neuen Königs war die Verhaftung der Gräfin Lichtenau. Dann fragte man ihn, welchen Namen er als preußischer König wählen werde. Er nahm den gleichen Namen an wie sein Vater, den er haßte, und sagte: ›Friedrich ist mir unerreichbar.‹

Zwei Gespräche, die Friedrich Wilhelm III. mit seinem Großonkel Friedrich dem Großen einst geführt hatte, gingen ihm nicht aus dem Sinn, obwohl er die aus ihnen zu ziehenden Lehren nicht allzusehr beherzigte. Das erste dieser Zusammentreffen fand statt, als er noch ein kleiner Junge war und mit einem Ball spielte. Dieser Ball war auf dem Schreibtisch seines Großonkels gelandet, und Friedrich II. hatte ihn konfisziert. Es erfreute und erheiterte den alten Mann, als er sah, mit welcher Entschlossenheit das Kind seinen Ball zurückforderte. Er gab ihn zurück und sagte dabei leise, aber entschieden: ›Du wirst Dir Schlesien *nicht* entreißen lassen.‹

Die zweite Begegnung fand statt, als der spätere Friedrich Wilhelm III. bereits in den Jünglingsjahren stand und Friedrich der Große dem Tode nahe war. Der Großonkel sagte ihm, er möge stets ehrlich und aufrichtig sein und niemals versuchen, mehr zu scheinen als zu sein, sondern umgekehrt mehr zu sein als zu scheinen. Als er ihn etwas später entließ, fügte der alte Mann noch hinzu: ›Nun, Fritz, versuche ein hervorragender Charakter *par excellence* zu sein. Große Aufgaben harren deiner. Ich stehe am Ende meiner Laufbahn und mein Tagwerk wird bald vollbracht sein. Ich fürchte, daß nach meinem Tode die Dinge *pêle-mêle* weitergehen werden. Überall gärt es ... Die Massen geraten bereits in Bewegung und, wenn das so weitergeht, wird bald der Teufel los sein. Ich fürchte, du wirst eine Zeitlang in einer gefährlichen und schwierigen Lage sein. Nun, bereite dich also darauf vor. Denk an mich. Hüte unsere Ehre und unsern Ruhm. Füge keinem Unrecht zu und dulde auch keines ... Das Volk in seiner Einheit ist der Grundstein jedes Staatswesens. Stehe treu auf Seiten des Volkes, daß es dich liebe und dir vertraue. Nur so kannst du stark und glücklich sein.‹

Friedrich Wilhelm III. behauptete später, der Rat seines Großonkels habe einen unauslöschlichen Eindruck auf ihn gemacht, und seither seien ihm Heuchelei und Lüge verhaßt gewesen. All das ist wahr, denn Friedrich Wilhelm III. galt als ein milder Herrscher, dem es unerträglich war, jemanden zu verletzen, ein tugendhafter Ehegatte, der sich zu einer Zeit, in der die Sitten der Berliner Gesellschaft lockerer und frivoler denn je waren, nicht den kleinsten Seitensprung erlaubte, und er war auch ein guter Vater. Das ist aber auch alles, was man Gutes über ihn sagen kann. Es harrten seiner große Aufgaben, aber er wartete, bis er die Chance vertan hatte, sie zu bewältigen. Und tatsächlich geriet er in eine gefährliche Lage, doch er konnte weder sich noch sein Volk aus ihr erretten; gegen seinen Willen mußte er von anderen aus ihr herausgeführt werden. Er wachte über Preußens Ruhm und Ehre, nichts weiter. Da er sich nicht zur Tat aufraffen konnte, verblaßten eine Zeitlang Ruhm und Ehre Preußens, und andere waren es, die ihnen wieder zu Glanz und Ansehen verhalfen. Was nun die Einigkeit seines Volkes anlangte, so stand er durchaus nicht getreu auf seiten seiner Untertanen, wie ihn dies sein Großonkel geheißen hatte. Wohl einigten sie sich unter seiner Regierung, aber das erschreckte und verwunderte ihn nur. Schließlich versündigte er sich auch noch an den Zielen und Idealen gerade jener Untertanen, die ihn in größter Not gerettet hatten.

Wieder einmal begab sich die alte Hohenzollern-Geschichte vom vernachlässigten, zur Seite geschobenen Prinzen, der nun Zeit hatte, im verborgenen melancholischen Gedanken nachzuhängen. Sein liederlicher Vater gab den Kindern seiner Mätressen ganz offen Vorzug vor denen, die ihm seine Königin geschenkt hatte. War der Kronprinz bei ihm, behandelte er ihn gut, aber das war nur sehr selten der Fall. Selbst seine Mutter vernachlässigte ihn über lange Zeiträume. Sie stand dauernd in Verhandlungen mit Wucherern, um die Schulden des königlichen Haushaltes zahlen zu können (denn der König hatte den Familienschatz verschleudert). Sie fand für ›Fritz‹ nur wenig Zeit und überließ ihn meist seinem Hofmeister, einem von Magengeschwüren geplagten Menschenfeind namens Benisch, der Kinder nicht ausstehen konnte.

Der Prinz wurde zu einem schüchternen jungen Mann ohne Selbstvertrauen. Er war ungewöhnlich bescheiden, ja man konnte fast sagen, er neigte zur Resignation. Er war frei von Hochmut, besaß aber auch keine Stärke. Er kannte keinen Neid, aber auch keinen gesunden Ehrgeiz. Er war frei von Frivolität, aber auch ohne Freude. Er war nur passiv. ›Es fiel ihm ungeheuer schwer, eine Entscheidung zu fällen oder einen Entschluß zu fassen‹, sagt der Historiker Heinrich von Treitschke über ihn. ›Er zauderte, überlegte, ließ den Dingen ihren Lauf und ließ Sachen, die er mißbilligte, lange angehen, weil er seinem eigenen Urteil nicht genug vertraute. Kurz vor dem Tod seines Vaters sagte er zu einem Beamten: ‚Ich werde meine Pflicht tun', aber er wußte nie so recht, worin seine Pflicht nun eigentlich bestand. Er war sich nur einer Sache sicher: er wollte der Ausschweifung und der Verworfenheit in der Gesellschaft seines Landes einen Riegel vorschieben, kurz: er wollte tugendhaft sein. Und tatsächlich änderten sich die Zustände nach seiner Thronbesteigung so sehr, daß Berlin, wie ein englischer Beobachter schreibt, ›sich aus einem Sündenpfuhl in eine langweilige Nachahmung eines Anstandsinstitutes verwandelte‹. Dies allerdings bezog sich vor allem auf König Friedrich Wilhelm III. und seine Königin. Sie beide waren Lilien der Keuschheit, die auf schleimigem Morast schwammen.

Als Friedrich der Große starb, wurde sein Großneffe im Alter von siebzehn Jahren Kronprinz. Er machte einen hinlänglich guten Eindruck, um Mirabeau zu dem Ausruf zu veranlassen: ›Dieser Mann hat vielleicht eine große Zukunft vor sich!‹ Einen noch besseren Eindruck machte er, als er sich mit Luise von Mecklenburg-Strelitz verlobte, einer Prinzessin, arm an Geld, aber reich an allen anderen Gaben: Intelligenz, Feuer, Mitgefühl, Tugend und Schönheit.

Luises Vater war so knapp bei Kasse, daß er sich als General in der britischen Armee verdingte. Da er es sich nicht leisten konnte, seine Tochter in der eleganten höfischen Gesellschaft aufwachsen zu lassen, pflegte die Prinzessin ihr Deutsch ebensosehr wie ihr Französisch. Dies führte dazu, daß sie später – mehr als ihr Gemahl dies je war – zu einer Vorkämpferin des deutschen Gedankens und der nationalen Einheit wurde. In Preußen war sie beliebt wie keine andere Prinzessin vor ihr. Ein Ereignis, das sich ein Jahr, nachdem sie Königin von Preußen geworden war, zutrug, machte sie berühmt. Bei einem Ball in Magdeburg wurden Luise zahllose Damen vorgestellt. In jedem Fall ließ sie sich den Namen nennen und erkundigte sich nach dem Familienstand.

Dann wurde ihr eine Offiziersgattin vorgestellt, deren Vater nicht Adeliger, sondern Kaufmann war. ›Erzählen Sie mir von Ihrer Familie – was sind Sie für eine Geborene?‹ fragte Luise. ›Oh, Majestät, ich bin ein Niemand – gar keine Geborene!‹ stammelte errötend und verwirrt die Kaufmannstochter. Diese Antwort löste manches maliziöse Lächeln und manches boshafte Gekicher unter den umstehenden Adeligen aus. Königin Luise aber sagte sehr gütig, aber laut genug für ihre Umgebung, daß, soweit es sie selbst anlange, ›wir alle, ohne Ausnahme, gleich‹ seien. Dann dankte sie der Offiziersgattin, ihr Gelegenheit geboten zu haben, sich über diesen Punkt klar auszudrücken, daß nämlich ›äußeres Gehaben und weltmännisches Geschick‹ ererbt werden könne, aber nur der Charakter eines Menschen wirklich zähle. Ihre kurze Rede machte sie mehr als nur berühmt: man hatte das Gefühl, sie hätte ein neues Evangelium der Freiheit verkündet – und für Preußen wenigstens traf dies auch zu.

Durch ihre Ehe gewann sie noch an Beliebtheit. Es schien, als sei diese Liebesheirat, die noch dazu mit einem Gutteil häuslichen Friedens gesegnet war, für alle ihre Untertanen ein Beispiel. Obwohl der König ursprünglich vom Theater, den schönen Künsten oder Hoffestlichkeiten nicht viel hielt, glich Luise seine etwas zurückhaltende Art durch ihr heiteres Naturell aus, wobei der Anstand immer gewahrt blieb und es nie auch nur den leisesten Skandal gab. Der junge König und die Königin wurden in diesen ersten Jahren so bewundert, daß jedermann ihren Geschmack in bezug auf Literatur (Romane von betont edlem und romantischem Charakter) und Kleidung (der König hatte Kniehosen zugunsten ›amerikanischer Pantalons‹ und Stiefel aufgegeben) nachahmte.

Nicht alle liebten Königin Luise. Den Militaristen bei Hofe mißfiel ihre Beliebtheit ebenso wie ihr offensichtlicher Einfluß auf den König, der dem Vernehmen nach ganz in ihrem Schatten stand. Friedrich Wilhelm war in seiner Lebensführung so frugal und einfach, wie sein Vater verschwenderisch und ausschweifend gewesen war. Er kündigte an, er werde von den Einkünften des Kronprinzen leben, und blieb tatsächlich mit seiner Königin im Kronprinzenschloß in Berlin, nur um zu sparen. Friedrich Wilhelm war fromm und zog Andachtsstunden mit seinen Dienern den Bällen und höfischen Festivitäten der Königin vor. Obwohl ihn diese nur etwas freudiger und lebhafter machen wollte, vergrößerten ihre Bemühungen seine Melancholie. Am liebsten war er in Gesellschaft seines Adjutanten Köckeritz. Der Herzog von Braunschweig sagte von Köckeritz, er habe einen Kopf wie ein ›ausgehöhlter Kürbis ohne das Licht darin‹. Auf seine Art war Köckeritz dem König völlig ergeben: er wurde ihm nur bei Tisch und wenn die Flasche kreiste, untreu, und da unabsichtlich. Man zog ihn in militärischen Angelegenheiten zu Rate, weil er ein Offizier war, obwohl man allgemein der Ansicht war, er sei ›völlig bar jeglichen militärischen Talents‹. Der unentschlossene König überließ seine Minister weitgehend sich selbst.

Diese aber, häufig noch Günstlinge seines Vaters, waren mittelmäßig oder noch schlimmer. Wohl pensionierte der neue König Bischoffswerder, aber drei unfähige Ränkeschmiede behielt er in seinem Kabinett: Graf Christian von Haugwitz, den Hauptverantwortlichen für Preußens schwankende Außenpolitik; Kabinettsrat Johann Lombard, einen zwar klugen, bekannt liederlichen Mann, der als Graue Eminenz hinter Haugwitz stand und die Mobilisierung gegen Napoleon so lange aufschob, bis sie viel zu spät kam; und schließlich den Marchese Girolamo Lucchesini, der als Botschafter Preußens in Wien und Paris diente. (In Frankreich verärgerte er Napoleon, der dann seinen Widerwillen gegen Lucchesini auf den Hof übertrug, den dieser repräsentierte.)

Friedrich Wilhelm III. hatte auch eine unlustige, demoralisierte und in steigendem Maße undisziplinierte Armee, einen bankrotten Staatssäckel und eine sittlich verlotterte Gesellschaft geerbt. Junge Offiziere, die Friedrich Wilhelm III. bei Hof einlud, benahmen sich nicht mehr, wie in den Jahren Friedrichs des Großen, als zurückhaltende Kavaliere. Man erzählte sich, daß sie über die Buffets und Tafeln herfielen, als plünderten sie eine Stadt. Gerade Friedrich Wilhelms III. tadelloser persönlicher Lebenswandel schien die Unmoral um ihn her zu vergrößern. Man beschwerte sich, daß sein Hof der langweiligste Europas sei und versuchte, sich dafür schadlos zu halten. Geheimrat von Cölln stellte fest, daß ›die ausschweifenden Wüstlinge Berlins über die nüchterne Stetigkeit des Königs schimpfen. Sie stöbern überall herum, in der Hoffnung, irgend eine Unregelmäßigkeit oder eine geheime Liebesaffäre des Königs oder der Königin aufzuspüren, und sie sind in ihrer Bösartigkeit ganz unglücklich darüber, an diesem Tugendspiegel kein Fehl entdecken zu können. Friedrich Wilhelms große Popularität ist ihnen ein Dorn im Auge. Ihrer Meinung nach müßte er sich mit Pomp und Aufwand umgeben, glänzend Hof halten, mit vielen Pöstchen, Intrigen und mit viel Skandal.‹

Die Wüstlinge, von denen hier die Rede ist, waren größtenteils preußische Offiziere, die zu einer Zeit einen ausschweifenden Lebenswandel führten, in der sie sich eigentlich für die Verteidigung des Landes gegen den Ansturm Napoleons hätten rüsten und stählen sollen. ›Ihre Frauen‹, berichtet Cölln, ›betrachten sie als Gemeingut, das sie verkaufen oder eintauschen ...‹ Damen der Adelsgesellschaft betätigten sich als Kupplerinnen, bildeten Mädchen vom Land zu Dirnen aus und veranstalteten Orgien. Cölln berichtet über die damaligen schlimmen Zustände, daß ehrbare Bürger, die immer noch ›sehr achtbar‹ waren, wie eifrig sie sich auch bemühen mochten, keine heiratsfähigen Mädchen finden konnten, ›deren Ehre und Unschuld diese geilen Hurer nicht geraubt, oder doch wenigstens zu rauben versucht hätten‹. Offiziere, die man vordem wegen Unfähigkeit, ja sogar wegen Feigheit vor dem Feinde kassiert hatte, erlangten nun dank des Einflusses ihrer Familie oder der Nachsicht des Königs ihre Positionen wieder. Durch ein königliches Dekret wurden Beamte, die weniger als einen bestimmten

Mindestbetrag verdienten, von der Begleichung ihrer Schulden befreit. Im Gegensatz zum Bürgertum war der Bauernstand nun genauso verlottert und korrupt wie der Adel und kehrte sich weder an die Gebote der Kirche noch an die Gesetze des Landes. ›Alle Bande, durch die die Menschen normalerweise gebunden sind, haben sich gelockert‹, schreibt von Cölln voll Abscheu. Er war entsetzt darüber, daß so ein ›milder, gütiger König‹ über ›derart gottverlassene Wichte‹ herrschte. Was diese brauchten, sei ein Tyrann, meinte er. Diese Meinung teilte sogar Freiherr Heinrich Friedrich Karl vom und zum Stein, ein Beamter, der wenig später einer der bedeutendsten Reformatoren seiner Zeit wurde. ›Die despotischen Regierungen‹, meinte dieser, ›vernichten den Charakter des Volkes, da sie es von den öffentlichen Geschäften entfernen und deren Verwaltung einem eingeübten ränkevollen Beamtenheer anvertrauen.‹ Er liebe Friedrich Wilhelm um seiner Güte und seines Wohlwollens willen, doch der König sei nicht der rechte Mann für so ›ein eisernes Zeitalter‹. Stein verfaßte seine Betrachtungen, nachdem Napoleon Preußen im Handstreich niedergeworfen hatte; er beklagt das Fehlen eines hervorragenden preußischen Führers, der ›alles erdrückt und niedertrampelt, um auf einem Berg von Leichen seinen Thron zu errichten‹.

Friedrich Wilhelm III. allerdings war keinesfalls der Mann dazu. Er hegte Abscheu vor körperlichem Schmerz, aber auch davor, jemandem Schmerz zuzufügen. Er konnte nicht einmal jemanden kränken, obwohl anderseits niemand auf seine Gefühle Rücksicht nahm. Preußen, das nun zehn Millionen Einwohner und eine Armee von 250 000 Mann zählte, hätte Napoleon sehr wohl die Stirn bieten und den Widerstand gegen ihn ausführen können. Dieses Heer wäre der Grande Armée durchaus überlegen gewesen, hätten Friedrich der Große – oder selbst nur ein paar gute Generäle – es geführt. Statt dessen verfolgte der König eine Politik striktester Neutralität. Schon seit 1793 hatte Frankreich sich, meist auf Kosten deutscher Staaten, territorial immer mehr vergrößert. Dabei ließ Napoleon auch für Preußen einiges abfallen, wodurch die preußische Politik korrumpiert wurde. Aus all dem ergaben sich ein unsicherer Frieden und ein falsches Gefühl der Sicherheit. Die preußischen Generäle, darunter eine Reihe altersschwacher Veteranen aus den Tagen Friedrichs des Großen, bewiesen ihre Verblendung, als sie Königin Luise später sagten: ›Und wenn auch Napoleon die Österreicher, die Russen, die Italiener und die Holländer geschlagen hat – was sind denn die schon im Vergleich zu Friedrichs Bataillonen?‹ Bei solch überheblichem Leichtsinn mußte sich Friedrich II. wohl in seinem Grab in Potsdam umdrehen.

Preußen, der mächtigste deutsche Staat, war in diesem geschichtlichen Augenblick steuerlos und unschlüssig. Es versuchte, seine Neutralität durch einen Ritt auf dem Tiger zu bewahren. Dies führte dazu, daß es die Ereignisse nicht mehr nach seinem Willen lenken konnte. Preußen hatte, so schreibt ein britischer Historiker, ›einen König aus

Flickwerk, der nicht imstande war, sich auf eine politische Strategie festzulegen und diese dann auch konsequent zu verfolgen, ja der nicht einmal zwei Wochen lang bei der gleichen Meinung bleiben konnte‹ ...
Der große preußische Bildhauer Johann Gottfried Schadow, dessen Werke von Friedrich Wilhelm II. und seinem Sohn in Auftrag gegeben wurden und der beide gut kannte, sagte dem Schriftsteller Karl August Varnhagen von Ense seine Meinung über Friedrich Wilhelm III.: ›Im Grunde war er kein angenehmer Herr, die Königin hat viel mit ihm ausgestanden und gerade darin ihre größte Lieblichkeit bewiesen. Er war immer trocken, schüchtern, zum Entsetzen langweilig, und besonders unschlüssig – ach Herr Jemine, was war der Herr unschlüssig, nicht die kleinste Sache war, über die er nicht gezweifelt hätte, die er nicht aufgeschoben hätte, so lange es nur möglich war; er mußte zu allem gedrängt, gestoßen werden, und suchte doch bis auf die letzte Minute Ausflüchte ...‹

Zwei Jahre ehe er Preußen niederwarf, verletzte Napoleon Bonaparte die Neutralität Norddeutschlands durch die Eroberung Hannovers; aber selbst dieser freche Streich, unmittelbar vor den Toren Preußens, konnte den König nicht zur Tat anspornen. Preußen ließ sich von der zischenden Otter hypnotisieren; es war, als sei es gelähmt, behext, verwünscht. In Wirklichkeit stagnierte Preußen bloß – es war sozusagen der Gefangene jener autokratischen Staatsmaschine, die Friedrich der Große geschaffen hatte. Nun aber war niemand da, der diese Maschine hätte lenken und überwachen können, und so diente sie nur sich selbst und ihren eigenen Interessen. Sich selbst überlassen, waren die Bürokraten entweder korrupt oder entmachtet: da niemand wirklich regierte, wurde der Staat bloß verwaltet. Oberflächlich betrachtet, schien die Maschine gut zu funktionieren, jedenfalls gut genug, um den König hinters Licht zu führen. In Wahrheit aber war sie schon rostzerfressen und am Zerfallen.

Als der Freiherr vom Stein im Jahre 1805 nach Berlin berufen wurde, fand er die Stadt in einem chaotischen Zustand vor. Nur wenige schienen zu verstehen, was im Gange war. Diese patriotischen Mahner aber bezeichnete man als die ›Kriegspartei‹, und sie wurden bei Hof vom Chor der Beschwichtiger und Neutralisten übertönt. Als Rußland sich 1805 den Österreichern zum Kampf gegen die Franzosen anschloß, war dies das Zeichen für den König, seine Armee zu mobilisieren. Das tat er denn auch, aber anstatt gen Westen waren ihre Bajonette gegen den Osten, gegen den Zaren, gerichtet. Als kurz darauf Napoleon nach den Hohenzollern-Herzogtümern Ansbach und Bayreuth griff, warf der König das Steuer wieder herum. Nun rüstete er sich, zum Handeln entschlossen. Haugwitz wurde entsandt, um Bonaparte ein Ultimatum zu überreichen. Napoleon bat Haugwitz zu warten, denn er sei jetzt sehr beschäftigt. Dann stellte sich Napoleon den Österreichern und Russen bei Austerlitz und triumphierte über sie in einem der größten Siege, die die Geschichte kennt. Danach ließ er Haugwitz wissen, daß er nun Zeit für ihn hätte. Wie vermutet, waren nun der preußische Gesandte und sein Ultimatum verschwunden, als hätte sie der Schlachtendunst und der Rauch der Geschütze von Austerlitz verschlungen. Statt eines Ultimatums blieb den Preußen nun eine Katastrophe. Napoleon befahl abzurüsten, und Preußen demobilisierte. Ein Vertrag mit Napoleon wurde unterschrieben, von dem man hoffte, er werde die Sicherheit Preußens gewährleisten. Alles was dieser Vertrag in Wirklichkeit einbrachte, waren noch einige Monate voll Bällen, Festivitäten und Illusionen.

Die Kriegspartei in Berlin war entsetzt. Zu ihr gehörten nicht nur Stein und einige entschlossene Generäle wie Gerhard von Scharnhorst, sondern auch der Gelehrte Alexander von Humboldt und selbst ein Mitglied des Hauses Hohenzollern, der dreiunddreißigjährige Neffe des Königs, Prinz Louis Ferdinand. Man traf sich entweder in seinem Hause oder in dem seines Schwagers, Fürst Anton Radziwill, man schmiedete Pläne, was zu tun sei. Stein hatte eine Liste von Reformen vorbereitet, die vielleicht vermocht hätten, das Volk zu einigen und zu begeistern, indem man ihm eine, wenn auch geringe, Mitsprache in Staatsangelegenheiten zugestand. Scharnhorst seinerseits hatte eine Liste militärischer Reformen zur Modernisierung der Armee, dieser ehrwürdigen und schwerfälligen Institution, in der sich seit fünfzig Jahren nichts mehr geändert hatte. Diese Vorschläge wurden zweimal in abgewandelter Form dem König unterbreitet. Beide Male wurden sie verworfen. Den Unterzeichnern wurde eine Rüge erteilt, da sie sich angemaßt hatten, dem König Ratschläge zu geben. Man sagte ihnen, sie seien unverschämt.

Endlich, im September des Jahres 1806, machte sich Friedrich Wilhelm zum Kampf bereit. Die Vorstellung davon erheiterte Napoleon. ›Der Gedanke, daß Preußen es unternehmen will, mich ganz allein anzugreifen‹, schrieb er an Talleyrand am 12. September, ›ist so lächerlich, daß er gar keine Beachtung verdient. Mein Bündnis mit Preußen beruht darauf, daß mich Preußen fürchtet. Das Kabinett ist so verächtlich, der König so charakterlos . . .‹

Als die preußischen Heere sich in Marsch setzten, ging Prinz Louis Ferdinand an die Front. Er hatte Vorahnungen des Todes. Der König, der immer noch durch das ›unverschämte‹ Memorandum verärgert war, nahm ostentativ nicht Abschied von ihm. Kurz nachdem der Prinz im Feldhauptquartier eingetroffen war, schrieb er an seinen Freund Massenbach: ›Wir haben keine Regierungsform, kein Gouvernement!‹

Am 19. September begleitete Königin Luise ihr Kürassierregiment bis zum Brandenburger Tor. Daß sie dies überhaupt tat, und dabei auch noch die Regimentsuniform trug, erschien den Bürgern als ein unheilvolles Zeichen. Noch bedrohlicher aber schien ihnen, daß der König und die Königin am nächsten Tag Berlin verließen – man hielt es für Flucht, obwohl sie sich in Wirklichkeit an die Front begaben. ›Die Königin von Preußen ist bei der Armee‹, steht in einem Bulletin Napoleons vom 8. Oktober. ›Sie ist wie eine Amazone gekleidet und trägt die Uniform ihres Dragonerregimentes. Sie schreibt jeden Tag zwanzig Briefe, um die Flammen in jeder Richtung zu schüren . . .‹ Die Franzosen bezeichneten sie als Anführerin der Kriegspartei (obwohl sie tatsächlich Stein, Scharnhorst und den anderen Reformern von ihren Plänen abgeraten und darauf hingewiesen hatte, daß der König ihren Forderungen keinesfalls Gehör schenken werde. Dabei sympathisierte sie im Grunde mit den Zielen der Gruppe um Stein.) Französische Karikaturen zeigen sie als ›entweibte Amazone‹ und als Marketenderin mit offener Husarenjacke und nackten Brüsten.

Nochmals setzte der König sein ganzes Vertrauen auf den Herzog von Braunschweig, den preußischen Oberkommandierenden. Dieser Veteran mancher ruhmreicher Schlacht aus fernen, längst vergessenen Tagen, war gleichfalls voll Vertrauen in seine Armee. Am Vorabend der Schlacht von Jena sagte der Herzog von Braunschweig vor preußischen Offizieren, daß sein Heer, ›trotz aller Vorkommnisse der letzten Zeit und selbst ohne Reformen und Verbesserungen fraglos die erste Armee der Welt‹ sei. Doch die Wirklichkeit sah anders aus. Während Napoleon und die meisten seiner Marschälle zwischen 35 und 37 Jahre zählten, war das preußische Offizierskorps hoffnungslos überaltert, an Jahren wie an Kriegsauffassung. Zwei Drittel ›näherten sich entweder dem biblischen Alter (siebzig) oder hatten dieses längst überschritten‹, stellte ein Militärgeschichtler fest. Feldmarschall Wichard von Möllendorf, einer der Kommandeure, die Napoleon gegenüberstanden, war über achtzig; der Herzog von Braunschweig war über siebzig und konnte nicht mehr zu Pferde sitzen. Unter den Regiments- und Bataillonskommandeuren war ein Viertel über sechzig und damit den körperlichen Anstrengungen einer Schlacht, wie sie damals geschlagen wurde, nicht mehr gewachsen. Selbst die Kompanie- und Schwadronschefs waren nicht viel jünger. Von 66 Feldinfanterieobersten waren 28 über sechzig; nur fünf von 281 Majoren waren unter fünfzig Jahre alt. Die Soldaten Napoleons wurden gut verpflegt und gekleidet, während die Preußen Hunger litten und froren. In den zwölf Monaten, die der Schlacht von Jena vorangingen, hatten die preußischen Soldaten weder Wintermäntel noch Westen gefaßt. Statt dessen hatte man falsche Westentaschen auf ihre Uniformjacken gesteppt. Ihre engen Hosen barsten, wenn sie eine rasche Bewegung machten, ihre Schuhe blieben immer wieder im Schlamm stecken. Ihre Kopfbedeckungen und friderizianischen Zöpfchen waren unsinnig und boten keinen Schutz vor den Unbilden des Wetters.

Napoleon verließ Paris sechs Tage nachdem Friedrich Wilhelm III. und Königin Luise Berlin verlassen hatten. In zwei Tagen war er am Rhein angelangt und gab dann seinen Truppen neun Tage für den normalerweise zwölftätigen Marsch von Bonn nach Würzburg. Sie schafften es in acht Tagen. Am 13. Oktober kam Napoleon nach Jena und erwartete, das Gebiet mit preußischer Artillerie gespickt zu finden. Zu seiner großen Überraschung war es völlig unverteidigt. Der Preußenkönig stand nur etwa zwanzig Kilometer entfernt in Auerstädt, aber er hatte keine Ahnung davon, daß Napoleons Armee in der Nähe war. Späher auszuschicken hatte man versäumt. Überdies kannten die preußischen Generäle auch das Terrain nicht. Sie besaßen keine verläßlichen Karten (obwohl man diese in Schropps Landkartenhandlung in Berlin hätte kaufen können). Die einzige Landkarte des Geländes um Jena, die Friedrich Wilhelms Generäle besaßen, stammte aus dem Jahr 1763. Auf ihr waren viele wichtige Details des Terrains nicht eingezeichnet. Selbstverständlich war Napoleon gut mit genauen topographischen Karten dieses Gebietes ausgerüstet. (Später gehörten seine Offiziere dann in Berlin zu den besten Kunden Schropps.)

Während Napoleon jede strategische Stellung rings um die Preußen besetzte und ausbaute und ihnen dadurch praktisch den Rückzug nach Berlin unmöglich machte, verbrachten Friedrich Wilhelm III. und seine Generäle den Abend in traulichem Gespräch. Der Paß bei Kösen war nicht besetzt. Ein preußischer General namens Schmettau wußte das, ging aber dennoch zu Bett, da man sich ja mit dieser Sache auch am nächsten Morgen befassen konnte. Da hatten allerdings die Franzosen den Paß bereits genommen. Auch der Herzog von Braunschweig ging zu Bett, nachdem er bereits einen Großteil der Lagebesprechung mit seinem König und den anderen Offizieren verdöst hatte. In seinem Alter konnte sich der Herzog eben nicht mehr leisten, so spät aufzubleiben. Prinz Friedrich Ludwig von Hohenlohe, der Kommandierende der Feldtruppen bei Jena, tat es seinem König nach und legte sich bald schlafen. Gebhard Leberecht von Blücher, einer der wenigen preußischen Generäle, die nicht verschlafen waren, traf während der Nacht mit einer dringenden Botschaft für den König ein. Ihm wurde gesagt, er möge sich bis zum Morgen gedulden, da der König Befehl gegeben hatte, ihn nicht zu stören.

Napoleon und Marschall Louis Nicholas Davout samt ihren Offizieren und Mannschaften blieben wach. Sie verbrachten die Nacht damit, die von den Preußen schutzlos gelassenen Stellungen nacheinander einzunehmen, bis sie den Gegner völlig umzingelt hatten. Die preußischen Soldaten aber schliefen, bis Napoleon sie mit Kanonendonner weckte.

Vier Tage vorher, und nur wenige Meilen westlich von Jena, fiel Prinz Louis Ferdinand von Hohenzollern. Am 9. Oktober hatte er den Abend auf Schloß Rudolstadt verbracht. Dort erschien ihm, wie so vielen anderen Hohenzollern am Vorabend ihres Todes, die ›Weiße Dame‹. Am folgenden Tag stießen er und seine Leute auf eine Einheit der Korps des Marschalls Jean Lannes. Ein französischer Sergeant namens Guindey tötete den Prinzen, dessen Leiche auf dem Schlachtfeld blieb. Im Wirrwarr Tausender umhereilender Soldaten verloren ihn die Franzosen aus den Augen. Am folgenden Tag fand man seinen Leichnam, geplündert und beraubt. Der völlig nackte Leib lag halb in der Erde. Napoleon zog seinen Hut vor dem Prinzen, der gestorben war, ›wie alle guten

Soldaten gerne gefallen wären‹. Der Vater Louis Ferdinands anderseits zuckte die Achseln und bemerkte, sein Sohn sei ja an diesem Krieg mitschuldig gewesen und habe damit sein eigenes Schicksal besiegelt. Seine Mutter hingegen zeigte nur viel Besorgnis um den jüngeren Sohn, den sie Louis Ferdinand immer schon vorgezogen hatte. Das einzige Mitglied des Hauses Hohenzollern, das ehrlich um diesen tapferen Prinzen trauerte, war seine Schwester Luise.

Hermann von Boyen, preußischer General und Kriegsminister, bemerkte trocken: ›Bei Auerstedt bedurfte es preußischerseits beträchtlicher Geschicklichkeit, um diese Schlacht zu verlieren – denn alle Vorteile waren auf unserer Seite.‹ Marschall Davouts 27 300 Mann standen 50 000 Preußen gegenüber. Sie wurden vom König und vom Herzog von Braunschweig kommandiert. 1300 französische Reiter kämpften gegen 8800 preußische Berittene; die Franzosen hatten 44 Kanonen, die Preußen dagegen 230. Zwanzig Kilometer von Auerstedt entfernt, bei Jena, waren die Truppen des französischen Feldherrn Napoleon nur tausend Mann stärker, was aber durch die zahlenmäßige Überlegenheit der preußischen Kavallerie und Artillerie (8450 französische gegen 10 500 preußische Berittene, 108 französische gegen 175 preußische Geschütze) wieder wettgemacht wurde.

Die Taktik der Franzosen bestand einfach darin, die Preußen aufzuspüren und sie anzugreifen. Napoleon hatte überhaupt keine ›napoleonische Taktik‹. Die Preußen anderseits nahmen sich an ihrem unentschlossenen König ein Beispiel und reagierten einfach nicht. Ihre Infanterie schlug sich gut – oder doch jedenfalls so gut, wie es unter dieser Führung erwartet werden konnte. Um Mittag war der König bei Auerstedt bereits in Schwierigkeiten. Um zwei Uhr flohen seine Armeekorps so schnell, daß sie nur zwei Stunden später das mehr als zehn Kilometer entfernte Weimar erreichten. Panik brach aus. Ausrüstungsgegenstände und Geschütze wurden zurückgelassen, die Soldaten warfen ihre Tornister und Gewehre fort. Prinz Hohenlohe, der keinen Tornister wegzuwerfen hatte, ließ statt dessen seine Truppen im Stich und nahm acht Kavallerieschwadronen als Bedeckung mit. So schnell ritt er fort, daß nur mehr sechzig Berittene bei ihm waren, als er in Sondershausen ankam. Die anderen hatten einfach nicht Schritt halten können.

Was nun König Friedrich Wilhelm III. anlangte, so wußte er überhaupt nicht, was geschah. Zeitweilig standen seine 100 000 Mann in zwei Streitkräfte geteilt weniger als acht Kilometer voneinander entfernt im Felde, doch der König, der sich in Auerstedt befand, erhielt keine Nachrichten darüber, was in Jena vorging. Der Herzog von Braunschweig war verwundet. Jeder, dem nur irgendein Befehl einfiel, gab ihn. Da man aber vorher keinen gemeinsamen Plan abgesprochen hatte, herrschte völliges Chaos. Schließlich befahl der König den Rückzug nach Weimar, und dieser wurde zur wilden Flucht. Die preußische

Armee bestand aus ›Haufen verängstigter Männer, die nur wenige Stunden zuvor noch als Soldaten Friedrichs des Großen verkleidet gewesen waren‹.

Der König, der sie hätte in die Schlacht führen sollen, organisierte statt dessen, von sorgfältig ausgewählten Kavalleristen umgeben, die Flucht. Plötzlich, mitten im Dahineilen, wurde er in einen Kampf verwickelt. Französische Husaren überraschten ihn, und er und seine Leute mußten sich den Fluchtweg mit dem Säbel, im Kampf Mann gegen Mann, freihauen. Königin Luise eilte in einer Karosse nach Weimar. Auch sie entging nur mit knapper Not der Gefangennahme durch die Franzosen. Der König ritt, völlig von seinen Armeen getrennt, die ganze Nacht hindurch weiter. Ohne Karte irrte er stundenlang umher; schließlich kam er nach Sömmerda, etwas über dreißig Kilometer von Auerstedt entfernt. Nun, da es an der Zeit gewesen wäre, über die katastrophale Niederlage zu klagen, wendete er sich zu Blücher und sagte: ›Wir können uns gratulieren, aus diesem Gefecht so gut davongekommen zu sein.‹

Drei Tage nach der Schlacht bei Jena sprengte Baron von Dorville durch das Brandenburger Tor, ritt Unter den Linden und die Behrenstraße entlang, geradewegs zum Haus des Militärgouverneurs. Die Nachricht, mit der er dort vor Graf Friedrich Schulenburg herausplatzte, ließ den Gouverneur tödlich erschrecken. Nun war alles verloren, das wußte Schulenburg, doch er hielt die Nachricht vor den Untertanen des Königs geheim. Am nächsten Tag gab er eine Erklärung ab, die in ganz Berlin angeschlagen wurde: ›Der König hat eine Bataille verloren. Jetzt ist Ruhe die erste Bürgerpflicht!‹ Dann verließ Schulenburg die Stadt.

Fünf Tage nach Schulenburgs Flucht ritten die ersten Franzosen in Berlin ein. Es war eine kleine Vorhut der Grande Armée, die vom Adjutanten des Generals Pierre Augustin Hulin angeführt wurde. Sie besetzten alle Schlösser, Paläste und öffentlichen Gebäude. Am Nachmittag des gleichen Tages marschierten Einheiten der Armee Marschall Davouts durch das Brandenburger Tor. Davout selbst zog am 26. Oktober in die Stadt ein.

Napoleon, der in Potsdam angekommen war, bat den Sakristan der Potsdamer Garnisonkirche Gleim, ihm das Grab Friedrichs des Großen zu zeigen, der dort neben seinem Vater Friedrich Wilhelm I. bestattet war. Der Sakristan zeigte Napoleon und dessen Bruder Jérôme das Grabmal. *›Sic transit gloria mundi!‹* sagte Napoleon. Bonaparte soll auch vor der Gruft Friedrichs des Großen gesagt haben. ›Wäre er noch am Leben, stünde ich heute nicht hier.‹ Dann bedeutete er seinem Bruder, dem Sakristan und den anderen, ihn allein zu lassen. Volle zehn Minuten stand er vor dem Grab Friedrichs II. und blickte es stumm an. Nachher befahl er Marschall Duroc, die Kirche zu schonen. Am 27. Oktober hielt Napoleon seinen triumphalen Einzug in Berlin, wobei er von Zurufen *›Vive l'Empereur‹* begrüßt wurde. (Die Berliner sagten: ›Um

Gottes willen, brüllt ,*Vive l'Empereur*' so laut ihr könnt, oder wir sind verloren!‹)

König Friedrich Wilhelm III., der nach Küstrin geflohen war, verließ diese Stadt am Tage vor Napoleons Einzug in Berlin. Ehe er mit seiner Gattin abreiste, sagte er dem Kommandanten von Küstrin, Oberst von Ingersleben, einem Mann von altem Adel, er möge Stadt und Festung mit seinen 3000 bis 4000 Mann bis zum letzten verteidigen. Dann reiste der König nach Memel, der nordöstlichsten Grenzstadt seines Reiches. Ingersleben bewies sofort, wie falsch es von Friedrich dem Großen gewesen war, so sehr auf das Ehrgefühl adeliger Offiziere zu bauen – solange zumindest nicht seine eigene Gegenwart dieses Ehrgefühl aufstachelte. Als 300 französische Husaren heranzogen, ergab sich Ingersleben mit seiner mehr als zehnfachen Übermacht, ohne auch nur einen einzigen Schuß abzufeuern. Prinz Hohenlohe, der Mann, der es in Jena und Auerstedt mit der Flucht so eilig gehabt hatte, ergab sich bei Prenzlau widerstandslos mit 16 000 Mann, wobei er sogar das Leibregiment des Königs in die Hand des Feindes fallen ließ. Am 29. Oktober ritt ein junger französischer Husarenleutnant ganz allein in die Festung von Stettin und forderte die Kapitulation der dort stationierten 5000 Mann. Der Festungskommandant, ein einundachtzigjähriger General, weigerte sich zunächst, überlegte sich dann aber die Sache und ergab sich ohne Schußwechsel. Auf die gleiche Weise lieferte Baron von Benkendorf die Festung Spandau aus. Baron von Pruschenk übergab Erfurt; General von Reinhardt, Träger des *Pour le mérite*, ergab sich in Glogau, der zweitwichtigsten Festung Preußens. Baron von Thiele öffnete den Franzosen die Tore Breslaus, und Baron von Haake tat ein Gleiches in Schweidnitz. Zorndorf fiel an die Franzosen, weil Friedrich Wilhelm III. dort einen Mann zum Gouverneur ernannt hatte, dem in einem Disziplinarverfahren seine Unfähigkeit, irgendeinen administrativen oder militärischen Posten auszufüllen, bestätigt worden war. (Auch der Gouverneur von Küstrin war schon einmal entlassen worden, und zwar wegen Feigheit vor dem Feind, hatte dann aber durch familiären Einfluß seinen Posten zurückerhalten.) Die erbärmlichste Übergabe fand in Magdeburg statt, damals nach Berlin immerhin die wichtigste Stadt Preußens. In ihren Mauern befand sich auch Preußens stärkste Festung. Sie war erst einmal in der Geschichte – während Tillys berühmter Belagerung im Dreißigjährigen Krieg – eingenommen worden. Ihr Kommandant hieß Franz Kasimir von Kleist, General der Infanterie, Ritter des schwarzen Adlerordens, Sohn eines kampferprobten Generals. Die Stadt und Festung war mit allem Nötigen mehr als reichlich versehen, es standen ihm 800 Kanonen und 22 000 Soldaten mit 800 Offizieren zur Verfügung. Er hatte gelobt, die Stadt zu verteidigen, ›bis Gewehrfeuer sein Taschentuch in Brand steckt‹. Als Marschall Ney mit nur 10 000 Mann und einigen Stücken leichter Feldartillerie heranrückte, wurde er anderen Sinnes. Er berief einen Kriegsrat seiner neunzehn höchsten Offiziere, die gemeinsam 1400 Jahre alt waren. Als ein zweiundsiebzigjähriger General riet, sich zur Wehr zu setzen, schnauzte ihn der dreiundsiebzigjährige Graf von Kleist an: ›Sie sind hier der Jüngste. Sie werden Ihre Meinung gefälligst sagen, wenn Sie darum gefragt werden!‹

Aus all dem war klar zu erkennen, daß das Königreich Preußen zu jenen anarchischen Zuständen zurückgekehrt war, die in der Mark Brandenburg herrschten, ehe die ersten Hohenzollern dort ihren Einzug hielten. Die Herren des Landadels kümmerten sich um nichts als um ihr eigenes Wohlergehen, und da es keinen mächtigen König gab, zeigten sie ihr wahres Gesicht.

All die ungeheure Treue, die Selbstlosigkeit und der Opfermut, die Friedrich II. in seinen adeligen Offizieren vorzufinden geglaubt hatte, war in Wirklichkeit nur die Widerspiegelung seiner eigenen Größe, die ihn nicht überleben konnte, da die Offiziere selbst alles andere als groß waren.

Großzügig betrachtet könnte man sagen, daß diese Offiziere angesichts Napoleons Kriegsruhm nur vorsichtig gehandelt hätten oder daß sie dem Beispiel ihres Königs gefolgt seien, denn Friedrich Wilhelm III. richtete weiß Gott seine Soldaten nicht wieder auf und gab ihnen Kampfesmut, wie dies Friedrich II. in mancher hoffnungslosen Lage getan hatte, in der er sie höchstselbst gegen die Mündungen der feindlichen Geschütze führte. Dennoch ist bemerkenswert, daß die rühmlichen Ausnahmen, die es in dieser Chronik der Auf- und Übergaben immerhin gab – so etwa Kolberg, Graudenz, Pillau, Cosel und Glatz –, ausgerechnet Kommandeure betraf, die *nicht* von altem Adel waren. Diese tapferen Männer waren entweder Bürgerliche oder waren eben erst selbst geadelt worden. Legendär wurde die Verteidigung Kolbergs durch den sechsundsiebzigjährigen Bürgerlichen Joachim Nettelbeck. Er bildete eine Bürgerwehr und verteidigte die Stadt gegen die Franzosen – und gegen den heftigen Widerstand des preußischen Armeekommandeurs, der zur Übergabe entschlossen war und Nettelbecks Bürgerwehr haßte und verachtete. (Nettelbeck fand später die Unterstützung eines preußischen Majors namens August Neithardt von Gneisenau, der damals in den Vierzigern stand und von dem wir noch hören werden.) Eine Anzahl der feigen Kommandeure wurde nach Jahren vor ein Kriegsgericht gestellt und manche sogar zum Tode verurteilt, doch setzte in fast allen Fällen der König das Strafausmaß herab, denn die Leute waren ja immerhin von Adel. Prinz Hohenlohe, der sich nach dem Debakel von Prenzlau auf seine Güter zurückgezogen hatte, wurde überhaupt niemals zur Rechenschaft gezogen.

Man hatte die Stadt Memel an der Ostsee als Zufluchtsstätte erkoren, da nicht einmal Königsberg, das traditionelle Ausweich-Hauptquartier der Hohenzollern, sicher war. Im Januar 1807 erreichte Königin Luise Memel, an Typhus erkrankt, hungrig und halb erfroren. Sie hatte ihre Kinder bei sich, darunter den Kronprinzen (den späteren Friedrich Wilhelm IV.) und seinen kleinen Bruder Wilhelm (den späteren deutschen Kaiser). Wilhelm trug die Uniform des Garderegiments und sogar einen kleinen Zopf. Ihn begleitete alles, was von der Garde des Königs noch geblieben war – ganze neunundzwanzig Mann. Alexander I., der Zar von Rußland, kam in das nahegelegene Tilsit, um Friedrich Wilhelm zu umarmen und ihm zu sagen: ›Wir werden nicht allein fallen – entweder stürzen wir gemeinsam oder überhaupt nicht.‹ An diesen stolzen Worten übte er bald Verrat, und doch wurde Luise durch sie ermutigt, nach Königsberg zurückzugehen, wo sie die Verwundeten pflegte. Der König begab sich inzwischen ins Hauptquartier des Zaren. Blücher traf ein und bat um 30 000 Mann, die ihm aber der Zar verweigerte.

Sechs Monate später fiel Königsberg. Luise eilte nach Memel zurück. Ganz Preußen war besetzt; der König gebot nur mehr über einen etwa 20 Kilometer breiten Streifen Landes nächst der russischen Grenze. Am 21. Juni unterzeichnete Rußland dann einen Waffenstillstand mit Napoleon, und Preußen war verraten und verkauft. Am 25. Juni trafen sich die beiden Kaiser auf einem Floß in der Mitte des Memelflusses und verhandelten drei Stunden lang, wobei sie die Welt zwischen sich aufteilten. Friedrich Wilhelm III., den man nicht einmal zur Teilnahme eingeladen hatte, saß während der ganzen Konferenz zu Roß am Ufer und erwartete voll Ungeduld den Ausgang des Gespräches. Gegen Ende der Unterredung fragte der Zar Napoleon, ob er den König von Preußen nicht wenigstens begrüßen wolle. Napoleon sagte zu, dies am nächsten Tag zu tun. Er behandelte Friedrich Wilhelm mit Verachtung, sprach nur eine Stunde mit ihm und wendete sich während des Gespräches meist an Alexander I. Er hatte keinerlei Respekt vor den Hohenzollern oder ihren Preußen, nachdem er sich erst von Friedrich Wilhelms Unentschlossenheit und später von der Feigheit und der Verräterei des aristokratischen preußischen Offizierskorps überzeugen konnte. Er befahl Friedrich Wilhelm, seinen neuen Ministerpräsidenten, Karl August von Hardenberg, der ihm als antifranzösisch bekannt war, zu entlassen. Hardenberg, ein Reformator vom Schlage Steins, fand Zuflucht bei den Russen. Dann schickte sich Napoleon an, in Tilsit sowohl mit Rußland als auch mit Preußen Frieden zu schließen.

Friedrich Wilhelm III., der sich immer noch nicht von seiner Melancholie, Entschlußlosigkeit und Untätigkeit frei machen konnte, griff nun zu einem ungewöhnlichen Mittel: Er sandte seine Königin, um bei Napoleon für Preußen zu bitten – und dies, obwohl er wußte, daß Napoleon die häßlichsten und anstößigsten Angriffe auf Luise hatte verbreiten lassen, wobei man sogar so weit ging, die tugendhafte Königin als Mätresse des Zaren Alexander I. hinzustellen. Napoleon empfing sie in einem kleinen Dorfhaus und behandelte sie anfangs so gleichgültig, daß seine Verachtung unverkennbar war. Schließlich fragte er empört: ›Wie ist es Ihnen nur eingefallen, Krieg gegen mich zu führen?‹ Luise antwortete: ›Es war wohl verzeihlich, daß wir uns im Andenken an Friedrich den Großen überschätzten.‹ Dann bat sie ihn unter

Tränen um einen ehrenhaften Frieden. Sie sprach mit erstickter Stimme von Gnade, Gott, Gewissen und Gerechtigkeit. Napoleon antwortete: ›Sie bitten um viel, aber wir werden sehen.‹ Es stellte sich aber dann heraus, daß er dem Haus Hohenzollern beinahe alles nahm, was es im Laufe der Jahrhunderte, seit Burggraf Friedrich aus dem fernen Nürnberg in die Mark Brandenburg geritten kam, erworben hatte. Friedrich Wilhelm III. erließ eine Proklamation an all seine früheren Untertanen in den von ihm abgetretenen Ländereien, in der er erklärte, daß er sie ›aus bitterer Notwendigkeit‹ all ihrer Pflichten gegen sein Haus entbinde; daß er sich ›wie ein Vater von seinen Kindern‹ von ihnen trenne, und daß ihr Angedenken ihm immer teuer sein werde. Damit verabschiedete er sich von fünf Millionen Menschen, die auf etwa 2500 Quadratmeilen Landes – also etwa der Hälfte seines bisherigen Reiches – lebten. Überdies verlangte Napoleon auch noch 146 Millionen französische Franken als Kriegssteuer, ehe er die preußischen Besitztümer, die dem Hause Hohenzollern gehörten, freigeben würde. Der Staat war dem Bankrott nahe, und nur Stolz und Starrsinn hinderten den König daran, es zuzugeben. Luise schrieb an Baron vom Stein: ›Guter Gott, wohin sind wir gekommen? Unser Todesurteil ist gesprochen!‹ Man bedenke, daß diese Worte nur dreiundzwanzig Jahre nach dem Tode Friedrichs des Großen gesprochen wurden, unter dem Preußen den Höhepunkt seines Ruhmes erreicht hatte.

Im April 1809 führte der Major Ferdinand Baptista von Schill die Zweiten Brandenburgischen Husaren Unter den Linden entlang und zum Brandenburger Tor hinaus. Keiner, nicht einmal Leutnant Bärsch und Major von Lützow, die an seiner Seite ritten, wußten, wohin es ging. Nur Schill selbst wußte es. Er zog sein Regiment aus französischen Diensten, um es zur Vorhut einer Befreiungsarmee zu machen, denn Schill brannte von patriotischer Begeisterung. Der Philosoph Johann Gottlieb Fichte hielt in Berlin im Jahre 1807 und 1808 seine zündenden *Reden an die deutsche Nation*. Diese hatten viele mitgerissen – besonders da Fichte damals noch nicht der Apologet der Despotie war, zu dem er später wurde. Seine Worte gaben einer wachsenden Vaterlandsliebe Ausdruck, die weniger in Preußen als in der damals noch vagen Vorstellung eines gesamtdeutschen Reiches verwurzelt war – in der Vorstellung, daß alle Menschen deutscher Zunge zusammengehörten. Das war nun freilich ein größeres Anliegen, das weit stärker anfeuerte, ein edleres Ideal, als Preußen es jemals hatte vorstellen können. Selbstaufopferung für eine große, beinahe mystische Aufgabe schien erstrebenswerter als bloßer Dienst am Haus Hohenzollern, dessen Nimbus in letzter Zeit so gelitten hatte.

Daß von derlei Dingen überhaupt die Rede war, hatte seine Ursache in einer Reihe von Faktoren: Zunächst einmal residierte der Hohenzollern-Hof immer noch weit entfernt, in Königsberg, wo er sich seit dem Frieden von Tilsit aufhielt. Dadurch war die öffentliche Meinung nicht länger geknebelt. Anderseits aber lagen liberale Reformen nicht nur in der Luft, sondern einige hatten tatsächlich bereits stattgefunden, und nicht dank der Initiative des Hauses Hohenzollern, sondern diesem zum Trotz.

Als Friedrich Wilhelm III. Haugwitz entlassen hatte, trug er dem Freiherrn vom Stein die Stelle des Ministerpräsidenten an. Stein aber hoffte, daß Karl von Hardenberg den Posten bekommen würde, so daß sie beide gemeinsam an der Reform des Staates arbeiten könnten. Stein, stets schneidend, barsch, offen und erbarmungslos aufrichtig, nahm bei der Unterbreitung seiner Vorschläge dem König gegenüber kein Blatt vor den Mund. Voll Zorn nannte Friedrich Wilhelm III. den Freiherrn einen ›widerspenstigen, trotzigen, hartnäckigen und ungehorsamen Staatsdiener‹ und entkleidete ihn aller Regierungsämter. Da ihm keine andere Wahl blieb, berief der König Hardenberg. Als dieser aber dann sechs Monate später auf Napoleons Befehl entlassen wurde, ernannte der König Stein zum Ministerpräsidenten. Auch diesmal hatte er keine andere Wahl, obendrein schlug Napoleon den Freiherrn für diesen Posten vor.

Stein ging mit Feuereifer ans Werk. Schon fünf Tage nach seiner Amtsübernahme setzte er in ganz Preußen weitreichende Reformen durch. Er war so sehr in Eile, alles Faulige auszurotten, daß er diese neuen Gesetze sogar bis auf den Vortag ihrer Bekanntmachung rückwirkend erließ. Im ganzen Lande wurde die Leibeigenschaft und jedweder Unterschied in den Grundbesitzrechten (etwa zwischen bäuerlichem und adeligem Grundbesitz) aufgehoben. Auch Klassenunterschiede in bezug auf Anstellung, Gewerbe, Handel und Beschäftigung jeglicher Art wurden beseitigt. Dann führte Stein die Kabinettsreform weiter, die bereits Hardenberg eingeleitet hatte, und verlieh ein Jahr später jeder Stadt und jedem Markt in Preußen örtliche Selbstverwaltung auf fortschrittlicher Grundlage.

Er wußte genau, warum Preußen Napoleon unterlegen war: weil man es nicht der Mühe wert gefunden hatte, sich der Mitarbeit und der Begeisterung des Volkes zu versichern. Die Bürger und Bauern waren bei weitem die treuesten und beständigsten Untertanen des preußischen Königs gewesen. Der Adel im Offizierskorps und bei Hof aber war schwach, liederlich, verräterisch und korrupt geworden.

Der Geist der Reform ergriff nun auch die Armee. Es wurde eine Sonderkommission gebildet, um die Streitkräfte nach modernen und zweckmäßigen Richtlinien zu reorganisieren. Dieser Kommission gehörte Stein an, ferner Neithart von Gneisenau, Karl Wilhelm von Grolman, Hermann von Boyen und andere. An ihrer Spitze stand Generalmajor Gerhard von Scharnhorst; in jüngeren Jahren hatte er als Oberstleutnant an der Militärakademie jenem Offizier die Kriegskunst gelehrt, der später darüber eines der grundlegendsten Werke verfassen sollte: Karl von Clausewitz. Obwohl in der friderizianischen Tradition aufgewachsen und ausgebildet, wußte Scharnhorst, daß diese von der Entwicklung überholt war. Die Armee, die bei Jena und Auerstedt eine so schreckliche Niederlage erlitten hatte, konnte den Soldaten der Französischen Revolution, der französischen Volksarmee, der *levée en masse,* nicht erfolgreich entgegentreten. Immer noch wurden preußische Soldaten ausgepeitscht und geprügelt, und sie desertierten in hellen Scharen. Was aber noch schlimmer war: ihre Offiziere waren so verweichlicht und ausschweifend, daß etwa der Herzog von Braunschweig seine Mätresse und ein anderer Offizier sein Klavier nach Auerstedt mitgenommen hatte. Natürlich konnte ein Berufsheer, das man absichtlich vom Volke getrennt hatte, das der Zivilbevölkerung feindlich gegenüberstand und von dieser dafür gehaßt wurde, in diesen Zeiten kaum nationale Begeisterung erwecken. Was man brauchte, war eine volksverbundene Armee, ein nationales Aufgebot.

Die preußischen Offiziere, die diese verschwörerischen Pläne schmiedeten, erregten Napoleons Argwohn. Mißtrauisch geworden, befahl er Friedrich Wilhelm III., die Reformkommission aufzulösen. Das tat dieser jedesmal, wenn sie zusammentrat. Unter verstärktem Druck Napoleons gab der König Order, die Empfehlungen der Kommission nicht zu beachten.

Napoleon hatte begriffen, was Stein beabsichtigte; nämlich Preußen durch seine Reformen so zu stärken, daß es in der Lage wäre, das napoleonische Joch abzuschütteln. Einige Briefe Steins, in denen dieser von seiner Hoffnung auf eine Volkserhebung sprach, waren abgefangen worden. Napoleon antwortete darauf mit der Beschlagnahme aller Besitztümer des Freiherrn in Westfalen und zwang Friedrich Wilhelm III., Stein zu entlassen. Kurze Zeit später erklärte Napoleon in Madrid, ›dieser Mann Stein‹ sei ›ein Feind Frankreichs‹ und ein Feind des Rheinbundes, der von Napoleon gegründeten Vereinigung deutscher Vasallenstaaten. Dann enteignete Napoleon alle Ländereien Steins innerhalb der Länder des Rheinbundes. Stein wußte, daß er nun seines Lebens nicht mehr sicher war. Er floh erst nach Prag und von dort dann weiter zu den Russen.

Zu dieser Zeit war Berlin voll von Berichten über die spanische Revolte, über den Aufstand in Tirol und von Gerüchten über eine bewaffnete Aktion, die die Westfalen angeblich gegen ihren neuen König, Napoleons Bruder Jérôme, vorbereiteten. Patriotische Heißsporne, die Mitglieder einer Gesellschaft der Freunde des Vaterlandes, waren aktiv und lautstark tätig. Sie waren es auch, die den Major Ferdinand von Schill davon überzeugten, er könne den Aufstand in Westfalen entfesseln, wenn er mit seinem Regiment dorthin marschiere, und daß er damit vielleicht sogar eine Befreiungsbewegung für ganz Europa einleiten könne.

Die Nachricht von Schills Desertion wurde dem immer noch in Königsberg residierenden König Friedrich Wilhelm sofort zur Kenntnis gebracht. Weit davon entfernt, diesem Patrioten Lob zu zollen, erließ der König einen Kabinettsbefehl, der später am Brandenburger Tor angeschlagen wurde. ›Mit unbeschreiblichem Mißfallen habe ich Berichte über den Zustand und die Lage in Berlin empfangen‹, erklärte der König und befahl Schill, sich sofort in Königsberg zu melden. Einige Tage später hing ein napoleonisches Dekret am Brandenburger Tor: ›Ein gewisser Schill, eine Art Straßenräuber, der in dem letzten preußischen Feldzuge Verbrechen auf Verbrechen gehäuft und den Grad eines Colonels dafür erhalten hat, ist mit seinem ganzen Regiment von Berlin desertiert, hat sich nach Wittenberg an die sächsische Grenze gezogen und diesen Ort umringt ... Diese lächerliche Bewegung war mit der Partei verabredet, die in Deutschland alles in Brand stecken wollte ...‹ Für die Ergreifung Schills setzte man eine Prämie von 10 000 Francs aus. Schließlich wurde ein weiteres Hohenzollern-Dekret angeschlagen: ›Auf Befehl Seiner Königlichen Majestät, des Königs von Preußen, Unseres Gnädigen Herrn, wird jedermann hiermit sehr ernstlich gewarnt, sich ähnlicher Taten schuldig zu machen ...‹

Inzwischen lieferte Schill der Garnison von Magdeburg ein kurzes Scharmützel, worauf er sich nordwärts wandte, um britische Unterstützung zu finden. Am 31. Mai 1809 wurde seine kleine Streitmacht von dänischen und holländischen Truppen bei Stralsund überwältigt. In diesem Gefecht fiel Schill im Alter von dreiundzwanzig Jahren. Man sagt, daß sein Leichnam ins Berliner Rathaus zurückgebracht wurde, wo ein Arzt Schills Haupt abtrennte. Diese Trophäe wurde Jérôme in einem großen Glasgefäß überbracht, der dafür die Prämie von 10 000 Francs zahlte. Nur soviel über den Patriotismus dieser Zeit. Königin Luise, die über den Tod Schills schreibt, weiß nun zu berichten, daß der König über ihn und die allgemeine Unruhe im Lande sehr aufgeregt war. ›Wie soll Napoleon an die Unschuld des Königs glauben?‹ fragte sie. ›Es wäre Napoleons größter aber auch grausamster Triumph, wenn er diese Freundschaft zerstören könnte, die für die Ewigkeit gemacht ist, denn ihre Grundlage war die Tugend ...‹ Friedrich Wilhelm III. ließ sein goldenes Tafelgeschirr einschmelzen, und Königin Luise verkaufte ihren Schmuck, um den Haushalt in Königsberg zu finanzieren, wo sie in einem einfachen Bauernhaus lebten. Von dort aus ermutigte Luise Stein, Scharnhorst und Gneisenau zu ihren Reformen und bat sie, mit ihrem unentschlossenen und schwankenden Gatten Geduld zu haben. Sie sagte ihnen, daß sich der König doch wohl noch zu ihrer Auffassung durchringen würde – oder wenigstens hoffte sie es. Aber Scharnhorsts Plan eines Bürgerheeres, in dem Bürgerliche Offiziere werden und Beförderungen nach Verdienst ausgesprochen werden konnten, ängstigte den König. Bürgerliche hatte man nie anders als bloß vorübergehend zu Offizieren gemacht. Nachdem sie ihren König gerettet hatten, verzichtete man auf ihre Dienste. Der König war davon überzeugt, daß ein Bürgerheer potentiell ein revolutionärer Haufen sei. Die preußische Armee war immer schon der Schutz des Königs gegen sein eigenes Volk gewesen – mindestens in dem gleichen Maße, in dem es die Waffe der Nation gegen feindliche Angriffe war. Seine adeligen Offiziere hatten das Volk immer schon als Canaille betrachtet. Scharnhorsts Plan, sich auf das Gesindel zu verlassen, verärgerte den König. Das Projekt Scharnhorsts, die Prügelstrafe für Soldaten abzuschaffen, erschreckte das Offizierskorps. (Gneisenau, einer der Reformatoren Scharnhorsts, hatte während des Bürgerkriegs in Amerika, wo er auf britischer Seite diente, und bei Kolberg die Vorteile eines Volksheeres kennengelernt.) Wie konnte aber der König darauf vertrauen, daß seine Armee ihn gegen den Mob schützen würde, wenn der Mob in des Königs Dienst die Uniform anzog und bewaffnet wurde?

Zum Geburtstag der Königin im Jahre 1809 gab der König ihr zu Ehren einen Ball. Sie nahm an der Veranstaltung teil, im Herzen Trauer und Sorge. ›Wem wird Preußen heute in einem Jahr gehören?‹ schrieb sie. ›Wann werden wir alle zerstreut werden? Allmächtiger Vater, hab' Erbarmen mit uns!‹ In diesem Frühjahr drohte Napoleon Preußens reichste noch verbliebene Provinz, nämlich Schlesien, zu rauben. Es war der Frühling, in dem sich Friedrich Wilhelm III. sicherlich an die Worte erinnerte, die einst ein Großer in seiner Kindheit zu ihm gesprochen hatte: ›Du wirst dir Schlesien nicht entreißen lassen.‹

Luise beschäftigte sich nun intensiv mit den Gedankengängen des Schweizer Schulreformers Johann Heinrich Pestalozzi, der auf die ausgefallene Idee gekommen war, der Staat solle daran interessiert sein, gebildete Bürger heranzuziehen. Die Königin lag ihrem Gatten solange in den Ohren, bis er einwilligte, in Königsberg eine Schule nach den Grundsätzen Pestalozzis zu errichten. Es war dies die ›republikanischste‹ Geste seines Lebens.

Im Dezember 1809 konnten der König und die Königin von Preußen nach Berlin zurückkehren, da die Franzosen die Stadt geräumt hatten. Am 23. Dezember kamen sie an und wurden mit großer Begeisterung begrüßt. Der Jubel galt aber nicht dem Hohenzollern-König, sondern seiner Königin, die inzwischen zur Verkörperung aller patriotischen Gefühle und zum Hort aller nationalen und freiheitlichen Hoffnungen geworden war. Ihr war es zu verdanken, daß Hardenberg wieder zum Ministerpräsidenten ernannt wurde. Napoleon duldete dies; so gering war seine Meinung von Preußen, daß er annahm, Hardenberg werde keine sehr große Rolle spielen können. Der Einfluß der Königin auf die preußischen Staatsangelegenheiten war groß – weit größer, als man damals allgemein annahm. Nun aber lag sie im Sterben – ihr Herz hielt nicht mehr stand; viele meinten, sie starb an gebrochenem Herzen. Am 19. Juli 1810, im Alter von nur fünfunddreißig Jahren, ereilte sie der Tod. Dr. Ernst Heim, ein berühmter Berliner Arzt, führte eine Obduktion durch. Nach dem Fall Magdeburgs hatte Luise gesagt, ›daß, wenn sie ihr Herz bloßlegen könnte, der Name dieser Stadt darauf in blutigen Lettern geschrieben stünde‹. Das traf zwar nicht zu, doch entdeckte man an ihrem Herzen ein Gewächs, das in seiner Form der Initiale Napoleons glich. Sie fand im Mausoleum des Charlottenburger Schloßparks ihre letzte Ruhe. Ihr Grabmal wurde eine nationale Kultstätte, die Tausende besuchten, wobei viele von weither wie Pilger zum Grabe einer Heiligen kamen.

Hardenberg, der große Vollmachten hatte, schaffte die Steuerfreiheit des Adels ab, aber auch das mittelalterliche System der Zünfte und Handwerkergilden, so daß nun jeder, der wollte, ein Gewerbe ausüben konnte. Auch gründete er in Berlin und Breslau Universitäten und gab ihnen liberale Statuten. Diese Universitäten wurden zum Sammelpunkt patriotischer Gesinnung.

Die tiefste Erniedrigung des untüchtigen Königs von Preußen sollte aber erst noch kommen: Im Jahre 1812 wurde er von Napoleon gezwungen, ganz Preußen in den Dienst des Feldzuges gegen den Zaren zu stellen. Im Mai wirkte Friedrich Wilhelm III. bei einem Treffen in Erfurt unter den französischen Marschällen und Generälen fast wie ein Bedienter, den man in einem Nebenzimmer antichambrieren ließ. Er mußte mit Frankreich ein Bündnis gegen Rußland abschließen und Napoleon alle ihm noch verbliebenen Truppen – 20 000 Mann – für den Rußlandfeldzug zur Verfügung stellen. Dieser Pakt erschreckte die Reformer. Ein Viertel des Offizierskorps, darunter Scharnhorst, Gneisenau, Boyen, Clausewitz und andere tüchtige Offiziere, reichten ihren Abschied ein; insgesamt quittierten 300 Offiziere den Dienst. Die bei der Armee verblieben waren, marschierten unter General Hans Yorck von Wartenburg bis Riga. Friedrich Wilhelm III. hatte dem General von dem ›engen Bündnis‹ geschrieben, das zwischen ›seinen Interessen und denen des Kaiser von Frankreich‹ bestünde. Yorck, der noch nie in seinem Leben den Gehorsam verweigert hatte, tat dies am 30. Dezember 1812. Napoleon war auf dem Rückzug, ein anderer Wind wehte, ein Chor patriotischer Stimmen hatte sich erhoben, und Yorck traf seine Entscheidung: Er zog seine preußischen Truppen aus französischen Diensten, ›neutralisierte‹ sie und gab in der Konvention von Tauroggen den russischen Streitkräften den Weg nach Ost- und Westpreußen frei. Die Armee Zar Alexanders war zur Befreiungsarmee für Europa geworden. In ihrer Vorhut ritt der neue Administrator des Zaren für Ost- und Westpreußen, der ›unverschämte und ungehorsame‹ Freiherr vom Stein. Stein berief sofort die örtlichen Ständevertreter ein und bildete das erste Parlament Preußens. Im Februar 1813 kam es dann zur Gründung eines Volksheeres: es wurde der Aufruf zur Bildung freiwilliger Jägerkorps erlassen und ein paar Tage darauf die allgemeine Wehrpflicht verkündet.

Yorcks Abfall war ›genug, daß einen der Schlag treffe‹, sagte der König in Berlin, das damals schon wieder von den Franzosen besetzt war. Jedenfalls aber tat der König, was er immer am besten tat: – nämlich gar nichts. Am 22. Januar ließ er sich von dem allgemeinen Fieber, das Deutschland ergriffen hatte, fortreißen – es trug ihn nach Breslau. Dort waren Scharnhorst und Blücher, auch Hardenberg; Gneisenau sollte bald eintreffen. Überall herrschte große Aufregung. Alle warteten darauf, daß nun der König sein Volk zu den Waffen rufen würde. Tausende von Offizieren und Soldaten, die man auf französischen Befehl pensioniert oder abgefertigt hatte, harrten seines Rufes. Große Mengen britischer Waffen und britischen Geldes waren verfügbar. Geschoben von Stein und gezogen von Hardenberg, erließ der König schließlich am 3. Februar widerstrebend einen Aufruf, in dem er die Bürger aufforderte, sich zum Schutze der Nation zu bewaffnen. (Nicht einmal jetzt konnte er sich dazu aufraffen, Napoleon als den Feind zu betrachten, gegen den man rüstete.) Aber alle verstanden, worum es ging, und alle griffen zu den Waffen. In drei Tagen meldeten sich 9000 Berliner freiwillig. Überall standen Tausende auf, um ihr Land zu retten – ja sogar um das Haus Hohenzollern zu retten. Friedrich Wilhelm hätte ihnen dankbar sein müssen. Als Napoleon im Jahre 1813 Preußen den Krieg erklärte, sagte er: ›Das Haus Hohenzollern hat den Thron verwirkt. Es ist hiermit abgesetzt, und seine Ländereien werden folgendermaßen verteilt: ganz Preußen und Litauen fallen an Polen, Schlesien fällt an Österreich, Brandenburg an Westfalen.‹ Es zeigte sich aber, daß König Friedrich Wilhelm III. weder dankbar noch glücklich war. Der Gedanke, ›das Volk‹ zu bewaffnen, war ihm so verhaßt, daß er dem Projekt erst zustimmte, als ihm York auseinandersetzte, daß Freiwillige billiger kämen als reguläre Truppen.

Anfang März räumten die Franzosen Berlin, und am 23. April konnte Friedrich Wilhelm III. wieder in seine Hauptstadt einziehen. Am 17. März war des Königs Aufruf ›An mein Volk‹ veröffentlicht worden, in dem er seinen Untertanen Freiheit von fremder und heimischer Unterdrückung versprach. Für einen Hohenzollern wirklich ein ungewöhnliches Dokument. Die Freiheitskriege hatten begonnen. Am 19. Oktober trugen 300 000 Preußen (von denen 10 000 Mann Freiwillige waren – die ersten Freiwilligen in der Geschichte Preußens!) zur Niederlage Napoleons in der Völkerschlacht bei Leipzig bei. Danach wimmelte Leipzig von gekrönten Häuptern. Der Zar, der Kaiser von Österreich, der Kronprinz von Schweden, der König von Sachsen – sie alle waren versammelt, und Friedrich Wilhelm III. Sie umarmten einander und dankten Gott. Der Alptraum schien beinahe überstanden. Blücher, der Held von Leipzig, kam am Stadttor an, und der Zar – von Gefühlen übermannt – stellte Blücher seinem König vor, wobei er ihn vor Friedrich Wilhelm als ›den Befreier Europas‹ bezeichnete. Das war nun freilich übertrieben, aber Friedrich Wilhelm war dennoch gerührt. Tatsächlich hatte sein Volk dazu beigetragen, Deutschland von Napoleon zu befreien, und es sollte für diesen Dienst noch üblen Lohn ernten. Als Preußen die Niederlage bei Jena erlitt, trug von 50 Preußen nur einer Waffen. Nun stand jeder zwölfte Berliner im Felde, um den Franzosen die Stirn zu bieten. Der Berliner Polizeichef mußte den König bitten, die Rekrutierungen einzustellen, da es so viele Freiwillige gab, daß die Armee bald auf 400 000 Mann anschwellen würde. Eleonora Renz aus Potsdam verkleidete sich als Mann, um in einem Freiwilligenregiment aufgenommen zu werden. Sie fiel im Kampfe, eine deutsche Jungfrau von Orleans. 160 000 goldene und silberne Eheringe wurden im Austausch gegen ›Eiserne Ringe‹ gespendet. Die Leute brachten Pferde, Silberlöffel, ja selbst ihr Haar, um Deutschland die Freiheit zu erkaufen. Die Franzosen verstanden diese Begeisterung nicht, aber auch der preußische König konnte sich die Sache nicht erklären. Ein Freiwilligenregiment unter Major Lützow, in dem der Dichter Karl Theodor Körner diente, entfaltete ein Banner, das dem König nicht recht geheuer war: nicht die preußische Hohenzollern-Fahne, sondern das schwarz-rot-goldene Banner eines ›vereinigten Deutschland‹, eines geeinten Deutschen Reiches. Im Dezember 1813 erhielt Lützow den Befehl, seine Einheit aufzulösen. Er richtete einen Protest an den König, der im folgenden Monat ohne ein Wort des Lobes antwortete und die Truppe auflöste, indem er deren Soldaten in regulären Regimentern unterbrachte, die Preußens schwarz-weiße Fahne führten. Friedrich Wilhelm III. war weder ein ›Befreier‹, noch war er ein geeigneter Sammelpunkt für patriotische Hoffnungen. Die tote Königin Luise aber entflammte alle Herzen. Theodor Körner erhob sie beinahe zur Madonna. ›Du Heilige, hör' deine Kinder flehen!‹ schrieb er. Der Dichter Heinrich von Kleist hatte bereits nach Jena die richtigen Worte gefunden: ›All die großen Männer, die der König vernachlässigt, sammelt sie um sich. Sie allein hält zusammen, was noch nicht zerfallen ist.‹ Körner rief das Volk zum Kampf und sagte für die Zeit nach dem Sieg Großes voraus. Er hatte Glück, denn er überlebte den Krieg nicht und erfuhr also auch nicht, wie falsch seine Voraussage gewesen war.

Blücher verfolgte die Franzosen bis Paris und besiegelte im Jahre 1815 zusammen mit Wellington das Schicksal Napoleons bei Waterloo. Im Mai des gleichen Jahres erhielt Frankreich eine Verfassung und dazu mehr Land, als es Anfang 1792 besessen hatte. Auch die deutschen Soldaten wollten eine Verfassung, die ihnen zumindest die gleichen Freiheiten zusichern sollte, wie sie der preußische König und seine Verbündeten nun den Franzosen gestatteten. Am 3. Juni erließ Friedrich Wilhelm III. einen Kabinettsbefehl, in welchem er recht vagen Bezug auf eine Verfassung und eine ›Volksvertretung‹ nahm; er verkündete, er werde über diese Dinge nachdenken, wenn er wieder daheim sei. Am Tage danach erließ der König eine Proklamation an sein Volk. ›Groß waren Eure Mühen und groß Eure Opfer‹, hieß es darin, ›sie sind mir bekannt und ich erkenne sie an, und auch Gott, der uns regiert, hat sie verzeichnet. Was wir uns wünschten, haben wir erreicht.‹

Das Volk konnte ihm dabei nicht zustimmen. Wie Blücher es ausdrückte, hatten sie für Freiheit und Vaterland gekämpft, dem König aber schien ›Vaterland‹ allein zu genügen.

Nun verließen unzufriedene Studenten ihre Vorlesungssäle und gründeten vaterländische Studentenverbindungen (die sich später zu den schlagenden Verbindungen und Korps entwickelten). Sie brüllten Schlagworte und demonstrierten auf der Straße. Schon Hardenberg hatte eine Volksvertretung wie etwa die in Frankreich vorgeschlagen. Allgemein wuchs die Hoffnung, daß das Haus Hohenzollern nun die autokratische Regierungsform aufgeben, die aristokratische Militärdiktatur ablösen und Preußen auf den Weg zur konstitutionellen Monarchie führen würde. Es war nun am König zu handeln. Das tat er dann auch: Er setzte Tyrannei und Despotismus an die Stelle des bisherigen Obrigkeitsstaates. Preußen, das sich wie ein Mann erhoben hatte, um die Freiheit zu erringen, wurde nun zu einem Polizeistaat.

In der europäischen Kräftekonstellation hatten sich schicksalhafte Veränderungen vollzogen, und weitere bereiteten sich vor. Im Jahre 1804 hatte der letzte Kaiser des Heiligen Römischen Reiches deutscher Nation, der Habsburger Franz II., als Franz I. den Titel ›Erblicher Kaiser von Österreich‹ angenommen, und am 6. August 1806 hatte er den Titel eines Kaisers des Heiligen Römischen Reiches zurückgelegt – aus dem einfachen Grund, weil er sich außerstande sah, Reich und Titel gegen Napoleon zu verteidigen.

Auch das napoleonische Kaiserreich war zusammengebrochen, und die Siegermächte Österreich, Preußen, Rußland und England – trafen im September 1814 in Wien zusammen, um Europas Antlitz neu zu gestalten. Österreich war auf dem Wiener Kongreß durch Metternich, Preußen durch Hardenberg vertreten. Zar Alexander I. von Rußland war sein eigener diplomatischer Vertreter, und England wurde erst durch Lord Castlereagh, später dann durch Wellington und schließlich durch Lord Clancarty repräsentiert. Ludwig XVIII. von Frankreich, der seinen Thron wiedergewonnen hatte, entsandte Talleyrand. Der Wiener Kongreß war in vielerlei Hinsicht von großer historischer Bedeutung – nicht nur hinsichtlich der Grenzen, die dabei ausgehandelt wurden. Er war tatsächlich das erste europäische Gipfeltreffen und die erste Außenministerkonferenz.

Preußen fuhr bei alledem nicht schlecht, doch lagen seine Erfolge auf unerwarteten Gebieten. Man hatte sich ganz Sachsen gewünscht, und da der König von Sachsen einer der getreuesten Vasallen Napoleons gewesen war, schien dem nichts im Wege zu stehen. Preußen erhielt aber nur ein Fünftel dieses Staates. Dafür aber durfte sich Preußen große Teile Westfalens und sogar Landstriche jenseits des Rheins eingliedern. Hingegen mußte Preußen im Osten einen erheblichen Teil seiner polnischen Gebiete aufgeben. Der Landgewinn am Rhein zwang Preußen, diesen Fluß gegen jegliche künftige französische Bedrohung zu sichern. Das war auch der Grund, warum England dafür eintrat, die rheinischen Ländereien Preußen zuzusprechen. Diese Gebietsverschiebungen veränderten aber den Charakter Preußens sehr wesentlich. Drei Millionen polnischer Leibeigener waren durch dieselbe Anzahl Rheinländer ersetzt worden, die alle von den liberalen französischen Ideen angesteckt und noch dazu überwiegend römisch-katholisch waren. Die preußischen Junker, die auf diese Art ihre billigen Arbeiter verloren, beklagten ›die leeren Äcker an der Weichsel‹, wie Taylor schreibt. Sie wußten damals noch nicht, daß die neuhinzugewonnenen Rheinländer auf dem Ruhrgebiet saßen, also auf einem der ergiebigsten Eisen- und Kohlengebiete der Welt. In späteren Jahrzehnten sollten diese Bodenschätze den Reichtum und die Größe des Hauses Hohenzollern sichern.

Am wichtigsten aber waren die ethnographischen Veränderungen. Die Bevölkerung Preußens hatte sich von 6 000 000 auf 10 000 000 vergrößert, und Preußen beherrschte nun den ganzen norddeutschen Raum: von der Memel bis westlich des Rheins, samt Köln und sogar Aachen. Durch die beim Wiener Kongreß erzielten Gebietsverschiebungen hörte Preußen auf zu sein, was es bisher stets gewesen war – ein ›östliches‹ Königreich.

Doch die damals in Preußen Herrschenden erkannten diese wichtige Tatsache nicht, oder zumindest hatte sie keinen Einfluß auf die Politik. Nach wie vor wurde Preußen von einem Adel regiert, der sich in jeder Hinsicht vorwiegend mit dem Osten verbunden fühlte und dessen Ländereien in West- und Ostpreußen, in Pommern und in der Mark Brandenburg lagen und somit mehr ›östlichen‹ Charakter hatten. Königsberg in Ostpreußen, und nicht etwa Köln am Rhein, blieb der Hort des Preußentums, die altehrwürdige Heimstatt des Deutschen Ordens, und gleichzeitig auch sein mystisches Bollwerk gegen den Bazillus des Liberalismus. Nur hier und in Potsdam fühlten sich die Preußenkönige sicher, und Preußen sollte auch weiterhin von der östlichen Hälfte des nun vergrößerten Reiches aus regiert werden – zur Zufriedenheit des Königs und seiner Junker.

Diese Orientierung nach dem Osten hin wurde noch weiter verstärkt, als sich die Herrscher Preußens, Rußlands und Österreichs im Jahre 1818 zur Heiligen Allianz zusammenschlossen. (Frankreich wurde in diesen Bund wohl aufgenommen, zog sich aber bald wieder zurück.) Die Heilige Allianz sollte eine Gemeinschaft christlicher Nationen sein; sie wurde zu einer Allianz der Erzreaktionäre, die entschlossen waren, den Status quo zu verteidigen und jede liberale Regung in ihren Ländern zu unterdrücken. Ein Ereignis, das ein Jahr später eintrat, führte diese Reaktionäre auf den Weg zur offenen Tyrannei.

Am 23. März 1819 ermordete ein Theologiestudent namens Karl Sand den deutschen Dramatiker August von Kotzebue, der sich über die nationalen (d. h. liberalen) Bestrebungen in Deutschland lustig gemacht hatte und von dem man annahm, daß er in russischem Solde stünde. Dieser Mord erschien dem Adel wie der Fall der Bastille. Als nächstes würden die Studenten wohl Regierungen stürzen und Könige töten, so meinten sie. Auf alle Fälle gab Sand einen brauchbaren Sündenbock ab, und seine Tat war ein guter Vorwand für die Ära der Unterdrückung, die nun folgte. Metternich berief in Karlsbad eine Konferenz ein, um Gegenmaßnahmen zu beraten. Tatsächlich hatte Friedrich Wilhelm III. schon vorher der Unterdrückung aller liberalen und ›nationalen‹ Ideen seine Zustimmung gegeben. Die Karlsbader Erlässe verpflichteten die

Signatarstaaten, keine Volksvertretungen zuzulassen, alle liberalen Zeitungen zu unterdrücken und alle liberalen Professoren und Lehrer zu entlassen. Friedrich Wilhelm III. veröffentlichte die Erlässe am 18. Oktober, dem Jahrestag der Völkerschlacht bei Leipzig. Sechs Jahre früher waren an diesem Tage seine Untertanen für ›Freiheit und Vaterland‹ in die Schlacht gezogen und gefallen. Die nächsten Jahrzehnte waren in ihrer rücksichtslosen Ausschaltung aller liberalen und ähnlich ›subversiven‹ Elemente ein Vorgeschmack des totalitären Regimes im 20. Jahrhundert. Bigelow, ein Amerikaner des 19. Jahrhunderts, nennt sie ›eine Periode völliger politischer Dunkelheit, die man mit der Zeit vergleichen kann, in der Frauen auf dem Scheiterhaufen verbrannt wurden, weil sie etwas von Kräutertee verstanden‹. ›In Deutschland‹, schreibt er, ›war die ganze Regierungsmaschinerie ... nur ein Werkzeug in den Händen einer Geheimpolizei, zu deren Aufgaben es gehörte, in Gelehrtenwohnungen herumzuschnüffeln, um diese dann als hochverräterische Demagogen anzuzeigen.‹

Der Fall Ernst Moritz Arndt war typisch: Arndt war ein deutscher Dichter und Patriot, der vor Napoleons Rache für seine antifranzösische Haltung nach Schweden fliehen mußte. Von seinem Exil aus feuerte er die deutschen Patrioten durch Lieder, Gedichte und Pamphlete an, die er nach Deutschland schickte. Er war ein enger Freund und Mitarbeiter des Freiherrn vom Stein und der Generäle Blücher und Gneisenau. Im Jahre 1812 wurde Arndt nach Rußland berufen, um dort Stein in der Koordinierung des Kampfes gegen Napoleon zu unterstützen. Als im Jahre 1818 die Universität Bonn gegründet wurde, bekam Arndt den Lehrstuhl für Neuere Geschichte. Im gleichen Jahr veröffentlichte er den vierten Band seines Werkes ›Geist der Zeit‹, in dem er alle reaktionären Praktiken in Deutschland anprangerte. Wie viele andere liberale Patrioten rief auch er nach einer Verfassung. Diese Verbrechen genügten, um ihn – trotz seines wissenschaftlichen Ranges und seiner Verdienste im Kampf gegen Napoleon – zu einem Geächteten und Verfolgten zu machen. Die Polizei verhaftete ihn, und Beamte demolierten bei der Suche nach aufrührerischen Schriften sein Arbeitszimmer. Arndt hatte allen Grund dafür dankbar zu sein, daß ein Großteil seiner Korrespondenzen und Papiere bei einem Schiffbruch verlorengegangen war. Man ließ ihn nach seiner Verhaftung zwar bald wieder frei, doch wurde er die folgenden zwanzig Jahre beobachtet und bespitzelt. Ein anderer bedeutender Mann, dem man Schwierigkeiten machte, war Friedrich Ludwig Jahn. Die von ihm gegründeten Turnerbünde hatten sich während der Freiheitskriege zu vaterländischen Organisationen entwickelt. ›Turnvater‹ Jahn wurde sechs Jahre eingekerkert, weil er sich für eine konstitutionelle Monarchie ausgesprochen hatte. Es half ihm dabei gar nichts, daß er im Jahre 1817 noch seine Gefühle etwa folgendermaßen ausgedrückt hatte: ›Gott schütze den König und erhalte das Haus Hohenzollern. Er möge unser Land erretten: das deutsche Volk vermehren, unser Volk davor bewahren, Fremdländisches nachzuäffen, Preußen zu einem leuchtenden Beispiel für das geeinigte Deutschland werden lassen ...‹ Dieser Appell enthielt aber auch verdächtige Worte: ›... diesen Bund an ein neues Reich knüpfen und gnädig und rasch das gewähren, wessen wir am dringendsten bedürfen – eine weise Verfassung!‹

Jahns Bekenntnisse zu ›Zollerns Haus‹, wie er es nannte, waren sicherlich sehr patriotisch, seine Worte über eine deutsche ›Nation‹ aber erregten Verdacht, und der Ruf nach einer Verfassung grenzte an Hochverrat. Jeder Empfänger eines Briefes von Jahn verbrannte ihn, so rasch er konnte.

Anderen hervorragenden Kämpfern für die vaterländische Idee erging es ähnlich. Fritz Reuter wurde eingekerkert, bloß weil er Mitglied einer Studentenverbindung war, die für ein geeintes Deutschland eintrat. Man hielt ihn jahrelang gefangen, ohne ihm einen Prozeß zu machen und verurteilte ihn schließlich zu einer dreißigjährigen Kerkerstrafe. Selbst die Verbreitung von Fichtes Reden wurde verboten, die Predigten des Theologen Friedrich Schleiermacher untersuchte man in Berlin auf umstürzlerischen Inhalt hin, die Landwirtschaftsreform stellte man ein. Rascher noch kam die Reform der Armee zu einem Ende. Die Generäle von Boyen und Grolman nahmen ihren Abschied, da sie nicht bereit waren, die Landwehrmilizreserve aufzulösen. Obwohl sie noch königlich preußische Offiziere waren, behandelte man sie wie Revolutionäre. Verärgert und angewidert zog sich der Freiherr vom Stein völlig aus dem öffentlichen Leben zurück und gründete eine Gesellschaft für Geschichtsforschung. Für viele andere Staatsmänner, die das despotische Regime ihres Betätigungsfeldes beraubt hatte, wurden Wissenschaft und Gelehrsamkeit eine Zuflucht. Hardenberg seinerseits schwenkte auf erzkonservativen Kurs ein und unterstützte den König gegen den Volkswillen bis zu seinem Tode im Jahre 1822. Der berühmte Wissenschaftler Alexander von Humboldt war auf seinem Posten als Hofkämmerer Friedrich Wilhelms III. sehr unglücklich. Er versuchte, Künstler und Wissenschaftler zu unterstützen, denn inmitten dieses reaktionären Hofes trug er ein Herz in der Brust, das von den Idealen der Französischen Revolution erfüllt war. Sein älterer Bruder, der Philologe Wilhelm von Humboldt, der auch Diplomat und Geheimrat war, hatte sich aus Protest gegen das reaktionäre Regime gleichfalls pensionieren lassen. Er suchte Trost im Studium der baskischen Sprache.

Friedrich Wilhelm III. verfolgte persönlich die Durchführung der Karlsbader Beschlüsse. Er stand früh auf, verbrachte den ganzen Tag schwer arbeitend, befaßte sich ausschließlich mit Gedanken an Unterdrückung. Nun begann er sich auch wieder nach weiblicher Gesellschaft umzusehen. Gneisenau setzte die Feststellung dieses Wunsches in einen seltsamen Zusammenhang: ›Der König hat Magenbeschwerden und ist ein bedauernswertes Opfer der Melancholie. Er glaubte nun nicht länger ohne anteilnehmende weibliche Gesellschaft sein zu können ...‹ Eine Zeitlang erwog der vierundfünfzigjährige König die Verbindung mit einer irischen Gräfin Dillon, wählte aber später Gräfin Augusta von Harrach, mit der er sich morganatisch vermählte – was bedeutete, daß Augusta keinen Anspruch auf sein Erbe haben würde. Er behandelte sie schlecht – sogar schlechter noch, als er Königin Luise behandelt hatte. Gräfin Bernsdorff schreibt in ihren Memoiren, daß sein ›Benehmen ihr gegenüber in der Öffentlichkeit von skandalöser Kühle‹ war und daß er sie ständig kränkte und demütigte. Er nahm jede Gelegenheit wahr, ›sie wieder in die Rolle einer Privatperson zurückzudrängen‹ und ließ sie bei Mahlzeiten – ja sogar in der Kirche – an untergeordnete Plätze setzen. Als sie den König heiratete, war Gräfin Harrach erst vierundzwanzig, und man brachte ihr in Hofkreisen viel warme Anteilnahme entgegen. Gräfin Bernsdorff erwähnt, daß der König seine morganatische Gemahlin aus der Gesellschaft verbannte und Freude daran zu haben schien, sie zu demütigen. Die Zeit hatte ihn gewandelt; einst war er dafür bekannt gewesen, daß er niemanden weh tun konnte. Die Leiden, die er unter Napoleon erdulden mußte, hatten ihn nicht gereift und geadelt, sondern hatten ihn kleinlich gemacht. In den ihm verbleibenden sechzehn Jahren verfiel er allmählich in Senilität. Er ging täglich aus und fuhr in einer bescheidenen Equipage durch seine Hauptstadt. Auch seine Hofhaltung war bescheiden. Da die Leute wenig an ihm lobenswert fanden, rühmten sie wenigstens seine Bescheidenheit, seine Sparsamkeit und seine Pünktlichkeit. Er war davon besessen, alle Bedrohungen des hohenzollernschen Absolutismus mit Stumpf und Stiel auszurotten. Er ließ ›Demagogen‹, wie man die liberalen Denker damals nannte, verfolgen: das Erschnüffeln und Aufspüren von umstürzlerischen Umtrieben war die einzige Tätigkeit, die den Intellekt und die Tatkraft des Königs voll in Anspruch nahm. In diesen Jahren glänzte Preußen in der Welt so wenig, daß die Zeitspanne von 1819 – der Abfassung der Karlsbader Verträge – bis zum Tode des Königs im Jahre 1840 die ›Ruhigen Jahre‹ genannt wurden. Biedermeier ist ein anderer Ausdruck für dieses preußische Gegenstück viktorianischer Wohlanständigkeit. Die Leute gaben sich mit einfachen Belustigungen zufrieden, Mode, Musik, Tanzunterhaltungen und Liebschaften erlebten eine Blüte wie übrigens auch die ersten Mietskasernen, die zu Pflanzstätten künftiger Revolten werden sollten. Es war, wie Gustav Freytag schreibt, ›eine Zeit falscher Verfeinerung ... mit Prunkwerk überladen‹, und die romantische Liebe war ein Mittel, durch das die ›Menschen sich und die, die sie liebten, aus der einfachen Wirklichkeit des Lebens in eine reinere Atmosphäre erheben wollten.‹ Freytag erkannte noch eine andere Sehnsucht: in seinem Werk *›Bilder aus der deutschen Vergangenheit‹* schreibt er: ›Diese Wünsche waren nicht allzu achtenswert. Mit der Zeit wurden sie vage, kindisch, fanatisch, dumm sentimental und schließlich ausschweifend. Unter alldem aber konnte man immer wieder das Gefühl erkennen, daß im Leben der Deutschen etwas fehlte. War es ein höheres Moralgefühl? War es Frohsinn? Vielleicht war es die Gnade Gottes? Das Schöne oder das Frivole? Oder vielleicht fehlte dem Volk, was die Fürsten lang schon besessen hatten: ein politisches Leben ...‹

Dieses Leben sollte ihnen aber auch weiterhin versagt bleiben. Das Volk gab sich zufrieden; es bemühte sich, den Umständen die beste Seite abzugewinnen und sogar in seinem König das Gute zu sehen. In dem Maße, in dem Friedrich Wilhelm III. älter wurde, fanden sie an ihm eine neue Tugend – nämlich sein Alter. Man begann den König den Alten Herrn zu nennen und man achtete ihn um seiner Jahre willen – wenn sich auch sonst herzlich wenig Gründe für Achtung und Zuneigung finden ließen. Er wurde der ›erste Bürgerkönig Preußens‹ genannt, weil sein Naturell im wesentlichen bürgerlich war, doch fehlte ihm jegliche mitfühlende Beziehung zu der Schicht, die er repräsentierte. Er mißtraute dem Bürgertum und brachte es um ›Freiheit und Vaterland‹, die es gesucht und angestrebt hatte. Das einzige, was die Befreiungskriege Preußen gebracht hatten, war die Allgemeine Wehrpflicht. Einige der Steinschen Reformen behaupteten sich. Die wichtigste von ihnen ist wohl die Abschaffung der Leibeigenschaft. Dennoch blieb das Vierteljahrhundert, das 1840 endete, eine Zeit der Restauration, eine Zeit also, in der man die Freiheit knebelte, anstatt ihr freie Bahn zu schaffen. Preußen war am Ende der Regierungsperiode Friedrich Wilhelms III. wesentlich größer und einflußreicher als je zuvor – nicht einmal unter Friedrich dem Großen hatte es solche Macht und Ausdehnung gehabt: und doch war die Tatsache, daß sich Preußen nun von Rußland bis Holland und Frankreich erstreckte, nicht seinem König oder gar den preußischen Junkern zu verdanken, die solche Ausdehnung Preußens nach Westen nie begrüßt oder gutgeheißen hatten. Preußen dankte diese großen Neuerwerbungen lediglich der Absicht Englands, westlich des Rheins ein Gegengewicht zur Macht Frankreichs zu schaffen.

Die Hohenzollern verstanden die Gefühle und Wünsche ihres Volkes nur selten und richteten sich so gut wie nie nach ihnen. Auch für den Geist, der ihre Zeit beseelte, hatten sie kein Gespür. Friedrich Wilhelm III. bildete in dieser Hinsicht keine Ausnahme. Selbst einige preußische Generäle waren freiheitlichen Ideen gegenüber aufgeschlossener. Ein gutes Beispiel ist hier Neithart von Gneisenau. Am 15. Mai 1815 entwarf Gneisenau einen Plan, demzufolge Preußen ganz Deutschland weniger durch Gewalt der Waffen, als durch Liberalität der Grundsätze erobern sollte. Er schrieb, daß die meisten Deutschen voll Bewunderung auf Preußen blickten und dort auch Vorbild und Führung zu finden hofften. Diese Lage gebe Preußen eine noch nie dagewesene Chance. Da die Regierungen der meisten deutschen Staaten despotisch und dem Volk verhaßt seien, sollte Preußen bald eine Konstitution entwerfen, die der König seinem Volke schenken möge. Dadurch sollte den anderen deutschen Staaten ein Beispiel gegeben werden: man würde dort Vergleiche anstellen, und der Wunsch, mit Preußen vereinigt zu sein, würde dann von selbst erwachen. Weiter schlug Gneisenau vor, große Summen für die Förderung der schönen Künste und des Schulwesens auszuwerfen. Man möge doch begabte Männer und Wissenschaftler von Ruf durch hohe Gehälter und besonders geschaffene Positionen nach Preußen ziehen. Der Hof solle alles in seiner Macht Stehende tun, außerordentliche Begabungen willkommen zu heißen und eine Atmosphäre zu schaffen, die der Entwicklung junger Talente günstig sei. Er schloß mit den Worten: Man würde bald Preußen als Muster eines Staates ansehen, dreifach glänzend durch das, wodurch allein Völker sich hervortun können, nämlich Kriegsruhm, Verfassung und Gesetze, und Pflege von Künsten und Wissenschaften.

So sahen damals die Wunschträume und Hoffnungen selbst preußischer Generäle aus. Was allerdings in Wirklichkeit geschah, war freilich Gneisenaus genialer Vision diametral entgegengesetzt. Kunst und Wissenschaft wurden geknebelt und gefesselt anstatt gefördert. Statt ein Modellstaat zu werden, entwickelte sich Preußen zu einem Polizeistaat. Und all das geschah im 19. Jahrhundert, nicht etwa im achtzehnten, das man so oft das ›Zeitalter des Absolutismus‹ genannt hatte. Die Weichen für die Zukunft wurden – Ironie des Schicksals – von einem Mitglied des Hauses Hohenzollern gestellt, das nie gelernt hatte, einen Entschluß zu fassen.

Ein mittelalterlicher Monarch begegnet der modernen Masse

Madame Lenormand, eine Pariser Wahrsagerin, bestätigte im Jahre 1815 die Vorahnungen Friedrich Wilhelms III. durch ihre Prophezeiung, er habe noch 25 Jahre zu leben. Ihm war diese Gesetzmäßigkeit im Hause Hohenzollern schon aufgefallen: Der Vater des Großen Kurfürsten war 1640, der Vater Friedrichs des Großen 1740 gestorben. Er wußte mit Sicherheit, daß er im Jahre 1840 sterben würde. Am 28. März dieses Jahres verließ er ein Diner mit anschließender Tanzunterhaltung, da er sich erkältet hatte. Binnen kurzem fieberte er, von da an siechte er nur mehr dahin. Innerhalb weniger Wochen schien er jedermann hinfällig, dümmlich und senil. Im Frühsommer besuchten ihn seine Tochter Charlotte und deren Gemahl, Zar Nikolaus I. von Rußland. Sie kamen gerade zu seinem Tod am 7. Juni zurecht. Charlotte und der Zar verließen eiligst die makabre Stätte und kehrten nach Potsdam zurück, wo die Zarin die Trauerkleider ablegte, sobald sie in ihren eigenen Räumen war. Den Untertanen ging es nicht anders. Nun, da der Alte Herr tot war, blickten sie voll Hoffnung und Erwartung auf den neuen König. Friedrich Wilhelm IV., damals 45 Jahre alt, warf sich weinend in die Arme eines Freundes der Familie. Er benahm sich, als hätte er einen innig geliebten Menschen verloren. In Wirklichkeit aber hatten der alte König und der Kronprinz schon seit langer Zeit kaum mehr miteinander gesprochen. Diese Geste tiefster Trauer aber war für den neuen König typisch: er war voller Temperament und Gefühl, begabt mit einem Flair für das Dramatische, den Anwesenden stets Überraschungen bietend und kaum je konsequent in seinen Handlungen. Der Tod hatte an die Stelle eines offenen, geraden, wenn auch unentschlossenen Königs einen Komödianten mit großer Geste gesetzt, der sich glühend danach sehnte, die romantische Heldenrolle seines Volkes zu spielen, der aber immer wieder seinen Text am falschen Ort sprach oder überhaupt das Stichwort verpaßte.

Kaum war er dem Säuglingsalter entwachsen, machte sich seine Mutter, Königin Luise, schon um ihn Sorgen. Das Kind war intelligent und sogar ›gutherzig‹, aber auch sehr jähzornig. Wutanfälle und wilde Freudensausbrüche wechselten bei ihm ab. Er verprügelte regelmäßig seinen um zwei Jahre jüngeren Bruder Wilhelm und versuchte später dasselbe bei seinem um sechs Jahre jüngeren Bruder Karl, der es ihm allerdings mit gleicher Münze heimzahlte. Alle Prinzen und Prinzessinnen gingen ihrem älteren Bruder aus dem Wege und brachten so eine Art Kindergarten-Boykott gegen den Kronprinzen zustande. Luise fürchtete, daß er verzogen werden könne. Mit dieser Befürchtung hatte sie recht. Wie viele andere Eltern schob sie die Hauptschuld auf seine Lehrer, die auch wirklich meist eher katastrophal waren. Ein ›wohlerzogener Philantrop‹, Friedrich Delbrück, war der erste; danach erprobte man einen kriegsversehrten Offizier, Major Gaudy, und dann kam die Reihe an General Dierecke, den militärischen Erzieher des Kronprinzen. Dierecke erwies sich zu schwach und mußte durch einen General namens Luck ersetzt werden, aber auch dieser hatte bei dem Prinzen keine glücklichere Hand. Der junge ›Fritz‹ war einfach ein zu harter Brocken für jeden seiner Erzieher: er war aufgeweckt, temperamentvoll und launenhaft, phantasiebegabt, zerstreut, aufmerksam, eitel, lernbegierig, dabei aber geneigt, jeder kleinsten seiner Launen und plötzlichen Interessen nachzugeben und nachzugehen.

Als der Kronprinz im Jahre 1810 fünfzehn wurde, fand man für ihn einen neuen Erzieher – J. P. F. Ancillon, einen früheren Hugenottenprediger, damals bestallter Historiker an der Berliner Militärakademie. Er war es, der den Kronprinzen wirklich formte. Er bestärkte ihn in seiner romantischen Neigung zum deutschen Mittelalter, und er lehrte ihn alle revolutionären – oder auch nur liberalen – Ideen hassen. Er machte aus dem Prinzen einen lebenden Anachronismus in einer Zeit turbulenter Veränderungen. Ancillon ist – zumindest teilweise – dafür verantwortlich, daß Friedrich Wilhelm IV. niemals der Mann der Zeit war, in der er lebte. Er wäre ein durchaus brauchbarer Monarch des siebzehnten oder achtzehnten Jahrhunderts gewesen, im neunzehnten aber erwies er sich als ein Mann, der nicht führen konnte und nicht folgen wollte. Er lebte in der Vergangenheit, obwohl er doch die Gaben besessen hätte, eine neue Zukunft einzuleiten. Keiner der Leute bei Hof, die auf ihn Einfluß hatten, half ihm, mit beiden Füßen fest auf der Erde zu stehen. Ancillon unterstützte seine Neigungen zum Mittelalterlichen noch, und auch sein Adjutant Karl von Roeder, ein treu ergebener Offizier mit träumerischem Hang zu mythischen und mysteriösen Dingen, schlug in die gleiche Kerbe. Sein späterer Erzieher in militärischen Belangen, General Schack, war von gleicher Art: romantisch und sentimental, und überdies auch noch etwas hysterisch.

Als der Kronprinz etwa zwanzig Jahre alt war, verliebte er sich – aber in eine Skulptur. Die Büste einer idealisierten Prinzessin bezauberte ihn. Eine Berichterstatterin jener Zeit formulierte sein Verhältnis zu dieser so: ›Dauernd verfolgte ihn die Furcht vor der leidenschaftlichen Liebe, die er notwendigermaßen fühlen würde, wenn er ihr je begegnete, was freilich nie geschah. Solche Phantastereien erstreckten sich bei ihm auf alle Gebiete. Dadurch war er auch beständig enttäuscht, weil sich die Wirklichkeit mit seiner Vorstellungskraft nicht messen konnte.‹

Als Prinz war er populär – sogar unter den Berliner Intellektuellen, denn er weilte gern in ihrer Gesellschaft und hatte ein reges Interesse für Kunst, vor allem für Architektur. Er flatterte von Cercle zu Cercle, von Jour zu Jour. Daß er an so vielen Orten und in so vielfältiger Gesellschaft gesehen wurde, wie auch seine Neigung, Urberlinerisch zu sprechen, trug zu seiner Beliebtheit bei. Friedrich Wilhelm war vom Klang seiner eigenen Stimme bezaubert und genoß es, die wohltönenden Phrasen seiner elegant formulierten Phantasien strömen zu lassen. Viele Menschen seiner Umgebung entzückte, die meisten allerdings verwirrte er damit. Immerhin hatte Berlin während zweier Regierungsperioden Könige besessen, die kaum in der Lage waren, einen Satz zu Ende zu sprechen. Beide frönten einem schnaubenden, schnaufenden ›isja-alles-bloß-Quatsch‹-Vokabular – schlagflüssige Offiziere, die sich nur mühsam und unklar ausdrücken konnten. Der Kronprinz dagegen brachte einen erfrischenden, unterhaltsamen Strom von Worten hervor, von denen viele, wie Frau von Rochow es nannte, seine ›hehren Ziele‹ ausdrückten und die sich alle zu brillanten Formulierungen fügten. *Was* er allerdings in den Salons sagte, erwies sich des öfteren als überraschend unwesentlich oder frivol. Bald war es klar, daß er ein Dilettant und – wie die Leute flüsterten – ein ›unbedeutender‹ Mensch sei.

Als Gattin erkor man ihm Elisabeth von Bayern, und der Gedanke, verlobt zu sein, erfüllte den romantischen Kronprinzen so sehr, daß er sie mit leidenschaftlichen Liebesbriefen überhäufte, obwohl er sie doch nur einmal ganz kurz kennengelernt hatte. Diese Beteuerungen verblüfften sie und machten sie nachdenklich. Es war aber für Elisabeth noch weit verwirrender, als der eben noch so feurige Bräutigam sich auf ihrer Hochzeitsreise plötzlich als recht gleichgültig erwies. Ihre Begleitung hörte, wie er mit kaum verhehltem Gähnen sagte, er sei ›außer sich vor Glückseligkeit‹. Tatsächlich war er mehr in die Liebe an sich, in das Ideal verliebt, als in Elisabeth, ein Wesen von Fleisch und Blut. Doch kam das Königspaar harmonisch miteinander aus, obwohl sie nie Kinder hatten. Daran konnte auch die Ermunterung durch ihren Schwager, Zar Nikolaus, nichts ändern, der ihnen in der Hoffnung, daß sie dies zeugungsfreudig stimmen würde, die wunderschöne Bronzestatue eines kleinen Knaben sandte. Wohl wurde die Skulptur in ihrem Potsdamer Schlafzimmer aufgestellt, doch sie war das einzige Kleinkind, das je in diesem Raum hauste. Es blieb beim idealisierten Entwurf.

Nach einer Italienreise, die er im Jahre 1828 mit seinem Schwager, Prinz Johannes von Sachsen, machte, erstreckten sich die Interessen Friedrich Wilhelms IV. auch auf die klassische Antike. Johannes nannte er Gianettino oder Giovanni; sich selbst aber ›den fetten verrückten Freund von Kölln an der Spree‹. Er wurde in dieser Zeit wirklich dick und aufgeschwemmt (obwohl er später wieder abnahm). Was das ›verrückt‹ anlangte, so mag dies wohl eine Vorahnung gewesen sein.

Seine intensive Beschäftigung mit der mittelalterlichen Vergangenheit wirkte sich für Preußen unheilvoll aus, denn obwohl dieser Hohenzollerherrscher sich ehrlich bemühte, ein gnädiger, großzügiger König zu sein, war er doch außerstande, die Sehnsucht seines Volkes nach Freiheit zu verstehen und zu achten. Er lebte in einer wie durch bunte Glasfenster erleuchteten Welt prunkvoller historischer Festspiele und betrachtete seine zukünftigen Untertanen als ›herausgeputzte ländliche Operettenfiguren ..., die immer nur lächelten‹ und für jeden kurzen Blick auf ihren großen König zutiefst dankbar waren, wie ein amerikanischer Historiker vermerkt. Er begann an Metternichs Verschwörungstheorie zu glauben: daß ein internationales Komplott bestünde, alle Könige zu stürzen und zu ermorden. Demokraten und Liberale waren die ›Kommunisten‹ einer vorkommunistischen Ära, ja als Sündenböcke und Opfer waren sie sogar die ›Juden‹ einer vornazistischen Zeit. Man sagte, der Weltliberalismus beherrsche Großbritannien. Sollte es dem Liberalismus gelingen, die Monarchien auf dem europäischen Kontinent zu unterhöhlen, so könnte England die Oberhand gewinnen. Die Heilige Allianz, die christliche Herrscher und Herrschaft dadurch schützte und festigte, daß sie den gottlosen Liberalismus unterdrückte, war ganz nach des Kronprinzen Geschmack. Friedrich Wilhelm begann zu glauben, daß Gott dem Hause Hohenzollern die Aufgabe gestellt habe, Preußen zu regieren, und meinte, daß er selbst in seiner Eigenschaft als König etwas wie ein Statthalter Gottes in Norddeutschland sei. ›Ich weiß, daß ich meine Krone allein von Gottes Gnaden trage und daß ich das Recht habe zu sagen: ‚Weh' ihm, der sie angreift!'‹ erklärte er bei seiner Thronbesteigung. Diese Bemerkung war ein geradezu ungeheuerlicher Anachronismus: in Preußen wurde das Gottesgnadentum zu einer Zeit verkündet, in der kaum jemand noch daran glaubte. Selbst Friedrich Wilhelm III. war nie so weit gegangen; nie hatte er es gewagt, sich ›König von Gottes Gnaden‹ zu nennen.

Die Festlichkeiten anläßlich seiner Thronbesteigung begannen in Königsberg in Ostpreußen am 29. August 1840. Es gab viel Prunk und Pomp, Zünfte und Innungen waren vollzählig versammelt – allen voran die Metzger – aber es zeigte sich auch eine ziemliche Dreistigkeit. Geheimrat Heinrich von Schön, der Oberpräsident der preußischen Landstände, ergriff die Gelegenheit, dem König zu sagen, sein Volk wünsche ›ein für alle repräsentatives Parlament, das in der Lage ist, wenn es gefragt wird, seine Meinung zu äußern‹. Eine immerhin noch bescheidene Bitte, die von Männern ausgesprochen wurde, welche, wie von Schön erklärte, bei einer Revolution mehr zu verlieren, ›als der Herrscher zu fürchten hätte‹. – Grauhaarige, konservative Grundbesitzer sprachen so, und nicht etwa junge, liberale Heißsporne. Doch das Ersuchen wurde als völlig unannehmbar verworfen. Des Königs Bruder Wilhelm, nunmehr Prinz von Preußen, bemerkte, daß es ihm äußerst illoyal erscheine, ›Seinem neuen Souverän bei Antritt seiner Regierung Garantien abzufordern ...‹ Er wies darauf hin, daß der verstorbene

König niemals die einzelnen Provinziallandtage zu einem vereinigten Landtag einberufen habe, weil er in weiser Voraussicht zu dem Schluß gekommen sei, daß ›solche Einrichtungen in anderen Ländern ... zu nichts als Schaden, Aufruhr und allgemeiner Unzufriedenheit geführt‹ hätten. In einer Ansprache vor den Delegierten in Königsberg sagte Friedrich Wilhelm IV. fast das gleiche. ›Ich erkläre hiermit, daß ich ein Gegner jeglicher schriftlicher Verfassung bin‹, sagte er ihnen. ›Einrichtungen dieser Art zerstören das natürliche Verhältnis zwischen dem Fürsten und seinem Volk.‹

Als man bei der öffentlichen Huldigungszeremonie in Königsberg den Treueid schwor, schrie eine Frau in der Volksmenge auf: ›Schwört nicht! Schwört nicht!‹ Es stellte sich heraus, daß sie verrückt war. Die übrigen – nüchterne, schwer arbeitende, gottesfürchtige Leute, die ihrem König treu waren – leisteten alle den Eid. Ebenso in Berlin, wo gleich zwei Feiern stattfanden, was zu schweren Verstimmungen führte. Man hatte nämlich den Adel in den Palast eingeladen, wogegen die Volksvertreter, die Delegierten aus den Landtagen, vor dem Palast auf dem Schloßplatz stehenbleiben mußten.

Der neue König sprach zu der auf dem Platz versammelten Menge und brannte vor ihnen ein wahres Feuerwerk der Rhetorik ab. Er hatte eine hohe Stimme und warf, während er sprach, oft einen Arm himmelwärts, als wollte er so auf den Quell all seiner Eingebungen weisen. Meist vermittelte er den Eindruck, in Ekstase – oder unterdrückter Hysterie – zu sein. Er war, wie A. J. P. Taylor schrieb, ›der erste Meister eines Faches, das später zu einer Spezialität der deutschen Politiker wurde – der sinnlosen, aber begeisternden Phrase ...‹

So fragte er die riesige Menschenmenge auf dem Platz:

›Wollen Sie mir helfen und beistehen, die herrlichen Eigenschaften zu entfalten und zu kräftigen, durch welche Preußen mit seinen nur vierzehn Millionen den Großmächten der Erde zugesellt ist? Nämlich: Ehre, Treue, Streben nach Licht und Wahrheit, Vorwärtsschreiten in Altersweisheit vereint mit heldenmütiger Jugendkraft! Wollen Sie in diesem Streben treu mit Mir ausharren durch gute und böse Tage? Dann antworten Sie Mir mit dem klaren, schönen Laut der Muttersprache, antworten Sie mit einem ehrenfesten, entschlossenen Ja!‹

Wie hätte jemand nicht ja sagen sollen zu Ehrlichkeit, Licht, Wahrheit, der Weisheit des Alters – selbst zur Treue, wenn es unter solch erhabenen Umständen geschah? Ein donnerndes ›Ja!‹ erscholl über den Schloßplatz hin zu dem goldenen, scharlachverbrämten Thron des Königs. Friedrich Wilhelm war von der Reaktion auf seine begeisternden, aber im Grunde nichtssagenden Worte überwältigt. ›Ihr Ja aber war für Mich!‹ deklamierte er. ›Das werde Ich in Meiner Sterbestunde nicht vergessen! Ich will Mein Gelübde, wie Ich es hier ausgesprochen, halten, so Mir Gott hilft. Zum Zeichen hebe Ich meine Rechte zum Himmel empor und der Segen Gottes ruhe auf dieser Stunde!‹

Ähnlich bewegt stimmten die Untertanen des Königs den Choral an:

›Nun danket alle Gott!‹ – und keiner von ihnen fragte sich: ›Wofür eigentlich?‹

›Ich fühle mich ganz und gar von Gottes Gnaden‹, schrieb Friedrich Wilhelm an Schön, ›und werde Mich so mit Seiner Hilfe bis zum Ende fühlen. Glauben Sie mir's auf mein königliches Wort: zu meiner Zeit wird sich kein Fürst, kein Bauernknecht, kein Bauernknabe, kein Landtag und keine Judenschule etwas, was jetzt dermalen mit Recht oder Unrecht bei der Krone ist, zueignen, wenn ich es nicht zuvor gegeben habe. Glanz und List überlasse ich ohne Neid sogenannten konstitutionellen Fürsten, die durch ein Stück Papier dem Volke gegenüber eine Fiktion, ein abstrakter Begriff geworden sind. Ein väterliches Regiment ist deutscher Fürsten Art, und weil die Herrschaft mein väterliches Erbteil, mein Patrimonium ist, darum hab' ich ein Herz für mein Volk, darum kann und will ich unmündige Kinder leiten, entartete züchtigen; würdigen, wohlgeratenen aber an der Verwaltung meines Gutes teilhaben lassen, ihnen ihr eigenes Patrimonium anweisen und sie darin vor der Anmaßung Untergebener schützen.‹

Der König erfuhr von einer Broschüre mit dem Titel *›Vier Fragen‹*, deren Autor für ein verfassungsmäßiges Regierungssystem eintrat. Er war wütend. Friedrich Wilhelm verlangte, der Justizminister möge die Identität des Verfassers feststellen und ihn des Hochverrates anklagen. Der Verfasser meldete sich freiwillig und schrieb dem König einen Brief. In diesem Schreiben stellte er sich als Dr. Johann Jacoby, jüdischer Arzt in Königsberg vor. Der König antwortete, indem er an Schön, der sich gleichfalls in Königsberg aufhielt, schrieb: ›Machen Sie nur, daß unbeschnittene Männer von alter Treue und die ein Herz zu mir haben, die Schmach gutmachen, welche die Beschnittenen Ostpreußen angetan.‹ Schön war allerdings nicht der richtige Mann für die Ausführung seiner Befehle. Der König mußte ihn einige Jahre später selbst entlassen – sogar aus ganz ähnlichen Gründen, denn Schön verfaßte später eine Streitschrift, die als verräterisch angesehen wurde. Man klagte Jacoby der *lèse-majesté*, der Majestätsbeleidigung, und des Hochverrates an. Als Preußens oberster Berufungsgerichtshof, das Kammergericht, Jacoby freisprach, versuchte der empörte König sogar, sich in die Unabhängigkeit der Rechtsprechung zu mengen. Daraufhin trat ein erst kürzlich ernannter Breslauer Richter, Heinrich Simon, aus Protest zurück. Simon, der gleichfalls Jude war, verfaßte ein Pamphlet, in dem er anregte, Regierungen mögen für das Wohl der Regierten dasein. Er sandte sogar ein Exemplar an den König, dessen Sekretär es ›auf Befehl des Allerhöchsten‹ ungelesen retournierte. Die Tatsache, daß es Juden wie Simon und Jacoby waren, die den demokratischen Gefühlen Ausdruck verliehen, erregte ganz besonders den Verdacht des Königs. Es kam ihm gar nicht zu Bewußtsein, daß sie ja nur das formulierten, was die meisten anderen längst schon fühlten.

Bald nach seiner Thronbesteigung machte Friedrich Wilhelm IV. eine Geste in Richtung auf eine konstitutionelle Regierung – und dieses wenige schien ihm beinahe revolutionierend. Er sagte, die Landtage mögen Ausschüsse bilden, die er dann einberufen könne oder würde, wenn ›Angelegenheiten von nationaler Bedeutung‹ sich ergäben und wenn er zu der Ansicht käme, der Rat eines solchen Vereinigten Ausschusses wäre von Nutzen.

›Ich habe den Grundstein zu einer Einrichtung gelegt‹, sagte er, ›die zu echter Freiheit führen kann ohne die frevelhafte Farce, die absolute Unwirklichkeit und dem scheußlichem Klimbim anderer Verfassungen und schlecht organisierter gesetzgebender Körperschaften. Ich wage kühn auszusprechen, daß nur Jakobiner, Perückenträger und Esel an meinem festen Glauben an die Freiheit zweifeln können!‹

Nachdem er im folgenden Jahre eine neue und noch reaktionärere Regierung gebildet hatte, erließ der König tatsächlich den Befehl, durch den er den Vereinigten Landtag nach Berlin lud. Diese Einladung wurde aber zurückgezogen, ehe sie noch verbreitet worden war, da man dem König einredete, daß die ›Souveränität des Monarchen nicht der Souveränität von Mehrheiten untergeordnet werden dürfe‹. Es begann eine neue Ära der Unterdrückung. Überall machte man Jagd auf ›subversive Elemente‹: eine zentrale Zensurbehörde wurde geschaffen. Professoren wie Hoffmann von Fallersleben, Staatsbeamte wie Heinrich von Schön wurden entlassen. ›Revolutionäre dürfen in Preußen keine Freistätte unter den Fittichen der Regierung finden‹, erklärte der König gegen Ende des Jahres 1843. Sie ließen sich das gesagt sein und gingen. Anfang der vierziger Jahre wanderten jährlich 50 000 Deutsche nach den Vereinigten Staaten von Amerika aus. Einer von ihnen war Karl Heinzen, der später in Louisville und Boston Zeitungen herausgab. ›Leb wohl, glückliches Preußen‹, schrieb er, ›mit deinen Geheimprozessen, deiner höllischen Rechtsprechung, deinen direkten und indirekten Majestätsbeleidigungen, deiner Pressezensur und Polizei! Leb wohl, Preußen, mit deiner unromantischen Bürokratie, und deinem ‚romantischen Despotismus'‹ – letzteres auf den König gemünzt. ›So leb' denn wohl mit deiner Geheimhaltung, den Tücken des Despotismus, deiner Verlogenheit, deiner kaum verhehlten Schurkerei ohne Ende! Leb' wohl, mein deutsches Vaterland!‹

In Preußens schlesischen Provinzen zwang man Kinder damals schon mit vier Jahren zur Arbeit. Viele Familien verhungerten. Ein ganzes Volk ging in Lumpen, weil es von den ortsansässigen Reichen brutal ausgebeutet wurde. Als diese Arbeitgeber in bodenlosem Zynismus die Löhne noch weiter herabsetzten, kam es im Jahre 1844 zu einem Aufstand der hungernden Leinenweber, doch nichts wurde getan, um ihr Los erträglicher zu machen. Die preußische Infanterie knallte sie einfach nieder. Wer entkam, den ließ man verhungern. Einen Monat später trat am Schloßplatz in Berlin ein Mann auf den König zu, der gerade in seine Kutsche steigen wollte, und feuerte seine Pistole zweimal auf ihn ab. Der König aber war durch einen schweren Radmantel so gut geschützt, daß er nur leichte Verletzungen davontrug. Der Attentäter war der frühere Bürgermeister von Storkow, ein gewisser Tschech. Er war der Sohn eines Pastors und hatte persönliche Gründe, dem König gram zu sein. Sein Motiv war kein politisches. Friedrich Wilhelm IV. war daher gewillt, das über Tschech verhängte Todesurteil in eine mildere Strafe umzuwandeln, und unterschrieb das Urteil erst dann ›mit tränendem Auge‹, als Tschech keine Spur von Reue zeigte. Diese Tränen waren bereits das Zeichen einer wachsenden Empfindsamkeit. Bald gelangte der König zu der Überzeugung, daß er direkt und persönlich von Gott erleuchtet sei. Im Dezember 1844 sagte er einem seiner Beamten, daß er seine Dienste zu schätzen wisse, daß es aber Dinge gäbe, die man nur als König weiß, von denen ich als Kronprinz nichts wußte, und die ich erst jetzt, da ich König bin, erfahren habe. General Leopold von Gerlach kommentierte diese Äußerung des Königs nur trocken mit den Worten: ›Wunderbar sind die Wege des Herrn.‹

Sie sollten bald noch wunderbarer werden: plötzlich wurden die reaktionären Junker zu glühenden Verfechtern des Parlamentarismus, wenngleich dieses Wunder auch seine guten Gründe hatte und nur von kurzer Dauer war. Wir haben früher schon gesagt, daß die Junker nur dann dem Hause Hohenzollern feindlich gegenüberstanden, wenn ihre Landbesitzinteressen mit den Bedürfnissen des Königs oder des Königreiches in Konflikt gerieten. Dazu war es nun gekommen. Die Junker betrieben den Bau einer Ostbahn, die Berlin mit ihren entlegenen Ländereien in West- und Ostpreußen verbinden sollte. Das Haus Rothschild aber verweigerte Preußen weitere Darlehen für die Finanzierung dieses Projektes, solange diese nicht durch ein preußisches Parlament genehmigt und garantiert würden. Zu dieser peinlichen Situation kam es, weil der Vorgänger des Königs im Jahre 1820 versprochen hatte, die Staatsschuld nicht ohne die Zustimmung der Volksvertretung im Parlament zu vergrößern. Das hatte zur Folge, daß der Vereinigte Landtag tatsächlich einberufen wurde. Man hoffte, daß die Delegierten die Anleihe genehmigen und dann wieder friedlich auseinandergehen würden, so daß man nichts weiter von ihnen hörte. Die Liberalen waren empört. ›Wir baten dich um Brot‹, schrieb Heinrich Simon in seiner Publikation ›Annehmen oder ablehnen?‹, in der er zu letzterem riet, ›und du gibst uns einen Stein ...

Sei es denn so!‹ fuhr Simon fort, ›wir haben jetzt eine Krise in Preußen –, ja, in der deutschen Geschichte überhaupt! Möge der König doch Vertrauen in sein Volk beweisen. Möge er doch ein für alle Mal dem Gedanken abschwören, daß irgend ein einzelner ausschließliche Rechte gegenüber den Rechten von 15 Millionen Menschen hat ... Ich beschwöre Sie (den König), mich anzuhören ... Lassen Sie ab von der Idee der ‚absoluten Monarchie' – der Vorstellung, daß Sie nur Gott allein für Ihre Taten Rechnung schuldig sind ...‹

Der Vereinigte Landtag, den die Preußen sofort das ›Leihhaus des Absolutismus‹ nannten, trat im April 1847 zusammen. Der König selbst sprach zu den Delegierten. Er benützte diesen Anlaß, um das Schicksal dieser ›Volksvertretung‹ zu besiegeln.

Er sagte: ›Ein Teil der Presse verlangt von Mir eine revolutionierende Reform von Kirche und Staat. Von Euch aber verlangen diese Leute Handlungen des Undanks, des Unrechts, ja sogar des Ungehorsams. Viele angesehene Leute suchen ... nach einer Änderung der Beziehungen zwischen Herrscher und Volk. Sie fordern eine Beziehung, die sich auf einem besiegelten und beschworenen Vertrag aufbaut. Meine edlen Herren und treuen Stände, es drängt Mich‹, so sagte er, umleuchtet von königlichem Pomp, ›zu der feierlichen Erklärung, daß Ich es nun und nimmermehr zugeben werde, daß sich zwischen unsern Herrgott im Himmel und dieses Land ein beschriebenes Blatt, gleichsam als eine zweite Vorsehung eindränge, um uns mit seinen Paragraphen zu regieren und durch sie die alte heilige Treue zu ersetzen.‹

Daraufhin taten sich die Delegierten zusammen, aber nicht, um ihren König zu unterstützen. Zur allgemeinen Überraschung forderten sie das Recht, in regelmäßigen Abständen zusammenzutreten, und verlangten überdies, daß ohne ihre Zustimmung in Preußen keine Steuergesetze erlassen würden. Der König reagierte darauf mit der Auflösung des Vereinigten Landtages. Die Delegierten rächten sich, indem sie einer Aufnahme weiterer Anleihen nicht zustimmten. Dieser Parlamentsaufstand erschreckte den König sehr. Bis zum November nahm seine Besorgnis zu, denn in Berlin hatte es Hungerkrawalle und in Neuchâtel Schwierigkeiten mit Schweizer Radikalen gegeben. ›Wenn diese dort siegreich sind‹, schrieb Friedrich Wilhelm IV. an Königin Viktoria von England, ›so werden auch in Deutschland Ströme von Blut fließen ... Die Ermordung von Königen, Priestern und Aristokraten ist bei ihnen keine leere Drohung ... (Es) wird diese gottlose Bande Ihren Zug durch Deutschland nehmen, weil sie, wenn auch klein, durch Einheit und Entschlossenheit stark ist.‹

Des Königs Worte und Taten verbreiteten in demokratischen Kreisen Entsetzen, doch erregten sie gleichermaßen das Mißfallen der preußischen Reaktionäre. Seine Inkonsequenz schockierte. Einige Liberale verfolgte, andere aber befreite er. Arndt hatte seine Position wiedererlangt; Hermann von Boyen wurde zum Kriegsminister ernannt, und der liberale Gelehrte Alexander von Humboldt war Mitglied des Staatsrates. Die Tatsache, daß der König einen Vereinigten Landtag einberufen hatte, beunruhigte die Erzkonservativen sehr. Eine derartige Handlung war typisch für den ›schleichenden Liberalismus‹, den sie fürchteten. Was sie sich eigentlich wünschten, war ein König, der bei der Unterdrückung aller liberalen Worte, Gedanken und Taten absolut rücksichtslos vorgehen würde, ein oberster Kriegsherr, der bei der Verteidigung der absolutistischen Monarchie nötigenfalls auch vor Blutvergießen nicht zurückschreckte. So weit aber wollte Friedrich Wilhelm IV. nicht gehen. Er war von Natur aus höflich, wohlwollend und – trotz seiner Wutanfälle – gütig, und er hatte auch nicht die eisernen Nerven, die für so drastische Maßnahmen nötig sind. Vor allem aber konnte er doch nicht ein Volk mit Füßen treten, das ihn – davon war er fest überzeugt – liebte. Die ›alte heilige Treue‹, von der er sprach, war für ihn durchaus nicht eine einseitige Angelegenheit. Da sein Volk sie ihm bezeugte – so meinte er wenigstens – mußte sie auch erwidert werden.

Freilich gab es da auch noch einen anderen Grund, warum er nicht mit eiserner Entschlossenheit vorgehen konnte: Das hätte nämlich Ausdauer und Beständigkeit des Strebens erfordert. Mit diesen beiden Eigenschaften aber war der gute König nicht allzu reichlich ausgestattet. Wenn er sprach, verlor er immer wieder den Faden und stürzte sich dann in verwirrende, phantasievolle Sprachakrobatik. Keiner konnte ahnen, was er als nächstes aushecken würde – einfach aus dem Grund, weil Friedrich Wilhelm selbst es nicht wußte. Gegen Intellektuelle hatte er ein tiefverwurzeltes Mißtrauen, wobei Humboldt, der auch zur Runde des Königs gehörte, eine Ausnahme bildete. Obwohl es leicht war, ihn für ein Projekt einzunehmen, hörte einem der König doch nur selten aufmerksam zu. All das erkannte man nicht auf den ersten Blick. Er saß sehr still da, als höre er dem Vortrag einer seiner Räte zu – ja er saß so still, daß der Redner oft meinte, er habe den König bereits auf seiner Seite. In Wirklichkeit aber war der König hinter diesen glasigen Augen, die jedem an ihm auffielen, durchaus kein aufmerksamer Zuhörer. Er saß bloß da und formulierte bereits innerlich seine Ablehnung des Vorschlages. Es bestand keine Hoffnung, den König umzustimmen. Er blieb allen Argumenten gegenüber völlig verschlossen. Für sein Volk schien es also nur die Möglichkeit der Revolution zu geben.

Die Nachricht von der Pariser Februar-Revolution des Jahres 1848 veranlaßte Friedrich Wilhelm IV. lediglich dazu, den göttlichen Rechtsanspruch neuerlich hervorzuheben. Selbst nach der Flucht Louis Philippes verspürte der Hohenzoller nicht den Zug der Zeit. Er sandte Königin Viktoria eilends einen Brief, eine seltsame Mischung aus Weinerlichkeit und Prahlerei: ›Wenn die revolutionäre Partei ihr Programm durchführt, so wird meine vergleichsweise kleine Krone zerbrochen werden, ebenso aber auch die mächtigen Kronen Eurer Majestät, und eine furchtbare Geisel wird den Völkern auferlegt werden, ein Jahrhundert des Aufruhrs, der Gesetzlosigkeit und Gottlosigkeit wird folgen. Der verstorbene König wagte nicht zu schreiben ‚von Gottes Gnaden‘. Wir aber nennen Uns ‚König von Gottes Gnaden‘, denn es ist die Wahrheit. Nun denn, allergnädigste Königin, zeigen wir also dem Volk . . . daß wir Uns Unserer heiligen Pflicht bewußt sind und ihr zu gehorchen wissen.‹

Das Fieber der Revolution griff von Paris rasch nach Berlin über. Es kam zu Straßendemonstrationen. Tausende sammelten sich im Tiergarten, wo revolutionäre Sprecher Reden hielten.

In einem Fall ritt der Minister von Bodelschwingh in der Uniform eines Majors der Reserve auf die Demonstranten zu und sagte ihnen, sie sollten sich was schämen und heimgehen. Sie antworteten frech: ›Was geht Sie das an, wir können tun und lassen, was wir wollen. Verstehen Sie?‹ Bodelschwingh, offenbar ahnungslos, schüttelte den Kopf und ritt verwirrt davon. Am 13. März bat der Polizeichef den Kommandeur der Berliner Garnison, er möge doch Truppen aufs Schloß schicken, um den König zu schützen, denn das Volk wurde immer aufsässiger; auch der Bruder des Königs, Wilhelm, gab seiner Besorgnis Ausdruck. Wenn es so weiter ginge, meinte er, werde Deutschland bald eine Republik sein. Eine Menschenmenge, die Unter den Linden von Soldaten zerstreut worden war, sammelte sich nun vor dem Schloß und rief in Sprechchören: ›Die Soldaten müssen fort!‹ Zwei Tage später wurden die ersten, zunächst noch etwas dürftigen Barrikaden errichtet, man warf die ersten Steine.

Am 16. März langte ein Kurier aus Wien ein, der die Nachricht brachte, Metternich habe sein Amt zurückgelegt und sei vor der österreichischen Revolution auf der Flucht. Prinz Wilhelm von Preußen, den diese Nachrichten in Berlin erreichten (der König selbst war in Potsdam), gab dem Kriegsminister Anweisung, jedem Soldaten, der sich zum Dienst meldete, eine kleine Belohnung zu geben. ›Es bleibt nichts übrig‹, knurrte er, ›als sich an die Spitze der Bewegung zu stellen.‹ In größter Eile kritzelte er eine Botschaft auf ein Stück Papier, das ein Major Oelrichs dem König nach Potsdam brachte. Oelrichs war fassungslos, den König in einem kleinen Zimmer vorzufinden, gerade damit beschäftigt, seine Socken und sein Taschentuch zu trocknen. Friedrich Wilhelm warf einen gelangweilten Blick auf die dringende Botschaft seines Bruders. ›Kommen Sie, lieber Oelrichs‹, sagte der König, ›und essen Sie eine Suppe mit Uns.‹ Während des Mahles erbat er Nachrichten aus Wien. Als Oelrichs daraufhin meinte, der König müsse doch längst im Besitz der Berichte sein, die man ihm speziell aus Berlin gesandt hatte, antwortete Friedrich Wilhelm: ›Mein Gott, ich habe gar nichts bekommen, ich führe ein Hundeleben! Keinem Menschen in der Welt geht's so schlecht wie mir! Das soll sogleich recherchiert werden, wo die Depeschen geblieben sind; ich war der Meinung, daß die Worte des Prinzen sich bloß auf mögliche Ereignisse bezögen.‹ Als einen Augenblick später die Berichte einlangten, mußte der König der Wirklichkeit ins Auge sehen: ›Nein, das ist zu arg. Ich kann nicht mehr essen.‹

Er entschied sich nun, nach Berlin zu fahren – ins Schloß, wenn der Weg noch frei war, oder nur bis zum Bahnhof, falls Gefahr drohe. Als er um sechs Uhr abends im Schloß ankam, fielen in der Stadt Schüsse. Zum erstenmal hatten die Soldaten Waffen auf die Aufständischen gerichtet. Zwei Zivilisten wurden getötet und mehrere verwundet. Brüllend vor Wut und Erbitterung liefen die übrigen auseinander. Am folgenden Tag dankte der König den betreffenden Truppeneinheiten für ihre Disziplin und Treue.

Der 18. März war ein warmer Sonnabend. Er leitete in einen langen, heißen Sommer über. Den ganzen Morgen war eine ergrimmte Menschenmenge auf den Schloßplatz geströmt. Kurz nach ein Uhr mittags zeigten sich der König und Bürgermeister Naunyn auf dem Balkon des Schlosses, um die Massen zu beschwichtigen. Naunyn erklärte, der König hätte beschlossen, den Vereinigten Landtag neuerlich einzuberufen. Überdies sei der König nun für völlige Pressefreiheit, stimme einer liberalen Verfassung zu, befürworte die Beseitigung der Zollschranken innerhalb Deutschlands, billige eine deutsche Nationalflagge und wünsche, daß Preußen sich an die Spitze der Bewegung stelle. Als der König seine Zustimmung kundtat, indem er sein Taschentuch schwenkte, brach wilder Jubel aus. Dieser stammte allerdings nicht von den Arbeitern, sondern nur von den gleichfalls versammelten Bürgern. Als Naunyn und sein König in den Palast zurücktraten, erregte sich die Menge wieder über etwas Neues: man hatte Soldaten der Potsdamer Garnison innerhalb der Pforten des Schlosses erblickt. ›Fort mit dem Militär!‹ rief die Menge. Um zwei Uhr nachmittags hatten die Generäle den König davon überzeugt, daß die Menge unter Umständen das Schloß stürmen würde. ›Nehmen Sie Kavallerie und machen Sie dem Skandal da draußen ein Ende!‹ befahl Friedrich Wilhelm. ›Herrgott, da sind zwei Gewehre losgegangen‹, sagte Prinz Wilhelm einige Minuten später. ›Wenn nur nicht drüben jemand in den Häusern verwundet ist, da sind alle Fenster voll Menschen.‹ Es war viel ärger: Die beiden Schüsse hatten einen Aufruhr ausgelöst. Als er vorüber war, lagen 183 Zivilisten und 18 Soldaten in ihrem Blut.

›Soeben noch Jubel und Hurra‹, berichtet ein Augenzeuge, ›und wenige Minuten darauf Wutgeheul und Rachegeschrei ...‹ Man holte Möbel aus den Häusern, warf Wagen um, riß das Straßenpflaster auf. An jeder Straßenecke und auf jedem öffentlichen Platz in der Stadtmitte entstanden Barrikaden. Zehntausende Bürger aller Gesellschaftsschichten waren in Waffen, in den Straßen wurden Kugeln gegossen und Lanzenspitzen geschmiedet.

›Noch nie habe ich einen Tag solchen Schreckens und Aufruhrs durchlebt‹, berichtet ein angesehener Hochschulprofessor und Mitglied der Akademie der Wissenschaften, der 62jährige Wilhelm Grimm, Mitherausgeber von Grimms Märchen. ›Um zwei Uhr gab es immer noch Jubel über die Ziele, die man erreicht hatte. Um drei Uhr aber hatte die tragische Schlacht schon begonnen. Vierzehn Stunden lang kämpften 2000 bis 2500 Mann gegen die Menschen in den Straßen. Das Knattern von Gewehrfeuer, die dumpfen Explosionen der Kanonenkugeln und das Geräusch der Schrapnells war furchtbar ... Überdies brachen Feuer aus, und wenn das Knattern des Gewehrfeuers auf einen Augenblick erstarb, dann hörte man den erschreckenden Klang der Sturmglokken, die allenthalben geläutet wurden ...‹

Der Prinz von Preußen stand neben General von Gerlach und leitete persönlich eine Artilleriebatterie auf dem Schloßplatz. Gerlach sagte zu Prinz Wilhelm, er wäre froh, daß es soweit gekommen sei. ›Diesmal haben wir den Feind gegenüber und nicht wie heute vormittag unter uns‹, meinte er. Das war der vollendete Ausdruck für das Verhältnis, das zwischen den Hohenzollern und ihrem Volk bestand, denn der hier zitierte ›Feind‹ waren die Untertanen des preußischen Königs. Wilhelm antwortete, daß sein Bruder angesichts dieser Rebellion alle gemachten Zugeständnisse und Zusagen zurückziehen solle. Der König im Schloß aber zögerte vor einem so raschen Entschluß. Er saß da, sein Gesicht in die Hände vergraben und zuckte jedesmal zusammen, wenn er draußen einen Schuß hörte. ›Nein‹, stöhnte er, ›das kann nicht sein! Mein Volk liebt mich!‹ Bei seinem Anblick begann die Königin an seinem Mut zu zweifeln. ›Wenn nur der König nicht nachgibt!‹ hörte man sie ängstlich sagen. Doch er gab nach. Am 19. März versprach er, alle Truppen aus Berlin abzuziehen, wenn die Barrikaden abgebrochen würden; am 20. hatte er aber schon einem völligen und bedingungslosen Abzug der Truppen aus der Stadt seine Zustimmung erteilt. ›Nun ist alles verloren!‹ stöhnte Prinz Wilhelm.

Die Soldaten sollten mit klingendem Spiel die Stadt verlassen. In Wirklichkeit hatten sie Glück, wenn sie überhaupt lebendig herauskamen. General von Prittwitz sagte, seine Soldaten seien ›auf das Schändlichste insultiert, bespien, mit Kot beworfen‹ worden. Andere Soldaten wieder wurden mit Steinwürfen bedacht. Friedrich Wilhelm war erschüttert. Die Wirklichkeit sah ganz anders als sein Träumen aus. An einem einzigen Tag hatten sich die mittelalterlichen Zustände Deutschlands gewandelt und konfrontierten den König mit einem modernen Staat.

Er gab der Forderung nach Befreiung aller politischen Häftlinge statt. Einige der während des Aufstandes Verhafteten waren von den Soldaten in der Festung Spandau arg mißhandelt worden. Bei der Freilassung konnte sich der König nicht enthalten, vom Balkon seines Schlosses, ehe er rasch wieder in seine Gemächer zurücktrat, der Menge eine sarkastische Bemerkung zuzuwerfen: ›Wenn ihr die Gefangenen zurückhabt‹, sagte er, ›dann seht sie euch an, ob ihr sie behalten wollt!‹ Man drohte ihm mit Fäusten. Dann wurden die befreiten Gefangenen im Triumph durch die Straßen geführt. Schließlich luden die Bürger ihre Toten auf Wagen und brachten sie vors Schloß. So wollten sie dem König zeigen, wozu sein Regime geführt hatte. Sie forderten sein Erscheinen. Erschüttert, in einen grauen Radmantel gehüllt und von seiner Königin begleitet, zeigte er sich dem Volke. ›Nun fehlt bloß noch die Guillotine‹, murmelte Elisabeth. Der König besaß soviel Geistesgegenwart und Höflichkeit, beim Anblick der Toten sein Haupt zu entblößen. Die Bürger meinten, er grüße sie, und jubelten. Plötzlich erscholl Gesang, aber die Menge intonierte nicht etwa ein Revolutionslied, sondern sang ›Jesus, meine Zuversicht‹, ein Lied, in das auch der König und die Königin einstimmen konnten.

Die Offiziere im Schloß hüllten sich enger in ihre Mäntel und bereiteten sich darauf vor, den König – wenn nötig, mit Gewalt – nach Potsdam zu bringen. Nachdem der König von seinem Gruß an die Toten zurückgekehrt war, wanderte er ziellos durch seine Gemächer. Er wußte nicht, was er tun solle, und war völlig außerstande zu handeln, ja auch nur sich zur Flucht zu entschließen. Prittwitz sagte, er könne Berlin 24, vielleicht 36 Stunden lang halten. Inzwischen sammelte man Wagen für die Flucht aus der Stadt. In völliger Verwirrung begegnete der König auf der Schloßtreppe einem seiner Minister. Diesem gelang es, den König kurz zur Besinnung zu bringen, indem er eine kleine Geschichtsfälschung beging. Graf Arnim-Boitzenburg sagte: ›Noch nie ist ein Hohenzoller vor der Gefahr gewichen!‹ Die Königin bemerkte später: ›Arnim will nicht, daß wir fortgehen.‹ In diesem Satz spiegelt sich auch der völlige Mangel an Autorität, den der König in dieser Krise bewies. Und – weil ein Entschluß dringend nötig war – nahm man zunächst eine leichte Mahlzeit.

Das Mahl wurde allerdings durch die Nachricht gestört, daß der Volkszorn sich nun gegen Prinz Wilhelm richte, dem man nachsagte, er habe den Feuerbefehl gegeben. Da und dort wurde sogar die Forderung laut, daß man ihn dem Volke ausliefere. Die Hofkamarilla drängte, ihn so rasch wie möglich in Sicherheit zu bringen. Es wurde berichtet, das Volk fordere Wilhelms Verzicht auf die Thronfolge; er war bereit, dies zu tun, falls das seinem Bruder helfen würde. Ebenso war er bereit, das Feld zu räumen, wenn sich dies als nützlich erweisen sollte. Prinz Wilhelm war in diesem Stadium eine echte Belastung, doch der König wollte ihm nicht gestatten, auf die Thronfolge zu verzichten. Er legte seinem Bruder nahe, zu fliehen. Wilhelm und seine Gemahlin, Prinzessin Augusta, mußten sich heimlich über eine Hintertreppe aus dem Schloß schleichen, er als Lakai, die Prinzessin als Kammerzofe verkleidet. Man brachte Wilhelm nach Spandau, die Prinzessin nach Potsdam. Als das Volk seinen neuen Aufenthaltsort erfuhr, ›übersiedelte‹ man den Prinzen nochmals – diesmal auf eine Insel in der Havel. Dort erhielt er Befehl, nach London zu gehen. ›Was habe ich denn getan, daß ich so mein Vaterland verlassen muß?‹ fragte er unter Tränen. ›Wie ist es möglich, daß ein so treues Volk so irregeführt wird?‹ Dann rasierte er sich den Bart ab, verkleidete sich und eilte fort. Einmal verlor er sogar seinen Reisebegleiter, Major von Oelrichs, und mußte querfeldein, über Gräben und durch sumpfige Wiesen, vor nachsetzenden Reitern fliehen, bis er schließlich bei einem Landpastor Zuflucht fand. Der Zufall führte ihn wieder mit Oelrichs zusammen, und mit der Eisenbahn langten Wilhelm und seine Begleiter in Hamburg an. Hier bereitete ihm eine tausendköpfige Menge einen unfreundlichen Empfang, er wurde beschimpft und bedroht. Sein Eisenbahnwaggon mußte außerhalb der Stadt angekoppelt werden, und er und Oelrichs mußten sich während der Nacht auf dem Dachboden einer Herberge verbergen, bis sie am nächsten Morgen den Dampfer ›John Bull‹ erreichen konnten. Dieser legte dann am 27. März 1848 in London an.

Nun, da die Soldaten allesamt die Stadt verlassen hatten, schien sich Berlin völlig in der Hand der Aufständischen zu befinden. Ergrimmte Bürger drohten, das Palais Prinz Wilhelms in Brand zu stecken, aber das Gebäude wurde im letzten Moment durch Studenten gerettet, die über seinem Portal eine handgeschriebene Tafel anbrachten, welche das Schloß zum Nationaleigentum erklärte. (Dies erinnert einen unwiderstehlich an zwei boshafte Aussprüche: Daß Revolution in Deutschland kein Erfolg beschieden sein kann, weil sie die Polizei einfach verbieten würde, und daß man sich unmöglich vorstellen könne, daß ein revolutionärer Haufen durch eine deutsche Stadt stürme — wegen der Tafeln ›Das Betreten des Rasens ist verboten!‹) Nach dem Abzug der Truppen hatte man eine revolutionäre Volksmiliz, die sogenannte Bürgerwehr, gebildet. Die Angehörigen dieser Formation hätten im Handstreich eine ganze Reihe revolutionärer Handlungen begehen können: sie hätten den König verhaften, ihn ins Exil schicken, ja sogar ihn zum Tode verurteilen können. Sie hätten ihn zwingen können, eine echte konstitutionelle Monarchie auf demokratischer Grundlage zu errichten, oder gar die Republik auszurufen. Die Bürgerwehr aber befürchtete Aufruhr und Unordnung (das Schreckgespenst des deutschen Gemüts) und versicherte also statt dessen dem König, sie werde ihn und alle öffentlichen Gebäude schützen. Ein Augenzeuge berichtet, daß die Revolutionäre ›im großen Ganzen . . . geringe Neigung zum Revolutionmachen hatten‹, und fährt fort, daß dieser Aufstand ›in der Geschichte aller Revolutionen ein Unikum darstelle‹.

Bis zum 21. März hatte Friedrich Wilhelm IV. viel von seiner Fassung wiedergewonnen. Es sollte also doch keine Henkerskarren geben. Sein Volk liebte die Freiheit, vor allem deren Idee, aber es war klar zu erkennen, daß viele von ihnen noch mehr die Ordnung liebten. Dank der unverhältnismäßigen Größe der Armee gab es in Preußen kaum einen Mann, der nicht in ihren Reihen Königstreue und Gehorsam der Obrigkeit gegenüber gelernt hatte; dank der fest verankerten Kirche, den Schulen und dem Staatsdienst war Gehorsam zu einer Gewohnheit geworden, die vierhundert Jahre alt war. Die Untertanen des Königs waren in einem wirklich großen Auftritt auf die Bühne gestolpert. Immer noch stolpernd, vergaßen sie nun Text und Stichworte. Was nun den König anlangte, so sollte er seine Rolle ausnahmsweise einmal wirklich meisterlich spielen. Wie sein Bruder ganz richtig festgestellt hatte, gab es in diesem Augenblick nichts anderes, als sich an die Spitze der Bewegung zu stellen. Friedrich Wilhelm IV. nahm der Revolution den Wind aus den Segeln, indem er so tat, als schließe er sich ihr an.

Das Volk schwenkte die schwarz-rot-goldenen Reichsbanner statt der schwarz-weißen preußischen Fahnen. Mit schwarz-rot-goldenen Bändern um ihre Ärmel ritten der König und seine Minister am 21. März aus und begaben sich unter die Menge. Unter dem Jubel der Zehntausende, rechts und links in demokratischer Art von zwei Bürgerlichen flankiert, von denen einer ein Fuhrmann war, ritt der König durch die Straßen, vor ihm Mitglieder der Bürgerwehr, die das dreifarbige Banner der Revolution wehen ließen. ›Ich sehe Euch hier auf der Wache‹, sagte er zu den bewaffneten Zivilisten, die vor der Neuen Wache, einem klassizistischen Gebäude Unter den Linden zwischen Zeughaus und der Universität, auf Posten standen. Vor dreißig Jahren war sie von Friedrich Schinkel an Stelle der alten Königswache erbaut worden. ›Ich kann es nicht genug in Worte fassen, was ich Euch danke – glaubt mir's!‹ Der König hatte erkannt, was sie eigentlich waren: nicht so sehr Revolutionäre, sondern Staatsbürger, die das Eigentum des Königs vor Aufstand und Unruhe schützen.

Eine Ehrenwache der Studenten führte den König zur Universität. Dort waren schon die gesamte Studentenschaft und das Professorenkollegium atemlos und in Reih und Glied versammelt und warteten auf das Erscheinen der personifizierten Obrigkeit. Alle schienen ihre revolutionären Ideale vergessen zu haben. Sie dachten nur daran, dem formierten König ihre Ehrerbietung zu erweisen. An diesem Tage hätte das Haus Hohenzollern stürzen können wie die Bastille. Statt dessen gestattete man dem Wärter, sein Gefängnis zu modernisieren und zu erweitern.

An diesem Tage versetzte Friedrich Wilhelm IV. sein Volk in atemlose Begeisterung. Er sprach zu ihnen mit all seiner herrlich vernebelnden Rednergabe. ›Mein Herz schlägt hoch, daß es Meine Hauptstadt ist, in der sich eine so kräftige Gesinnung bewährt hat‹, verkündete er der versammelten Menge. ›Heute ist ein großer, entscheidender, unvergeßlicher Tag. Die Zukunft, meine Herren, liegt in Ihren Händen, und wenn Sie in der Mitte oder am Ende Ihres Lebens zurückblicken auf seine Geschehnisse, so bleiben Sie des heutigen Tages eingedenk ... Ich trage Eure Farben ... aber Ich will keine Krone, keine Herrschaft, Ich will Ordnung, Deutschlands Freiheit, Deutschlands Einigkeit.‹

Dann erhob er seine Rechte zum Himmel und erklärte, er habe ›das Banner ergriffen und sich an die Spitze des ganzen Volkes gestellt‹. Schließlich verkündete er: ›Preußen geht fortan in Deutschland auf.‹

Das war nun die Erklärung, auf die alle gewartet hatten, denn sie erschien als eine Proklamation der deutschen Einheit – und vielleicht auch der Freiheit – in einem neuen, verfassungsmäßigen Deutschen Reich. Für kurze Zeit erschien ihnen Friedrich Wilhelm wie Friedrich Barbarossa, der ins Leben zurückgekehrt war, um sein seit langem schwer duldendes Volk zu retten.

Als der König zu seinem Palast zurückritt, begleitete ihn zu Fuß ein Tierarzt namens Urban. Dieser trug hocherhoben ein Stück Karton, auf das man eine Kaiserkrone gekritzelt hatte. Dies war der Augenblick, in dem Friedrich Wilhelm IV. der Kaiserkrone am nächsten war, denn später lehnte er die echte Kaiserkrone ab. Urban betrat mit dem König das Schloß und verließ es später mit dem Auftrag, das Kaiser-Alexander-Grenadierregiment aus Potsdam zurück in die Stadt zu führen. Es schien beinahe, als sei nun die Revolution zu Ende, aber das war nicht der Fall. Genaugenommen hatte sie eigentlich nie so richtig begonnen. Ein zufällig abgefeuerter Schuß hatte einen Aufstand ausgelöst. Wohl gab es Aufruhr, aber keineswegs eine speziell gegen das Haus Hohenzollern gerichtete Revolte oder eine Aktion, welche die tyrannische Clique der Aristokraten und Militärs aus ihren Machtpositionen vertreiben sollte. Der König hielt sich nicht versteckt oder ging ins Exil, sondern befand sich mitten unter den ›Revolutionären‹ in völliger Sicherheit. Was immer sich die Preußen durch diesen Aufstand an Rechten und Freiheiten erwarben (wie etwa das Recht, in der Öffentlichkeit auf der Straße zu rauchen), war entweder belanglos oder wurde ihnen nach sieben Monaten wieder entzogen.

Wie ungefährdet sich der König in dieser ›Revolutionshauptstadt‹ fühlte, kann man aus seinen eigenen Worten entnehmen, die uns von Prinz Friedrich Karl von Hohenzollern, einem der Armeeoffiziere des Königs in Potsdam, überliefert sind, der sie selbst gehört hat. Der König hatte sich nach Potsdam begeben, um Pläne zu unterdrücken, die regierungstreue Offiziere zu seiner ›Rettung‹ schmiedeten und um die große Zahl anderer Royalisten zu beruhigen, die drauf und dran waren, ihren Abschied zu nehmen. Diese Offiziere meinten, sie hätten ihre Ehre verloren, da sie sich aus Berlin hatten zurückziehen müssen. Der König erschien und rief unter den Versammelten ›Proteste, Unwillen, Anteilnahme und Tränen‹ hervor, als er seinen Offizieren erklärte, er sei ›in Berlin frei und fühle sich unter dem Schutz der Bürger ebenso sicher, als wäre er in ihrer Mitte‹.

An diesem Punkte der Geschichte betrat der größte Preuße seit Friedrich dem Großen die politische Bühne Deutschlands. Er war damals ein 33jähriger Junker, der im Jahre 1847 Sprecher der absolutistischen und ultrareaktionären Partei im Vereinigten Landtag gewesen war, ein Mann von ungeheurer Energie und Lebenslust: Otto Bismarck-Schönhausen. Als der Aufstand begann, spielte er kurze Zeit mit dem Gedanken, auf dem flachen Lande des Königs ›getreue Bauernschaft‹ aufzubieten und Friedrich Wilhelm IV. aus den Fängen der weniger getreuen Bürger in der Hauptstadt zu erretten. Als sich dieser Plan als unrealistisch und überspannt erwies, eilte er nach Berlin, um die Generäle des Königs wieder in Schwung zu bringen. Seine Ansichten waren so unpopulär, daß er sogar seinen Schnurrbart abrasierte und sich unter einem mit einer Trikolore geschmückten, unförmig großen Hut verbarg, bevor er nach Berlin ging. Wie's der Teufel will, erkannte ihn am Berliner Bahnhof sofort ein Mann der Bürgerwehr, der ihn früher oft gesehen hatte. Der schaute ihn an und fragte Bismarck, was für eine Schweinerei er denn in dieser Verkleidung vorhabe.

Bismarck erkannte rasch, daß das preußische Ideal des militärischen Kadavergehorsams seine Nachteile hatte. Er konnte es nicht schaffen, daß die Generäle sich zu tatkräftigem Handeln aufrafften (er spielte ihnen sogar auf dem Klavier eine Kavallerieattacke vor. Auch das half nichts) – und zwar einfach deshalb, weil sie außerstande waren, ohne ausdrücklichen Befehl irgend etwas zu unternehmen. Als er sah, daß ihm auf diesem Gebiet kein Erfolg beschieden war, machte Bismarck kurz dem König seine Aufwartung und wandte sich dann an die Königin. Sie klagte ihm, daß Friedrich Wilhelm IV. schon drei Nächte lang nicht geschlafen habe. ›Ein König muß schlafen können‹, entgegnete Bismarck; vielleicht sagte er auch: ›Ein König darf nicht schlafen!‹ Später verbreitete er jedenfalls beide Versionen. Einer seiner Biographen, meinte dazu: ›Vielleicht ist ihm der ganze Dialog überhaupt erst vierzig Jahre später eingefallen.‹ Als nächstes besuchte Bismarck Augusta, die Gemahlin des im Exil lebenden Prinzen Wilhelm von Preußen. Ihr schlug er einen radikalen Plan vor: Der König soll abdanken, ihr Gemahl solle auf die Thronfolge verzichten und ihr Sohn, Prinz Friedrich, möge den Thron besteigen, um den königlichen Absolutismus in einer dem Volke erträglicheren Verkleidung wieder einzuführen. Augusta hielt diesen Vorschlag für zu radikal und wies ihn auch empört als ›illoyal‹ zurück. (Einige Monate später wäre er weit wohlwollender aufgenommen worden, denn dann hätte man sich schon auf einen erlauchten Präzedenzfall berufen können: Ein ebensolches Manöver brachte in Österreich im Dezember 1848 Kaiser Franz Joseph I. auf den Habsburgerthron.) Danach blieb Bismarck nichts mehr übrig, als den ganzen Sommer lang herumzustreifen, immer vergeblich bemüht, alle noch vertrauten Reaktionäre, die er aufstöbern konnte, zu sammeln. Schließlich, als ihm sonst gar nichts mehr einfiel, stellte er das Adelsprädikat seines Vaters vor seinen Namen und nannte sich nun Otto von Bismarck, damit jeder gleich erkennen möge, in welchem Lager er stand.

Das erste Parlament, welches das deutsche Volk in seiner zweitausendjährigen Geschichte vereinigte, trat im Mai in der St. Paulskirche in Frankfurt zusammen. Es entwarf den Plan für ein liberales, konstitutionelles deutsches Kaiserreich. Dank der Märzrevolution hatte Preußen zu dieser Zeit bereits eine Nationalversammlung, die in Berlin zusammentrat. Ihre Delegierten waren noch radikaler, antimonarchistischer und republikanischer als die in Frankfurt. Am 8. Juni bekam die preußische Nationalversammlung einen Delegierten, der als der ›Abgeordnete aus Wirsitz‹ vorgestellt wurde. Es war Wilhelm Prinz von Preußen, der eben aus Großbritannien zurückgekehrt war. Sein Erscheinen wurde mit Mißfallensäußerungen und Zischen aufgenommen, besonders, da er trotzig in der verhaßten preußischen Offiziersuniform eingetreten war. Als man ihn fragte, ob er etwas zu sagen hätte, antwortete er, daß er die konstitutionelle Regierung achten würde, da der König sie unterstütze, aber er hoffe sehr, die Herren Delegierten würden das gute alte preußische Armeewort ›Mit Gott für König und Vaterland!‹ nicht vergessen. Diese Äußerung führte zu noch mehr Buh-Rufen und Zischen, obwohl auch vereinzelt Hochrufe ertönten. Der ›Abgeordnete aus Wirsitz‹ verließ Berlin und die Nationalversammlung unmittelbar nach diesen Ereignissen und begab sich nach Potsdam, um einsam in den Schoß der Familie zurückzukehren. Er kam nie mehr in die Nationalversammlung nach Berlin. Wirsitz, das ihn gewählt hatte, blieb daher in der Legislative nicht vertreten, eine Tatsache, der nur kurze Zeit Bedeutung zukam, denn bald befand sich ganz Preußen in der gleichen mißlichen Lage.

Im Oktober 1848 eilte der Kommandeur der Bürgerwehr in die Nationalversammlung, wo er atemlos berichtete, daß General Friedrich von Wrangel mit 15 000 Mann gegen die fünf Tore der Stadt anrücke. Die Bürgerwehr war kampfbereit, doch ihr Kommandeur wollte von der Nationalversammlung den Befehl zum Einsatz. Die Nationalversammlung bestellte eine aus fünf Mitgliedern bestehende Kommission, um die Angelegenheit zu prüfen. Eine Mehrheit von drei Delegierten in dieser Kommission war gegen bewaffneten Widerstand. So kam es, daß die neuerliche Machtergreifung des Absolutismus der Hohenzollern mit Hilfe eines demokratischen Mehrheitsbeschlusses zustande kam. Nachdem man noch vor kurzem die Soldaten des Königs angespien und aus der Stadt gejagt hatte, wurden Wrangels Männer nun mit Blumen begrüßt, waren sie doch gekommen, um ›die Ordnung wiederherzustellen‹ in einer Stadt, die das ›Chaos‹ der Freiheit nicht gewohnt war. Die Ordnung erforderte die Einführung des Standrechtes. Das wurde hingenommen, da jedermann schon seit zirka 400 Jahren diese Art militärischer Regierungsform mehr oder minder kannte. Graf Friedrich Wilhelm von Brandenburg (der halblegitime Sohn Friedrich Wilhelms II. und der Gräfin Dönhoff) wurde an die Spitze eines neuen, reaktionären Kabinettes gestellt. Man trieb die Mitglieder der Preußischen Nationalversammlung mit Waffengewalt auseinander. Die Nationalversammlung selbst wurde kurz darauf durch ein königliches Dekret vom 5. Dezember aufgelöst. Ein neues, in seinen Funktionen stark eingeengtes Parlament trat zusammen. Einer seiner Abgeordneten, der mit knapper Mehrheit gerade eben noch gewählt wurde, war Bismarck. Er blieb so unpopulär wie je. Selbst der König zweifelte an ihm. ›Roter Reaktionär, riecht nach Blut‹, bemerkte der König. ›Nur verwenden, wenn das Bajonett regiert.‹ Die Zeit dafür sollte nur zu bald kommen.

›Die Welt ruht nicht sicherer auf Atlas' Schultern, als der Staat Preußen auf den Schultern seiner Armee‹, schrieb Prinz Friedrich Karl von Preußen, als er die Bilanz der Folgen des Aufstandes von 1848 zog. Da dieser Staat nicht nur ein Instrument der preußischen Armee, sondern geradezu deren Schöpfung war, blieb er während der nächsten siebzig Jahre unter einer Militärregierung –, und dies trotz der Parlamente, die nur als Aushängeschilder dienten. Nun, da Preußen unterworfen war, gab der König von Preußen seine Armee dazu her, an anderen Orten dem Absolutismus zu dienen. Zwei preußische Armeekorps unter Prinz Wilhelm zogen gegen Karlsruhe. Der Rest der preußischen Armee gewann dem abgesetzten König von Sachsen seinen

Thron wieder. Nur die völlig entmachtete Frankfurter Nationalversammlung blieb. Sie hatte sogar die Unverfrorenheit, eine Delegation nach Potsdam zu schicken, die den König bitten sollte, den Grafen von Brandenburg durch einen liberalen Ministerpräsidenten zu ersetzen. ›Wünschen Eure Majestät die Delegation anzuhören?‹ fragte ihr Sprecher den König. (Dieser Sprecher war freilich jener jüdische Demokrat aus Königsberg, Dr. Jacoby, von dem wir schon gehört haben.) ›Nein!‹ brüllte der König außer sich vor Wut über diese Unverschämtheit.

›Das ist das Unglück der Könige‹, entgegnete Dr. Jacoby, ›daß sie die Wahrheit nicht hören wollen‹.

Emil Ludwig schreibt in seinem Werk ›Die Deutschen‹, daß noch niemals in der Geschichte Deutschlands jemand so in Gegenwart anderer mit einem deutschen Prinzen gesprochen hatte. Friedrich Wilhelm IV. ging in die Luft und stürmte aus dem Zimmer. (Jacobys Bild aber, zusammen mit seinem Ausspruch, hing in späteren Jahren in den Stuben Tausender deutscher Demokraten.)

Da sie die Demokratie als ihr Ziel aufgegeben hatte, strebte nun die Frankfurter Nationalversammlung wenigstens zur Vereinigung Deutschlands unter irgendeiner Verfassung. Es stellte sich heraus, daß die Habsburger nicht willens waren, die deutsche Kaiserkrone anzunehmen; und so bot die Nationalversammlung sie Friedrich Wilhelm IV. von Preußen an. Das geschah am 3. April 1849. Der Gedanke schien dem König verlockend, und viele seiner Junker, die spürten, daß sich hier Gelegenheit zur Besitzergreifung von viel Land durch Preußen ergab, waren gleichfalls von dieser Idee sehr angetan. Seine Minister aber rieten dem König von seinem Vorhaben ab und machten dabei geltend, er könne in einem liberalen, verfassungsmäßigen Staatsgebilde, wie es das angebotene Kaisertum nun einmal sei, den kürzeren ziehen. Der König erklärte den Delegierten, die unter Eduard Simon, dem Präsidenten der Versammlung, seiner Entscheidung harrten, daß er die Krone angenommen hätte, wäre sie ihm von den anderen deutschen Fürsten angeboten worden. Es sei aber unter seiner Würde, ›eine Krone aus der Gosse aufzuheben‹, – und mit ›Gosse‹ meinte er offensichtlich das deutsche Volk. Diese Kaiserkrone sei bloß ›ein imaginärer Reif aus Schmutz und Schlamm‹, sagte er seinen Vertrauten. Am 21. April erklärte der König, Preußen könne die vom Frankfurter Parlament vorgeschlagene Verfassung nicht annehmen.

Diese Weigerung besiegelte gleichzeitig auch das Schicksal des Frankfurter Parlaments: es begann sich totzulaufen. Freilich nicht schnell genug – und so griff die preußische Armee ein und jagte die Delegierten mit Waffengewalt auseinander.

Die nun folgenden Jahre waren für freiheitsliebende Deutsche so bedrückend, daß die Auswanderung nach der Neuen Welt einen Höhepunkt erreichte. Vom Ende des Jahres 1848 bis in die fünfziger Jahre schifften sich alljährlich mehr als 250 000 Deutsche nach Amerika ein. Die zurückgebliebenen Liberalen zogen sich aus dem öffentlichen Leben zurück oder mäßigten ihre politischen Ansichten. Nur die alte Clique von adeligen Offizieren hatte wirklich Macht und schützte die Länder des Hauses Hohenzollern gegen den gefährlichen Pestbazillus liberalen Gedankengutes. Im Jahre 1850 machte der König eine Geste, so als wolle er seinem Volk eine Verfassung schenken. Es war eine Spiegelfechterei, und doch sollten die wesentlichen Bestimmungen dieser ›Verfassung‹ siebzig Jahre lang, nämlich bis zum Ende des Ersten Weltkriegs, gültig bleiben. Die bösartigste dieser Bestimmungen war das Drei-Klassen-Wahlrecht, auf dem die Volksvertretung beruhte. Die Staatsbürger, die den obersten zwei Steuerklassen angehörten, erhielten zwei Drittel der Stimmen und daher auch zwei Drittel der Parlamentssitze. Die überwiegende Mehrheit des Volkes, die nur ein Drittel der Stimmen bekam, konnte sich niemals Gehör verschaffen. Aber selbst dieses Mitspracherecht wurde nur unwillig gewährt. In seinem letzten Testament beschwor der König seine Nachfolger, sich nicht mehr um die Verfassung zu kümmern, sobald sie sich dazu in der Lage sähen.

Das noch verbleibende Jahrzehnt der Regierungszeit Friedrich Wilhelms IV. war für ihn nicht mit dem erwarteten Erfolg gekrönt. Er beugte sich dem Druck des Auslandes und zog seine Truppen aus den Herzogtümern Schleswig-Holstein zurück, um die im Jahre 1848 ein Disput zwischen Preußen und Dänemark entstanden war; während der Jahre 1849 und 1850 erlebte er den Zusammenbruch seiner Erfurter Union und mußte die ›Demütigung von Olmütz‹ hinnehmen. Diese beiden diplomatischen Niederlagen gingen auf Ratschläge zurück, die General Joseph Maria von Radowitz dem König erteilt hatte. Radowitz war ein Konservativer, der meinte, man müsse den Liberalen Zugeständnisse machen, wenn Deutschland von einer neuerlichen Revolution verschont bleiben sollte. Da der König es bereits abgelehnt hatte, sich vom Frankfurter Parlament zum Kaiser über ein ›Kleindeutschland‹ unter Ausschluß Österreichs krönen zu lassen, schlug Radowitz nun vor, Preußen möge sich an die Spitze einer Union der nord- und mitteldeutschen Staaten stellen. Zu diesem Zweck schlossen Preußen, Hannover und Sachsen am 26. Mai 1849 den ›Dreikönigsbund‹. Im März des folgenden Jahres trat dann in Erfurt ein Parlament zusammen, um über eine gemeinsame Verfassung zu beraten. Doch noch ehe der Erfurter Kongreß begann, waren Hannover und Sachsen von Österreich dazu überredet worden, sich von diesem Projekt zurückzuziehen. Trotz dieses peinlichen Versagers war Radowitz auch weiterhin bemüht, den Gedanken einer deutschen Einigung unter der Führung Preußens zu fördern und zu verbreiten. Dies führte aber für den Preußenkönig zu einem noch viel größeren Debakel.

Ein interner Streit in Hessen-Kassel veranlaßte den Kurfürsten Friedrich I. Ende Oktober 1850, um Entsendung österreichischer und bayrischer Truppen in sein Land zu bitten. Auch preußische Truppenteile marschierten ein, um Preußens Verbindungslinien zu anderen Staaten offenzuhalten. Damit aber standen die Preußen wieder einmal den

Österreichern gegenüber. Der Graf von Brandenburg eilte nach Warschau, um Preußen die Unterstützung des Zaren zu sichern, und Radowitz riet Friedrich Wilhelm IV., sich zum Krieg gegen Österreich zu rüsten.

Der Zar wies den Grafen von Brandenburg ab. In Berlin rieten Konservative wie Bismarck dem König, nicht die Beziehungen zu einem einzigen anderen, immer schon konservativen Staat, nämlich Österreich, abzubrechen. Friedrich Wilhelm IV. stimmte ihnen bereitwilligst zu, da er immer schon zu einer konservativen Haltung geneigt hatte und es unter allen Umständen vermeiden wollte, einen Krieg zwischen deutschen Staaten zu entfesseln. Radowitz mußte am 3. November 1850 seinen Abschied nehmen. Drei Tage später starb völlig unerwartet der Graf von Brandenburg. Der König bildete unter Otto Freiherr von Manteuffel eine neue Regierung, die am 29. November in Olmütz ein äußerst demütigendes Abkommen mit den Österreichern unterzeichnete. Auf Grund dieses Abkommens mußten die preußischen Truppen aus Hessen abgezogen werden. Schließlich erlitt Friedrich Wilhelm IV. in den Jahre 1856/1857 in der Schweiz eine politische Niederlage. Er wurde nämlich gezwungen, die Herrschaft Neuenburg (Neuchâtel) aufzugeben, die nominell seit den Tagen Friedrichs I., des ersten Königs ›in Preußen‹, den Hohenzollern zugehörte. Im Jahre 1854 schmückte Friedrich Wilhelm sein Quasi-Parlament mit einer Nachäffung des britischen Oberhauses. Da aber schon das preußische Unterhaus eine Farce war, bildete auch sein Oberhaus nur eine Versammlung adeliger Grundbesitzer in einem Lande, das ohnehin schon von dieser Klasse regiert wurde.

Nun begann Friedrich Wilhelms Abstieg. Seit dem Aufstand vermied er es, nach Berlin zu kommen; er hielt sich in Sanssouci auf. Man erzählte sich, daß er weit mehr trinke, als ihm guttue. Anderseits war er so leicht erregbar, daß er oft nach dem Genuß einer Tasse Bouillon heiter und animiert wirkte. Während des Tages arbeitete er, die ihm verbleibende Zeit widmete er redseligen charmanten Plaudereien mit Freunden. Dazu zählten Intellektuelle wie Humboldt und Beinahe-Analphabeten wie General von Wrangel, der es liebte, Humboldt dadurch zu beleidigen, daß er ihn den ›Hof-Weisen‹ nannte. Zu Friedrich Wilhelms engerem Kreis bei Hof gehörten ferner der berühmte Artilleriegeneral Fürst Krafft zu Hohenlohe-Ingelfingen, der getreue Adjutant des Königs, und Graf Keller, der insofern einen höchst seltsamen Hofmarschall abgab, als er all die Gesetze der Etikette und des guten Tons, die sein tägliches Brot bildeten, souverän verachtete.

Der König liebte es, in den Gärten von Sanssouci nachts einsame Spaziergänge zu unternehmen. Da er aber älter wurde und mit den Jahren auch seine Kurzsichtigkeit zunahm, rannte er immer wieder gegen Bäume oder fiel hin. Aber was noch schlimmer war, er stieß oft mit seinen eigenen Wachtposten zusammen und konnte sich dann nie des Losungswortes entsinnen. Das führte zu großer Verwirrung.

Einmal, mitten in tiefsten Winter, wurde er von einem Posten angerufen, der ihm einfach keinen Glauben schenkte, als er sich als ›der König‹ zu erkennen gab. ›Das könnte ja jeder sagen‹, brummte der Wachtposten und stieß den König vor sich her in die Wachstube. Dort hielt er den vermummten Fremden, den es vor Kälte nur so schüttelte, eine Stunde lang fest, bis der Sergeant mit der Ablösung kam.

Im Spätfrühling des Jahres 1857 stellten die Hofärzte fest, daß der König an nervlicher Erschöpfung leide und zur Kur nach Marienbad müsse. Dort blieb er von Mitte Juni bis zum 5. Juli, fuhr dann in drückender Hitze nach Wien und erlitt bei seiner Rückkehr einen Schlaganfall. Bald zeigten sich Symptome eines Leidens, das die Ärzte als ›Gehirnerweichung‹ diagnostizierten. Wenige Monate später lautete die Diagnose auf ›unheilbaren Irrsinn‹. Prinz Wilhelm, der Bruder des Königs, wurde zum Prinzregenten ernannt. Der letzte offizielle Regierungsakt König Friedrich Wilhelms IV., der zu diesem Zeitpunkt zweifellos bereits dem Wahnsinn verfallen war, bestand in der Verhängung von dreizehn Todesurteilen, die man ihm zur Bestätigung vorlegte. Ein Irrer besiegelte das Schicksal der Delinquenten.

›Nach außen hin Gehorsam, insgeheim Fußtritte‹

An reinem Stehvermögen ist Wilhelm I. von Hohenzollern schwer zu übertreffen. Im Kerzenlicht des 18. Jahrhunderts wurde er geboren, und er starb am Vorabend des 20. Jahrhunderts, als das benzingetriebene Automobil bereits erfunden war. Man bedenke: er kam im gleichen Monat zur Welt, in dem sich Washington nach Mount Vernon zurückzog, und er starb sechs Jahre nach der Geburt Franklin D. Roosevelts. Nicht einmal Kaiser Franz Joseph I. in Wien kommt an diesen Rekord heran, denn er starb im Alter von 86 Jahren, während Wilhelm sich seine gute Gesundheit und Energie bis kurz vor seinen 92. Geburtstag bewahrte. (Allerdings war die Regierungszeit Franz Josephs I. wesentlich länger; sie dauerte über 68 Jahre, vom Revolutionsjahr 1848 bis zu seinem Tod im Jahre 1916. Wilhelm dagegen war bereits 66 Jahre alt, als er im Jahre 1861 [dem Jahr der Inauguration Lincolns] zum König gekrönt wurde, und regierte 27 Jahre lang.)

Wilhelm hatte nie etwas dergleichen erwartet. ›Die achtzig Jahre des Moses sind nicht nach meinem Geschmack‹, sagte er, als er sechzig wurde, und fügte hinzu, er glaube, in diesem Alter liege ›das Gute doch wohl bereits hinter einem‹. Es sollte sich aber herausstellen, daß – für ihn wenigstens – das Gute, ja das Beste, erst noch kommen sollte. Wilhelm hatte wirklich nicht damit gerechnet, seinen Bruder zu überleben und König von Preußen zu werden, und doch brachte er es sogar noch zu mehr: er beschloß sein Leben als deutscher Kaiser. Wilhelm war ein bescheidener Mensch, und doch war er es, der das Haus Hohenzollern zu höchstem Ruhm erhob. Er hielt sich für einen einfachen Soldaten, und doch sprach man von ihm als einen Eroberer, dem Manne, der die Habsburger bei Königgrätz und die Franzosen bei Sedan besiegt hatte. Er war so sparsam, daß er nach jeder Mahlzeit den Stand des Weines in der Flasche mit einem Bleistiftstrich markierte, und so anspruchslos, daß er, wenn er mit der Bahn reiste, seine Mahlzeiten in den gewöhnlichen Bahnhofsrestaurationen einnahm. Dennoch herrschte später an seinem Kaiserhof ein Glanz und Reichtum, den die Hohenzollerngeschichte vor ihm nicht gekannt hatte. Und doch waren in gewisser Hinsicht viele dieser Errungenschaften nicht eigentlich sein Verdienst: Wilhelm kam in den Ruf eines Soldatenkönigs und hatte doch nie – wie einst Friedrich Wilhelm I. – eine Armee geschaffen. Er war ein kühner und furchtloser Offizier, aber kein genialer Feldherr, wie Friedrich der Große. Das hohe Alter, wie auch die preußische Krone, erlangte Wilhelm durch die Gnade Gottes. Fast alles andere, einschließlich der Kaiserwürde, erhielt er durch die Gnade Bismarcks.

Im Oktober 1857 begann Wilhelms Regentschaft, und zwar zuerst auf drei Monate befristet, als ›Stellvertretung‹. Kurze Zeit hindurch plante die Hofkamarilla, ihn seines Amtes zu entkleiden, indem man den König zu überreden versuchte, sich wieder regierungsfähig zu erklären. Dann hätte man Königin Elisabeth vorgeschoben und auf diese Weise die Regierungsgewalt innegehabt. Dieser Plan wurde allerdings unterbunden. Nachdem Wilhelms neunzigtägige Stellvertretung zweimal erneuert worden war, beschloß das Ministerium im September 1858, ihm die volle Regierungsgewalt zu übertragen. Schweigend unterschrieb König Friedrich Wilhelm IV. die Urkunde, die ihn entmachtete, dann brach er schluchzend zusammen. Anschließend begaben er und die Königin sich nach Italien. Sie hatten jegliche Hoffnung aufgegeben. Am 26. Oktober 1858 legte Wilhelm seinen Eid als Prinzregent ab. Er schwor, ›die Verfassung fest und unverbrüchlich hochzuhalten und in Übereinstimmung mit derselben und den Gesetzen‹ zu regieren. Bald sah er sich gezwungen, diesen Eid zu brechen. Nun, da er die volle Königsgewalt auf sich genommen hatte, setzte er sich für eine Politik der ›moralischen Eroberung‹ ein und begann damit, die alten konservativen Minister durch neue, liberalere Männer zu ersetzen. Es ging das Gerücht, seine Gemahlin Augusta habe ihm die Liste der Neuernannten ›diktiert‹.

Bismarck war eines der Opfer dieser Umgruppierung. Man schickte ihn als preußischen Gesandten nach Petersburg. Als er davon hörte, sprach Bismarck am 26. Januar 1859 bei dem Regenten vor und zeigte sich höchst aufgebracht darüber, daß man ihn ›in die Verbannung‹ schicken wolle. Er nahm kein Blatt vor den Mund und erklärte Wilhelm, was er von seinen neuen Ministern hielt. Es gäbe unter ihnen ›keine einzige staatsmännische Kapazität‹, sie seien alle ›Mittelmäßigkeiten, beschränkte Köpfe‹. Wilhelm wandte ärgerlich ein, ob er denn den Kriegsminister Eduard von Bonin für einen beschränkten Kopf halte. ›Das nicht‹, gab Bismarck zu, ›aber er kann nicht ein Schubfach in Ordnung halten, viel weniger ein Ministerium. Und Schleinitz (der neue Außenminister) ist ein Höfling, kein Staatsmann‹.

›Halten Sie mich etwa für eine Schlafmütze?‹ entgegnete Wilhelm schroff. ›Mein auswärtiger Minister und mein Kriegsminister werde ich selbst sein – das verstehe ich.‹

Drei Tage später wurde Bismarck auf seinem neuen Posten in Rußland bestätigt, und man dachte, nun sei eine ›neue Ära‹ des Liberalismus gekommen. Der Prinzregent, der nach den Märztagen des Jahres

1848 als ›Kartätschenprinz‹ gehaßt wurde, da er die Truppen gegen die Aufständischen geführt hatte, war nun plötzlich – wenn auch nur auf kurze Zeit – populär.

Wie Theodore Roosevelt mußte auch Wilhelm eine zarte, schwache und kränkliche Konstitution überwinden, um das anstrengende Leben zu führen, das er liebte. Als Siebenjähriger exerzierte der Prinz täglich unter dem Kommando eines Sergeanten des Wachregimentes. Drei Jahre später war er ein Kadettenoffizier des Wachregiments, da alle Hohenzollernprinzen im Alter von zehn Jahren ihr Offizierspatent erhielten. Seine Mutter hielt ihn für ›einfach, geradeheraus und vernünftig‹ und fand, daß er einen starken Gegensatz zu seinem schwärmerischen, romantischen und intellektuelleren Bruder, dem damaligen Kronprinzen, bilde. Es zeigte sich schon früh, daß Wilhelm für das Leben in der Armee wie geschaffen war. Als elfjähriger Leutnant führte er ein Tagebuch, in dem er liebevoll seine Exerzierübungen und die Zeremonien, denen er beiwohnte, aufzeichnete, und als er sechzehn war, hatten es ihm die farbenprächtigen Details der Uniformen angetan. Auf diesem Gebiet war er damals schon ein Fachmann. Er ritt mit seinen Preußen in die Freiheitskriege und zeichnete sich bald durch persönliche Tapferkeit auf dem Schlachtfeld aus. Im Jahre 1814 schloß sich er sich einer todeswütigen russischen Kavallerieattacke in der Schlacht von Bar-sur-Aube an. Bald darauf ritt er mutterseelenallein durch mörderisches Feuer, um für seinen Vater Informationen zu sammeln. Seine Kühnheit bei diesem Unternehmen brachte ihm eine russische Auszeichnung und das Eiserne Kreuz ein. Die Anerkennung und das Lob überraschten ihn. Es ist kennzeichnend für ihn, daß er meinte, gar nichts Besonderes getan zu haben. Er war damals erst sechzehn und hatte doch nichts von der Arroganz der Jugend.

An den Frieden von Paris schloß sich ein triumphaler Besuch Londons, um das scheinbare Ende ›Nöppels‹, wie die Preußen Napoleon nannten, zu feiern. Friedrich Wilhelm III. hatte seine beiden älteren Söhne, ferner Blücher und Gneisenau mit nach England genommen. Auch der Zar war dort. Wilhelm erlebte einen Marinesalut in Portsmouth, Dudelsackpfeifer aus dem schottischen Hochland, Festivitäten in London, und er lernte schließlich sogar Wellington kennen. ›Ich ziehe London Paris vor‹, schrieb er nachher. ›England ist fast ein Garten. Alle Gemälde, die man sieht, sind nicht übertrieben. In den Parks laufen Pferde, Vieh, Hirsche, Kaninchen usw. alles durcheinander. Und der englische Rasen! Man sinkt immer ein, so weich. Doch genug – ich bekomme sonst Heimweh nach England.‹

Kurz nach seinem achtzehnten Geburtstag wurde er vom Hofkaplan des Charlottenburger Schlosses konfirmiert. Bei dieser Zeremonie mußte jeder Hohenzollernprinz mit eigenen Worten ein Glaubensbekenntnis niederschreiben. Wilhelm schrieb achtunddreißig Punkte auf, die alle einfach, wahrhaftig und vernünftig waren und die Pflichtgefühl und Diensteifer widerspiegelten, die ihn in seinem ganzen Leben leiten sollten. Viel davon ist so idealistisch, wie man es von einem jungen Mann seines Alters und seiner Zeit erwarten kann, und einige andere Punkte wieder zeigen seine naive Auffassung, die aber doch von edlem, ja sogar ritterlichem Gefühl getragen war. Er schrieb, er würde sich bemühen, ›allen Menschen gegenüber eine gütige Haltung‹ zu bewahren, ›denn, sind nicht alle Menschen meine Brüder‹? Er würde nie ›anmaßend sein und seinen Rang hervorkehren‹. Müsse er auf ›Gehorsam und Unterwerfung bestehen und diese fordern‹, so wolle er dies ›freundlich und leutselig‹ tun. Er sagte, er wolle lieber beliebt sein, als bloß wegen seines Ranges gefürchtet oder geehrt werden. Er wolle ›verderbte Menschen und Schmeichler‹ entschlossen von sich weisen und sich seine Freunde ›unter den Besten, den Geradesten, den Aufrichtigsten‹ suchen. Im 38. und letzten Punkt seiner Aufstellung versprach er, seinem Vater stets ›gewissenhaft zu gehorchen‹. Dieser letzte Punkt seines Glaubensbekenntnisses sollte bald auf eine harte Probe gestellt werden. Im Alter von zweiundzwanzig verliebte sich Prinz Wilhelm in ein siebzehnjähriges Mädchen, ihm, so sagte man, nicht ebenbürtig. Er war ein Hohenzoller, der Sproß eines regierenden Hauses, sie war eine Radziwill, eine Prinzessin aus einem nichtsouveränen Geschlecht.

Die Radziwills stammten von jenem Hause ab, das Polen vor der Teilung regiert hatte. Obwohl begütert, war die Familie nun doch kein regierendes Haus mehr. Schon früher hatte es Heiraten zwischen Hohenzollern und Radziwills gegeben, und auf Grund dieser Präzedenzfälle bestand begründete Hoffnung, daß man einer weiteren solchen Ehe die Zustimmung nicht verweigern würde. Ludwig, der jüngere Sohn des Großen Kurfürsten, hatte eine Radziwill geheiratet; auch Elisas eigene Mutter, Prinzessin Luise, war eine Hohenzollern, die Cousine König Friedrich Wilhelms III. und Schwester jenes Prinzen Louis Ferdinand von Preußen, der 1806 bei Saalfeld fiel. Die Ehe Ludwigs allerdings war schon vor sehr langer Zeit geschlossen worden; und die Ehe Luisens wieder hatte man nicht so wichtig genommen wie die geplante Eheschließung Wilhelms, der immerhin ein männlicher Sproß des Hauses war. Eine Ehe zwischen Elisa Radziwill und Prinz Wilhelm, so hieß es bei Hof, würde eine Mesalliance sein. Die Hohenzollern sprachen immer von ihrem altehrwürdigen Königshaus, obwohl sie in Wahrheit erst im 18. Jahrhundert zu Königen wurden. Friedrich Wilhelm III. war tatsächlich erst der fünfte Hohenzollernkönig.

Eine Kommission wurde ernannt, um über die geplante Eheschließung zu befinden. Im Frühjahr 1822 sprach sie sich dagegen aus, und es wurde Wilhelm befohlen, dem Mädchen zu entsagen. Gehorsam fügte er sich diesem Beschluß. Etwas später im gleichen Jahr erlaubte der König dem Prinzen, gegen die Entscheidung der Kommission Berufung einzulegen. Die Angelegenheit zog sich dann endlos – buchstäblich jahrelang – hin, und die beiden jugendlichen Liebenden litten sehr. Es war sogar davon die Rede, daß der Zar Elisa adoptieren wolle. Als er sich dann weigerte, sollte ein Hohenzollern die Rolle des Adoptivvaters übernehmen, um Elisa königlichen Status zu verleihen. Nach fünf Jahren der Unsicherheit gab Wilhelm schließlich auf und schwor, seinem Vater zu gehorchen. Die Radziwills und andere achteten seine Entscheidung, nicht aber seinen ›Mangel an Mut‹. Wohl zeigten sie Verständnis für seinen Gehorsam, und doch hatten sie so halb gehofft, er würde sich etwas aufsässiger verhalten. Andere Personen königlichen Geblütes hatten sich, etwa in Österreich, erfolgreich gegen Entscheidungen des Hofes in Heiratsangelegenheiten zur Wehr gesetzt. Warum war Wilhelm unfähig oder nicht willens, ein Gleiches zu tun? Es lag einfach nicht in seinem Charakter. Ehrenhaftes Betragen zu Elisa hätte bedeutet, seinem Vater gegenüber ›unehrenhaft‹ zu handeln. Überdies war Wilhelm der Überzeugung, seine eigenen Wünsche seinem Pflichtgefühl unterordnen zu müssen. Wie sehr Elisa auch immer ergeben, war er doch von Natur aus kein leidenschaftlicher Mensch. Sie ihrerseits war weit romantischer veranlagt als er, obwohl ironischerweise weniger verliebt. Nach der Eheschließung Wilhelms mit Prinzessin Augusta im Jahre 1829 erwog auch Elisa sich zu verheiraten. Ihr Erwählter war Fürst Friedrich Schwarzenberg, eine romantische Persönlichkeit, Lord Byron nicht unähnlich. Schwarzenberg war überdies der Sohn des berühmten österreichischen Feldmarschalls. Auch dieses Eheprojekt scheiterte schließlich. Einige Jahre später starb Elisa in Berlin an Lungenschwindsucht. Wilhelm, der dem Begräbnis beiwohnte, sah völlig verstört aus. Ihr Bild zierte für den Rest des Lebens seinen Schreibtisch. Die ganze Geschichte, ein richtiges preußisches Rührstück, war herzzerreißend: wie in Preußen üblich, siegte der Gehorsam sogar über die Liebe.

Augusta von Sachsen-Weimar sollte sich in jeder Hinsicht als eine ungewöhnliche Wahl erweisen. Sie war intellektuell, prokatholisch und liberal. Goethe verabschiedete sich in Weimar von ihr. Er hatte große Achtung vor Augusta und blieb bis zu seinem Tode ihr Freund. Wilhelm war zweiunddreißig, sie aber kaum erst achtzehn, als beide in Berlin am 11. Juni 1829 getraut wurden. An der Hochzeit nahm auch Wilhelms Schwester Charlotte teil, die sich in ihrer neuen Würde sonnte – der Tod des Zaren Alexander I. hatte inzwischen ihren Gemahl Nikolaus auf den Thron Rußlands gebracht. Das Paar zog in das ›Neue Palais‹, fertiggestellt von Karl Ferdinand Langhans 1826 an der Südseite der Straße Unter den Linden. Es sollte Wilhelm bis zu seinem Tode als Wohnstatt dienen, denn er lehnte es selbst nach seiner Thronbesteigung ab, in das Berliner Schloß, die traditionelle Hohenzollernresidenz, zu ziehen.

Augusta begann einen Kreis von Künstlern und Literaten um sich zu versammeln. Ihre Jugend hatte sie gleichsam zu Füßen Goethes verbracht, und sie war entschlossen, die intellektuelle Tradition des elterlichen Hofes in Weimar fortzusetzen. Ihr Ehrgeiz überflügelte allerdings, ihre Fähigkeiten. Bald belächelte man, daß sie immer die Ansichten anderer zitierte, als wären sie ihre eigenen. Überdies fand sie für ihre liberale politische Einstellung in Preußen nur wenig Sympathie. Man nannte sie ›die kleine Jakobinerin‹, und es steht fest, daß sich Augusta während des Aufstandes 1848 und der anschließenden Verfassungskrise auf die Seite der Parlamentspartei schlug. Es war kein Wunder, daß Bismarck sie haßte und daß sie dieses Gefühl aus ganzem Herzen erwiderte. Sie wurde auch mit zunehmendem Alter nicht konservativer. Als sie etwa siebzig war, zeigten ihre Anschauungen sogar schwach ›sozialistische‹ Züge, und sie hoffte voll Idealismus, daß sich die Reichen freiwillig zugunsten der Armen von einem Teil ihres Geldes trennen würden. Aus der gleichen Gefühlseinstellung heraus nahm sie großen Anteil am Schicksal Kranker, verwundeter Soldaten und der Opfer von Katastrophen. Jedesmal, wenn sie in England war, besuchte sie Florence Nightingale. Es war unvermeidlich, daß die Meinungsverschiedenheiten zwischen ihr und ihrem konservativen Gatten zu einer Entfremdung führten. Sie waren beinahe sechzig Jahre miteinander verheiratet (sie starb neun Monate nach seinem Tode), aber sie stritten fast andauernd – ja, manche sagen: täglich – miteinander. Meckern und Herumnörgeln wurde ihnen so sehr zur lieben Gewohnheit, daß der König sehr besorgt um Augusta war, als sie im Jahre 1887 erkrankte. Denn – so meinte ein preußischer General – für den König war der bloße Gedanke an ein Ende des dauernden Streites unerträglich. Einige ihrer Konflikte wurden allgemein bekannt. Einmal befand sich Augusta, damals schon Kaiserin, in Baden-Baden und sollte inkognito nach Genf reisen. Sie schickte ihrem Gemahl, dem Kaiser, ein Telegramm mit der Frage: ›Darf ich nach Genf reisen?‹ Die Antwort kam sofort: ›Reise!‹ Von Genf wollte sie nach Turin reisen und erbat wieder seine Erlaubnis. Wieder kam die Antwort: ›Reise!‹ Sie sandte einige weitere Kabel ähnlichen Inhalts, und immer wieder erhielt sie die gleiche, aus nur einem einzigen Wort bestehende Antwort. Schließlich aber kam des Kaisers letztes Telegramm in dieser Angelegenheit: ›Reise, zum Kuckuck!‹ Ein andermal während des Kulturkampfs machte sich Augusta Sorgen um die Nonnen in einem Kloster in Koblenz, das aufgehoben werden sollte. Augusta hatte die Nonnen in ihr Herz geschlossen. ›Wilhelm‹, sagte sie zum Kaiser, ›wenn die Nonnen nicht Koblenz verlassen müssen, dann bleibe ich immer bei dir!‹ Die Nonnen blieben. Meist sprach Wilhelm nicht einmal mit Augusta. Wenn sie ihn anredete, wendete er sich an irgendeinen in der Nähe stehenden Hofbeamten und bat ihn, ihre Worte zu wiederholen. So konnte er direkt vor ihr fragen: ›Was hat sie gesagt?‹ Wilhelm nannte sie einen ›Feuerkopf‹, und Bismarck sprach ihr einen starken Willen – um nicht zu sagen Eigenwillen – zu. Beide ärgerten sich über sie, achteten sie aber. Sie hatte nur zwei Kinder, Friedrich und Luise, geboren 1831 und 1838. Aus Friedrich wurde der tragische und zum Liberalismus neigende Kaiser Friedrich III., der Vater Wilhelms II., des letzten regierenden Hohenzollern. Luise heiratete den Großherzog von Baden.

Als Wilhelms Vater starb, ernannte der kinderlose neue König Friedrich Wilhelm IV. seinen Bruder zum Prinzen von Preußen und Thronfolger. Wilhelm wurde Gouverneur von Pommern. Während des kurzen Besuches des Königs in England im Jahre 1842 führte er die Regierungsgeschäfte. In den Jahren vor dem Märzaufstand des Jahres 1848 sahen die preußischen Konservativen in Prinz Wilhelm ihr Sprachrohr bei Hof. Dem König selbst mißtrauten sowohl die Reaktionäre als auch die Demokraten. Auch Wilhelm und Augusta besuchten in diesen Jahren Großbritannien und waren von der Gastfreundschaft der Königin Viktoria und ihres Prinzgemahls Albert einfach überwältigt. Wilhelm erhielt bei diesem Besuch an der Universität Oxford sein Doktordiplom aus den Händen des Kanzlers der Universität, Wellington, den er schon nach den Napoleonischen Kriegen kennengelernt hatte. Er kehrte nach Preußen zurück, voll der Warnungen Wellingtons, Peels und anderer Konservativer vor den demokratischen Elementen, mit denen sich die britische Monarchie abplagen mußte. Sie rieten ihm, König Friedrich Wilhelm IV. zu sagen, er möge sich nicht die britischen Zustände zum Vorbild nehmen. Im Jahre 1847 war Wilhelm gegen die Gründung des Vereinigten Landtages; 1846 hatte er erklärt, es sei seine ›heilige Pflicht‹, dafür zu sorgen, daß die Krone ›mit ungeschmälerten Rechten‹ an den Thronerben weitergegeben werde. Der wachsende Druck demokratischer Elemente veränderte aber auch seinen Standpunkt ein wenig, und 1847 sagte er die Geburt ›eines neuen Preußen‹ voraus. Er hoffe, daß dieses, ob verfassungsmäßig oder nicht, ›so groß und glorreich‹ sein werde, wie es der alte, absolutistische Staat gewesen war. Im folgenden Jahr hielt er sich, diesmal auf der Flucht vor dem Volkszorn, wieder in Großbritannien auf. Bei einem Diner in Carlton House Terrace lernte Wilhelm einen anderen Emigranten kennen, einen gewissen Herrn von Meyer und dessen Gattin. Es stellte sich heraus, daß ›Meyer‹ in Wirklichkeit Fürst Metternich war, den man aus Wien verjagt hatte.

Wilhelm fand sich nun mit dem Gedanken einer verfassungsmäßigen Regierung ab und billigte den größten Teil des von Friedrich Christoph Dahlmann dem Frankfurter Parlament vorgeschlagenen Verfassungsentwurfes. Er war allerdings dagegen, daß Herrscher Mitglieder eines Oberhauses würden, da sie dort möglicherweise überstimmt und in entwürdigende Debatten verwickelt werden könnten.

Auf dem Heimweg von England schrieb er am 30. Mai an den König, er werde sich vollkommen an die Verfassung halten und erklärte vor Offizieren, die ihn begrüßten, daß er die neuen Bedingungen ›von ganzem Herzen‹ annehme. Als aber dann Wrangel die Preußische Nationalversammlung auflöste, vergaß er diese Erklärungen sehr rasch. ›Unser Wurf mit der Nationalversammlung ist geglückt‹, schrieb er seinem jüngeren Bruder. ›Sie hat sich auf dem illegalen Boden des Ungehorsams gestellt. Dies durfte nicht geduldet werden.‹ Ein Jahr später führte Wilhelm preußische Streitkräfte nach Baden und in die Rheinpfalz, stellte die autokratische Staatsführung wieder her und gefiel sich erneut in der Rolle des ›Kartätschenprinzen‹. ›Deutschland muß erobert werden, ehe es regiert werden kann‹, schrieb er. Damit bestätigte er unwillkürlich die Grundhaltung seiner Dynastie dem Volke gegenüber, das vom Haus Hohenzollern regiert wurde. Für seine Verdienste erhielt Wilhelm den *Pour le mérite* und wurde zum Gouverneur der preußischen Provinzen Rheinland und Westfalen ernannt. Die folgenden sieben Jahre gingen still vorbei, wie überhaupt die Wiedereinsetzung der Reaktion in Preußen immer ›stille Jahre‹ mit sich brachte. Wilhelm besuchte einmal Rußland und zweimal England, und zwar in den Jahren 1851 und 1853. Im Jahre 1854 feierte er silberne Hochzeit und wurde zum Feldmarschall ernannt. 1857 feierte er sein fünfzigjähriges Militärjubiläum. Anläßlich dieses Jubiläums wurde er von Königin Viktoria ausgezeichnet. Im folgenden Jahr heiratete Friedrich, sein siebenundzwanzigjähriger Sohn, die achtzehnjährige Tochter der Königin Viktoria, die Princess Royal, gleichfalls Viktoria mit Namen. Bald darauf wurde Wilhelm im Alter von 61 Jahren zum Prinzregenten von Preußen eingesetzt und trat damit an die Stelle seines Bruders, des Königs, der drei Jahre später starb. Am 2. Januar 1861 bestieg der nun vierundsechzigjährige Wilhelm den Hohenzollernthron. Preußen, dessen Struktur sich in diesen Zeiten der Industrialisierung stark veränderte, erhielt einen Herrscher, dessen Naturell noch völlig von den zeitlosen Traditionen der Armee geformt war. Fünfzig Jahre aktiven Militärdienstes hatten ihn geprägt. Wilhelm war wahrhaft ein Soldatenkönig – ein Armeeoffizier auf dem Thron. Es besaß genug Flexibilität, den beschränkten verfassungsmäßigen Parlamentarismus, den sein Bruder dem Volke gewährt hatte, zu akzeptieren, doch standen die Interessen der Armee in seiner Wertskala immer an erster Stelle. Ein Konflikt braute sich zwischen den Parlamentariern und dem Kriegsminister, dem späteren Feldmarschall und Grafen Albrecht von Roon, zusammen, der eine Reorganisation der Armee plante. Die Auswirkungen dieses Konfliktes sollten außerordentlich weitreichend sein.

Bei den Krönungsfeierlichkeiten, die Mitte Oktober in Königsberg stattfanden, sprach Wilhelm zu einer Offiziersabordnung unter der Führung des alten Wrangel. Er sprach zu ihnen in seiner Eigenschaft als Preußens oberster Kriegsherr. Dies war die traditionelle Rolle, die zu spielen sich jeder Hohenzollernkönig mit unterschiedlichem Erfolg verpflichtet fühlte. In seiner Rede spiegelte sich sein tiefer Glaube an den Absolutismus. Hier, umgeben von Männern, die darauf verschworen waren, das Haus Hohenzollern zu verteidigen, brauchte er kein Blatt vor den Mund zu nehmen. ›Von Gottes Hand‹, erklärte er, ›ist mir die Krone zugefallen, und wenn ich mir dieselbe vor Seinem heiligen Altar auf das Haupt setzen werde, so ist es Sein Segen, der sie mir erhalten wolle!‹ Er erinnerte die Offiziere daran, daß es ihre Aufgabe sei, dieses göttliche Werk zu unterstützen. Mit Bezug auf die Krone sagte er: ›Sie zu verteidigen ist die Armee berufen und Preußens Könige haben die Treue derselben noch nie schwanken sehen. Sie ist es gewesen, welche den König und das Vaterland in den unheilvollen Stürmen erst vor kurzem gerettet hat. Auf diese Treue und Hingebung baue auch ich, wenn ich sie aufrufen müßte gegen Feinde, von welcher Seite sie auch kommen mögen.‹ Das war ein nicht allzu dünn verschleierter Hinweis darauf, daß man vielleicht von der preußischen Armee wieder einmal verlangen würde, auf Preußen zu schießen, also ›Deutschland zu erobern‹, wie Wilhelm früher schon gesagt hatte.

Die Krönungsfeierlichkeiten selbst waren so ergreifend, daß Wilhelm sich nachher mit seinem Taschentuch die Augen wischte, während Augusta völlig in Tränen aufgelöst war. In dem Augenblick, da er Zepter und Staatsschwert hochhielt, fiel gerade Sonnenlicht durch die bunten Glasfenster der Schloßkirche ein und überströmte seine Gestalt. Diese prachtvoll mystische Szene wurde nachher durch ein Krönungsgemälde von Adolf von Menzel festgehalten. Der draußen versammelten Menge winkte der König dreimal mit dem Zepter zu, dann zog die Prozession zum Schloß. Glocken läuteten, Kanonen wurden abgefeuert, und man sang die Hymne ›Heil Dir im Siegerkranz‹. (›Heil Dir im Siegerkranz‹, nach der Melodie von ›God Save the Queen‹, wurde 1871 nach Wilhelms Kaiserkrönung zur gesamtdeutschen Hymne. Erst 1922 wählte der sozialistische Präsident der Weimarer Republik, Friedrich Ebert, ›Deutschland, Deutschland, über alles‹ zur neuen offiziellen Nationalhymne. Dieses Lied war im Jahr 1841 von Hoffmann von Fallersleben geschrieben worden. ›Deutschland über alles‹ war ein damals subversiver Ruf nach deutscher Einheit. Er kostete Hoffmann seine Professur in Breslau, wo man ihn wegen ›demagogischer Umtriebe‹ entließ. Daß Hoffmann von Fallersleben für sein Lied die Melodie Joseph Haydns für die österreichische Nationalhymne ›Gott erhalte ...‹ verwendete, machte ihn den Behörden noch verdächtiger.) Als die Parlamentarier des Landtages ihm ihre Huldigung darbrachten, erinnerte sie Wilhelm an das Gottesgnadentum der Hohenzollern. Er sagte: ›Ich besteige als erster König den Thron, nachdem dieser von zeitgemäßen Einrichtungen umgeben worden ist. Aber eingedenk, daß die Krone nur von Gott kommt, habe ich sie in Demut aus seinen Händen empfangen ... Der Thron seiner Könige steht fest in seiner Macht und in seinen Rechten, wenn die Einheit zwischen König und Volk, die Preußen groß gemacht hat, bestehen bleibt ...‹ Einige Wochen später wurden neue Parlamentswahlen abgehalten. Die Konservativen gewannen 24, die progressiven dagegen 100 Sitze. Innerhalb von drei Monaten kam es zu einer Parlamentskrise.

In zynischer Weise hatte man dem Parlament keinerlei echte Machtbefugnisse gegeben. Seine einzige wesentliche Funktion war es, die Verwendung von Staatsgeldern zu billigen und zu genehmigen. Damit war in erster Linie das Armeebudget gemeint; nur diese Wehrausgaben nahmen die Aufmerksamkeit des Königs und seiner Minister ernsthaft in Anspruch. Um ganz sicherzugehen, daß das Parlament keinen wirklichen Einfluß auf den Staatssäckel ausüben konnte, sah die Verfassung ein kompliziertes System vor, wonach das Steueraufkommen stets unabhängig vom Parlament getätigt wurde. Das hinderte aber die Delegierten im Jahre 1862 nicht an einem mutigen Schritt: Sie forderten, daß ihnen in Zukunft über Staatseinnahmen und -ausgaben genau Rechnung gelegt werde – eine Forderung, die das Ministerium Hohenzollern in Panik stürzte. An sich schien das ja ein recht unschuldiges Begehren, in Wirklichkeit aber war es eine Drohung, denn die Regierung hatte im geheimen andere Etatposten für die Armee abgezweigt. Wilhelm reagierte auf diese Krise mit der Auflösung der Kammer am 11. März. Seinen Ministern warf er vor, sie hätten nicht genug ›gesetzlichen, energischen‹ Einfluß auf die Wahl genommen, die dann mit einer so großen Stimmenmehrheit für die Progressiven geendet hatte. Die liberalen Minister des Königs traten zurück und wurden durch Konservative ersetzt. Die ›neue Ära‹ des Liberalismus war nun offiziell zu Ende.

Wilhelms Schwager, der Großherzog Karl Alexander von Weimar, protestierte. Er schrieb an den Gemahl seiner Schwester einen Brief, in dem er ihn davor warnte, den Geist des Liberalismus in Deutschland gering zu achten, denn ›eine Rückkehr zu Methoden vergangener Zeiten müßte unweigerlich verheerend werden ...‹ Wilhelm schrieb zurück, es betrübe ihn, daß der Großherzog ›in das Horn demokratischer Zeitungen‹ einstimme, ›die von Reaktion und Gott weiß was träumen‹. Die früheren Minister, sagte er, seien nur deshalb durch andere ersetzt worden, weil sie mit der Kammer nicht fertig wurden und nicht mehr regieren konnten. ›Wir regieren jetzt‹, fügte Wilhelm hinzu, ›indem der Demokratie energisch und entschlossen entgegengetreten wird, weiter nichts.‹

Am 6. Mai gab es Neuwahlen, doch ihr Ausgang enttäuschte den König. Die Konservativen wurden völlig geschlagen, das Armeebudget blieb weiterhin umstritten. Dieses Budget war den meisten Abgeordneten der Kammer verhaßt – nicht nur, weil es die Größe der Armee verdoppelt hätte, sondern weil dies auf Kosten der Landwehr gegangen wäre. Darin aber sahen sie die Haupterrungenschaft, die den Preußen für ihre Opfer im Kampf gegen Napoleon zuteil geworden war. Die adeligen Offiziere des preußischen Berufsheeres waren den aus dem Mittelstand stammenden Offizieren der Landwehr mit Verachtung und Mißtrauen begegnet. Für sie galt nach wie vor der Ausspruch Friedrichs II., daß nur Adelige edel genug seien zu befehlen. Ihr Mißtrauen hatte aber auch noch einen anderen, ›moderneren‹ Grund: Bürgerliche Reserveoffiziere waren in ihrem Privatleben bei Parlamentswahlen stimmberechtigt, ein Gedanke, bei dem es dem Generalstab kalt über den Rücken lief. Offiziere wurden darauf vereidigt, dem König zu dienen und zu gehorchen, nötigenfalls auch gegen sein eigenes Volk. Es kam ihnen nicht zu, ›wie Demokraten‹ zu wählen, womöglich sogar für liberale Abgeordnete, die ein Stachel im Fleisch des Königs waren. Roon sagte: ›Die Wehrmacht berät nicht, sie gehorcht!‹ Der Konflikt machte Wilhelm so verzweifelt, daß er mit seiner Abdankung drohte, wenn ihn seine Minister im Stich ließen. Keinesfalls aber konnte er zugeben, daß das Parlament die Armee ›ruinierte‹. Im allerletzten Augenblick setzte Roon eine Geheimwaffe ein: Bismarck, den er als Ministerpräsidenten vorschlug. Bismarck, der sich in Frankreich aufgehalten hatte, eilte nach Berlin. Dort traf er den König. Er war entsetzt, als er auf dem Tisch vor König Wilhelm die fertig geschriebene Abdankungsurkunde liegen sah. ›Komme ich mit Ihnen zu keiner Verständigung‹, sagte Wilhelm, ›so lasse ich dies hier in den *Staatsanzeiger* setzen, und mag mein Sohn zusehen, wie er fertig wird. Ich würde gegen mein Gewissen handeln, wollte ich die Reorganisation der Armee opfern, und das schiene mir falsch.‹ Bismarck bat den König, den Gedanken an Abdankung aufzugeben, aber Wilhelm ergriff das Blatt Papier und spielte damit – wie auch mit der Idee selbst. ›Wollen Sie versuchen, ohne Majorität zu regieren?‹ fragte er Bismarck. Ohne auch nur einen Augenblick nachzudenken, antwortete Bismarck: ›Ja!‹ Wilhelm fragte ihn dann noch, ob er auch ohne Budget, das heißt ohne parlamentarische Bewilligung der Verwendung von Steuergeldern, regieren würde, und wieder antwortete Bismarck mit Ja.

Wilhelm seufzte erleichtert auf: ›Nun, dann ist ja alles in Ordnung!‹ Er und Bismarck gingen danach im Schloßpark spazieren. Wilhelm zeigte Bismarck einige Blätter, die mit der Handschrift des Königs bedeckt waren: sein Programm. Bismarck studierte es kurz und merkte, daß es Konzessionen an die Liberalen enthielt. Daraufhin riet er dem König, es zu zerreißen. ›Es handelt sich jetzt doch nicht mehr um die Frage, ob auf den Landtagen der Städter oder der Junker das Übergewicht hat‹, meinte Bismarck, ›sondern, ob in Preußen die Krone oder die Majorität des Abgeordnetenhauses regieren soll ... Ich werde lieber mit dem König untergehen, als Eure Majestät im Kampfe mit dem Parlament im Stiche lassen.‹ Es sei möglicherweise nötig, eine Zeitlang absolut diktatorisch zu regieren. Wichtig sei auf jeden Fall, eine Parlamentherrschaft zu vermeiden.

Wilhelm stimmte Bismarck in allem zu. Er zerriß das Programm und ließ die Papierstückchen über das Geländer der Brücke, auf der sie gerade standen, in einen kleinen Graben im Schloßpark fallen. Bismarck sammelte sie wieder ein und warnte den König, daß jemand leicht seine Handschrift erkennen könnte. ›Wollen Eure Majestät das Papier nicht lieber dem Kamin anvertrauen?‹ fragte er. Wilhelm stimmte zu und fuhr dann, um sich etwas zu erholen, nach Baden-Baden. Dort feierte Augusta gerade ihren Geburtstag.

In Berlin präparierte Bismarck seinen Auftritt vor dem Reichstag. Er war nun sowohl preußischer Ministerpräsident als auch Außenminister. Die erste Rede, die er vor dem Budgetausschuß des Parlaments hielt, erwies sich als gigantischer Rohrkrepierer. Bismarcks Gegner sorgten dafür, daß seine Äußerungen veröffentlicht wurden, und bezeichneten sie als skandalös. Sogar Roon war über Bismarcks Ton beunruhigt. Als Wilhelm in Baden-Baden von der Geschichte hörte, schickte er sich an, per Bahn in die Hauptstadt zu fahren und dort seinen neuen Regierungschef zu entlassen. Alle stimmten darin überein, daß Bismarck mächtig angeeckt war. Er hatte dem Parlament nämlich verkündet: Deutschland blickt nicht auf den Liberalismus, sondern auf die Stärke Preußens. ›Nicht durch Reden und Majoritätsbeschlüsse werden die großen Fragen der Zeit entschieden – das ist der Fehler von 1848 und 1849 gewesen – sondern durch Eisen und Blut!‹

Oberflächlich besehen, war das eine passable Erklärung, die lediglich Tatsachen widerspiegelte. Kein vernünftiger Mensch suchte bei den Preußen Liberalismus, und mit der gleichen Sicherheit würde das Schicksal der Untertanen Seiner Majestät niemals durch eine Majorität derselben bestimmt werden. Aber das war keine Entschuldigung. Bismarcks Erklärung war unbeherrscht und empörend gewesen. Der König liebte es, seine absolutistischen Neigungen mit schönem, verfassungsmäßigen Gerede verbrämt zu sehen, nicht aber, sie der Weltöffentlichkeit in so harten Worten kundzutun. Bismarck, der genau wußte, daß es in Berlin viele gab, die dem König raten würden, ihn zu entlassen, beschloß, ihnen zuvorzukommen. Er fuhr Wilhelm entgegen und traf den König, noch ehe dieser nach Berlin gelangt war, in einer entlegenen Eisenbahnstation. Bismarck war als erster dort angekommen und erwartete seinen König in einer Ecke des Bahnsteiges. Dort saß er auf einem umgestürzten Schubkarren und sah dem Treiben der Arbeiter und der Passagiere 3. Klasse zu. Der Zug des Königs fuhr ein. Genauer gesagt: es war gar nicht der Zug des Königs, sondern ein ganz gewöhnlicher Zug, in dem der bescheidene und sparsame Monarch lediglich ein Abteil erster Klasse reserviert hatte. Es war für Bismarck bereits schwer genug, ihn überhaupt zu finden und später noch schwieriger, den König auf seine Seite zu bringen. Er sagte, seine Bemerkungen vor dem Parlament seien durchaus nicht unmäßig gewesen, sondern hätten lediglich dazu gedient, die Stellung des Hauses Hohenzollern ein für allemal klarzumachen. Wilhelm schien sehr deprimiert (wohl wegen seines Zusammenseins mit Augusta, wie Bismarck annahm) und schnitt Bismarck das Wort ab: ›Ich sehe ganz genau voraus, wie dies alles endigen wird. Da vor dem Opernplatz, unter meinen Fenstern, wird man Ihnen den Kopf abschlagen und etwas später mir.‹ Bismarck widersprach ihm nicht. *›Et après, Sire?‹*, fragte er Wilhelm, was diesen wohl an das Schicksal Ludwigs XVI. erinnern mochte. – ›Ja, après, dann sind wir tot!‹ erwiderte der König. ›Ja‹, fuhr Bismarck fort, ›dann sind wir tot, aber sterben müssen wir früher oder später doch, und können wir anständiger umkommen? Ich selbst im Kampfe für die Sache meines Königs, und Eure Majestät, indem Sie Ihre Königlichen Rechte von Gottes Gnaden mit dem eigenen Blute besiegeln, ob auf dem Schafott oder auf dem Schlachtfelde, ändert nichts an dem rühmlichen Einsetzen von Leib und Leben für die von Gottes Gnaden verliehenen Rechte.‹

Das waren genau die Worte, denen der König nichts mehr entgegensetzen konnte. Es fiel Wilhelm einfach keine Erwiderung ein, die nicht den Anschein der Feigheit gehabt hätte. Überdies hatte Bismarck geschickt an die Bereitschaft eines alten Soldaten appelliert, den ruhmvollen Schlachtentod zu sterben, an die Bereitwilligkeit eines Mannes von edlen Grundsätzen, sein Leben einer Sache aufzuopfern, die er als würdig und gerecht erkannt hatte. Wilhelm verhielt sich, wie es ihm als dem ersten Soldaten seines Landes zukam. Wie Bismarck später selbst erzählte, riß sich der König zusammen und antwortete in Hab-Acht-Stellung wie ein Offizier vor seinem Feldherrn.

König Wilhelm wußte es damals noch nicht: aber eben hatte man ihm eine Lektion erteilt, die er ein Vierteljahrhundert lang nicht vergessen sollte. Bismarck herrschte, während er regierte.

Als nächstes verpaßte Bismarck auch dem Parlament eine Lektion, indem er regierte, als gäbe es keine Volksvertretung. Daß er sich dadurch gesetzes- und verfassungswidrig verhielt, störte weder ihn noch den König. Wilhelm konnte die preußische Armee reorganisieren, und Bismarck sollte ihm bald genug Gelegenheit verschaffen, sich dieser Waffe auch zu bedienen. Der Ministerpräsident war dem König so sehr überlegen, daß er diesen zeit seiner Regierung fast völlig überragte. Auf alle Fälle war Wilhelm, trotz aller früheren Energie und Tatkraft, nicht mehr der jüngste. Er war nun Ende sechzig, noch lange nicht senil, aber doch ohne rechten Kontakt mit der Wirklichkeit. Kleine Zwischenfälle ließen erkennen, wie einfach — ja, beinahe einfältig — der König im Grunde war. Er wohnte einmal einem Vortrag über ›Die Poesie des Weltschmerzes‹ bei und sagte nachher dem Vortragenden, dem damals durch seine schwäbischen Dorfgeschichten bekannten Berthold Auerbach, ›er habe bei dieser Gelegenheit erst erfahren, was das Wort bedeute; er habe nie gewußt, daß es so etwas gibt, in sich auch nie etwas davon erlebt‹. Für den Sohn der leidgequälten Luise und den vergeblichen Anbeter Elisa Radziwills waren das höchst seltsame Worte, zeigten sie doch, wie groß (oder gering) seine Fähigkeit zu tiefem Empfinden war. Die gleiche Unfähigkeit, echtes Gefühl zu verstehen, bewies er 1863, als er dem Schauspiel *Der Geheimagent* beiwohnte. Das Publikum brach in lauten Applaus aus, als ein Schauspieler seiner Rolle gemäß forderte, ›das Ministerium muß geändert werden‹. Wilhelm verstand das Ganze völlig falsch. Er sagte Bismarck, das Publikum hätte seinen Beifall auch einer anderen Zeile gezollt, nämlich: ›Ihr wißt, daß das Wohl des Volkes mir am Herzen liegt.‹ Er war schon nahe daran, sich in seiner Loge zu erheben und zu verbeugen, unterließ es aber dann glücklicherweise doch.

Zwei Monate später schaffte Bismarcks unpopuläres Ministerium die verfassungsmäßige Pressefreiheit ab. Als sich der liberal gesinnte Kronprinz scharf gegen diesen Schritt wendete, erhielt er vom König einen strengen Verweis. Kronprinz Friedrich beharrte dagegen auf seiner Auffassung und erwiderte, er habe bei bestem Wissen und Gewissen nicht anders handeln können. Er bot seinem Vater an, ihn aller politischen und militärischen Ämter und Würden zu entheben. Bismarck, der sehr gut wußte, daß liberale Geistliche Kronprinz Friedrich bereits jetzt als ›David‹ bezeichneten, drang in den König, doch aus seinem Sohn keinen Märtyrer zu machen. Er erinnerte den König daran, wie sehr man den Kronprinzen ›Fritz‹ geliebt und bemitleidet hatte, als ihn sein Vater, Friedrich Wilhelm I., in Küstrin einsperren ließ. Bis sich die Wogen des Disputs wieder geglättet hatten, begab sich Friedrich auf einen Urlaub ins schottische Hochland.

Die Verachtung Bismarcks für das Parlament zeigte sich noch deutlicher, als er im Jahre 1864 einen Krieg führte, ohne daß ihm die Volksvertretung die Mittel dafür bewilligt hatte. Die Staatseinkünfte stünden ihm auf alle Fälle zur Verfügung, erklärte er. Er habe sich in diesem Fall einfach nicht darum bemüht, die Bewilligung der Kammer dafür einzuholen, wie er sie ausgäbe. Dieser Krieg war das gemeinsame österreichisch-preußische Unternehmen gegen Dänemark. Es ging um die seit langem umstrittenen Herzogtümer Schleswig und Holstein. Der Feldzug endete mit der österreichisch-preußischen Besetzung dieser Gebiete. Das war nun das letzte gemeinsame Zusammengehen dieser beiden deutschen Großmächte, denn Bismarck war entschlossen, die Vormachtstellung Österreichs unter den deutschen Staaten zu brechen.

Früher oder später mußte es zu einem Krieg zwischen Österreich und Preußen kommen. Man hielt Österreich immer noch für die stärkste Macht im deutschen Raum und akzeptierte es allgemein als Sprecher der übrigen deutschen Staaten. Preußen war bereit, diese Stellung anzufechten. Tatsächlich waren die beiden Staaten ja schon seit den Tagen des Angriffs Friedrichs II. auf Schlesien, also seit mehr als hundert Jahren, Rivalen gewesen. Nur im Haß gegen das revolutionäre Frankreich hatten sie sich als Verbündete zusammengefunden. Nach dem Fall Napoleons blieben sie Verbündete, um die Liberalisierung und Vereinigung Deutschlands zu vereiteln. Das alte Regierungssystem, an dessen Ausformung sie mitgeholfen hatten, bestand nun seit einem halben Jahrhundert und war reif für die Mülltonne. Bismarck war im Jahre 1866 bereit, es hinwegzufegen. Der geniale preußische Generalstabchef Helmuth von Moltke faßte gegen Ende seines Lebens die Situation und die ihr zugrunde liegenden Umstände zusammen: ›Der Krieg des Jahres 1866 wurde weder begonnen, weil Preußens Existenz gefährdet gewesen wäre, noch wurde er durch die öffentliche Meinung und die Stimme des Volkes gefordert. Dieser Krieg war ein längst vorhergesehener und ruhig vorbereiteter Kampf, von dessen Notwendigkeit das Parlament überzeugt war; ein Kampf nicht um territoriale Ausbreitung, sondern für ein Ideal: – die Festigung der Macht. Man verlangte dem besiegten Österreich nicht einen Fußbreit Boden ab, aber es mußte jeglichem Vorherrschaftsanspruch in Deutschland entsagen.‹

Beide Parteien mobilisierten und sahen sich unter den deutschen Staaten nach Waffengefährten und Unterstützung um; im Juni 1866 flammte der Krieg auf. Bei Sadova und Königgrätz kam es zur Entscheidungsschlacht. Es war die erste moderne Großschlacht: 440 000 bis 460 000 Mann nahmen an ihr teil – mehr als 1813 bei der Völkerschlacht von Leipzig und weit mehr, als jemals unter Friedrich dem Großen im Felde gestanden hatten. Es war auch noch in anderer Hinsicht die erste moderne Schlacht, insofern als die Erzeugnisse der industriellen Revolution hier zum Einsatz kamen: Telegraph und Eisenbahn, moderne Geschütze, Hinterlader und so fort. Nur wenige erwarteten die Preußen als Sieger. Man nahm allgemein — und fälschlich an, die Österreicher hätten die stärkere und bessere Armee. Nach der Schlacht war die ganze Welt wie vor den Kopf geschlagen. Der Londoner *Spectator* schrieb: ›Dreißig Dynastien sind beiseite gefegt worden, das Schicksal von zwanzig Millionen Menschen hat sich auf immer verändert, das politische Antlitz der Welt ist anders geworden, wie es sich sonst nur nach einer Generation des Krieges geändert hat . . . In einem Augenblick ist Preußen der Sprung zur führenden Großmacht Europas geglückt.‹ Auch die *Illustrated London News* war sehr überrascht: ›Ereignisse von so außerordentlicher Natur haben sich auf dem Kriegsschauplatz abgespielt‹, schrieb man, ›und konfrontieren einen mit Aspekten so großer Zukunftsbedeutung, daß es einem die Sinne verwirrt . . .‹ Die *Revue Des Deux Mondes* in Paris konnte sich mit dem Gedanken, daß Preußen nun die ›erste Großmacht Europas‹ war, nicht vertraut machen, da es ja immerhin noch Frankreich gab. Sie gab aber zu, diese eine Schlacht habe ›die bewaffnete Macht Preußens offenbart und der Machtposition Österreichs einen vielleicht nicht wieder gut zu machenden Schlag versetzt‹.

Eigentlich hätte niemand von der Entwicklung so sehr überrascht sein dürfen. Europa hätte aus den Erfolgen Friedrichs des Großen ruhig etwas lernen können, als damals der Hohenzollernkönig entgegen allen Erwartungen die Habsburgerin Maria Theresia besiegte. Die Preußen waren keine Wiener, und sie studierten die Kriegswissenschaft ebenso gründlich, wie die Österreicher die hohe Kunst des guten Lebens. In Preußen gab es die allgemeine Wehrpflicht, und die besten Söhne der besten Familien des Landes schlugen die Karriere ein, die sie für die beste hielten: den Offiziersberuf. In Österreich waren alle Hochschulabsolventen vom Wehrdienst befreit, und jeder, der etwas Geld besaß, konnte sich freikaufen. Das Bildungsniveau des österreichischen Soldaten war niedriger. Überdies zogen österreichische Offiziere Schneid und persönliche Tapferkeit sorgfältigem Studium und methodischer Planung vor. Der Unterschied zwischen den beiden Armeen zeigte sich in augenfälliger Weise, wenn man Moltke mit seinem österreichischen Gegenspieler Ludwig von Benedek vergleicht. Moltke war sechsundsechzig und mehr ein Professor der Kriegskunst als ein Feldkommandeur. Er hatte sechs Jahre damit zugebracht, jedes kleinste Detail dieses Krieges mit Österreich vorauszuplanen. Er war ein ruhiger Mann voller Selbstvertrauen und von unerschütterlicher Entschlossenheit in kritischen Augenblicken. Benedek war ein braver und treuer Frontoffizier, der mit Auszeichnung gekämpft, aber so gut wie keine militärische Ausbildung genossen hatte. Er war weder ein Stratege noch ein guter Taktiker. Als man Benedek im Alter von zweiundsechzig Jahren dazu ernannte, als Oberkommandierender den Preußen gegenüberzutreten, brummte er: ›So soll ich denn nun wohl die Geographie von Preußen studieren? Was weiß ich denn von einer Schwarzen Elster und der Spree? Wie kann ich in meinem Alter derartige Dinge denn noch in mich aufnehmen?‹ Zu einem Besucher äußerte er: ›Wie hätten wir denn gegen die Preußen siegen können? Wir haben nur wenig gelernt und sie sind so fleißige Leute!‹ Ein schlagendes Beispiel dafür hatte man im Jahr 1864 erlebt. Damals wollte das Geographische Büro des österreichischen Generalstabes Militärkarten von Deutschland herausgeben. Diese sollten auf den Berichten eines Offiziers beruhen, den man nach Deutschland entsendet hatte, um das Terrain zu erkunden. Dieser Offizier aber erkundete lieber die deutschen Spielkasinos und schrieb auf die aus Wien kommenden Ermahnungen, doch Informationen und Material zu schicken, ärgerlich zurück, sie könnten doch alles Gewünschte dem Baedeker entnehmen. Generalquartiermeister Friedrich von Beck gab zu, daß sich im Stab des Wiener Armeekommandos nur ein oder zwei Offiziere befanden, die höchstens rudimentäre Kenntnisse der Militärwissenschaft und Taktik besaßen. Auf der Gegenseite aber hatte Preußen nicht nur einen Moltke, ein Stratege, den Historiker als militärisches Genie bezeichneten, sondern es standen auch drei Hohenzollern im Felde, die alle drei tüchtige und tapfere Offiziere und Heerführer waren, einer von ihnen galt sogar als hervorragend. An der Spitze der gesamten preußischen Streitmacht stand selbstverständlich der siebzigjährige König Wilhelm I. Die erste preußische Armee führte der Neffe des Königs, Prinz Friedrich Karl von Preußen, ins Feld, die zweite preußische Armee der Kronprinz Friedrich Wilhelm. Wie sein Onkel hatte auch Prinz Friedrich Karl sein ganzes bisheriges Leben im preußischen Militärdienst verbracht; er war ein Offizier von Geschick und Entschlossenheit. Auch der Kronprinz war ein fähiger Offizier – mutig, ruhig, voll Selbstvertrauen und unerschütterlich in der Gefahr. Trotz seines Alters und seines ursprünglichen Widerstrebens gegen Bismarcks Kriegspläne war König Wilhelm kaum zurückzuhalten, sobald er den Kanonendonner hörte. Bismarck, den man aus diesem Anlaß hastig vom Reserveleutnant zum Generalmajor befördert hatte, war auch mitgekommen. Eine seiner Hauptaufgaben bestand darin, den König, dieses alte Schlachtroß, zu bändigen. Das war unter den gegebenen Umständen eine anstrengende und schwierige Aufgabe. Einmal lehnte Wilhelm es ab, sich unter feindlichem Feuer zurückzuziehen. Auch das Argument, daß er durch seinen Todesmut ebenso seinen Ministerpräsidenten gefährde, machte auf ihn keinen Eindruck. So begann denn Bismarck schließlich heimlich dem Pferd des Königs mit dem Stiefel einen Fußtritt. Das Pferd rannte los. Der König, dem bald klarwurde, was sich abgespielt hatte, nahm den indirekten Vorwurf zur Kenntnis. ›Es war ein vollkommenes Gleichnis für das Verhältnis zwischen König und Minister‹, schreibt der britische Historiker A. J. P. Taylor. ›Nach außen hin Gehorsam, insgeheim Fußtritte.‹

Nachdem die Schlacht gewonnen war, hatte Bismarck mit dem König neuerlich Differenzen. Wilhelm konnte die weitsichtigen politischen Pläne Bismarcks für die Zukunft Deutschlands einfach nicht verstehen. Er war ein streng moralischer, beinahe einfältiger Offizier, der sich im Kampf erst überreden ließ, als Bismarck ihn davon überzeugte, daß Österreich und seine Verbündeten Preußen anzugreifen drohten. Das war aber gar nicht der Fall. Wilhelm I. hatte den Krieg in gerechtem Zorn begonnen, wogegen Bismarck völlig ruhig in den Kampf ging. Nun, da der Krieg vorbei war, meinte Wilhelm, Österreichs ›Heimtücke‹ müsse streng bestraft werden. Mehrere andere preußische Generäle, die in ihren Moralurteilen ähnlich simpel waren, stimmten entschieden zu. Bismarck aber war entsetzt, da er ganz genau wußte, daß es nie um die ›Heimtücke‹ oder Bösartigkeit Österreichs gegangen war. Er wollte keinen Zollbreit österreichischen Bodens. Er wollte lediglich keinerlei österreichische Einflußnahme nördlich des Mains, und er war auch gern bereit zuzugeben, wie er dies Wilhelm I. gegenüber tat, daß Österreich ›in der Zurückweisung unserer Ansprüche nicht mehr im Unrecht war, als wir selbst, da wir sie geltend machten‹. Wilhelm konnte ihm nicht zustimmen, weil er die Sachlage nicht verstand. Zum allermindesten wollte er die Österreicher dadurch demütigen, daß er seine Armee in einem Triumphzug durch Wien marschieren ließ. Bismarck brachte zwei volle Tage damit zu, einen derartigen Racheakt zu verhindern. Als sachliche Argumente nichts fruchteten, versuchte er es mit Hysterie, Tränen und Selbstmorddrohungen. Diese Schauspielerei, verbunden mit den Argumenten des Kronprinzen, der Bismarck unterstützte, gaben schließlich den Ausschlag. Österreich sollte eine Entschädigungssumme zahlen, sonst nichts. Auch einige seiner Alliierten zahlten Reparationen. Preußen annektierte nur Schleswig-Holstein, Hannover, Hessen-Kassel und Frankfurt am Main. Unter preußischer Führung wurde nun ein Norddeutscher Bund errichtet. So wurde der Weg für den nächsten Schritt bereitet, der nur wenige Jahre auf sich warten ließ. Ein Franzose, der gespannt die Berichte von der Schlacht bei Königgrätz verfolgte, sah diesen Schritt voraus: Er sagte, daß in dieser Schlacht die Franzosen, nicht die Österreicher, geschlagen worden seien. Lange Zeit hatte Frankreich seine Stellung in Europa dadurch behauptet, daß es die Rivalität zwischen den beiden deutschen Großmächten schürte. Nun bestand diese Rivalität nicht mehr, da Österreich seinen Primat als deutsche Großmacht Preußen hatte überlassen müssen. Nun blieb als Konkurrent nur noch Frankreich. Der Kampf gegen Napoleon III., der bald ausbrechen sollte, machte dann auch dieser letzten Rivalität ein Ende.

Eine Fanfare

Als im 15. Jahrhundert der Burggraf Friedrich von Hohenzollern von Nürnberg aus nordwärts zog, wo er es zum ersten Kurfürsten von Brandenburg brachte, blieben freilich auch noch Mitglieder des Hauses Hohenzollern zurück. Diese süddeutschen und römisch-katholischen Hohenzollern setzten die schwäbische Linie der Familie fort, und da einige von ihnen ihren Sitz in Sigmaringen an der Donau hatten, wurden sie als Fürsten von Hohenzollern-Sigmaringen bekannt. Um die Mitte des 19. Jahrhunderts war das Oberhaupt dieses Zweiges der Familie Fürst Karl Anton. Vier seiner sechs Kinder waren Söhne. Sie traten nun ins Licht der Geschichte.

Weit von den Grenzen Deutschlands entfernt war man in zwei jüngst vereinigten Balkanfürstentümern, der Moldau und der Walachei, auf der Suche nach einem ausländischen Prinzen, der das neugeschaffene Rumänien als Fürst regieren sollte. Es war damals durchaus üblich, daß Prinzen ›importiert‹ wurden, um einen verwaisten Thron einzunehmen. Schließlich bot man das hohe Amt dem zweitältesten Sohn Karl Antons an, dem jungen Fürsten Karl Eitel, der dann später tatsächlich Rumänien als König Carol I. regierte.

Rumänien war äußerst frankophil eingestellt, und so erscheint die Wahl eines Hohenzollernprinzen zum Herrscher eigentlich merkwürdig. Anderseits hatte Napoleon III. stillschweigend seine Zustimmung gegeben, und Karl Eitel hatte indirekte Beziehungen zu Frankreich. Seine Mutter, die Tochter des Großherzogs Karl von Baden und der Stéphanie de Beauharnais, stammte aus einer angesehenen französischen Familie und war überdies die Adoptivtochter Napoleon Bonapartes.

Der neue Fürst von Rumänien hatte als preußischer Armeeoffizier gedient und 1864 im Alter von 25 Jahren am preußischen Feldzug gegen Dänemark teilgenommen. Zwei Jahre später ging er nach Rumänien. Wegen der Feindseligkeit, mit der Österreich, Rußland und die Türkei der neuen Entwicklung gegenüberstanden, mußte er auf Schleichwegen ins Land kommen. Im April 1866 wurde er einstimmig zum Fürsten gewählt, und schon im Juni stattete man ihn mit weitreichenden Vollmachten aus, derer er sich klug und mit großem Takt bediente. Er führte auf vielen Gebieten Reformen durch, und es gelang ihm, die wirtschaftliche Lage des Landes wesentlich zu verbessern. Später, während des französisch-preußischen Krieges 1870/1871, war er kurzfristig durch eine antideutsche Strömung bedroht, denn seine propreußischen Sympathien standen durchaus nicht im Einklang mit den Gefühlen des von ihm regierten Volkes. Aber nur wenige Jahre danach erlangte er wieder große Beliebtheit, als er erfolgreich gegen die Türken kämpfte. Diese Erfolge führten schließlich dazu, daß Rumänien sich zu einem von der Türkei völlig unabhängigen Königreich erklärte, und Carol I. wurde König seines Adoptivlandes. Seine Gemahlin, die unter dem Pseudonym ›Carmen Sylva‹ Gedichte veröffentlichte, gebar ihm nur ein Kind – eine Tochter, die schon im Jahr 1874 starb. Also bestimmte Carol I. seinen Neffen Ferdinand zum Thronfolger. Als Carol I. im Jahr 1914 starb, wurde Ferdinand von Hohenzollern-Sigmaringen als Ferdinand I. König von Rumänien.

So nahm das Prestige des Hauses Hohenzollern im Jahre 1866 aus zwei Gründen einen ungeahnten Aufstieg: im April die Wahl eines Hohenzollern-Sigmaringen zum Fürsten von Rumänien, und im Juni dann der Sieg der Preußen bei Königgrätz. Bismarck, dem es darum zu tun war, Deutschland unter der Herrschaft der Hohenzollern zu vereinigen, suchte noch nach weiteren Möglichkeiten, das Prestige der Dynastie zu vermehren. Ihm bot sich eine Chance in Spanien, als die Cortes den verwaisten spanischen Thron dem ältesten Sohn des Fürsten Karl Anton von Hohenzollern-Sigmaringen, Prinz Leopold, anboten.

Nun war Spanien noch weit mehr als Rumänien geeignet, dem, der seinen Thron errang, Ansehen und Ehre zu bringen: Immerhin hatte Spanien einmal beinahe die ganze Welt regiert. Königin Isabella von Spanien war im Jahre 1868 vertrieben worden, ihr Sohn Alfons war zum Regieren zu jung, und man war jedenfalls der Ansicht, daß die Bourbonen, die Spanien seit 1700 regiert hatten, nichts Rechtes geleistet hätten. Der einflußreichste Spanier dieser Zeit, General Juan Prim, fragte daher bei Fürst Karl Anton bezüglich dessen Sohnes an. Man sollte nun glauben, daß dieser vergleichsweise unbedeutende Zweig des Hauses Hohenzollern begeistert die Gelegenheit ergriffen hätte, noch einen Thron zu besetzen. Dies war aber nicht der Fall. Sowohl dem Prinzen Leopold als auch seinem fürstlichen Vater mißfiel dieser Plan. Spanien erschien Leopold zu fremd. Er wollte von daheim nicht fort, und überdies hatte Spanien eine derart turbulente politische Geschichte, daß er fürchtete, er werde sich nicht halten können. Oberhaupt des Hauses Hohenzollern mitsamt dessen Nebenlinien war Wilhelm I., und darum beschloß Fürst Karl Anton das zu tun, was der König von Preußen für gut befand. Auch Wilhelm I. mißfiel das spanische Abenteuer, aber er war der Ansicht, Fürst Karl Anton solle in dieser Sache selbst entscheiden.

Das alles fand durchaus nicht die Zustimmung des tatkräftigen Otto von Bismarck. Der hatte über diese Dinge seine eigenen Ansichten und schrieb sie auch in einem langen, an den König gericheten Memorandum nieder. Die Tatsache, daß sich ein Hohenzoller auf dem Thron Rumäniens befand, hatte den Handel zwischen Preußen und diesem Lande bereits erheblich verstärkt. Sollte Prinz Leopold König von Spanien werden, würden auch die Wirtschaftsbeziehungen zwischen Preußen und Spanien einen ähnlichen Aufschwung nehmen. Deutschland befand sich damals mitten in seiner Industrialisierung, und neue Absatzmärkte waren ihm durchaus willkommen. Spanien bot große Handelsmöglichkeiten. Sollte überdies Leopold spanischer König werden, so stellte das Haus Hohenzollern drei regierende Monarchen – Könige in Preußen und Spanien und einen regierenden Fürsten in Rumänien. Das würde das Prestige der Dynastie gewaltig heben, und den Habsburgern ebenbürtig machen. Bismarck wies darauf hin, daß es unklug wäre, dieses Angebot zurückzuweisen. Einerseits verletzte es den Stolz Spaniens, anderseits aber würde sich Spanien dann wohl um einen bayrischen Prinzen bemühen, und diese wieder stünden auf viel zu freundschaftlichem Fuß mit den Österreichern, den Franzosen und dem Vatikan. Im schlimmsten Falle, wenn Spanien keinen fremdländischen Fürsten fände, der seinen Thron besteigen wolle, könnten die Spanier eine Republik gründen, was die Sache der Antimonarchisten im benachbarten Frankreich stärken würde.

Freilich konnte auch Frankreich das Spiel um den Thron Spaniens nicht gleichgültig mitansehen. Schon jetzt fühlte es sich durch die ständig wachsende Macht Preußens bedroht. Nach seinem Sieg über die Österreicher war König Wilhelm I. Führer eines mächtigen Norddeutschen Bundes geworden, der sich teils aus von Preußen annektierten Staaten, teils aus Staaten zusammensetzte, die von Preußen in eine Vasallenrolle gedrängt worden waren. Von 68 Millionen Deutschen hatte man 40 gewaltsam prussifiziert. Nun konnte Frankreich Österreich und Preußen nicht mehr gegeneinander ausspielen, da Österreich in deutschen Angelegenheiten überhaupt nichts mehr zu sagen hatte. Die Vorstellung, von Hohenzollern umringt zu sein – einer im Süden, in Spanien, ein anderer im Osten, in Norddeutschland –, erinnerte die Franzosen an die Zeiten, als sie von den Habsburgern in den Niederlanden und in Süddeutschland in die Zange genommen wurden. So ist es nur zu verständlich, daß die Franzosen wütend waren, als Bismarck mit seinen Argumenten beim König durchdrang und Prinz Leopold sich bereit erklärte, die Krone Spaniens anzunehmen. Napoleon III. konnte sich das nicht bieten lassen; die Hohenzollern hatten ihn schon einmal gedemütigt. Dies geschah nach der Schlacht bei Königgrätz, als die Franzosen sich einmengten und sich erbötig machten, den Friedensvertrag zwischen den beiden kämpfenden Parteien zu vermitteln. Als Preußen den Norddeutschen Bund gründete, hatte Napoleon versucht, erst das Westufer des Rheins und dann Luxemburg einzustecken, doch schlugen beide Pläne fehl. Napoleon war krank und politisch im Abstieg und bedurfte dringend eines diplomatischen Sieges, um sein Ansehen daheim wiederherzustellen. Die Hohenzollern-Kandidatur für den Thron Spaniens schien die geeignete Gelegenheit zu bieten. Napoleon drohte mit Krieg.

Krieg aber war gerade das, was sich Bismarck und der preußische Generalstab wünschten. Die waren völlig davon überzeugt, daß sie Frankreich schlagen und damit Preußen zur ersten Großmacht in ganz Europa machen könnten. Überdies konnte dieser Krieg zu einer Vereinigung Deutschlands unter einem Hohenzollernkönig führen. ›Wenn ich das noch erlebe, in solchem Kriege unsere Heere zu führen‹, sagte Moltke, ›so mag gleich nachher die alte Carcasse der Teufel holen.‹ Wer aber durchaus *keinen* Krieg wollte, waren König Wilhelm I. und Fürst Karl Anton von Hohenzollern-Sigmaringen, die beide im Grunde friedliebende Männer waren. Als die Franzosen mit Krieg drohten, zog das Haupt des Hauses Hohenzollern-Sigmaringen sofort die Zustimmung Prinz Leopolds zurück. Durch diesen diplomatischen Erfolg ermutigt, hoffte Napoleon III. auf noch größere Siege und forderte, daß König Wilhelm I. von Preußen ihm sein königliches Ehrenwort gebe, ein allfälliges künftiges neuerliches Angebot der spanischen Krone niemals anzunehmen. Das war für einen Hohenzollern nun doch etwas viel verlangt, und diese Anmaßung kostete Frankreich schließlich Elsaß und einen Teil von Lothringen.

Während die Geschehnisse in Spanien und Frankreichs Reaktion darauf dem Haus Hohenzollern den Weg zur allerhöchsten Herrschaft zu bahnen begannen, erwiesen sich andere Entwicklungen in Preußen selbst als nicht minder schicksalhaft. Vier Jahre lang hatte Bismarck praktisch ohne Parlament (d. h. ohne dieses in irgendeiner wichtigen Sache zu befragen) regiert. Nie zuvor hatte der Hof solche Verachtung für die Verfassung gezeigt, an die er sich doch angeblich gebunden fühlte. Im Jahre 1862 hatten die liberalen Abgeordneten im Parlament versucht, sich gegen den Hof durchzusetzen. Vier Jahre hatten sie machtlos mitangesehen, wie die Krone das Königreich de facto sowohl ungesetzlich als auch verfassungswidrig regierte. Das erzürnte die Abgeordneten, und es hätte ohne weiteres zu einer Krise kommen können, aus der Preußen – und damit letztlich auch Deutschland – als eine konstitutionelle Monarchie nach britischem Muster hervorgegangen wäre – mit einer Regierung, die dem Parlament verantwortlich war und an deren Spitze, hoch über dem Kampf der Parteien, ein nomineller Monarch stand, in dessen Person sich die geistige Einigung der Nation vollzog. Dazu kam es aber – vor allem wegen des Ausganges der Schlacht bei Königgrätz – nie. Dieser Sieg hatte wunderbarerweise Preußen zum mächtigsten deutschen Staat gemacht.

Die Habsburger, die in noch größerem Maße als die Hohenzollern die Reaktion verkörperten (das erklärt sich aus ihrer Verbundenheit nicht nur mit dem Absolutismus, sondern auch mit dem Klerikalismus und dem Vatikan), waren in der Einflußnahme auf die Geschicke Deutschlands durch den energischen, vorausschauenden, wenn auch politisch nicht gerade fortschrittlichen Norddeutschen Bund abgelöst worden. Nun, da 40 Millionen Deutsche entweder Untertanen des preußischen Königs oder mit diesem doch verbündet waren, schien der jahrhundertealte Traum der Vereinigung Deutschlands beinahe verwirklicht. Es herrschte die Ansicht, daß die Habsburger das Haupthindernis deutscher Einigkeit gewesen waren und die Hohenzollern besser im Einklang mit dem Zeitgeist standen. Jedenfalls aber war die Einigung bereits zu zwei Dritteln geglückt. Die süddeutschen Staaten, die von Preußen unabhängig blieben, schlossen sich nach 1866 schleunigst dem Norddeutschen Bund an und suchten so den Schutz und die Sicherheit der größten deutschen Macht. Es war in Preußen eine Zeit großen Nationalstolzes. Eine Welle leidenschaftlicher Vaterlandsliebe ging über das Land und überrollte alle jene, die in dieser Zeit des Aufstiegs dem ruhmreichen, siegreichen König im Wege stehen wollten.

Im weißen Saal des Berliner Schlosses hielt Wilhelm die Thronrede an den Landtag. Der König sprach nicht wie ein verfassungsmäßiger Herrscher, sondern wie ein traditioneller preußischer Kriegsherr, dessen Krone ihm vom Schlachtengott verliehen worden war und der die Rechtmäßigkeit seines Anspruches eben erst dadurch bewiesen hatte, daß er dem Habsburgerdrachen in nur drei Wochen den Garaus gemacht hatte. Er bat den Landtag um ›Indemnität‹ — um nachträgliche parlamentarische Billigung der ungesetzlichen Art und Weise, in der die Regierungsgeschäfte in den vergangenen vier Jahren geführt worden waren. Der König sagte den Abgeordneten, er sei voll Zuversicht, daß nun der Streit zwischen Parlament und Krone zu Ende sei — auf Grund der errungenen Erfolge, wie auch wegen der Zukunftsaussichten. Einige Tage später wandte sich Bismarck selbst an das Parlament und erbat eine formelle Sanktionierung seiner Regierungsperiode. Er sagte: ›Man kann den Absolutismus der Krone ebensowenig rechtfertigen wie den einer parlamentarischen Mehrheit!‹ Was bedeuteten diese Worte? Einerseits stellten sie eine Ablehnung der parlamentarischen Demokratie dar, anderseits enthielten sie auch einen Schlag gegen die Krone, der Bismarck nun sozusagen dafür die Schuld gab, daß er verfassungswidrig regiert hatte. Er hoffte, aus den Differenzen, welche die Abgeordneten mit dem König hatten, seinen Vorteil zu ziehen. Und tatsächlich, diese Unstimmigkeiten hielten Bismarck während der ganzen Regierungszeit Wilhelms I. an der Macht. Damals fügte er noch hinzu: ›Ein freundliches Wort kostet nichts.‹ Tatsächlich kostete es nicht nur nichts, sondern warf auch noch einen ganz ansehnlichen Gewinn ab. Am 3. September 1866 stimmte das Parlament mit 230 gegen nur 75 Stimmen der Indemnitätsvorlage zu.

Diese Abstimmung war für Preußen von schicksalhafter Bedeutung. Von vaterländischem Gefühl übermannt, hatten die Abgeordneten kapituliert. Bismarck, der vier Jahre lang so gut wie bei allen unbeliebt gewesen, ja sogar in Preußen manchen verhaßt war, wurde nach Königgrätz zu einer Art Volksheld. Er mußte das Parlament gar nicht erst überwinden, sondern brauchte es bloß sanft zum Selbstmord bzw. zur politischen Selbstentmannung zu treiben. Mit dieser Entscheidung, keine wirklich politische Macht auszuüben, gab sich das Parlament zufrieden und ließ alle wissen, daß es nicht einmal versuchen würde, seine Selbständigkeit zu behaupten. Es erklärte, bereitwillig auch ein ungesetzliches Vorgehen der Krone zu dulden. Als Gegengabe sozusagen nahm das Parlament dafür fröhlich Bismarcks Versicherungen entgegen, er werde ›in einem freiheitlichen Geiste‹ regieren.

Das nun war das Ende aller Hoffnungen der Liberalen. Es gab immer noch viele, und einige von ihnen hielten auch an ihren Grundsätzen fest. Die meisten aber schlossen sich den Konservativen an und jubelten Bismarck zu. Es wurde bald allen klar, daß eine politische Karriere zu keiner Machtposition führen konnte, da das Parlament ja entmachtet war. In weiser Erkenntnis dieser Tatsache gingen nun die Energischen, die Fähigen und die Ehrgeizigen in die Industrie. Das Parlament entwickelte sich zu einem losen Konglomerat machtloser Interessenvertretungen, von ›Lobbys‹, die auf kleine Zugeständnisse der Krone und ihrer Ministerien hofften. Das führte ganz unvermeidlich zur allgemeinen Verachtung des Politikerstandes und zur Hochachtung für die wirklichen Träger der Macht: die Minister des absolutistischen Königs. Man kann auch sagen, daß diese Abstimmung vom 3. September 1866 zu den ersten Sprüngen im Gefüge des Hauses Hohenzollern führte. Wohl verlängerten sie den Absolutismus der Krone, doch war es dann später eben dieser Absolutismus, der zum Sturz der Dynastie führte. Das Haus Hohenzollern hätte bis auf unsere Tage überleben können, wäre es im 19. Jahrhundert zum Träger einer konstitutionellen Monarchie nach britischem Muster geworden. Statt dessen entwickelte es sich zu einem ungeschlachten Dinosaurier, der 1918 in den Tod stolperte. Während der Regierungszeit Wilhelms I. bewährte sich der Absolutismus als Regierungsform auch weiterhin, weil Bismarck ihn mit großem Geschick und ebenso großer Sorgfalt lenkte. Unter Wilhelm II. aber brach er zusammen, weil er einem eitlen und ungeschickten Regenten gestattete, ohne jegliche Kontrolle oder auch nur einen Sinn für politische Zielsetzungen zu regieren.

Im Juli 1870 befand sich König Wilhelm I. von Preußen zur Kur in Bad Ems, als die Franzosen ihr Spiel zu weit trieben. Am Morgen des dreizehnten ging der französische Botschafter, Vincent Benedetti, im Emser Kurpark spazieren und hoffte, dem König von Preußen auf seinem gewohnten Morgengang zu begegnen. Als er des Königs ansichtig wurde, blieb Benedetti stehen und grüßte ehrerbietig. Wilhelm schüttelte ihm die Hand und lud ihn ein, mit ihm zu gehen. Sofort wendete sich das Gespräch dem Thron Spaniens wie auch der Tatsache zu, daß Prinz Leopold ihn abgelehnt hatte. Wilhelm meinte, nun seien des

Botschafters Sorgen wohl vorüber. Das war ein Irrtum, denn nun bat Benedetti den König um sein Ehrenwort, daß, sollte ein solches Angebot jemals wieder gemacht werden, es nicht angenommen würde. Wilhelm erwiderte, daß ein Versprechen auf alle Zeiten (›*à tout jamais*‹) gar nicht in Frage komme. Verärgert winkte er seinem Adjutanten, kehrte dem Botschafter den Rücken und ging. Später ließ er den Botschafter noch wissen, daß er ihm zur Zeit nichts mehr zu sagen habe. Dann schickte er sein Kabel an Bismarck nach Berlin, in dem er diesem von dem Vorfall berichtete und ihn fragte, ob dieses Gespräch nicht in den Zeitungen veröffentlicht werden solle.

An diesem Abend speiste Bismarck mit Roon und Moltke. Sowohl der Kriegsminister als auch der Chef des Generalstabs waren sehr deprimiert (wie Bismarck es später beschrieb) über die Art, wie das Haus Hohenzollern in der Frage der spanischen Krone dem Druck Frankreichs nachgegeben hatte. Gerade während dieses Gesprächs traf das Telegramm ein, das Wilhelm diktiert und der Geheime Legationsrat Heinrich Abeken abgefertigt hatte. Es war die berühmte Emser Depesche. Bismarck war drauf und dran gewesen, seinen Rücktritt anzubieten, nur weil sein König dem französischen Botschafter schon bei anderen Anlässen in Ems freundlich gegenübergetreten war und ›seine monarchische Person der unverschämten Bearbeitung durch diesen fremden Agenten ohne geschäftlichen Beistand‹ — das heißt, ohne Beiziehung Bismarcks — ›exponiert‹ hatte. Roon und Moltke waren in ihn gedrungen, sein Amt zu behalten. Bismarck überlegte sich die Sache noch einmal, während er die Emser Depesche überdachte. Dann begann er in Anwesenheit seiner Gefährten den Text zur Veröffentlichung zurechtzuschneidern. Ursprünglich hatte er eher beschwichtigend gelautet, so, als sei der König möglicherweise gesonnen, dem französischen Vorschlag zu einem späteren Zeitpunkt näherzutreten. In Bismarcks redigierter (nicht umgeschriebener) Fassung aber endete der Text nun mit dem Satz: ›Seine Majestät hat es darauf abgelehnt, den französischen Botschafter nochmals zu empfangen und demselben durch den Adjutanten vom Dienst sagen lassen, daß Seine Majestät dem Botschafter nichts weiter mitzuteilen habe.‹ Diese Version wurde an die Presse weitergegeben. ›Das klingt besser!‹ sagte Roon erleichtert. Und Moltke: ›Vorher klang es wie eine Chamade, jetzt wie eine Fanfare.‹

Auf die Franzosen jedenfalls hatte es genau diese Wirkung. Napoleon III. war um nichts kriegsfreudiger als Wilhelm I., aber die Einwendungen des französischen Kaisers wurden durch seine Minister beiseitegefegt, die nach einer militärischen Auseinandersetzung mit Preußen lechzten, um es zu demütigen. Am nächsten Tag unterschrieb Napoleon III. mit zitternden Händen die Kriegserklärung. In Preußen beschwor Königin Augusta König Wilhelm, den bewaffneten Konflikt doch zu vermeiden. Tränenüberströmt erinnerte sie ihn an die Niederlage, die die Franzosen Preußen im Jahre 1806 bereitet hatten. Wilhelm begab sich von Ems nach Berlin und wurde in Brandenburg von Bismarck, Roon und Moltke und dem Kronprinzen erwartet. Im Wartesaal des Berliner Bahnhofs erschien der blonde, hochgewachsene Kronprinz Roon im Lichte des Kristallüsters als ›ein flammender Kriegsgott ... das Urbild des teutonischen Zornes‹. An Ort und Stelle wurde die Generalmobilmachung beschlossen, wie der Kronprinz später in sein Tagebuch vermerkte. Der König umarmte ihn in tiefster Bewegung; dann eilte der Kronprinz hinaus und verkündete die Nachricht den Leuten, die sich erwartungsvoll auf den Bahnsteigen drängten. An diesem Abend sammelte sich eine große Menschenmenge vor dem Schloß. Bis in die tiefe Nacht riefen sie ›Hurra‹ und sangen ›Ich bin ein Preuße‹. König Wilhelm I. allerdings war von all dem nicht überwältigt. ›Mich erfüllt eine komplette Angst bei diesem Enthusiasmus‹, schrieb er an seine Gemahlin, ›denn was für Chancen bietet nicht der Krieg, wo all dieser Jubel oft verstummen könnte und müßte!‹ Was die gleichzeitige Mobilisierung betraf, welche die unabhängigen süddeutschen Staaten befohlen hatten, so machte sich Wilhelm Sorgen darüber, wie ein solches ›Nationalgefühl‹ denn seine Erfüllung finden könne.

›Schweren Herzens‹ begleitete der König die Streitkräfte, deren oberster Feldherr er ja doch nominell war. Dem Kronprinzen wurde das Kommando über alle süddeutschen Truppenkontingente sowie über einige preußische Armeekorps übertragen. Nachrichten langten ein, denen zufolge sich Italien, England, Rußland und Österreich neutral verhalten würden. Am 31. Juli begaben sich der König und Bismarck in der Nähe von Mainz an die Front. Königin Augusta, die in einer Equipage an der Kranzler-Ecke (nach dem Café Kranzler benannt) Unter den Linden hielt, weinte, als sie sich von ihnen verabschiedete. Dann ging sie heim und begann Wilhelm mit Briefen zu bombardieren, in denen sie ihm genau erklärte, wie er den Krieg zu führen habe.

Von Anfang an waren auf beiden Seiten die Verluste sehr schwer. ›Alle Truppen vollbrachten Wunder der Tapferkeit gegen einen gleich braven Feind‹, schrieb Wilhelm nach den Gefechten rund um Metz an Augusta. Während des ganzen Krieges hielt Wilhelm mit seiner Anerkennung für die Franzosen nicht hinter dem Berg. Er war ein alter Herr von christlicher Gesinnung, voll Güte und Bescheidenheit. Ihn umgaben blut- und racheschnaubende Offiziere. Ihm war der Krieg zuwider, ja, er ging so weit, die Schuld an ihm auf die Französische Revolution zu schieben. In Varennes zeigte man ihm den Ort, an dem das Haus stand, in dem Ludwig XVI. die Nacht nach seiner Verhaftung zubrachte. Er schrieb später an Augusta: ›Es durchzuckt jedermann der Gedanke, daß jene Arretierung, die das Königspaar aufs Schafott brachte, womit alle Pietät und alle Fundamente des Königtums entwurzelt wurden, dieserhalb mit der Grund ist, daß wir jetzt im Kriege hier stehen! Denn seit jener Schreckenszeit ist Frankreich nie dauernd zur Ruhe gekommen!‹

Nach der Schlacht von Sedan kapitulierte der französische Kaiser, der an Blasensteinen, Blutarmut, Hämorrhoiden, Gicht und anderen schmerzhaften Erkrankungen litt, samt seinen 80 000 Soldaten. Wilhelm I. behandelte ihn sehr höflich, während Bismarck, Roon und Moltke ihn mit einer Schroffheit behandelten, die schon fast an Verachtung grenzte. Bismarck mißtraute dem König in bezug auf seine Verhandlungstaktik gegenüber Napoleon III. Er fürchtete, Wilhelm werde zu milde sein. So wußte er es einzurichten, daß Wilhelm mit Napoleon erst zusammentraf, als die Bedingungen des Waffenstillstands bereits von den Militärs ausgehandelt waren, die, wie Bismarck sich ausdrückte, härter vorgehen konnten. Schließlich trafen die Majestäten einander. Wilhelm streckte Napoleon zur Begrüßung die Hand entgegen und sagte: ›*Sire, le sort des armes a décidé entre nous, mais il m'est bien pénible de revoir Votre Majésté dans cette situation.*‹ Wilhelm schlug für den besiegten Kaiser als Wohnsitz die Wilhelmshöhe bei Kassel vor. Dorthin könne Napoleon III. auf seinen Wunsch auch seine Bedienten und sein Gefolge mitnehmen. Beide Monarchen waren von ihrer Begegnung tiefbewegt, und Napoleon ging in Tränen fort. Wilhelm sagte ihm, er glaube ihn gut genug zu kennen, um zu wissen, daß er diesen Krieg nicht gewollt habe, sondern daß man ihn dazu gedrängt habe. Napoleon behauptete, die öffentliche Meinung habe ihm diesen Krieg aufgezwungen. Darauf sagte wieder Wilhelm, diese öffentliche Meinung sei wohl von Napoleons Ministern angeheizt worden. Der Kaiser gab das zu und zuckte die Achseln. ›Das ganze Gespräch schien ihm gut zu tun‹, berichtete Wilhelm an Augusta, und kümmerte sich wohlwollend um seinen Gefangenen. Andere Männer in des Königs Umgebung waren nicht so großzügig. Als Napoleon Wilhelm verlassen hatte und durch Donchery zog, merkte er, daß Bismarck und Moltke ihn aus einem Fenster beobachteten. Der geschlagene Kaiser grüßte sie. ›Jetzt grüßt er auch noch seine Totengräber‹, kommentierte Moltke die Höflichkeit des Kaisers.

Nur wenige Tage später war Kaiserin Eugénie, die ihren Gatten in diesen Krieg hineingehetzt hatte, gezwungen, vor seinen Folgen nach Großbritannien zu fliehen. Auf die Nachricht von der Gefangennahme Napoleons hatte das Volk in Paris ›*Vive la République!*‹ zu schreien begonnen. Ihr amerikanischer Zahnarzt, ein gewisser Dr. Evans, schickte sie in einer Kutsche zu seiner Frau, die gerade ihren Urlaub im Kasino-Hotel in Deauville verlebte. Dort verbarg sie dann Sir John Burgoyne auf seiner Jacht, der ›*Gazelle*‹, und brachte sie sicher über den Kanal und in zwei Dachstübchen des York-Hotels in Ryde unter. Im März 1871 folgte ihr Napoleon III. dann nach England, wo er zwei Jahre später starb.

Die spektakuläre Gefangennahme des Kaisers bedeutete aber noch nicht das Ende des Krieges, obwohl Paris seit Oktober 1870 eingeschlossen war und die bayrischen Armeen schon des Kampfes müde und bereit waren, heimzukehren. König Wilhelm I. verlegte sein Hauptquartier nach Versailles. ›Seine Majestät‹, schrieb der Kronprinz in sein Tagebuch, ›sieht blendend aus, als wäre er daheim, obwohl er doch auch hier keinen Sport betreibt, nie ausreitet, und immer in überheizten Zimmern herumsitzt. Er genießt sein tägliches Mahl um vier Uhr nachmittags und den

Imbiß um neun Uhr abends, bei dem der gesamte Stab des Hauptquartiers und die Prinzen des königlichen Gefolges anwesend sind.‹

Am 27. Oktober ergab sich Marschall Bazaine in der Festung Metz. Kronprinz Friedrich Wilhelm wie auch Prinz Friedrich Karl wurden in den Rang von Feldmarschällen erhoben, Otto von Bismarck wurde Graf. Nun wurden Pläne geschmiedet, wie man König Wilhelm I. die Kaiserkrone sichern könnte. Sechzig Tage, angefüllt mit Gesprächen und Verhandlungen folgten, wobei es nicht nur darum ging, Wilhelm von den verschiedenen deutschen Königen, Großherzögen und Fürsten samt ihren Parlamenten zum Kaiser wählen zu lassen, sondern vor allem auch zu erreichen, daß Wilhelm die ihm angebotene Würde, wenn auch murrend, annahm. Am 6. Dezember beschloß der Präsident des Norddeutschen Reichstags, die Worte ›Deutscher Kaiser‹ und ›Deutsches Reich‹ in die Verfassung aufzunehmen. Der Kronprinz kommentierte: ›Es schien, als ob er die arme deutsche Kaiserkrone in altes Zeitungspapier gewickelt aus der Hosentasche gezogen hätte.‹ Dieser verwerflichen demokratischen Initiative folgte noch eine weitere: Der Reichstag schickte eine Delegation zum König. Wilhelm weigerte sich, die Delegierten zu empfangen, damit es nicht so aussähe, als habe er die Kaiserkrone vom Volke und nicht von den Fürsten erhalten. Es war der gleiche Grund, der seinerzeit seinen Bruder Friedrich Wilhelm IV. dazu veranlaßt hatte, im Jahre 1849 die Kaiserkrone zurückzuweisen. Wilhelm bestand darauf, die Parlamentsdelegation erst vorzulassen, wenn ihn König Ludwig II. von Bayern davon unterrichtet habe, daß alle deutschen Fürsten seiner Erhebung zum Kaiser zustimmen würden. Die diesbezüglichen Verhandlungen waren lang und schwierig. Den süddeutschen Staaten mußte man Zugeständnisse machen: beispielsweise wurde Bayern gestattet, niedrigere Abgaben auf Bier, dem Nationalgetränk, beizubehalten. Bayern behielt auch seine eigene Posthoheit und seine Eisenbahn. In Friedenszeiten stand ihm sogar das Recht zu, seine eigene Armee aufrechtzuerhalten. Bismarck schmeichelte dem König von Bayern, um ihn auf seine Seite zu bringen. Hinter seinem Rücken aber meinte er, solche Eseleien verfehlten auf den König nicht ihren Einfluß. Schließlich versuchte er es mit glatter Bestechung, indem er dem König von Bayern eine Geheimpension von 20 000 Pfund Sterling aus den beschlagnahmten ›Welfenfonds‹ versprach. Dieses Argument gab den Ausschlag, und der Bayer schrieb an Wilhelm einen — von Bismarck diktierten — Brief, in dem er dem König die Kaiserkrone anbot. Das war am 18. Dezember. Am gleichen Tage schrieb Königin Viktoria von Windsor Castle an ihren ›lieben Bruder‹ Wilhelm, daß die Sympathien der Öffentlichkeit während des ganzen Krieges durchaus auf seiten Deutschlands gewesen, ›und, was alle wohlinformierten Leute anlangt, immer noch‹ seien. Sie warnte Wilhelm aber, daß dies leicht anders werden könne, falls sich der Krieg noch länger hinauszöge. Der König, der es satt hatte, sich wochenlang darüber Gedanken zu machen, ob er Paris bombardieren solle oder nicht, gab den Feuerbefehl. Es war eben nur möglich, so zu handeln, oder aber die Pariser bis zur Übergabe der Stadt auszuhungern. Die Gruppe, die man in Preußen als die ›englische Partei‹ kannte, war zunächst sehr gegen das Bombardement. Dieser Gruppe gehörten auch der Kronprinz und Königin Augusta selbst an. Als aber Wochen um Wochen vergingen, bekehrte sich sogar der Kronprinz zum Bombardement, das am 5. Januar 1871 begann. Obwohl es auf Paris keine große Wirkung hatte, brachte es doch fast über Nacht einen Umschwung der öffentlichen Meinung in Europa gegen die Preußen. Wohl hatte die Beschießung ihre dramatischen Effekte, mutete aber doch, im Vergleich zum modernen Bombenkrieg gegen Städte, eher bescheiden an. Paris war ohnedies schon am Ende seiner Möglichkeiten. Die Stadt war von inneren Kämpfen zerrissen, es gab Demonstrationen und kleinere Aufstände, und die Lebensmittel gingen zu Ende. Am 19. Januar versuchten die Pariser noch einen Angriff gegen die sie umschließenden deutschen Streitkräfte. Am 28. Januar wurde ein Waffenstillstandspakt unterschrieben, und der abschließende Vertrag von Frankfurt, der dem Krieg ein Ende setzte, wurde am 10. Mai unterzeichnet. Der Aufstand der Kommune in Paris begann am 18. März, und die deutschen Armeen, die Paris umschlossen, brauchten zwei Monate lang nur zuzusehen, wie Pariser gegen Pariser kämpften.

Sobald Wilhelm sich dazu durchgerungen hatte, Paris zu beschießen – ›Machen Sie Feuer dahinter‹, hatte er befohlen, ›daß es knallt!‹ –, vertiefte er sich wieder in das Problem der Kaiserkrone. Er setzte sich leidenschaftlich gegen sie zur Wehr, obwohl er erkennen mußte, daß sie ihm unausweichlich bestimmt war. Diese Kaiserkrone bedeutete ihm wenig oder nichts und brachte keine Ehre, während die Krone Preußens ihren Ruf durch Blut und Ruhm gewonnen hatte. Er schrieb an seinen Sohn: ›Ich soll es mit meinem eingefleischten Preußenherzen erleben, den Namen, der so Großes erreicht und geschaffen, zurücktreten zu sehen vor einem anderen, der fast ein Jahrhundert lang dem preußischen feindlich entgegenstand. Wiederum hat sich das Schicksal gegen mich verschworen und drängt mich zu etwas, das ich nur schweren Herzens annehmen kann und doch nicht mehr ausschlagen darf.‹

Aber wie sollte nun sein genauer Titel lauten? Er selbst hegte keinen Zweifel daran, daß der alte Titel zuerst kommen müsse. Er würde sich als ›Wir Wilhelm von Gottes Gnaden König von Preußen, erwählter Kaiser von Deutschland‹ unterschreiben. Dagegen machte Bismarck sofort seine Einwendungen geltend. Das Wort ›erwählte‹ könne irrige Anschauungen darüber hervorrufen, daß diese Kaiserkrone etwa nicht ein dem Hause Hohenzollern erblich verliehener Titel sei. Die Worte ›Kaiser von Deutschland‹ dafür klangen zu sehr danach, als erstrecke sich das Reich Wilhelms über alle deutschen Lande. Man suchte – und fand – daher einen Kompromiß: Wilhelm sollte ›deutscher Kaiser‹ sein. All die anderen deutschen Fürsten und Könige würden sozusagen Aufsichtsratmitglieder werden, wobei ihm als Kaiser mehr oder minder die Rolle des ›Vorsitzenden‹ zufallen sollte.

Diese Lösung stellte die meisten der von ihr Betroffenen zufrieden, obwohl Wilhelm auch weiterhin der Sache nicht recht froh wurde. Als nun die preußischen Prinzen darum baten, ihre Titel – so wie der Kronprinz – in ›kaiserliche Prinzen‹ zu ändern, ging Wilhelm in die Luft. Er schrieb seinem Bruder Karl, daß es ihm nicht einmal recht sei, den Kronprinzen als ›kaiserliche und königliche Hoheit‹ angesprochen zu hören.

›Ich halte die preußische Familie für geschichtlich so hochstehend und durch die Taten, die Preußen namentlich vor 56 Jahren und seit 1866 vollbrachte, so glorreich dastehend, daß es mir ans Herz greift, den preußischen Königstitel an zweiter Stelle zu sehen! Daher wünsche ich, daß die Familie die Königlich Preußische verbleibe, um recht klar zu beweisen, daß die Art, wie mir die Kaiserwürde zugeht, durchaus nichts ist, was den preußischen Namen zurücksetzt. Ich kann nur erwägen, daß ich den Titel ‚Kaiser' erhalte (wie man zum Oberstleutnant usw. ernannt wird), da es ausdrücklich heißt: Der König von Preußen trägt als Oberpräsidialmacht den Titel Kaiser. Daraus geht klar hervor, daß nur der König persönlich gemeint sein soll, so daß es sogar kontrovers ist, ob der Kronprinz k. k. Hoheit führen soll.‹

Als die Zeit für die Annahme seines neuen Titels heranrückte, wurde Wilhelm immer düsterer. Er sprach unaufhörlich von Friedrich I., dem ersten König ›in‹ Preußen, und seinen anderen Hohenzollern-Ahnen, als würde seine Krönung zum deutschen Kaiser ihr Andenken herabsetzen. Bismarck und der Kronprinz versuchten ihn zu beruhigen, indem sie ihm versicherten, daß grundsätzlich Kaiser *nicht* ranghöher als Könige seien, aber Wilhelm sah überall nur Grund zum Unmut. Die altehrwürdigen preußischen Farben Schwarz-Weiß sollten nun durch die kaiserlichen Farben Schwarz-Weiß-Rot ersetzt werden. Das war immer noch besser als das ›republikanische‹ schwarz-rot-goldene Banner, aber für den beinahe vierundsiebzigjährigen König, der vierundsechzig Jahre lang die Uniform unter den schwarz-weißen Farben Preußens getragen hatte, war das arg genug. Am Tag, ehe er zum Kaiser gekrönt wurde, weinte er. Schluchzend drohte er sogar, zugunsten seines Sohnes abzudanken, denn der Kronprinz sei ›mit ganzer Seele bei dem neuen Stand der Dinge, während ich mir nicht das geringste daraus mache und nur zu Preußen halte‹. Diese Vereinigung mit Deutschland erschien dem greisen Monarchen, als werde er zu einer nicht standesgemäßen Heirat gezwungen und müsse ein hergelaufenes Mädchen niedriger Geburt ehelichen, die sicherlich dem Hohenzollern-Namen keine Ehre machen würde.

Am Mittag des folgenden Tages jedoch nahm im Spiegelsaal von Versailles die schwere Prüfung ihren Lauf. Man hatte den 18. Januar gewählt: die hundertsiebzigste Wiederkehr des Tages, an dem sich Kurfürst Friedrich III. in Königsberg zum König Friedrich I. krönen ließ. Auf einen kurzen Gottesdienst folgte eine ärgerlich lange Predigt. Dann verlas der König das Dokument, das die Deutsche Reichsgründung beinhaltete, und befahl Graf Bismarck (den er an diesem Tag zum General befördert hatte), die Proklamation an das deutsche Volk zu verlesen. Bismarck sah ›schwarz wie der Donner‹ aus und las das Dokument mit ›vor Erregung bebender Stimme‹ vor, doch fand dies bei den versammelten Souveränen, Fürsten und Offizieren keinen rechten Widerhall. Danach ergriff der Schwager des neuen Kaisers, der Großherzog von Baden, die Initiative, erhob seinen Arm und brachte einen Hochruf auf ›Seine Majestät Kaiser Wilhelm den Siegreichen‹ aus. Das löste die Spannung im Raum. Der Großherzog hatte die Worte ›Kaiser von Deutschland‹ vermieden und dadurch in unauffälliger Weise die Sorgen aller jener Anwesenden beschwichtigt, die da befürchtet hatten, daß dem neuen Titel auch eine gewisse territoriale Bedeutung anhaften könnte. Alle stimmten nun bereitwillig in die Hochrufe auf ›Kaiser Wilhelm‹ ein. Der Kronprinz fiel vor seinem Vater aufs Knie und küßte ihm die Hand. Dann brachten ihm auch die anderen ihre Huldigung dar. Zum Klange des Hohenfriedberger Marsches stieg Wilhelm von der Tribüne herab, um zu den Offizieren zu sprechen, die hinter Graf Bismarck standen. Er ignorierte dabei betont seinen Reichskanzler, wie Bismarck nun genannt wurde, denn er war noch immer darüber erzürnt, daß er hinsichtlich des Titels seinen Willen nicht hatte durchsetzen können. ›Seine Majestät hatte mir diesen Verlauf so übelgenommen‹, schrieb Bismarck später, ›daß er ... mich ignorierte ... und in dieser Haltung mehrere Tage verharrte.‹

Am 3. März fuhr der deutsche Kaiser durch das besiegte Paris. Obwohl man ihn nun in Deutschland schon ›Wilhelm den Eroberer‹ nannte, ritt er doch nicht an der Spitze seiner Truppen in die Stadt ein. Beinahe unbemerkt fuhr er durch die Straßen. Er saß neben Anton Radziwill in einem einfachen offenen Wagen, gezogen von zwei Pferden und nur einem Kutscher auf dem Bock. Die Anfänge des Kaiserreiches der Hohenzollern waren sehr bescheiden. Bald aber sollte es sich zu etwas ganz anderem entwickeln.

Vier Tage nachdem die Franzosen im Jahre 1806 die preußische Armee in der Schlacht bei Jena aufgerieben hatten, trat Königin Luise tränenüberströmt und verzweifelt in Schloß Schwedt ihren Söhnen gegenüber. Ein Erzieher war anwesend, der die Worte der Königin festhielt. Zu dieser Zeit war der spätere König Friedrich Wilhelm IV. elf Jahre alt, der spätere Kaiser Wilhelm I. neun. ›Preußen besteht nicht mehr‹, sagte ihnen die Mutter. Was die Hohenzollern im Laufe der Jahrhunderte aufgebaut hatten, sei nun in einem einzigen Tage ›gestürzt und zerstört‹ worden. ›Unser nationaler Ruhm ist geschwunden‹, sagte sie, als wolle sie die beiden Jungen zu Tränen rühren, oder vielleicht zu etwas mehr? Sie sagte ihnen: ›Strebt danach, euer Volk vor der Schande dieser Stunde zu erretten, und es von der Last der Erniedrigung zu befreien, unter der dieses Volk jetzt noch stöhnt. Seid bemüht, den Franzosen den Ruhm eurer Vorväter wieder abzugewinnen, der nun verdunkelt und umwölkt ist, so wie euer Ahnherr, der Große Kurfürst, bei Fehrbellin die Schande und Erniedrigung seines Vaters an den Schweden rächte . . .‹

Die Niederlage Napoleons, die nur wenige Jahre darauf folgte, bot diesen Revanchewünschen nur teilweise Befriedigung. Der Sieg über die Franzosen im Jahre 1871 aber schien das Gleichgewicht wiederherzustellen. Frankreich war von seiner Vormachtstellung in Europa gestürzt worden, ebenso wie Österreich im Jahre 1866 seine Vormachtstellung im deutschen Raum verloren hatte. Simson, der Präsident des Norddeutschen Reichstages, erklärte, daß dieser Sieg dem deutschen Volke ›die Einigung unseres Vaterlandes in verfassungsmäßiger Freiheit‹ sichern werde. Die ›allgemeine Erhebung‹ aller deutschen Staaten habe alle trennenden Grenzen beiseitegeschwemmt; ›der alte Fluch ist gebrochen . . .‹ Wilhelm I., der sich weiß Gott nie nach deutscher Einheit gesehnt hatte, war sich dessen bewußt, eine Schuld an seine von ihm tiefverehrte Mutter abgetragen zu haben. Die triumphale Heimkehr des Kaisers nach Berlin fand ihren Höhepunkt in der Enthüllung eines Denkmals seines Vaters, Friedrich Wilhelms III., an dessen Sockel alle eroberten französischen Fahnen und Feldzeichen dem Mann, den Napoleon gedemütigt hatte, zu Füßen gelegt wurden.

Berlin war nun die Hauptstadt des Kaiserreiches, und selbstverständlich hatte man die Reichshauptstadt für Wilhelms ruhmreiche Heimkehr entsprechend geschmückt *. Der Kaiser zog an der Spitze von 42 000 Mann ein, denen zunächst der greise Feldmarschall Wrangel und dann die drei ›Rädelsführer‹ Bismarck, Roon und Moltke voranritten. Den Grafen Bismarck hatte der Kaiser in den Fürstenstand erhoben. Später erhielt er auch das Großkreuz des Roten Adlerordens. Bezüglich der ersten Ehrung bemerkte er: ›Ich war einst ein reicher Junker und bin nun ein armer Fürst.‹ Über die zweite sagte er mit der gleichen entwaffnenden Aufrichtigkeit: ›Lieber wäre mir ein gutes Pferd oder ein Faß guten Rheinweins gewesen.‹

---

* Auch Wilhelm hatte man prächtig mit Titeln ausgestattet. Wenn man die militärischen Ränge und die akademischen Würden und Ehrendoktorate, aber auch seine zahllosen Ehrenbürgerschaften wegläßt, so umfaßt die Liste seiner Ämter und Würden immer noch die folgenden: ›Deutscher Kaiser, König von Preußen, Markgraf von Brandenburg, erster souveräner Herzog von Schlesien, sowie auch der Provinz Glatz, Großherzog von Posen und des Niederrheins, Herzog von Sachsen, Engern und Westfalen, Herzog von Geldern und zu Magdeburg, Cleve, Jülich, Berg, Stettin, Pommern, der Kaschuben und Wenden, in Mecklenburg und Crossen, Burggraf von Nürnberg, Landgraf zu Thüringen, Markgraf der Oberlausitz, Prinz von Oranien, Neuenburg und Valangin, Fürst zu Rügen, Paderborn, Halberstadt, Münster, Minden, Kammin, Wenden, Ratzeburg, Mörs, Eichsfeld und Erfurt, Graf zu Hohenzollern, der Mark, zu Ravensburg, Hohenstein, Tecklenburg, Schwerin, Lingen, Sigmaringen und Wehringen, Pyrmont, Herr der Lande von Rostock, Stargard, Lauenberg, Bütow, zu Haigerloch und Werstein.‹

Die ganze Stadt war in Feststimmung. Nicht ein einziger Meter Straße war ohne Drapierung und farbige Girlanden, überall standen riesige Statuen von erlesener Scheußlichkeit herum, die man schnell für diesen Anlaß geschaffen hatte. Sie hielten Lorbeerkränze in die Höhe und überragten Hunderte von eroberten französischen Geschützen. 10 000 Schulkinder standen am Askanischen Platz auf einer Tribüne und sangen die ›Wacht am Rhein‹. Hübsche junge Damen hatte man an geeigneten Orten aufgestellt, die dem Kaiser, wenn er vorbeiritt, Gedichte aufsagten. An diesem Abend war die Stadt hell erleuchtet. Das Volk tanzte in den Straßen und auf den Plätzen und, wie sich der königliche Archivar Dr. Julius von Pflugk-Harttung ausdrückte, es gab ›überreiche Umtrunke mit Bier‹. Die hektische Festlichkeit und die Hitze des 16. Juni führten dazu, daß drei Fürsten ohnmächtig wurden. Der alte Kaiser Wilhelm I. aber, der nun immerhin schon vierundsiebzig war, saß, ohne auch nur einen Moment die Haltung zu verlieren, geduldig in voller Uniform drei Stunden lang zu Pferd.

Drei Jahre später sagte Bismarck zu irgendwelchen Politikern: ›Ich langweile mich. Die großen Dinge sind getan. Das Deutsche Reich ist geschaffen.‹ Tag für Tag, solange Wilhelm I. lebte, besuchte Bismarck, wenn sie beide in Berlin waren, seinen Kaiser im Schloß. Gemeinsam prägten sie Deutschland das Bismarcksche System auf, aber es gab keine weltbewegenden Ereignisse mehr. Der Krieg, den sie 1871 gewonnen hatten, blieb bis 1914 der letzte Krieg zwischen europäischen Großmächten. Nicht einmal interne Verfassungskämpfe gab es, denn das deutsche Volk mußte bis 1918 unter der alten Verfassung leben. Die folgenden Jahre waren erfüllt von Geschehnissen, die für die geschichtliche Entwicklung Deutschlands bedeutsam waren. Dazu gehörte etwa die Politik des ›Sozialismus von oben‹, mit der Bismarck das deutsche Volk berieselte, um den Sozialisten den Wind aus den Segeln zu nehmen. Alles in allem aber waren dies Dinge, die die Hohenzollern nur am Rande berührten. Kaiser Wilhelm und der Kaiser von Österreich-Ungarn, Franz Joseph I., trafen sich in Gastein und kamen überein, einander in Frieden zu lassen, was sich als die beste Garantie künftiger Freundschaft, ja sogar eines Bündnisses, erwies. Dann reisten der Zar und Franz Joseph nach Berlin, bald gefolgt vom Schah von Persien und von Victor Emmanuel von Italien. Diese Staatsbesuche legten für die Bedeutung Deutschlands beredtes Zeugnis ab. Berlin war ein neues Rom geworden.

Als der Kaiser im Jahre 1877 achtzig wurde, feierte man seinen Geburtstag wie einen Nationalfeiertag. Bezeichnenderweise öffnete der alte Kaiser eigenhändig jedes der tausend Glückwunschtelegramme, die er erhielt. Der fünfzehnjährige Prinz Heinrich und der neunjährige Prinz Waldemar, die beiden jüngeren Söhne des kaiserlichen Kronprinzen und Brüder des künftigen Kaisers Wilhelm II., übergaben Großvater ihre Geschenke: einen Kupferstich und ein handgebundenes Buch. Beides hatten die Prinzen selbst gefertigt, denn es war ein seltsamer Brauch der Hohenzollern, daß Prinzen in ihrer Jugend ein Handwerk erlernen mußten. Im gleichen Jahr feierte der Kaiser sein siebzigjähriges Militärjubiläum. Er nahm dies zum Anlaß, den Ursprung Preußens neuerlich zu definieren: ›Was Preußen ist, hat es vor allem seiner Armee zu verdanken.‹ In diesem Sommer besuchte er das Reichsland Elsaß-Lothringen, das sich so widerwillig germanisieren ließ, daß der Stadtrat von Metz sich sogar weigerte, Geldmittel für einen öffentlichen Empfang Kaiser Wilhelms zu bewilligen. Von dort reiste Wilhelm weiter nach Essen, wo Krupp ihm sein riesiges neues Festungsgeschütz vorführte. Dann nahm er an den ausgedehnten Manövern dieses Jahres teil. Trotz seines hohen Alters saß er jeden Tag schon um sechs Uhr morgens zu Roß und kam mit fünf Stunden Schlaf aus. Seine Offiziere bewunderten seine Energie und sein Durchhaltevermögen. Einige schrieben diese Kräfte seinem unvermeidlichen Mitternachtsmahl von Hummersalat zu.

Es schien, als könne nichts – nicht einmal Mordversuche – dem rüstigen Achtziger etwas anhaben. Im Jahr seiner Thronbesteigung hatte es schon einen gegeben: Ein Student namens Oscar Becker aus Odessa hatte versucht ihn zu töten, weil er sich nicht genug für die Einigung Deutschlands einsetzte. Die Kugel hatte Wilhelms Kragen und Krawatte zerrissen und seinen Hals eben noch gestreift. Jetzt, im Jahre 1878, nachdem er Beckers Forderung nach deutscher Einheit erfüllt hatte, wurden innerhalb weniger Wochen gleich zwei Attentate auf Wilhelm verübt. Am 11. Mai um halb vier Uhr nachmittags fuhr Kaiser Wilhelm mit seiner Tochter Luise, der Großherzogin von Baden, Unter den Linden entlang. Ein geistesgestörter Mechaniker namens Hödel, der sich hinter einer Kutsche versteckt hatte, feuerte aus einem sechsschüssigen Revolver auf den Kaiser, traf aber nur dessen Wagen. Überrascht befahl Wilhelm seinem Kutscher zu halten. ›Galten diese Schüsse mir?‹ fragte er. Insgesamt konnte Hödel vier Schüsse abgeben, ehe er von einem Zivilisten namens Dittmann und einem zur Begleitung der kaiserlichen Equipage gehörigen Soldaten ergriffen und unschädlich gemacht wurde. Hödel erklärte später, er habe die Aufmerksamkeit der Öffentlichkeit auf den Zustand der Arbeiterklasse lenken wollen: Die Industrialisierung hatte tatsächlich vielen Not gebracht und Elendsviertel entstehen lassen. Hödel war früher Sozialist gewesen, dann aber wegen seines exzentrischen Verhaltens aus der Partei ausgeschlossen worden. Er sagte, daß er nun die Sozialisten hasse, weil sie keine ihrer Versprechungen gehalten hätten. Im Gefängnis wurde er mit Ketten an die Wand geschlossen, später hingerichtet. Bismarck donnerte gegen ›sozialistische Übergriffe‹, aber wie immer war Wilhelm weit milder gestimmt. Er nannte den Mordversuch die Tat ›eines auf Irrwege geratenen Menschen . . .‹

Am 2. Juni, als der Kaiser wieder friedlich Unter den Linden entlangfuhr und die Passanten mit erhobenem Arm grüßte, schoß Doktor Karl Nobiling, ein gebildeter Mann aus guter Familie, eine Ladung groben Schrotes auf den Kaiser ab, dann versuchte er, Selbstmord zu begehen. Diesmal wurde Wilhelm getroffen: zwanzig bis dreißig Schrotkügelchen drangen ihm in Kopf, Arm und Rücken. Blutüberströmt brachte man den Kaiser auf schnellstem Wege in den Palast zurück, wo Ärzte sich rasch an die Arbeit machten und die Schrotkörner entfernten. Freilich fanden sie wahrscheinlich nicht alle, und man sagte später, daß einige dieser Bleistückchen mit dem Leib des Kaisers nach seinem Tode bestattet wurden. Der Kronprinz führte für seinen Vater die Regierungsgeschäfte, während sich Wilhelm erholte, was immerhin einige Monate in Anspruch nahm. Im Herbst fühlte er sich immer noch ›halb invalide‹. Als er im Dezember nach Berlin zurückkehrte, hielt er vor den Stadtvätern, die gekommen waren, um ihn willkommen zu heißen, eine seltsam demütige Ansprache. ›Als ich errettet worden war‹, sagte er, ›fand ich darin die Mahnung, mich zu prüfen, ob ich meinen Lebenslauf so eingerichtet, meine Pflichten so erfüllt habe, daß ich wert war, gerettet zu werden.‹

Bismarck war nach den beiden Mordversuchen in einer etwas weniger besinnlichen Stimmung. Er ergriff die Gelegenheit, im Parlament verschiedene Gesetze gegen die Sozialisten durchzupeitschen. Es begann mit einer Hexenjagd auf alle ›Abweichler‹ und Unzufriedenen. Im Namen Wilhelms wurde Polizeiterror entfesselt. In Deutschland begannen sich die Meinungen über den ehrwürdigen alten Soldaten zu scheiden. In den letzten Jahren seines Lebens wurde er als echter Landesvater betrachtet und deshalb, wie auch wegen seines gütigen Naturells, verehrt. Gleichzeitig aber machte man ihn für die Regierungsform verantwortlich, die er Deutschland hinterließ, den von der Presse verpönten ›Kanzler-Absolutismus‹.

Bismarck und Wilhelm hatten oft Meinungsverschiedenheiten, aber sie dauerten nie lange. Wenn der Kaiser sich Bismarcks Vorschlägen entgegenstellte, brauchte dieser nur mit seinem Rücktritt zu drohen, um den Kaiser umzustimmen. Dieser hatte wohl den Eindruck, daß nichts zwischen Deutschland und dem ›absoluten Chaos‹ des Liberalismus und Sozialismus stehe als sein ›Eiserner Kanzler‹. ›Unter so einem Kanzler ist es nicht leicht, Kaiser zu sein‹, sagte Wilhelm einmal und gab damit klar zu, wer den Ton anstimmte. Bismarck ließ es sich angelegen sein, hervorzukehren, wie sehr er bloß der Diener und das Werkzeug seines Kaisers sei, aber nicht selten gab er auch die wahre Beziehung offen zu. ›Ich kann kein Fürstendiener sein‹, knurrte er einmal, als er eine Besprechung mit seinem Kaiser verließ. Er sagte auch: ›Es gibt weiße Männer, es gibt schwarze Männer, und es gibt Herrscher.‹ Der Kronprinz faßte die Beziehung zwischen seinem Vater und Bismarck im Jahre 1866 mit folgenden Worten zusammen: ›Als Bismarck ein Bündnis mit Garibaldi vorschlug – nun, das war noch wenigstens ein General. Als er aber dann einen Pakt mit Mazzini anregte, ging der König zunächst verzweifelt im Zimmer auf und ab und rief: ›Bismarck, Bismarck, – was machen Sie aus mir?‹ Dann blieb er mitten im Raum stehen und sagte: ›– aber wenn Sie meinen, daß es im

Staatsinteresse absolut notwendig ist, dann gibt es darüber nichts mehr zu reden.‹ Im Jahre 1872 klagte Bismarck einmal Roon sein Leid: er könne einfach nicht verstehen, warum der König mit ihm nicht zufrieden sei. ›Ich will ihm ja doch nur dienen‹, sagte der Kanzler. Darauf antwortete Roon flugs: ›Sicher wollen Sie ihm dienen, aber Sie tun's nicht.‹ Differenzen zwischen Wilhelm und seinem Kanzler endeten meist damit, daß Wilhelm nachgab und Bismarck den über so viel Widerspruch Empörten spielte. Ihm war der Einfluß verhaßt, den seiner Meinung nach die Königin auf ihren Gemahl ausübte. ›Ein Institut muß fallen, die Ehe oder das Königtum‹, meinte er, ›beide zusammen sind ein Unsinn!‹ Sein Vorrat an royalistischen Gefühlen, mit dem er sein Amt angetreten hatte, schwand rasch dahin. Das bedeutete aber nicht, daß nun Bismarck etwa ›Republikaner‹ geworden wäre, sondern bloß, daß er es anstrengend und ermüdend fand, seinen Monarchen zu lenken und leiten. Einmal sagte Bismarck: ›Der Kaiser raucht nicht und er liest keine Zeitungen, nur Dokumente und Eilberichte. Es wäre gescheiter, er legte Patience.‹

Als Dr. Nobiling den Kaiser schwer verwundet hatte, galten Bismarcks erste Gedanken nicht dem alten Mann. Er rief begeistert aus: ›Jetzt lösen wir den Reichstag auf!‹ Eine ganze Woche lang nahm er sich nicht einmal die Mühe, seinen Kaiser zu besuchen. Er hatte nur Interesse für die antisozialistischen Gesetze, mit deren Hilfe er auch die National-Liberalen im Parlament zu unterwerfen beabsichtigte – und das, obwohl eben diese National-Liberalen für diese Gesetze stimmten. Vier Jahre später schilderte er jene Ereignisse in einem ganz anderen Licht: ›Im Jahre 1877 dachte ich, daß ich mir nun das Recht erworben hätte, zurückzutreten. Als ich dann aber meinen Herrn und König in seinem Blute liegen sah, da fühlte ich, daß ich diesen Herrn, der Leib und Leben seiner Pflicht Gott und den Menschen gegenüber aufgeopfert hatte, nimmer gegen seinen Willen zu verlassen vermöchte.‹ Das war natürlich Unsinn. Als Bismarck den verwundeten Kaiser zu Gesicht bekam, hatte dieser längst zu bluten aufgehört. Wilhelm, der vor dem Attentat an Ohnmachtsanfällen und anderen Beschwerden litt, sagte später: ›Nobiling war der beste Arzt, den ich je hatte!‹

Wilhelms letzte Jahre waren eine einzige Kette von Jubiläen und Jahrestagen. 1887 feierte er den bemerkenswertesten von allen: seinen neunzigsten Geburtstag. An diesem Tage stand er erst um acht Uhr auf, also wesentlich später, als er es in seinen Siebzigern und Achtzigern gewohnt war. Dann nahm er die Glückwünsche seiner Leibdienerschaft entgegen. Um halb zehn erschien die Kaiserin und führte ihn zu einem ganz mit Geburtstagsgeschenken angefüllten Zimmer. Die Tochter des Kaisers und ihr Gemahl, der Großherzog von Baden, schenkten ihm eine große Schwarzwälderuhr. Ihr vergoldetes Zifferblatt war mit den Porträts seiner sieben Enkelkinder geschmückt. Anschließend gab es Festlichkeiten, bei denen es von Königen und Fürsten nur so wimmelte.

Zwei Könige und zwei Königinnen, fünf Kronprinzen, vier Großherzöge, zwei russische Großfürsten, elf Prinzen aus Königshäusern, fünf regierende Herzöge, vier Erb-Großherzöge und an die fünfzig deutsche Fürsten aller Größenordnungen erwiesen dem Kaiser die Ehre. Aus Großbritannien kam der Prinz von Wales, und sogar Japan war durch einen Prinzen und eine Prinzessin vertreten. ›Neunzig Jahre!‹ schrieb Kaiser Wilhelm in einem zur Veröffentlichung bestimmten Brief an Bismarck. ›Ein menschliches Leben, welch eine lange Spanne Zeit!‹ Er gab der Hoffnung Ausdruck, daß ihm noch ein weiteres Lebensjahr geschenkt werde. Mit fünfundsiebzig war er noch überrascht gewesen, wenn man ihn einen ›alten Herrn‹ nannte. ›Mache ich den Eindruck alt zu sein?‹ fragte er damals. ›Ich hoffe, daß ich wenigstens nicht alt aussehe, wenn ich im Dienst bin . . .‹

Als er nun alt und älter wurde, stieg seine Achtung und Beliebtheit allein durch die Zahl der Jahre — eine seltsame Karriere für einen, den man 1848 als ›den Kartätschenprinzen‹ und ein Jahr später ›den Schlächter‹ für seine Unterdrückung revolutionärer Strebungen an anderem Orte gehaßt hatte. Die Bescheidenheit und Würde, die sein späteres Leben umgab, hatte in der Öffentlichkeit sehr zu seinen Gunsten gewirkt. Zu seinen Bedienten war er nie unfreundlich; zu anderen war er immer höflich und auf ihre Gefühle bedacht und war auch noch mit fortschreitenden Jahren zu den Damen ritterlich, ja sogar galant. Bismarck mochte ihm manchmal schrecklich auf die Nerven gehen, aber der stärkste Ausdruck des Mißfallens, den irgend jemand je von ihm zu sehen oder hören bekam, war ein unwilliges ›Hmpf!‹ und ein mißvergnügter oder verweisender Blick. In seinen Gewohnheiten blieb er einfach, fast bis zum Geiz: die Briefumschläge, die mit der Morgenpost kamen, wurden nie weggeworfen. Der Kaiser strich einfach die ursprüngliche Anschrift durch, schrieb eine neue und verwendete sie wieder. Er ging gern ins Theater, aber es tat ihm für diesen Anlaß um seine guten Galauniformhosen leid; sie waren einfach zu kostbar dafür. Dennoch war er immer sehr auf sein Äußeres und seine Uniform bedacht. Er ging wohl manchmal mit offener Jacke im Schloß herum; kaum aber hörte er die Kapelle zur Wachablöse kommen, knöpfte er sie zu und legte den *Pour le mérite* an, um in vorschriftsmäßiger Adjustierung zu sein. Er reiste bescheiden in alten Kutschen, die nicht einmal Gummireifen hatten. Er schlief auf einem einfachen eisernen Feldbett in einem schmalen Zimmer des Schlosses, das nur ein einziges Fenster hatte. Bis zu seinem Tode blieb er ein Armeeoffizier, der nur eben zufällig auch ein Hohenzollernkaiser war. Das letzte Jahr seines Lebens war tragisch — wegen der Erkrankung seines Sohnes, des Kronprinzen, nicht wegen seiner eigenen Leiden und Schmerzen. Wilhelm I. starb friedlich nach nur wenigen Tagen der Krankheit am 9. März 1888 um 8 Uhr 20 morgens. In der letzten Nacht setzte er sich im Bett auf und schluchzte: ›Mein Sohn, mein armer Fritz!‹, denn er mußte immerzu an den unheilbar kranken Kronprinzen denken, dem es nur so kurz vergönnt sein sollte, als Kaiser Friedrich III. zu regieren. Seine Tochter, die Großherzogin, mahnte ihn, doch zu ruhen. ›Dazu habe ich jetzt keine Zeit‹, sagte Wilhelm nur wenige Stunden vor seinem Tod. Manchmal verwirrte sich auch sein Geist, und er war auf einmal wieder ein kleiner Junge in der Schlacht von Bar-sur-Aube, der durch den Granathagel vorstürmte. Dann wieder murmelte er die Namen von Offizieren, alten Schlachtgefährten, mit denen er während der Befreiungskriege gegen Bonaparte gedient hatte. Als er die Wache an den Schloßfenstern vorbeimarschieren hörte, ermannte er sich genügend, um zu sagen: ›Ich hoffe, die Kompanien marschieren in der richtigen Reihenfolge.‹ Es wurde ihm versichert, daß dies der Fall sei, und so starb er zufrieden in dem Glauben, daß die preußische Armee niemals wanken und weichen oder sich auch nur ändern würde. Bismarck begab sich aus dem Schloß in den Reichstag, um dort dem Parlament des Kaisers Tod zu verkünden. Seine Stimme brach, als er ihnen die Nachricht überbrachte. Er weinte sogar. Er hatte einen alten Gefährten verloren. Was aber noch weit schlimmer war: insgeheim wußte er, daß auch er die Macht verlieren würde.

›Er ist ein wahrer Ritter‹

Nach der Thronbesteigung Friedrichs III. sagte Bismarck: ›Jetzt geht mein Puls durchschnittlich um fünfzehn Schläge schneller als unter dem früheren Herrscher.‹ Kein Wunder: ein deutscher Kaiser regierte, der aus der hohenzollernschen Art schlug – ein Liberaler, der den Krieg als gräßliche ›Schlächterei‹ bezeichnete und von dem man argwöhnte, daß er sich eine parlamentarische Demokratie nach dem Muster der britischen konstitutionellen Monarchie wünsche.

Der neue Kaiser und seine Gemahlin Viktoria (die Tochter der Königin Viktoria von Großbritannien), wurden vom Volk für so probritisch gehalten, daß die alten preußischen Reaktionäre Friedrich den Dritten in schmähender Absicht ›Friedrich den Briten‹ nannten. Die Junker mißtrauten ihrem Kaiser und verfolgten ihre Kaiserin mit leidenschaftlichem Haß. Feldmarschall Graf Alfred von Waldersee stellte fest, der neue Kaiser habe viele von liberalen Ideen inspirierte Pläne für die Zukunft gemacht, doch trotz Bismarcks gesteigertem Puls hatten die Konservativen eigentlich nichts zu fürchten. Friedrich III. konnte keinem seiner Pläne beredten Ausdruck verleihen. Er ging langsam an Kehlkopfkrebs zugrunde; als er den Thron bestieg, konnte er nicht einmal mehr sprechen.

Er regierte nur neunundneunzig Tage. Daß seine Regierungszeit so kurz währte, daran war in erster Linie nicht seine tödliche Krankheit schuld, sondern das ungewöhnlich lange Leben seines Vaters. ›Glaubst du nicht, daß man auch zu lang leben kann?‹ hatte der alte Kaiser einmal einen Freund gefragt, als er den Neunziger erreichte. Was immer auch der Freund geantwortet haben mag, der Sohn stimmte jedenfalls seinem Vater bei. ›Wenn der Kaiser noch viel länger lebt‹, schrieb Graf Waldersee anläßlich des neunzigsten Geburtstages des greisen Monarchen, ›so ist der Kronprinz völlig aufgerieben und verbraucht‹. Im Jahre 1873, als Friedrich Wilhelm einundvierzig Jahre alt war, dachte er bereits, es sei ›von der Vorsehung unbillig, daß sein Vater so alt wurde‹. Es sollte sich herausstellen, daß er noch weitere fünfzehn Jahre warten mußte – insgesamt also siebenundzwanzig Jahre, seitdem er Kronprinz geworden war –, ehe er seinen Vater auf dem Thron ablösen konnte.

Bismarck, der von Viktoria nichts hielt und dem ihr Einfluß auf den Kronprinzen verhaßt war, liebte es, Friedrich Wilhelm als eine Mittelmaßfigur hinzustellen, dem es gelegen war, ›sich zu amüsieren, nicht aber zu regieren‹, der ›ein angenehmes Leben ohne viele Sorgen und Gedanken, aber mit viel Geld und Zeitungslob‹ jeglicher ernsten Arbeit vorzog. Er gab aber anderseits zu, daß Kaiser Wilhelm I. ›selten oder nie‹ mit seinem Sohn über Staatsangelegenheiten sprach und auch dem Kanzler nicht erlaubte, sich mit dem Kronprinzen über ›irgendwelche Themen‹ zu unterhalten. Bismarck sagte, es habe einen ›ununterbrochenen Kampf‹ zwischen Vater und Sohn gegeben, seitdem der Kronprinz im Jahre 1863 gegen Einschränkungen der Pressefreiheit Stellung genommen hatte. Zeitweilig, meinte Bismarck, sei der Kronprinz über den Kurs der Regierung ›verzweifelt‹ gewesen. Obwohl er den Kronprinzen nicht mochte, beschrieb ihn Bismarck doch als ›nicht affektiert und geradeheraus‹, als ›menschlicher . . ., aufrechter und bescheidener‹ als sein Vater. Dennoch machte er ihn dadurch schlecht, daß er ihn mit Friedrich Wilhelm III. verglich. ›Der alte König‹, sagte Bismarck, ›pflegte sieben Mal in der Woche von der Pfaueninsel oder dem Potsdamer Schloß nach Berlin ins Theater zu fahren, um wertlose und gewöhnliche Stücke zu sehen. Nach der Vorstellung ging er dann hinter die Kulissen und faßte die Schauspielerinnen unters Kinn. Dann fuhr er die lange, staubige Straße zurück, die er gekommen war. Das ist auch etwa der Lebensstil des Kronprinzen . . .‹

Was blieb diesem aber auch schon anderes übrig! Es gab weiß Gott nicht viel, was Kronprinz Friedrich Wilhelm hätte tun können. Beinahe dreißig Jahre lebte er, mit Emil Ludwigs Worten, ›beschäftigungslos, sogar unfrei dahin‹. Er wohnte Manövern oder Hochzeiten bei, eröffnete Ausstellungen, machte Auslandsreisen wie ein amerikanischer Vizepräsident, der sich mit der Regierung, die er vertritt, überworfen hat — ohne Macht und Möglichkeit, zu sprechen oder zu handeln.

Er gab einem Rätsel auf. Alle stellten Spekulationen darüber an, was er wohl tun würde, sobald er einmal Kaiser war. Selbst heute rätselt man noch daran herum, welchen Verlauf die deutsche Geschichte genommen hätte, wäre seine Regierungszeit von — sagen wir — fünfzehnjähriger Dauer gewesen. Es gab da viele scheinbare Widersprüche. Er glaubte an das Gottesgnadentum der Könige, verkehrte aber viel mit liberalen Politikern. Er war gutaussehend, blond und hochgewachsen, und man sah in ihm die Verkörperung aller deutschen Tugenden, und doch verdächtigte man ihn und seine Gemahlin, Deutschland an das perfide Albion zu ›verkaufen‹. Großzügig und bescheiden, liebte er doch kaiserlichen Prunk. Er war nicht eingebildet, freundlich und rücksichtsvoll zu Leuten niedrigeren Standes, doch seinen eigenen Sohn behandelte er oft schlecht — ›unglaublich schlecht‹, wie Graf Waldersee schrieb. Er war, meint Emil Ludwig, ›ein nicht ganz preußischer Hohenzoller‹ — und in diesem ›nicht ganz‹ liegt vielleicht die Erklärung für vieles. Er war viel weniger provinziell als die Junker seiner Umge-

Auf dem Bild von 1878 sitzt Kaiser Wilhelm I. im Wagen. In der Mitte seine Enkeltochter Viktoria und rechts der spätere Kaiser Friedrich III.

Im Geschmack der Zeit. Uns Heutigen ist es kaum vorstellbar, daß in diesem überladenen Zimmer gearbeitet und gewohnt werden konnte. Das Bild oben zeigt das Arbeitszimmer Kaiser Wilhelms I.

Auf ihn gründete sich die Hoffnung vieler Liberaler. Kaiser Friedrich III. (1831–1888). Seine Regierungszeit dauerte nur 99 Tage.

Der Meister markiger Sprüche und Parolen, Kaiser Wilhelm II. Eine letzte Scheinblüte begann, das Ende war schrecklich.

bung und hätte es vielleicht vermocht, das Haus Hohenzollern in eine moderne Dynastie zu verwandeln – in eine, die sogar das Jahr 1918 überstanden hätte. Schließlich aber verlor er seine Entschlußkraft sogar noch früher als sein Leben. Er bat Bismarck weiterzu›dienen‹ – und zwar zu des Kanzlers Bedingungen: keine parlamentarische Demokratie, keine Einmischung in auswärtige Angelegenheiten. Die lange Agonie des Wartens auf den Thron hatte ihm mindestens ebenso zugesetzt wie letztlich die Agonie seines Krebsleidens.

Friedrich Wilhelm wurde am 18. Oktober 1831 geboren. Das schien ein günstiges Vorzeichen, denn an diesem Tage jährte sich die Niederlage Napoleon Bonapartes in der Völkerschlacht bei Leipzig. (Friedrich Wilhelm wurde an einem gleichermaßen historischen Jahrestag beerdigt, nämlich am 18. Juni 1888, an dem man der Niederlage Napoleons bei Waterloo gedachte.)

Zu dieser Zeit regierte noch König Friedrich Wilhelm III. Neun Jahre später wurde der Onkel des Prinzen als Friedrich Wilhelm IV. zum König gekrönt. Dadurch erfuhr auch der junge Prinz eine Erhöhung, denn nun war er in direkter Linie Thronfolger. Sein Hofmeister teilte dies dem jungen Friedrich Wilhelm mit. Er aber ließ den Hofmeister dafür maßregeln, daß er – wenn auch nur in höchst indirekter Weise – mit dieser Mitteilung auf den Tod seines Vaters angespielt hatte. ›Einen solchen Sohn zu haben ist ein Segen Gottes!‹ sagte der militärische Erzieher des Prinzen zu dessen Vater Wilhelm. Damit drückte er aber eigentlich nur aus, was ohnedies auf aller Lippen war. Alle, die ihn kennenlernten, fanden, daß Friedrich Wilhelm ein liebenswerter, höflicher, aufmerksamer und völlig selbstloser junger Mann war. So viele Hohenzollern scheinen beinahe schon schlagflüssig geboren worden zu sein; Wutanfälle begleiteten sie von früher Jugend bis ins hohe Alter. Friedrich Wilhelm aber war so voll von Milde und Güte, daß er damit wohl eine ganze Armee zornbebender Mitglieder des Hauses Hohenzollern aufwog.

Im Alter von zehn Jahren erhielt er, wie alle anderen Hohenzollernprinzen, sein Offizierspatent im Garderegiment. Einer anderen Familientradition gemäß ließ man ihn auch ein Handwerk erlernen. Fleißig wie er nun einmal war, brachte er es auf deren drei: Drucken auf einer kleinen, handbetriebenen Druckpresse, Buchbinderei und Möbeltischlerei. Einmal fertigte er sogar seinem Vater für das Babelsberger Schloß, wo sich die Kronprinzenfamilie damals viel aufhielt, einen Stuhl an. (Als er später einmal einen Kunstschreiner traf, sagte er zu ihm mit einem ironischen Lächeln, er sei selbst einmal Schreiner gewesen, habe es aber in diesem Handwerk nie bis zum Meister gebracht.)

Der berühmte Altertumsforscher Ernst Curtius überwachte den Studiengang des Prinzen seit dessen dreizehntem Jahr. Er unterrichtete ihn in Literatur, Kunst, Geschichte und den klassischen Sprachen. Mit sechzehn beeindruckte Friedrich Wilhelm den Dichter Emanuel Geibel durch seinen klaren Geist und sein angeborenes Verständnis für geistige Dinge. Ein Jahr später verblüffte, ja erschreckte Friedrich Wilhelm seinen Militärerzieher bei einem Diner für Gardeoffiziere durch die Äußerung, er sei der Ansicht, eine Volksvertretung werde zu einer Notwendigkeit.

Friedrich Wilhelm war mit Prinz Friedrich Karl von Hohenzollern eng befreundet. Er war sein Vetter, der Sohn Prinz Karls, einem jüngeren Bruder von König Friedrich Wilhelm IV. und König Wilhelm I. Der drei Jahre ältere Friedrich Karl war dank den hartnäckigen Bemühungen von Friedrich Wilhelms Mutter Augusta an der Universität Bonn immatrikuliert. Die Königin wollte ihren Neffen dort haben, damit ein Präzedenzfall geschaffen sei, der die spätere Inskription ihres eigenen Sohnes dort erleichtern möge. Wohl hatten schon andere Prinzen und Fürstensöhne in Bonn studiert, für das Haus Hohenzollern aber war ein Universitätsstudium etwas ganz Unerhörtes. Man hielt eine militärische Ausbildung der Prinzen des Hauses für völlig ausreichend. Augustas unablässige Bemühungen führten schließlich zum Ziel, und Friedrich Wilhelm ging drei Wochen nach seinem achtzehnten Geburtstag an die Universität. Ihn an einer Universität zu immatrikulieren war ein weit radikalerer Schritt, als uns das heute vielleicht scheinen mag. Das britische Königshaus z. B. brauchte noch ein volles Jahrhundert, ehe es einen Thronfolger auf die Universität schickte (nämlich als Prinz Charles, Prince of Wales, in Cambridge inskribierte). Er belegte Literatur, Geschichte und Rechtswissenschaften. Daneben hatte er einen englischen Hauslehrer, der ihn dreimal wöchentlich in dieser Sprache, aber auch in englischer Literatur und Geschichte unterrichtete. Obwohl man später seine probritische Einstellung seiner Gemahlin aus dem britischen Königshaus zuschrieb, hat sie sich doch offenbar schon weit früher entwickelt. Copland Perry, sein Englischlehrer, schrieb: ›Seine Liebe zu England und seine tiefe Bewunderung für unsere Königin war erstaunlich. Was immer ich ihm an Material über das englische politische und gesellschaftliche Leben darbieten konnte, nahm er begierig auf. Wenn der ernstere Teil seiner Studien abgeschlossen war, unterhielten wir uns damit, Phantasiebriefe an Minister und führende Persönlichkeiten der Gesellschaft zu schreiben.‹

In seinem dritten Hochschuljahr verfaßte Friedrich Wilhelm eine Abhandlung über den Wert des Universitätsstudiums und ging auf die Gründe ein, warum das Hauslehrersystem die Universität nicht vollwertig ersetzen könne.

›Niemand kann es leugnen, daß man an den Höfen kein wahres Bild vom Leben und Treiben der Menschen gewinnt‹, schrieb er, ›und daß dasselbe nur durch fleißigen Umgang mit Personen aller Stände erlangt werden kann. An den Höfen ist man von Leuten umgeben, welche stets mit Höflichkeit, mit Beobachtung aller herkömmlichen Formen, und nur zu oft mit trügerischen Schmeichelreden den Fürsten entgegenkommen; die Gewohnheit führt allmählich dahin, daß man sich das

Leben nicht anders vorstellt und alle Menschen, mit denen man zusammenkommt, nach demselben Maßstab messen will. Die Menschen sind aber von Natur nicht an solche Formen gewöhnt, sondern sie sprechen sich im öffentlichen Leben frei und unumwunden aus, und man muß sich früh daran gewöhnen, anzuerkennen, daß oft in einer rauhen und unbeholfenen Form ein sehr tüchtiger Kern von Wissen und Wollen steckt. Die Welt ist einmal von dieser Art, und dieselbe gründlich kennenzulernen, ist Pflicht der Fürsten, besonders in unseren Tagen.‹

Die Sommerferien verbrachte er auf Reisen, und im Jahre 1851 fuhr er nach Großbritannien. Königin Viktoria notierte in ihrem Tagebuch, der neunzehnjährige Prinz mache einen guten und liebenswürdigen Eindruck. Sie stellte ihn auch ihrem damals erst zehn Jahre alten Töchterchen Vicky vor.

Ein Fackelzug und ein Ständchen, an dem alle Studenten teilnahmen, bildete im Jahre 1852 den Abschluß des Universitätsstudiums des Prinzen. Er kehrte zum ersten Garde-Infanterieregiment zurück, in dem er nun den Rang eines Hauptmanns und Kompanieführers bekleidete. Im darauffolgenden Jahr wurde er zum Major befördert und von seinem Vater in eine Freimaurerloge eingeführt. Gegen Ende des Jahres 1853 war er mehrere Monate auf Reisen in Italien. Nach einer peinlichen Szene am Beginn ihrer Bekanntschaft entstand ein sehr herzliches Verhältnis zu Papst Pius IX. Der Papst war dem Prinzen zur Begrüßung entgegengetreten und hielt ihm die Rechte zum Kuß des Fischerringes entgegen, der protestantische Hohenzoller aber fand diese Begrüßungsform unpassend und ergriff die dargebotene Rechte, um sie herzhaft zu schütteln. (Bei allen späteren Zusammenkünften begrüßte der Papst Friedrich Wilhelm mit fest auf dem Rücken verschränkten Armen.) Bei dieser italienischen Reise konnte der Prinz auch kunstgeschichtliche und archäologische Studien betreiben. Er war an diesen beiden Wissenszweigen sehr interessiert und wurde später ein einflußreicher Gönner sowohl der schönen Künste als auch der Archäologie.

Im Sommer 1855 wurde Friedrich Wilhelm von Königin Viktoria und Prinzgemahl Albert nach Schloß Balmoral in Schottland eingeladen. Am 20. September bat er sie um die Hand ihrer Tochter Vicky, die eben erst fünfzehn geworden war. Friedrich Wilhelm hatte sich die Zustimmung seiner eigenen Eltern und seines Onkels, des Königs Friedrich Wilhelm IV., bereits gesichert. Viktoria und Albert waren sogleich einverstanden; die Hochzeit sollte aber erst nach Vickys 17. Geburtstag stattfinden. Auch baten sie den Freier, ihrer Tochter seine Werbung erst im kommenden Frühling nach ihrer Konfirmation vorzutragen. ›Er hat mir recht wohl gefallen‹, schrieb Albert über den jungen Prinzen an einen Freund. ›Große Geradheit und Offenheit und Ehrlichkeit sind vorzüglich hervorstechende Eigenschaften. Er scheint vorurteilsfrei und im hohen Grade wohlmeinend; spricht sich als persönlich durch Vicky sehr angezogen aus. Daß sie nichts einzuwenden haben wird, halte ich für wahrscheinlich.‹

Damit hatte er recht, wie sich am 29. September zeigen sollte, als die Hoffnung, daß der Prinz seine Leidenschaft bis zum kommenden Frühjahr werde zügeln können, sich als trügerisch erwies. Friedrich Wilhelm und Prinzessin Viktoria ritten gemeinsam den Craig-na-ban hinauf. Der Prinz pflückte weißes Heidekraut, das als glücksbringend gilt. ›Glück wofür?‹ wollte sie wissen, als er ihr das Sträußchen reichte. Auf dem Ritt hinunter nach Glen Girnoch erklärte er sich ihr, und sie nahm seine Werbung an. ›Es war nicht Politik, es war nicht Ehrgeiz‹, sagte er später zu Copland Perry, ›es war mein Herz.‹

Das mag für das nunmehr im geheimen verlobte Paar wohl wahr gewesen sein. Andere aber sahen die Dinge von der politischen Seite. Wie der Bruder des Prinzgemahls, Herzog Ernst von Sachsen-Coburg-Gotha, berichtet, habe Albert, erfüllt von väterlichem Ehrgeiz für seine Tochter, gehofft, sie ›auf einen mächtigen Thron‹ zu setzen. Friedrich Wilhelm, der in direkter Erbfolgelinie zum Thron von Preußen stand, ›gab zu den größten Hoffnungen für die Zukunft Anlaß‹, schrieb der Herzog weiter. Gleichzeitig aber stellte er fest, daß sich in Deutschland gegenteilige Stimmen erhoben hätten, sobald das Gerücht von der heimlichen Verlobung die Runde machte. ›Je mehr die liberalen Blätter in Deutschland zujubelten‹, schrieb der Herzog, ›desto unangenehmer empfand man auf der entgegengesetzten Seite die Ungunst der Zeitumstände.‹ Das hatte die höchst seltsame Wirkung, König Friedrich Wilhelms IV. Unterstützung für diese Heirat zu verstärken. Er tat immer gerne Dinge, gegen die seine Minister opponierten. General von Gerlach kam zum König und schwenkte ein Exemplar der *Kölnischen Zeitung*. Empört klagte er, es stünden darin ›ungereimte Gerüchte‹, daß der Prinz sich mit einer britischen Prinzessin verlobt habe. ›Nun ja‹, antwortete der König schließlich und lachte laut auf, ›es ist auch wirklich so!‹

Ein Jahr später war der Prinz zu Vickys sechzehntem Geburtstag wieder in England. Bei seiner Rückkehr unterbrach er die Reise in Paris, um beim französischen Hof seine Aufwartung zu machen. Kaiser Napoleon III. empfing ihn sehr höflich, obwohl er über die bevorstehende preußisch-britische Bindung etwas besorgt war. Kaiserin Eugénie faßte ihren eigenen Eindruck in einem Privatbrief zusammen, in dem sie die Besucher aus Deutschland beschrieb, den Prinzen und Moltke – die beiden Männer also, die vierzehn Jahre später dafür mitverantwortlich sein sollten, daß sie und Louis Napoleon ins Exil mußten.

›Der Prinz‹, schrieb sie, ›ist ein großer, schöner Mann, fast einen Kopf größer als der Kaiser, schlank, blond, mit strohfarbenem Schnurrbart – kurz, ein Germane, wie ihn Tacitus beschrieben hat, von ritterlicher Politesse, nicht ohne einen hamletschen Zug.

Sein Begleiter, Herr von Moltke (oder so ähnlich), ist ein wortkarger Herr, aber nichts weniger als ein Träumer, immer gespannt und spannend; er überrascht durch die treffendsten Bemerkungen. Eine imponierende Rasse, die Deutschen! Louis sagt, es ist die Rasse der Zukunft. *Bah! Nous n'en sommes pas encore là.*‹

Im Mai 1857, mehr als achtzehn Monate nach der heimlichen Verlobung, gab der König von Preußen das Verlöbnis im *Preußischen Staatsanzeiger* öffentlich bekannt. Einen Monat später besuchten der Prinz und Moltke nochmals Großbritannien. Das ganze Land erging sich in viktorianischer Sentimentalität über die romantische Verlobung. Sogar die *Times,* die der Vereinigung ursprünglich ablehnend gegenübergestanden war, schwenkte nun ein und schloß sich der allgemeinen Begeisterung an. Kaum war er wieder daheim in Preußen, bekam der Prinz schon Briefe von seiner Braut. Sie war eine sehr energische und etwas eigensinnige junge Dame, die ihrem Gatten geistig bald überlegen war. In diesem Sommer berichtete der Prinz Moltke, er habe von Vicky einen vierzig Seiten langen Brief bekommen.

Die Hochzeit fand Anfang 1858 in St. James-Palast statt. ›Sie fragen mich in Ihrem Brief, was ich zu der englischen Heirat sage‹, schrieb Bismarck in jenen Tagen an den General von Gerlach. ›Ich muß beide Worte trennen, um meine Meinung zu sagen. Das Englische darin gefällt mir nicht, die Heirat mag aber ganz gut sein . . .‹ Damit war mehr oder weniger die Haltung der preußischen Konservativen zusammengefaßt – aber auch die der Franzosen. Jedermann war für die Liebe, und die meisten waren sich darin einig, daß es dem Prinzen gut täte, ein glückliches Familienleben zu haben. Eine Heirat zwischen Großbritannien und dem immer höher strebenden Preußen war aber wieder eine andere Sache.

Hundert Schüler von Eton, der Eliteschule, jubelten Braut und Bräutigam unter einem Banner mit der Aufschrift CONGRATULATUR ETONA zu, und ein weiterer Schwarm Eton-Boys begrüßte sie in Windsor, spannte der königlichen Karosse die Pferde aus und schob sie vom Bahnhof bis zum Schloß. An diesem Tag schrieb die *Times* in einem Kommentar, daß durch diese Ehe wohl beide Nationen ihren Vorteil hätten, daß sie aber jedenfalls ›mit Zuversicht‹ zu behaupten wage, ›eine englische Prinzessin sei ein Gewinn für den preußischen Hof‹.

Darauf folgten die üblichen britischen Ehrungen: Friedrich Wilhelm wurde zum Ritter des Hosenbandordens und zum Mitglied der Gilde der Fischhändler erhoben. (Ausländern konnte der Hosenbandorden an sich nur verliehen werden, wenn sie gekrönte Häupter waren. Man hielt aber Friedrich Wilhelm dieser Ehre für würdig, weil er ein Abkömmling Georgs I. von England war.) Als das junge Paar am 2. Februar zur Einschiffung auf der *Victoria and Albert* nach Gravesend fuhr, hatte man über ihren Weg Bögen errichtet, auf denen zu lesen war: ›Leb' wohl, schöne Rose von England!‹ und ›Wir vertrauen sie Dir an!‹ Sechzig junge Mädchen streuten Blumen, als sie an Bord des Schiffes gingen. Dockarbeiter riefen Friedrich Wilhelm gute Lehren zu:

›Behandle sie gut!‹ und sogar ›Sei ihr treu!‹ Die *Times* berichtete, daß bei diesem Abschied kaum ein Auge trocken blieb. Die wackeren Briten fürchteten offenbar nicht nur den Verlust ihrer geliebten Prinzessin, sie fürchteten auch so halb, daß die Ärmste nun in ein barbarisches Land zöge.

Der Willkomm in ihrer neuen Heimat war warm und begeistert; Papa Wrangel, der schon etwas klapprige alte Feldmarschall, setzte sich bei der Begrüßung der Braut in Paradeuniform mitten in eine große, mit Schlagsahne überzogene Torte. Das junge Paar wohnte kurze Zeit im Berliner Schloß, bis es dann in das Palais des Kronprinzen übersiedelte, der ihre Winterresidenz wurde. Nach zwölf Monaten wurde das erste ihrer acht Kinder geboren – der spätere Kaiser Wilhelm II. Bei der Geburt mußten Instrumente verwendet werden, und der kleine Junge erlitt mehr als bloß körperlichen Schaden.

Während des Sommers wohnte das junge Paar im Neuen Schloß bei Potsdam. Die in England geborene Prinzessin legte englische Gärten an und führte auf der nahegelegenen Landwirtschaft Molkereibetrieb und Hühnerzucht nach dem Muster eines englischen Landsitzes ein. Die Bewohner der umliegenden Dörfer stellten mit Überraschung fest, daß Viktoria an den sanitären Anlagen ihrer Häuser, am Schulwesen und den Ferien ihrer Kinder interessiert war. Sogar Friedrich Wilhelm legte sich das Gehaben eines britischen Landedelmannes zu. Das ging so weit, daß er sogar manchmal in der Dorfschule den Unterricht übernahm und die Aufgaben abhörte. Einmal stand er vor den Kindern und berührte einen der Orden auf seiner Brust. Er fragte: ›In welches Königreich gehört das?‹ Ein kleines Mädchen antwortete: ›Ins Steinreich!‹ ›Und das?‹ fragte der Prinz und wies auf eine Blume. ›Ins Pflanzenreich!‹ kam prompt die Antwort.

›Und ich selbst?‹ fragte er, zufolge dieser Geschichte, die bald in ganz Preußen die Runde machte. ›Ins Himmelreich!‹ antwortete das Kind mit süßer Stimme.

Am 18. Januar 1861 wurde Prinz Wilhelm zum König gekrönt; sein Sohn Friedrich Wilhelm wurde Kronprinz von Preußen. Er war bereits Generalleutnant und wurde jezt auch noch Statthalter von Pommern.

Als die neue Regierung immer reaktionärer wurde, bevorzugte der Kronprinz lieber Untätigkeit, als daß er mit seinem Vater in offenen Widerspruch getreten wäre. Er wohnte Ministerratssitzungen bei, verhielt sich aber schweigend. Im Oktober 1862 zog er sich auch davon gänzlich zurück. Bis zum Mai 1863, während sich des Königs Differenzen mit dem Parlament verstärkten, wurde der Kronprinz dennoch immer tiefer in diese Entwicklung hineingezogen. Die Fortschrittlichen, die in ihm ihren Vorkämpfer sahen, überschütteten ihn mit Briefen und Memoranden, ebenso die Konservativen, die ihn beschworen, sein Haus vor dem Unterhaus des Parlaments zu retten. Durch Viktoria war er selbst zur Überzeugung gelangt, daß eine Monarchie mit der Zeit gehen müsse, und wäre es nur, um zu überleben, und daß die absolutistische Regierungsform die Stabilität des Thrones gefährde. An den Historiker Max Duncker, der in Staatsangelegenheiten sein Berater war, schrieb er: ›Ich bin still und lebe in einem Zustand passiver Neutralität.‹ Einige Tage später brach er sein Schweigen und bat seinen Vater, in bezug auf die Presseverordnungen das Gesetz nicht zu beugen. Wilhelm I. antwortete rasch und barsch: ›Du sagst, daß Du nicht beabsichtigest, Opposition zu machen. Dann mußt Du nicht vorsichtig gewesen sein. Oppositionelle Reden von Dir sind nach außen gelangt und haben ihren Weg zu mir gefunden. Du hast jetzt Gelegenheit, dies wettzumachen, indem Du Dich in abweichendem Sinne aussprichst, die Fortschrittlichen aufgibst und Dich den Konservativen zuwendest . . .‹

Am 3. Juni protestierte der Kronprinz in einem Brief an Bismarck gegen die Presseverordnungen, und am 4. Juni erklärte er in einem Brief an seinen Vater, daß diese Beschränkungen ungesetzlich, verfassungswidrig und gefährlich seien.

Das Donnerwetter, das sich zusammenbraute, wurde aber nicht nur durch seine Briefe hervorgerufen, sondern mehr noch durch eine Rede, die er am 5. Mai in Danzig gehalten hatte. Der Bürgermeister dieser Stadt hatte den Kronprinzen beschworen, die Verfassung hochzuhalten. Die Antwort Friedrich Wilhelms an den Bürgermeister, die danach von den Zeitungen kolportiert wurde, war teilweise für Hof und Regierung sehr peinlich. Er erklärte, daß die Erlässe ohne sein Wissen proklamiert worden seien; damit brachte er klar zum Ausdruck, daß er sie persönlich nicht guthieß. Er sagte auch, er bedaure den ›Konflikt zwischen Regierung und Volk‹, eine Äußerung, die denen Schützenhilfe leistete, die da behaupteten, die Regierung des Königs von Preußen sei nicht nur unpopulär, sondern vertrete im Grunde auch nicht die Interessen des preußischen Volkes.

Der König schrieb seinem Sohn, daß er ihn, sollte es noch einmal zu solchen Äußerungen kommen, aller militärischen Funktionen entkleiden und nach Berlin zurückberufen würde. Darauf antwortete der Kronprinz, er könne nichts von dem Gesagten zurücknehmen, da das Ministerium ›einen Schritt unternommen habe, der meine Zukunft und die meiner Kinder gefährde‹. Diese Bemerkung zeigt, daß er ganz richtig erkannte, das Haus Hohenzollern könne in modernen Zeiten nur dadurch überleben, wenn es im Interesse des Volkes handle und sich konstitutionellen Gedanken öffne. Der Prinz bot an, sein Offizierspatent zurückzulegen und ins Ausland ins Exil zu gehen.

Das hätte einen größeren Skandal verursacht; aber es wäre ebenso ein Skandal gewesen, hätte der König seine Drohung wahrgemacht und seinen Sohn aller militärischen Befehlsfunktionen entkleidet. Vorsichtigerweise pflog König Wilhelm I. am 10. Juni mit Bismarck Rücksprache, ehe er handelte. Sie besprachen die Sache bei einer Ausfahrt in einer Kalesche, wobei sie sich ›wegen des Kutschers auf dem Bock‹ des Französischen bedienten, wie Bismarck später berichtete. ›Ich mußte mir im dynastischen Interesse die Aufgabe stellen‹, notierte der Kanzler, ›den

König zu beruhigen.‹ Er warnte seinen Herrscher davor, aus dem Kronprinzen einen Märtyrer zu machen. Dieses Argument leuchtete Wilhelm ein; er vergab seinem Sohn, legte ihm aber dringend nahe, in Zukunft den Mund zu halten.

Durch diesen indirekten Vorwurf verärgert, schrieb der Kronprinz am 30. Juni dem Kanzler einen bitteren Brief. ›Ich werde Ihnen sagen, welche Ergebnisse ich von Ihrer Politik befürchte‹, teilte er Bismarck mit. ›Sie werden so lange an der Verfassung herumdeuteln, bis sie in den Augen des Volkes jeden Wert verliert. Dadurch werden Sie einerseits anarchische Bewegungen erregen, welche über die Grenzen der Verfassung hinausgehen, während Sie andererseits, ob Sie es beabsichtigen oder nicht, von einer gewagten Auslegung zur anderen gelangen werden, bis Sie schließlich zu einem offenen Bruch der Verfassung gedrängt werden. Ich betrachte diejenigen, welche ... meinen allergnädigsten Vater in solche Bahnen leiten, als die gefährlichsten Ratgeber für Krone und Land.‹

Während des Dänischen Krieges des Jahres 1864 war der Kronprinz dem Stab des Oberkommandierenden der österreichisch-preußischen Streitkräfte, Feldmarschall von Wrangel, zugeteilt. Am 11. September – der kurze Krieg war bereits vorbei – gebar die Kronprinzessin ihr viertes Kind, Sigismund (1860 war Charlotte, 1862 Heinrich zur Welt gekommen). Sigismund lebte nicht ganz zwei Jahre lang. ›Die Geschichte des Hauses Hohenzollern ist voll seltsamer Zufälle‹, schrieb der britische Historiker Rennel Rodd im Jahre 1888 und stellte dann fest, daß Prinz Sigismund den österreichischen Kaiser zum Taufpaten hatte und ›an beinahe dem gleichen Tage starb, an dem sein Vaterland gegen Österreich zum Schwert griff‹.

Der Krieg gegen Dänemark bot eine Atempause in jenem anderen Kampf, den der Kronprinz gegen den Ministerpräsidenten seines Vaters führte. Vor allem Bismarcks außenpolitische Intrigen bereiteten dem Kronprinzen Sorge, und er warnte Bismarck, daß sie ›wahrscheinlich zu unserem Sturz in Europa führen‹ würden.

Er fügte hinzu: ›Es wäre nicht das erste Mal, daß Preußen der Welt ein Schnippchen schlagen wollte, am Ende aber bemerken mußte, daß es zwischen zwei Stühlen sitzt.‹

Als Bismarck im Jahre 1866 den Krieg gegen Österreich heraufbeschwor, schrieb Friedrich Wilhelm in einem Brief an seinen Onkel, den Herzog Ernst von Sachsen-Coburg-Gotha: ›Mit gebundenen Händen überantworten wir uns einem blinden Schicksal! Ich werde meinerseits nichts unversucht lassen, um dem Unheil zu begegnen, abzuwehren, zu warnen, zu verhindern ...‹

Er sagte zu Duncker, er halte Bismarck für einen Verbrecher, der mit so geheiligten Dingen sein Spiel treibe, und er bestand darauf, der einzig richtige und rechte Weg, auf dem Preußen seine Vormachtstellung in Deutschland erlangen und behaupten könne, sei ein entschieden liberales Regierungssystem, den Erfordernissen der Zeit angepaßt. Man müsse, wenn nötig, Gewalt gegen jeden Fürsten anwenden, der sich der Errichtung eines liberalen deutschen Bundes entgegenstelle.

Die Unmittelbarkeit der Kriegsvorbereitungen aber riß den Kronprinzen mit, denn sie appellierten an seine militärischen und patriotischen Instinkte. Er wurde zum Oberkommandierenden der Zweiten Armee ernannt. Da er wohl ein begabter, nicht aber ein genialer Kommandeur war, machte man Generalmajor Leonhard von Blumenthal zu seinem Generalstabschef. Prinz Friedrich Karl von Hohenzollern, der Vetter des Kronprinzen, sollte die Erste Armee anführen *. Am 14. Juni bezog die Zweite Armee ihr Hauptquartier in Neisse und machte sich kampfbereit. Vier Tage später kam Königin Augusta an und berichtete ihm, daß der zweijährige Prinz Sigismund an Hirnhautentzündung gestorben sei.

Der Kronprinz rettete sich aus seiner tiefen Niedergeschlagenheit in die Tat, denn der Kampf hatte nun begonnen. Nach dem preußischen Sieg bei Königgrätz am 2. Juli begann der Kronprinz aufs neue Händel mit Bismarck und seinem Vater und wurde dabei auch noch in ihre internen Streitereien verwickelt. Wie bereits erwähnt, wollte der König die Österreicher gegen Bismarcks Rat verfolgen und bestrafen. Als er schon glaubte, er könne mit seiner Meinung bei König Wilhelm nicht durchdringen, drohte Bismarck sogar, aus einem Fenster im vierten Stock zu springen. Der Kronprinz, so berichtet Bismarck selbst, betrat das Zimmer im allerletzten Augenblick und legte dem Kanzler beschwichtigend die Hand auf die Schulter. ›Ich bin bereit‹, sagte er, ›Ihnen beizustehen und Ihre Meinung bei meinem Vater zu vertreten.‹ So wurde er zum Friedensstifter und erreichte es, daß der König dem Plan Bismarcks zustimmte, die Österreicher nicht zu demütigen.

›Nachdem mein Ministerpräsident mich vor dem Feinde im Stich gelassen hat‹, notierte Wilhelm mürrisch, ›habe ich die Frage mit meinem Sohn erörtert und ... sehe mich zu meinem Schmerze gezwungen, nach so glänzenden Siegen der Armee in diesen sauren Apfel zu beißen und einen so schmachvollen Frieden anzunehmen.‹

Bei den Friedensverhandlungen traf der Kronprinz Moltke. ›Sie werden dort schöne Zustände antreffen‹, sagte ihm Moltke. ›Der König und Bismarck sprechen nicht miteinander.‹ Bei seiner Ankunft im Schloß fand der Kronprinz, daß sich der König und Bismarck tatsächlich jeder in sein Zimmer gesperrt hatten; keiner wollte zum anderen gehen. Wieder spielte der Kronprinz den Vermittler.

---

* Die Karriere beider Prinzen war eng miteinander verbunden. Beide waren sie Armeekommandierende im Krieg gegen Österreich; beide wurden während des französisch-preußischen Krieges von 1870/71 am gleichen Tage zum Feldmarschall ernannt. Sie starben zur gleichen Stunde des gleichen Tages, nur durch jene drei Jahre getrennt, um die auch ihre Geburt differierte. Friedrich Karl starb 1885 und Friedrich Wilhelm 1888.

Diese Begebenheiten führten zu einer vorübergehenden Versöhnung zwischen dem Kronprinzen und Bismarck. Er hatte erkennen müssen, wie erfolgreich die Bismarcksche Politik sein konnte; er begeisterte sich am neuen Ruhm Preußens und dachte nicht daran, auf die Früchte des Sieges zu verzichten.

Was die Rolle des Kronprinzen in diesem Feldzug anlangt, so soll Napoleon III. mit der flachen Hand auf den Tisch geschlagen und ausgerufen haben: ›Der künftige König auch noch ein guter General! Das hat gerade noch gefehlt!‹ Als aber später wegen Luxemburg neuerlich Krieg mit Frankreich drohte, platzte dem Kronprinzen der Kragen. ›Sie haben wohl noch keinen Krieg gesehen‹, sagte er zu einem Preußen, der zu ihm begeistert von dem bevorstehenden Waffengang sprach. ›Wenn Sie den Krieg kennten, würden Sie das Wort nicht so ruhig aussprechen ...‹

Dieser Krieg konnte abgewendet werden. Der Zusammenprall mit Frankreich kam erst im Jahre 1870. Im Jahre 1868 machte der Prinz eine Reise nach Italien, um die Verbindung der italienischen Nationalisten mit Preußen zu stärken und den frankophilen Elementen in Italien entgegenzutreten. Überall wurden ihm Ovationen dargebracht. Die Italiener riefen sogar: *›Evviva Prussia, l'angelo prottettore d'Italia!‹* Daheim in Berlin war Bismarck hochzufrieden. Er sagte zu Professor Johann Kaspar Bluntschli, daß ein gegen Preußen feindlich eingestelltes italienisches Ministerium nun nicht mehr möglich sei. Friedrich Wilhelm erwies sich ganz als der Prinz, wie ihn die Italiener zu schätzen wußten. Eine Zeitung berichtete, daß er ›beinahe ununterbrochen‹ lächelte, und nannte ihn ›einen gutaussehenden Mann, hochgewachsen und gut gebaut, und von kriegerischem Gehaben‹. Nicht nur von seinem Äußeren war man bezaubert, sondern auch von seiner beinahe italienischen Höflichkeit. Von dieser sprach man nach einem Ball bei Hof in ganz Italien. Prinzessin Margherita, die Braut des italienischen Thronfolgers Prinz Umberto, tanzte gerade mit dem Sohn eines Bankiers namens Cassano, als eine Katastrophe eintrat, die den ganzen Saal vor Schreck den Atem anhalten ließ: Cassano trat auf Margheritas Ballkleid und riß einen Teil des Spitzenbesatzes ab. Friedrich Wilhelm zog flink ein kleines Etui aus der Tasche, streifte das umschließende Gummibändchen ab, zog eine Schere heraus, kniete nieder und schnitt den Rest des zerrissenen Besatzes ab. Als Margherita ihre Hand nach dem Stückchen Stoff ausstreckte, weigerte sich Friedrich Wilhelm, es herauszugeben. Mit galanter Geste drückte er es an sein Herz, faltete es dann sorgfältig zusammen und steckte es in die Tasche. Alle waren über solche Ritterlichkeit außer sich, obwohl der süddeutsche *Stuttgarter Beobachter* sich eine kleine Bissigkeit nicht versagen konnte: ›Diese Preußen sind gewitzte Kerle: immer bewaffnet und für jeden Anlaß gerüstet!‹

Die gewaltsame ›Prussifizierung‹ nach dem Krieg mit Österreich hatte manche Schwaben und Hessen antipreußischer denn je gemacht. Die greise Großmutter von Baron Hugo von Reischach, der später dem Hohenzollernhof diente, sagte zum Beispiel, daß sie zehn Meilen auf den Knien rutschen würde, um Bismarck gehenkt zu sehen. Der französisch-preußische Krieg von 1870/71 änderte das alles. Es zeigte sich, daß man mit der Bestellung des beliebten Kronprinzen zum Befehlshaber der süddeutschen Armeen eine glückliche Wahl getroffen hatte. Auch diese durchaus unpreußischen Soldaten wurden von ihm so bekehrt, daß sie ihn hochleben ließen, als er in der Schlacht von Wörth unter ihnen weilte, und ›Heil Dir im Siegeskranze‹ anstimmten, während sie wacker weiterschossen.

Gustav Freytag, ein Freund des Kronprinzen, begleitete ihn in sein Hauptquartier. ›Ich verabscheue dieses Gemetzel‹, vertraute ihm Friedrich Wilhelm an. ›Ich habe nie nach Kriegsehren gestrebt ... und es wird gerade mein Schicksal, aus einem Krieg in den anderen, von einem Schlachtfeld über das andere geführt zu werden und in Menschenblut zu waten, bevor ich den Thron meiner Vorfahren besteige.‹ Als er nach Frankreich kam, erließ er eine Proklamation: ›Deutschland befindet sich im Krieg mit dem Kaiser der Franzosen, nicht mit dem französischen Volk‹, und versicherte ihnen, sie hätten ›keine feindseligen Maßnahmen‹ zu befürchten. Auf alle Fälle löste er sein Versprechen ein. Er machte die Villa des Ombrages am Rande von Versailles zu seinem Hauptquartier. Seine ›Gastgeberin‹ schrieb später über ihn als ›den stattlichen und freundlichen Herrn ... der alle Unbill von unserem Haushalt abwendete‹.

Dann schrieb sie weiter: ›Obwohl er doch nach Kriegsrecht unser Herr und Gebieter und bis auf weiteres der Besitzer alles unseres früheren Eigentums war, benahm er sich doch stets, als sei er unser Gast. Ich kann nie die Zartheit vergessen, mit der er um alles bat, ob es nun für ihn oder für seinen Adjutanten war; wie er sich immer entschuldigte, daß er uns Mühe bereite, wie er besorgt war, uns in irgendeiner Weise zu inkommodieren und wie er immer fragte, ob dies oder jenes unseren Plänen zuwiderlaufen würde ... An jenem schrecklichen 19. Januar 1871, als beim Mount Valérien, bei Bougival und St. Cloud gekämpft wurde und unsere Truppen nach Paris zurückgeschlagen wurden, gerieten viele Tausende meiner Landsleute in Gefangenschaft. Um sechs Uhr abends hatte der Kronprinz in Erfahrung gebracht, daß unter den Gefangenen mehrere Männer seien, die nicht Berufssoldaten, sondern Rechtsanwälte, Künstler, Lehrer, Kaufleute und so weiter waren. Er bat die gefangenen französischen Offiziere, diese Zivilisten davon zu verständigen, daß er ihnen Begleitung stellen werde, damit sie unangefochten zu Heim und Arbeit zurückkehren könnten. Diese großzügige *noblesse* ... ist niemals vergessen worden ...‹

Jene, die Friedrich Wilhelm knien gesehen hatten, um den Saum von Prinzessin Margheritas zerrissenem Ballkleid zu reparieren, hatten der Empfindung ihres Zeitalters mit dem Ruf Ausdruck verliehen: ›Er ist ein wahrer Ritter!‹ Und tatsächlich war Friedrich Wilhelm ein ritterlicher viktorianischer Edelmann; er gehörte zu jenem aristokratischen Typus des 19. Jahrhunderts, für den *noblesse oblige* die echte Verpflichtung bedeutete, jedermann unter dem eigenen Rang mit ausgewählter Höflichkeit zu behandeln. In dieser Hinsicht war er ganz der Sohn seines Vaters, denn auch Wilhelm I. war stets freundlich zu Untergebenen. Unglücklicherweise erstreckte sich die Güte und Höflichkeit Friedrich Wilhelms nicht immer auf seinen eigenen ältesten Sohn.

Im Jahre 1871 wurde Friedrich Wilhelm in den Rang eines kaiserlichen Kronprinzen erhoben und wartete nun darauf, daß ihm die Kaiserkrone zufallen werde. Er war vierzig Jahre alt, gesund und gutaussehend. Früher hatte er einen Schnurrbart und Koteletten getragen, nun ließ er sich einen Vollbart wachsen, und der blonde Bart zusammen mit seinem angegrauten Haupthaar trug noch zur Majestät seiner Erscheinung bei.

Mit seiner Militärkarriere aber war es nun, da er Feldmarschall geworden, vorbei, und er hatte eigentlich nichts zu tun, als seinen greisen Vater bei offiziellen Anlässen zu vertreten. Von Natur aus war Viktoria, die kaiserliche Kronprinzessin, weit vitaler und energischer als er. Sie ermutigte ihn nun, sich in allerlei Aufgaben zu stürzen, mit denen ihr Vater, Prinz Albert, sich befaßt hatte. Dazu gehörte die Förderung der schönen Künste, der Industrie und der sozialen Wohlfahrtseinrichtungen. Friedrich Wilhelm begann ernsthaft der Erwerb neuer Sammlungen für das Berliner Museum zu interessieren, und alle Berichte, die sich mit diesen Angelegenheiten befaßten, gingen durch seine Hände.

Bisher gab es unter den Hohenzollern keine Kunstsammler oder große Mäzene. Friedrich Wilhelm bildete in dieser Hinsicht eine Ausnahme. Im Hohenzollernschloß hingen einige Cranachs, die sich in der sogenannten ›Schönen Kammer‹ befanden, die der Große Kurfürst eingerichtet hatte. Friedrich der Große hatte wohl eine Bibliothek bauen lassen, war aber nie ein ernsthafter Kunstsammler gewesen. Friedrich Wilhelm III. hatte das Königliche Museum errichten lassen, aber hauptsächlich deshalb, weil der sumpfige Grund, auf dem es stand, ohnedies hätte trockengelegt werden müssen. Bei den ungeheuren Kosten, die das verursachte, spielte es keine große finanzielle Rolle mehr, auch noch ein Museum zu bauen. Sein Nachfolger erst gab den königlichen Kunstsammlungen echten Auftrieb. Er bestimmte die Insel in der Spree zu einer ›Freistatt für Kunst und Wissenschaft‹ und errichtete das Neue Museum, das im Jahre 1859 fertiggestellt wurde. Man sagt, er habe sogar die ursprünglichen Pläne für die im Jahre 1876 vollendete Nationalgalerie selbst entworfen. Kronprinz Friedrich Wilhelm befahl die Errichtung eines Handwerks- und eines Volkskunstmuseums und wurde auch ein Gönner der Deutschen Anthropologischen Gesellschaft. Im Jahre 1877 gründete er auch das Hohenzollernmuseum, obwohl er seine Vorväter mit verhältnismäßig nüchternem Auge betrachtete. Die patriotische Begeisterung, die Deutschland nach der Reichsgründung durchpulste, veranlaßte preußische Historiker, alle Hohenzollern in den prächtigsten Farben zu schildern. Friedrich Wilhelm I., der Vater Friedrichs des Großen, wurde auf diese Weise zu einem beinahe gütigen

Herrscher umfunktioniert, und von dem ob seiner Entschlußlosigkeit sattsam bekannten Friedrich Wilhelm III. hieß es, er habe Preußen geschickt durch schlaue Taktik gerettet. Der Kronprinz ließ verlauten, daß er derlei Bewertungen ›entschieden‹ ablehne und keinerlei Verbrämung noch Beschönigung, sondern die einfache historische Wahrheit wünsche ... Zahllose andere Beschäftigungen des viktorianischen Zeitalters wurden vom Kronprinzen und seiner Viktoria gepflegt: die Gesellschaft für die Förderung eines gesunden Heims, die Viktoria-Schule für Krankenschwesternausbildung, die Viktoria-Stiftung für die Ausbildung junger Mädchen in Heim- und Industriearbeit, ›Arbeiterkolonien‹, in denen Landstreicher, aber auch Arbeitslose, wieder in die Gesellschaft zurückgeführt und ausgebildet werden sollten, und schließlich Abendkurse für Arbeiter. Es war das ja immerhin eine Zeit, zu der die oberen Klassen bemüht waren, die Massen der Industriegesellschaft zu heben und ihre Lebensbedingungen zu verbessern – kurz, ihnen alles zu geben, außer einem echten Mitspracherecht in ihren eigenen Angelegenheiten.

Am meisten heimisch fühlte sich der viktorianische Paternalismus im Berliner Schloß Wilhelms I., wo er sich mit steifbrüstiger norddeutscher Förmlichkeit paarte. Bismarck sagte, er möge die Höfe anderer Länder nicht, weil sich dort die Gäste nur allzuoft an der Tafel niederließen, wo es ihnen gerade paßte. Im Berliner Schloß konnte man immer seinen gewohnten Platz an der Tafel finden, da dort alles streng geregelt und ordentlich vor sich gehe. Das gar nicht weit davon gelegene Palais des Kronprinzen war weniger ›preußisch‹. Selbst Juden lud man dort ein. Tatsächlich wurde dort jedermann empfangen, der auf kulturellem oder industriellem Gebiet etwas geleistet hatte, vor allem aber Leute, die um die Besserung sozialer Bedingungen bemüht waren oder für ›die Bildung der Massen‹ etwas taten, wie sich ein Höfling erinnert. Im Kronprinzenpalais herrschte auch mehr Fröhlichkeit, und die von Friedrich Wilhelm und Viktoria gegebenen Bälle waren strahlende und kunstvoll geplante Festivitäten. Bei einem Kostümfest für tausend Gäste im Jahre 1875 erhielt ein älterer Herr in Maske und einfachem Kapuzenmantel von einem gleichfalls maskierten Höfling einen harten, wenn auch nicht bös gemeinten Rippenstoß. Der Höfling sagte: ›Nun, Alter, wie geht's?‹ Der Achtziger, der in Wirklichkeit kein anderer als Kaiser Wilhelm I. war, richtete sich voll zu seiner stattlichen Größe auf und grollte: ›Sagen Sie, was Sie wollen – aber Hände weg!‹

Im Jahre 1879 war es für einige Zeit mit solchen Festen vorbei: Der Tod des erst elfjährigen Prinzen Waldemar erschütterte seine Eltern zutiefst. Viktoria nahm ihr englisches Dienstmädchen und eine ihrer Hofdamen und fuhr erst nach Wiesbaden und von dort nach Italien. Nicht einmal zur goldenen Hochzeit des alten Kaisers kehrte sie zurück. Die Verlobung des Prinzen Wilhelm (des späteren Kaisers) im Jahre 1880 milderte ihren Schmerz nicht. Waldemar war eben der Liebling des Paares gewesen.

Als sein Vater im Jahre 1878 von einem Mörder verwundet wurde und Friedrich Wilhelm ihn vertreten mußte, sah er ›eine beinahe unlösbare Aufgabe vor sich‹, wie Prinz Karl Anton von Hohenzollern-Sigmaringen damals sagte. Er mußte nämlich ›im Einklang mit den Vorstellungen seines Vaters ... und gegen seine innerste Überzeugung‹ die Regierungsgeschäfte weiterführen. Friedrich Wilhelm stimmte allerdings den Anti-Sozialistengesetzen Bismarcks zu, denn wenn er auch kein Reaktionär war, so war er doch auch wieder kein Radikaler. Er hielt die Sozialdemokraten für ein ›Übel‹, etwas ›Abscheuliches‹, und hoffte, die Gesetze würden sich als ›Radikalkur‹ erweisen. Der Liberalismus hatte in jedem Hohenzollern, der in der militärischen, absolutistischen und monarchistischen Tradition erzogen worden war, seine Grenzen. Der Hofmeister des Prinzen Waldemar, der einige Jahre bei der Familie des Kronprinzen verbrachte, sagte, Friedrich Wilhelm sei von nichts mehr als einem gewissen Mittelstandsliberalismus erfüllt gewesen. Er war gegen die preußischen Reaktionäre eingestellt, nicht etwa, weil er weniger nationalistisch gewesen wäre als sie, sondern weil sie ›Partikularisten‹ waren, die meinten, der König solle nur auf die Junker hören. Sicherlich liebten Kronprinz Friedrich Wilhelm und seine Gemahlin Glanz, Pomp und Gepränge ihrer kaiserlichen Stellung weit mehr, als König bzw. Kaiser Wilhelm I. dies je getan hatte. War der alte König einfach in seinem Geschmack und bescheiden in seiner Lebenshaltung gewesen, so berauschten sich sein Sohn und die Kronprinzessin an der ›Glorie‹, die in einer aufwendigen Hofhaltung zum Ausdruck kam. Sie erfreuten sich an den äußerlichen Zeichen der Macht — was ihn betraf, so galt ihm dies mehr als die Ausübung der Macht selbst. Bismarck, der dies bald bemerkt und verstanden hatte, war optimistisch. Solche Herrscher, meinte er, seien leicht zu beherrschen. Und tatsächlich hatte sich Friedrich Wilhelm, noch ehe er zum Kaiser gekrönt wurde, mit dem Gedanken vertraut gemacht, den Eisernen Kanzler zu dessen eigenen Bedingungen weiter beizubehalten. Wen gab es denn sonst schon? Er und Viktoria planten die Gesellschaft Deutschlands durch einen strahlenden, kulturbetonten Hof mit ›demokratischem‹ Einschlag zu beeinflussen — durch eine Art Camelot, wo Dichter mit preußischen Generälen gleichrangig verkehren würden. Michael Freund nennt sowohl Friedrich Wilhelm als Viktoria ›edel, großherzig und großmütig‹ und meint, sie wollten Deutschland aus seiner Unterjochung unter Junkern, Soldaten und Bürokraten befreien. Freund fügte auch noch hinzu, daß das Kronprinzenpaar gehofft habe, ein ›freies und demokratisches Deutschland‹ zu schaffen, das von einer Meritokratie regiert würde — daß aber weder er noch sie gewußt hätten, wie sich diese hehren Ziele verwirklichen ließen. Er glaubt, daß sie sich gar nicht bewußt waren, welche ungeheuren und grundlegenden Veränderungen der wirtschaftlichen, politischen und sozialen Struktur Deutschlands für die Verwirklichung eines solchen Vorhabens nötig gewesen wären. Friedrich Wilhelms Tagebücher, die siebenunddreißig Bände umfassen und die er beinahe bis zum Augenblick seines Todes getreulich führte, enthalten *nicht einen einzigen Hinweis* darauf, welche politische Ziele er verfolgen wollte, wenn er einmal Kaiser geworden war. Zu seinen Lebzeiten wurde allgemein angenommen, daß er in praktisch allen Dingen den Ratschlag Viktorias beherzigen würde.

Weitgehend durch die von Bismarck geschürten Presseschmähungen gegen ›diese Engländerin‹ wurde die kaiserliche Kronprinzessin eine der bestgehaßten Persönlichkeiten Deutschlands. Daran änderte sich auch nichts, als sie schließlich Kaiserin wurde. Sie nannte Bismarck nur ›den großen bösen Mann‹ und haßte ihn ihrerseits leidenschaftlich. Es war ein Haß, den Bismarck eisig erwiderte. Die Leute wußten, daß sie eine ›englische Haushaltung‹ führte und nahmen – einigermaßen mit Recht – an, daß ihr alles Englische lieber sei als das meiste Deutsche. Das empörte in ihrer Wahlheimat fast alle, denn in Deutschland begann sich gerade damals der Nationalstolz besonders bemerkbar zu machen. Obwohl es der Wahrheit entsprach, daß sie und ihr Gemahl in vielen Dingen des täglichen Lebens mitten im Herzen Preußens englischen Sitten huldigten, scheint der Grund dafür zum Teil bloß reine Exzentrik gewesen zu sein. ›In Deutschland war sie englisch und in England deutsch‹, sagte Baron von Reischach, ihr Oberkämmerer. Der Bruder Viktorias, König Edward VII., war der gleichen Ansicht. ›Wenn sie in England war‹, erzählte er später Reischach, ›hat sich meine Schwester immer für Deutschland eingesetzt und alles Deutsche in den Himmel gehoben.‹

Das aber machte sie in Deutschland um nichts beliebter, da man dort von all dem nichts wußte. Als die Jahre vergingen und ihnen Kaiser Wilhelm I. den Thron zu weigern schien, indem er ewig leben wollte, wurden Friedrich Wilhelm und Viktoria immer deprimierter. Nun gehörte der alte Kaiser Wilhelm in Berlin schon so zum Stadtbild, daß man im Baedeker die Stunde verzeichnet fand (zwölf Uhr mittags), zu der man alle Tage den Kaiser am ›historischen Eckfenster‹ seines Arbeitszimmers (wie es später genannt wurde) sehen konnte, wie er der Wachablösung zusah. Er hatte sich zu einer echten Touristenattraktion entwickelt, und die Leute, die kamen, wollten mindestens ebensosehr ihn sehen wie die Soldaten des Garderegiments. Wilhelm I. war zu einem Denkmal geworden, dem die Zeiten und – wie es schien – auch der Tod nichts anhaben konnten.

Für den Kronprinzen jedoch traf das leider nicht zu. Im Januar 1887 wurde er so heiser, daß er seinen Arzt rufen ließ. So niedergeschlagen war er, daß er seinen Gefährten sagte: ›Ich bin ein alter Mann. Mit einem Fuß stehe ich schon im Grabe.‹ Zu General von Schweinitz sagte er: ›Die Zukunft? Nein, – die gehört meinem Sohn. Meine Zeit ist schon vorbei.‹

Man fand eine Wucherung an seinem Kehlkopf, die täglich behandelt wurde. Schließlich verwendete man – ohne wirksame Lokalanästhesie – einen glühenden Platindraht, um sie wegzubrennen. Die Behandlung zog sich durch den März und April 1887. Der Kronprinz ertrug die tägliche Tortur mit stoischer Geduld. Mitte Mai jedoch zeigte eine neuerliche

Untersuchung, daß das Gewächs wiedergekommen war. Nun nahm man zum erstenmal an, daß es Krebs sei. Eine Anzahl deutscher Ärzte, die einen Spezialisten konsultieren wollten, schlugen der Kronprinzessin den bekannten britischen Arzt Morell Mackenzie vor, da sie wußten, daß Viktoria einem Engländer Vertrauen schenken würde. Mackenzie kam, entfernte einen Teil des Gewächses und schickte es an Professor Virchow zur Untersuchung nach Berlin. Virchow und Mackenzie kamen überein, daß es keine Anzeichen eines bösartigen Geschwüres gebe und es daher nicht unmittelbar erforderlich sei, den Kehlkopf oder einen Teil desselben operativ zu entfernen. Dieses Fachurteil sollte sich jedoch als irrig erweisen und kostete Mackenzie (seltsamerweise aber nicht Virchow) seinen Ruf.

Friedrich Wilhelm schien sich gesundheitlich in hinlänglich guter Verfassung zu befinden, um an den Jubiläumsfeierlichkeiten für Königin Viktoria im Juni 1887 teilzunehmen. Anschließend verbrachte er einige Zeit auf der Insel Wight. Im September kehrte er dann nach Kontinentaleuropa zurück und fuhr, um dem deutschen Winter auszuweichen, zunächst nach Venedig, von dort zum Lago Maggiore und schließlich in die Villa Ziro in San Remo. Dort kam er am 4. November an. Hier erreichte ihn die Nachricht Professor von Schroetters aus Wien, daß er ganz sicher Krebs und daher nicht mehr lange zu leben habe. Schroetter teilte ihm mit, daß es nun für eine Operation, die ihn hätte retten können, zu spät sei. Überhaupt war die Medizin damals noch nicht weit genug fortgeschritten, als daß eine Laryngektomie viel Aussicht auf Erfolg gehabt hätte.

Im Januar hatte der Kronprinz bereits solche Atembeschwerden, daß ein Kehlkopfschnitt durchgeführt werden mußte. Friedrich Wilhelm begann Thomas a Kempis' *Nachfolge Christi* zu lesen und schrieb an Pastor Persius in Potsdam: ›Sie haben recht, von Geduld und Ergebung zu sprechen, denn ohne sich also in die göttlichen Fügungen zu schikken wäre es nicht leicht, eine Lebensweise, wie solche mir auferlegt ist, zu führen . . .‹ Am 9. März 1888 ging Friedrich Wilhelm im Garten der Villa spazieren, als ihm ein Bedienter auf silbernem Tablett eine Depesche überbrachte. Er hatte zunächst keine Ahnung, was sie enthalten könnte. Ein Blick auf die Adresse aber ließ ihn jäh begreifen, und er brach tränenüberströmt zusammen. Das Telegramm war an ›Seine Majestät, den Deutschen Kaiser‹ gerichtet. Sein Vater war gestorben. Ein Todgeweihter trat sein Erbe an.

Zwei Tage später machte sich Friedrich Wilhelm als Kaiser Friedrich III. auf den Weg nach Berlin. Sein Sohn Wilhelm, der nun der Kronprinz war, erwartete ihn dort in einer geschlossenen Kutsche. Kein offizieller Willkomm war gestattet. Am zwölften veröffentlichte der *Reichsanzeiger* eine Proklamation Friedrichs III., der außerdem Bismarck mit der Weiterführung der Amtsgeschäfte betraut hatte. Dadurch wurde Bismarck auf seinem bisherigen Posten bestätigt und beauftragt, wirtschaftlichen Wohlstand, Erziehungswesen, die militärische Wehrkraft des Landes, religiöse Toleranz, Frieden und Wohlstand – wie auch die gegenseitigen Rechte des Kaisers und des verfassungsmäßigen Regierungssystems der Nation – zu fördern. Tiefe Niedergeschlagenheit bemächtigte sich der Liberalen Deutschlands. Auf eine parlamentarische Regierung hatten sie gehofft, und mit hübschen Gemeinplätzen hatte man sie abgespeist. Friedrich III. war einfach zu schwach, um irgendwelche Änderungen durchzusetzen. Er hatte gerade noch Zeit, viele seiner liberalen Freunde zu adeln, zu befördern oder zu dekorieren, seiner Gattin und seinen Töchtern mehrere Millionen Mark testamentarisch zu vermachen und den reaktionären Innenminister Robert von Puttkamer zum Rücktritt zu zwingen. (In seinem Tagebuch hat Friedrich die Verteilung von 9 Millionen Mark vermerkt; hingegen behauptet Bismarck sardonisch, es habe sich um 12 Millionen gehandelt. Was Puttkamer betrifft, so kam er nach dem Tode des Kaisers wieder an die Macht.) Inzwischen regierte die neue deutsche Viktoria nicht nur, sie schien auch zu herrschen, und war offenbar entschlossen, den Platz ihres Gemahls einzunehmen. Er bewunderte ihre Gewissenhaftigkeit, aber anderen war all das recht zuwider. Graf von Waldersee, der damals in ihrem Gesichte ›las‹, sagte: ›Mir schien es, als genösse sie es, im Mittelpunkt der Aufmerksamkeit zu stehen.‹ Sie verwendete Wein und andere Anregungsmittel, um ihren damals schon dem Zusammenbruch nahen Gatten zu veranlassen, sich öffentlich zu zeigen. Drei Wochen vor seinem Tode zwang sie ihn, einer Hochzeit in Charlottenburg beizuwohnen. Während der Trauungsfeierlichkeiten rang er elendiglich nach Atem und brach nachher zusammen. Viktoria konnte den Gedanken einfach nicht ertragen, daß sie die Gemahlin eines sterbenden Kaisers sei, und weigerte sich hartnäckig zuzugeben, daß er an Krebs leide. Bis zwei Wochen vor seinem Tod bestand sie darauf, er sei nur ›ein wenig unpäßlich‹. Am Abend vor seinem Tode besuchte sie ihn mit Bismarck. Friedrich Wilhelm hatte eben noch die Kraft, ihre Hände in die ihres Erzfeindes zu legen. Wem sonst hätte er ihre Zukunft anvertrauen können? Am Rande der Bühne sozusagen wartete sein Sohn Wilhelm, der seinen Vater verachtete und von verzehrendem Haß gegen seine Mutter erfüllt war. Viktoria und Bismarck verließen Kaiser Friedrich III. Während sie noch durch die Türe, die sie von dem Sterbenden trennte, sein Stöhnen und Ringen um Luft hören konnten, begann schon das Feilschen um das Morgen. Viktoria wußte, daß sie Camelot nun nie verwirklichen würde, und verlangte von Bismarck, daß er ihr die Mittel für ein Schloß am Rhein bewillige – ein Haus, wie sie sagte, wo sie tun und lassen könne, was sie wolle, ohne jedesmal die Regierung zu befragen. Dieses ›Haus‹ wurde dann Friedrichshof, ein prunkvoller Palast in der Nähe von Kronberg. Dort zog sie sich in eleganter Abgeschlossenheit zurück. Und dort starb sie auch dreizehn Jahre später nach zwei Monaten schweren Leidens im Jahre 1901. Wieder war es einer dieser seltsamen Hohenzollern-›Zufälle‹: wie seinerzeit ihr Gemahl, starb sie an Kehlkopfkrebs.

›Mein Sohn wird nie erwachsen‹

Der Tod Friedrichs III. war für die Hoffnungen der Liberalen in Deutschland ein weiterer schwerer Schlag. Diejenigen, die all ihre Erwartungen in diesen demokratischsten aller Hohenzollern gesetzt hatten, empfanden sein frühes Scheiden als einen tödlichen Verlust. Was wäre gewesen, wenn: ... mit dieser Frage sollten sich Historiker nachher noch lange befassen. Freilich konnte niemand diese Frage beantworten, denn keiner wußte, welche politischen Zielsetzungen Friedrich III., wäre ihm eine lange Regierungszeit vergönnt gewesen, wirklich verfolgt hätte. Doch die allgemeine Richtung seines Denkens und Handelns war im wesentlichen, wenn auch in recht gemilderter Form, demokratisch gewesen. Das läßt sich schon aus seinen frühen Kämpfen mit Bismarck um die Verfassungsmäßigkeit der Regierung und Pressefreiheit klar erkennen. Er hätte Deutschland zu einer echten parlamentarischen Regierungsform führen, ihm eine echte Verfassung geben und so die Geschichte Deutschlands, Europas, ja vielleicht sogar der Welt, verändern können. Doch es sollte nicht sein, daß er das Schicksal Deutschlands, Preußens oder des Hauses Hohenzollern bestimmte. Vielmehr waren es die Ereignisse jenes Frühnachmittags des 27. Januar 1859 in dem Berliner Palast des Prinzen, deren Folgen sich auf die Dauer als nachhaltiger wirksam erweisen sollten.

Schon seit zwei Tagen warteten Geschützbatterien auf die Geburt eines Königskindes – des ersten Nachkommen von Prinzessin Viktoria und ihrem Gemahl. Es schneite, und die Menge stand in den Schneewehen herum und lauschte erwartungsvoll auf ein Signal. Sie hoffte, daß der königlichen Familie ein männlicher Erbe geschenkt werde. Bald nach drei Uhr begannen die Kanonen zu dröhnen. Ohne abzuwarten, ob 101 Schüsse – um die Geburt eines Prinzen anzuzeigen – oder 36 – die einer Prinzessin zustanden – abgefeuert werden, eilte der Großvater des Neugeborenen, Prinzregent Wilhelm, mitten aus einer Besprechung in der Wilhelmstraße fort, winkte eine vorbeifahrende Kutsche heran und jagte zum Palais seines Sohnes. Dort erfuhr er, daß ein Junge zur Welt gekommen sei. Die wartende Volksmenge vor dem Schloß aber erfuhr es vom alten Papa Wrangel, dem es zu lange dauerte, ein Fenster aufzumachen; er durchstieß mit der Faust eine Fensterscheibe und brüllte durch: ›Alles in Ordnung, Kinder! Ein feiner, junger, frischer Rekrut!‹

Diese Ankündigung erwies sich als etwas voreilig. Die erst achtzehnjährige Mutter war dem Tode nahe, und die Ärzte kümmerten sich nur um sie. Als sie sich schließlich dem jungen Prinzen zuwendeten, erschraken sie, denn sie fanden ihn — wie sie glaubten — leblos. Vielleicht wäre der Prinz auch wirklich gestorben, hätte nicht Fräulein Stahl, die Hebamme, eingegriffen. Die versetzte die anwesenden Hofbeamten und Ärzte in noch größeren Schrecken, indem sie das Königskind mit fester Hand ergriff und ihm so lange Schläge versetzte, bis es zu schreien begann. Der Prinz war am Leben, er bewegte sich. Und dann kümmerte man sich wieder nicht mehr um ihn, als die Ärzte nun ihre Bemühungen um das Leben seiner Mutter fortsetzten. Es verging beinahe ein Monat, ehe jemand bemerkte, daß das Kind seinen linken Arm nicht bewegen konnte. Entweder die energische Hebamme oder aber der Arzt, der bei der schweren Geburt Instrumente zu Hilfe nehmen mußte, hatten das Schultergelenk beschädigt und den Ellbogen ausgekugelt. Sowohl der linke Arm als auch die Hand waren wohlgebildet, aber beinahe völlig gelähmt. Damals verstand man von Orthopädie recht wenig, und niemand wagte es, den Arm einzurenken. In späteren Jahren zeigte sich, daß er kleiner geraten war als der andere. Die Hand reichte gerade bis zur Jackentasche, wo sie auch meist blieb. Das war aber nicht der einzige Schaden, den Wilhelm bei seiner Geburt erlitten hatte. Sein linkes Bein reagierte nie so gut wie sein rechtes, und zeitweise hatte er auch Schmerzen im linken Ohr und in der linken Seite seines Kopfes.

Alle diese Behinderungen nahm man nicht zur Kenntnis, als gäbe es sie einfach nicht — zumindest was die an den Jungen gestellten Anforderungen betraf. Auf die Tatsache, daß er ein halber Krüppel war, wurde keine Rücksicht genommen. Er mußte exerzieren und wurde hart hergenommen, bis sein verkürzter Arm funktionierte oder, wie es dann der Fall war, der Prinz sein Gebrechen überwand. Anderseits aber erinnerte man Wilhelm dauernd an seine Verunstaltung und redete ihm ein, es sei dies eine Prüfung, in der sich der junge Prinz bewähren müsse. Der Arm wurde massiert und trainiert, einer schmerzhaften elektrischen Behandlung unterzogen, in Flanell gewickelt, immer wieder durchgeknetet, während man den Jungen andauernd ermahnte, bat, bedrängte und ihm predigte. Er mußte damit einen Löffel heben, die Zügel eines Pferdes halten, er mußte marschieren, exerzieren und schießen, als bestünde seine Invalidität einfach nicht. Sein Vater sah all dem eher untätig zu und beschränkte sich darauf, seinen Sohn zu ermahnen, ›kraftvoll und aufrecht‹ zu werden. Seine Mutter, die Wilhelm während seiner ersten Lebensjahre ignoriert hatte, konzentrierte nach dem Tode Sigismunds im Jahre 1866 die ganze Kraft ihrer dominierenden Persönlichkeit auf ihn.

Zwei Jahre später erhielt Wilhelm auf Anraten von Sir Robert Morier, einem mit der Familie des Prinzen engbefreundeten Diplomaten, einen neuen Hauslehrer und Hofmeister. Es war Georg Hinzpeter, ein neunundreißigjähriger westfälischer Kalvinist. Hinzpeter, der bei Wilhelm blieb, bis der Prinz zwanzig war, behandelte den verkrüppelten Arm, als wäre er völlig normal, obwohl er zugab, daß diese unheilbare Mißbildung ›seiner physischen und psychischen Entwicklung ein ganz eigentümliches Hindernis‹ entgegenstellte. Man zwang den Jungen zu reiten; denn war es ihm nicht letztlich bestimmt, mit zehn Jahren preußischer Offizier und später dann einmal Oberster Kriegsherr seines Volkes zu werden? Daß er im Sattel kaum das Gleichgewicht zu wahren wußte oder die Zügel nicht ordentlich halten konnte, störte weder Hinzpeter noch Viktoria. Wilhelm fiel vom Pferd, Hinzpeter setzte den Knaben wieder hinauf, obwohl dieser vor Schreck noch zitterte. Hinzpeter befahl ihm zu traben und zu galoppieren, ohne Steigbügel, wochenlang, monatelang ... Hinzpeter hatte kein Wort des Lobes für die Leistungen des invaliden Prinzen, nahm dessen ungeheure Anstrengungen kaum zur Kenntnis, verlangte nur immer noch mehr von ihm ... Viktoria sah zu, auch als ihr Sohn wieder und wieder zur Erde stürzte. Sie war entschlossen, dafür zu sorgen, daß dieser hassenswerte Defekt auf die eine oder andere Art so weit korrigiert werde, daß niemand ihn bemerken würde. Bei Tisch pflegte man Wilhelms Speisen auch später noch so diskret wie möglich von seinem Tischnachbarn aufschneiden zu lassen. Manchmal gelang es ihm auch, mit einem besonderen Besteck zu essen, das man eigens für ihn konstruiert hatte: einer Kombination aus Messer und Gabel. Schließlich wurde er erstaunlich geschickt. Sein Vetter George V. sagte einmal, Wilhelm sei ›ein bemerkenswert guter Schütze, wenn man bedenkt, daß er nur einen Arm hat‹. Tatsächlich aber mußte sein Gewehrträger den Lauf halten, während Wilhelm zielte und abdrückte. Es kann aber keinen Zweifel daran geben, daß er seiner Entstellung in erstaunlichem Maße Herr wurde: er ruderte, schwamm und spielte sowohl Tennis als auch Klavier. Hinzpeter, den der Prinz einmal als ›hagere, trockene Gestalt mit dem Pergamentgesicht‹ beschrieb, trieb seinen Schüler ohne Nachsicht an und bediente sich sogar jenes brutal harten Stundenplanes aus dem 18. Jahrhundert, den der Zuchtmeister aller Zuchtmeister, Friedrich Wilhelm I., für seinen Sohn aufgestellt hatte. Während all dieser Zeit arbeitete der Prinz, wie der britische Historiker Sir John W. Wheeler-Bennett berichtet, ›mit ungewöhnlicher Energie und Entschlossenheit‹ und ›bewies eine Zielstrebigkeit, die unsere Sympathie und Bewunderung erregen muß‹.

Hinzpeter und Viktoria bedeuteten für den Knaben die Strafe für eine Sünde, die er nie begangen hatte. Sein Vater war ein Neutrum für den Prinzen, er überließ die Erziehung seines Sohnes gänzlich Viktoria und schien von Bismarck und seinem eigenen Vater völlig in den Hintergrund gedrängt. Der Großvater, Wilhelm I., den der Prinz immer den ›Großen Kaiser‹ nannte, auch als er selbst den Thron bestiegen hatte, wurde für den jungen Wilhelm der Gegenstand seiner ganzen

Heldenverehrung: ein ferner, edler, germanischer Soldatenkönig, die Verkörperung aller königlichen Eigenschaften und Tugenden. Als Wilhelm I. im Jahre 1871 als deutscher Kaiser nach Berlin zurückkehrte, beobachtete ihn der zwölfjährige Prinz von seinem Pony aus voll Verehrung. Ein solcher Kaiser wollte er eines Tages selbst werden.

Alle gaben zu, daß Prinz Wilhelm wirklich sehr gescheit sei, nur seine Mutter nicht. Sie teilte der Königin Viktoria mit, daß Wilhelm weder ›geniale Begabung noch irgendwelche besondere Charakterstärke oder Talent‹ besäße.

›Ich kümmere mich um ihn und jede kleinste Einzelheit seiner Erziehung selbst‹, schrieb sie. ›Er hat eine kräftige Konstitution und wäre ein hübscher Bursche, hätte er nicht diesen unglückseligen linken Arm, der sich nun immer mehr bemerkbar macht, sogar seinen Gesichtsausdruck, seine Haltung, seine Art zu gehen und sein ganzes Benehmen beeinflußt, alle seine Bewegungen ungeschickt erscheinen läßt und ihn scheu und zurückhaltend macht ...‹ Ihre Mutter, die englische Königin, beantwortete diese Klage mit einer Warnung: ›Ich bin überzeugt davon, daß Du über Deinen lieben Jungen mit größter Sorgfalt wachst‹, schrieb sie, ›aber mir kommt oft vor, als führe allzu große Sorge, allzu genaue, ständige Beobachtung gerade eben jene Gefahren herbei, die man doch eigentlich vermeiden will.‹ Dann fügte sie noch hinzu, sie hoffe, es sei dem Prinzen gestattet, mit allen Klassen und Gesellschaftsschichten zu verkehren. ›Bloßer Verkehr mit Soldaten kann niemals gut tun ... denn die sind nur an Gehorsam gewöhnt, und man kann sich in der militärischen Hierarchie *keine Unabhängigkeit* erwarten.‹ Eine weitere Ermahnung, die sie ihrer Tochter im Jahr 1865 gab, war, daß Prinz Wilhelm ›einfach, anspruchslos‹ erzogen werden solle, und ›nicht mit diesem schrecklichen preußischen Stolz und Ehrgeiz, die Deinen lieben Papa so kränkten und von denen er immer sagte, daß sie Preußen daran hindern würden, in Deutschland jene Führungsrolle zu übernehmen, die er ihm immer wünschte ...‹

Es war unvermeidlich, daß der Druck, unter dem der Prinz stand, Widerspruch hervorrief. Als er erst vier Jahre alt war, bekam er während der Hochzeit seines ›Onkel Bertie‹ (dem späteren König Edward VII.) einen Wutanfall. Ein Maler, der die komische Szene verewigen wollte, schrieb: ›Von all den kleinen Türken ist er der schlimmste.‹ Von einem überwältigenden Gefühl des Nichtgenügens erfüllt, versuchte Wilhelm schon früh, sich selbst zu behaupten. Hinzpeter schrieb, es ›frappiert der Widerstand, den jeder Druck, jeder Versuch, das innere Wesen in eine bestimmte Form zu zwängen, hervorrief ... Nur die äußerste Strenge ... vermochte das Widerstreben zu überwältigen, bis das erwachte Selbstbewußtsein den eigenen Willen zum Widerstand heranführte, womit dann jede Schwierigkeit bald behoben war. Selbst diesem zeitweise gewaltigen Druck der methodisch vorgehenden moralischen Mächte entzog sich aber stets das innere Wesen des heranwachsenden Prinzen.‹

›Wir quälten uns durch Tausende Seiten Grammatik‹, schrieb Wilhelm in späteren Jahren, ›wir erprobten ihr Vergrößerungsglas und Skalpell an allen und jeden, von Phidias zu Demosthenes, von Perikles zu Alexander, ja sogar an dem lieben, alten Homer ...‹ Im Sommer begann der Unterricht um sechs Uhr morgens, im Winter um sieben, und er dauerte zwölf Stunden. ›Das Leben,‹ sagte Hinzpeter dem Prinzen, ›besteht aus Arbeit‹, und er ließ den Prinzen unerbittlich arbeiten. Kein preußischer Prinz war je verwöhnt worden (obwohl man einige von ihnen verzogen hatte). Wilhelms normale preußische ›spartanische Erziehung‹ hätte in diesem Falle, so meint Wheeler-Bennett, ›seitens seiner Eltern ein besonderes Maß an liebevoller Güte‹ erfordert, um ihm zu helfen, seine Invalidität zu überwinden. ›Aber im viktorianischen Zeitalter waren die Eltern nicht gewohnt, ihren Kindern das Leben leicht zu machen‹, fährt er fort, ›und die Kronprinzessin, selbst in straffer Zucht herangewachsen, war nicht geneigt, bei ihren eigenen Kindern von der strengen Norm abzugehen.‹ Für einen Knaben wie Wilhelm war Hinzpeter nicht gerade der ideale Erzieher, aber er entsprach jedenfalls ganz den Vorstellungen der Mutter. Zweimal wöchentlich nahm Hinzpeter Wilhelm auf Exkursionen in Museen, Fabriken oder Bergwerke mit. Hinzpeter bestand darauf, daß Wilhelm überall dem Leiter oder Direktor anschließend eine entsprechende Dankrede halten mußte. Hinzpeter stellte überhaupt nichts als Forderungen. In seiner Person vereinigten sich der strenge, kalvinistische Lehrer, der rauhe, preußische Militärausbildner und das Ideal Viktorias: der Leiter einer englischen ›Public School‹, der seine Schützlinge mit dem Rohrstock züchtigte. Wie viele, die aus irgendeinem dieser Systeme hervorgegangen sind, revoltierte Wilhelm zwar gegen die Disziplin, nicht aber gegen den, der sie ihm aufzwang. Er mochte seinen Quälgeist gut leiden.

Hinzpeter und Viktoria ahnten es nicht, aber sie brachten genau das zustande, wovor Königin Viktoria gewarnt hatte: sie züchteten die Gefahr, die sie hatten vermeiden wollen. Wilhelm wurde aufrührerisch und nachtragend und überhaupt zu einem Bündel von Komplexen. Er fühlte sich furchtbar unsicher, kompensierte das aber wieder durch schrecklichen Egoismus und ein starkes Streben nach Selbstbehauptung. Ein überwältigendes Gefühl des Versagens und Nichtgenügens verzehrte ihn. Als Reaktion darauf fühlte er sich über alles erhaben, entwickelte ein übersteigertes Selbstgefühl, verherrlichte sich selbst, prahlte und mimte den starken Mann. Er wurde zu einem Poseur, der gern eine kriegerische Haltung einnahm. Mehr noch als seinen Großvater verehrte er Friedrich den Großen und hoffte, es dereinst dieser Verkörperung des militärischen Genies der Hohenzollern gleichzutun.

Das beunruhigte Viktoria und verspätet versuchte sie, dem Rat ihrer Mutter zu folgen. Sie schickte Wilhelm nach Kassel in die Schule – und zwar in ein Gymnasium, damit er nun endlich auch den Umgang mit gewöhnlichen Sterblichen lerne – aber es war schon zu spät. Graf Leo von Caprivi schrieb später, daß Wilhelm dort schon ›ganz den künftigen Kaiser‹ gespielt und eine Überheblichkeit zur Schau getragen habe, die sogar Hinzpeter den Ausruf entlockte: ›Sie ahnen nicht, in welchen Abgrund ich geblickt habe!‹

Er machte das Abitur mit achtzehn und landete dabei in einer Klasse von siebzehn Schülern auf dem zehnten Platz. Sein Abgangszeugnis wies nur die Note ›befriedigend‹ auf. Hinzpeter gab später sein eigenes Versagen als Erzieher indirekt zu, als er sagte, Wilhelm habe ›die erste Pflicht eines Herrschers, das Arbeiten, niemals gelernt‹. Um diese Zeit sprach ein preußischer Adeliger mit Wilhelms Vater über die Fortschritte, die der Junge machte. ›Gratulieren Sie mir nicht, lieber Graf‹, antwortete Friedrich Wilhelm, ›mein Sohn wird nie erwachsen, er wird nie wirklich reif werden.‹ Und so war es auch. Die strenge viktorianische Erziehung hatte einen hochintelligenten Jungen, der nur eben mit einer körperlichen Mißbildung behaftet war, zu einem seelischen Krüppel gemacht. Zum Unglück für Deutschland, Europa und sogar das Haus Hohenzollern ererbte dieser Neurotiker einen absolutistischen Staat.

Nach sechs Monaten als Leutnant im Ersten Garderegiment, ein Erlebnis, das er ungeheuer genoß, schickte man Wilhelm für vier Semester an die Universität nach Bonn, wo schon der Vater seine Hochschulbildung erhalten hatte. Anstatt ihn ernsthaft ein, zwei oder drei Fachgebiete studieren zu lassen, was seiner Konzentration zuträglich gewesen wäre, inskribierte man ihn gleich für acht. Auf diese Weise erwarb er zwar auf keinem dieser Gebiete gründliches Wissen, wußte dafür aber sein Leben lang glatt und geläufig über alle acht zu reden. Einer seiner Hochschullehrer, Rudolf von Gneist, sagte, Wilhelm sei für die Mitglieder königlicher Häuser typisch gewesen: Er wußte alles, ohne etwas gelernt zu haben. Eines allerdings lernte er in Bonn wirklich, nämlich die Leistungen des Mannes bewundern, den seine Eltern nicht ausstehen konnten: Bismarck.

Am Rhein, umwoben von alten deutschen Sagen und einem Fluidum kaiserlicher Tradition, wurde Wilhelms romantischer Patriotismus angeregt, ebenso wie beim Garderegiment in Potsdam seine Neigung zu militärischem Gepränge. Eine lobhudelnde Presse lag ihm zu Füßen, wie überhaupt jeder, mit dem er in Berührung kam. ›Freut Euch, Ihr Berge!‹ riefen Bergknappen ihm zu, als er auf einer seiner Inspektionsreisen daher kam, ›Freut Euch, ihr Hallen! Edler Prinz, Deutschlands Stern, erhalte den Bergbau nah und fern!‹

Er verliebte sich buchstäblich in sich selbst – oder vielleicht auch nur in das Bild, das er sich von sich machte. Der wahre Wilhelm – der empfindsame, scheue, intelligente und körperbehinderte Knabe – verbarg sich hinter dem kaiserlichen Wilhelm, dem Ritter des Schwarzen Adlerordens, dem Abkömmling Friedrichs des Großen und seines eigenen Großvaters, des ›Großen Kaisers‹. Wohin immer er auch reiste oder wo er sich aufhielt – in Wilhelmshöhe oder in Paris und Versailles, die er im Jahre 1878 zum ersten und letzten Male besuchte –: immer fesselten ihn die Porträts und Andenken an große Herrscher und Krieger, sie alle, die da auf zahllosen verehrungsvoll gemalten Bildern posierten, paradierten und verächtlich in die Menge blickten. Je mehr er in monarchistischem, ja, sogar absolutistischem Eifer entbrannte, desto mehr verhärtete er sich seinen Eltern gegenüber. Er war der Meinung, daß deren liberaler Freundeskreis das Haus Hohenzollern untergraben wollte. Er aber hatte immerhin schon mit achtzehn den heiligen Rittereid geschworen, ›auf die Ehre des Königlichen Hauses‹ und ›die Königlichen Privilegien zu halten‹. Seine Eltern schienen ihm dieses hehre Ziel, ja selbst das ganze Kaiserreich Deutschland verraten zu haben. Das waren aber schon frühe Anzeichen jener Inkonsequenz und Gespaltenheit, die sich bei ihm beständig in zahllosen Widersprüchen äußerten. Obwohl er in seinem späteren Leben leidenschaftlich antibritisch werden sollte, bewunderte er doch während langer Jahre seiner Regierungszeit ebenso glühend den britischen Adel und liebte es, den Lord zu spielen. Im Jahre 1911 sagte er zu Theodore Roosevelt: *›I admire England!‹* Obwohl er nach seiner Krönung zum Deutschen Kaiser seine Mutter miserabel behandelte, prahlte er doch dem britischen Botschafter gegenüber, er habe das ›gute, zielstrebige Blut‹ seiner Mutter geerbt. Anderseits berichtet wieder Herbert von Bismarck, der Sohn und vorbestimmte Nachfolger des Eisernen Kanzlers, ›gegen England kann Prinz Wilhelm niemals genug aufgehetzt werden ...‹ In Wirklichkeit war Wilhelm in seinen Meinungen und Neigungen einfach schwankend, in seiner Jugend ebenso wie in seinen sogenannten reifen Jahren.

Seine Mutter sagte von ihm, er sei ›egoistisch, herrschsüchtig und stolz‹, aber er konnte von all dem auch das genaue Gegenteil sein. Oft beeindruckte er Leute durch überwältigenden Charme und besondere Zuvorkommenheit. Er wußte nie, was er nun eigentlich sein sollte; oft mußte er durch ein Übermaß an Güte wiedergutmachen, was sein jäher Stolz angerichtet hatte. Sarah Bernhardt, die sofort erkannt hatte, daß Wilhelm immer nur eine Rolle spielte, sagte, sie käme so gut mit ihm aus, weil sie doch ›beide alte Theaterhasen‹ seien. Sein Charme hatte etwas übermütig Spielerisches an sich, doch schlug er auch hier, genauso wie bei seiner Säbelrasselei, manchmal über die Stränge. Einmal löste er einen internationalen Skandal aus, weil er den König von Bulgarien in den Hintern gekniffen hatte.

Dieser König war nicht der einzige, dem solche Behandlung zuteil wurde. Wilhelm klopfte jungen Offizieren oft auf den Popo und kniff sie mit grimmiger Zärtlichkeit in die Backe. Das und seine ungewöhnliche Freundschaft mit Graf Philipp zu Eulenburg, einem glücklich verheirateten Mann, der gelegentlich homosexuelle Beziehungen hatte, gab schließlich den Feinden Wilhelms II. Gelegenheit, das Gerücht zu verbreiten, der Kaiser selbst sei homosexuell. Sicherlich war an ihm etwas auffallend Feminines, aber er scheint auch einen gesunden heterosexuellen Appetit gehabt zu haben – einen Appetit übrigens, den seine Gemahlin durchaus befriedigte. Nicht einmal diejenigen seiner Feinde, die über einen diesbezüglichen Skandal entzückt gewesen wären, konnten auch nur das leiseste Anzeichen dafür finden, daß Wilhelm seiner Gemahlin jemals untreu gewesen wäre.

Diese Gemahlin war Auguste Viktoria von Schleswig-Holstein-Sonderburg-Augustenburg – Dona, wie sie genannt wurde –, die Wilhelm im Februar 1881 ehelichte. In späteren Jahren, als Wilhelm seinen Ministern und Beratern nicht mehr traute, stützte er sich auf Dona und hielt viel auf ihren Rat. Dona aber glich nicht seiner Mutter: sie war nicht nur antiliberal, sie war überdies auch noch dumm. Prinzessin Daisy von Pless meinte, Dona sei ›ganz wie eine gute, stille, sanfte Kuh‹ gewesen, ›die kalbt, langsam Gras frißt und wiederkäut‹. Ihre Augen hätten ebensogut aus Glas sein können, so ausdruckslos waren sie. Doch waren diese Augen bewundernd auf Wilhelm gerichtet, und das brauchte er am meisten. Ein Hofbeamter, der sie vor und nach ihrem Aufstieg zur deutschen Kaiserin beobachtet hatte, beschreibt sie als ›immer sehr engstirnig‹ und meint, sie sei auf die Stellung ihrer Schwiegermutter eifersüchtig gewesen. Kaum hatte Wilhelm den kaiserlichen Thron bestiegen, da brachte Dona schon mit seiner Zustimmung Viktoria um fast alle ihre Ehrenpositionen – ja sogar um das Patronat des Roten Kreuzes und ähnliche Ämtchen und Würden. Sie verhielt sich, so berichtet unser Gewährsmann, nicht nur ›oft sehr kleinlich‹, sondern ›wie der Bettler, der aufs Roß gekommen ist.‹

Früh erkannte Bismarck, daß der Bettler, den man eigentlich aufs Roß setzen müsse, Kronprinz Wilhelm selbst sei, der Vorkämpfer des Reaktionär-Autoritären, der in Widerspruch zu seinen liberalen Eltern stand. Obwohl Bismarck nun schon in den Siebzigern stand, plante er doch, daß sein Sohn, Graf Herbert, ihm sozusagen als Erb-Kaiser folgen sollte. Bismarck war sich sehr deutlich der Tatsache bewußt, daß er aus einer Familie stammte, die genauso alt war wie die Hohenzollern selbst. Einmal sprach er von ihnen sogar als von ›einer schwäbischen Familie um nichts besser als die meine‹. Es ist eine Ironie des Schicksals, daß das Adelsprädikat der Bismarcks, Schönhausen, von einem Lehen stammte, das der Familie zur Kompensation für ihre Stammländereien gegeben wurde, die ihnen ein Hohenzollern-Kurfürst geraubt hatte. Schon in den achtziger Jahren begann der Kanzler um das Wohlwollen des jungen Wilhelm zu werben. 1884 schickte er Wilhelm nach Rußland, um den zukünftigen Zar Nikolaus II. kennenzulernen. Zwei Jahre später sandte er ihn zu einem Zusammentreffen mit Kaiser Franz Joseph I. nach Badgastein und dann nochmals nach Rußland. Wilhelm, der noch nicht einmal Kronprinz, sondern nur der Sohn eines solchen war, wurde zum Angelpunkt für Bismarcks antibritische, prorussische, chauvinistische und absolutistische Politik. Kronprinzessin Viktoria beschwerte sich bitter, daß man weder sie noch ihren Gatten befragt habe und daß diese Reisen direkt zwischen dem Kaiser und seinem Enkel Wilhelm geplant worden seien. Im Herbst des Jahres 1886 gelang es Bismarck sogar, dem greisen Kaiser einen Befehl abzuringen, daß sein

Enkel im Außenamt angestellt werde. Das allerdings konnte der Vater des achtundzwanzigjährigen Prinzen verhindern. ›Angesichts der mangelnden Reife sowie der Unerfahrenheit meines ältesten Sohnes‹, schrieb Friedrich Wilhelm an Bismarck, ›verbunden mit seinem Hang zur Überhebung wie zur Überschätzung, muß ich es gradezu für gefährlich bezeichnen, ihn jetzt schon mit auswärtigen Fragen in Berührung zu bringen.‹

Diese beachtliche Analyse des zukünftigen Kaisers vertiefte den Bruch zwischen Wilhelm und seinen Eltern und band ihn noch fester an die beiden Bismarcks, den Vater und den Sohn. Es war nicht schwer, Wilhelm davon zu überzeugen, daß seine probritische Mutter praktisch eine Verräterin sei und daß man seinen Vater dazu gebracht habe, Thron und Nation durch liberale Neigungen zu schwächen und zu gefährden. Dinge dieser Art hörte Wilhelm ununterbrochen, sowohl von den Bismarcks als auch von seinen Offizierskameraden in Potsdam. Dann, kurz vor dem Tode des alten Kaisers, änderte sich die Meinung Bismarcks scheinbar völlig, nun wollte er auf einmal engere Beziehungen mit Großbritannien. Da er sich in diesem Zusammenhang Viktorias bedienen konnte, verbesserte er seine Beziehungen zu ihr und zum Kronprinzen. Prinz Wilhelm war erschüttert. Der Mann, den er von allen in Deutschland am meisten bewunderte – außer seinem Großvater natürlich –, war zum Feind übergelaufen. ›Niemand ist unersetzlich‹, sagte damals Wilhelm zu einem der Minister in der Regierung. Bismarck, meinte er, würde selbstverständlich noch einige Jahre gebraucht werden, dann aber ›müsse der Monarch selbst einen größeren Anteil nehmen ...‹ Das waren prophetische Worte, wie übrigens auch die, welche Bismarck einmal Wilhelm gegenüber geäußert hatte: ›Eines Tages werden Sie ihr eigener Kanzler sein müssen.‹

Inzwischen verhielt sich Wilhelm abwartend. Er war durchaus mit seinem Dasein in der Armee und unter seinen Freunden, Eulenburg und dem Grafen von Waldersee, zufrieden, fühlte sich im Gardeklub wohl und war erfreut darüber, daß Dona alle Jahre einen Sohn gebar: Wilhelm 1882, Eitel Friedrich 1883, Adalbert 1884. Dann ruhte sie sich etwas aus – bis zum Jahr 1887, in dem August Wilhelm geboren wurde. Oskar folgte dann 1888, Joachim 1890 und schließlich im Jahre 1892 die einzige Tochter, Victoria Luise – das siebente und letzte Kind des Kaiserpaares.

Während Kronprinz Friedrich Wilhelm sich im März 1888 todkrank in San Remo aufhielt, war Prinz Wilhelm mit Tränen in den Augen Zeuge, wie der alte Wilhelm I. mit großer Würde sanft entschlief, nachdem er noch ein Gläschen Champagner getrunken hatte. Während der folgenden 99 Tage sah Wilhelm dem Sterben seines Vaters mit eisiger Miene zu. Zunächst hatte er sich darüber geärgert, daß sein Vater in so elender physischer Verfassung überhaupt den Thron besteigen durfte. Dann aber, als ihm ein Freund zu bedenken gab, daß ein Interregnum ihm nur nützen könne, kam er fröhlich zu der Ansicht, daß Friedrich III. und Viktoria während ihrer kurzen Regierungszeit wahrscheinlich so grobe Schnitzer machen würden, daß seine eigene anschließende Thronbesteigung allen nur um so willkommener sein werde. Er verbrachte die 99 Tage damit, Büsten und signierte Photographien von sich selbst zu verteilen. Es gab genug Beamte und Offiziere, die sich über so ein Geschenk freuten. Durch seine Krankheit isoliert, war Friedrich III. machtlos. Seine kaiserliche Gemahlin war unbeliebt, ja verhaßt. All dies schien nichts auszumachen, denn aller Augen waren der ›aufgehenden Sonne‹, dem dreißigjährigen Kronprinzen Wilhelm, zugewendet. Am 15. Juni wurde dieser Prinz Kaiser Wilhelm II., der dritte Kaiser seines Hauses und der neunte König von Preußen — der letzte, der die Lande regieren sollte, die vierhundert Jahre zuvor von den Hohenzollern erworben und unterworfen worden waren.

Noch hatte die neue Regierung nicht begonnen, da machten sich unheilvolle Vorzeichen bemerkbar. Schon vierundzwanzig Stunden, ehe Friedrich III. im Neuen Palais in Potsdam (das er in ›Friedrichskron‹ umbenannt hatte) starb, tauchten Offiziere, die man noch nie zuvor im Schloß gesehen hatte, zu zweit und zu dritt auf und verlangten Quartier und Verpflegung. Einige Stunden vor dem Tod Friedrichs III. erschien ein neuer Hofmarschall. Kaum war das Ableben des Kaisers bestätigt, da trabten schon Husaren zum Schloß, das Lehrbataillon umstellte Schloß und Schloßpark, überall zogen Wachen auf, Offiziere bellten Befehle. Über Ordre des neuen Hofmarschalls durfte niemand Verbindung zur Außenwelt haben, und keiner erhielt Erlaubnis, das Schloß oder den Schloßpark zu verlassen. Das galt auch für die Mutter des neuen Kaisers wie für die Ärzte, die Friedrich III. behandelt hatten. Man schickte den Generalarzt aus, um Professor Virchow zur Leichenbeschau und Obduktion zu holen: er wurde von einem Posten mit geladenem Gewehr aufgehalten und konnte seinen Auftrag nicht ausführen. Der Palast war hermetisch abgeriegelt — ganz so, als fände ein Staatsstreich statt. Die erste Amtshandlung des neuen Kaisers bestand darin, daß er alle zu seinen persönlichen Gefangenen machte.

Seine Gründe dafür waren allerdings nicht so finster, ja, sie waren zum Teil sogar verständlich — besonders wenn man Wilhelms fast pathologischen Verdacht gegen seine Mutter bedenkt. Er war davon überzeugt, daß seit Wochen wichtige Staatspapiere und -dokumente nach England geschmuggelt wurden. Nun beschloß er, alle gefangenzuhalten, während er höchstpersönlich seines Vaters Schreibtisch nach Beweisen solcher hochverräterischer Umtriebe durchsuchte. Man raunte auch, daß er das Vorhandensein eines Testaments fürchtete, das ihn enterben konnte oder das seiner Mutter zuviel von dem Geld zugesprochen hätte, das der genügsame alte Wilhelm I. gespart hatte.

Und tatsächlich hatte man am Tage vor dem Tode Friedrichs III. etwas nach England geschmuggelt. Es war ein Paket, das die Kriegstagebücher des damaligen Kronprinzen aus den Jahren 1870/1871 und seine Tagebücher aus vielen der darauffolgenden Jahre enthielt. Der

Berliner Korrespondent des *New York Herald* brachte dieses Paket von Potsdam zur britischen Botschaft, die es ihrerseits nach Windsor weiterleitete. Durch diese Vorsorge sollte eine allfällige spätere Zensur der Tagebücher vermieden werden. Als die Tagebücher allerdings dann schließlich in Deutschland veröffentlicht wurden, erwiesen sie sich als ziemlich harmlos und für den neuen Kaiser völlig ungefährlich. Kaiserin Viktoria (die sich nun den Titel Kaiserin Friedrich zulegte) hatte auch das Testament ihres Gemahls dem Zugriff des Sohnes entzogen, denn sein Inhalt machte sie von dessen ›Großzügigkeit‹ unabhängig.

Wilhelm fand in seines Vaters Schreibtisch nichts, was eine verräterische Beziehung zwischen seiner Mutter und Großbritannien erwiesen oder auf eine solche hingedeutet hätte. Auch sonst gab es außer einigen Familienandenken nichts Interessantes. Ein Major Normann, der zusah, wie der junge Kaiser im Inhalt des Schreibtisches wühlte, erzählt, daß Wilhelm dabei auch auf ein Telegramm gestoßen sei, das jemand seinen Eltern am Tage seiner Geburt geschickt hatte: ›Ist es ein strammer Junge?‹ – Da schloß sich Wilhelms geschrumpfte Linke wie im Krampf um den Griff seines Säbels, berichtete der Major.

Dann reichte man Wilhelm einen Umschlag, den überlieferungsgemäß jeder Hohenzollernherrscher bei seiner Amtsübernahme erhielt. Darin befand sich jenes Vermächtnis König Friedrich Wilhelms IV., in dem er seine Nachfolger beschwor, die Verfassung, die man ihm mit Gewalt abgerungen hatte, zu beseitigen. Anstatt das Dokument für seinen Nachfolger zu bewahren, vernichtete es Wilhelm. Dann zerstörte er auch die Hoffnung, die sein Vater auf dem Totenbett gehegt hatte. Friedrich III. hatte Wilhelm ›als Sohnespflicht‹ aufgetragen, der Verlobung seiner Schwester mit dem von ihr leidenschaftlich geliebten Fürsten Alexander von Battenberg zuzustimmen. Bismarck war aus politischen, ein Großteil der deutschen Gesellschaft aus Standesgründen gegen diese Verbindung. Man war der Ansicht, der Rang der Battenbergs (der späteren Mountbatten) sei nicht hoch genug, um die Schwester eines regierenden Kaisers zu ehelichen.

Nicht Ehrfurcht und Würde, sondern Respektlosigkeit bestimmten das Leichenbegängnis von Wilhelms Vater. Keine ausländischen Fürsten wurden zur Teilnahme eingeladen, und nicht einmal die deutsche Öffentlichkeit durfte anwesend sein. Während die Kapelle von hämmernden Arbeitern geschmückt wurde, stand der Sarg mit dem Leichnam Friedrichs III. herum ›wie eine Arbeitskiste‹. Bei den Trauerfeierlichkeiten waren die Truppen, so berichtet Eulenburg, die einzigen, die sich würdig und ehrfürchtig verhielten. Die übrigen richteten ihr Verhalten nach dem des jungen Kaisers. Eulenburg empfand es als ›schauderhaft ... die Geistlichkeit lachend, schwatzend, Feldmarschall von Blumenthal hin und hertorkelnd, sprechend ...‹ Nach dem Begräbnis versuchte der neue Kaiser, seinen Vater überhaupt zu vergessen.

Wilhelms erste Botschaft war an die Armee gerichtet, die zweite an die Marine. Erst die dritte Proklamation richtete er an sein Volk.

›So gehören wir zusammen – Ich und die Armee, so sind wir füreinander geboren, und so wollen wir unauflöslich fest zusammenhalten, möge nach Gottes Willen Friede oder Sturm sein‹, sagte er seinem Heer.

In seiner Ansprache an sein Volk schwor Wilhelm II. ›vor Gott‹, alles in ›Frömmigkeit und Gottesfurcht‹ zu tun, gerecht und gnädig zu sein, ein Schützer der Rechtdenkenden, ein Helfer der Armen und Unterdrückten, ein Vorkämpfer für den Frieden, all das im Aufblick zu dem König der Könige‹.

Als das deutsche Volk das hörte, meinte es, er würde ein frommer Fürst voll christlicher Demut sein. Da sollten sie sich aber gewaltig irren. Der alte Wilhelm I. hatte den Titel *Dei gratia imperator* so ausgelegt, daß er seine Kaiserwürde der Gnade Gottes verdanke, dem gegenüber er auch dafür verantwortlich war. Wilhelm II. drehte diese Auslegung um. Ihm bedeutete der Titel, daß Gott selbst ihn mit der Kaiserwürde ausgestattet hatte, und er betrachtete sich demgemäß als den Statthalter des Himmels in und für Deutschland. Das scheint wohl nur ein feiner Unterschied der Interpretation, und doch bestimmte er Einstellung und Verhalten des eitlen Kaisers. Davon gibt es schon ein frühes Beispiel anläßlich eines Besuches des Prinzen von Wales, ›Onkel Bertie‹, wie Wilhelm II. ihn nannte, in Berlin. Obwohl man zum Begräbnis Friedrichs III. keine gekrönten Häupter des Auslandes eingeladen hatte, war der künftige Edward VII. doch um seiner Schwester Viktoria willen gekommen. Das führte sofort dazu, daß er als Vertreter der Interessen seiner Schwester und Feind Wilhelms angesehen wurde. Der Neffe forderte nun, daß ihn sein Onkel, der ja nur ein Thronfolger war, privat wie in der Öffentlichkeit mit all jenem Respekt behandle, dem man einem Kaiser schuldig ist. Das, sagte Königin Viktoria, ›ist absoluter Wahnsinn!‹. Sie fügte hinzu, daß ihr Enkel Wilhelm, wenn es so mit ihm stünde, lieber niemals nach England kommen möge. Sie hoffe, daß ›durch diese erbärmlichen persönlichen Streitereien‹ die politischen Beziehungen zwischen Großbritannien und Deutschland nicht belastet würden, fürchte aber, ›daß bei einem so hitzköpfigen, eitlen, verdrehten jungen Mann dies leider *jeden* Moment möglich ist‹.

Als die Briten vom Verhalten des Kaisers seinem Onkel gegenüber erfuhren, nahmen sie dazu grimmig Stellung: ›Kein englischer Gentleman würde sich so benehmen‹, schrieb Sir H. Ponsonby. ›Anderseits dürfen wir nicht vergessen, daß ja keiner von ihnen (Wilhelm II. und die beiden Bismarcks) ein *englischer Gentleman* ist, und wir müssen sie nehmen, wie sie eben sind – nämlich als reine Preußen.‹

Das deutsche Volk freilich wußte von all dem nichts. Das sah nur die kühnen Prunk- und Galavorstellungen, die der Kaiser gab. Eine Woche nach der Beisetzung seines Vaters ließ Wilhelm II. die Schloßwache in Galauniform der Zeit Friedrichs des Großen einkleiden. Er selbst wählte eine prachtvolle Uniform mit scharlachrotem Umhang, seine Pagen trugen schwarze Kniehosen. Dann eröffnete er den Reichstag mit einer majestätischen militärisch-donnernden Rede, umschloß darauf die Rechte des greisen Kanzlers mit warmem Händedruck und ließ sich von Bismarck die Hand küssen. Diese Szene war genau das, worauf das deutsche Volk gewartet hatte: Der alte Kanzler, in dem sie irrigerweise die Verkörperung ehrlicher alter Tugend sahen, war hier mit dem kräftigen und energischen Symbol der Zukunft vereinigt.

Und tatsächlich spiegelte die arrogante Rücksichtslosigkeit des Kaisers die Stimmung in Deutschland sehr gut wider. Seit der Reichsgründung hatten Wirtschaft und Industrie Deutschlands einen noch nie dagewesenen Aufschwung erlebt. Die Zukunft sah nicht nur prächtig aus, sondern schien einfach keine Grenzen zu kennen. Viele Deutsche meinten, all das sei nicht nur zufällig so gekommen, sondern Gott selbst habe das Land und seine weisen Herrscher gesegnet. Friedrich III. mit seinen liberalen Neigungen hatte etwas von einem Abtrünnigen an sich, war aber schließlich auch nur eine kurze Unterbrechung der glorreichen Herrscherreihe gewesen. Auf dem deutschen Kaiserthron hatte nun ein Mann die Nachfolge des ehrwürdigen Wilhelm I. angetreten, der sein echter Sohn und Erbe zu sein schien. Der Enkel drückte mit jeder seiner Gesten Nationalgefühl und unbegrenztes Selbstvertrauen aus. Der riesige ›Es-ist-erreicht‹-Schnurrbart, der in seiner Form an den Anfangsbuchstaben seines Namens erinnerte und an die martialischen Schnurrbärte der ›Langen Kerls‹ anklang, erschien wie ein vollkommener Ausdruck der frechen und aufdringlichen Rücksichtslosigkeit des Zeitalters.

Die Genügsamkeit der Hofhaltung Wilhelms I. wurde unverzüglich abgestellt. Hauptresidenz des Kaisers war nun das Berliner Schloß. Trotz seiner 650 Säle und Zimmer bot es all den Höflingen, die herbeiströmten, kaum genügend Platz. Selbst wenn es keinen Besuch gab, belief sich der tägliche Lebensmittelbedarf des Palastes auf 100 Pfund Butter, 100 Pfund Rindfleisch, je 200 Pfund Schweine- und Hammelfleisch, 350 Pfund Kalbfleisch – wozu noch Fisch, Wild, Geflügel und Gemüse in entsprechenden Mengen kamen. Sechzig Schlösser erwarteten, über ganz Deutschland verstreut, ständig den Besuch Kaiser Wilhelms II. Ein aus zwölf Waggons bestehender kaiserlicher Sonderzug mit blauer Seidenpolsterung, Kristallüstern und besonderen Wagen für die Begleitung des Kaisers stand für seine andauernden Reisen immer unter Dampf. Auf seiner ersten Fahrt, die ihn nach Wien und Rom brachte, führte Wilhelm II. als Geschenke 80 Brillantringe, 150 silberne Orden, 50 Busennadeln, 30 goldene Uhren mit Kette, 100 kleine Schatullen, 20 Schwarze Adlerorden mit Diamanten und drei Goldrahmen für Photos mit sich. Bei seinen Reisen trug er einen massiv goldenen Helm und kleidete sich in eine Reihe besonders für ihn entworfener Uniformen. Im zweiten Jahr seiner Regierung wurde für ihn um 4 500 000 Mark eine eigene Jacht, die ›Hohenzollern‹ gebaut. Erst war im Etat die Rede von einem ›Aviso für großes Geschwader‹, doch später gab man zu, es sei ein ›Erholungsschiff‹ für den Kaiser und seine Familie. Fünf Monate nach seiner Thronbesteigung erschreckte er Bismarck dadurch, daß er ein neues Gehalt von 6 Millionen Mark jährlich forderte.

Jeden Tag stand er um sechs Uhr morgens auf, da Frühaufstehen ja eine Hohenzollern-Tugend war, die das Andenken Friedrichs des Großen heiligte, und ebenso wie sein großer Ahnherr, begann Wilhelm sofort nach dem Morgenkaffee zu arbeiten. Er war aber seiner ganzen Art nach unfähig, irgendeiner Sache auf längere Zeit Interesse abzugewinnen. Er las nie auch nur die Zeitungen und beschränkte sich darauf, nur jene harmlosen Zeitungsausschnitte zu lesen, die man für ihn vorbereitet hatte. Alle längeren Briefe – und das bedeutete gewöhnlich alle Briefe von Wichtigkeit – landeten im Papierkorb. Depeschen und für seine Begutachtung vorbereitete Memoranden sah er kurz an und kritzelte auf ihnen herum. Mit den Randbemerkungen des Kaisers, die meist nur alberne Ausrufworte oder unüberlegte Reaktionen waren, könnte man Bände füllen – wie übrigens auch mit den bombastischen Kaiserreden, die er auf seinen Reisen – oft nahmen diese dreißig Wochen im Jahr in Anspruch – überall in Deutschland hielt.

Der wahre Herr Deutschlands war aber immer noch Bismarck, Reichskanzler, preußischer Ministerpräsident, Präsident des Staatsministeriums, Minister für Handel und Wirtschaft. Er leitete alle auswärtigen Angelegenheiten und war unerreicht im Manipulieren der Reichstagsabgeordneten. Bismarck unterstützte die Eitelkeit des Kaisers gern und ermunterte ihn, zu reisen und zahllosen ehrenden Feierlichkeiten beizuwohnen, sich wochenlang bei Manövern aufzuhalten, Truppenparaden abzunehmen, die wachsende Flotte zu besuchen – alles, um ihn von Berlin, dem eigentlichen Sitz der Macht, fernzuhalten. Wilhelm II., der die Bewunderung der Öffentlichkeit für den Mann teilte, der – sozusagen im Alleingang – das Deutsche Reich geschaffen hatte, und den man sogar für den Wohlstand Deutschlands persönlich verantwortlich machte, war froh, Bismarck in seinen Diensten zu behalten. Andere allerdings schmiedeten Ränke. Nur Bismarck hatte über die personelle Besetzung irgendeines wichtigen Regierungsamtes zu bestimmen. Mit seinem Fall würde für manche auch ein Hindernis auf dem Weg zu Macht und Reichtum fallen. Graf von Waldersee, der selbst gern an die Stelle des Eisernen Kanzlers getreten wäre, blies Wilhelm II. ins Ohr: ›Friedrich wäre nie der Große geworden, wenn er bei seinem Antritt einen Minister von Bismarcks Macht und Bedeutung vorgefunden und behalten hätte.‹

Als sich im Januar 1890 der Geburtstag Friedrichs des Großen jährte, berief Wilhelm II. den Kronrat ein und kündigte etwas an, das er ›einen historisch sehr bedeutungsvollen neuen Schritt‹ nannte. Er habe beschlossen, *roi des gueux,* ein ›Bettlerkönig‹ also zu werden. Er würde sich an die Spitze der Arbeiterklasse stellen und sie von der Sozialdemokratie wegführen. ›Die Arbeitgeber haben die Arbeiter ausgepreßt wie Zitronen‹, erklärte er vor dem Kronrat, ›und sie dann auf dem Mist verfaulen lassen.‹ Er forderte die Abschaffung der Kinderarbeit, der Arbeit am Sonntag, einen größeren Anteil der Arbeiter am Gewinn ihrer Arbeitgeber und die Abschaffung der Deportationsklausel in den Sozialistengesetzen. Bismarck warnte vor einer derartigen Kapitulation vor dem Reichstag, und als Wilhelm sich zunächst unnachgiebig zeigte, spielte er die Trumpfkarte aus, mit der er auch Wilhelm I. immer seinen Wünschen gefügig gemacht hatte. ›Wenn Eure Majestät kein Gewicht auf meinen Rat legen‹, sagte er, ›so weiß ich nicht, ob ich auf meinem Platz bleiben kann.‹

Vorläufig wirkte die Drohung noch, und Bismarck begann prompt die Pläne des Kaisers zu unterhöhlen und zu verwässern. Beide Männer zogen sich aus dem Kronrat mit dem Gefühl zurück, verloren zu haben. Bismarck lag auf seinem Sofa und beschwerte sich darüber, daß kein Kabinettsmitglied ihn unterstützt habe. Der Kaiser war wütend, daß Bismarck ihn in die Ecke gedrängt hatte. Er fuchtelte mit der Faust vor dem Gesicht seines Kriegsministers herum und klagte, daß man *ihn* im Stich gelassen habe. Schließlich wurde die Proklamation des Kaisers doch vorbereitet, obwohl Bismarck Wilhelm II. bat, sie den Flammen zu überantworten. Am Abend sagte Wilhelm stolz, jetzt würden die Arbeiter ›wissen, daß Ich für sie denke!‹ Tatsächlich applaudierten am nächsten Tag die demokratischen Zeitungen dem Kaiser. Wie immer auf Lob, reagierte Wilhelm II. darauf so, daß er alle Zurückhaltung fallen ließ. ›Der Alte kriecht zu Kreuze‹, brüstete er sich mit Bezug auf Bismarck. ›Noch ein paar Wochen lasse ich ihn verschnaufen, dann regiere ich!‹

Am Tag der nächsten Wahl ließ der junge Kaiser erkennen, daß er doch bezüglich der Arbeiterschaft seine Zweifel hegte. Er alarmierte die Armee, hielt in Tempelhof Parade ab und verbrachte den Tag unter seinen Offizieren. Sein Verdacht war gerechtfertigt. Im Jahre 1884 hatte die Sozialdemokratische Partei 550 000 Stimmen bekommen. 1887 waren es schon 763 000. Am 20. Februar 1890 war ihre Stimmenzahl nahezu verdoppelt: 1 427 000. Wilhelm murmelte, daß die Arbeiter ihn verraten hätten. Als aber Bismarck darauf drängte, alle Sozialisten nun als Staatsfeinde zu behandeln, sagte Wilhelm II., der ja eigentlich von seinem Volke geliebt werden wollte: ›Ich will nicht Kartätschenprinz heißen wie mein Großvater.‹

›Lieber bald als später‹, konterte Bismarck. ›Die Sozialdemokratie kann man nicht reformieren, man wird sie eines Tages doch totschießen müssen!‹

›Ich will nicht im Blute waten!‹ schrie Wilhelm, der nun fast völlig die Beherrschung verloren hatte.

Wieder deutete Bismarck an, daß er zurückzutreten beabsichtige, und nochmals kapitulierte Wilhelm. Nachher sagte er allerdings zu Freunden: ›Es ist kaum mit ihm auszukommen! Er kann es nicht ertragen, daß ich auch einmal etwas wünsche und will.‹ Später einmal sagte Bismarck: ›In schlaflosen Nächten hat mich damals die Frage beschäftigt, ob ich unter ihm es aushalten könne. Meine Liebe zum Lande sagte mir, du darfst nicht gehen. Du bist der einzige Mensch, der diesem Willen noch das Gleichgewicht halten kann. Aber ich kannte auch die

Geistesverfassung des Monarchen, die mir die traurigsten Verwicklungen möglich erscheinen ließ. Das Schauspiel, das sich in Bayern mit Ludwig II. ziemlich glatt abgespielt hat, würde in einem Militärstaat wie Preußen einen verhängnisvolleren Charakter annehmen.‹

Die Andeutung, Wilhelm sei verrückt, war glatte Verleumdung. Er war wohl immer schwankend und unberechenbar, aber wahnsinnig war er nie. Diese Äußerung zeigt aber, wie ungestüm sowohl der Kaiser als auch sein Kanzler zu dieser Zeit bereits aufeinander reagierten. Bald schon gab es neuen Konfliktstoff. Bismarck hatte einen Führer der katholischen Zentrumspartei bei sich zu Gast gehabt. Als er dem Kaiser davon erzählte, mußte er sich zu seiner Überraschung anhören, daß er dazu erst die Erlaubnis Wilhelm II. hätte einholen sollen. ›Wenn Sie mir das zum Vorwurf machen‹, sagte Bismarck, ›dann könnten Eure Majestät ebensogut ihrem Generalstabchef im Kriege verbieten, den Feind zu rekognoszieren. Solcher Kontrolle der Einzelfragen und persönlichen Bewegung im eigenen Hause kann ich mich keinesfalls unterwerfen.‹

›Auch nicht, wenn Ihr Souverän es Ihnen befiehlt?‹ fragte Wilhelm.

›Auch dann nicht, Majestät!‹

Wieder gab Wilhelm nach: ›Es handelt sich nicht um Befehle‹, murmelte er und schlug vor dem stählernen Blick des Eisernen Kanzlers die Augen nieder, ›nur um Wünsche. Es kann doch nicht Ihre Absicht sein, das Volk derartig aufzustöbern . . .‹

›Das eben ist meine Absicht!‹ antwortete Bismarck triumphierend. ›Solche Verwirrung muß im Lande herrschen, ein solches Tohuwabohu, daß kein Mensch mehr weiß, wo der Kaiser mit seiner Politik hinauswill!‹

Wilhelm protestierte und sagte, er wolle das gerade Gegenteil. ›Offen und klar muß meine Politik zutage liegen . . . Konflikt mit dem Reichstag will ich nicht.‹ Er sagte dem Kanzler, er habe General Falkenstein beauftragt, mit dem Parlament über die Militärvorlage zu verhandeln. Bismarck war empört und bot wieder seinen Rücktritt an. Und wieder wich der Kaiser aus, wieder zögerte er. Nun ging er zu einer anderen Sache über, die sein Mißfallen erregte. Er wies darauf hin, daß ihm nie die Berichte der Minister vorgelegt würden, und bat Bismarck, eine Verordnung aus dem Jahr 1852 zurückzunehmen, derzufolge die Minister alle ihre Berichte dem Kaiser über das Büro des Ministerpräsidenten zuzuleiten hätten. Das lehnte Bismarck ab und sagte, er könne nicht länger die Regierungsgeschäfte leiten, wenn der Kaiser seine Entscheidungen ›auf Grund des Rates aller möglichen Leute‹ fälle. Dann brachte er die Rede auf den bevorstehenden Besuch des Zaren, vor dem er den Kaiser warnte. Er begann unter seinen Papieren nach einem Blatt herumzusuchen, auf dem einige Bemerkungen des Zaren über den Kaiser notiert waren. Diese Bemerkungen waren dem britischen Hof berichtet worden. Wilhelm schaute mit wachsender Ungeduld das betreffende Stück Papier in den Händen seines Kanzlers an und rief: ›Nun, können Sie es nicht vorlesen?‹ Bismarck sah bestürzt und verlegen drein und sagte nein, dazu könne er sich unmöglich entschließen, denn es müßte die Majestät verletzen. Nun nahm Wilhelm das Stück Papier aus des Kanzlers Hand und las es selbst. Es zeigte sich, daß der Zar von Wilhelm gesagt hatte: *›Il est fou. C'est un garçon mal élevé et de mauvaise foi.‹* Wilhelm erbleichte und begann zu zittern, beherrschte sich aber. Er wußte, er war gedemütigt worden, und zwar nicht so sehr durch den Zaren, als von seinem eigenen Kanzler. Wie konnte er nach diesem Vorfall Bismarck noch die Hand geben? Der Kaiser verließ das Zimmer, wobei er seinen Helm so umklammert hielt, daß er es vermied, dem Kanzler die Hand zu reichen. Statt dessen streckte er ihm zwei Finger hin. Dann eilte er zu seinem Freund Waldersee, der nur zu bereit war, noch mehr Öl ins Feuer zu gießen: Der deutsche Konsul in Kiew hatte Berichte eingesandt, die sich auf russische Truppenbewegungen bezogen. Waldersee deutete genießerisch an, daß Bismarck dem Kaiser diese Berichte absichtlich und böswilligerweise vorenthalten habe.

Auch Wilhelm war freudig erregt. Nun endlich schien er die Waffe in Händen zu halten, mit der er Bismarck ein für allemal erledigen konnte. Er erließ ein Rundschreiben an alle Regierungsstellen, in dem er behauptete, es bestünde kein Zweifel daran, daß die Russen ›im vollsten strategischen Aufmarsch sind, um zum Kriege zu schreiten‹, rief nach Gegenmaßnahmen und erklärte öffentlich, wie sehr er es bedaure, so lange in Unkenntnis der Sachlage belassen worden zu sein. Wieder verlangte er, daß Bismarck die Verordnung aus dem Jahr 1852 für gänzlich ungültig erklären solle – und wieder weigerte sich Bismarck. Natürlich hatte der Kanzler mit seiner Weigerung ganz recht, denn wenn jedes Regierungsressort nun begonnen hätte, mit dem Kaiser direkt zu verkehren, anstatt, wie bisher, durch den Ministerpräsidenten, so wäre ein totales Chaos das Ergebnis gewesen. Nicht nur wäre Bismarcks Amt jeglicher vernünftiger Bedeutung entkleidet worden, sondern es wären dadurch auch alle Regierungsangelegenheiten plötzlich in völlig unerfahrene und unreife Hände gelangt. Überdies würde auch nichts wirklich getan werden, denn alle längeren Berichte endeten – wie bereits erwähnt – im Papierkorb des Kaisers oder wurden günstigstenfalls so oberflächlich überflogen, daß alle darauf gegründeten Entscheidungen des Kaisers übereilt und gefährlich wären.

Für Wilhelm freilich stellte sich die Sache ganz anders dar. Die Geschichten seines Großvaters von den Siegen über Napoleon I. und Napoleon III. wie auch über das Hohenzollernerbe an sich waren ihm zu Kopf gestiegen. ›Ein Triumphzug aus all dem, was Preußen einst gewesen war – eine Vision all dessen, was es noch werden sollte, erschien vor den Augen des jungen Prinzen, als er diese Geschichte hörte und es ihm klarwurde, daß dereinst seine eigenen Schultern mit dem Purpur dieser Größe bekleidet werden würden‹, schreibt Wheeler-Bennett. Gleichzeitig führten ihn die Leiden seiner Kindheit und seine eigene Entschlossenheit, trotz seines körperlichen Gebrechens in allem und jedem zu glänzen, dazu, ›seine angeborene Schüchternheit mit einer schützenden, ausgleichenden Schicht aus aggressiven und rücksichtslosem Egoismus‹ abzuschirmen. So erklärte Wilhelm II., als sich ihm Bismarck diesmal widersetzte: ›Mein alter Hohenzollerscher Familienstolz bäumte sich auf. Jetzt galt es, den alten Trotzkopf zum Gehorsam zu zwingen oder die Trennung herbeizuführen, jetzt hieß es, der Kaiser oder der Kanzler bleibt oben.‹

Am 17. März schickte Wilhelm II. einen General zu Bismarck, der von diesem nochmals verlangen sollte, entweder die Order aus dem Jahre 1852 zurückzuziehen oder aber sofort seinen Abschied von seinem Posten als Reichskanzler zu nehmen. Als Bismarck sich weigerte nachzugeben, sagte ihm der General ›Eure Durchlaucht werden die Güte haben, sich um zwei Uhr zur Übergabe Ihres Amtes im Schloß einzufinden.‹

›Dazu fühle ich mich nicht wohl genug‹, murmelte Bismarck, ›ich werde schreiben‹.

Das war eine Unverschämtheit. Um es mit den Worten Friedrichs des Großen zu sagen: Der Kaiser wurde behandelt, als wäre er ›irgendein kleiner Fürst von Zerbst und Köthen‹. Aber Wilhelm II. war kein Friedrich II., und so saß er bloß nervös in seinem Schloß und wartete darauf, daß der Kanzler schreiben würde. Als auch weiterhin keine Nachricht eintraf, schickte er einen Beamten zu Bismarck, um diesen zu fragen, warum er noch nicht den vom Kaiser verlangten Abschiedsbesuch abgestattet habe.

›Wie Sie wissen, kann mich der Kaiser jederzeit entlassen‹, antwortete Bismarck müde. ›Ich erkläre mich bereit, meine schlichte Entlassung sofort durch Gegenzeichnung gültig zu machen. Dagegen gedenke ich nicht, dem Kaiser die Verantwortung für meinen Rücktritt abzunehmen, werde vielmehr in öffentlicher Klarstellung die Genesis festlegen. Nach achtundzwanzigjähriger Amtstätigkeit, die für Preußen und für das Reich nicht ohne Einfluß geblieben ist, brauche ich Zeit, mich in einem Abschiedsgesuch auch vor der Geschichte zu rechtfertigen.‹

Bis zum Abend war Bismarck immer noch nicht im Schloß erschienen. Wilhelm war unruhig. Er fürchtete, der Kanzler könne ihn zwingen, Bismarck in aller Öffentlichkeit zu entlassen, was peinliches Aufsehen erregt hätte. Am nächsten Tag endlich langte der längst erwartete Brief ein. Wilhelm nahm zur Kenntnis, daß es sich tatsächlich um ein Rücktrittgesuch handelte, und schrieb hastig darauf: ›Genehmigt. W.‹ – als fürchte er auch jetzt noch, daß Bismarck es zurückziehen könne. Da in den sechs Seiten dieses Schreibens alle Schuld an dem erzwungenen Rücktritt dem Kaiser zugeschoben wurde, verschwand der Schriftsatz bei den Akten, und des Kaisers Untertanen mußten Jahre warten, ehe sie den Inhalt von Bismarcks Brief erfuhren. Was zum Zeitpunkt des Rücktritts veröffentlicht wurde, war die Darstellung des Kaisers, und die war grundverschieden von der des Kanzlers. In ihrer Art war sie ein Meisterstück, denn Wilhelm II. beherrschte die Kunst der umschriebenen Aussage, war ein ebenso hervorragender Redner wie Friedrich Wilhelm IV. und ein glänzender Propagandist. Er sagte seinem Volk, er bedauere es, daß ›sein Gesundheitszustand‹ Bismarck gezwungen habe, zurückzutreten; daß er hoffe, Bismarck werde der Nation auch weiterhin zur Verfügung stehen und daß er ihm sogar angeboten hätte, ihn zum Herzog zu ernennen. ›Mir ist so weh ums Herz‹, schrieb er, ›als hätte ich noch einmal meinen Großvater verloren. Aber von Gott Bestimmtes ist zu ertragen, auch wenn man daran zugrunde gehen sollte. Das Amt des wachhabenden Offiziers auf dem Staatsschiff ist mir zugefallen. Der Kurs bleibt der alte, Volldampf voraus!‹

Als Wilhelm II. Bismarcks Rücktritt annahm, sagte man damals, der Lotse sei von Bord gegangen. Die Sache stand aber weit ernster. Der neue Kapitän des Schiffes hatte keine nautischen Karten, und der Kaiser hatte nicht nur den Lotsen weggeschickt, sondern Steuerruder und Kiel verloren.

Leerer Pomp

Im gleichen Jahr, als Wilhelm II. den Thron der Hohenzollern bestieg, brannten Unter den Linden die ersten elektrischen Straßenlaternen – ein durchaus passendes Zusammentreffen, denn dieser neue Kaiser trat – oder besser stolzierte – aus der Gaslichtzeit seines Großvaters auf eine blendend erleuchtete Bühne. Er war nun ihr Mittelpunkt, denn Bismarck hatte sich vergrämt auf sein Gut Friedrichsruh zurückgezogen. Die meisten Beamten und Offiziere jubelten über seinen Abgang; sie scharten sich liebedienerisch um den eitlen jungen Kaiser und stellten befriedigt fest, daß er auch der schamlosesten Schmeichelei zugänglich war.

Alle Zügel, die Bismarcks eiserne Faust auferlegt hatte, wurden gelockert. Letzten Endes hatte der alte Kanzler, auch wenn er sich persönlich keine Grenzen setzte, die Grenzen Deutschlands immer klar erkannt. Sein Nachfolger, Männer von beschränkten Fähigkeiten, kannten unter Wilhelm II. überhaupt keine Grenzen. Es mutet wie Ironie an, daß die einfachen Untertanen des Kaisers weinten, als der weißhaarige alte Kanzler in offener Kutsche durch Berlin zum Bahnhof fuhr, wo er den Zug zu seinem Gut nehmen wollte. Der Mann, den sie einst gehaßt hatten, schien ihnen nun ehrfurchtsgebietend mit seinem Schlapphut und dem riesigen Hängeschnurrbart. Sie hatten anscheinend vergessen, daß sie die parlamentarische Regierungsform hatten opfern müssen für das Geschenk, das er ihnen aufgezwungen hatte: die Glorie Preußens. William Gladstone traf den Nagel auf den Kopf, als er sagte, Bismarck habe Deutschland groß, die Deutschen aber klein gemacht.

Im Vergleich mit dem prahlerischen jungen Kaiser jedoch wirkte Bismarck geradezu als Personifizierung aller Tugenden. Was sein Abschied für Deutschland bedeutete, wurde klar, als man versuchte, den Eisernen Kanzler zu ersetzen. Fast drei Jahrzehnte hatte Bismarck die Macht innegehabt; in den drei Jahrzehnten nach seinem Abgang versuchten acht Männer vergeblich, seinen Platz auszufüllen. Der erste, den der Kaiser ernannte, war ein völlig unerfahrener Offizier namens Leo von Caprivi, und sein erster Außenminister war ebenso ungeeignet für seinen Posten. Wilhelm II. hatte gedacht, allein regieren zu können, solange er Männer ohne Erfahrung berief; tatsächlich aber gab er damit die Fäden in die Hände des Barons Friedrich von Holstein, eines exzentrischen Menschenfeindes, der von einer untergeordneten Stellung aus seinen verderblichen Einfluß auf die deutsche Außenpolitik geltend machte. Eine Reihe kaiserlicher Kanzler folgte auf Caprivi: Prinz Chlodwig Karl Viktor von Hohenlohe-Schillingsfürst, Graf (später Fürst) Bernhard von Bülow, Theobald von Bethmann-Hollweg und andere — doch stets schlug die Regierung einen erratischen Zickzackkurs ein, denn der ›kaiserliche Steuermann‹ griff immer wieder nach dem Rad und lenkte das Staatsschiff in eine neue Richtung. Trotz allem wurde eine Art Folgerichtigkeit klar: Das Schiff, das sie segelten, hieß Absolutismus, der Kurs, den es einschlug, Vernichtung, der Zielhafen das Chaos.

Wilhelm II. konnte keine konsequente Politik verfolgen, da er selbst keinerlei Konsequenz besaß, ebensowenig wie einen Glauben, eine Überzeugung oder eine Weltanschauung, die ihm eine Richtung gewiesen hätten. Sein einziger Leitstern war das Königtum von Gottes Gnaden, und letzten Endes fand er in diesem Monarchismus seine Befriedigung, was ihm allerdings nicht viel half, wenn er in Schwierigkeiten war. Er verließ sich auf prahlerische Großtuerei, welche die Segel seines Staatsschiffs schwellen sollte. Er gefiel sich darin, unaufhörlich für Photographien oder Freunde zu posieren: in einer endlosen Reihe neuer Uniformen ›bei der Arbeit‹ am Schreibtisch paradierend (wobei er in Wahrheit Randbemerkungen zu Depeschen schrieb, die dann abgelegt wurden); in seiner Rolle als Kriegsherr mit riesigem gewichsten Schnurrbart, den der Starfriseur von Berlin, Haby, jeden Morgen für ihn schuf; oder umgeben von seinen Söhnen, alle sechs in prächtigen Uniformen. Begleitet von seiner ewig lächelnden, einfältigen Auguste und beschützt von seinen strahlenden Gardeoffizieren, verbrachte er den Großteil der Zeit in einem Sonderzug auf Reisen durch seine Provinzen — Starattraktion eines kaiserlichen Wandertheaters, das dazu dienen sollte, einige erst seit kurzem Preußen zugehörige Landpomeranzen zu beeindrukken.

Seine Reisen wurden geradezu ein Witz, oder zumindest Stoff für Witze. Weil sein Großvater *der weise Kaiser* und sein Vater *der leise Kaiser* genannt wurden, führte man den Reim nun weiter und nannte Wilhelm II. den *Reisekaiser*. Im Volk hieß es auch, die Nationalhymne ›Heil Dir im Siegerkranz‹ sollte nun zu ›Heil Dir im Sonderzug‹ umbenannt werden. Wilhelm II. war so viel unterwegs, daß Kanzler Caprivi oft nicht wußte, wo der Kaiser sich eben aufhielt, und froh war, wenn Wilhelm wenigstens irgendwo in Deutschland und nicht im Ausland war, wenn er gebraucht wurde.

Die Prunksucht des neuen Kaiserhofes stand in so krassem Gegensatz zu der bescheidenen Hofhaltung seines Großvaters, Kaiser Wilhelms I., daß sie viele überraschte. Doch das hatte schon Jahre zuvor der Schriftsteller Gustav Freytag in einem Brief an den Vater Wilhelms II. vorausgesagt. Freytag hatte damals warnend darauf hingewiesen, daß die Kaiserwürde das Haus Hohenzollern verleiten würde, alle friderizianische Einfachheit aufzugeben, daß sie den Adel und das Militär in ihrer Arroganz bestärken, den Offiziers- und Beamtenstand zur Speichelleckerei verführen und das deutsche Volk autoritätsgläubiger denn je machen würde. Zuletzt warnte Freytag den damaligen Kronprinzen Friedrich Wilhelm, daß eine ›starke demokratische Unterströmung‹ die Monarchie bedrohe. Die Herrscher Deutschlands, sagte er, seien wie Schauspieler auf einer Bühne, die sich vor dem Applaus und den Huldigungen, die ihnen gezollt wurden, produzierten, dabei aber die ›Dämonen der Vernichtung‹, die hinter den Kulissen lauerten, nicht wahrhaben wollten. Friedrich Wilhelm war entsetzt. Kaiserlicher Prunk und erhöhte Arroganz, sagte er, würden nicht über die Stränge schlagen, denn sein Vater, Wilhelm I., sei ›zu wohlwollend‹, und er selbst ›zu sehr guten Willens‹. An die Regierung seines eigenen Sohnes dachte er nicht.

Es ist eine Ironie, daß der neue Monarch bei all seinen Drohgebärden und seinem Säbelrasseln auch der *Friedenskaiser* genannt wurde, obwohl man durchaus behaupten kann, daß der von Wilhelm II. fünfundzwanzig Jahre lang aufrechterhaltene Friede das Werk Bismarcks war und Wilhelm sich dies zunutze machte. Daß der Kaiser den Frieden wahrte, machte ihn bei der Militärpartei in Berlin alles anders als beliebt. Was die jüngeren Offiziere anlangte, zum größten Teil fanatische Anhänger des Kaisers, begannen sie bald zu murren, daß sie ›die Kosten ständiger Änderungen an ihren Uniformen und Ausrüstungen tragen mußten, die der Kaiser verordnete‹. Ihre Besoldung war so niedrig wie eh und je, trotzdem änderte der Kaiser in den ersten siebzehn Jahren seiner Regierung ihre Uniformen siebenunddreißigmal.

Seit Friedrich Wilhelm I. seine Perücke abgelegt und die Uniform eines Armeeoffiziers angezogen hatte, trugen die männlichen Hohenzollern, ob achtzehn oder achtzig, fast jeden Tag ihres Lebens Uniform, von frühmorgens bis zum Schlafengehen. Sie kletterten aus den Betten direkt in die Stiefel; die enorme Garderobe Wilhelm II. enthielt nicht einen einzigen Morgenrock. (Das ist darauf zurückzuführen, daß sein Großvater einmal eine kostbare Seidenrobe als Geschenk mit einem verächtlichen ›Hohenzollern tragen keine Morgenröcke!‹ abgelehnt hatte.) Wie sein Vater und sein Großvater besaß auch Wilhelm II. einige in London gearbeitete Zivilanzüge, die er aber nur auf dem Lande oder auf Auslandsreisen trug. Bei Hof wurde Uniform getragen. Selbst bei drückendster Hitze mußte, wie ein Hofbeamter schrieb, als Zeichen der *noblesse oblige* der steife, dicke Uniformkragen getragen werden, als härenes Hemd, in dem sich der Träger nicht demütiger, sondern edler fühlen sollte. Kein Hohenzoller jedoch hatte je eine Garderobe besessen, wie sie Wilhelm II. sammelte, sobald er Kaiser wurde. Er trug nicht einfach wie sein Großvater die vorschriftsmäßige Uniform, er ging so weit von der friderizianischen Einfachheit ab, daß mehrere Schneider ständig im Schloß einquartiert werden mußten, nur um seine Ansprüche zu befriedigen. Die Zahl der Galauniformen, zu jedem Anlaß eine andere, war Legion: da gab es Marineuniformen und die Uniformen jedes einzelnen Regiments, ferner ausländische Galauniformen, in denen der Kaiser königliche Besuche empfing, dazu noch Uniformentwürfe, die zu informellen Anlässen innerhalb der Residenz getragen wurden. Man witzelte sogar, der Kaiser besäße eine besondere Admiralsuniform, die er nur in der Oper zum ›Fliegenden Holländer‹ trüge.

Es gab außerdem eine ausgedehnte Damenschneiderei im Schloß. Ein Dutzend Schneiderinnen arbeiteten pausenlos daran, Kaiserin Auguste so elegant zu kleiden, wie der Kaiser es wünschte, aber das war eine undankbare Aufgabe. Obgleich der Kaiser höchstpersönlich die luxuriösen Stoffe für ihre Kleider auswählte, sah Auguste immer schlecht gekleidet aus – ›ohne Geschmack oder Distinktion‹, wie ein Hofbeamter feststellte. ›Sie sah wie jede andere Kleinbürgerin vom Lande aus‹, und selbst wenn sie in Seide, Pelzen und mit Juwelen ausstaffiert wurde, war das Ergebnis nicht viel besser. Sie konnte ihre Kleidung einfach nicht zur Geltung bringen; außerdem ärgerte es sie, Geld für Garderobe zu verschwenden, das man für bessere Zwecke verwenden konnte. Darunter verstand sie den Bau häßlicher Kirchen, dem sie ihr Hauptinteresse und ihre besondere Tätigkeit in Berlin widmete.

Die Haupttätigkeit des Kaisers hingegen war die Erregung; er war ein Perpetuum Mobile, ein Wirbelwind der Untätigkeit. Er blieb nie lange an einem Ort, außer an Bord seiner Jacht ›Hohenzollern‹, mit der er fünfundzwanzig Jahre hintereinander Norwegen besuchte. An Bord leitete er persönlich den Sonntagsgottesdienst, wozu er Predigt und Gebete schrieb, die übrigens ›eher ein Befehl an den Allmächtigen als eine Bitte‹ waren. Der Gottesdienst wurde flott und gekonnt erledigt, ebenso wie die Gymnastik, die der Kaiser anführte und die jeder mitmachen mußte, auch wenn er noch so altersschwach war.

All diese Aktivität und die vielen Sportarten, die er mit Erfolg betrieb, zielten darauf ab, die Deutschen davon zu überzeugen, daß der Kaiser jedem anderen körperlich ebenbürtig war. Viele waren tatsächlich davon überzeugt, der Kaiser selbst war vielleicht weniger sicher. Sein Leben lang mühte er sich, das Übel seines verkrüppelten Armes auszugleichen. Gern posierte er als gewaltiger Nimrod – das war eine Möglichkeit, seine Stärke zu beweisen. Innerhalb eines Jahres (das nicht einmal sein bestes war) brachte er höchstpersönlich 44 Hirsche, 56 Rehe, 400 Hasen, 12 Wildschweine, 120 Fasane, 200 Rebhühner, 8 Birkhähne und 1 Fuchs zur Strecke. Die Wildschweinjagd war eine seiner Lieblingsbeschäftigungen, auch wenn es sich dabei um eine Sau handelte, deren Hauer zuvor abgebrochen und gefeilt worden waren. Wenn die Hunde sie lange genug gehetzt hatten, erschien der Kaiser höchst würdevoll und erhielt zeremoniell eine ›Saufeder‹ überreicht, ein langes, scharfes Schwert. Damit stach er wieder und wieder auf das verwundete Tier ein, bis es verendete. Hinterher wurde ihm für seine Leistung applaudiert und die Saufeder wurde einem geehrten Gast zur Erinnerung an ›dieses abscheuliche und degradierende Spektakel‹, wie es ein Hofbeamter beschrieb, überreicht.

Er hatte auch andere Talente: er sang Balladen mit angenehmer Baritonstimme und komponierte sogar eine phantastische Oper *Der Sang an Aegadia,* ein Werk, das die Hofoper verschwenderisch inszenieren mußte. Das Publikum applaudierte höflich, und die Musikkritiker verdammten die Oper gekonnt, indem sie nur die Inszenierung lobten und den ›Enthusiasmus‹ des Autors hervorhoben. Wilhelm versuchte sich auch als Maler und Zeichner; die Wirkung war oft lächerlich, nicht weil es Wilhelm an Talent fehlte – davon besaß er sogar sehr viel –, sondern weil er absolut keinen Geschmack hatte.

Er war überhaupt ein schwieriger Mensch: immer unberechenbar, manchmal bezaubernd, oft rüde und grob. Er beleidigte Gäste bei Tisch, und wenn er Leute zwang, mit ihm Karten zu spielen, konnte er es nicht ertragen, zu verlieren, obwohl die Einsätze immer niedrig waren. Seine Staatsmänner fürchteten seine Launenhaftigkeit, seine Generäle verachteten seine militärischen Talente, und die einzigen, die Kaiser Wilhelm II. anscheinend aufrichtig liebten, waren seine jungen Offiziere, die in ihm ihren Schirmherrn sahen, und alle diejenigen seiner Untertanen, die einfach und kritiklos jeden Hohenzollern anbeteten. ›Furcht war die vorherrschende Haltung aller, die ihm in irgendeiner Funktion dienten‹, sagte ein Hofbeamter, ›Furcht vor seiner scharfen Zunge, vor seiner unhöflichen, despotischen Art, seinen plötzlichen Abneigungen.‹ Seine frühe aggressive Selbstbehauptung, sagt Wheeler-Bennett, ›entwickelte sich später zu einer gewissen lümmelhaften Brutalität‹. Wheeler-Bennett gibt eine Eigenart, die besonders berüchtigt wurde, als charakteristisch an: ›Er hatte zum Beispiel eine Gewohnheit, die sein Kanzler, Prinz Hohenlohe, so anschaulich beschreibt, nämlich die Steine und Siegel der vielen Ringe, die er an der rechten Hand trug, nach innen zu drehen, und damit die Finger dessen, den er begrüßte, äußerst schmerzhaft zu quetschen.‹

Es gab aber auch Menschen, die den Kaiser fürchteten, ohne daß sie sich sorgen mußten, ihm die Hand zu schütteln: die Sozialdemokraten, die Wilhelm II. leidenschaftlich haßte. Sogar der bedeutende Mediziner und Reichstagsabgeordnete Rudolf Virchow fiel wegen seiner ›sozialistischen Ansichten‹ in Ungnade; Wilhelm ließ auch einmal ein Denkmal von Heinrich Heine entfernen, weil der Dichter zweifachen Anstoß bot: wegen seiner ›sozialistischen‹ Ideen und wegen seiner jüdischen Abstammung. (*Reiche* Juden wurden letzten Endes vom Kaiser akzeptiert und aus der allgemeinen antisemitischen Atmosphäre des Berliner Hofes ausgenommen.) Die Sozialdemokraten gewannen immer mehr Stimmen, sogar Anhänger in der Armee, und Wilhelm II. schob ihnen jedes Übel im Staat in die Schuhe. Er machte ihren wachsenden Einfluß sogar für ein beispielloses Ereignis verantwortlich: ein Gerichtsverfahren, das Pachtbauern gegen den Kaiser anstrengten, und das der Kaiser verlor. Wilhelm II. mußte in diesem Fall sogar die Gerichtskosten zahlen – ein Beispiel bester preußischer Gerechtigkeit in der friderizianischen Tradition, das die Öffentlichkeit entzückte und den Kaiser verständlicherweise in Wut versetzte.

Er war es nicht gewöhnt, zu verlieren oder kritisiert zu werden. Das Gesetz über Majestätsbeleidigung wurde während seiner Regierungszeit brutal angewandt. Wer gegen seinen Nachbarn aussagte und deren kritische Bemerkungen gegen den Kaiser meldete, erhielt eine Belohnung, und die Behauptungen der Spitzel wurden oft ohne weitere Beweise akzeptiert. Die Frau eines Offiziers soll angeblich bei einer Teegesellschaft gesagt haben, sie hielte den Kaiser nicht für besonders intelligent und ›manche nannten ihn sogar einen Weichling‹. Sie landete im Gefängnis, ihr Mann wurde in eine Grenzstation versetzt, wo er keinerlei Beförderungschancen hatte, und die beiden Söhne mußten die Militärakademie verlassen. In einem anderen Fall hörte ein Polizist, wie zwei kleine Jungen sagten, ihr Vater habe den Kaiser einen Windbeutel genannt. Der Vater wurde auf zwei Jahre eingesperrt, die Familie ins Elend gestürzt. Das führte dazu, daß man vom Kaiser sprach, ohne seinen Namen zu nennen; er wurde zu ›Herrn Lehmann‹.

Daß der preußische Militarismus eine Polizeistaatsatmosphäre förderte, war nichts Neues, aber unter Wilhelm II. wurde sie mehr als je zuvor vom Herrscherhaus bestärkt. Der Kaiser erklärte öffentlich, daß die deutsche Aristokratie nicht nur den Adel der Nation darstelle, sondern sich auch aus den edelsten Persönlichkeiten Deutschlands zusammensetze. Da unter den Offizieren Adelige dominierten, wurde das Militär dadurch dem gemeinen Bürger gegenüber noch arroganter. Es gab mehr Offiziere als je zuvor, denn Wilhelm II. erhöhte die Friedensstärke des Offizierskorps von 23 317 in seinem ersten Regierungsjahr auf 36 693 im Jahr 1913 (bei einer Gesamtstärke der Armee von fast 800 000 Mann). Wheeler-Bennett schreibt: Der Kaiser ›genoß militärische Prachtentfaltung, ließ den kriegerischen Ambitionen seiner Generäle freies Spiel und stand der Tendenz seines Offizierskorps, sich als ritterliche Paladine zu sehen, wohlwollend gegenüber.‹ Obwohl das Offizierskorps nach und nach verbürgerlichte, blieben die Garde- und Kavallerieregimenter exklusive Reservate des Adels, die nur ganz wenige bürgerliche Kadetten in ihren Reihen duldeten. (Die Regimentskommmandeure und ihr Offizierskorps hatten weiterhin wie schon seit zwei Jahrhunderten das Recht, Offiziere, die in ihren Regiment Aufnahme suchten, zu akzeptieren oder abzulehnen.)

Die Armeeoffiziere hatten schon unter den früheren Herrschern ihre Arroganz gegenüber der Bevölkerung hervorgekehrt; die Stärkung ihrer gesellschaftlichen Position unter Wilhelm II. aber erhöhte nur noch diese Arroganz. Der Kaiser gab ihnen ein Beispiel, was an Benehmen nun erlaubt war. Ein typischer Zwischenfall ereignete sich bei einer Tafel, zu der ein ältlicher Regierungsbeamter eingeladen war: an einfache Sitten gewöhnt, steckte er seine Serviette in den Kragen, statt sie auf seinen Schoß zu breiten. Der weit entfernt sitzende Kaiser sah das ›Lätzchen‹ und rief ihm zu: ›Ich nehme an, Sie lassen sich jetzt barbieren!‹ Diese Bemerkung weckte Lachsalven bei den Höflingen. Der tiefgekränkte Beamte sagte später, der Kaiser sei kein Edelmann, sondern ein Lümmel.

Derartige Vorkommnisse waren schon bei Hofe schlimm genug, auf nationaler und internationaler Ebene aber waren sie mehr als eine Peinlichkeit für Deutschland, sie waren eine echte Belastung. ›Es gibt nur einen Herrn im Reich, und das bin ich. Ich werde keinen anderen dulden!‹ erklärte er. ›Ich betrachte meine Stellung als mir vom Himmel bestimmt‹, sagte er. ›Ich handle in Vertretung einer höheren Macht!‹ Die Liste derartiger Erklärungen ist endlos, denn der Kaiser fühlte sich ständig genötigt, seine Stellung angesichts der ›ungehorsamen Massen‹, die sozialdemokratisch wählten, zu behaupten. Zu einem Kontingent von Garderekruten aus Potsdam sagte er sogar, er könne ihnen befehlen, ihre eigenen Verwandten niederzuschießen, ihre Brüder ›oder selbst — was Gott verhüten möge — eure Eltern‹, und daß sie es tun müßten, da sie sich ihm ›mit Leib und Seele‹ ergeben hätten.

Mittlerweile verpfuschte er die Außenpolitik. Als Bismarcks ingeniöser Rückversicherungsvertrag mit Rußland zur Verlängerung kommen sollte, wurde er nicht erneuert. Wilhelm war von seinem Großvater ermahnt worden, er solle die Beziehungen zu Rußland pflegen. Selbst Friedrich der Große hatte diese Bindungen zu Rußland als wesentlich bezeichnet; nun waren sie wichtiger denn je, denn Deutschland und Rußland waren die beiden stärksten Militärmächte in Europa. Bismarck hatte alles getan, um Rußland nicht in die offenen Arme Frankreichs zu treiben; Wilhelm hingegen spielte Heiratsvermittler. Nur zwei Jahre nach dem Versäumnis des Kaisers, den Vertrag mit dem Zaren zu erneuern, war eine französische Flotte auf Besuch im Hafen von Kronstadt, und Zar Alexander salutierte zu Wilhelms Entsetzen der Marseillaise, dieser Nationalhymne der Königsmörder. Dann machte ein russisches Geschwader einen Gegenbesuch in Toulon, und die beiden Länder unterzeichneten einen beiderseitigen Hilfsvertrag im Falle eines Angriffes. Hektisch untermauerte Wilhelm seine englischen Beziehungen, saß zu Füßen seiner Großmutter Königin Viktoria, schmeichelte sogar seinem Onkel Bertie — Edward, dem Prince of Wales —, den er verachtete, paradierte in seiner britischen Admiralsuniform und ließ sich zum Colonel in den First Royal Dragoons ernennen. ›Ich hoffe, Britannia wird weiterhin die Wogen beherrschen‹, sagte er 1894 während eines Besuches in Großbritannien, nur um kurz darauf entsetzt zu sein, als der Prince of Wales den Zaren Nikolaus II. anläßlich seiner Krönung zum Ehrencolonel der Scots Greys machte.

Die Beziehungen zwischen Wilhelm und seiner britischen Großmutter wurden von Jahr zu Jahr gespannter, hauptsächlich deshalb, weil sie einander zu oft sahen. Der Kaiser hatte eine Leidenschaft für die Jachtregatta von Cowes entwickelt; zu Viktorias Bestürzung kam er jedes Jahr. Jährliche Besuche, sagte sie, seien ›nicht eben erstrebenswert‹; ja, je öfter sie den Kaiser sah, desto ermüdender und unerquicklicher fand sie ihn. Er mußte ständig mit größter Vorsicht behandelt werden, denn er geriet beim geringsten Anlaß außer sich vor Zorn oder fühlte sich tödlich beleidigt. Er selbst war sich natürlich keineswegs bewußt, daß er schwierig war. Das Problem, sagte er, sei rein dynastisch. ›Die Hohenzollern waren in England nie beliebt‹, erklärte er Caprivi, als der Minister versuchte, ihn dazu zu überreden, die Reise abzusagen. ›Ich fahre zur Regatta nach Cowes, punktum!‹ Als Lord Salisbury Königin Viktoria nahelegte, sie könne Wilhelm von einigen seiner verrückten Ideen abbringen, wenn sie ihm eindringlich zuredete, antwortete sie: ›Nein, nein. Ich kann wirklich nicht ständig alle in Ordnung halten.‹ 1894 war Wilhelm Caprivis mangelnder ›Einfühlungsgabe und Vorstellungskraft‹ und seines mangelnden Verständnisses für die ›weitergreifenden Gedanken‹ des Kaisers überdrüssig geworden. Tatsächlich fürchtete er die Unrast in Deutschland, die Caprivi anscheinend nicht rücksichtslos genug unterdrücken wollte. Der Kaiser hatte zu Bismarck gesagt, er werde ›*nicht* in Blut waten‹, aber nun war er so verstört, daß er dazu durchaus bereit war.

›Auf zum Kampf für Religion, Moral und Ordnung gegen die Revolutionsparteien!‹ rief er diesmal in Ostpreußen. ›Wie sich der Efeu an die knorrige Eiche klammert und sie schützt, wenn der Sturm durch ihre obersten Äste tobt, so schart sich der preußische Adel um Mein Haus. Gehen wir gemeinsam in die Schlacht! Vorwärts mit Gott! Und ehrlos, wer seinen König im Stiche läßt!‹

Schließlich war das einzige Blut, in dem Wilhelm ›watete‹, das von Caprivi, der seines Amtes enthoben wurde – und froh darüber war. Der zündende Schlachtruf an die preußischen Adeligen war nichts als leerer Schall; Wilhelm wurde wieder einmal von der Majestät seiner eigenen Rhetorik mitgerissen. Dem Inhalt nach war der Schlachtruf eines Königs aus dem 15. Jahrhundert würdig, und genau diese Rolle spielte Wilhelm gern, wie auch vor ihm Friedrich Wilhelm IV. (Wilhelm II. sah sich sogar als Kreuzritter; in der Folge erschienen mehrere heroisierende Gemälde und Statuen des Kaisers in mittelalterlicher Rüstung.)

Er ging an jede Frage nicht mit offenem Sinn, sondern, wie Michael Balfour es ausdrückt, ›mit offenem Mund‹ heran. Seine Interessen waren ungeheuer vielfältig, er konnte über Musik, Marinestrategie, Architektur, Archäologie, die Sprache der Hethiter und den Ursprung der Welt dozieren. Mit seinem ausgezeichneten Gedächtnis und seinem schnellen, beweglichen Geist blendete Wilhelm langsamere und sogar tiefere Denker mit einem verbalen Feuerwerk, das viele Besucher beeindrucken und sogar für ihn einnehmen mußte. Wenn ihm jemand sympathisch war, konnte er diesem Menschen, zumindestens für den Augenblick, seine ungeteilte Aufmerksamkeit widmen. Aber er schoß ständig davon, um mit jemandem anderen zu reden. Ein britischer Botschafter zum Beispiel fühlte sich davon ziemlich aus der Fassung gebracht. Wenn der Kaiser an jemanden eine Frage richtete, sagte er, hatte man nie Zeit, auch nur den Anfang einer Antwort zu formulieren, da sich Wilhelm II. bereits jemandem anderen zugewandt hatte. Holstein, der Wilhelm nicht leiden konnte, sagte, er habe ›die unglückselige Gewohnheit, desto schneller und unvorsichtiger zu reden, je mehr ihn eine Sache interessiert‹. Da es anscheinend fast nichts auf der Welt gab, das den Kaiser nicht interessierte, redete er ununterbrochen.

So charmant er sein konnte, so sadistisch konnte er auch sein. Seine Gewohnheit, die Hand eines Gastes in seiner abnorm starken Rechten und mit nach innen gedrehten Ringen zu zerquetschen, wurde bereits erwähnt. Seine Zunge konnte ebenso verletzen. Oft fügte sie Deutschlands Auslandsbeziehungen Schaden zu, denn wenn die Worte unkontrolliert heraussprudelten, wurde niemand verschont. Er nannte den König von Italien ›den Zwerg‹ und seine Königin ›ein Bauernmädchen‹ und ›die Tochter eines Viehdiebs‹; er verspottete Prinz Ferdinand von Bulgarien, er sei ›wie ein Weihnachtsbaum mit Orden behängt‹ (was übrigens ebenso auf Wilhelm selbst zutraf) und nannte ihn ›skrupellos‹. Er beleidigte die deutschen Katholiken, indem er sie als ›reinste Heiden‹ bezeichnete, weil sie ›zu ihren Heiligen beteten‹, und drohte einmal sogar mit einem Krieg gegen Süddeutschland. Kurz, er besaß keinerlei Taktgefühl. Wie nicht anders zu erwarten, hatte er sein Vergnügen an derben Scherzen, die ihm manchmal später peinlich wurden. Als er einmal Erzherzog Ferdinand am Bahnhof traf, erklärte Wilhelm: ›Bilden Sie sich nur nicht ein, daß ich zu *Ihrem* Zug gekommen bin. Ich erwarte den Kronprinzen von Italien!‹ Der Erzherzog fand das ganz und gar nicht lustig. Ebensowenig wie die ältlichen Herren, die er bei der Gymnastik an Bord der ›Hohenzollern‹ umwarf, oder die Mitspieler, die er beim Tennis mit dem Rakett auf den Rücken schlug. Er behandelte Lord Salisbury so von oben herab, daß man ihn darauf aufmerksam machen mußte, daß Salisbury der Premierminister der britischen Königin und nicht sein eigener war. Dann beleidigte er seinen Onkel, den Prince of Wales, indem er ihn daran erinnerte, daß er nie Soldat gewesen sei, und ihn wissen ließ, daß er ihn für ›einen Pfau‹ hielt. Eduard seinerseits sagte, sein Neffe Wilhelm sei der ›brillanteste Versager der Geschichte‹, was an Churchills Einschätzung von Wilhelm II. erinnert. ›Die Entschuldigung, die man (für den Kaiser) vorbringen kann, wird seiner Selbstachtung nicht gerade schmeicheln . . . Seht ihn doch an, er ist nur ein taktloser Tölpel!‹

Ein Hofbeamter, der bis zu seinem Tod kurz vor dem Ersten Weltkrieg im Schloß zu Berlin lebte, hatte Mühe, die konkreten Leistungen des Kaisers aufzuzählen. Er konnte nur sagen, daß sich Wilhelm II. für die Verbesserung des stockenden Verkehrs in Berlin interessierte, daß er Sicherheitsvorschriften für die Eisenbahn einführte, die Experimente des Grafen Ferdinand von Zeppelin unterstützte und einige Gemälde nach Berlin brachte. Er erwähnt den Erwerb Helgolands (im Tausch gegen Sansibar) durch den Kaiser ›— die Nordseeinsel erwies sich als weißer Elefant, da es Millionen kostete, die Erosion in Schach zu halten —; den Bau des Nordseekanals, dessen Fahrrinne sich fast sofort als zu eng erwies (das Dampfschiff *Deutschland* blieb stecken) und verbreitert werden mußte; und die Veränderungen im Tiergarten, in dem der Kaiser zahllose Statuen seiner hohenzollerschen Ahnen und preußischer Generäle aufstellen ließ — die sogenannte Siegesallee — und damit die reizende Parkanlage total ruinierte. Eine weitere Leistung des Kaisers, die dieser Beamte allerdings nicht erwähnt, war der Ausbau der deutschen Flotte. Genau wie er sich darin gefiel, seine Höflinge in hilflose Wut zu versetzen, indem er sie ›alte Sau‹ nannte, schien er es darauf anzulegen, Großbritannien partout zu verärgern, indem er ebenso viele Schlachtschiffe baute wie die erste Seemacht der Welt. Anfangs hatte er eine winzige, für den Küstenschutz bestimmte Flotte und einen Offizier namens Alfred von Tirpitz. Innerhalb von sechzehn Jahren führte Tirpitz Deutschland vom sechsten Rang als Seemacht zum zweiten; eine phantastische Leistung, die mit der Peter des Großen verglichen wurde, der praktisch über Nacht die russische Flotte schuf. Dieses Expansionsprogramm provozierte selbstverständlich eine Reaktion Großbritanniens, das seine Marine aufrüstete, um dieser wachsenden Bedrohung entgegenzutreten.

›Die britische Flotte‹, sagte Winston Churchill im Jahre 1912, ›ist für uns eine Notwendigkeit, und von manchem Gesichtspunkt aus ist die deutsche Flotte für sie eher eine Art Luxus.‹ Der Gedanke, daß sie eine *Luxusflotte* haben sollten, empörte die Deutschen, aber er war durchaus nicht unberechtigt. Als Grund für die Expansion der deutschen Marine wurde der deutsche Kolonialismus und der deutsche Handel angegeben; in Wahrheit jedoch lag der Grund auch in Wilhelms Wunsch, mit England gleichzuziehen oder es sogar zu überflügeln, und in seinem zwingenden Bedürfnis nach einem Ventil für seine inneren Aggressionen. Kanonenstarrende Großschlachtschiffe bedeuteten personifizierte Macht und Aggressivität. Mangels einer konsequenten Außenpolitik gaben diese Monster Wilhelm ein Gefühl der Sicherheit, ebenso wie er mangels einer populären Innenpolitik in der ständigen Gesellschaft seiner Garde Sicherheit suchte.

Die Luxusflotte wurde als Risikoflotte bezeichnet, worunter man eine Flotte verstand, deren Stärke jeden Angreifer abschrecken würde. Dieser Gedanke, der durch die irrige Annahme unterstützt wurde, daß sich Frankreich und Rußland mit Großbritannien nicht verständigen würden, faszinierte die Deutschen. Er schien ihnen den Frieden zu garantieren, den sie ersehnten, und dadurch wurde das Marineprogramm ungeheuer populär. Ironischerweise schrieb Tirpitz selber diesen Aufbau einer Unvorsichtigkeit Wilhelms zu, die Deutschland 1896 fast in einen Krieg gegen Großbritannien stürzte: der Zwischenfall um die Krüger-Depesche. Wilhelm hatte dem Präsidenten der Buren dazu gratuliert, die britischen Eindringlinge zurückgeschlagen und die ›Unabhängigkeit‹ Transvaals behauptet zu haben; privat sagte Wilhelm zu Hohenlohe, er sei bereit, Truppen hinunterzuschicken und Transvaal zu einem deutschen Protektorat zu machen. Also keine Rede von Unabhängigkeit. Die Briten waren empört über diese Bemerkungen des Kaisers und sandten ein Geschwader in die Nordsee. Der deutsche Botschafter in London nannte die Krüger-Depesche ›unverständlichen Wahnsinn‹ und wies darauf hin, daß damit Großbritannien in seinem ›offensichtlichen Wunsch einer Annäherung zu Frankreich‹ bestärkt werde. Wie üblich, versuchte Wilhelm II. verzweifelt, seinen Fehler gutzumachen. Er schrieb einen Entschuldigungsbrief an seine Großmutter Königin Viktoria, in dem er sagte, die britischen Eindringlinge – ein paar hundert Reiter unter der Führung von Dr. Leander Starr Jameson, von denen sich die britische Regierung distanzierte – hätten letzten Endes Viktorias eigene ›friedliche Absichten und Befehle‹ mißachtet. Wilhelm sagte, er habe nur seinem ›Zorn gegen das Raubgesindel‹ Ausdruck verliehen und schloß lahm mit: ›Ich ersuche jeden Gentleman, mir aufzuzeigen, wo sich irgend etwas gegen England richtet.‹ Die Großmutter des Kaisers antwortete nicht. Statt dessen reagierte Tirpitz. Die Krüger-Depesche habe ›dem Volke die Notwendigkeit der Schlachtflotte gezeigt‹. Was diese unglaubliche Erklärung tatsächlich bedeutete, war, daß das deutsche Volk eine riesige Flotte finanzieren sollte, um sich vor den Folgen der Großmäuligkeit des Kaisers zu retten. Wilhelms Freund Eulenburg sagte dazu, ›der arme Kaiser macht die ganze Welt nervös‹.

Die Regierung in Berlin war mehr als nervös, sie war am Ende ihrer Weisheit. ›Es fehlt die Einheit der Zielsetzung, weil Seine Majestät in sich uneins ist‹, hatte Eulenburg im Jahre 1894 in sein Tagebuch geschrieben. ›Dem Bild als ganzem fehlt jede Harmonie, und diese Harmonie kann nicht geschaffen werden. Sie war nur unter der idealen Persönlichkeit des alten Kaisers möglich, denn jedes Pferd zog freudig seine Kutsche, die die Staatskutsche war. Aber jetzt? Jeder beißt den anderen, schlägt den anderen, haßt den anderen, belügt und betrügt den anderen.‹

Bülow, seit 1900 Kanzler, notierte drei Jahre früher anläßlich seiner Ernennung zum Außenminister, daß furchtbare Gefahr drohe, wenn Wilhelm nicht die umsichtigsten Ratgeber befrage, denn dieser Rat, den der leicht beeinflußbare Kaiser empfing, werde entscheiden, ob seine Regierung ›glorreich oder melancholisch‹ würde.

Bülow, der es verstand, den Kaiser durch Schmeichelei zu lenken und der ihn geschickt zurückzuhalten wußte, war seinen Vorgängern Caprivi und Hohenlohe weit überlegen. Wilhelm hielt ihn für einen ›Prachtkerl‹; kein Wunder, denn schon 1897 hatte Bülow den Kaiser ›reizend, rührend, hinreißend, zum Anbeten ...‹ genannt. Ein Jahr später schrieb Bülow an einen Freund (in einem Brief, dessen Inhalt er im

Schloß bekannt werden ließ): ›Er ist so außerordentlich! Er ist mit dem Großen König und dem Großen Kurfürsten weitaus der bedeutendste Hohenzoller, der je gelebt hat. Er verbindet echteste und ursprünglichste Genialität mit dem klarsten bon sens. Er besitzt eine Phantasie, die mich mit Adlerschwingen über alle Kleinigkeiten emporhebt, und dabei den nüchternsten Blick für das Mögliche und Erreichbare und – dabei welche Tatkraft! Welches Gedächtnis! Welche Schnelligkeit der Auffassung!‹

Hofkreise waren erstaunt. Sie wußten, daß ›Bülow ihn höchstpersönlich zum besten hält‹, und dachten, die Romanze zwischen dem neuen Kanzler und dem Kaiser könne nicht lange dauern. Waldersee hingegen sagte, er sei da ›anderer Ansicht: es ist dem Kaiser bisher noch nie zu viel geworden‹.

Graf Bülow (der später in den Fürstenstand erhoben wurde) war mit einer schönen Italienerin verheiratet, einer Frau voll Witz und angeblich intelligenter als er; sie waren ›ein sehr glückliches Paar, und der Kaiser war der dritte in der Familie‹, wie ein Hofbeamter schrieb. Fast täglich hielt Wilhelm II. am Weg zu seinem Morgenritt im Park an der Residenz des Kanzlers an. ›Ich will meinen Bernhard sehen‹, erklärte Wilhelm, ob es nun gelegen war oder nicht, und blieb zum Frühstück. Eulenburg beobachtete voll Erleichterung, daß die Auslandsbeziehungen unter Kontrolle waren. ›Keine explosiven Depeschen mehr‹, sagte er. Aber der Schaden war bereits geschehen. Es hatten sich rivalisierende Blöcke gebildet, was im Ersten Weltkrieg verheerende Wirkungen für Deutschland haben sollte. Der Kaiser verließ sich auf seinen Dreibund mit Italien und Österreich-Ungarn, aber er stand einer französisch-britischen Entente und einer französisch-russischen Allianz gegenüber. Indem er Tirpitz völlig freie Hand für den Aufbau der deutschen Kriegsmarine gab, steigerte Bülow die Furcht der Briten vor den Deutschen bis zum Siedepunkt. Die Abschreckung, die den Frieden erhalten sollte, verstärkte nur die Spannungen.

Bülow verteidigte seine schamlose Schmeichelei mit der Erklärung, er müsse seine Stellung beim Kaiser ›konsolidieren‹, wenn er irgendeinen Einfluß nehmen wolle; das stimmte zwar, doch wurde es ihm dadurch leider unmöglich, dem Kaiser jemals wirkungsvoll entgegenzutreten.

In der Innenpolitik standen die Dinge kaum besser, denn obgleich er nun ins zwanzigste Jahrhundert eingetreten war, handelte der Kaiser weiterhin wie ein Monarch des sechzehnten Jahrhunderts. Eulenburg warnte ihn davor, Freiheitsbestrebungen allzu hart zu unterdrükken, er sprach sogar dunkel von der Möglichkeit, das Volk könne versuchen, seine Abdankung zu erzwingen oder seine Macht einzuschränken. Wilhelm war höchst erstaunt. ›Oh? Wer könnte solche Gedanken hegen? Und wie würden sie es anstellen?‹ fragte er. Später sagte er Eulenburg, die parlamentarische Regierungsform sei diskreditiert, die öffentliche Meinung sei verrückt, und die Nation brauche einen autoritären Monarchen.

›Wirklich, wenn ich mir das Benehmen der Leute zu Hause ansehe, vergeht mir jede Lust am Regieren‹, meinte er. ›Der einzige Weg ist, ihnen überhaupt keine Beachtung zu schenken.‹

Der Kaiser war ein typischer Scharfmacher, nicht nur, wenn er den Mund vollnahm, sondern auch wenn er retirieren mußte: trat man ihm bestimmt entgegen, so gab er fast ausnahmslos nach. Er hatte zwar eine Leidenschaft für die Armee und für Kriegsspiele, aber geradezu einen Horror davor, einen Krieg zu beginnen. Während des Burenkrieges zum Beispiel, als die deutsche Presse geradezu in eine Hysterie antibritischer Propaganda verfiel und die Stimmung leicht für einen Krieg hätte angeheizt werden können, wurde Wilhelm unsicher und beschwichtigte die Briten, obwohl er sich privat an den britischen Fehlschlägen weidete. Im Juni 1900 hatte Wilhelm endlich die Chance, billig zu kriegerischer Glorie zu kommen, und er ergriff sie hocherfreut. In China hatten die nationalistischen Boxer alle ausländischen Botschaften in Peking zerstört und den deutschen Gesandten ermordet. Wilhelm telegraphierte Bülow, er solle Schlachtschiffe und eine Expeditionstruppe ausschicken. Peking, donnerte er, solle ›dem Boden gleichgemacht und ausgelöscht werden‹. Waldersee wurde zum Feldmarschall ernannt und nach China entsendet — zu spät, da britische, amerikanische und japanische Truppen das Botschaftsviertel bereits befreit hatten. Waldersee traf gerade noch rechtzeitig ein, um im unterworfenen Peking eine Parade abzuhalten und von den Chinesen eine Kriegsentschädigung zu verlangen.

Den Kaiser zum ersten Mal in einem richtigen Kriegsfieber zu sehen, erschreckte seine Mitarbeiter. Eulenburg sagte zu Bülow, er habe ›in einen bodenlosen Abgrund des Hasses und der Härte geblickt‹. Es hatte in Wilhelmshaven bei der Einschiffung der deutschen Truppen sogar eine Szene gegeben, die weitere Kreise in Schrecken versetzte. Der Kaiser kletterte auf ein Gerüst am Kai und sprach zu den Truppen: ›Pardon wird nicht gegeben! Gefangene werden nicht gemacht! Wie vor tausend Jahren die Hunnen unter ihrem König Etzel sich einen Namen geschaffen, der sie noch jetzt in Überlieferungen und Märchen gewaltig erscheinen läßt, so möge der Name ‚Deutscher' in China auf tausend Jahre durch euch in einer Weise bestätigt werden, daß niemals wieder ein Chinese es wagt, einen Deutschen auch nur scheel anzusehen!‹ Bülow und Eulenburg waren entsetzt und bemühten sich sogar, diese Worte zu unterdrücken, aber ein Reporter hatte sie bereits zu Papier gebracht. Bald waren sie um die Welt gegangen, und vierzehn Jahre später sollte das Wort ›Hunne‹, das der Kaiser in diesem Zusammenhang zuerst gebraucht hatte, dem Kaiser ins Gesicht geschleudert werden.

Ein Jahr später warf in Bremen ein Mann, der später als geisteskrank und nicht für seine Tat verantwortlich erkannt wurde, etwas auf den Kaiser: ein kleines Metallstück, das die kaiserliche Wange ritzte, in der kaiserlichen Seele aber eine schwärende Wunde hinterließ. Zwei Wochen später wandte sich der Kaiser an seine Truppen.

›Mein-Alexander-Regiment ist berufen, gewissermaßen als Leibwache

Tag und Nacht bereit zu sein, um für den König und sein Haus, wenn es gilt, Leben und Blut in die Schanze zu schlagen‹, erklärte Wilhelm. ›Und wenn die Stadt Berlin noch einmal wie im Jahre 48 sich frech und unbotmäßig gegen den König erheben würde, dann seid ihr, Grenadiere, dazu berufen, mit der Spitze eurer Bajonette die Frechen und Unbotmäßigen zu Paaren zu treiben!‹ Später kam es zu Unruhen in Berlin, wobei dreißig Menschen verwundet wurden, woraufhin der Kaiser sagte, er sei mit der Polizei ›sehr zufrieden‹, aber gleichzeitig befahl, beim nächsten Mal mit der scharfen und nicht mit der flachen Klinge dreinzuschlagen.

›Das ist gar nicht so gemeint‹, beteuerte ein Höfling, als Wilhelm drohte, persönlich seine Garde gegen die unruhigen Berliner anzuführen. ›Der Kaiser sagt das nur so, aber er tut es nachher doch nicht!‹ Das galt ganz allgemein, aber es hatte doch verheerende Folgen für die Nation. Wie Waldersee 1891 feststellte, rüstete Rußland auf, da es meinte, Deutschland habe aggressive Absichten, weil Wilhelm gesagt hatte, ›wie er die Russen schlagen wolle‹ und so weiter. Der General war der Überzeugung, ›daß alle diese Worte und Reden einem Furchtgefühl entstammen, wie ein Kind im Walde schreit, um sich Mut zu machen ... Da der Monarch dies aber unter keinen Umständen merken lassen will, entwickelt er Eigenwillen und Härte in kleinen Dingen und redet sich damit selbst vor, er sei ein sehr energischer Mann.‹ Waldersee stellte auch fest, daß der Kaiser um Popularität buhlte und daß nichts Wilhelm so sehr erfreute wie eine ›fanatisch jubelnde Menge‹. Er vergeudete ›hemmungslos‹ Geld, wie Waldersee notierte, und hauptsächlich für seine Eitelkeiten. Seine Eitelkeiten und Launen waren Legion. Als ihm sein Arzt mitteilte, er habe ›einen kleinen Schnupfen‹, ermahnte der Kaiser den Arzt streng: ›Ich habe einen großen Schnupfen! Ich bin in allem groß!‹ Das war zwar halber Scherz, aber doch eigentlich ein Glaubensbekenntnis. Als er 1900 mit Rücksicht auf die ›Bitten‹ hoher Generäle Feldmarschall wurde, erklärte er, ausgezeichnet mit einigen Adjutanten zurechtzukommen und keinen Generalstab zu benötigen. Er sagte seinem Kriegsminister und seinem Chef des Militärkabinetts, sie seien ›alte Esel‹, die sich für klüger als der Kaiser hielten, weil sie älter seien. Er begrüßte einen allseits geachteten dreiundfünfzigjährigen Grafen bei einer Jagd mit dem Ruf: ›Was, Sie altes Schwein sind auch hier eingeladen?‹ Er schlug den russischen Großfürsten Wladimir mit seinem Marschallstab auf den Rücken. Das war als Spaß gemeint; durchaus im Ernst jedoch kanzelte er einen deutschen Fürsten so ab, daß er damit unter den Landesherren fast eine Rebellion auslöste. Er mischte sich so sehr in militärische Angelegenheiten ein, daß die Haltung der Militärs laut Waldersee von ›Resignation‹ bestimmt war, was für die Einstellung aller gilt, deren Schicksal es war, mit dem Kaiser zusammenzuarbeiten, der Deutschland regierte. Wenn er gerade kein Projekt direkt im Angriff hatte, wurde er verzagt und jagte dann neuen Aufregungen oder Neuheiten nach, die laut Waldersee für ihn absolut notwendig waren. Er konnte es nie lange zu Hause aushalten; Augustes ewiges Lesen und Sticken machte ihn wahnsinnig, trieb ihn in einen weiteren Sonderzug, eine weitere deutsche Stadt, zu einem weiteren Galaauftritt und unbesonnen, unberechenbaren Reden.

›Gott behüte uns vor einem Kriege, solange dieser Kaiser auf dem Thron sitzt!‹ sagte ein alter Junker, von Köller, zu Hohenlohe. ›Er würde die Nerven verlieren, er ist ja feige.‹ Damit traf er den Kern der Sache: ein schwacher, eitler, halbverkrüppelter Prinz war auf den Thron einer Nation gesetzt worden, die als militaristischste ihrer Zeit galt, stand an der Spitze eines absolutistischen Militärstaates und mußte angesichts seiner Behinderung seine männliche Überlegenheit über sämtliche Offiziere der Nation unter Beweis stellen. Trotz aller frenetischen Aktivität aber tat er nichts. Graf Robert von Zedlitz-Trützschler, der den typischen Tagesablauf des Kaisers beschrieb, kam zu dem Schluß: ›Sein Leben ist in Wahrheit ein ununterbrochener Müßiggang.‹ Er fügte hinzu: ›Und man vergleiche das damit, was die Gazetten über ihn sagen!‹ Waldersee sagte mehr oder weniger das gleiche. Wilhelm war so beschäftigt mit Vergnügungen, ›daß er in der Tat kaum mehr Zeit zur Arbeit hatte ... Wahrhaft skandalös ist es, wie die Hofberichte das große Publikum über die Tätigkeit des Kaisers täuschen. Nach ihnen arbeitet er hart von früh bis spät.‹

Manche sahen die schlimmen Anzeichen der Zukunft. Waldersee wies darauf hin, daß Wilhelms ›außerordentliche Eitelkeit‹ die sozialistische Gefahr noch beschleunigt habe. Nicht einer unter den Ratgebern des Kaisers sehe der Zukunft vertrauensvoll entgegen, und die deutschen Prinzen seien ›ebenso beunruhigt‹. Er hegte nicht einmal die Hoffnung, daß der Kaiser sich ändern könne. ›Nur ein ungeheurer Umschwung könnte das erreichen‹, sagte er. ›Wenn eine so ausgesprochen egoistische Persönlichkeit ein Reich regiert‹, schrieb Eulenburg an Bülow, ›können die Folgen nicht anders als katastrophal sein ...‹ Wilhelms Mutter, die Kaiserin Viktoria, teilte die düsteren Ahnungen. Sie warnte vor ›der Rache und dem Urteil der Geschichte und daß jeder Tag ein Memento bringen kann‹. Die Monarchie, schrieb sie an eine Freundin, ›erscheint mir auf eine harte Probe gestellt, und ich zittere vor einer schlimmen Wendung‹.

Es war allerdings nicht einzig und allein sein Fehler. ›Die wirkliche Tragödie Wilhelms II.‹, schreibt Wheeler-Bennet, ›ist, daß er nie hätte Kaiser sein dürfen. Die Natur hatte ihn für ein Leben intellektueller und künstlerischer Tätigkeit geschaffen; das Schicksal bestimmte ihn zum Soldaten und Herrscher. Wäre er Privatmann gewesen, so hätten seine rasche Auffassungsgabe und sein brillanter, wenn auch unsteter Intellekt seine Launenhaftigkeit und sein mangelndes Urteilsvermögen vielleicht verdeckt. Als Persönlichkeit des öffentlichen Lebens aber wurden alle seine Fehler vergrößert, jede seiner eigensinnigen Ideen wurde ein Thema für die Allgemeinheit. Das Scheinwerferlicht der Publicity strahlte fast von seiner Geburt an unablässig über seine preußische

Jugend mit seinem verkümmerten Arm, bis er in ihrem Schein geradezu die einzige Wärme und Geborgenheit fand ... Wenige waren ungeeigneter für den Thron als Wilhelm II., wenige unter den Spielbällen des Geschicks waren bedauernswerter ...‹

Gelegentlich wurde sich der Kaiser seiner Unzulänglichkeiten bewußt. Einmal sagte er zu einem Freund, er sei, wie er sei, und das könne er nicht ändern. Die traurige Tatsache ist, daß ihm energische Ratgeber hätten helfen können, sich zu ändern. Als der jüngere Moltke zum Generalstabschef ernannt wurde, sprach er sehr direkt mit dem Kaiser und bestand darauf, daß er sich nicht in militärische Angelegenheiten mische, und beeindruckt von Moltkes Argumenten hielt sich Wilhelm drei volle Jahre zurück. Aber es gab nicht viele Moltkes, noch viel Gelegenheit für derart bestimmte Stellungnahmen. Der Kaiser war vor allem von Höflingen umgeben, von Leuten, die nur ihren eigenen Vorteil suchten, von Speichelleckern, die ihn ständig lobten und ihn verherrlichten. Es kam so weit, daß August von Mackensen als General im Jahre 1904 eine neue Sitte für die Armee schuf, indem er dem Kaiser die Hand küßte. Das ganze Volk – mit einer Ausnahme – erhob ihn zu einer Art Halbgott; es ist nicht verwunderlich, daß das auf ihn ernsthaft zurückwirkte. Die Ausnahme war die Arbeiterschaft. Sie wählten im großen und ganzen sozialdemokratisch, weswegen der Kaiser sie als Verräter betrachtete.

Da Wilhelm II. keine konsequente persönliche Innen- oder Außenpolitik verfolgte und außerdem unfähig war, irgendeinem Problem wirklich auf den Grund zu gehen, war er seinen Ratgebern ausgeliefert. Die ihm am nächsten standen und sich durch Schmeichelei Gehör zu verschaffen wußten, konnten mehr oder weniger tun mit ihm, was sie wollten – aber nur für eine Weile, denn bald fanden andere ebenso schmeichlerische Stimmen Gehör und Gefolgschaft. Es war nicht Wilhelms Politik, die Deutschland und seine Auslandsbeziehungen regiert, sondern die Politik anderer im Verein mit seinen zersetzenden Launen, die oft alles zerstörten, was er und seine Ratgeber sich als Ziel gesteckt hatten. Das beste Beispiel hierfür findet sich in Wilhelms II. andauernden Bemühungen, eine Wiederannäherung mit Großbritannien einerseits und Rußland andererseits zu erreichen. Die historische Bindung an Rußland bedeutete ihm viel, ebenso wie die Tatsache, daß der russische Zar das monarchische Prinzip, wie Wilhelm es sah, verkörperte: das eines absolutistischen Monarchen, der mit einer aristokratischen Beamtenschaft und einer aristokratischen Militärkaste regiert und sich dem Vordringen des Konstitutionalismus und Parlamentarismus, vom Republikanertum ganz zu schweigen, entgegenstellt. Mit Großbritannien wiederum verband Wilhelm eine Haßliebe. Seine Bewunderung für England war durchaus echt, und ebenso stark sein Neid und seine Abneigung. Was er nicht ertragen konnte, war in seinen Augen der Hochmut, das Überlegenheitsgefühl der Briten – darin empfand er Herabsetzung seiner Person und Deutschlands. Trotzdem starb Königin Viktoria in seinen Armen, und als er ihrem Begräbnis beiwohnte, war er ein so liebender Enkel, daß ihm ganz London zujubelte. Später überraschte er die deutschen Offiziere, die ihn begleiteten, indem er auf Schloß Windsor zeigte und voll Bewunderung erklärte, von dort aus werde die Welt regiert. Kaum war er allerdings wieder in Berlin und in der Garnisonstadt Potsdam, bekam seine Abneigung erneut die Oberhand. Letzten Endes schlugen alle seine Versuche einer Wiederannäherung mit Großbritannien und Rußland nicht nur fehl, sondern führten sogar zu neuen Spannungen.

Eine Reihe von Ungeschicklichkeiten – seine eigenen und die seiner Ratgeber – führte zur Isolierung Deutschlands. Wilhelm ließ sich von Holstein und Bülow dazu überreden, 1898 Joseph Chamberlains Angebot einer deutsch-britischen Allianz abzulehnen. 1905 ließ er sich gegen seine eigene, völlig richtige Überzeugung zu einem Eingriff in Marokko drängen. Das schuf Bindungen zwischen Frankreich und England, die bis in den Ersten Weltkrieg anhielten. Frankreich schloß Bündnisse mit Rußland und Großbritannien, die für Wilhelms Nation katastrophale Resultate hatten.

Die Briten wünschten jedoch keinen völligen Bruch ihrer Beziehungen mit Deutschland. Sie hofften ihn durch ein internationales Abkommen zu verhindern, das die Rüstung beider Nationen einschränken sollte; die britische Bedingung sine qua non war eine Reduzierung des Marineaufrüstungsprogramms des Kaisers. Bülow hätte gerne zugestimmt, aber in diesem Fall hörte der Kaiser auf Admiral von Tirpitz, der argumentierte, diese britische Forderung sei mit der deutschen Ehre unvereinbar. 1908 kam es zur ersten Krise zwischen dem Dreibund von Deutschland, Italien und Österreich-Ungarn einerseits und Rußland andererseits. Österreich hatte Bosnien okkupiert, und der Protest Serbiens wurde von Rußland unterstützt. Wilhelm, den die Österreicher nicht informiert hatten, war über die Besitznahme schockiert und fühlte sich verraten, aber Bülow überredete ihn, die Handlungsweise der Österreicher nichtsdestoweniger zu unterstützen. Er fürchtete, daß Deutschland anderenfalls völlig ohne Bundesgenossen in Europa dastehen würde. So weit war es also gekommen, zwei Jahrzehnte nach Wilhelms Thronbesteigung, achtzehn Jahre nach Bismarcks Abschied.

Rückblickend erscheint es fast unglaublich, daß die Dinge so weit gehen konnten. Man hätte selbstverständlich erwarten dürfen, daß Königin Viktorias Enkel die engsten Beziehungen zu Großbritannien schaffen und gleichzeitig Deutschlands enge traditionelle Bindung an Rußland pflegen würde; damit wäre der ›Erbfeind‹ Frankreich isoliert gewesen. Statt dessen wurden alle natürlichen und traditionellen Bindungen durch Ungeschick und Säbelrasseln zerstört. Noch 1912 wäre es möglich gewesen, die Beziehungen zwischen Großbritannien und Deutschland wiederherzustellen, als der britische Kriegsminister Lord Haldane in Berlin mit Wilhelm II., Admiral Tirpitz und Kanzler Bethmann-Hollweg Gespräche führte. Diese Gespräche waren in der Tat so freundlich, daß Wilhelm naiv glaubte, sie seien ein voller Erfolg gewesen, da er Großbritanniens Forderung auf Reduzierung der deutschen Kriegsflotte nicht ernst nahm. Während die Gespräche noch andauerten, setzten Wilhelm und Tirpitz einen Gesetzentwurf auf, der die deutsche Kriegsflotte bis 1920 auf 41 Schlachtschiffe und 60 Kreuzer erweitern sollte, was nicht nur dem Besuch Haldanes die Basis entzog, sondern auch dafür sorgte, daß der freundliche Vorstoß der Briten in eine feindselige Reaktion umschlug.

Wilhelm II. engster Freund ›Phili‹ Eulenburg wurde 1907 wie eine heiße Kartoffel fallengelassen, nachdem der Kaiser Beweise für homosexuelle Handlungen des Fürsten, die zehn, zwanzig, dreißig Jahre zurücklagen, empfangen hatte. Zwar hätte er seine Beziehungen zu Eulenburg nicht aufrechterhalten können, denn die Sache war an die Öffentlichkeit gedrungen und weithin bekannt, aber die Art, in der er sich von seinem liebsten (und oft aufrichtigsten) Ratgeber distanzierte, schockierte seine Umgebung. Schließlich hatte Wilhelm einen anderen homosexuellen Skandal völlig anders gehandhabt. Als der Erbe des Industrieimperiums Krupp in den Selbstmord getrieben wurde, nachdem sein wildes homosexuelles Treiben publik wurde, nahm Wilhelm an seinem Begräbnis teil und beschuldigte zornig die Sozialisten, Krupp verleumdet zu haben. Privat machte Wilhelm nun seiner Empörung über ›Phili‹ Luft, öffentlich aber tat er nichts. Er lud Eulenburg nicht einmal zu einem Abschiedsbesuch vor, um ihm Gelegenheit zu geben, zu den Anschuldigungen Stellung zu nehmen. Er ließ einfach den Staatssekretär des Inneren kommen und sagte ihm, eine Anzahl prominenter Persönlichkeiten, darunter Eulenburg, seien ›pervers; sie sind für mich erledigt‹. Dem Hofmarschall Zedlitz befahl er ›vor aller Welt ... ein moralisches Exempel‹ zu statuieren, ohne Rücksicht auf die Person. Gerichtliche Klagen folgten auf den Skandal, und diesmal las der Kaiser die Zeitungen Zeile für Zeile. ›Wenn das jetzt in den Zeitungen nicht aufhört‹, sagte er zu Zedlitz, ›schicke ich einen Flügeladjutanten hin und lasse den Redakteur totschießen!‹

Im selben Monat, im Dezember 1907, schrieb er an Houston Stewart Chamberlain, den ›arischen‹ Philosophen und Gatten der Tochter Richard Wagners, der in seinem wütenden Antisemitismus ein Vorläufer der Naziideologie war: ›Es war ein sehr schweres Jahr, das mir unendlich viele Sorgen bereitet hat. Eine Gruppe von Freunden, der ich vertraute, wurde plötzlich durch jüdische Insolenz, Verleumdung und Lüge zerbrochen.‹ (Die ersten Enthüllungen waren in der ›Zukunft‹, einem von Harden gegründeten Wochenblatt, erschienen. Harden war das Pseudonym des jüdischen Journalisten Witkowski aus Berlin. Ursprünglich im Dienste Bismarcks, unterstützte Harden bald Holstein, der [wie er meinte, durch den homosexuellen Eulenburg] entlassen worden war; etliche Geldstrafen, die Harden nach den folgenden Gerichtsverfahren zahlen mußte, wurden von Bülow aus öffentlichen Geldern ersetzt.)

›Es ist schrecklich‹, fährt Wilhelm in seinem Brief fort, ›zusehen zu müssen, wie die Namen seiner Freunde durch alle Gossen Europas gezerrt werden, ohne ihnen helfen zu können oder dazu berechtigt zu sein. Es regte mich so auf, daß ich Erholungsurlaub nehmen mußte. Den ersten Urlaub nach neunzehn Jahren harter, undankbarer Arbeit.‹

Diese empörten Zeilen enthüllen vieles über den Charakter und die Psychologie des Kaisers. Er weigerte sich, die Wahrheit über seine Freunde anzuerkennen; statt dessen schob er die Schuld wider besseres Wissen ›jüdischer Verleumdung‹ zu. Pharisäisch posierte er als ein Mensch, der wollte, er könnte diesen Freunden ›helfen oder dazu berechtigt sein‹, denn er wußte, das wäre gütig und ritterlich, eines Edelmanns und Fürsten würdig; solche Hilfe könnte man von einem ›christlichen König‹, wofür sich Wilhelm hielt, erwarten. Indessen — obwohl er Eulenburg mit nichts anderem als einer privaten, unpublizierten Geste hätte helfen können, die Rücksicht, Verständnis und Treue zeigte — versuchte er nicht einmal, irgend etwas für seinen Freund zu tun. Was schließlich die ›neunzehn Jahre harter, undankbarer Arbeit‹ betrifft, sind sie vielleicht das Absurdeste an dem Ganzen. In dieser Phrasierung liegt das charakteristische Greinen eines Mannes, der sich selbst so erfolgreich und restlos betrogen hat, daß man ihm nicht einmal vorwerfen kann, mit Absicht zu lügen. Illusionen und Selbstmitleid füllten die kaiserliche Brust. Kein Wunder, daß unbefangene Beobachter wie die Briten, die er im November 1907 während jenes ›Erholungsurlaubs‹, von dem er Chamberlain schrieb, besuchte, klarer sahen als viele seiner eigenen Leute. Außenminister Sir Edward Grey meinte, Wilhelm sei ›nicht ganz bei gesundem Verstand und sehr oberflächlich‹; Lord Esher, der ihn ebenfalls während seines Urlaubs in Schloß Windsor traf, sagte, ihm fehle jedes ›wirkliche Verständnis für die Tatsachen‹. Kaiserin Auguste hingegen beeindruckte Esher sehr, er hielt sie sogar für gut gekleidet, was entweder dafür spricht, daß ihre Garderobe besser geworden war, oder bezeichnend für den britischen Geschmack ist. Jedenfalls schloß sich Auguste nun enger ihrem Mann an als je zuvor. Wilhelm hatte sein Vertrauen zu Bülow eingebüßt; Eulenburg hatte er ganz verloren. Er war allein, er hatte niemanden, der ihm je die Wahrheit sagte, denn Auguste hatte natürlich nicht mehr Verständnis für die Wirklichkeit als er selbst.

Diese Wirklichkeit wurde in Wahrheit immer trostloser. Die Briten hatten auf das Marineausbauprogramm von Tirpitz mit dem Stapellauf des ersten Großschlachtschiffes der Dreadnought-Klasse im Februar 1906 geantwortet. Dieses Kriegsschiff war derart sensationell, daß man alle vorhandenen Schlachtschiffe — deutsche ebenso wie britische — über Nacht zum alten Eisen werfen konnte. Die folgenden Dreadnoughts eskalierten den Rüstungswettlauf. 1908 hatten die Spannungen so sehr zugenommen, daß der Kaiser zum ersten Mal davon sprach, Deutschland sei ›eingekreist‹. Er wollte damit seine Politik rechtfertigen; verständlicherweise erschreckte er seine Untertanen dadurch tödlich.

Großbritanniens andauernde Versuche, den Ausbau der deutschen Kriegsmarine aufzuhalten, erzürnten den Kaiser, der in diesen britischen Forderungen eine persönliche Beleidigung sah. Die Vorstellung, der Friede müsse durch eine Einschränkung der deutschen Seemacht gesichert werden, sei ›eine Impertinenz‹, sagte der Kaiser, und wies seinen Botschafter in London an, den Briten zu sagen, sie könnten sich ›zur Hölle scheren‹. Edward VII. und der Kaiser trafen kurz darauf zusammen; Wilhelm prahlte bei dieser Gelegenheit, Deutschland sei bereit zum Kampf, um seine Marine zu erhalten, denn das sei eine Sache deutscher Ehre und Würde. Er brachte sogar die lahme Entschuldigung vor, er sei ohnehin machtlos, den Ausbau der Marine einzudämmen, denn die Bedingungen des Konstruktionsprogrammes seien vom Reichstag zum Gesetz gemacht worden. Von einem Hohenzollern mit einer so tiefen Verachtung des Parlaments war das in der Tat eine überraschende Bemerkung, und Edward VII. bemerkte trocken, das Parlament sollte in der Lage sein, seine Gesetze abzuändern. Die beiden Monarchen trennten sich im Unfrieden. Wilhelm II. ließ diesem Treffen wieder einmal eine seiner zündenden, unsinnigen und unrichtigen Erklärungen folgen. Er teilte seinem Volk mit, die Briten hätten ihm ein Ultimatum überreicht (unwahr), und er hätte es abgelehnt. ›Daß ich die Zähne zeigte, verfehlte seine Wirkung nicht‹, prahlte er und fügte noch hinzu: ›So muß man die Engländer immer behandeln.‹

Kurz darauf machte Wilhelm einen Versuch, das Feuer einzudämmen, aber, wie nicht anders zu erwarten war, erwies sich, daß der Feuerlöscher mit Benzin gefüllt war. Das war die *Daily Telegraph*-Affäre aus dem Jahre 1908, die auf einen Besuch zurückging, den Wilhelm im Jahr zuvor dem Colonel Stuart-Wortley in Highcliffe Castle, Hampshire, gemacht hatte. Die Atmosphäre dort war reizend gewesen; Wilhelm war entzückt von den ›Freuden und Annehmlichkeiten des häuslichen und ländlichen Lebens in England‹. Er sprach von seinen Gastgebern als dem ›großen britischen Volk‹ und sagte, es sei ihm ein Vergnügen gewesen, ›mit ausgezeichneten Menschen aller Schichten, wobei alle Klassen klare Zeugnisse von Kultur ablegten ...‹ Umgang zu pflegen.

Nach seiner Heimkehr, während der bosnischen Krise von 1908, erhielt Wilhelm ein maschinengeschriebenes Manuskript, das auf seinen Bemerkungen in Highcliffe Castle basierte, mit der Bitte, es zur Publikation im *Daily Telegraph* zu approbieren. Wilhelm hielt das für eine großartige Idee, da es ihm Gelegenheit geben würde, den Briten zu versichern, die deutsche Kriegsmarine sei keineswegs als Drohung gegen Großbritannien gemeint. Diese Bemerkungen, sagte er zu Colonel Stuart-Wortley, würden seine und seines Hauses ›anglophile Ansichten‹ demonstrieren. Zunächst wurde Bülow ersucht, das Manuskript zu approbieren, aber während des kaiserlichen Jagdurlaubs machte Bülow Badeferien in Norderney an der Nordsee und leitete das Manuskript an das Auswärtige Amt weiter. Der Staatssekretär, dem er es schickte, war ebenfalls auf Urlaub, und zwar in Berchtesgaden, und auch der Chef der Presseabteilung war verreist. So kam das Manuskript an einen Unterstaatssekretär namens Stemrich. Stemrich war jedoch mit der bosnischen Krise beschäftigt und gab es einem Geheimrat Klehmet mit der Bemerkung weiter, es scheine ihm ›ziemlich wacklig‹. Klehmet, ein gewissenhafter Beamter, las es und hatte ernste Zweifel über seine Veröffentlichung, meinte aber, es stehe ihm nicht zu, dem ›ausdrücklichen Wunsch des Kaisers‹ entgegenzutreten; außerdem glaubte er, Bülow habe das Manuskript bereits approbiert und wolle nur fehlerhafte Tatsachen korrigiert haben. Klehmet machte einige Korrekturen und schickte das Manuskript an Stemrich zurück, der sich jeder Verantwortung entzog, indem er es gar nicht las. Er sandte es nach Norderney an den Adjutanten des Kaisers, einen Botschafter von Müller, der es ebensowenig las und es Bülow übergab. Der Kanzler warf einen Blick darauf, sah, daß einige Korrekturen angebracht worden waren und schickte es mit seiner Unterschrift an das Außenamt. Wieder einmal war der Außenminister zu beschäftigt, um das Manuskript zu lesen, und schickte es an Bülow zurück. Der Kanzler stellte fest, daß er das Dokument bereits gesehen habe und reichte es dem Kaiser. Von diesem ging es an Colonel Stuart-Wortley und den *Daily Telegraph*, wo es am 28. Oktober 1908 publiziert wurde; eine deutsche Übersetzung erschien einen Tag später in der *Norddeutschen Allgemeinen Zeitung*.

Es war ein langer Artikel, der aus einem Mischmasch unüberlegter Äußerungen bestand. Es gab darin eine sonderbare Bemerkung, die deutsche Flotte habe die britischen Interessen gegen japanische und chinesische Bedrohung beschützt, eine Behauptung, die selbstverständlich Japan in Wut versetzte, und auf die die *Times* mit der Feststellung reagierte, die deutsche Flotte läge in der Nordsee und viele ihrer Schiffe hätten nicht genügend Fassungsraum für Kohle, um den Pazifik zu erreichen. Da war ferner die Bemerkung, daß Wilhelm allein sich geweigert habe, die Buren während der Burenkriege zu unterstützen, ungeachtet der öffentlichen Meinung in Deutschland, und daß er ein russisches und französisches Angebot abgelehnt habe, ›England in den Staub zu demütigen‹; das kam natürlich bei den Russen und Franzosen nicht gut an, bei den Briten übrigens ebensowenig. Wilhelm hatte auch geschrieben, er sei sogar so weit gegangen, seiner Großmutter, Königin Viktoria, einen Beileidsbrief zu schreiben, als Großbritannien im Burenkrieg Rückschläge erlitt; außerdem behauptete er, einen strategischen Plan vorgeschlagen zu haben, mit dem England den Krieg gewinnen könne, und diesen Plan hätten die Briten ›durch einen ganz außerordentlichen Zufall‹ auch benützt, um den Sieg zu gewinnen. So beanspruchte er also persönlich das Verdienst für britische Erfolge, was ihn in der britischen Öffentlichkeit kaum beliebt machen konnte. ›Und nun frage ich Sie‹, schloß er, ›ist das nicht die Handlungsweise eines Mannes, der England wohl will? England möge gerecht sein und antworten!‹

Aber das war noch nicht alles. ›Ihr Engländer seid verrückt, wie Stiere, die Rot sehen! Was hat euch eigentlich befallen, daß ihr uns mit Verdacht überschüttet, der einer großen Nation nicht würdig ist! Was soll ich denn noch tun! Immer habe ich mich als Freund der Engländer bezeichnet ... Habe ich mein Wort jemals gebrochen? ... Diese Mißdeutung empfinde ich als persönliche Beleidigung! ... Ihr macht es einem wahrhaftig schwer, Englands Freund zu bleiben!‹

Des Kaisers Botschafter in England erlitt fast einen Schlaganfall, als er den Artikel im *Telegraph* las. ›Jetzt können wir die Bude zumachen!‹ rief er. Ein Protestgeheul erhob sich in den Zeitungen: in Paris, in Rom, in Petersburg, in London, in Tokio – und, was am bemerkenswertesten war, auch in Deutschland. Bülow war entsetzt, als er den gedruckten Text sah (obgleich er ihn approbiert hatte). Klehmet, der als Sündenbock herhalten sollte, beteuerte seine Unschuld: er habe gedacht, der Kaiser bestünde darauf, daß das Manuskript veröffentlicht werde. ›Ist Ihnen denn noch nicht klar geworden‹, fuhr ihn Bülow an, ›daß die persönlichen Wünsche Seiner Majestät oft der reinste Unsinn sind?‹ Der Staatssekretär des Auswärtigen Amtes, Schön, der in Berchtesgaden Urlaub gemacht hatte, berichtete später, die öffentliche Empörung in Deutschland sei so groß gewesen, daß man im Kabinett sogar davon sprach, Wilhelm zur Abdankung zu raten. Sogar die Konservativen entrüsteten sich, denn nun waren plötzlich alle angeekelt von Wilhelms Redseligkeit, seinen maßlosen Bemerkungen, seiner ununterdrückbaren Angeberei. Zum ersten Mal wurde Wilhelm in der deutschen Presse geschmäht; eine Karikatur zeigte ihn, wie er einen Maulkorb als Geschenk erhielt. Rückblickend würde man meinen, jemand hätte ihm gewissenhafte und tüchtige Ratgeber zum Geschenk machen sollen, Ratgeber, die die Weisheit und den Mut besessen hätten, ihren Kaiser davon abzuhalten, sich selbst und die Nation in Verlegenheit zu bringen.

Die gesamte Indignation verlief im Sand. Der Kaiser versicherte Schön sogar seiner vollen Unterstützung. ›Die ganze Affäre wird sich als viel harmloser erweisen, als es zunächst schien‹, sagte Wilhelm II. zu Schön und klopfte ihm auf die Schulter. Bülow machte eine Geste, seinen Rücktritt einzureichen, aber der Kaiser negierte ihn und gab sogar eine Erklärung ab, in der er Bülow seines vollen Vertrauens versicherte. Diese Erklärung wurde am 31. Oktober publiziert, anschließend fuhr der Kaiser zu einem Jagdurlaub. Bülow mußte allein den Zorn des Reichstags über sich ergehen lassen. Die deutsche Presse, das deutsche Volk und die Abgeordneten zum Deutschen Reichstag waren immer noch wütend.

Bülow trat dem Reichstag am 11. November gegenüber. Die Feindseligkeit der Sozialdemokraten war zu erwarten gewesen, aber nun richtete sich auch der Zorn der Konservativen gegen den Kaiser, weil sie fanden, er untergrabe das Ansehen der Monarchie. Aber diese Abgeordneten konnten absolut nichts tun. Nur eine Revolution (gewaltsam oder nicht) hätte Deutschland zu diesem späten Zeitpunkt noch ändern können, denn Deutschland blieb ein auf Monarchie, Armee und Bürokratie aufgebauter autoritärer Staat. Das war die Frucht von Jahrhunderten unter der Herrschaft der Hohenzollern. Der Reichstag konnte weder den Kaiser noch den Kanzler zur Verantwortung ziehen, und nur der Kaiser konnte den Kanzler und die Minister ernennen. Der Kanzler war dem Parlament gegenüber in keiner Weise verpflichtet, was Bülow nur allzugut wußte. Nichtsdestotrotz mußten die Abgeordneten irgendwie zufriedengestellt werden, und Bülow versprach ihnen, der Kaiser werde in Zukunft größere Zurückhaltung üben.

Wilhelm verfiel mittlerweile in tiefe Depression und Verzweiflung. Zum ersten Mal erfuhr er eine Kritik, und das verstörte ihn. Er war dem Tumult entflohen und zur Herbstjagd seines alten Freundes Fürst Maximilian Egon zu Fürstenberg nach Donaueschingen gefahren, aber auch die Tatsache, daß er in zwei Tagen fünfundsechzig Hirsche erlegte, befreite ihn nicht von seinem Angstgefühl. Fürstenberg schrieb: ›Wenn Sie Kaiser Wilhelm sähen, würden Sie ihn nicht erkennen‹, und ein anderer Gast sagte: ›Ich hatte das Gefühl, daß ... ich einen Mann vor mir hatte, der voll Erstaunen zum ersten Mal in seinem Leben die Welt sah, wie sie wirklich ist. Die grausame Wirklichkeit war in seinen Gesichtskreis gekommen und war ihm als grauenhafte Karikatur erschienen.‹

Während dieser ganzen Krise hielt sich Wilhelm im Kreis von Fürstenberg und seinen Freunden auf. Der Kaiser, ein Mann von ›brillanten, wenn auch unbeständigen Geistesgaben‹, hatte Männer zu Gefährten, deren intellektuelles Niveau niedrig war, und mit deren derben Geschichten – nach Graf Zedlitz – ›die Erzähler keine Ehre einlegten‹. Zedlitz fügte hinzu, noch schlimmer sind die idiotischen Streiche, zu denen sie sich hergeben.

Als seien die Schatten des ersten Soldatenkönigs und seiner *Tabagie* in Königswusterhausen beschworen, denkt man, wo der arme Gundling die Generäle zu Lachstürmen hinreißt! Während des Abschiedsdiners, das Kaiser Wilhelm II. auf Schloß Fürstenberg erlebte, ereignete sich aber ein noch weit merkwürdigerer Streich. Bei dieser Gala trat der Chef des Militärkabinetts, General Graf Hülsen-Haeseler, als Ballerina verkleidet auf und tanzte vor den entzückten Gästen einen *pas seul.* Das war nicht das erste Mal, daß sich der General öffentlich als Damenimitator produzierte. Diesmal aber wurde die Vorstellung dadurch gestört, daß der General unmittelbar nach seinem Tanz vom Schlag getroffen wurde. Ärzte, dann ein Priester, wurden zu dem toten General gerufen, den man hastig wieder in Uniform gesteckt hatte; ebenso hastig wurde die ganze Affäre vertuscht. Als Wilhelm nach Berlin zurückkehrte, war er noch verstörter als vor seiner Abfahrt, gekränkt und reizbar. In den folgenden Tagen verschlimmerten sich seine Depressionen, er konnte einfach nicht verstehen, auf welche Weise er das deutsche Volk erzürnt haben könnte. ›Was geht hier vor?‹ fragte er nach der ersten Reichstagsdebatte am 11. November den Chef seines Innenministeriums. ›Was soll das alles heißen?‹ Er rief seinen Kronprinzen zu sich und sprach von Abdankung. Er wußte jetzt, daß ihn sein Volk für einen Windbeutel und Versager hielt, wußte es zum ersten Mal in seinem Leben, konnte nicht verstehen, warum sie so denken sollten, und sagte zuletzt in einem Brief, seine Ratgeber seien ›Leute, deren Feigheit und Verantwortungslosigkeit mir den Schutz vorenthalten haben, den jeder andere als Selbstverständlichkeit dem Staatsoberhaupt geboten hätte‹.

Da! Er hatte die Antwort gefunden. Bülow war schuld. Wilhelm glaubte sich von seinem Kanzler verraten. Er, der Kaiser, hatte streng nach der Verfassung gehandelt, denn hatte er nicht Bülow den Text gezeigt, bevor er die Publikation gestattete? Es war empörend, daß Bülow nicht die volle öffentliche Verantwortung für die *Telegraph*-Affäre auf sich genommen hatte, und mit der Zeit glaubte Wilhelm II. sogar, Bülow könne die ganze Geschichte eingefädelt haben, um ihn in Verlegenheit zu bringen. Im folgenden Juli entließ Wilhelm II. seinen Kanzler. Damit zerschnitt er die letzten Bande, die ihn vor einem Krieg zurückhielten. Bülow, Wilhelms bester Kanzler, hatte ›die Kutsche vor dem Umwerfen bewahrt‹ und war ›am Abgrund entlanggefahren‹, wie Zedlitz sich ausdrückte. Seine Nachfolger bemühten sich kaum darum. Alle außer dem Kaiser hatten 1908 eine großartige Gelegenheit versäumt. Ein stärkerer, selbstsicherer Kanzler hätte den verzweifelten Kaiser zur Räson bringen können, und Deutschland hätte vielleicht wieder eine Regierungsform gefunden, worin der Kanzler nur dem Parlament verantwortlich war. Aber weder Bülow noch der Reichstag waren mutig genug, einen so radikalen Wechsel durchzudrücken. Da kein Wechsel erfolgte, und da Wilhelm II. sich selbst gegenüber seine Handlungsweise gerechtfertigt und seinen Mut – soweit er einen besaß – wiedergefunden hatte, war es unvermeidlich, daß er siegreich aus der Angelegenheit hervorgehen mußte. Nach dieser Krise wurde Deutschland, wie man gesagt hat, verwaltet und nicht regiert. Das Haus Hohenzollern hatte triumphiert – knapp zehn Jahre, bevor es untergehen sollte.

›Ich werde auf der ganzen Welt gehaßt‹

1906 war Winston Churchill, damals britischer Unterstaatssekretär für die Kolonien, als persönlicher Gast des Kaisers bei den Manövern der deutschen Armee in Schlesien. In *Gedanken und Abenteuer* zeichnet er ein lebendiges Porträt des deutschen Kaisers und der deutschen Kriegsmacht:

›Großartig war der Anblick der militärischen und kaiserlichen Pracht Deutschlands, der fremden Augen so blendend vorgeführt wurde. Mehrere Szenen leben noch in meiner Erinnerung, die den Pomp und die Macht des Deutschen Kaiserreiches illustrieren. Als der Kaiser, in der prächtigen Uniform der Weißen Schlesischen Kürassiere an der Spitze einer blitzenden Kavalkade durch die Straßen von Breslau ritt, wurde er von seinen ergebenen Untertanen jubelnd begrüßt. Ein Großteil der Straßen war nicht von Truppen, sondern von vielen tausenden ältlichen Männern, offensichtlich aus den ärmeren Schichten, gesäumt, alle säuberlich in uralte schwarze Gehröcke und Zylinder gekleidet. Das waren die alten Soldaten, denen besondere Ehrenplätze zugeordnet wurden, und sie bildeten für die weißen Uniformen des Kaisers und seiner Kürassiere in der Tat einen eindrucksvollen Hintergrund ernster Bürgerstärke.

›In der Parade vor den Manövern marschierten 50 000 Reiter, Fuß- und Artilleriesoldaten am Kaiser und seiner glänzenden Versammlung von Königen und Prinzen vorbei. Die Infanterie, Regiment um Regiment in Bataillonskolonnen, gemahnten eher an die Wogen des Atlantik als an menschliche Formationen. Wolken von Kavallerie, Lawinen von Feldkanonen und – damals eine Neuheit – Schwadronen von Automobilen (privaten und militärischen) vervollständigten den Zug. Fünf Stunden dauerte das ungeheure Defilé. Und doch war das nur der zwanzigste Teil der Schlagkraft der deutschen Armee vor der Mobilisierung, und man hätte gleichzeitig in jeder Provinz des Reiches dasselbe militärische Schauspiel abhalten können. Ich dachte an unsere winzige britische Armee, in der die Parade einer einzigen Division und einer Kavalleriebrigade in Aldershot ein beachtliches Ereignis war. Von Zeit zu Zeit beobachtete ich das nachdenkliche, ernste Gesicht des französischen Militärattachés, der neben mir auf seinem Pferd saß, in Gedanken versunken, die nicht schwer zu erraten waren. Die ganze Atmosphäre war getränkt von einem Gefühl unerschöpflicher und üppiger Manneskraft und tödlicher Rüstung. Eine eindrucksvollere, ja sogar bestürzendere Demonstration der Pracht dieser Welt und dieses Kraftüberschusses hätte sich kaum denken lassen.

›Am Abend der Parade gab der Kaiser ein Bankett für die Provinz ... Der Kaiser redete mit seiner üblichen Geläufigkeit und jener Majestät, die ihm niemand absprechen konnte. Der deutsche Stabsoffizier an meiner Seite übersetzte flüsternd Satz für Satz in ausgezeichnetes Englisch. Man schrieb 1906, das Gedenkjahr der Schlacht von Jena. ‚Vor hundert Jahren', sagte Wilhelm II., ‚war Deutschland auf dem tiefsten Punkt des Elends angelangt. Unsere Armeen gefangen oder zerstreut, unsere Festungen eingenommen, unsere Hauptstadt von feindlichen Truppen besetzt, das ganze Gebäude unseres Staates in Stücke geschlagen, lange Jahre der Fremdherrschaft lagen vor uns.' Erst vor hundert Jahren! Es schien unglaublich, daß ein einziges Jahrhundert, vier flüchtige Generationen, genügt haben sollte, diesen mächtigen Bau von Macht und Reichtum, Energie und Organisation zu schaffen, dessen staunende Betrachter wir waren. Welch bestürzender Kontrast: 1806 und 1906! Welcher Kontrast auch zwischen dem wechselnden Geschick des kriegerischen Deutschland und der langsam wachsenden Kontinuität des nationalen Lebens in Großbritannien, das nach 900 Jahren des Verschontseins von fremder Invasion immer noch einen bescheidenen, ein wenig unsicheren Mantel trug. Doch wäre der Kontrast noch viel unglaublicher gewesen, hätte man für einen Augenblick den Vorhang der Zukunft beiseiteschieben und jener strahlenden Menge zeigen können, daß knappe zehn Jahre das triumphierende Deutschland von einem Zusammenbruch, einer Unterjochung und einem Darniederliegen trennten, die weit vollständiger und anhaltender schienen als jene, die die Tage nach der Schlacht von Jena verdunkelt hatten.‹

Die Manöver waren in ihrer Größe eindrucksvoll, zeigten aber die überholte Taktik, die die Deutschen damals noch anwandten. Churchill bemerkte die Ungeduld mehrerer deutscher Offiziere; drei Jahre später stellte Churchill bei ähnlichen Manövern in der Nähe von Würzburg fest, daß alle Unzulänglichkeiten abgestellt worden waren.

Die Manöver von 1906 endeten mit einem Schauspiel, das für Kaiser Wilhelm II. charakteristisch war. Churchill schreibt:

›Im großen Finale führte der Kaiser persönlich einen Angriff von 30 oder 40 Schwadronen gegen eine lange Reihe von Feldkanonen im Zentrum der feindlichen Stellung. Wir alle galoppierten fröhlich mit, und die vorpreschenden Reitertruppen hatten bald die Reihen der bösartig aussehenden kleinen Kanonen überwältigt, die es wagten, ihnen Widerstand zu leisten. ‚Glauben Sie, daß das in Ordnung ist?' fragten wir einen Artillerieoffizier, dessen Batterie der Schiedsrichter loyalerweise dazu verurteilt hatte, eingenommen zu werden. ‚Sicherlich ist es in Ordnung‘, antwortete er. ‚Es sind die Kanonen Seiner Majestät. Warum sollte er sie nicht einnehmen? Es ist uns eine Ehre, Seiner Majestät auf diese Weise zu dienen.‘ Aber es war ein Zwinkern in seinen Augen.

›Nachdem die Signalhörner ‚Feuer einstellen‘ geblasen hatten . . ., begrüßte der Kaiser seine persönlichen Gäste mit der ihm eigenen ungekünstelten und selbstverständlichen Anmut, die so sehr zum Zauber seiner Person und seiner Beliebtheit beitrug. Er redete mit ausländischen Besuchern mit der Ungezwungenheit und dem Gehaben eines liebenswürdigen Hausherrn bei einer englischen Landhausgesellschaft, während die steifen, uniformierten Gestalten seiner Generäle und Adjutanten reglos und passiv ringsum standen, jeder an seinem Platz festgewurzelt . . .‹

Nach den Manövern von 1909, denen Churchill als Kabinettminister und Präsident der Handelskammer beiwohnte, schildert er, wie Europa zehn Jahre später, nach dem Ende des Ersten Weltkriegs, aussehen sollte:

›Ich muß sagen, diese Manöver von Würzburg haben in meiner Erinnerung etwas von Belsazars Fest. Wie viele von denen, die da im Licht der Herbstsonne marschierten und galoppierten, hatte nicht der Todesengel gezeichnet . . . Alle die Könige und Prinzen Deutschlands, alle Generäle des Reiches, drängten sich um die Tafel. Zehn Jahre später waren sie auseinandergejagt, im Exil, abgesetzt, in bitterer Armut, in Vergessenheit – die Opfer eines unheilvollen Systems, in das sie unentrinnbar verstrickt waren. Und was den Kaiser anlangt, jene glanzvolle Gestalt, das verwöhnte, von ganz Europa beneidete Glückskind – ihm war in der langen Reihe herzzerreißender Enttäuschungen und zerstörter Illusionen, in der Kette von Fehlschlägen und unablässigen Selbstvorwürfen, an deren Ende, nach der Verwüstung Europas, der Hackblock des Holzfällers in Doorn stand – ihm war entschieden die härteste Strafe vorbehalten.‹

Ein deutscher Arzt namens Renvers hatte eine nicht so milde Meinung über den Kaiser. ›Wäre der Kaiser ein gewöhnlicher Patient‹, sagte er zu Bülow, ›würde ich *Pseudologia phantastica* diagnostizieren – eine Tendenz, in einer Scheinwelt zu leben, oder, unverblümt gesagt, zu lügen. Solche Tendenzen sind bei neurasthenischen Patienten häufig genug . . . Heilmittel? Körperliche und seelische Ruhe: Sammlung, Selbstdisziplin. Könnten Sie den Kaiser überreden, zwei Stunden lang jeden Tag ein ernstes Buch zu lesen – ein Buch, auf das er sich konzentrieren müßte –, hätten Sie schon viel getan.‹

Bülow, der zunächst die Gunst des Herrschers und dann seine Stellung verlor, konnte natürlich nichts tun. Ganz im Gegenteil: Nach der *Daily*

Telegraph-Affäre verschlimmerten sich sogar die Symptome der Angst, Unruhe, Unzulänglichkeit und die kompensatorische Großtuerei des Kaisers. Neue Vorschriften wurden im Schloß von Berlin erlassen: Von dem Augenblick an, da der Kaiser am Morgen aufstand, mußte man ihn in Gespräche verwickeln, um ihm das Gefühl der Tätigkeit zu geben. Untätigkeit war jedoch keineswegs die größte Sorge Wilhelms II. Es war Langeweile – denn so reagierte er auf die von Dr. Renvers vorgeschlagene körperliche und seelische Ruhe. Jeder allein verbrachte Augenblick war für ihn ein Augenblick der Unsicherheit und Angst. Da ernste Arbeit, wie das gründliche Studium von Depeschen, nur möglich war, wenn er mehr als einen Augenblick allein verbrachte, ließ er jede ernsthafte Arbeit fallen, ja sogar den Anschein davon. Und da er sich seinen Ängsten natürlich nicht stellen konnte, verbarg er sie hinter zur Schau gestelltem Selbstvertrauen. ›Überlassen Sie die Außenpolitik nur mir!‹ hatte Wilhelm II. lachend gesagt, als er Bülow an Bord der ›Hohenzollern‹ im Juli 1909 den Abschied gab. ›Ich habe in Ihrer Schule etwas gelernt. Es wird schon gutgehen.‹ Als ihm dann Bülow dringend nahelegte, mit den Briten einen Vergleich in der Flottenaufrüstung zu schließen und am Balkan vorsichtig zu sein, marschierte Wilhelm ungeduldig auf und ab, erklärte, er habe eine Verabredung zum Mittagessen mit dem Prinzen von Monaco, könne ›Monaco nicht warten lassen‹, und ging, wobei er noch zu Bülow sagte: ›Schon gut, schon gut. Ich werde nicht vergessen, was Sie sagen. Sie können ganz beruhigt sein.‹ Wilhelm der Zweite wurde schließlich Wilhelm der Plötzliche genannt.

Daß er nach der *Telegraph*-Affäre sagen konnte: ›Überlassen Sie die Außenpolitik nur mir!‹, zeigte, wie weit die Selbsttäuschung Wilhelms II. ging. Er war völlig unfähig, auch nur den Verdacht zu schöpfen, er könne einen Fehler gemacht haben. Die gegen ihn entfachte Empörung hatte ihm zwar gezeigt, daß ihn seine Presse und sogar sein Volk für einen Bluffer hielten, aber er fühlte sich dabei nur als Märtyrer, der die Undankbarkeit seines Volkes ertragen mußte. Jetzt, da Bülow und Eulenburg gegangen waren und er nur die einfältige Auguste hatte, die ihn privat beraten konnte, wurde er romantisch und religiös, sah über sich ein Pantheon voll der alten, großen Hohenzollernkönige und -kaiser, die wohlwollend und schützend über ihn, ihren Nachfahren, wachten, der die deutsche Macht und Stärke befestigte und die Glorie Deutschlands in der Welt erhöhte.

Ein gewissenhafter, hochgebildeter Beamter namens Theobald von Bethmann-Hollweg wurde im Juli 1909 zum Kanzler ernannt. Von der Außenpolitik verstand er absolut nichts. Wilhelm II. war glücklich (›Überlassen Sie die Außenpolitik nur mir!‹); bald entwickelten sich *zwei* Regierungen in Berlin, auf der einen Seite die des Kaisers und Tirpitz', auf der anderen die des unentschlossenen und machtlosen Kanzlers. Bethmann-Hollweg wußte, daß der Kaiser keinen Krieg wollte, daher versuchte er, alle seine kriegerischen Handlungen zu neutralisieren; Tirpitz wußte, daß der Kaiser eine immer stärkere Kriegsmarine wollte, und so gab er sie ihm und machte damit Bethmann-Hollwegs ganze Arbeit zunichte. Bethmann-Hollweg verstand nicht einmal, warum Deutschland überhaupt eine Flotte brauchte; er nahm an, es sei ›für die allgemeine Zwecke der Größe Deutschlands‹. Als die Briten in ihren Versuchen, den deutschen Flottenausbau durch Verträge einzudämmen, wieder einmal einen Fehlschlag erlitten hatten und höflich bemerkten, sie seien zumindestens überzeugt, daß Bethmann-Hollweg den Frieden wünsche, explodierte der Kaiser und sagte, sie hätten offensichtlich keine Ahnung, ›wer hier der Herr‹ sei, und er wisse besser als jeder andere, ›wie man die Briten behandeln müsse‹. Außenminister Alfred von Kiderlen-Wächter wurde in den Verhandlungen mit Großbritannien nicht einmal konsultiert.

Der Kaiser war nun fünfzig und hatte zwanzig Regierungsjahre hinter sich; nun begannen ihn Staatsangelegenheiten langsam zu langweilen. Daß er die Briten zu behandeln wisse, war bloß leeres Gerede. Wilhelm stürzte sich von Zeit zu Zeit auf die Außenpolitik, trübte das Wasser und brachte das Schiff ins Schwanken, aber seine Erfolglosigkeit in allen Dingen verletzte ihn. Trotz des Jubels, der dem goldbehelmten Kaiser überall auf seinen Reisen entgegenhallte, rafften die Sozialdemokraten beunruhigend viele Stimmen in Deutschland an sich. Er konnte dieses Phänomen nicht verstehen und hatte Angst davor. In der Tat war es, abgesehen von der Militäraristokratie, hauptsächlich der bürgerliche Mittelstand, der die Monarchie der Hohenzollern mit echtem Enthusiasmus stützte. Er fand die letzten Jahrzehnte des Kaiserreiches beruhigend ... Jeder Mensch kannte seinen Platz, jeder Mensch nahm auch den ihm bestimmten Platz ein. Die Bürger hatten in ihrer Redlichkeit einen Horror vor ungeordneten Reformen, so wie ihre Frömmigkeit sie daran erinnerte, daß die Gottesfürchtigen der bestehenden Autorität gehorchen. Ihr Wohlstand hatte sich vervielfacht, seit Wilhelm I. 1871 Kaiser geworden war: Es schien ihnen, daß Wohltaten rechtmäßig von oben nach unten flossen, wie von nordischen Gottheiten geschenktes Manna. Es war wie in der Geschichte vom Schlaraffenland, wo niemand arbeitete und gebratene Tauben einem in den Mund geflogen kamen: genauso sollte jede wünschenswerte gesellschaftliche Veränderung säuberlich verpackt von oben herabschweben, als Geschenk der Obrigkeit. Wer waren denn die, die von unten her stießen und für die Rechte der Arbeiter agitierten, sogar für parlamentarische Demokratie? Nur ein paar Marxisten, das hoffte man; lauter gefährliche Typen, dessen war man sich sicher. Die ›roten Stimmzettel‹ der Arbeiter, die für die SPD abgegeben wurden, alarmierten die braven Bürger, denn dieses Proletariat war ihnen zahlenmäßig überlegen und hatte, wie man völlig richtig feststellte, auf politischem Gebiet keine Erfahrung. Kein Wunder, daß viele Bürger dankbar ein Drei-Klassen-Wahlrecht zu schätzen wußten, das diesen Mob in Schranken hielt und die Bodenpreise steigen ließ. Obwohl sie sich über die lose Zunge des

Kaisers ärgerten, betrachteten die Oberschicht und der Mittelstand den autoritären Staat und seine Monarchie – sogar den unstabilen Monarchen – als Symbol und Garantie nationaler Stabilität. Sie wußten – oder glaubten wenigstens zu wissen –, daß die einzige Alternative das Chaos war.

Außerdem stach sie der Hafer. Der Wohlstand und die militärische Macht des Deutschen Reiches entfesselten aggressive Ambitionen. Großdeutsche, Industrielle und Kolonialisten brüllten ›Vorwärts!‹ in ihren Zeitungen und heulten darüber, daß Tirpitz' Schlachtschiffe anscheinend aus Untätigkeit Rost ansetzten. Stolz auf ihre mächtige Seemacht, stolz auf ihre siegbedeckten Armeen, im Bewußtsein ihres Reichtums, gaben sie ihrer Entrüstung Ausdruck, daß Deutschland, wie es ihnen schien, immer noch als zweitklassige Weltmacht betrachtet wurde. Für sie war das eine Demütigung, die nur mit Taten wiedergutzumachen war.

Was den regierenden Hohenzollern anlangte, entrüstete er sich ebenso wie viele seiner supernationalistischen Untertanen, aber er wollte ›den Lohn des Gladiators ohne die Schlacht‹, wie Barbara Tuchman schreibt. ›Kosmopolitischer und ängstlicher als der typische Preuße, hatte er eigentlich nie einen allgemeinen Krieg gewollt. Er wollte mehr Macht, mehr Prestige, vor allem mehr Autorität in Weltangelegenheiten für Deutschland, aber er wollte sie lieber dadurch gewinnen, daß er andere Nationen einschüchterte, als daß er gegen sie kämpfte . . .‹ Er betrachtete seine Flotte in aller Aufrichtigkeit als Defensivwaffe und als friedliches Symbol der deutschen Macht (sogar der Macht des Hauses Hohenzollern); er betrachtete sie nie als Instrument, mit dem man ›Weltherrschaft‹ oder die ›Eroberung der Welt‹ erzielen könnte. Jedoch auch hier war er nicht Herr seiner Entscheidungen, weil er nicht Herr seiner eigenen Gedanken war.

1905 kam es zur sogenannten Ersten Marokkokrise, als Wilhelm II. in Tanger landete, den Sultan von Marokko ostentativ als unabhängigen Monarchen anerkannte und gegen die wirtschaftliche Vorherrschaft Frankreichs in diesem Gebiet protestierte. Die Motive waren expansionistisch, imperialistisch und kolonialistisch: Deutschland war einfach zu spät ins Spiel um die Kolonien gekommen und wollte seinen Anteil an der Beute. Es mußte seine neue Kraft bestätigen und seine Muskeln spielen lassen. Es brauchte auch – oder war zumindest davon überzeugt – Raum für seine wachsende Bevölkerung, Märkte für seine aufstrebenden Industrien, Ventile für seine aufgestauten Energien. Der Kaiser war über das marokkanische Abenteuer nicht gerade enthusiastisch gewesen, aber er hatte sich dazu überreden lassen. Das Ganze erwies sich als Fehlschlag. Frankreich blieb auch weiterhin die Schutzmacht Marokkos, und die Sache war letzten Endes für Deutschland peinlich. Sechs Jahre später wurden jedoch wieder Stimmen laut, der Kaiser möge Deutschland einen Platz an der Sonne sichern, und wiederum ließ er sich gegen besseres Wissen dazu überreden. Tirpitz' riesige

Flotte wurde endlich losgelassen – besser gesagt, ein leichter Kreuzer wurde losgeschickt. Das war die ›Panther‹. Innere Unruhen in Marokko waren der angebliche Grund gewesen; die ›Panther‹ landete am 1. Juli 1911 in Agadir unter dem Vorwand, ›Leben und Besitz deutscher Staatsbürger‹ zu schützen, tatsächlich aber, um den Franzosen wesentliche Konzessionen in Afrika abzutrotzen. Die deutsche Presse, die nach internationalen Abenteuern lechzte, verfiel in Hysterie und kreischte, ›der Sprung des Panthers‹ würde Westmarokko für die Nation erobern.

Er tat nichts dergleichen (obwohl es Deutschland gelang, den Franzosen einen kleinen Teil des französischen Kongo abzunötigen). Da Großbritannien während dieser zweiten Marokkanischen Krise fast auf der Seite Frankreichs stand, mußte Deutschland wieder einmal die Segel streichen und seine Ambitionen zurückschrauben. Was der ›Panther‹ jedoch gelang, war, eine echte Kriegsangst zu erzeugen. Das hatte der Kaiser natürlich nicht gewollt. Glücklicherweise wurde der Krieg durch langausgedehnte Verhandlungen verhindert. Diese zogen sich anscheinend endlos fort und waren so knapp gehalten, daß der Kaiser die Nerven verlor.

›Was zum Teufel soll denn nun gemacht werden‹, schrieb er damals. ›Das ist ja die reine Farce. Die Verhandlungen ziehen sich endlos, und es wird nichts daraus ...‹ Unglücklich darüber, daß er sich von seinem Außenminister je zu dem gierigen Abenteuer überreden hatte lassen, sagte der Kaiser richtig voraus, daß die Briten und die Russen den Franzosen ›den Rücken stärken‹ würden. David Lloyd George erhob seine warnende Stimme: Man dürfe die britischen Interessen nicht ignorieren. Und die britischen Interessen bestanden zur Zeit darin, Deutschland eine untergeordnete Stelle zuzuweisen. Die nervöse Regierung in Berlin versicherte den Franzosen, Deutschland habe keinerlei territoriale Ansprüche gegen Marokko, was Paris anscheinend zufriedenstellte. Vier Monate nach dem ›Panthersprung‹ unterzeichneten Deutschland und Frankreich einen für Deutschland so ungünstigen Vertrag, daß der deutsche Staatssekretär für die Kolonien – der über das Abenteuer nie konsultiert worden war – aus Protest zurücktrat.

Verlegenheit, Demütigung und Frustration verstärkten nur die Ungeduld der großdeutschen, imperialistischen und kolonialistischen Fraktion. Die deutsche Presse stellte fest, daß ein Vermögen für die Rüstung ausgegeben wurde. War der Panthersprung alles, was Wilhelm II. mit der riesigen Flotte von Tirpitz anfangen konnte? Die französische Presse verhöhnte den Kaiser und nannte ihn ›Wilhelm den Furchtsamen‹, schlimmer noch, die deutsche Presse stimmte durch ihr Stillschweigen bei. Eine deutsche Zeitung fragte: ›Sind wir eine Generation von Weibern geworden? ... Was ist los mit den Hohenzollern?‹

Ja, was? Eigentlich nichts; Wilhelm II. von Hohenzollern war einfach der ›Spielball des Schicksals‹, wie ihn Wheeler-Bennett nennt, ein Bluffer, der zu keiner Aussöhnung oder versöhnlichen Bemerkung fähig war, der von ehrgeizigen, imperialistisch gesinnten Männern vorwärtsgetrieben wurde. Lord Haldane bemerkte ganz richtig, daß der Zwischenfall von Agadir den Kaiser von Bethmann-Hollweg weg in die Arme von Tirpitz und seinen Generälen getrieben hatte; indem er sich ›kriegerischer‹ gebärdete, suchte er wieder seine Mängel zu verdecken.

1912 wurde ein letzter Versuch gemacht, den englisch-deutschen Rüstungswettlauf zu stoppen, der, wie Churchill damals sagte, ›innerhalb von zwei Jahren zum Krieg führen‹ mußte. Lord Haldane, der britische Kriegsminister, kam nach Berlin; alles, was er feststellen konnte, war, daß die deutsche Flottenpartei – der Kaiser, Tirpitz und andere – nicht daran dachten, auch nur ein einziges Kanonenboot zu opfern, ohne dafür von Großbritannien schwerwiegende politische Konzessionen zu erhalten.

Was der Kaiser von den Briten wollte, war, wie er zugab, nichts weniger als eine ›Neuorientierung ihrer ganzen Politik‹ – eine Garantie britischer Neutralität in einem europäischen Krieg. Aber die Briten fürchteten, ihre französischen und russischen Alliierten vor den Kopf zu stoßen. Eine derartige Abmachung hätte ihre Tripleentente zerbrochen – obwohl man behaupten könnte, daß damit der Erste Weltkrieg verhindert worden wäre. Haldane hatte sich davon überzeugt, daß es dem Kaiser mit dem Übereinkommen wirklich ernst war, wofür er sich nach seiner Rückkehr den Vorwurf der Deutschfreundlichkeit gefallen lassen mußte. Als Sir Edward Grey, der Außenminister, später unbeugsam blieb, grämte sich Wilhelm wieder darüber, wie er und seine Nation von den seiner Meinung nach unerträglichen arroganten Engländern behandelt wurden. ›Das ist nicht die Art der Annäherung, die der deutsche Kaiser und sein deutsches Volk erwarten können und müssen ... Sie diktieren und wir sollen es hinnehmen! Davon kann keine Rede sein. *Man muß uns unserem Werte entsprechend begegnen und behandeln* ... uns bleibt nichts übrig als zu rüsten.‹

Sogar Auguste stachelt ihn an. ›Eure Majestät‹, flehte sie ihren Mann an, ›es handelt sich um die Krone Ihrer Kinder!‹

Nun zeigten sich die inneren Schwächen des Systems, in dem das Haus Hohenzollern lebte. Alle Entscheidungen im Staat wurden vom Kaiser und seinen Ratgebern getroffen, ohne in irgendeiner Weise von der gemäßigten Volksmeinung beeinflußt zu werden. In seinen Palästen, umgeben von derselben alten Clique reaktionärer Junker und aggressiv denkender Berufsmilitärs, war der Kaiser von seinem Volk völlig abgeschnitten, das weder das Ohr noch den Respekt des Kaisers besaß. Emil Ludwig beschrieb die Situation eindrucksvoll:

Keine Mehrheit im Reichstag, kein Mehrheitsdruck der öffentlichen Meinung forderte von der Regierung beschleunigten Flottenbau, niemand drängte den Kaiser als ein Dutzend Marineleute, hinter denen ein paar hunderttausend Bürger Schlachtgesänge feierten. Tirpitz entlassen, irgendeinen Gemäßigten ernennen konnte der Kaiser von heut auf morgen –, und durch sein Volk wäre ein Aufatmen gegangen, hörbarer als selbst der klirrende Ruf der Alldeutschen. Die englische Entscheidung im Juli '14 wäre nicht gegen uns ausgefallen, der Krieg vermieden oder gewonnen worden.

Der Weg der Versöhnung war jedoch für Wilhelm verschlossen. Er wurde von Eifersucht auf England verzehrt, ebenso wie England nun von bösen Ahnungen gegenüber Deutschland heimgesucht wurde. Trotzdem blieben Wilhelms Gefühle England gegenüber extrem ambivalent, was sich auch zeigte, als er 1910 dem Begräbnis seines Onkels Edward VII. beiwohnte. Früher hatte er einen Kommentar auf ein Dokument geschrieben, der seinen Haß gegen ›Onkel Bertie‹ ausdrückte: ›Lügen! Das lügt der Hund! England! Onkel! Ein ganz charmanter Kerl, der König E. VII! Unerhörte Frechheit! Pharisäer! Quatsch! Blau! Blech! Hurra, da haben wir die Halunken von Briten‹. Als er dann vom Tode Edwards hörte, schrieb er, ›Am meisten betrauert wird Edward VII. nächst seinem Volke von Galliern und Juden werden.‹ Nach dem Begräbnis jedoch meinte Lord Esher, ›Ich bin fest davon überzeugt, daß von allen königlichen Gästen der einzige, der wirklich trauerte, dieser merkwürdige Kaiser war.‹ Wilhelm schrieb aus Schloß Windsor an Bethmann, er sei ungeheuer bewegt gewesen, die Zimmer seiner Eltern zugewiesen zu bekommen, ›in denen ich als kleiner Junge oft gespielt ...‹ Sie riefen sein ›altes Heimatgefühl von neuem wach‹. ›Ich bin stolz darauf‹, schrieb der Kaiser, ›diesen Ort als meine zweite Heimat zu nennen und ein Mitglied dieser königlichen Familie zu sein ...‹ Er sehnte sich danach, zu lieben, was er haßte, und mußte hassen, was er insgeheim liebte.

Wilhelm II. begann das Jahr 1912 mit dem Bluff, er sei durchaus bereit: ›Es komme ruhig zum Krieg.‹ In jenem Jahr brach am Balkan tatsächlich der Krieg aus, und Wilhelm zog sich charakteristischerweise entsetzt zurück, damit Deutschland nicht hineingezogen werden solle.

Serbien, Griechenland und Bulgarien verjagten die Türken im Ersten Balkankrieg von 1912 aus Europa, dann stritten sie um die Beute, was 1913 den Zweiten Balkankrieg zur Folge hatte. Das Resultat dieser Kriege war eine bedeutende Vergrößerung Serbiens, und da Serbien Österreich-Ungarn, dem Bundesgenossen Deutschlands, feindlich gegenüberstand, fürchtete Wilhelm die Konsequenzen. Die Veränderungen am Balkan seien zwar unbequem für Österreich-Ungarn, sagte er, aber er könne weder vor seinem Volk noch vor seinem Gewissen verantworten, Deutschland deswegen dem Risiko eines Krieges auszuliefern. Rußland war, wie er wußte, die Schutzmacht Serbiens, und Wilhelm warnte, ›Deutschland könnte ruiniert werden‹, wenn es einen Zweifrontenkrieg gegen Rußland im Osten und Großbritannien (einem möglichen Alliierten der Russen) im Westen kämpfe.

Ein allgemeiner Krieg wurde verhindert, weil die Russen sich der Unterstützung Großbritanniens nicht sicher waren; auch der Zweite Balkankrieg von Juni bis August 1913 konnte dem Frieden nichts anhaben. (Serbien erhielt eine Gebietserweiterung, ebenso wie Griechenland, dessen König Konstantin die Schwester Wilhelms II., Sophie, geheiratet hatte.) Aber anstatt den Frieden zu sichern, glitt man allmählich in den Krieg. Lloyd George sagte später, daß ›niemand in führender Stellung eigentlich den Krieg gewollt habe‹, vielmehr war es ›etwas, in das sie hineinglitten, oder eher taumelten und stolperten‹. Wilhelm beobachtete nervös, wie in Rußland mit großer Eile aufgerüstet und mit französischem Geld Eisenbahnlinien in Richtung Westeuropa gebaut wurden. Immer besorgter ließ er sich von Bethmann-Hollweg zu unbedingter Unterstützung Österreich-Ungarns verleiten, das mit Ausnahme von Italien und der stark geschwächten Türkei Deutschlands einziger Bundesgenosse war. Es dämmerte ihm, daß ein allgemeiner europäischer Krieg unvermeidlich sein könne. Die Vorstellung verdüsterte ihn begreiflicherweise; ein britischer Bischof, der ihn damals traf, sagte, er habe das Gefühl gehabt, der Kaiser stünde unter dem Einfluß einer ›großen Angst‹. Im November 1913 schrieb der französische Botschafter in Berlin: ›Der Kaiser ... ist nun zu der Überzeugung gelangt, daß ein Krieg gegen Frankreich unvermeidlich ist. Je älter er wird, desto stärker bemächtigten sich seiner die reaktionären Tendenzen des Hofes und besonders die Ungeduld der Soldaten ...‹ Drei Monate später sagte Wilhelm tatsächlich die Unvermeidlichkeit eines Krieges mit Frankreich voraus. Moltke, der Generalstabschef, forderte einen sofortigen ›Präventivkrieg‹, weil jede Verzögerung nur die Feinde Deutschlands, die alle eifrig rüsteten, stärken würde. Colonel Edward M. House, Präsident Wilsons Ratgeber und Abgesandter in Deutschland, berichtete 1914, Deutschland sei ›elektrisch geladen‹, ›jedermanns Nerven‹ seien ›gespannt‹, und es bedürfe ›bloß eines Funkens, um das Ganze hochgehen zu lassen‹.

Die Zeit verlangte eiserne Nerven, aber die besaß niemand, am allerwenigsten der zappelige Kaiser. Deutschland war ein Militärlager, ein Garnisonsstaat, und er war der ›Allerhöchste‹, der ›Oberste Kriegsherr‹, an den sich alle wandten, den jeder zu beeinflussen und anzustacheln versuchte. Wie kann ein Oberster Kriegsherr in einer Krise handeln, wenn alle Scheinwerfer der Nation auf ihn gerichtet sind? Für Wilhelm II., der immer auf der Bühne stand, immer eine Pose einnahm, gab es keinen Zweifel. Der Funke kam nur allzubald, als ein Serbe mit Namen Gavrilo Princip den österreichisch-ungarischen Thronfolger Erzherzog Franz Ferdinand und dessen Frau am 28. Juni 1914 in Sarajewo ermordete. Wilhelm wußte, wem seine Treue galt: dem trauernden alten Kaiser Franz Joseph, der bereits einen Sohn verloren hatte und dessen Frau 1898 ermordet worden war. Sarajewo erschien als der letzte in einer Reihe ominöser Königsmorde. 1900, 1908 und 1913 waren ihnen die Könige von Italien, Portugal und Griechenland zum Opfer gefallen. Zwei Tage nach Sarajewo sandte Wilhelm einen Brief an Kaiser Franz Joseph, in dem er ihn aufrief, gegen die Serben vorzugehen, ungeachtet der Gefahr, daß die Russen auf der Seite Serbiens eingreifen könnten. Deutschland würde ihm zur Seite stehen, schrieb Wilhelm. Es sei ›jetzt oder nie‹ im Kampf gegen die Gottlosen, die Terroristen, die Revolutionäre, die Anarchisten – die er alle im Geist mit den Sozialisten daheim in einen Topf warf. Die Serben, sagte er, seien ›Hunde‹, ›eine Räuberbande‹, die man bestrafen müsse, die nun ›geduckt werden müssen‹. Sobald er sich das vom Herzen geschrieben und Bethmann-Hollweg nachträglich gefragt hatte, ob er mit seinem Brief an Franz-Joseph einverstanden sei (er war es), und zusätzlich von den Generälen die Versicherung erhalten hatte, daß die deutsche Armee kampfbereit sei, begab er sich an Bord der ›Hohenzollern‹ zu seiner jährlichen Vergnügungsfahrt nach Norwegen.

Am 23. Juli stellte Wien den Serben ein Ultimatum mit unannehmbaren, demütigenden Bedingungen. Man konsultierte die deutschen Verbündeten nicht einmal im voraus. Bethmann-Hollweg versicherte sogar den europäischen Hauptstädten, die österreichischen Konditionen seien durchaus gemäßigt, obwohl er sie tatsächlich überhaupt nicht kannte. Zu jedermanns Überraschung akzeptierte Serbien die Bedingungen, was Wien in Wut versetzte, weil die Österreicher mobilisiert hatten und gegen die Serben marschieren wollten, um ihnen einen Denkzettel zu erteilen. Wilhelm atmete erleichtert auf. Jeder Grund für einen Krieg sei verschwunden, sagte er, da die Serben vor aller Welt sich zu ›einer Kapitulation demütigendster Art‹ bereitgefunden hätten. Er sagte, er sei nun geneigt, ›den Frieden zu vermitteln‹.

Aber was kam, war nicht Friede, sondern Krieg, denn Bethmann-Hollweg drängte nun, seinerseits vom deutschen Generalstab bedrängt, die Österreicher dazu, in Serbien einzufallen, um die Gefahren zu eliminieren, die der Doppelmonarchie vom Panslawismus drohten. Die Deutschen fürchteten, ihre österreichischen Bundesgenossen könnten sich als Albatros erweisen, wenn die südslawischen Agitatoren nicht in Schach gehalten wurden. Wilhelm II. wurde völlig im unklaren gelassen, zumindest bis zu dem Zeitpunkt der Kriegserklärung Wiens an Serbien. Depeschen wurden ihm vorenthalten, und während der Kaiser dem Zaren telegraphierte, er versuche Österreich zu einem Abkommen mit Rußland zu überreden, sandte sein Kanzler Drohbotschaften an dieselbe Adresse.

Am Morgen des 30. Juli wurde Wilhelm mitgeteilt, daß die Russen eine Teilmobilisierung angeordnet hätten; er schrieb auf die Depesche, daß nun auch er mobilisieren müsse. Er stand unter ungeheurem Druck von seiten seiner Generäle, denn diese wollten unbedingt im Westen einen Sieg erringen, ehe die Armeen des Zaren – diese ›russische Dampfwalze‹, vor der ganz Deutschland zitterte – vorrückten. Am selben Tag erhielt Wilhelm eine noch unheilvollere Nachricht. Sir Edward hatte dem deutschen Botschafter in London mitgeteilt, daß Großbritannien möglicherweise in einem Konflikt zwischen Deutschland und Frankreich nicht untätig bleiben könne. Wilhelm II. explodierte, als er das hörte, denn erst vor zwei Tagen war ihm hinterbracht worden, König

George habe gesagt, Großbritannien würde neutral bleiben. ›Ich habe das Wort eines Königs‹, hatte Wilhelm voll Befriedigung gesagt, nur um denselben König achtundvierzig Stunden später einen ›Lügner‹ heißen zu müssen. Den ganzen Haß, den dieser ambivalente Kaiser gegen England hegte, kochte über. Er schrieb, es sei ihm klar, daß England, Frankreich und Rußland sich verabredet hätten, den österreichisch-serbischen Konflikt als Vorwand zu benützen, ›gegen uns den Vernichtungskrieg zu führen‹.

›Also die berühmte Einkreisung Deutschlands ist nun doch endlich zur vollsten Tatsache geworden ... Hohnlachend hat England den glänzendsten Erfolg seiner beharrlich durchgeführten, puren antideutschen Weltpolitik ... eine großartige Leistung, die Bewunderung erweckt, selbst bei dem, der durch sie zugrunde geht! Edward ist nach seinem Tode noch stärker als ich, der ich lebe! ... Wir sind ins Garn gelaufen ... in rührender Hoffnung, England damit zu beruhigen!!! Alle Warnungen, alle Bitten meinerseits sind nutzlos verhallt. Jetzt kommt der englische Dank dafür! Aus dem Dilemma der Bundestreue gegen den ehrwürdigen alten Kaiser wird uns eine Situation geschaffen, die England den Vorwand gibt, uns zu vernichten ... Unsere Konsuln in Türkei und Indien, Agenten usw. müssen die ganze mohammedanische Welt gegen dieses verhaßte, verlogene, gewissenlose Krämervolk zum wilden Aufstand entflammen; denn wenn wir uns verbluten müssen, dann soll England wenigstens Indien verlieren!‹

Das war der Aufschrei eines verzweifelten ›Neurasthenikers‹, dem die Nerven durchgingen und der die Situation nicht mehr richtig beurteilen konnte. Rußland, das mobilisiert hatte und nun Vorbereitungen traf, nach Westen vorzustoßen, war die Bedrohung – und im Augenblick die einzige Bedrohung –, aber Rußland konnte seine Aufmerksamkeit nicht fesseln. Auch konnte Wilhelm nicht sich selbst gestehen, daß er und seine Regierung das von Bismarck sorgfältig aufgebaute Kräftegleichgewicht zerstört hatten, das den Frieden sicherte; daß er die Bundesgenossen verloren hatte, die Bismarck jahrelang umwarb, und zwar Rußland und England. Er konnte der Tatsache nicht ins Auge sehen, daß die Einkreisungspolitik weitgehend seine eigene monströse Schöpfung war, daß er über Jahrzehnte hinaus Europa so unsicher gemacht hatte, daß Frankreich, Großbritannien und Rußland alle alten Feindschaften vergessen und sich verbündet hatten, um sich vor diesem besonderen Deutschen zu schützen. Sogar der britische Außenminister Grey wurde in Wilhelms langer Tirade nur kurz erwähnt, und George V., der regierende Monarch, wurde bloß als der König abgetan, der eine seit langem beschlossene Politik vollendete. Wilhelms ganze Wut, sein ganzer selbstgerechter und selbstbemitleidender Zorn, seine ganze neurotische Rachsucht ergoß sich über einen Toten – Edward VII., seinen verhaßten ›Onkel Bertie‹, und alles, was er für den Kaiser symbolisierte: die ›unerträgliche‹ britische Superiorität von Edwards Schwester Viktoria, der Mutter des Kaisers, und die kolossale Gestalt der furchterregenden *grande dame,* der Großmutter des Kaisers, Königin Viktoria. Für Wilhelm II. aus dem Hause Hohenzollern, deutschem Kaiser und König von Preußen, war der Krieg, in dem 1 773 700 seiner Untertanen getötet und weitere 4 216 058 verwundet oder verkrüppelt werden sollten, eine Art Familienfehde. (Die Zahl der Gefallenen entspricht den Schätzungen des Kriegsministeriums der Vereinigten Staaten, unter Einbeziehung aller Todesursachen. Barbara Tuchman gibt an, daß das Verhältnis der Toten pro Kopf der Bevölkerung 1 : 28 für Frankreich, 1 : 32 für Deutschland, 1 : 57 für Großbritannien und 1 : 107 für Rußland betrug. Von 11 000 000 deutschen Kriegsteilnehmern waren über 7 000 000 Verluste (Gefallene, Tote, Verwundete, Vermißte und Kriegsgefangene). Die Gesamtverluste für Rußland und Frankreich waren noch höher; prozentuell hatte Österreich-Ungarn die meisten Verluste.)

›Ihr werdet daheim sein, bevor die Blätter von den Bäumen gefallen sind‹, sagte der Kaiser in der ersten Augustwoche 1914 seinen ins Feld ziehenden Soldaten. Die Deutschen waren vom Kriegsfieber gepackt – auch die Mitglieder des Reichstags. Die deutschen Waffen hatten sich 1866 gegen die Habsburger und 1870/71 gegen die Franzosen als unschlagbar erwiesen; der Geist Friedrichs des Großen lebte noch, eineinhalb Jahrhunderte nach seinem Tod, zumindestens glaubte man daran. Nun konnte niemand mehr den Kriegsgötzen aufhalten. Der Botschafter der Vereinigten Staaten, James Wilson Gerard, der es auf eigene Verantwortung versuchte, bekam nicht einmal eine Antwort auf seinen Brief vom 1. August an Kanzler Bethmann-Hollweg, in dem er fragte, ›Gibt es nichts, das mein Land tun kann? Nichts, das ich tun kann, um diesen schrecklichen Krieg aufzuhalten?‹ Es war zu spät; am selben Tag wurde der Krieg gegen Rußland erklärt. Drei Tage später begaben sich Gerard und das übrige diplomatische Corps in den Weißen Saal des Berliner Schlosses, um den Kaiser vom Thron aus zu den versammelten Reichstagsdelegierten sprechen zu hören. Kanzler Bethmann trug bei dieser Zeremonie die Uniform der Gardedragoner; obgleich ein ›ziviler‹ Regierungschef, legte er für den Rest seiner Amtszeit nie wieder Zivilkleidung an. Der Kaiser verzichtete dieses eine Mal auf seine Galauniform und erschien in Feldgrau, die Pickelhaube auf dem Kopf, und verlas seine Rede im Stehen, die verkümmerte Linke umklammerte ein Schwert, das nicht mehr nur rasselte, sondern aus der Scheide gezogen war. Am Ende seiner Rede fügte er aus dem Stegreif hinzu. Von nun an, rief er aus, kenne er keine Parteien mehr, sondern nur Deutsche! Dann erklärte er, allen politischen Führern die Hand schütteln zu wollen, die seine Gefühle teilten. Alle eilten vor, um sich vom kaiserlichen Händedruck die Finger zerquetschen zu lassen, die Sozialdemokraten allerdings blieben davon verschont, denn sie waren nicht ins Schloß eingeladen worden. Am selben Nachmittag jedoch erwiesen sich die Reichstagsabgeordneten der SPD als ebenso patriotisch wie die anderen; sie wichen von ihren pazifistischen Prinzipien ab und stimmten für die vom Kaiser gewünschten Kriegsvollmachten. Der Kaiser hatte recht behalten: es gab keine politischen Parteien mehr, denn alle Politiker waren zur Kriegspartei übergegangen. (Die Sozialdemokraten rechtfertigen ihre Handlungsweise damit, daß die deutschen Waffen das despotische Regime des Zaren stürzen könnten, aber da sie den Krieg weiterhin unterstützten, auch nachdem der Zar gefallen war, wurde ihre moralische Position arg untergraben.)

Der Optimismus des Kaisers wurde sehr bald gedämpft, denn die Briten erklärten am Abend des 4. August Deutschland den Krieg, nachdem die Deutschen die Grenzen Belgiens überschritten hatten, deren Unverletzlichkeit Großbritannien garantiert hatte. Als Botschafter Gerard sechs Tage später ins Berliner Schloß kam, traf er den Kaiser in niedergeschlagener Stimmung. Der Kaiser saß an einem grünen Eisentisch in einem kleinen Garten neben der Spree, die am Palast vorbeifließt. Er war unter einem Gartenschirm in die Lektüre von Depeschen vertieft, seine beiden Dackel ihm zu Füßen, als Gerard auf ihn zuging.

›Der Kaiser sprach ohne große Zuversicht über den Krieg‹, berichtete Gerard. ›Ich versuchte ihn aufzuheitern, indem ich ihm sagte, die deutschen Truppen würden bald in Paris einmarschieren, aber er antwortete, ‚Die Briten ändern die ganze Lage — ein halsstarriges Volk. Sie werden den Krieg weiterführen. Er kann nicht schnell enden.'‹ Im späteren Verlauf des Krieges erklärte Wilhelm einmal, niemand habe ihm gesagt, daß Großbritannien in einen kontinentalen Konflikt eingreifen würde, aber er ließ das Thema fallen, als jemand bemerkte, Graf Paul Wolff-Metternich, der deutsche Botschafter in London, habe von Anfang an vor der Gefahr eines Krieges mit England gewarnt. Der Botschafter war sogar 1912 wegen solch düsterer Prognosen entlassen worden.

Wilhelm ging an die Front, wie es einem Obersten Kriegsherrn anstand. Er hatte das unbeschränkte Oberkommando über Armee und Flotte, schrieb Erich Ludendorff in seinen Kriegserinnerungen. Alle Entscheidungen bedurften der kaiserlichen Zustimmung; alle Offiziere, sogar der Chef des Generalstabs, waren tatsächlich und nicht nur nominell seine Untergebenen. Zum ersten Mal in seinem Leben war Wilhelm II. der vollkommene Autokrat, ungehindert von Politikern, unbekümmert um verfassungsmäßige Restriktionen, nur daran gebunden, sich als Herr im Feld zu erweisen.

Er versagte in dieser Prüfung gleich von Anfang an. Er scheute sich vor persönlicher Verantwortung, nun, da er sie trug, genau wie er sich immer vor den Konsequenzen seiner Handlungen gedrückt hatte. Der jüngere Moltke, Feldmarschall und Generalstabschef, war ein unentschlossener Intellektueller, der, wenn man ihm zuwiderhandelte, leicht in Tränen ausbrach und in seinem Zimmer schmollte, wo er sich oft stundenlang einschloß, untätig und tief niedergeschlagen. Doch auch einem solchen Mann gegenüber konnte der Kaiser nicht Herr der Situation bleiben, obwohl er anfangs schwache Versuche unternahm. Dann kamen Erich von Falkenhayn und nachher Paul von Hindenburg und

Ludendorff; und bald war der Oberste Kriegsherr nur mehr das oberste Hindernis im Hauptquartier.

Schon am 29. August 1914 schrieb Moltke an seine Frau: ›Herzzerreißend, wie ahnungslos der hohe Herr über den Ernst der Lage ist. Schon kommt eine gewisse Hurra-Stimmung auf, die mir in den Tod verhaßt ist.‹ Diese Hurra-Stimmung dauerte jedoch nur solange an, als ihm günstige Nachrichten eingeflößt wurden; privat hatte er oft schwerwiegende Zweifel, wie der Krieg enden würde. Während des ersten Kriegswinters schrieb Admiral von Tirpitz, der der Meinung war, der Krieg gehe zu langsam weiter:

›Vom Kaiser ging ich ganz niedergedrückt nach Hause ... stelle Dir seinen Großvater vor in seiner Lage! ... Es ist eben seine Eigenart, er will keinen Entschluß fassen und keine Verantwortung tragen ... Gestern abend war es wieder sehr öde, die Unterhaltung schleppte sich langsam entlang. Der Kaiser sieht überall riesige Siege, ich glaube aber, um sich über seine Unruhe zu beschwichtigen ... Der Oberstabsarzt sagt, der Kaiser betete förmlich nach einer Erlösung durch Abschiebung der Verantwortlichkeit, aber dann stößt er auf die Mauer, mit der er sich selbst umgeben hat, und stößt auf sein Selbstgefühl.‹

Im Mai 1915 ging Tirpitz so weit, daß er versuchte, dem Kaiser zu helfen, sich seiner Pflichten zu entledigen.

›Ich sehe nur ein Mittel, der Kaiser muß auf acht Wochen oder mehr sich krank melden: ... Er muß zunächst nach Berlin. Kessel ... war auch entsetzt über den Kaiser und meinte, der König von Bayern müßte bestimmt werden, ihn einzuladen, sich auf einige Zeit krank zu melden. Wenn irgend möglich, müßte es von ihm selbst kommen mit Hilfe der Kaiserin ... Es scheint, daß nur mit Hilfe eines größeren Zusammenbruches Änderung kommen kann, dann aber ist es zu spät.‹

Der Stabsarzt weigerte sich, an diesem Komplott teilzuhaben, zwei Jahre später allerdings hielt er es für wahrscheinlich, daß ›dieser hochnervöse Mann‹ einen Nervenzusammenbruch erleiden könnte.

Es gab genügend Beweise, die derlei Schlußfolgerungen unterstützten. 1916 gab Wilhelm privat zu, daß ›dieser Krieg nicht mit einem großen Sieg enden wird‹, in der Öffentlichkeit aber mußte er kraft seiner Position den Siegeswillen aufrechterhalten und die Zuversicht des Volkes bestärken. Da seine Nerven diese psychologischen *volte-faces* nicht durchhalten konnten, schob ihm sein Stab ständig Berichte von wirklichen oder auch imaginären Siegen unter, ›woraufhin alles Hosannah singt‹, wie Tirpitz sauer bemerkte. ›Um ihn bei Stimmung zu halten‹, schrieb ein Verbindungsoffizier, der oft Gast des Kaisers war, ›erzählte man ihm zahllose Geschichten aus den Schützengräben, die die deutschen Soldaten immer im bestmöglichen Lichte zeigten ...‹ General Hugo von Freytag-Loringhoven sagte, der Kaiser ›weigere sich, Tatsachen anzuerkennen, und verschanze sich hinter Optimismus ...‹ Wilhelm, schrieb er, sei kein Kriegsherr wie sein Großvater, und zeige von Tag zu Tag deutlicher ›das Fehlen wirklicher Charakterstärke‹.

Er war nie richtig erwachsen geworden, wie eine Bemerkung, die er angeblich bei Kriegsausbruch machte, zeigt. ›Zu denken, daß mir George und Nicky (der Zar) so falsch mitgespielt haben!‹ soll er geklagt haben. ›Wäre meine Großmutter noch am Leben, sie hätte es nie gestattet.‹ Aber nun zeigte sich mehr als Unreife, mehr als neurotisches Verhalten. Emil Ludwig spricht vom Kaiser als einem ›Zivilisten bis ins Mark‹, den die militaristischen Traditionen seiner Hohenzollernschen Ahnen bedrückten, der seine verhängnisvolle Schwäche unter dem Uniformmantel des Soldatenkönigs versteckte, den er spielen mußte. In einem Augenblick genoß er die Geschichten von mannshoch geschichteten Leichen und sagte seinen Soldaten, sie sollten keine Gefangenen machen, im nächsten Augenblick stimmte er der Bombardierung Londons, die er einige Zeit lang abgelehnt hatte, nur unter der Bedingung zu, daß sie auf wichtige militärische Angriffsziele beschränkt würden. Er rang mit sich, Deutschland in einen Krieg gegen die Vereinigten Staaten zu ziehen, nannte dann aber als ersten Programmpunkt, man solle Präsident Wilson den Hals umdrehen.

›Der Kaiser zeichnet an den Karten den Kriegsverlauf ein‹, schrieb Tirpitz 1915. ›Die ganze Gesellschaft um ihn herum ist so langsam eingeschlafen.‹

›Wenn das Volk in Deutschland denkt, ich sei der oberste Befehlshaber‹, sagte Wilhelm 1914 zu Prinz Max von Baden, ›hat es völlig unrecht. Der Generalstab sagt mir nichts und fragt nie um meinen Rat. Ich trinke Tee, gehe spazieren und säge Holz ...‹ Er war von einem Gefolge ältlicher Offiziere und Beamten umgeben, die Besucher darauf hinwiesen, nur gute Nachrichten mitzuteilen. ›Sache der Umgebung war es, stets irgendein anregendes und seine Stimmung günstig beeinflussendes Ziel ausfindig zu machen‹, schrieb Graf Karl von Stürgkh. Die Eintönigkeit der Tage wurde von einfachen ›Kriegsessen‹ mit nur drei Gängen, mit Weinen, Zigarren und Bier dazu, unterbrochen. Der Kaiser, der in Wirklichkeit keine Ahnung hatte, wie sich die britische Blockade auf die Lebensmittelrationen in der Heimat auswirkte, erzählte seinen Gästen gerne, er esse nicht besser als jeder seiner Untertanen.

Da er meist weit entfernt von Berlin und sogar von Deutschland war, wußte er nicht, was daheim vorging; da das Hauptquartier für ihn in sicherer Entfernung von den Frontlinien sein mußte, wußte er auch nicht, was dort geschah. Seine Generäle kamen von zwölf Uhr mittags bis eins zum Rapport, aber manchmal konnte er sich ihnen nur wenige Minuten widmen, weil andere Besucher bestellt waren, oder ›weil die im geöffneten Nebenzimmer wartende Frühstückstafel‹ den Vortrag abkürzte, wie Tirpitz berichtete.

Ihren Kriegsherrn an der Front zu sehen (beim Studium von Landkarten oder Entscheidungen fällend — auf Photographien), zu sehen, welche Zuversicht er ausstrahlte — das bestärkte natürlich auch die Zuversicht des deutschen Volkes. Niemand hatte von deutschen Fehlschlägen berichtet; im Gegenteil, das Volk wurde in noch stärkerem Maße als Wilhelm selbst mit Propaganda gefüttert. Man hatte den Eindruck, daß jede Mauer in Deutschland mit dem Schlagwort beschmiert war, das Wilhelms Haß so vollkommen entsprach: *Gott strafe England!* Sogar die Banknoten waren damit bedruckt. Schon 1914 hatte Ernst Lissauer einen *Haßgesang gegen England* komponiert. Es ist zwar vielleicht nicht überraschend, daß dieser Haßgesang die Runde bei der Truppe machte, aber es war doch ungewöhnlich, daß Lissauer von Wilhelm II. für seine paranoiden Verse den begehrten Roten Adlerorden zweiter Klasse erhielt.

Albert Ballin, der Vorsitzende der Hamburg-Amerika-Paketboot-AG (HAPAG), und einer der wenigen jüdischen Freunde des Kaisers, war der Meinung, Wilhelm fühle sich ›von seinen englischen Verwandten verraten und müsse daher den Krieg mit England bis zum bitteren Ende durchfechten‹. Ballin sagt, daß das Fieber sogar Kaiserin Auguste angesteckt habe. Er sah sie ›mit aufgehobenen, geballten Händen rufen: ‚Ein Friede mit England? Niemals!'‹ Zu Tirpitz' Verzweiflung faßte der unentschlossene Kaiser jedoch einen Entschluß: die deutsche Flotte solle im Hafen bleiben, um nicht Gefahr zu laufen, von den Briten versenkt zu werden. Der Krieg würde zu Lande gewonnen und die Flotte in Reserve gehalten werden, entweder, um einen günstigen Friedensvertrag zu erzwingen oder einen künftigen Krieg gegen Großbritannien zu führen. Er hatte die Flotte nie für den Krieg ausersehen, und nun blieb er eigensinnig konsequent. Die Flotte war seine besondere Liebe, sein Haustier oder Spielzeug, und er war ebensowenig bereit, sie im Kampf aufs Spiel zu setzen, wie sein Ahnherr Friedrich Wilhelm I. bereit gewesen war, seine Riesengarde im Krieg zu gefährden. Nur die U-Boote wurden losgelassen und führten eine Form der Kriegsführung ein, die ein britischer Admiral, Sir Arthur Wilson, als ›verdammt unenglisch‹ bezeichnete. Doch sogar die U-Boote wurden von Zeit zu Zeit in ihre Stützpunkte zurückbeordert, und Tirpitz konnte nie auf den Gang des Konfliktes Einfluß nehmen, den seine Politik zum Teil entfesselt hatte. Er sah, wie der Krieg zu Lande praktisch zum Stillstand kam, er wollte den Krieg zur See gewinnen, und als er das nicht erreichen konnte, legte er sein Amt im März 1916 nieder. Auf seine Art war er seit Bismarcks Abschied die dominierende Figur in Deutschland gewesen, auch wenn er einen traurigen Einfluß gehabt hatte. (Bismarck, der knapp vor der Jahrhundertwende mit ihm sprach, sagte nachher, Tirpitz' Einschätzung der europäischen Lage hinke um dreißig oder vierzig Jahre hinter der Zeit zurück.)

Wilhelm II. hätte liebend gerne seine Flotte dazu verwendet, die britische Flotte zu demütigen, aber so sehr er seine Marine auch liebte, hatte er doch nicht genügend Vertrauen in sie. Die britische Marine war mächtiger; noch mächtiger aber war Wilhelms versteckte, tiefliegende und lebenslängliche Bewunderung für England. Das war es, was ihm die Entschlußkraft raubte. Sogar nachdem sich seine Flotte 1916 im Skagerrak bewährt hatte, befahl er ihr anschließend, die Häfen anzulaufen. Niemals gestattete er ihr, einen konzentrierten Versuch zur Brechung der britischen Blockade zu unternehmen, obwohl Deutschland dadurch ausgehungert wurde und keinen Nachschub an Kriegsmaterial bekam.

Während der langen Monate und Jahre dieses Krieges erwies sich Wilhelm II. als absoluter Versager in der einzigen Aufgabe, die er hätte bewältigen müssen: den Monarchen zu spielen, auch wenn er nicht den Kriegsherrn spielen konnte. Die Funktion einer Monarchie ist es, ein Volk zu einigen, einen Brennpunkt für höhere als parteiische oder regionale Interessen zu schaffen, und vielleicht eine Nation anzufeuern und zu erheben. Wilhelm aber zeigte sich kaum jemals seinem Volk; daß das Volk überarbeitet, unterernährt und erschöpft war, berührte ihn kaum. Im Laufe des Krieges sahen ihn sogar seine Truppen immer weniger, denn Wilhelm gewann den durchaus richtigen Eindruck, daß die Offiziere an der Front seine Besuche gar nicht schätzten, nicht weil sie für seine Sicherheit fürchteten, sondern weil er ihnen im Wege war. Gelegentlich hielt er eine Rede vor einem Kontingent Soldaten, aber da er weder eine Ahnung hatte, was sie dachten, noch sich dafür interessierte, riefen seine blutrünstigen Ermahnungen Unbehagen, ja sogar Entsetzen hervor. Er versuchte nicht einmal, sie mit der Hoffnung auf einen ehrenhaften Frieden zu inspirieren, auf ein Ende des Blutbades, das sie herbeisehnten; er beschränkte sich nicht einmal auf patriotische Platitüden oder erhabene Beruhigungspillen. Sie sahen nicht einen majestätischen Führer vor sich, sondern wieder einen Unteroffizier, der sie anschrie, sie sollten Opfer bringen und sterben. Als man ihm einmal sagte, es gäbe Menschen in Deutschland, die über seine Haltung im Krieg entsetzt seien, knurrte er: ›Was schert es mich, was die Leute denken?‹ Es gab Zeiten, wo ihm klarwurde, daß die mageren Rationen in Deutschland mit der britischen Blockade zu tun hatten, aber auch dann dachte er hauptsächlich an die Hohenzollern und wütete gegen seine britischen Vettern. Gerard berichtet über eine solche Gelegenheit nach einem Besuch in Charleville-Mézières in den Ardennen, wo der Kaiser eine große Villa okkupierte. Der Kaiser, schrieb Gerard, ›erwähnte die Bemühungen, Deutschland auszuhungern und keine Milch durchzulassen, und sagte, bevor er seine Familie und seine Enkel verhungern ließe, würde er Schloß Windsor und die ganze königliche Familie Englands in die Luft jagen‹. Selbstverständlich bestand wenig Gefahr, daß die Hohenzollern darben mußten wie die anderen Deutschen, denn auch die Hohenzollernprinzen, die im Feld standen, okkupierten Paläste und Schlösser, wo immer sie hinkamen, jeder Prinz eines; der Rest daheim schlug sich in den über sechzig im ganzen Reich verstreuten hohenzollerschen Schlössern recht gut durch. Wilhelm II. selbst, der so gerne vor seinen Truppen Friedrich den Großen zitierte, versuchte nicht ein einziges Mal, das Beispiel jenes Schlachtfeldherren nachzuahmen, der auf

Stroh in Scheunen schlief, das saure Brot seiner Offiziere und Mannschaften aß und die Leute zu Opfern mitriß, statt Opfer zu verlangen.

Der Kaiser entsagte seiner Autorität, lange bevor er dem Thron entsagte. Sein letztes Eingreifen in den Krieg war um die Jahreswende 1916/17. Er machte ein mattes Angebot, den Krieg zu beenden, und sagte zu Kanzler Bethmann, das müsse ihn doch sicherlich als einen Herrscher ausweisen, ›der ein Gewissen hat, sich vor Gott verantwortlich fühlt, Mitleid mit seinem eigenen und den feindlichen Völkern und ... den Willen hat, die Welt aus ihren Leiden zu befreien. Aber er weigerte sich, mit Details aufzuwarten, und als Präsident Woodrow Wilson um konkrete Vorschläge ersuchte, antwortete Wilhelm mit einem zornigen Brief, die Mächte der Entente – ›eine Räuberbande‹, die ›zurückgeschlagen und verkrüppelt‹ seien – müßten ihre Absichten zuerst klarmachen. Dann würde Deutschland, ›die angegriffene Partei, die nur in Selbstverteidigung handelte‹, seine eigenen Vorschläge ›als Sieger‹ machen.

Ein Friedensangebot in derart kriegerischer Sprache wurde erwartungsgemäß abgelehnt. Kanzler Bethmann, der hinter dem Friedensversuch gestanden hatte, verlor dadurch noch mehr an Einfluß.

Der Reichstag hatte nicht mehr Ahnung von den Realitäten dieses Krieges als das deutsche Volk im allgemeinen; beide waren Opfer der Propaganda. So hatte der Reichstag schon im Oktober 1916 einen Antrag verabschiedet, in dem er Bethmann sein Vertrauen aussprach, solange Bethmann das Vertrauen des Oberkommandos besaß. Generäle, nicht Zivilisten, waren in Deutschland die Helden der Stunde, besonders seit Falkenhayn im August 1916 von Hindenburg abgelöst worden war. Generalquartiermeister war Erich von Ludendorff. Hindenburg war einer der verehrtesten Heldengestalten der Nation; er und Ludendorff konnten einfach nichts falschmachen. Sogar der Kaiser wurde von der Begeisterung mitgerissen und übertrug diesen beiden Männern am 10. Januar 1917 die gesamte politische Macht in Deutschland. Als die *Frankfurter Zeitung* protestierte, selbst Bismarck habe immer auf politischer Kontrolle über den Krieg bestanden, nannte der Kaiser dies eine Unwahrheit, die sofort ausgerottet werden müsse. Der Kriegsherr fügte hinzu: ›Politiker halten in Kriegszeiten den Mund, bis ihnen die Strategen das Reden gestatten!‹ Bethmann blieb, war aber praktisch machtlos. Eine nackte Militärdiktatur war über ein Volk errichtet worden, das in diesen späteren Kriegsjahren vor sozialistischen und kommunistischen Revolutionsideen gärte.

Es war dies die logische Folgerung von Jahrhunderten absolutistischer Macht. Die Männer, die diese Macht innehatten, die Hohenzollern, waren schließlich immer Soldatenkönige gewesen, uniformiert von ihrem zehnten Jahr an, dazu erzogen, jeden Konstitutionalismus zu verachten. Als Wilhelm II. beim Ausbruch des Krieges sagte, er kenne keine politischen Parteien mehr, sondern nur noch Deutsche, war das nur eine neue Formulierung seiner früheren Erklärung, er habe die deutsche Verfassung nicht einmal gelesen. Er vertraute nur seinen Offizieren, nicht den ›Partikularisten‹ im Reichstag. Bei seinem Großvater war es ziemlich ähnlich gewesen, nur hatte das System unter einem Giganten wie Bismarck funktioniert, was es bei Bethmann nicht mehr tat. Wieder einmal sieht man Parallelen zur Vergangenheit: das absolutistische System Friedrichs II. funktionierte unter einem Mann, den man Friedrich den Großen nennen konnte, unter geringeren Männern aber brach es nach seinem Tode zusammen. Man hätte meinen können, Wilhelm II. hätte aus seiner Familiengeschichte etwas gelernt, aber es war die Tragödie der Hohenzollern, daß sie nie aus Erfahrung lernten.

Wilhelm II. beugte sich vor Hindenburgs und Ludendorffs Forderung, den unbeschränkten U-Boot-Krieg wiederaufzunehmen. Man hatte ihn früher auf Grund der amerikanischen Einwände abgeblasen, aber obgleich viele in Deutschland, darunter auch Bethmann, sicher waren, daß eine Wiederaufnahme die Vereinigten Staaten in den Krieg ziehen würde, was für die Zentralmächte den Untergang bringen könnte, argumentierten Hindenburg und Ludendorff, eine U-Boot-Gegenblokkade Großbritanniens sei unbedingt notwendig. Gerard wurde am 31. Januar 1917 um sechs Uhr abends im Außenministerium mitgeteilt, daß die U-Boote um Mitternacht auslaufen würden.

›Geben Sie uns nur zwei Monate dieser Art der Kriegsführung, und wir werden den Krieg beenden und innerhalb von drei Monaten Frieden schließen‹, erklärte ihm Staatssekretär Arthur Zimmermann. Am 3. Februar, einem Samstag, sagte Zimmermann zu Gerard: ›Sie werden sehen, alles wird glattgehen. Amerika wird nichts tun, denn Präsident Wilson ist für den Frieden und nichts anderes. Alles wird weitergehen wie bisher. Ich habe arrangiert, daß Sie ... den Kaiser nächste Woche sehen werden, und alles wird gutgehen.‹ Am nächsten Tag, dem 4. Februar, sprach Gustav Stresemann vor einer Versammlung der National-liberalen Partei und erklärte den Mitgliedern, er könne nach genauem Studium der Amerikaner versichern, daß Amerika niemals seine Beziehungen mit Deutschland abbrechen würde. Als der stürmische Applaus verebbt war, erhob sich ein Mann in den hinteren Reihen und las aus der *B. Z. am Mittag* vom selben Tag vor, daß Wilson tags zuvor die diplomatischen Beziehungen mit Deutschland abgebrochen habe. (Stresemann erholte sich von diesem Schnitzer, wurde Parteivorsitzender und in der Weimarer Republik deutscher Kanzler und Außenminister. 1926 erhielt er den Friedensnobelpreis.)

Dieser Bruch, sagt Gerard, ›kam als große Überraschung‹ für die regierenden Kreise. Als man hingegen Wilhelm II. warnte, der nächste Schritt sei Krieg mit Amerika, antwortete er resigniert: ›Es ist mir alles egal.‹ Die Kriegserklärung folgte denn auch am 6. April. Ludendorff sagte voraus, vor 1918 würden keine amerikanischen Truppen in Europa landen, und bis dahin, meinte er, wäre England in die Knie gezwungen. Die ersten amerikanischen Truppen landeten jedoch Anfang Juli 1917, und General John Pershing traf am 13. Juni in Frankreich ein.

Mittlerweile bedrängten im Jahre 1917 andere Probleme den Kaiser. In Rußland hatte der Zar nach der Märzrevolution abgedankt. In seiner Sucht, noch weitere Bomben zur Zündung zu bringen, arrangierte das Auswärtige Amt Lenins Übersiedlung aus der Schweiz nach Rußland, selbstverständlich ohne den Kaiser davon zu benachrichtigen; man wußte schließlich, was er von Revolutionären und Königsmördern hielt. Wie Winston Churchill in *Die Weltkrise* schrieb: ›Mit einem Gefühl des Grauens richteten sie die schrecklichste aller Waffen gegen Rußland. Sie beförderten Lenin in einem versiegelten Waggon wie einen Pestbazillus aus der Schweiz nach Rußland.‹ Im selben März war der radikale Flügel der Sozialdemokraten abgesplittert und hatte die Unabhängige Sozialistische Partei gegründet. Wenn man sich die Loyalität der deutschen Massen weiterhin sichern wollte, mußte die Regierung eine dramatische Geste setzen, eine wesentliche Konzession. Bethmann, immer noch Kanzler, schlug die sofortige Einführung des allgemeinen Wahlrechts am 5. April vor, drei Tage später erwähnte der Kaiser in seiner Osterbotschaft die ›ungeheuren Beiträge‹ seines Volkes ›in diesem schrecklichen Krieg‹ und sagte ziemlich vage, daß nach all dem ›sicher kein Platz mehr für Preußens Klassenwahlrecht‹ — jenes Dreiklassenwahlrecht — sei. Privat sprach er davon herablassend als ›seinem Osterei‹ für das Volk.

Aber es war nicht genug. Die Zeiten hatten sich geändert. Die Sozialisten forderten Frieden ›ohne Landgewinn oder Kriegsentschädigungen‹. Der Reichstag ernannte ein Komitee, das eine Revision der Verfassung ausarbeiten sollte. Im Mai erklärte dieses Komitee, der Kanzler müsse dem Parlament gegenüber verantwortlich sein, und Ernennungen in der Armee und der Flotte müßten von den zuständigen Ministern und nicht mehr vom Kaiser persönlich getroffen werden. In den Rüstungsfabriken Deutschlands kam es zu Streiks, Rebellion lag in der Luft.

Die Konservativen im Reichstag aber waren gewarnt und protestierten gegen die Osterbotschaft und alle Liberalisierungsversuche. Dadurch ermutigt, wies der Kaiser die Vorschläge des Reichstagskomitees zornig zurück. Im Juli forderten Hindenburg und Ludendorff, der Kaiser möge Kanzler Bethmann überhaupt hinauswerfen; das tat er auch, lehnte aber den Vorschlag der Generäle ab, Bülow zurückzubeordern. Eine Reihe anderer Kandidaten wurden vorgeschlagen, aber diese wurden entweder von Hindenburg oder Ludendorff oder jemand anderem abgelehnt. Zuletzt mußten die Beamten im ›Gotha‹ und im Amtsbuch nach neuen Namen suchen. Schließlich wurde ein gewisser Georg Michaelis vorgeschlagen. Wilhelm II. hatte nie von ihm gehört und hatte daher keine Einwände, auch Hindenburg und Ludendorff waren einverstanden. Sie benachrichtigten Michaelis, der preußischer Lebensmittelkontrolleur war, und brachten den sprachlosen Beamten zum Abendessen beim Kaiser. Leider war er eine solche Niete, daß er nur drei Monate im Amt blieb. Auf ihn folgte für die Dauer eines Jahres Graf Georg von Hertling, vierundsiebzig Jahre alt und halbblind, so daß man ihm Staatspapiere vorlesen mußte. Das spielte auch keine Rolle: Ludendorff war der Diktator und hatte alle Versuche, das preußische Wahlrecht oder sonst etwas zu liberalisieren, niedergetreten. ›Mit diesem Wahlrecht können wir nicht leben‹, sagte er, womit er das Offizierskorps und die herrschende Schicht meinte. Er war sogar bereit, ›jede Art von Frieden‹ zu schließen, solange damit eine Änderung der Wahlgesetze verhindert würde. Der Kaiser teilte natürlich seine Gefühle, wie aus einem Zwischenfall nach Bethmanns Abschied klar wird. Der Kaiser ließ sich herab, eine parlamentarische Delegation zu empfangen, in der sogar ein Sozialist war, ein Menschenwesen, das Wilhelm nie zuvor empfangen hatte. Er konnte es natürlich nicht ahnen, aber dieser Mann, Friedrich Ebert, sollte einen Tag lang kaiserlicher Kanzler, dann Präsident des republikanischen Deutschland werden. Wilhelm fing an, sich über einen vom Reichstag entworfenen Friedensvorschlag lustig zu machen, und prophezeite nicht nur Sieg in diesem Krieg, sondern auch in der Folge ein Bündnis mit Frankreich, woraufhin ›ganz Europa unter meiner Führung den eigentlichen Krieg gegen England führen wird – den Zweiten Punischen Krieg‹. Er schloß seine Unterredung mit diesen Delegierten mit den Worten: ›Wo meine Garde ist, ist keine Demokratie!‹

›Das Entsetzen unter uns Abgeordneten‹, schrieb Matthias Erzberger von der katholischen Zentrumspartei, ›steigerte sich . . .‹

Am Beginn des Krieges hatte der Reichstag einen Burgfrieden proklamiert. Dieser Friede zerfiel nun. Meutereien, Streiks und Protestkundgebungen mußten gewaltsam unterdrückt werden. Im Reichstag konnte nur eine Koalition des linken Flügels eine Mehrheit finden, denn die Sozialdemokraten waren nun mit 110 Sitzen die stärkste Einzelfraktion. Und trotzdem wurden sie von der Regierung ignoriert, als existierten sie nicht, was die Abgeordneten zur Verzweiflung brachte und die Wähler dazu, zornig die Stimmen zu erheben. Ein Buch, das angeblich von Caligula handelte, wurde innerhalb eines Monats in 150 000 Exemplaren verkauft. Das Volk wußte, an welchen Kaiser der Autor gedacht hatte.

Die bolschewistische Revolution fand im November 1917 statt, und Trotzki führte in Brest-Litowsk Friedensverhandlungen. Der Ruf des Reichstags nach Frieden ohne Eroberung wurde ignoriert. Hindenburg sagte, er müsse einen Großteil der baltischen Staaten annektieren, ›für die Manövrierfähigkeit meines linken Flügels im nächsten Krieg‹. Die Alliierten sandten Beobachter zu diesen Verhandlungen, um zu sehen, wie sich Deutschland bei einer Friedenskonferenz verhalten würde. Was sie sahen, veranlaßte sie, noch verbissener weiterzukämpfen. Der Kaiser wurde über Einzelheiten der Verhandlungen nicht informiert, und als er einmal eine Karte hervorholte, die, wie er sagte, seine Vorstellungen betreffs der Grenzen enthielt, brüllte ihn Ludendorff sogar nieder und sagte, er habe kein Recht, andere um ihre Meinung zu fragen, bevor das Oberkommando die Sache überlegt habe. Der Kaiser zog sich entsetzt zurück. Nun entwarf Ludendorff einen Brief für Hindenburg, in dem der Feldmarschall dem Kaiser mitteilte, er könne zwischen ihrem Rat oder ihrem Abschied wählen. Wilhelm wandte sich an Richard von Kühlmann, Staatssekretär für äußere Angelegenheiten, den die Generäle gerne gefeuert hätten, und Kühlmann schrieb für seinen Kaiser einen Brief, in dem die Generäle dezent in ihre Schranken verwiesen wurden. Aber die Generäle erkannten, wie sehr dieser Kaiser eine reine Repräsentationsfigur geworden war, und reagierten hart. Sie verlangten nämlich, der Kaiser solle den Leiter seines Zivilkabinetts, Rudolf von Valentini, entlassen, den sie ›liberaler Tendenzen‹ in der Regierung beschuldigten. Wilhelm tobte über diese Unverschämtheit, nannte Ludendorff einen ›Übeltäter‹, dem er nie wieder die Hand reichen würde, tat aber zum größten Teil, was Ludendorff ›vorschlug‹. Wilhelm konnte den grobschlächtigen General, den er ›Feldwebelfresse‹ nannte, nicht leiden. Bei diesem Anlaß warf Wilhelm sogar dem ehrwürdigen Hindenburg die Tür vor der Nase zu und brüllte: ›Ich brauche Ihren väterlichen Rat nicht!‹ Valentini wußte jedoch, was auf dem Spiel stand. Um eine Krise zu vermeiden, bevor die Generäle ihren Abschied einreichten, ging er und wurde von dem reaktionären Antisemiten Friedrich von Berg-Markienen abgelöst.

Wilhelm II. war beleidigt. Nun diktierten seine Generäle sogar, welche Leute er in seiner unmittelbaren Umgebung haben durfte. Er wußte, wie machtlos er geworden war. Was er nicht zugeben wollte, war der Grund dafür —: daß er nicht in der Lage war, seine Macht zu beweisen. Auf einen Artikel über das gestörte Gleichgewicht zwischen politischen und militärischen Kräften in Deutschland schrieb er: ›Weil von beiden Seiten der Kaiser ignoriert wird!‹ Diese Bemerkung ist nicht nur charakteristisch für sein Selbstmitleid, sondern auch für seine Selbsttäuschung, denn das Gleichgewicht war durch den Kaiser selbst gestört worden, als er alle Macht in die Hand der Generäle legte. Einmal sogar hatte der Kaiser die Offiziere so sehr verärgert, daß davon die Rede war, ihn gefangenzunehmen, aber dazu kam es nicht. Es war auch gar nicht nötig, so weit zu gehen. Wilhelm II. war bereits der Gefangene des Oberkommandos. Dort hielt man ihn von allen Einmischungen fern und fütterte ihn mit schalen Siegen.

Am 21. März 1918 hatte der Kaiser endlich Grund zum Feiern: Eine riesige deutsche Offensive mit dem Kodenamen Michael hatte an der Westfront begonnen. Achthunderttausend deutsche Soldaten stürmten aus ihren Schützengräben zur letzten deutschen Offensive dieses Krieges. Ihr Ziel war es, die britischen und französischen Armeen aufzureiben, bevor das ganze Gewicht der amerikanischen Unterstützung wirksam werden konnte. Wilhelm eilte nach Avensnes, um am 21. bei seinen Truppen zu sein; nachdem er sie durch den Anblick seiner Person inspiriert hatte, fuhr er ins Hauptquartier nach Spa zurück, wo er jubelnd mit Champagner auf den endgültigen Sieg anstieß. Die Briten, sagte er, seien ›völlig geschlagen‹, und das Ganze sei ein großer Sieg der ›Monarchie über die Demokratie‹, als wäre es das gewesen, wofür seine Soldaten sich geopfert hatten. Wenn eine britische Parlamentsabordnung jetzt käme, um Frieden zu betteln, fügte Wilhelm jubelnd hinzu, dann müßten die Mitglieder zuerst vor den kaiserlichen Fahnen knien.

Seine Begeisterung ist verständlich, denn Ludendorffs Offensive Michael war anfangs ein glänzender Erfolg und brachte den Briten den unglaublichen Verlust von 300 000 Mann bei. Die deutschen Zeitungen schrieben, diese Siege seien ›unter dem persönlichen Kommando Seiner Majestät‹ errungen worden; als aber der deutsche Vorstoß bald aufgehalten wurde, war der Kaiser keineswegs bereit, die Verantwortung dafür zu übernehmen. Ludendorff versuchte, die Initiative wieder an sich zu reißen, indem er erst hier, dann dort angriff und schließlich am 21. Mai einen weiteren größeren Vorstoß, die Blücher-Attacke, durchführte, wobei er fünfzehn deutsche Divisionen gegen sieben feindliche warf. Dieser Vorstoß erreichte drei Tage später die Marne, kam aber dort zum Stillstand, gebremst gleichermaßen vom Fluß und dem entschlossenen Widerstand der Alliierten, nicht zuletzt dem der amerikanischen Divisionen in Château-Thierry. Während in den folgenden Wochen die deutschen Reserven dahinschmolzen, füllten sich die Reihen der Alliierten. Die britischen Verluste waren zum Teil ersetzt worden, außerdem landeten frische amerikanische Truppen. ›Amerikaner schießen wie Pilze in die Höhe‹, schrieb ein deutscher Armeehauptmann im Juli.

Britische Flieger begannen die deutschen Soldaten mit Flugzetteln zu bombardieren, die geschickt formuliert waren, um Unmut und revolutionäre Stimmung unter den deutschen Mannschaften zu verbreiten. Man versprach zum Beispiel den Soldaten, auch sie würden bald freie Männer sein, ›denn die Revolution sei im Kommen‹. Man enthüllte die Korruption unter den Offizieren und fragte: ›Soldat, o deutscher Soldat, was hätte wohl Friedrich dazu gesagt?‹

Die alliierten Armeen waren stark genug, um am 8. August 1918 um 4.20 Uhr ihrerseits eine große Offensive zu starten. Nahezu 500 000 Truppen wurden gegen die deutschen Linien geworfen, unterstützt von Panzern, einer Waffe, welche die Deutschen vernachlässigt hatten. ›Sechs oder sieben Divisionen ließen sich im Nebel von Panzern überrennen‹, schrieb Ludendorff; der 8. August, sagte er, sei ›der schwärzeste Tag in der Geschichte Deutschlands‹. Dieser Kommentar allein, von einem Offizier, der die Geschichte von Jena und Auerstedt kannte, wo Napoleon die preußischen Armeen vernichtet hatte, ist ein Maßstab für die ganze Schwere der deutschen Niederlage. Bevor der Tag zu Ende ging, gab Ludendorff zu, ›der Krieg muß beendet werden‹. Er war ein gebrochener Mann, denn alle seine großen Strategien und die enormen Vorstöße im Frühling hatten sich in Nichts aufgelöst. Er wußte, daß mehr zerstört war als die deutschen Linien; daß der Kampfgeist der deutschen Soldaten nachließ. Nachdem die deutschen Armeen zurückgeflutet waren und große Gebiete aufgegeben hatten, kam die Front wieder zum Stillstand. Der deutsche Widerstand jedoch war verzweifelt; es gab keinerlei Reserven mehr, eine Gegenattacke war nicht mehr möglich, von einem Sieg gar nicht zu reden. Die Soldaten schlugen sich tapfer, aber nun waren sie einfach des Krieges überdrüssig und des Kampfes für ein Regime, das sie zu hassen gelernt hatten. Zu viel war in diesen vier Jahren von ihnen verlangt worden, und es schien ihnen, daß ihre Offiziere bereit waren, weitere Abertausende abschlachten zu lassen, obwohl die Lage hoffnungslos war. Manche Soldaten warfen ihre Gewehre weg und schrien ihren Offizieren revolutionäre Parolen entgegen. Deutsche Einheiten, die den Kampf aufnahmen oder auch nur in Frontstellungen gingen, wurden von ihren eigenen Kameraden als Streikbrecher und Kriegsverlängerer beschimpft.

Auch die Illusionen des Kaisers selbst gingen langsam in Stücke. Hindenburg bekannte ihm gegenüber, daß Deutschlands letzter verzweifelter Versuch, den Sieg zu erringen, endgültig gescheitert sei, und der Kaiser mußte zugeben, es scheine, als habe das Land ›die Grenzen dessen erreicht, was es zu ertragen imstande sei‹. Die ganze Größe der Katastrophe allerdings blieb ihm nach wie vor verborgen. Major August Niemann, der ergebene Adjutant des Kaisers, sagte, ›Es war unendlich schwer, dem Kaiser ein wahres Bild der Lage zu geben, ohne sein seelisches Gleichgewicht aus dem Gleis zu bringen.‹ Wilhelms Freund, der jüdische Reeder Ballin, wurde an die Seite des Kaisers gerufen, aber vorgewarnt, ihn nicht allzu pessimistisch zu machen. Ballin war überrascht, Wilhelm immer noch von jenem ›Zweiten Punischen Krieg‹ reden zu hören, der England besiegen werde; er erklärte nachher, der Kaiser schiene ihm sehr in die Irre geführt . . . so gefoppt, daß er keine Ahnung habe, wie katastrophal die Lage geworden sei. (Ballin selbst ist ein gutes Beispiel für die Selbsttäuschung, zu der der Kaiser fähig war. Als man Wilhelm II. einmal fragte, wie er seinen Antisemitismus mit dieser Freundschaft vereinbaren könne, protestierte Wilhelm: ›Ballin ein Jude? Keineswegs. Ballin ist ein Christ!‹) Gefoppt hatte man Wilhelm vielleicht, aber aus gutem Grund. Seine Adjutanten befürchteten einen völligen körperlichen und seelischen Zusammenbruch, wenn er schlechte Nachrichten hörte. Am 2. September brach er dann aber nicht zusammen.

An diesem Tage informierte ihn Kapitän Sigurd von Ilsemann, einer seiner Adjutanten und Niemanns Assistent, daß britische Panzer die Siegfried-Linie durchbrochen hätten. Der Kaiser schlug mit der Faust auf den Tisch und stieß hervor. ›Jetzt haben wir den Krieg verloren! Armes Vaterland!‹ Dann eilte er durchs Zimmer, riß eine Tür zum Speisesaal auf und sagte den versammelten Gästen, er habe eine ›ernste, erschütternde Nachricht‹ für sie. ›Das bedeutet nicht mehr und nicht weniger, als daß wir den Krieg verloren haben!‹ schloß er.

Ilsemann berichtet, daß dies mit Bestürzung und tödlichem Schweigen aufgenommen wurde. Der Kaiser habe fast nichts gegessen und, was viel ungewöhnlicher war, kaum ein Wort gesagt.

Sieben Tage nach der britischen Panzerattacke hatte Wilhelm seine Sprache so weit wiedergefunden, daß er vor 1800 Stahlarbeitern in der Vorhalle der Essener Krupp-Werke sprechen konnte. In seiner feldgrauen Uniform, die zum Symbol alles dessen geworden war, was diese Arbeiter abgelehnt und nun hassen gelernt hatten, stand er unter ihnen. Adjutant Ilsemann reichte ihm die Rede, die das Zivilkabinett vorbereitet hatte, aber die Rede blieb in der Mappe und der Kaiser sprach frei – und so erregt, daß seine Stirn mit Schweiß bedeckt war. ›Manches wäre besser nicht gesagt worden‹, schrieb Ilsemann nachher in sein Tagebuch.

Die Männer, zu denen er sprach, waren Vorarbeiter; der Kaiser nannte sie ›meine lieben Freunde‹, was sie überrascht haben mußte, denn etwas war Wilhelm ganz gewiß nicht – und zwar ein Freund des industriellen Proletariats: jener ›Verräter‹, die zumeist sozialdemokratisch wählten. Dann überraschte er sie noch mehr, indem er lässig von einem Ende des politischen Spektrums zum anderen überwechselte. Einmal in seiner halbstündigen Rede klang er sogar prokommunistisch, denn er verurteilte die alliierte Intervention in Rußland als einen Versuch, ›die ultrademokratische Regierung‹ der Bolschewiken zu stürzen. Kaum hatte er sich als Schutzherr der arbeitenden Klasse hingestellt, warnte er die Arbeiter, sich vor entmutigenden Gerüchten zu hüten, mit denen ›die Angelsachsen ... Unruhen anstiften‹ wollten, und fügte hinzu, jeder, der solchen Gerüchten auch nur Gehör schenke, sei ›ein Verräter und herber Strafe verfallen‹. Zuletzt sprach er väterlich, sogar herablassend. ›Jeder von uns bekommt von außen seine Aufgabe zugeteilt‹, sagte der Kaiser. ›Du mit deinem Hammer, du an deiner Drehbank und ich auf meinem Thron.‹ Das war kaiserlicher Egalitarismus, wie ihn der Adel damals gern im Munde führte. Die Arbeiter durchschauten das, manche lachten sogar. Nach der Rede gab es weder Applaus noch Jubel, sondern ein peinliches Schweigen. Niemann, der dabei war, berichtete: ›Die Mienen erstarrten, und je mehr der Kaiser sich steigerte, um so offenkundiger wurde die Ablehnung.‹

Er fuhr weg, aber nicht ins Hauptquartier, das ihm unerträglich geworden war. Der rastlose Geist, der zu seiner Selbstbestätigung dreißig Jahre lang auf zahllosen Prunkreisen Deutschland durcheilt hatte, zog wiederum los, und zwar aus gleichem Grund: damit er sich in der Wärme öffentlicher Anerkennung sonne; damit er stolziere, um nicht zu straucheln; damit er ständig auf Reisen der Arbeit entgehe. Es wurden Orden verliehen und Truppen fern der Front inspiziert: im Kriegshafen Kiel, sogar in den baltischen Provinzen. Deutschland – nicht bloß die deutschen Armeen – brach rund um ihn zusammen, aber Kaiser Wilhelm II. war sich dessen nicht bewußt, denn wohin er auch kam, schien alles so normal, genau wie während der fünfundzwanzig Friedensjahre: Verbeugungen, Kratzfüße, ehrerbietige Offiziere und Beamte, Salutschüsse, Flaggen, Banner, Trompeten, Trommeln, zackige Militärparaden, Trinksprüche mit feinem Champagner, Tribünen, Stadtempfänge, endlose Worte der Herrschaftstreue und des Lobes. Außerdem hielt ein großer Teil der Hindenburg-Linie stand, und die Alliierten hatten eine Pause in ihren Angriffen eingelegt, um sich auf eine letzte Offensive vorzubereiten.

Diese begann am 26. September, und die deutschen Linien schwankten und drohten zu zerbrechen. Mittlerweile hatten die alliierten Truppen an der bulgarischen Front eine Offensive eröffnet, die die bulgarische Armee in zwei Teile schnitt, worauf die kriegsmüden Bulgaren den Kampf aufgaben und kapitulierten. Als diese Nachricht Ludendorff erreichte, sagte er, damit sei Deutschlands Schicksal besiegelt. Da die bulgarischen Alliierten ausgeschaltet und die Türken bereit zur Kapitulation vor den Briten waren, schien ihm klar, daß das bereits erschöpfte Österreich-Ungarn ebenfalls Friedensverhandlungen anstreben würde. Am 29. September kehrte der Kaiser ins Hauptquartier in Spa zurück, an dem Tag, an dem Bulgarien den Waffenstillstand unterzeichnete. Hindenburg und Ludendorff verloren keine Zeit, dem Kaiser die unerfreuliche Wahrheit mitzuteilen. Die Oberste Heeresleitung und die deutschen Armeen seien am Ende, erklärten sie. Es könne nicht nur keine Rede von Sieg sein, Deutschland stehe vielmehr vor der sofortigen, endgültigen und unausweichlichen Niederlage. Die deutschen Truppen seien von sozialistischen Ideen ›vergiftet‹ und nicht mehr verläßlich, erklärten sie; sollte man den Krieg weiterführen, so würde es den Alliierten zweifellos gelingen, die deutschen Linien zu durchbrechen, und Hunderttausende deutsche Soldaten würden über den Rhein flüchten und ›die Revolution nach Deutschland tragen‹. Das, sagten sie, müsse um jeden Preis verhindert werden. Da Wilson mit der gegenwärtigen Militärdiktatur niemals über einen Waffenstillstand verhandeln könne, sagte Ludendorff, es sei unumgänglich, sofort eine demokratische Regierung zu bilden.

Es schien dem Kaiser unglaublich, von revolutionären Gedanken unter Bürgern und Arbeitern zu hören, die er immer für treu ergeben gehalten hatte; aber er war ja nur lächelnde Gesichter gewohnt. Nachrichten über Streiks und Meutereien, über Revolten, die niedergeschlagen werden mußten, waren ihm immer vorenthalten worden, um ihn nicht aufzuregen, um zu verhindern, daß er in Panik gerate und den von allen befürchteten Kollaps erleide. Jetzt, plötzlich und unerwartet, wurde die ganze Tragweite des deutschen Zusammenbruchs zumindestens erwähnt, wenn auch nicht im einzelnen erläutert. Sobald die Generäle gegangen waren, erklärte der Staatssekretär des Äußeren, Paul von Hintze, Wilhelm habe zwei Möglichkeiten: entweder die Regierung zu demokratisieren oder eine Diktatur aufzustellen, um jede revolutionäre Agitation zu unterdrücken. Wilhelm II. hatte schon früher mit dem Gedanken an eine Diktatur gespielt, schließlich war das nur die letzte Konsequenz der bereits existierenden absolutistischen Monarchie und völlig im Einklang mit seiner Verachtung für das Parlament oder die öffentliche Meinung, aber er wies den Vorschlag als ›Unsinn!‹ zurück. Diktator zu werden, wo er Kaiser gewesen war, hätte bedeutet,

Hindenburg und Ludendorff entgegenzutreten, ihre Forderungen abzulehnen, persönlich das Kommando an der Front zu Hause und im Westen zu übernehmen, den letzten Einsatz zu wagen, um wie ein *rocher de bronze*, wie es Friedrich Wilhelm I. ausgedrückt hatte, seine Autorität zu festigen. Wilhelm II. von Hohenzollern war ein Dilettant, nicht Manns genug, um ein Wilhelm Eisenzahn zu sein. Und so kam es, daß er das einzig Anständige tat. Er hörte Hintzes Vorschlag einer demokratischen Regierung ›mit beherrschtem Gefühl und königlicher Würde an und erklärte seine Zustimmung zu dem vorgeschlagenen Programm‹.

Am selben Nachmittag legte der Kanzler dem Kaiser ein für den nächsten Tag, den 30. September, datiertes Dokument vor: ›Ich wünsche, daß das deutsche Volk wirksamer als bisher an der Bestimmung der Geschicke des Vaterlandes mitarbeite. Es ist mein Wille, daß Männer, die von dem Vertrauen des Volkes getragen sind, in weiterem Umfang teilnehmen an den Rechten und Pflichten der Regierung.‹

Wilhelm las es durch, dachte darüber nach und konnte es nicht über sich bringen, zu unterschreiben. Neunzig Minuten später ließ er Hintze rufen und sagte ihm, er wolle es zwei Wochen lang überlegen. ›Die Sache mit der Revolution ist gar nicht so schlimm‹, sagte er. Hintze war entsetzt und erinnerte den Kaiser nochmals daran, daß sowohl Hindenburg als auch Ludendorff vor dem allgemeinen Zusammenbruch gewarnt hatten, falls nicht unverzüglich Waffenstillstandsverhandlungen aufgenommen würden. Wilhelm hörte schweigend zu, aber als der Staatssekretär fertig war, ging er vom Tisch weg, auf dem das Dokument lag, und wandte sich zur Tür. Er hoffte immer noch, die Unterschrift vermeiden zu können. Zu seiner Verblüffung – und höchstwahrscheinlich zum ersten Mal seit seiner Kindheit – vertrat ihm ein Beamter den Weg. Hintze verstellte höflich die Tür und ließ ihn nicht gehen. Wieder prophezeite Hintze die Katastrophe, falls der Kaiser nicht unterschrieb. Zermürbt drehte sich der Kaiser um, ging zum Tisch zurück und setzte seinen Namen auf das Dokument. Dann eilte er davon, um sich zum Abendessen umzukleiden, denn es war schon sieben. In Wahrheit aber war es, wie der neue Kanzler sich zwei Wochen später ausdrückte, ›fünf Minuten nach zwölf‹, zu spät, um das Haus Hohenzollern zu retten, auch wenn man vielleicht Deutschland noch retten konnte.

Am 1. Oktober, dem Tag, an dem ein liberaler Aristokrat, Prinz Max von Baden, zum neuen Kanzler des Kaisers gewählt wurde, schrieb in Konstantinopel ein deutscher Offizier, Hans von Seeckt, der Mann, der in der Weimarer Republik an der Spitze der Reichswehr stehen sollte, einen Brief:

›Habe eben telegraphisch die Nachricht erhalten. Wir haben also eine parlamentäre Regierung. Ich werde Stillschweigen bewahren müssen, da das der Wille des Allerhöchsten ist.‹

Der ›Allerhöchste‹ reiste an jenem Tag von Spa in das Neue Schloß in Potsdam zurück. Prinz Max kam nach Berlin und traf Vertreter des Reichstages, um die erste nicht dem Kaiser, sondern dem Parlament verantwortliche Regierung zu bilden; die erste Regierung, der zwei Sozialdemokraten angehörten (Friedrich Ebert und Philipp Scheidemann), und die endlich das preußische Dreiklassenwahlrecht abschaffte, jene Travestie des Parlamentarismus, die so monströs war, daß selbst Bismarck, der sie nützlich fand, zugab, ›ein verrückteres, verächtlicheres Wahlrecht‹ habe man ›in keinem anderen Land erdacht‹.

›Erst nach meiner Ankunft wurde mir klar, wie vollkommen der Zusammenbruch des alten preußischen Systems war‹, schrieb Prinz Max aus Berlin an seinen Vetter. ›Angsterfüllt wollte ich mich zurückziehen, weil ich erkannte, daß keine militärische Macht hinter meiner Politik stand und daß wir am Schlachtfeld erledigt sind ... Wir sind inmitten einer Revolution. Wenn es mir gelingt, sie zu einer friedlichen Revolution zu machen, wird der Staat nach dem Friedensschluß weiterbestehen. Wenn ich versage, bedeutet das blutige Revolution und totalen Ruin.‹

Die Revolution, von der Prinz Max schrieb, war eine Revolution der Einstellung. Die Führer der Reichstagsfraktionen hatten mit einem deutschen Sieg gerechnet, sie waren zumindestens ebensosehr Opfer der Propaganda wie der Kaiser. Am 1. Oktober, dem Tag, an dem Prinz Max zum Kanzler ernannt wurde, traf ein Vertreter der obersten Heeresleitung mit den Parteiführern zusammen und teilte ihnen die Wahrheit mit. Zu sagen, daß das ein Schock war, ist eine starke Untertreibung: diese Männer konnten einfach ihren Ohren nicht trauen. Und doch hatten sie Hindenburgs und Ludendorffs Wort dafür: Die Niederlage Deutschlands war eine unumstößliche Tatsache, und nur ein sofortiger Waffenstillstand konnte den Staat vor einer blutigen Revolution bewahren.

Sobald diese Worte eingedrungen und die Heimatfront von der Sinnlosigkeit einer Weiterführung des Krieges überzeugt war, konnte man ihre Bemühungen um einen Friedensschluß nicht mehr aufhalten. Prinz Max hatte während der Nacht vom 3. auf den 4. Oktober Präsident Wilson telegraphisch um einen Waffenstillstand ersucht; während Deutschland auf eine Antwort wartete, kam es zu einer unvorhergesehenen Entwicklung.

Ludendorff änderte seine Meinung. Wieder einmal hatte sich der Vorstoß der Alliierten verzögert; die Hindenburg-Linie war zwar durchbrochen, aber nicht zusammengebrochen. Ludendorff gewann bis zum 17. Oktober die Überzeugung, seine Truppen könnten auf eine verkürzte Verteidigungslinie zurückgezogen werden, von wo aus sie entschlossen Widerstand leisten und damit bessere Friedensbedingungen von den Alliierten ertrotzen könnten. Ludendorff wollte keinen Waffenstillstand mehr, zumindest keinen, der die Niederlage der deutschen Waffen eingestand, so wie es Max von Baden in seinem Telegramm getan hatte.

Tatsache ist, daß Ludendorffs Nerven bei der Kapitulation Bulgariens am 29. September versagt hatten. Er war ein ›Neurastheniker‹ wie sein Kaiser – ein brillanter, aber neurotischer Mensch von ungeheurer Energie, lümmelhaftem Benehmen, tiefen Depressionen und gelegentlich hysterischen Reaktionen. Bei den geringsten Rückschlägen schwelgte er in Selbstmitleid und kam sehr leicht völlig außer Fassung. (Schon im Juli, als die Offensive Michael steckenblieb, war Ludendorff einem Nervenzusammenbruch nahe. Oberst Mertz von Quirnheim schrieb damals in sein Tagebuch: ›Seine Exzellenz völlig gebrochen‹.) Er war labil, was sich nach dem Krieg noch deutlicher zeigte, als er sich mit Hitler zusammentat und eine so verzerrte ›Verschwörungstheorie‹ der Geschichte entwickelte, daß er von allen Seiten internationale Komplotte gegen Deutschland zu sehen meinte: von Juden, Rosenkreuzern und sogar vom Dalai Lama, den er für einen Hintermann Stalins hielt. Nach der alliierten Offensive vom 8. August schrieb Ludendorffs Vertrauter und Adjutant, Oberst Max Bauer, ›Ludendorff muß gehen. Seine Nerven sind völlig erledigt ...‹ Mitte September stand er bereits in Behandlung; dieser zerrüttete Mann mit allen Symptomen eines Manisch-Depressiven war es, der am 29. September die Situation der deutschen Armeen beurteilte, als er mit seinem gutmütigen nominellen Vorgesetzten Hindenburg zum Kaiser ging. Mitte Oktober schwenkte Ludendorff wieder um, in der Aufwärtsphase seines manisch-depressiven Zustandes, und trat für eine Fortführung des Krieges ein.

Washington antwortete am 23. Oktober auf Prinz Max' Ersuchen um Waffenstillstand. Es verlangte Garantien, daß der Wechsel in Deutschland echt und dauernd sei, und warnte davor, daß es die Unterwerfung Deutschlands und nicht Friedensverhandlungen fordern würde, wenn es ›mit militärischen Befehlshabern und den monarchischen Autokraten Deutschlands verhandeln müsse‹. Wilhelm II. tobte, als er diese Botschaft las. ›Nun hat er die Maske fallen lassen‹, sagte er zu Niemann. ›Das zielt geradewegs auf den Sturz meines Hauses, auf die Beseitigung der Monarchie!‹ Die ebenso erzürnte Kaiserin ereiferte sich, Wilson sei ein ›Parvenu‹, der die Frechheit habe, ›ein Fürstenhaus zu demütigen, das auf Jahrhunderte des Dienstes an Volk und Land zurückblicken‹ könne.

Angesichts dieser Friedensbedingungen leugnete das Oberkommando plötzlich, jemals auf sofortigen Waffenstillstand gedrungen zu haben, und Ludendorff sandte einen Armeebefehl an alle Truppenkommandeure ab, in dem er forderte, mit doppelter Kraft weiterzukämpfen, da die Bedingungen der USA ›für uns Soldaten inakzeptabel‹ seien. Ein Armeetelegraphist, der diese Botschaft absenden sollte, erkannte, daß Ludendorff immer noch tat, als regiere er in Deutschland, und daß er damit die Regierung des Kanzlers Prinz Max umging. Dieser Mann war zufällig ein Mitglied der radikalen Unabhängigen Sozialisten und sandte daher den Text von Ludendorffs Botschaft zunächst an seine Parteiführer in Berlin. Sobald Prinz Max von ihnen unterrichtet worden war, ging er zum Kaiser und verlangte Ludendorffs sofortige Absetzung, andernfalls würde das Kabinett abdanken. ›Nun droht das ganze Gebäude einzufallen‹, stöhnte der Kaiser. ›Dennoch, es ist eine unmögliche Situation, daß ein derartiges Manifest ohne meine und des Kanzlers Zustimmung herauskommen kann. Ich sehe keine andere Möglichkeit, als die Forderung des Kanzlers zu erfüllen.‹ Am 26. Oktober ließ Wilhelm II. Hindenburg und Ludendorff rufen. Als alles vorbei war, schien der Kaiser erleichtert, daß die *Feldwebelfresse* gegangen war. ›Ich habe die siamesischen Zwillinge getrennt‹, verkündete er. Hindenburg sollte auf seinem Posten als Chef des Generalstabs verbleiben; General Wilhelm von Groener übernahm Ludendorffs Platz.

Am nächsten Tag teilte Kaiser Karl von Österreich-Ungarn Wilhelm II. mit, daß Österreich alle Feindseligkeiten einstelle. Prinz Max wußte, daß damit Deutschland gezwungen war, Wilsons Bedingungen zu akzeptieren, denn nun wären die Alliierten in der Lage, Deutschland von österreichischem Territorium her zu bedrängen und die österreichischen Eisenbahnlinien zu benützen. Sogar der Kaiser erkannte die Unvermeidlichkeit an und stimmte Wilsons Forderungen zu.

Die Frage von Wilhelms Abdankung blieb akut. Prinz Max hatte den Kaiser angefleht abzudanken, deutsche Botschafter telegraphierten dieselbe Forderung nach Berlin, die Öffentlichkeit verlangte die Abdankung, und auch die Monarchisten bedrängten Wilhelm, dem Thron zu entsagen, um einen besseren Frieden für Deutschland zu sichern und sogar die Monarchie zu retten. Man war sich einig, daß sowohl der Kaiser als auch sein sechsunddreißigjähriger Kronprinz gehen müßten, der eine müsse abdanken, der andere auf sein Nachfolgerecht verzichten. (Kronprinz Wilhelm war bei den Alliierten so sehr verhaßt, daß er eine ausgesprochene Belastung darstellte. Bei einer Jagdeinladung in England, an der sowohl der Kaiser als auch sein Sohn teilnahmen, sagte ein Engländer zu einem anderen: ›Um Gottes willen, erschießen Sie den Kaiser nicht, sein Sohn ist noch schlimmer!‹) Wenn beide abdankten, war die Monarchie vielleicht noch unter einer Regentschaft zu retten, bis der damals zwölfjährige Enkel des Kaisers, wieder ein Wilhelm, großjährig wurde.

Deprimiert von all dieser Agitation und all dem Druck verließ der Kaiser am 29. Oktober heimlich Berlin und kehrte unangemeldet und unerwartet in das Hauptquartier nach Spa zurück. ›Die Regierung von Prinz Max‹, erklärte er seinen Generälen, ›versucht, mich hinauszuwerfen. In Berlin wäre ich weniger imstande, ihnen entgegenzutreten, als inmitten meiner Truppen.‹

In Berlin schwebte Prinz Max inzwischen sechsunddreißig Stunden in Lebensgefahr, er hatte gegen eine Grippeattacke ein zu starkes Schlafmittel geschluckt. Als er erwachte und am 3. November in sein Amt zurückkehrte, erfuhr er, daß sowohl Österreich-Ungarn als auch die Türkei kapituliert hatten. Der nächste Tag brachte noch schlimmere Nachrichten. Die von ihm erwartete blutige Revolution war im ganzen Land ausgebrochen. Der Kriegshafen Kiel war in den Händen von revolutionären Matrosen. Arbeiter- und Soldatenräte hatten in mehreren Städten die Macht übernommen. Wäre der Kaiser in Potsdam oder Berlin gewesen, hätte er den allgemeinen Forderungen nach seiner Abdankung nicht widerstehen können; sie waren in aller Munde, und das Gebrüll hätte sogar seine Ohren erreicht. Aber er war in Spa, im fernen Belgien, und von Offizieren umgeben, die ihrem obersten Kriegsherrn ewige Treue geschworen hatten, ihrem ›Allerhöchsten‹. Dort fühlte er sich wieder sicher, dort war er vor der Wirklichkeit abgeschirmt, dort konnte er wenigstens noch für ein paar Tage als absoluter Herrscher posieren, dort erwies man ihm die Ehrerbietung, die eines Deutschen Kaisers, eines Königs von Preußen würdig war.

Aber seine hartnäckige Weigerung abzudanken bedeutete den Untergang des Hauses Hohenzollern. Nicht Wilson, sondern der Kaiser selbst brachte sein Haus zu Fall und schaffte die Monarchie ab, denn die Alliierten hatten niemals die Schaffung einer Republik gefordert, sie hatten nur erklärt, daß dieses Großmaul gehen müsse, der zum Brennpunkt ihres Deutschenhasses geworden war. Die Sozialdemokraten in Berlin waren keine Republikaner; wie Wheeler-Bennett sagt, bewegten ›Ebert und seine Kollegen Himmel und Erde, um die Errichtung einer konstitutionellen Monarchie in Deutschland zu sichern, mit einer Regentschaft im Namen eines der Söhne des Kronprinzen‹. Die conditio sine qua non war, daß sich der Kaiser zum Besten seines Hauses opfere, wenn er dazu nicht zum Besten der Nation bereit war; Wilhelm II. konnte sich dazu erst entschließen, als es zu spät war.

Am 9. November um 10 Uhr vormittags schlossen sich mehrere Eliteeinheiten, darunter das Alexander-Regiment, der Revolution an, und die Welt des Kaisers begann zusammenzubrechen. Tagelang hatten er und seine Generäle Pläne geschmiedet, gegen Berlin zu marschieren, die vom Kaiser selbst unter Prinz Max geschaffene demokratische Regierung zu stürzen, die streikenden und demonstrierenden Arbeiter an die Wand zu stellen, aber der Abfall der Eliteeinheiten am 9. November beendete alle derartigen Träume. Feldmarschall Hindenburg sagte, er sei immer noch für den Marsch auf Berlin, gab aber zu, daß er nicht glaube, daß dieses Abenteuer Erfolg haben könne; dann ersuchte er den Kaiser, ihn zu beurlauben. Der Kaiser war verärgert. Er sagte, er wolle seinem Land einen Bürgerkrieg ersparen; alles, was er beabsichtige, sagte er, sei, an der Spitze seiner heimkehrenden Armee nach Berlin zurückzukehren. Da erhob sich General Groener. Dieser war ein Offizier, den Wilhelm schon seit 1914 schätzte, denn Groener war einer der wenigen gewesen, die den Kaiser zu Kriegsbeginn auf dem laufenden gehalten hatten. Wilhelm nannte Groener nur den ›braven Schwaben‹. Diesmal aber versetzte Groener dem Kaiser einen Schock, indem er ihm die Wahrheit sagte. ›Sie haben kein Heer mehr‹, sagte er. ›Unter seinen Führern und Generälen wird das Heer in Ruhe und Ordnung in die Heimat zurückmarschieren, nicht aber unter dem Kommando Eurer Majestät. Es steht nicht mehr hinter Eurer Majestät.‹

Mit zornfunkelnden Augen trat Wilhelm II. auf Groener zu und herrschte ihn an: ›Ich verlange diese Behauptung schriftlich. Schwarz auf weiß will ich die Meldung aller kommandierenden Generäle haben, daß das Heer nicht mehr hinter seinem Obersten Kriegsherrn steht. Hat es mir nicht in ihrem Militäreid Treue geschworen?‹

›Majestät‹, antwortete Groener, ›der ist in solcher Lage eine Fiktion.‹

Diese Antwort, in Groeners weichem, ruhigen schwäbischen Tonfall, war die verletzendste überhaupt. Wer stand noch hinter ihm? Sein Volk war in Waffen, riesige Armeen gewöhnlicher Bürger tobten durch die Straßen seiner Städte; Armeeoffiziere, die unvernünftig genug waren, in Uniform zu erscheinen, wurden in den Straßen erschossen; überall wurden sozialistische Regierungen eingesetzt — und nun sagte man ihm, daß seine Armee ihn verstoßen habe. Ein paar Offiziere standen noch zu ihm, aber das war alles, und es war nicht genug.

Prinz Max telephonierte aus Berlin und teilte mit, daß in der Hauptstadt die Revolution ausgebrochen sei. Nur die sofortige Abdankung des Kaisers könne das Volk zufriedenstellen und den Bürgerkrieg verhindern. Wenn sich Wilhelm II. weiterhin störrisch an den Thron klammere, erklärte der Prinz, würde der Kaiser damit nur den Haß des Volkes auf sich laden, während ihm die Abdankung seine Dankbarkeit sichern würde.

Aber Wilhelm zögerte selbst dann noch, als weitere Besucher in Spa eintrafen und ihn noch mehr unter Druck stellten. Der Kronprinz kam, sichtlich unwillig, um auf sein Nachfolgerecht zu verzichten. Mehrere Offiziere erklärten, unter diesen Umständen müsse der Kaiser einen ehrenvollen Tod suchen, der eines preußischen Königs und Obersten Kriegsherrn würdig sei. Er solle sich an die Spitze seiner Truppen an der Westfront stellen und in einem Vorstoß auf dem Schlachtfeld fallen. Die Idee wurde kurz überlegt und dann flugs verworfen. Wilhelm II. war weder der Mann, sich zum Märtyrer zu machen, noch der Mann, der seine Truppen heimführen konnte, um die Rebellen zu vernichten, obgleich er mit beiden Vorstellungen spielte. An diesem Tag dachte er sogar an Selbstmord. Am Weg zum königlichen Zug, wo er überlegen würde, ob er fliehen solle oder nicht, sagte er zu zwei Adjutanten, Major Georg von Hirschfeld und Hauptmann von Ilsemann, er sei bereit, bis zum letzten zu kämpfen, auch wenn ihm nur mehr einige wenige Getreue zur Seite stünden. ›. . . Und selbst wenn wir alle fallen‹, sagte er, ›ich fürchte den Tod nicht! Nein, ich werde hierbleiben!‹ Dann hielt er einen Augenblick lang inne, stieß, wie Ilsemann berichtete, ›einen furchtbaren Seufzer‹ aus und sagte: ›Das beste wäre, ich würde mich erschießen.‹

Er hatte offensichtlich gar keine Lust, sich der Dankbarkeit seiner Untertanen zu versichern, indem er von der Bühne abtrat. Seine Widersacher waren alle ›Bolschewiken‹, davon war er überzeugt. Einmal sprach er sogar den phantastischen Gedanken aus, die Briten würden ihm vielleicht Truppen leihen, um die Bolschewiken in Deutschland niederzumachen. (Genau dieselbe Wahnvorstellung gab Adolf Hitler 1945 neue Hoffnung.) In einer Nebenbemerkung zu Adjutant von Ilsemann verriet der Kaiser jedoch, daß er genau wußte, daß nun das deutsche Volk und nicht nur die deutschen Bolschewiken seine Abdankung wünschten. Gleichzeitig verriet Wilhelm II., wie sehr er seine Untertanen verachte. ›Wer hätte je gedacht, daß es so weit kommen würde? Das deutsche Volk ist . . .‹ Er ließ den Satz unbeendet, fand seine Fassung wieder und riet seinen Adjutanten, sich gut zu bewaffnen. Für ihn bedeutete die Abdankung, dem Pöbel seinen Willen zu tun. Er sah sich als Herr und Meister seines Volkes, und nicht wie Friedrich der Große als erster Diener seines Staates. Er betrachtete sich als König und Kaiser nicht durch den Willen des Volkes, sondern ›von Gottes Gnaden‹, wie konnte ihm also dieses Volk eine Krone wegnehmen, die es ihm nicht gegeben hatte, eine Krone, die weder er noch ein anderer seines Hauses je ›aus der Gosse aufgelesen hatte‹? Wilhelm II. wollte seine ›Rechte‹ behaupten, darum war er nach Spa geflüchtet. In dieser Zeit des nationalen Umsturzes dachte Wilhelm II. nur an seine eigene Position, nicht an das Weiterbestehen des Hauses Hohenzollern, vom Überleben Deutschlands gar nicht zu reden.

Ein Offizier kam mit bang erwarteten Nachrichten. Er war abgesandt worden, um die Frontoffiziere wegen der Chancen des Kaisers bei seinen Truppen zu befragen. Er hatte sie gefragt, ob ihre Truppen dem Kaiser nach Deutschland zurück folgen würden, um die Revolution niederzuschlagen. Von neununddreißig Offizieren dachte nur ein einziger, seine Truppen würden einem solchen Kommando Folge leisten. Wilhelm wurde mitgeteilt, seine Truppen wünschten sofortigen Waffenstillstand, wollten nicht länger für eine verlorene Sache sterben und verbluten und auf gar keinen Fall mehr kämpfen.

Wieder telefonierte Berlin, es sei nun eine Angelegenheit von Minuten, bis die Regierungsgebäude von revolutionären Massen gestürmt wurden. Aller Augen richteten sich auf Wilhelm II., um seine Reaktion zu erraten, seine Augen suchten die des greisen Hindenburg, in der vergeblichen Hoffnung, dort Trost zu finden. Wilhelm nickte Hintze zu; er werde abdanken, aber nur als deutscher Kaiser, niemals als König von Preußen. Es war ihm immer noch nicht klargeworden, daß er selbst, er allein, gehen mußte, daß er Anstoß erregte, daß man ihn ablehnte, daß niemand ihn haben wollte, obgleich der Thron von Preußen vielleicht noch für seinen Enkel zu retten war. In Bayern war bereits die Republik ausgerufen worden, das Deutsche Reich zersplitterte. Prinz Max in Berlin wußte es jedoch. Die Katastrophe war gewiß, wenn er nicht sofort handelte, also überreichte er der deutschen Presseagentur eine Erklärung, daß Wilhelm abgedankt und der Kronprinz der Nachfolge entsagt habe. Unmittelbar darauf überantwortete Prinz Max die Regierungsgeschäfte, die er nicht länger führen konnte, an den Sozialdemokraten Friedrich Ebert. Ebert erließ eine Proklamation, in der er die Beamten im ganzen Land dringlich ersuchte, auf ihren

Posten zu bleiben, um Deutschland vor der ›Anarchie‹ und dem ›furchtbarsten Elend‹ zu bewahren; er sagte, er wisse, daß es nicht leicht für sie sein werde, für die neue Regierung zu arbeiten, aber er appelliere an ›ihre Liebe für unser Volk‹.

Karl Liebknecht, der radikale Linkssozialist, der an der Spitze der Keimzelle der deutschen Kommunistischen Partei stand, ignorierte Friedrich Eberts Regierung und proklamierte vom Balkon der Berliner Residenz aus eine ›sozialistische Republik‹. Scheidemann, wie Ebert Sozialdemokrat, versuchte dies zunichte zu machen, indem er seinerseits von einem Fenster des Reichstagsgebäudes aus eine Republik proklamierte. Sobald Ebert davon hörte, explodierte er vor Zorn und wandte sich wutentbrannt an Scheidemann. ›Sie haben kein Recht, eine Republik zu proklamieren. Was aus Deutschland werden soll, ob eine Republik oder was immer, das ist eine Angelegenheit, über die eine konstituierende Versammlung zu entscheiden hat!‹

Doch die Entscheidung war bereits gefallen; die revolutionären Armeen in den Straßen hatten sie aufgegriffen. Wilhelm, der noch in Spa war, wußte nichts von diesen Ereignissen, sie folgten zu schnell aufeinander. Er wußte nur, daß Prinz Max seine Abdankung als Kaiser und König und die Verzichtserklärung des Kronprinzen verkündet hatte. ›Schamloser, empörender Verrat!‹ nannte es Wilhelm. ›Ich bin König von Preußen, und ich bleibe König. Als solcher bleibe ich bei meinen Truppen.‹

Das war jedoch eine Illusion, denn die Truppen blieben nicht bei ihm. Hindenburg endlich versetzte den Gnadenstoß. Der Feldmarschall erklärte Wilhelm, er müsse abdanken, wie Berlin bereits verkündet hatte. ›Ich kann nicht die Verantwortung dafür übernehmen‹, sagte Hindenburg, ›zuzusehen, wie Eure Majestät von meuternden Truppen nach Berlin geschleppt und als Gefangener einer revolutionären Regierung ausgeliefert werden.‹ Das war eine Mahnung an Jekaterinenburg und das Schicksal, das Wilhelms Vetter, dem Zaren Nikolaus II., und seiner Familie am 16. Juli widerfahren war. Der Oberbefehlshaber der Marine beeilte sich, Hindenburg beizupflichten und erklärte, der Kaiser habe auch die Marine nicht mehr hinter sich – die Marine, die er geschaffen und mit so viel Liebe überschüttet hatte. Das traf ihn härter als der Verlust der Loyalität der Armee – und dieser Verlust hatte ihn weit mehr getroffen als der Verlust der Zuneigung seines Volkes, der ihn überraschend wenig berührte.

Der Kaiser wurde gewarnt: Der einzig mögliche Fluchtweg, der nach Holland, könne jederzeit abgeschnitten werden, und meuternde Truppen könnten bereits am Weg nach Spa sein, um ihn gefangenzunehmen. Nach dieser traurigen Nachricht willigte er müde seiner Abreise ein, aber erst am nächsten Morgen.

Auf der Fahrt zur Grenze am 10. November um fünf Uhr früh waren der Kaiser und seine Gefolgschaft äußerst beunruhigt. Ein einzelner deutscher Soldat an einer Brücke, der die Autokavalkade mit einer roten Fahne aufhielt, machte alle nervös, bis sich herausstellte, daß das eine Routineinspektion und nicht ein bolschewistischer Hinterhalt war. An der Grenze erklärten die Offiziere den Grenzwachen der bayrischen Landwehr, die Gruppe bestehe aus Offizieren, die zu dringlichen Geschäften nach Holland reisten. Die Soldaten glaubten, es handle sich um Friedensverhandlungen, und erkannten den Kaiser nicht. Sie winkten den Automobilen, weiterzufahren. Baron Werner von Grünau vom Auswärtigen Amt betrat ein Gebäude der niederländischen Grenzwacht, um mit den Grenzern zu sprechen, während der Kaiser und seine Adjutanten Zigaretten rauchend auf und ab gingen. Um acht Uhr früh traf ein niederländischer Diplomat, Verbrugge van 'sGravendeel, zusammen mit niederländischen Offizieren ein. Der Diplomat hatte Brüssel am Vorabend um elf Uhr verlassen, um die Grenzposten zu alarmieren, daß die Ankunft des Kaisers bevorstehe, der Kaiser war ihm aber zuvorgekommen. Die Niederländer schlugen höflich vor, der Kaiser und sein Gefolge mögen sich zum Bahnhof von Eijsden begeben und dort die Ankunft des kaiserlichen Zuges erwarten, der wegen der Gefahr, von revolutionären Soldaten aufgehalten zu werden, leer abgefahren war.

Zufällige Zuschauer erkannten den Kaiser am Bahnsteig von Eijsden. ›Ah, Kamerad kaputt!‹ schrien sie mit geballten Fäusten, manche riefen ›Vive la France!‹. Auch im Zug schien der Kaiser noch in Gefahr, seine Adjutanten fürchteten, Fabrikarbeiter (Belgier, wie sie behaupteten) könnten Steine durch die Fenster werfen. Es dauerte Stunden, bis die Polizei eintraf und den Bahnsteig räumte.

Es dauerte noch länger – fast den ganzen Tag –, bis Nachricht aus Den Haag, das Asylgesuch des Kaisers betreffend, kam. Sein Adjutant Hauptmann von Ilsemann sagte, das Warten sei ›eine Folter‹ gewesen. Der Kaiser verbrachte die qualvollen Stunden mit dem, was er am besten konnte: mit überstürzten Reden und Selbstrechtfertigung. Er klagte das Schicksal an: Weil sein Vater zu früh gestorben sei, wäre er ihm zu jung auf den Thron gefolgt und während des größten Teils seiner Regierungszeit von älteren Männern allzustark beeinflußt worden. Voll Bitterkeit erklärte er, nun sei er der Ältere und seine Minister die Jüngeren, und gerade jetzt, wo er die Möglichkeit gehabt hätte, jüngeren Männern gegenüber seine Wünsche durchzusetzen, werde er aus dem Land verjagt. Sein Gewissen war ruhig, wie er am nächsten Tag feierlich erklären sollte: ›Unser Herrgott weiß, daß ich diesen Krieg nie wollte!‹ Wenige Tage später beschuldigte er Ludendorff – den er ›einen Tyrannen‹ nannte – an allem schuld zu sein, auch am Fall seiner Dynastie. Er verglich sich mit einem Gärtner, der einen zahmen Bären großgezogen hat (Ludendorff); mit dem Wunsch, seinen Herrn zu schützen und eine Fliege zu erschlagen, die auf dem Gesicht seines Herrn gelandet ist, tötet der Bär seinen eigenen Herrn. Dann verglich er die Briten mit den Deutschen und erklärte, die Briten seien so mächtig geworden, weil Engländer zuerst an ihr Land und dann erst an sich selbst dächten. Der Fehler der Deutschen, sagte Wilhelm, sei, daß sie

Eine markige Zeit: Foto von der Vermählung des Prinzen August Wilhelm *(oben)*. Der Einzug der Prinzessin Alexandra Viktoria in Berlin, neben ihr der Kaiser. Ein Bild aus dem Jahr 1900. Kaiserin Victoria mit ihren Kindern und Gästen; Kaiser Wilhelm und Prinz Heinrich. *(unten)*.

Kaiser Wilhelm II. und sein Gast Eduard VII. von England.

Das war das Ende. Kaiser Wilhelm II. auf der Fahrt ins Exil an der holländischen Grenze.

Ein ehemaliger deutscher Kaiser als englischer Landedelmann im holländischen Doorn.
Eine Aufnahme aus dem Jahre 1933.

zunächst an ihr eigenes Wohlergehen dächten und erst dann an das ihres Vaterlandes.

Es war natürlich sein persönliches Wohlergehen und seine eigene Sicherheit, die Kaiser Wilhelm II. während dieser Tage beschäftigten; in seinem engeren Kreis sprach er von nichts anderem und erwähnte seine Untertanen nur in der zornigsten, verachtungsvollsten Weise. Endlich wurde der persönliche Komfort Kaiser Wilhelms gesichert: Königin Wilhelmine ließ wissen, der Ministerrat habe einstimmig beschlossen, ihm Asyl zu gewähren, und bis ein ständiger Wohnsitz gefunden werde, solle er auf Schloß Amerongen, dem Heim von Graf Godard von Aldenburg-Bentinck, Quartier nehmen.

Die Bahnreise dorthin war wieder ein Alptraum. Obwohl bei der Fahrt durch niederländische Dörfer und Städte die Vorhänge zugezogen wurden, war sich der Kaiser dessen wohlbewußt, daß sich auf den Bahnsteigen Massen angesammelt hatten, die ihm mit den Fäusten drohten und sich sogar mit dem Finger über die Kehle fuhren. ›Ach, lassen Sie doch‹, sagte der Kaiser nach einiger Zeit. ›Es ist ja nun doch alles ganz gleich.‹ (Diese Bemerkung erinnerte Ilsemann an etwas, das der Kaiser in Spa gesagt hatte: ›Es ist ja ganz gleich, wohin ich gehe, überall in der Welt bin ich verhaßt.‹)

Ob das Asyl des Kaisers von vornherein arrangiert worden war, bleibt ungeklärt, denn die niederländischen Archive über diese Angelegenheit sind noch verschlossen. Philipp Scheidemann behauptete (allerdings ohne es zu beweisen), daß George V. von England Königin Wilhelmine von Holland gebeten habe, seinem Vetter Wilhelm Asyl zu gewähren. Ein ehemaliger Generalgouverneur von Niederländisch-Ostindien besuchte Spa in der Nacht zum 8. November, aber schon am 7. November gab es in Holland Gerüchte, der Kaiser werde sich dort niederlassen; darüber hinaus spricht die Ankunft des Diplomaten aus Belgien, der Wilhelm an der Grenze traf, dafür, daß die Absichten des Kaisers bereits bekannt waren. Wie jedoch Ilsemann in seinem Buch *Der Kaiser in Holland* mehr als klarmacht, waren der Kaiser und seine Offiziere sowohl in Spa als auch im königlichen Zug keineswegs gewiß, ob ihm Asyl gewährt werden würde oder nicht; sie hatten sogar ernste Zweifel, weil sie fürchteten, die Niederländer könnten sich dem Druck der Alliierten beugen. Daß die holländische Königin einen Ministerrat einberufen und den Kaiser stundenlang besorgt warten ließ, bis das Gremium seinen Beschluß faßte, spricht dafür, daß die endgültige Entscheidung, ihm Asyl zu gewähren, erst nach der Ankunft des Kaisers in Holland und nicht schon vor dieser Reise fiel.

Um drei Uhr nachmittags am 11. November kam der Zug in Maarn an, wo Graf Bentinck auf einem von Zuschauern wimmelnden Bahnsteig wartete. Müde legte der Kaiser eine Hand auf die Schulter des Grafen und sagte: ›Und jetzt, Graf Bentinck, zeigen Sie mir, wohin ich muß.‹ Da der Graf Witwer war, begrüßte seine Tochter, Gräfin Elisabeth (die später Ilsemann heiratete) den Kaiser am Burgtor. ›Entschuldigen Sie, daß ich störe‹, sagte Wilhelm, ›es ist aber nicht meine Schuld.‹ Dann betrat er das Haus, das bis zum Mai 1920 sein Heim werden sollte. Obgleich er über sein endgültiges Schicksal immer noch im unklaren war und Mordanschläge fürchtete, begann er sich nun zu entspannen und überraschte alle mit seiner Ruhe und Fassung. Wie Ilsemann viel früher schon festgestellt hatte, fügte sich der Kaiser leicht in eine Situation, denn er war kein Kämpfer, nicht einmal ein entschlossener Mensch. Wer ihn auf Schloß Amerongen zum ersten Mal sah, fand ihn ungezwungen, charmant, höchst zuvorkommend und gütig. Er war wieder so, wie ihn Winston Churchill gesehen hatte, und legte ›die Ungezwungenheit und das Gehaben eines liebenswürdigen Hausherren bei einer englischen Landhausgesellschaft‹ an den Tag, jenen ungezwungenen Charme, den er immer zeigte, wenn er nicht in der Öffentlichkeit auftrat und den Kriegsherrn spielen mußte. Leise brachte der Kaiser nun seine erste Bitte vor, seit er das Land seiner Ahnen verlassen hatte: ›Was ich jetzt möchte, mein lieber Graf, ist eine Tasse Tee – guten, heißen, englischen Tee.‹

›Ich stelle mich vor den Thron meiner Väter...‹

›Im Frieden‹, schrieb Bülow, der ehemalige Kanzler des Kaisers, ›war der Kaiser ein Kriegsherr; im Krieg wich er Entscheidungen aus; in der Niederlage flüchtete er.‹ Der Hieb war ungerecht: der Kaiser hatte keine andere Wahl als die Flucht, denn die Deutschen wollten nichts mehr mit ihm zu tun haben. Zur größten Überraschung aller traten Wilhelms beste Eigenschaften zutage, sobald er gehen mußte. Da nun keine Notwendigkeit mehr bestand, zu bluffen oder zu posieren, wurde er ein englischer Landedelmann, er spielte die Rolle, die er insgeheim am meisten liebte. Der kriegerische Schnurrbart, der seinem unsicheren Gesicht imperialen Zuschnitt gegeben hatte, begann herabzuhängen; bald kam ein grauer Spitzbart dazu, der ihm das Aussehen eines freundlichen Großvaters verlieh, der glücklich war, wenn er mit kleinen Kindern spielen konnte. Seine Energie war immer noch ungeheuer, aber in andere Bahnen gelenkt. In den ersten achtzehn Monaten in Amerongen fällte er über 1000 Bäume. Weitere folgten in Haus Doorn, der Villa, in die er Mitte der zwanziger Jahre einzog. Es waren so viele, daß er gelegentlich Gästen Autogramme auf Scheiten gab, die sie dann als Souvenir mit nach Hause nahmen, andere landeten in den Häusern der Dorfleute.

Die niederländische Regierung weigerte sich standhaft, ihn auszuliefern, als die Alliierten den Exkaiser als Kriegsverbrecher vor Gericht stellen wollten. Sie nahmen Wilhelm und seinem ehemaligen Kronprinzen das Versprechen ab, in Holland keinerlei politische Aktivität zu zeigen. Beide Männer hielten ihr Wort, und der Exkaiser legte im Exil ein mustergültiges Verhalten an den Tag. Um in Form zu bleiben, fällte er weiterhin Bäume, sogar als er schon über siebzig war. Um seinen Geist aktiv zu halten, schrieb er rechtfertigende Bücher und gründete eine Literaturgesellschaft, wo er vor einheimischen Intellektuellen und Gästen Vorträge über historische, wissenschaftliche und andere Themen hielt. 1921 erschütterte ihn der Tod seiner Frau Auguste, mit der er vierzig Jahre lang verheiratet war, aber er tröstete sich bald mit einer fünfunddreißigjährigen Witwe mit fünf Kindern, Prinzessin Hermine von Schönaich-Carolaith, einer geborenen Prinzessin Reuß aus altem thüringischen Geschlecht. Er heiratete sie 1923, womit er diverse Monarchisten daheim erzürnte und seinen ältesten Sohn vergrämte, sich selbst aber ein glückliches und friedliches Alter sicherte, umgeben von seinen Enkeln und den Kindern, die seine neue Frau nach Haus Doorn mitbrachte.

Der ehemalige Kronprinz Wilhelm kehrte 1923 nach Deutschland zurück, nachdem er sein Wort gegeben hatte, sich gut zu betragen; er wurde bald als ›Kronprinz des Sports‹ bekannt, als Playboy und Schürzenjäger. Es war eine Zeit der Unruhe, und er stellte sich ihrer Herausforderung, indem er trivial wurde. Schließlich schloß er sich der rechtsgerichteten Stahlhelm-Organisation an, und zwei seiner Brüder, Oskar und August Wilhelm (›Auwi‹), traten 1931 der Nationalsozialistischen Partei bei. Zwei Jahre später hatte auch der ehemalige Kronprinz die braune Uniform angezogen, obwohl er sich charakteristischerweise auf eine der unbedeutendsten Organisationen, das NSKK (Nationalsozialistisches Kraftfahrerkorps), beschränkte. Zwei seiner Söhne traten ebenfalls in die Partei ein.

Es ist eine billige Behauptung, daß sich der Nationalsozialismus auf den Ruinen von Weimar aufbaute; richtig ist vielmehr, er habe auf den Ruinen des Hauses Hohenzollern aufgebaut. Die konstitutionelle Monarchie, im Oktober 1918 unter Prinz Max von Baden errichtet, war nicht dadurch vernichtet worden, daß Philipp Scheidemann einen Monat später vom Fenster des Reichstagsgebäudes aus die Republik ausrief. Sie war vernichtet worden, weil sich eine revolutionäre Situation entwickeln konnte, die Scheidemanns Erklärung unumgänglich notwendig machte. Diese revolutionäre Situation hatte sich entwickelt, weil sich Kaiser Wilhelm II. hartnäckig gegen eine rechtzeitige Abdankung sträubte. Als er es tat, war es zu spät. Weil er nur an der Erhaltung der Rechte und Privilegien seines Hauses interessiert war, gelang es ihm nicht, die konstitutionelle Monarchie zu retten; weil er seine eigene Vormachtstellung retten wollte, konnte er Deutschland nicht retten. Der Trend der Weimarer Republik war sofort offensichtlich. Man kann ihn schon in Eberts Proklamation vom 9. November 1918 erkennen. Darin mußte er die deutschen Beamten *anflehen*, einem System zu dienen, von dem er wußte, daß sie es verachteten. Ihre Verachtung gegenüber der Republik dauerte an, bis Hitler am 30. Januar 1933 dieser Republik den Garaus machte. Die gesamte Führungsschicht Deutschlands war im Dienste der autokratischen, absolutistischen, autoritären Monarchie gestanden. Seit dem Tag, an dem die einen Monat alte konstitutionelle Monarchie zugrunde ging, versuchten sie entweder aktiv die demokratische Republik zu untergraben oder sie leisteten Hitler Schützenhilfe, indem sie der Republik ihre aktive Unterstützung verweigerten. Im gleichen Maße, wie das deutsche Proletariat und die untere Mittelklasse durch die Wirtschaftskrise radikalisiert wurden, liehen diese Beamten, Offiziere, Richter, Pressezaren, Financiers, Pädagogen usw., die in Deutschland den Ton angaben, den ›nationalistischen‹ Extremisten ihre moralische Unterstützung. Als der ehemalige Kronprinz der Stahlhelm-Organisation beitrat und seine Brüder Oskar und Auwi sich der Nationalsozialistischen Arbeiterpartei (NSDAP) anschlossen, folgten sie nur dem Beispiel anderer deutscher ›Nationalpatrioten‹ und setzten gleichzeitig der breiten Masse der Deutschen ein Beispiel, indem sie diese Gruppen durch ihre Mitgliedschaft aufwerteten.

Es stellte sich klar heraus, wie sehr der Fall des Hauses Hohenzollern den Staat erschüttert hatte. Hätte der Kaiser seinem Volk 1916 eine Verfassung gegeben, die Zukunft wäre wohl ganz anders verlaufen. Fast sicher wäre die nationalsozialistische Zukunft zu vermeiden gewesen, auch wenn der Kaiser erst im Oktober 1918 zugunsten eines seiner Enkel abgedankt hätte, einen Monat bevor er zum Verzicht gezwungen wurde. Die konstitutionelle Monarchie hätte gute Überlebenschancen gehabt, um die politische Krise der zwanziger Jahre zu überdauern. Der linke radikale Flügel wäre natürlich weiterhin aktiv geblieben, aber die größte Gefahr in Deutschland in Vergangenheit, Gegenwart und Zukunft kommt von der *Rechten*, nicht von der Linken, und der Vorstoß der Rechten wäre mit einem Hohenzollern auf dem Thron abgeschlagen worden. Die gesamte deutsche Führungsschicht, während der zwanziger Jahre fast ausschließlich konservativ, national oder sogar reaktionär, wäre loyal geblieben. Sie hätte eine hohenzollernsche konstitutionelle Monarchie unterstützt und sich an eine von einem Regenten, der im Namen eines Hohenzollernerben handelte, sanktionierte parlamentarische Demokratie gewöhnt. Weder die Nationalen noch die Konservativen hätten dem extrem rechten Flügel beim Sturz einer solchen konstitutionellen Monarchie Schützenhilfe geleistet, sondern hätten den Staat vielmehr gegen die ›plebejischen‹ Nazis unterstützt, die sie als gefährliche Revolutionäre erkannt hätten. Bei einem Versuch der Nazis, gegen das Haus Hohenzollern zum Sturm anzutreten, wären sie rasch geschlagen worden; die Reichswehr, die ihre monarchistischen Loyalitäten nie mit dem Dienst an der Republik vereinbaren konnte, hätte sich um ihren hohenzollernschen Herrscher geschart.

Weil die konservativen Nationalisten die demokratische Republik haßten, ließen sie es zu, daß sie von den Nazis vernichtet wurde; viele von ihnen finanzierten diesen Vorgang sogar und begrüßten ihn freudig. Dasselbe gilt für die Hohenzollern; statt die deutsche Republik gegen den Angriff der Nazis zu verteidigen, halfen sie den Nazis weiter. Sie handelten anscheinend aus der fälschlichen Überlegung heraus, Hitler würde die Monarchie wiedererrichten; als sich diese Vermutung als trügerisch erwies, machten sie in der schäbigen Hoffnung weiter, sie, ihre Familien und ihre Besitzungen würden davon profitieren. Im Juni 1931 erklärte Prinz August Wilhelm, Sohn des Exkaisers, öffentlich: ›Wohin ein Hitler führt, kann ein Hohenzoller folgen.‹ Ein Jahr später tat der ehemalige Kronprinz Wilhelm genau das, indem er Hitler als Präsidentschaftskandidaten gegen Feldmarschall Hindenburg unterstützte (den Mann, den sein Vater, der Exkaiser, nun haßte, weil er Hindenburg dafür verantwortlich machte, daß er gegen seinen Willen aus dem Land gejagt worden war). 1933 gaben sich die Hohenzollernprinzen für nationalsozialistische Propagandafeldzüge her und verliehen den Nazischlägern durch ihre Gegenwart und ihre stillschweigende Zustimmung Gewicht. Letzten Endes brachen sie mit den Nazis, das heißt, sie distanzierten sich. Nun ergab sich die Gelegenheit für die Hohenzollern, sich wieder auf ihre historische Rolle als Führer Deutschlands zu besinnen. Keine Würdigung dieser Dynastie wäre komplett ohne den Hinweis darauf, wie die Hohenzollern der größten Gefahr begegneten, die Deutschland je bedroht hatte, der Gefahr der Nazidiktatur, und wie sie auf die größte Herausforderung der Zeit an die Deutschen reagierten: die Herausforderung zum Widerstand. Im Laufe der dreißiger Jahre bildeten sich überall in Deutschland Widerstandsgruppen der verschiedensten Schattierungen; eine Anzahl dieser Gruppen begann die Möglichkeit zu erwägen, entweder nach einem erfolgreichen Staatsstreich gegen Hitler die Hohenzollernmonarchie wiedereinzusetzen oder einen der Hohenzollern temporär an die Spitze des Staates zu stellen, bis durch freie Wahlen die endgültige Form der nachnazistischen Regierung entschieden würde. Professor Johannes Popitz, preußischer Finanzminister seit 1933, war einer der eifrigsten Verfechter einer Restauration des Hauses Hohenzollern. Da der Exkaiser abgedankt und der Exkronprinz Wilhelm Verzicht auf die Nachfolge geleistet hatte, dachte Popitz an keinen von beiden; außerdem schlossen er und die meisten anderen in der Widerstandsbewegung den ehemaligen Kronprinzen, auf Grund seines Charakters und seiner Lebenshaltung aus. Graf Fritz von der Schulenburg, ein anderer Verschwörer, war schon von seinem Vater, dem Stabschef des Kronprinzen, im Ersten Weltkrieg vor diesem gewarnt worden. Die den ehemaligen Kronprinzen am besten kannten, standen ihm auch am skeptischsten gegenüber. Trotzdem wollten sich die Führer der Verschwörung – besonders Carl Goerdeler und Generaloberst Ludwig Beck – zunächst über die Einstellung des ehemaligen Kronprinzen zum Nationalsozialismus überzeugen. Sie kamen anscheinend zu dem Schluß, er sei ›genügend skeptisch‹, um nicht ganz abgeschrieben zu werden, obwohl er Hitler 1932 unterstützt hatte. Beck war bereit, ihn in Erwägung zu ziehen, obgleich er ihn wegen seines Privatlebens als ›höchst fragwürdige Persönlichkeit‹ betrachtete. Beck sprach mit mehreren Offizieren über den ehemaligen Kronprinzen und diskutierte die Frage sogar mit Oberst Graf Claus Schenk von Stauffenberg, dem Mann, der schließlich am 20. Juli 1944 die Bombe legte. Graf Stauffenberg war vom ehemaligen Kronprinzen nicht gerade begeistert. Und doch erhielt dieser Hohenzoller, wie wir sehen werden, eine Chance, der Widerstandsbewegung gegen die Nazis zu dienen.

Kurzfristig dachte Popitz daran, Prinz Oskar von Preußen zuzuziehen, einen Bruder des ehemaligen Kronprinzen, der 1931 zu den Nazis gegangen war, hinterher aber von ihnen desillusioniert und angewidert war. Oskar wurde jedoch bald in den Köpfen der Verschwörer von den Söhnen des ehemaligen Kronprinzen abgelöst. Der älteste von ihnen war Prinz Wilhelm, 1906 geboren, der Thronanwärter. Er hatte jedoch eine morganatische Ehe geschlossen und nach dem Hausrecht der Hohenzollern seine Stellung als Oberhaupt des Hauses 1933 zugunsten seines nächstältesten Bruders, des 1907 geborenen Prinzen Louis Ferdinand, abgetreten.

Louis Ferdinand war bei weitem die interessanteste hohenzollernsche Persönlichkeit. Er hatte 1929 seine Studien in Berlin beendet und dann eine ausgedehnte Reise durch Nord- und Südamerika unternommen. Er arbeitete für einige Zeit am Fließband der Ford Motor Company, traf mit Menschen aller Schichten zusammen und galt als liberal, intelligent und kultiviert. Er hatte sogar Präsident Franklin D. Roosevelt kennengelernt, was für die Nazigegner in Deutschland besonders in den späteren Kriegsjahren eine große Rolle spielte, da sie dachten, das könne die Friedensbedingungen für Deutschland erleichtern, sobald Hitler entmachtet war. Als Louis Ferdinands ältester Bruder Wilhelm seine Nachfolgerechte als Oberhaupt des Hauses abgab, beorderte Exkaiser Wilhelm seinen Enkel Louis Ferdinand nach Deutschland zurück. Die Nazis waren eben an die Macht gelangt und versuchten, ihn für sich zu gewinnen, aber die Reisejahre hatten Louis Ferdinands Augen geöffnet und seinen Horizont erweitert, und er lehnte jede Verbindung mit den Naziführern ab. Das sprach sich natürlich sehr schnell herum, und in der Folge traten die Verschwörer an den Prinzen heran, in der Hoffnung, er möge sich mit ihnen verbünden.

Unter den aktiven Verschwörern gab es niemanden, der in Deutschland allgemein bekannt gewesen wäre; das war der Hauptgrund, warum man der Idee einer Restauration der Monarchie nahetrat. Es handelte sich nicht nur darum, einen erfolgreichen Putsch gegen Hitler in Szene zu setzen, sondern auf diesem Höhepunkt der Erfolge der Nazis war es notwendig, Hitler durch eine Persönlichkeit zu ersetzen, fähig, die Nation zu einigen. Außerdem ging es um die kritische Frage, wie man die Entmachtung Hitlers rechtfertigen solle, eine Frage, die von 1938 bis 1942, der Zeit von Hitlers größten diplomatischen und militärischen Erfolgen, noch akuter wurde. Die Verschwörer waren bereit, dem deutschen Volk den monströsen Katalog der Naziverbrechen vorzulegen, der Morde, die eine von Goebbels regierte Presse geheimgehalten hatte, aber sie waren durchaus nicht sicher, ob das deutsche Volk ihnen überhaupt Glauben schenken würde. Beck, bis 1938 Generalstabschef, war eine anerkannte Persönlichkeit, wenn er aber einen Putsch inszenierte, könnten viele Deutsche darin bloß die Machtübernahme durch eine Junta machthungriger Generäle sehen. Am besten wäre es, so glaubten die Verschwörer, unter die Liste der Naziverbrechen die Unterschrift eines Hohenzollernerben zu setzen, dessen Wort man eher Glauben schenken würde.

Louis Ferdinand wurde 1937 von Dr. Otto John, einem Lufthansa-Direktor, in die Pläne der Verschwörer eingeweiht. Ein Jahr später nahmen diese Pläne konkrete Gestalt an. Nach Ansicht der Verschwörer wollte Hitler Deutschland unbedingt in einen Krieg ziehen, den sie vor ihrem Gewissen nicht verantworten konnten und von dem sie sicher waren, daß er Deutschland den Untergang bringen würde. Beck nahm aus Protest gegen diese Pläne seinen Abschied, als Chef des Generalstabs trat General Franz Halder an seine Stelle. Halder war von der Notwendigkeit ›praktischer Opposition‹ gegen Hitler bereits überzeugt und bereitete für den Fall, daß Hitler tatsächlich einen Krieg erklärte, einen Staatsstreich vor. Truppen standen in Bereitschaft, gegen Berlin zu marschieren und die Hauptstadt zu besetzen, es war nur notwendig, daß die Engländer und die Franzosen fest blieben und mit Krieg gegen Deutschland drohten, wenn Hitler das Sudetenland annektierte. Geheime Gesandte wurden nach London geschickt, um Neville Chamberlain und Lord Halifax darin zu bestärken; sie gingen sogar zu Churchill, der zu dem Zeitpunkt nicht an der Macht war. Eine anglofranzösische Kriegsdrohung sollte das auslösende Moment für den Putsch bieten, die Verschwörer in Berlin waren sicher, die Entmachtung Hitlers zu ›rechtfertigen‹, wenn sie dem deutschen Volk erklären würden, sie hätten es zur Erhaltung des Friedens getan. Bei der Münchner Konferenz aber fielen Briten und Franzosen um, und Hitler feierte seinen größten unblutigen Sieg seit dem Anschluß Österreichs; in den Augen des deutschen Volkes hatte er triumphiert und gleichzeitig den Frieden gerettet. Die Verschwörer waren bestürzt; ihnen war der Boden unter den Füßen weggezogen worden.

Die Reaktion der beiden führenden Hohenzollern — des Exkaisers in Holland und des Exkronprinzen in Potsdam — auf diese Katastrophe waren vielsagend. Exkronprinz Wilhelm sandte einen Geheimbrief an Chamberlain, in dem er ihm dafür dankte, ›den Frieden gerettet zu haben‹; der Exkaiser sandte einen Brief (mit Tintenstift geschrieben) an Königin Mary, in dem er sagte, er hege nicht den geringsten Zweifel, daß Chamberlain ›vom Himmel inspiriert und von Gott geführt‹ worden sei, indem er ›eine furchtbare Katastrophe‹ abgewendet habe. Beide wollten sichtlich den Frieden erhalten sehen, beide lehnten die Vorstellung ab, Hitler habe das vermocht, aber keiner von beiden ahnte die Folgen der anglofranzösischen Niederlage in München.

Im November 1938, als es überall in Deutschland zu den schrecklichsten antisemitischen Ausschreitungen kam, soll der Exkaiser gesagt haben, er schäme sich, ein Deutscher zu sein. Wieweit sich seine Einstellung zur Welt geändert hatte und wie sehr die Nazis nun von Abneigung gegen die Hohenzollern bestimmt wurden, kam anläßlich der Ereignisse um den achtzigsten Geburtstag des Exkaisers im Januar 1939 klar zum Ausdruck. Königin Mary hatte das Eis bereits gebrochen, indem sie den bleistiftgeschriebenen Brief des Kaisers beantwortet hatte, nun sandte die königliche Familie Glückwunschtelegramme. Im Gegensatz dazu verbot Hitler allen sowohl aktiven als auch Reserveoffizieren ausdrücklich, ihrem ehemaligen Oberkommandanten Grußbotschaften zu senden. Nur zwei greise Feldmarschälle durften den Exkaiser in Haus Doorn besuchen, und zwar Rupprecht, der ehemalige Kronprinz von Bayern, und der achtundneunzigjährige Mackensen, der die Sitte eingeführt hatte, daß deutsche Offiziere Wilhelm II. die Hand küßten.

Zwei Engländer, Robert Bruce Lockhart und John W. Wheeler-Bennett, verbrachten im August 1939 ein Wochenende zu Gast in Haus Doorn. Wheeler-Bennett fand den Kaiser stark verändert. In edwardischem Englisch, gepfeffert mit Adjektiven wie ›ripping‹ (famos) und ›topping‹ (großartig), sprach der Exkaiser offen über die Weltlage. Wheeler-Bennett sah ihn als ›charmanten, humorvollen, höflichen alten Herrn – aber dabei äußerst hinterlistig‹. Das Schicksal, sagte der Exkaiser, teile jedem Volk nur ein bestimmtes Ausmaß an Lebensraum zu; Nationen und Völker müßten diesen Lebensraum verteidigen und entwickeln, aber nicht mehr als ihren zubemessenen Teil an sich raffen. Er erklärte seinen englischen Gästen, alle großen Reiche hätten versagt, weil deren Herrscher sich nicht mit dem ihnen zugeteilten Raum begnügt hätten; er fügte hinzu, weitere würden aus demselben Grund scheitern. Wheeler-Bennett fragte, ob er dieses zukünftige Scheitern auf das britische Empire oder das Dritte Reich beziehe, und der Exkaiser antwortete schlau: ›Das können Sie nehmen, wie Sie wollen.‹ Beim Abschied sagte Wilhelm: ›Kommen Sie mich im nächsten Sommer wieder besuchen, wenn Sie können. Aber Sie werden nicht können, denn die Maschinerie geht *ihm* durch, so wie sie *mir* durchgegangen ist.‹

Eine Woche später brach der Krieg aus. Königin Wilhelmine der Niederlande bot dem Exkaiser eine Zuflucht auf einer der holländischen Kolonialinseln an, und die Briten schlugen vor, ihn nach Schweden oder Dänemark zu schicken, doch wurden alle diese Angebote höflich abgelehnt. In Deutschland rückten fünfzehn Hohenzollernprinzen zum aktiven Wehrdienst ein, und der erste Hohenzollernprinz, einer von Prinz Oskars Söhnen, fiel während des Polenfeldzugs von 1939. Louis Ferdinand, der einst für die Lufthansa gearbeitet hatte, ging zur Luftwaffe. Im November 1939 hatte Dr. John von der Lufthansa ihn in engen Kontakt mit einigen Führern der Untergrundbewegung gegen die Nazis gebracht: mit Generaloberst Kurt Freiherr von Hammerstein-Equord, mit dem Juristen Hans von Dohnanyi, dem Theologen Dr. Dietrich Bonhoeffer und dessen Bruder Dr. Klaus Bonhoeffer, dem Anwalt Joseph Wirmer und dem Kaufmann Justus Delbrück. Zu dieser Zeit lernte Louis Ferdinand auch Jakob Kaiser kennen, einen christlichen Gewerkschaftsführer, der während der Hitlerzeit zu den aktivsten Nazigegnern zählte und in der Nachkriegszeit Minister für Gesamtdeutsche Angelegenheiten wurde.

Diese frühen Kontakte kamen nicht recht zum Tragen. Hitlers Blitzkrieg war zu erfolgreich gewesen; die Verschwörer wollten warten, bis die ersten Rückschläge an der Front den Enthusiasmus des deutschen Volkes dämpften. Mittlerweile versuchten sie, Anhänger für ihre Sache zu finden.

1940 begingen die Hohenzollern Fehler, die der Sache schadeten. Das Jahr hatte mit einer Bewährung des Kaisers begonnen. Am frühen Morgen des 10. Mai rückten die deutschen Armeen in den Niederlanden ein, und am selben Tag fragte Winston Churchill Lord Halifax, ob man dem Exkaiser nicht sagen solle, er könne in England Zuflucht finden und würde von seinen englischen Vettern ›zuvorkommend und würdig‹ behandelt werden. König George VI. stimmte zu, und die Einladung wurde ausgesprochen. Wilhelm aber antwortete höflich, er wolle das holländische Volk ›in seinem Unglück‹ nicht im Stich lassen; er sagte auch, er wolle nicht ›wieder davonlaufen‹, wie man es ihm im November 1918 vorgeworfen hatte. Ein deutscher Wachsoldat wurde vor Haus Doorn aufgestellt – um die deutschen Soldaten fernzuhalten –, aber bald wurde das Haus ein Wallfahrtsort für deutsche Offiziere und Mannschaften, die in Holland stationiert oder auf der Durchreise waren.

Zwei Wochen später, am 25. Mai, kostete der französische Feldzug einem anderen Hohenzollern das Leben. Es war der Leutnant und Kompanieführer Prinz Wilhelm, ältester Sohn des ehemaligen Kronprinzen, der an diesem Tag schwer verwundet wurde und drei Tage später seinen Verletzungen erlag. Seine Leiche wurde nach Potsdam überführt; das Begräbnis wurde zu einem Treffen von Monarchisten, ›altpreußischen‹ Offiziersfamilien und Nazigegnern. Die Tatsache, daß 50 000 Berliner kamen, um ihm die letzte Ehre zu erweisen, wurde von Hitler als monarchistische oder jedenfalls illoyale Demonstration betrachtet; um derartige Vorkommnisse in Zukunft auszuschalten, befahl Hitler, keinen Hohenzollern mehr an die Front zu lassen.

Am 14. Juni 1940 marschierten die Naziarmeen in Paris ein, begleitet von einem monumentalen Schnitzer der Hohenzollern. Der Exkaiser sandte Hitler ein persönliches Telegramm, in dem er ihm zu seinem Sieg gratulierte. Dazu kamen zwei Telegramme vom ehemaligen Kronprinzen (im Mai und im Juni), in denen er den Nazidiktator als ›Mein Führer‹ ansprach, mit dem Nazigruß ›Sieg Heil!‹ endete und seine Bewunderung für Hitlers ›geniale Führerschaft‹ ausdrückte, ja sogar sagte, er wünschte, er könne Hitler die Hand schütteln. Diese Telegramme, die in Deutschland veröffentlicht wurden, waren für die Monarchisten in der Widerstandsbewegung niederschmetternd. Warum hatten der Exkaiser und sein Sohn diese Telegramme an einen Mann geschickt, den sie beide verachteten? Es ist möglich, daß der Exkaiser ganz einfach von seiner Begeisterung über die ›Demütigung‹ der Franzosen mitgerissen wurde. Wheeler-Bennett meint hingegen, die Initiative für das Telegramm könne von Herren seiner Umgebung ausgegangen sein, die von den Nazis weit mehr begeistert waren als der ehemalige Kaiser selbst. Die beiden Telegramme des ehemaligen Kronprinzen hingegen scheinen ein sehr eigennütziges Motiv zu haben: sich bei Hitler einzuschmeicheln, um die Position der Hohenzollernfamilie und ihrer Besitzungen in Nazideutschland zu sichern.

Der Exkaiser starb am 4. Juni 1941. Im Tode machte er wieder einiges gut. Hitler wollte ihm in Deutschland ein Staatsbegräbnis geben, das Hitlers Ansprüche auf die Nachfolge des verstorbenen Kaisers bestätigen sollte, aber das wurde auf Grund der persönlichen Instruktionen des Exkaisers verhindert. Er hatte angeordnet, dort begraben zu werden, wo er zwanzig Jahre lang gelebt hatte, in der Nähe von Haus Doorn, unter seinen holländischen Nachbarn. Dieser letzte Wunsch wurde ihm erfüllt.

Im Juli 1942 besuchte der Widerstandsführer Carl Goerdeler Prinz Louis Ferdinand auf seinem Gut und war sehr beeindruckt vom kosmopolitischen Flair des jungen Mannes, seinem kulturellen und intellektuellen Niveau und seiner demokratischen Einstellung. Man konnte darüber in Zweifel sein, ob er während seiner Abenteurerjahre nicht an ›Majestät‹ und ›Würde‹ verloren habe, doch meinte Goerdeler, die positiven Seiten seines Charakters – und die Tatsache, daß er Präsident Roosevelt persönlich kannte – machten das mehr als wett. Das Wichtigste war, daß Louis Ferdinand ausdrücklich erklärte, er sei bereit, sich den Verschwörern im Falle eines erfolgreichen Staatsstreichs zur Verfügung zu stellen, wenn auch nur als ›Privatperson‹. In den folgenden Monaten traf Jakob Kaiser mehrmals mit Louis Ferdinand zusammen. Im Dezember 1942 begegnete Kaiser Herrn von Knebel-Döberitz, einem Vertreter der alten preußischen Gutsbesitzerfamilien in der Widerstandsbewegung, und dieser erklärte Kaiser, man könne Prinz Louis Ferdinand vermutlich dafür gewinnen, eine Erklärung an die deutsche Armee abzugeben, in der er seinen Thronverzicht wiederholen, gleichzeitig aber seine Bereitschaft erklären sollte, vorübergehend das Kommando über die Wehrmacht zu übernehmen, um Deutschland zu retten und eine rasche Beendigung des Krieges zu erreichen. Knebel-Döberitz schlug Jakob Kaiser vor, Louis Ferdinand solle für zehn Jahre zum Reichsstatthalter ernannt werden, und dann möge das deutsche Volk in freien Wahlen über die zukünftige Staatsform Deutschlands entscheiden. Dies sagte zwar den anderen Verschwörern nicht zu, aber sie waren sich einig, daß man die Hohenzollern irgendwie einbeziehen solle. Jakob Kaiser wurde gefragt, ob die deutschen Katholiken einen Hohenzollern akzeptieren würden; Kaiser, katholischer Gewerkschaftler, bejahte dies. Als man ihn fragte, ob die deutsche Arbeiterschaft einen Hohenzollern akzeptieren würde, sagte Wilhelm Leuschner, der SPD-Gewerkschaftler in der Verschwörung, sie würden es tun, wenn dies die einzige Möglichkeit sei, die Nazidiktatur loszuwerden.

Prinz Louis Ferdinand jedoch hatte Bedenken, den Rechten seines Vaters, des ehemaligen Kronprinzen, der beim Tod des Exkaisers Oberhaupt des Hauses Hohenzollern geworden war, vorzugreifen. Außerdem waren die Offiziere in der Verschwörung über Louis Ferdinand weniger begeistert als über seinen Vater. Wie immer man zum ehemaligen Kronprinzen stand: er war im Ersten Weltkrieg Armeekommandeur gewesen, während sein Sohn für die Militärs eine unbekannte Größe war. Man beschloß daher, Exkronprinz Wilhelm solle den ersten Anstoß geben, und im Winter 1942/43 wurde eine Proklamation entworfen (vermutlich von Knebel-Döberitz). Dieses Dokument, das unter Goerdelers Papieren gefunden wurde, nachdem ihn die Gestapo ermordet hatte, klingt großartig monarchistisch:

›Als ich auf die Krone Preußens und die deutsche Kaiserwürde verzichtete, geschah es nicht, um den Weg für eine Entwicklung frei zu machen, die nun dazu geführt hat, daß der untadelige Ruf des deutschen Volkes der Vernichtung, sein blank gehaltenes Ehrenschild der Beschmutzung ausgesetzt ist. Es hat ein Zustand der Rechtlosigkeit, der zügellosen Willkürherrschaft und der moralischen Verwilderung eingesetzt, wie er in der Geschichte unseres Volkes noch nie dagewesen ist.‹

Dann zählte die Erklärung viele Beispiele bestialischer Naziverbrechen und Morde auf und stellte fest, ›das Blut deutscher Soldaten, das Glück aller deutschen Familien darf nicht weiter vergossen und zerstört werden, um entmenschten Verbrechern solche feigen Untaten zu ermöglichen. Deutsche Jungen dürfen nicht weiter gezwungen werden, blutdürstige Befehle gewissenloser Führer auszuführen.

Als meine Vorfahren die Mark Brandenburg übernahmen, setzten sie Recht und Ordnung des Staates gegen den eigenwilligen Adel durch. Recht und Sauberkeit sind der Stolz des deutschen Volkes geworden. Ich habe nicht dem Thron entsagt, um das Reich Wahnwitzigen und Verbrechern auszuliefern ... Der Führer hat dem deutschen Volke den geleisteten Eid durch geheime Mordbefehle gebrochen.

Ich stelle mich vor den Thron meiner Väter, vor dem sie Unrecht nicht duldeten, vor das Werk unserer Vorfahren, um es zu retten.

Ich habe die Führung des Reiches und den Oberbefehl über die Wehrmacht übernommen. Soldaten und Beamte werden einen Eid leisten, den sie mit redlichem Herzen halten können, wie auch ich zu Gott schwöre, daß ich das Reich in Recht und Anstand, in Treue und Redlichkeit führen werde. Ich werde daher befehlen, die verantwortlichen Verbrecher dingfest zu machen und vor Gericht zu stellen. Das deutsche Volk wird Gelegenheit erhalten, sich selbst ein Urteil über Größe und Umfang der Verbrechen und der Gefahr zu bilden.

Noch ist Krieg. Aber wir wollen in gemeinsamer Arbeit einen Frieden erstreben, der unsere nationalen Lebensnotwendigkeiten erfüllt, die Freiheit des ganzen Volkes und jedes Deutschen in einem lauteren, auf Recht und Anstand gegründeten Staate sichert, ohne Freiheit und Glück anderer Völker zu zerstören ... Sobald dies Ziel sichergestellt ist, wird mein Sohn Prinz Louis Ferdinand an meine Stelle treten.‹

Dieses mitreißende Dokument hätte nicht nur die ganze Wehrmacht auf die Seite der Verschwörer bringen können – denn ein hoher Prozentsatz der höheren Offiziere war bereits entweder in der Widerstandsbewegung oder sympathisierte wenigstens mit ihr –, es hätte auch das ganze deutsche Volk vereint. Seine unzweideutige Anklage gräßlicher Naziverbrechen und die Erklärung, daß die Verbrecher von den Deutschen selbst bestraft werden würden, hätte wesentlich dazu beigetragen, die Zukunft zu ändern. Die Deutschen hätten sich und ihre Nation gerettet, und gleichzeitig Hunderttausende Juden und andere Naziopfer, die damals noch nicht ermordet worden waren. Unglücklicherweise unterschrieb der Exkronprinz Wilhelm das Dokument nicht, noch ließ er es herausgeben. Dr. Otto John erklärte später, der ehemalige Kronprinz sei über die ›Anmaßung‹ der Monarchisten in der Widerstandsbewegung höchst erzürnt gewesen. Man sollte jedoch auch bedenken, daß die Alliierten nicht bereit waren, eine deutsche Initiative gegen die Nazis zu begrüßen. Im November 1941 berief Jakob Kaiser in der Wohnung von Anwalt Wirmer eine Zusammenkunft prominenter deutscher Nazigegner ein, zu der auch der amerikanische Journalist Louis P. Lochner eingeladen war. Lochner wurde ersucht, Präsident Roosevelts Reaktion auf eine Restauration der Hohenzollernmonarchie unter Louis Ferdinand zu prüfen, und Lochner willigte ein, bei seinem nächsten Aufenthalt in den Vereinigten Staaten das Weiße Haus zu besuchen. Pearl Harbor verzögerte seine Rückkehr nach Amerika bis Juli 1942, und es gelang Lochner nie, sich bei Roosevelt Gehör zu verschaffen. Lochners Bericht über die deutsche Widerstandsbewegung wurde zu den Akten gelegt, und man teilte Lochner mit, derartige Informationen müßten geheimgehalten werden, weil sie für die Kriegsführung ›höchst peinlich‹ seien. Die offizielle Richtlinie besagte, alle Deutschen, besonders alle deutschen Konservativen und Offiziere, seien Nazis, während tatsächlich die Offiziere und Konservativen, die Junker und Gutsbesitzer, die Monarchisten und der Adel von den Nazis am wenigsten verblendet waren und ihnen in viel stärkerem Maße Widerstand leisteten als der durchschnittliche ›kleine Deutsche‹.

Die deutsche Widerstandsbewegung erkannte, daß sie vom Exkronprinzen nichts erwarten konnte und wandte sich daher nochmals direkt an Prinz Louis Ferdinand, seinen ältesten lebenden Sohn. Es kam zu zwei Zusammenkünften, eine bei Professor Karl Bonhoeffer, dem Vater der beiden Bonhoeffers in der Widerstandsbewegung, Klaus und Dietrich, und die zweite bei Dr. Klaus Bonhoeffer selbst. Unter den Anwesenden waren Goerdeler, Jakob Kaiser, Wilhelm Leuschner, Dr. Wirmer und Ewald von Kleist-Schmenzin, letzterer ein preußischer Konservativer, der zu den leidenschaftlichsten Nazigegnern unter den Verschwörern zählte, ein Mann, der vor Hitlers Machtübernahme Traktate gegen die Nazis publiziert und seit 1933 Pläne gegen Hitler geschmiedet hatte. Ulrich von Hassel, der deutsche Botschafter in Rom, wohnte ebenfalls diesem zweiten Treffen bei. Alle diese Männer bedrängten Prinz Louis Ferdinand, sich als Anwärter auf den Thron seiner Vorväter zu erklären und ›das Signal für eine Revolte der Generäle‹ zu geben. Der Prinz brachte es jedoch nicht über sich, den Thronanspruch seines Vaters mit Gewalt geltend zu machen und weigerte sich, ohne die ausdrückliche Zustimmung seines Vaters zu handeln. Es ging nicht darum, daß er am Erfolg seiner Tat zweifelte, auch schreckte er ganz sicher nicht aus

Furcht zurück, denn er hatte seit Jahren sein Leben aufs Spiel gesetzt, indem er geheimen Zusammenkünften der Widerstandsbewegung beiwohnte; es ging einfach darum, daß er nicht anders konnte, als seine Verpflichtungen gegenüber seiner Dynastie vor seine Verpflichtungen gegenüber dem deutschen Volk zu stellen.

Der ehemalige Kronprinz Wilhelm sagte seinem Sohn, er lehne ›dieses gefährliche Abenteuer‹ ab, und hatte mit seinen ernstlichen Ermahnungen, ›sich nicht in derartige Verschwörungen einzulassen‹, auch Erfolg.

Von diesem Zeitpunkt an rechnete Carl Goerdeler nicht mehr mit den Hohenzollern, obgleich er persönlich für eine Wiedereinführung der Monarchie war. In den ausführlichen Notizen in seinem Nachlaß, die den Weg vorzeichnen, den er und General Beck nach dem Putsch gegen Hitler für Deutschland erhofften, erwähnt er nur Prinz Friedrich, den jüngsten Sohn des Kronprinzen, als möglicherweise ›würdig‹, das deutsche Volk zu führen. Doch dieser Prinz wurde nie ernsthaft in Erwägung gezogen.

Die letzte Chance, die Ehre der Hohenzollern in dieser Zeit der größten nationalen Bedrängnis zu retten, war vertan worden, wie auch die letzte Chance zu einer Wiedereinsetzung des Hauses Hohenzollern. Als die historischen Führer Deutschlands das Reich hätten leiten sollen, versagten sie. Sie verhielten sich passiv und inkonsequent. Der ehemalige Kronprinz betrachtete sich als Oberhaupt eines alten christlichen Königsgeschlechts, konnte aber nicht jene christliche Motivation zum Widerstand gegen die Nazis aufbringen, die Deutschlands Adel zur Tat trieb; er konnte nicht einmal genügend Patriotismus aufbringen, um zu handeln oder seinen Sohn zur Tat greifen zu lassen. Wer Beweise gegen die Vorstellung sucht, eine Monarchie bringe majestätische Männer hervor, muß nur die Handlungsweise des ehemaligen Kronprinzen in dieser Zeit furchtbarer Not betrachten; wer aber behaupten will, edles Blut schaffe edle Männer, muß nur die lange Liste deutscher Grafen, Freiherren und anderer Adeliger ansehen, die alles riskierten, um gegen Hitler zu kämpfen, und die ihr Leben für die Menschheit und nicht nur für Deutschland opferten. Für die Hohenzollern hatte sich das Blatt gewendet. Die preußischen Junker, die sie einst unterdrückt hatten, erwiesen sich als edler als der Erbe des einstigen Herrscherhauses.

Während diese Verschwörer handelten und für ihre Taten später zahlen mußten, vergeudete der ehemalige Kronprinz seine Zeit mit seiner fünfundzwanzigjährigen Mätresse Gerda Puhlmann, einer Artistin des Varieté ›Scala‹ in Berlin. Er wurde am 4. Mai 1945 von den Franzosen gefangengenommen. Einige Wochen später beschwerte er sich in Lindau bei General Jean de Lattre de Tassigny, er habe alle seine ›standesgemäßen‹ Wohnungen verloren. Der General antwortete, ›Vor allem, Monsieur, haben Sie Ihr Ehrgefühl verloren. Nach dem Zusammenbruch Ihres Landes, im Alter von fünfundsechzig (eigentlich dreiundsechzig), als Vater von sechs Kindern, haben Sie für nichts Interesse als Ihre eigene Bequemlichkeit, das Haus für ihre Mußestunden, die Frau Ihres Vergnügens. Sie sind zu bemitleiden, Monsieur, das ist wahrhaftig alles, was ich Ihnen zu sagen habe.‹

Die ›Frau seines Vergnügens‹ verließ ihn 1947, und der ehemalige Kronprinz tröstete sich mit einer Friseuse und Kammerzofe namens Steffi Ritl, die bis zu seinem Tod am 21. Juni 1951 bei ihm blieb. Fünf Tage später wurde seine Leiche in der Uniform der Totenkopfhusaren in die Familiengruft von Burg Hohenzollern bei Hechingen beigesetzt. Vier Hohenzollernprinzen standen als Ehrenwache um seinen Sarg, jedes deutsche Fürstenhaus war vertreten, und zum ersten Mal in der Geschichte solcher Ereignisse trugen alle Anwesenden Zivil. Unter den Kränzen, von denen viele die Namen ruhmreicher alter Regimenter trugen, war einer mit dem napoleonischen Monogramm N, vom Thronprätendenten Frankreichs übersandt.

Ein Jahr später wurden die Gebeine zweier anderer Hohenzollern auf derselben Burg bestattet. Ihre Särge waren während des Krieges von Potsdam nach Thüringen verlagert und nach 1945 von der amerikanischen Armee in die amerikanische Besatzungszone überführt worden. Sie enthielten die sterblichen Überreste Friedrich Wilhelms I., des Soldatenkönigs, und die des größten aller Hohenzollern, Friedrichs des Großen. Bis 1952 ruhten sie in Marburg, dann wurden sie in der Familiengruft der Hohenzollernburg beigesetzt, jener majestätischen Festung, die nahe der Stelle der alten Burg Zolorin erbaut worden war. Die Hohenzollern waren nach Schwaben heimgekehrt, ihrem Ursprungsland.

Dynastien wie die Hohenzollern sind Lebenszyklen unterworfen wie jede andere Familie, wie der Einzelmensch: sie gedeihen in einer kraftvollen Jugend, werden in Zeiten der Herausforderung und ungeheurer Anstrengungen groß, etablieren sich im Erfolg, werden unbeugsam im Alter und welken und sterben schließlich, werden Teil des Humus, aus dem neue und oft kraftvolle Lebensformen emporwachsen. Wie in Shakespeares ›Sieben Lebensaltern‹ scheint die Folge von Männern, die das Haus Hohenzollern bildeten, geradezu unabwendbar der ›schnöden Vergessenheit‹ entgegengegangen zu sein, in klar erkennbaren Stufen, welche die Dynamik von Evolution und Involution, Kampf, Fortschritt und Verfall widerspiegeln. In den 900 Lebensjahren dieser Dynastie folgten auf Zeiten großer Tatkraft und Bewährung immer wieder Perioden der Trägheit und Passivität, dynamisches Wachstum wurde von Stagnation abgelöst, und mächtige Wandlungsfähigkeit verfiel in starrem Beharrungsdrang. Die Wachstumsphase dieser Dynastie umfaßte jenen Zeitraum von mehreren hundert Jahren, in denen sie Kraft sammelte, bevor sie in die Mark Brandenburg zog, die ihr zum Schicksal werden sollte, zur Arena, wo sie im Kampf gegen ungeheure Schwierigkeiten erstarkte. Die Anforderungen an die hohenzollernschen Markgrafen in der zweiten Phase der Dynastie schufen kraftvolle, energiegeladene Männer; das war die Zeit, in der die Familie in ihrem neuen Land ihre Macht konsolidierte, die widerstrebenden Junker unter ihren Willen beugte und die unabhängig gesinnten Städte unterwarf. Die dritte Phase begann nach dem Dreißigjährigen Krieg, sie war wiederum eine Zeit gewaltiger Anstrengungen. Der Große Kurfürst und die beiden ersten preußischen Könige drückten dieser Zeit mit weitreichenden Verwaltungsreformen, kulturellen Verschönerungen und der Förderung von Handel und Gewerbe ihren Stempel auf. Wie ungeheuerlich König Friedrich Wilhelm I. auch als Mensch sein mochte, als Persönlichkeit des öffentlichen Lebens hat er sich als einer der großen Hohenzollern erwiesen: denn er baute nicht nur die Armee auf, das Werkzeug zur Größe des Königreiches, sondern auch ein Staatsgefüge, das funktionsfähig war und gegen jede Korruption gefeit, loyal, hart arbeitend, sparsam, vorsichtig, wach und wagemutig. Zur Aggression hatte er weder Neigung noch Ehrgeiz; er begnügte sich damit, Preußen tätig und aufstrebend zu sehen.

Es ist ganz erklärlich, daß genau in diesem Punkt der hohenzollernschen Karriere die Stagnation hätte einsetzen können, denn Friedrich Wilhelm I. beschränkte sich darauf, sein Land zu verwalten und zu verteidigen. Ihm fehlte der große Blick, Preußens Möglichkeiten zu erkennen. Wäre sein Nachfolger ein anderer als Friedrich der Große gewesen, wäre Preußen vermutlich einer unter mehreren größeren deutschen Staaten geblieben und hätte niemals seine führende Stellung erreicht. Der kraftvolle junge König jedoch verhinderte zu diesem Zeitpunkt die Erstarrung – er war der heilsame Schock, der bewirkte, daß das Vorwärtsstreben weiterging.

Friedrichs II. wagemutige (wenn auch empörende) Attacke gegen die Habsburger, sein erfolgreicher Widerstand gegen eine mächtige europäische Koalition, die entschlossen war, Preußen für immer zu vernichten, bestätigte Preußen endgültig als Großmacht und brachte dem Staat mit Schlesien sowohl das benötigte zusätzliche Menschenmaterial als auch den Reichtum an Bodenschätzen und landwirtschaftlichen Erzeugnissen, der sein weiteres Wachstum sicherte. Die zynische Teilung Polens gegen Ende der Regierungszeit des großen Königs vergrößerte nicht nur die Besitzungen der Hohenzollern, sondern gab ihnen auch einen gewissen Zusammenhalt.

Es war Friedrich II. – mehr noch als sein Vater, der Soldatenkönig –, der Preußen den Charakter eines von militärischem Ethos bestimmten Garnisonsstaates gab. Dieser gewaltsame, unbesiegbare König, dessen Ruf so sehr auf seinen Waffentaten begründet ist, war seinem Volk in erster Linie jedoch nicht ein kriegerisches Vorbild. Seine lange Regierungszeit, die zum größten Teil friedlich verlief, bestimmte und beeinflußte den Glauben, die Richtlinien und Ideale seiner Untertanen, denn Friedrich, dessen Leben Leistung und Anstrengung geradezu personifizierte, setzte dem preußischen Ethos das Beispiel seiner eigenen Haltung. Er lehrte sein Volk Fleiß und Unbestechlichkeit, Bescheidenheit und

Einfachheit, genau wie sein Vater vor ihm, aber er drückte dem preußischen Ethos auch den Stempel seiner kultivierten und aufgeklärten Persönlichkeit auf. Schon unter dem Großen Kurfürsten war Preußen ein Zufluchtsort der religiös Verfolgten geworden; Friedrich der Große bestärkte diese Tradition der Toleranz und schuf für ganz Europa ein Beispiel liberalen Denkens durch die Abschaffung der Folter und die Einführung der Pressefreiheit. Das Preußentum, wie es nun Gestalt annahm, beinhaltete nicht nur den Militarismus als augenfälligstes äußeres Charakteristikum, sondern auch etwas höchst Ungewöhnliches: eine Ehrfurcht vor dem Gesetz, dem selbst der König unterworfen war. Der geringste Bürger konnte in Preußen seinen König bei Gericht zur Rechenschaft ziehen; er war nicht darauf beschränkt, beim König bittstellig zu werden, er konnte ihn vielmehr klagen. (Wie schon erwähnt, verlor Kaiser Wilhelm II. einen derartigen Prozeß und mußte zu seinem Leidwesen die Gerichtskosten des Klägers zahlen.)

Der kurzfristige Zusammenbruch Preußens unter dem Ansturm Napoleons gab einen Vorgeschmack vom künftigen Schicksal Preußens, sobald der innere Verfall des Hauses Hohenzollern eingesetzt hatte. Selbstgefälligkeit löste den Eifer, Verschlafenheit die Wachsamkeit ab, und Preußen wurde besiegt. Die innere Triebkraft, die die Regierungszeit Friedrich des Großen bestimmt hatte, war jedoch so groß gewesen, daß der Geist, den er dem Land eingeimpft hatte, erhalten blieb – und eine Generation nach seinem Tod und nach der Demütigung von Jena konnte Preußen wiedererstehen, größer und mächtiger als je zuvor. Durch einen glücklichen Zufall fiel ihm das Ruhrgebiet zu, das in künftigen Jahren die Hauptquelle der preußischen Kraft werden sollte.

Vier Phasen im Leben des Hauses Hohenzollern waren durchlaufen, alles Phasen voller Aktivität, in denen die Staatsmaschinerie konsolidiert wurde: eine tüchtige, fleißige, redliche Verwaltung; eine disziplinierte, siegreiche Armee, die nach dem Sieg über Napoleon durch eine breitere Basis im Volk aufgefrischt worden war; und eine arbeitsame, kämpferische Bevölkerung, die auf unzähligen Kasernenhöfen im Gehorsam geübt und stolz auf ein Erbe harterkämpfter Größe war; auf dieser Grundlage konnte Bismarck die kaiserliche Majestät der Hohenzollern aufbauen, indem er zuerst die Habsburger vernichtend schlug und sie aus ihrer Machtstellung in Deutschland vertrieb und dann die Franzosen in einem Krieg besiegte, der alle deutschen Reiche unter dem Banner der Hohenzollern einigte. Jahrhunderte dynamischen Vorwärtsstrebens hatten es ermöglicht, ein Zweites Deutsches Reich zu gründen. Kein anderes deutsches Fürstenhaus hatte über so viele Jahrhunderte hindurch solche Höhen erreicht, keine andere deutsche Dynastie hatte solche Erfolge zu verzeichnen.

Auf lange Sicht jedoch läßt nichts so gründlich nach wie eben Erfolg. Wo einst nichts als Aufgaben, Arbeit und Herausforderungen gewesen waren, die zu großen Leistungen aufriefen und die Hohenzollern zwangen, sich diesen Anforderungen gewachsen zu zeigen, sah man nun

Vollendung und Erfüllung, und mit der Vollendung kam der Abstieg. In der fünften Lebensphase der Hohenzollern war die Kaiserwürde erlangt; Wilhelm I., ihr erster Kaiser, glitt unversehens in ein schlaffes Greisenalter hinein. Alle die preußischen — oder spartanischen — Qualitäten, auf denen die Macht der Hohenzollern beruhte, wurden allmählich zu alten Schlagworten. Überhitztes Wirtschaftswachstum und eine satte, fette, gichtige Bejahrtheit traten an die Stelle intensiver Anstrengungen. Der Gipfel war erreicht, und obgleich keine Welten mehr zu erobern waren, erhielten die Hohenzollern ein System aufrecht, das in der geänderten Zeit nicht mehr funktionsfähig war. Wie Shakespeares Gerechtigkeit, ›die Hose seiner Jugend wohl erhalten, die Welt zu weit für seine welken Schenkel‹, kleideten sich die Hohenzollern in die Äußerlichkeiten der friderizianischen Tradition und behielten bis ins zwanzigste Jahrhundert einen im Grunde autoritären Staat des achtzehnten Jahrhunderts bei. Erstarrung hatte eingesetzt, die alten Formen waren versteinert, weil die Hohenzollern nicht wagten, sie zu erschüttern. Ein zweiter Schock, belebend wieder, den Friedrich der Große versetzt hatte, wäre nun notwendig gewesen und hätte den glücklichen schlafenden Riesen Deutschland, der in einer Zeit großen materiellen Fortschritts und geistiger Illusionen dem Verfall entgegenglitt, vielleicht wecken können. Der notwendige Schock war eine radikale Änderung des alten Systems: die Schaffung einer echten parlamentarischen, konstituionellen Monarchie, getragen vom Vertrauen des ganzen Volkes und eingehend auf die Bedürfnisse und Hoffnungen dieses Volkes. Ein solcher Schock hätte den Staat in eine neue Richtung werfen können, hätte es vermocht, daß die Hohenzollern sich flexibel den Anforderungen ihrer Zeit anpaßten, hätte die Verfallserscheinungen aufgehalten. Aber die Hohenzollern des späten neunzehnten Jahrhunderts waren gleichsam hypnotisierte Monarchen, die, wie Gustav Freytag warnend erklärte, ihre Rollen vor einem applaudierenden Publikum spielten und die Dämonen der Vernichtung, die in den Kulissen lauerten, nicht wahrhaben wollten. Militärische Tugenden wichen nun militärischem Pomp und Soldatenspielerei, hart arbeitende Beamte waren nur mehr hart, und friderizianische Einfachheit wich überheblicher Arroganz und kindischer Prachtentfaltung. Die Evolution war von Involution abgelöst worden — der regressiven Veränderung im Organismus, die die Vergreisung kennzeichnet.

Den letzten Ton in den sieben Lebensaltern dieser Dynastie gab der letzte Kaiser an, ein sensibles, fast weiblich-weiches, wenn auch polterndes Zerrbild eines preußischen Soldatenkönigs — ›*sans* Zähne, *sans* Augen, *sans* Geschmack, *sans* alles‹. Seine in Extremen schwelgende Persönlichkeit setzte dem deutschen Volk ein unheilvolles Beispiel, und seine demagogischen Reden entflammten kriegerische Gelüste und Hemmungslosigkeit.

In dieser letzten Phase der Hohenzollern blieben nur die äußeren Formen bestehen, und wenn Formen an die Stelle des lebendigen

Geistes treten, den sie beinhalten und repräsentieren sollen, bleibt nur ein Zerrbild zurück. Seitdem es an Herausforderungen und der nackten Notwendigkeit, in einem Land ohne natürliche Grenzen zu überleben, mangelte, seitdem Erfüllung das Streben abgelöst hatte, seitdem selbstgerechte Starre an die Stelle wacher Lebendigkeit, Posieren an die Stelle der Tat getreten war, hatte der Zerfall des Hauses Hohenzollern eingesetzt. ›Eine Krone‹, hatte Friedrich der Große gesagt, der nichts anderes als seinen zerbeulten Dreispitz trug, ›ist bloß ein Hut, in den es hereinregnet.‹ Im Gegensatz dazu posierte Wilhelm II. in einem riesigen Goldhelm, der ihn nicht vor den Stürmen beschützte, die über das Land brausten. Letzten Endes brachte dieser Verfallsprozeß das Haus Hohenzollern zu Fall, ein morsches, wenn auch vergoldetes Gebäude, dessen Sturz Deutschland erschütterte. Eine Nation war von einer Dynastie getäuscht und eingeschläfert worden, die in ihren späteren Jahren zu altersschwach war, um sich zu erneuern, zu fasziniert von vergangener Glorie, um zukünftige Möglichkeiten zu ergreifen. Kein Wunder, daß Hitler ›Deutschland, erwache!‹ zu seinem Schlachtruf gewählt hatte. Dieser entwurzelte Österreicher, der von einem furchtbaren dynamischen Drang erfüllt war, schlug einen neuen Ton an, der das Geschick der hohenzollernschen Lande in neue, weit schrecklichere Bahnen lenken sollte.

Es ist jedoch eine furchtbare Vereinfachung, wenn man, wie es seit kurzem Mode geworden ist, behauptet, der Nationalsozialismus sei der logische Auswuchs des Preußentums gewesen, die unvermeidliche Folge der Herrschaft der Hohenzollern, eine ›Fortsetzung der deutschen Geschichte‹, wie Shirer meint. Der Nationalsozialismus war eine groteske Übertreibung, das heißt eine Perversion rein autokratischer Aspekte des hohenzollernschen Regimes. Denn zu dem von den Hohenzollern geprägten Preußentum gehörte auch religiöse Toleranz und die Gleichheit aller vor dem Gesetz – beides wurde von den braunen Machthabern abgeschafft. Am besten verkörpert sich der ›preußische Geist‹ bei jenen tausenden Offizieren und Zivilisten des 20. Juli 1944, die bereit waren, für ihr Volk Folter und Tod zu erleiden, ja sogar zu riskieren, vor einer verständnislosen Öffentlichkeit als Verräter gebrandmarkt zu werden.

Völlige Vernichtung fegte fast alles hinweg, was die Hohenzollern aufgebaut hatten; zurück blieben Trümmer, den Siegern zur Beute. 1947 wurde Preußen auf Befehl des Alliierten Kontrollrats von den Landkarten gestrichen. Der Name Preußen scheint nicht einmal mehr als Bezeichnung eines Verwaltungsbezirks auf. Die Ländereien der Junker gingen an die Polen und die Russen, vielleicht auf Jahrhunderte, vielleicht für immer. Was von dem Reich, über das die Hohenzollern geherrscht hatten, übrigblieb, wurde zweigeteilt. Potsdam, die Residenz der Hohenzollernkönige, wurde der Sitz der sowjetischen Militärverwaltung in Ostdeutschland. ›Die Leistungen der Vergangenheit‹, schreibt Prinz Louis Ferdinand von Preußen, das heutige Oberhaupt des Hauses

Hohenzollern, ›können nicht ausgelöscht werden; der Name Hohenzollern bleibt untrennbar mit der Geschichte Deutschlands verbunden.‹ Und tatsächlich waren die Hohenzollern nicht nur für weite Strecken der deutschen Geschichte verantwortlich; sie waren auch Lehrer des deutschen Volkes, sie haben den deutschen Charakter geformt, das deutsche Ethos bestimmt. Auch heute noch lebt vieles von ihrem Einfluß weiter, wenn auch vieles untergegangen ist. Wer heute den Geist der Hohenzollern sucht, wird ihn nicht mehr in Sanssouci finden, sondern in den besten und den schlimmsten Charakterzügen des deutschen Volkes.

Bibliographie

Anderson, Matthew S., ›18th Century Europe: 1713–1789‹, New York und London, Oxford University Press, 1966.

Anker, Kurt, ›Kronprinz Wilhelm‹, Berlin, E. S. Mittler & Sohn, 1919.

Archenholz, Johann Wilhelm von, ›Geschichte des Siebenjährigen Krieges in Deutschland‹, Berlin, Haude & Spener, 1793–1830.

Arnim, Hans von, ›Prinz Louis Ferdinand von Preußen‹, Berlin, Haude & Spenersche Verlagsbuchhandlung, 1966.

Ausubel, Nathan, ›Superman: The Life of Frederick the Great‹, New York, Ives Washburn, 1931.

Baden, Prinz Max von, ›Erinnerungen‹, Stuttgart, Deutsche Verlagsanstalt, 1927.

Balfour, Michael, ›The Kaiser and His Times‹, London, Cresset Press, 1964; New York, Houghton Mifflin, 1964.

Barnes, Harry Elmer, ›Genesis of the World War‹, New York und London, Knopf, 1926.

Beheim-Schwarzbach, Max, ›Friedrich Wilhelms I. Colonisationswerk in Lithauen, vornehmlich die Salzburger Colonie‹, Königsberg, Hartung, 1878.

Benson, Edward Frederick, ›The Kaiser and English Relations‹, London, Longmans, 1936.

Bentinck, Lady Norah Ida Emily, ›Der Kaiser im Exil‹, Berlin, Ullstein, 1921.

Berner, Ernst, ›Geschichte des preußischen Staates‹, München, Verlagsanstalt für Kunst & Wissenschaft, 1891.

Besterman, Theodore, ›Voltaire Essays, and Another‹, New York und London, Oxford University Press, 1962.

Bigelow, Poultney, ›History of the German Struggle for Liberty‹, New York und London, Harper & Bros., 1896–1903. 3 Bde.

Bismarck-Schönhausen, Fürst Otto von, ›Gedanken und Erinnerungen‹, die drei Bände in einem Bande. Vollständige Ausgabe, Stuttgart, J. G. Cotta, o. J. (1928).

–, ›Briefe‹, Hg. von Hans *Rothfels*, Göttingen, Vandenhoeck & Ruprecht, 1955.

–, ›The Kaiser vs. Bismarck: Suppressed Letters of the Kaiser and New Chapters from the Autobiography of the Iron Chancellor‹ mit einer historischen Einleitung von Charles Downer *Hazin*, New York und London, Harper & Bros., 1920.

Bithell, Jethro, Hg., ›Germany: A Companion to German Studies‹, London, Methuen, 1932; rev. 1937, 1955.

Blücher, Evelyn (Fürstin B. von Wahlstatt), ›Tagebuch‹, mit einem Vorwort von Gebhardt Fürst Blücher von Wahlstatt, München, Verlag für Kulturpolitik, 1924.

Bonnin, Charles (Hg.), ›Bismarck and the Hohenzollern Candidature for the Spanish Throne: The Documents in the German Diplomatic Archives‹, ü. von Dr. Isabella Massey, mit einem Vorwort von Dr. G. P. Gooch, London, Chatto & Windus, 1957.

Botzenhart, Erich, ›Die Staats- und Reformideen des Freiherrn vom Stein‹, Tübingen, Osiander'sche Buchhandlung, 1927.

Boyen, Hermann von, ›Denkwürdigkeiten‹, Hg. von F. *Nippold*, Stuttgart, J. G. Cotta, 1896.

Brandenburg, Erich, ›Von Bismarck zum Weltkriege. Die deutsche Politik in den Jahrzehnten vor dem Kriege‹, Berlin, Deutsche Verlagsgesellschaft für Politik und Geschichte, 1924.

Braun, Freiherr Magnus von, ›Von Ostpreußen bis Texas‹, Stollhamm-Oldenburg, Rauschenbusch Verlag, 1955.

Brimble, E. Lilian, ›In the Eyrie of the Hohenzollern Eagle: Reminiscences of Life in the Household of the Crown Prince Frederick William of Germany‹, London, Hodder & Stoughton, 1916.

Bülow, Fürst Bernhard, ›Denkwürdigkeiten‹, Hg. von Franz von *Stockhammern*, Berlin, Ullstein, 1930–1931. 4 Bde.

Busch, Dr. Moritz, ›Bismarck und sein Werk. Beiträge zur inneren Geschichte der letzten Jahre bis 1896 nach Tagebuchblättern von –‹, Leipzig, A. Hirzel, 1898.

Cäcilie, Kronprinzessin von Preußen, ›Erinnerungen‹, Leipzig, K. F. Koehler, 1930.

–, ›Erinnerungen an den deutschen Kronprinzen‹, Biberach an der Riss, Koehler, 1952.

Carlyle, Thomas, ›History of Friedrich II. of Prussia, Called Frederick the Great‹, London, Chapman & Hall, 1858–1865, 6 Bde.

Carsten, F. L., ›The Origins of Prussia‹, London, Oxford University Press, 1954.

Catt, Henri Alexandre de, ›Unterhaltungen mit Friedrich dem Großen‹, Hg. von R. *Koser*, Leipzig, S. Hirzel, 1884.

Churchill, Winston, ›Great Contemporaries‹, in ›Maxims and Reflections‹, Hg. von Colin *Coote* & Daniel *Batchelor*, London, Eyre & Spottiswoode, 1947.

–, Thoughts and Adventures, London, Thornton Butterworth, 1932.

Clark, R. T., ›The Fall of the German Republic‹, London, George Allen & Unwin, 1935.

Craig, Gordon A., ›The Politics of the Prussian Army, 1640–1945‹, New York und London, Oxford University Press, 1955.

–, ›The Battle of Königgrätz: Prussia's Victory over Austria, 1866‹, London, Weidenfeld & Nicholson, 1964.

Czernin, Graf Ottokar, ›Im Weltkriege‹, Berlin, Ullstein, 1919.

Dawson, William Harbutt, ›The German Empire, 1867–1914, and the Unity Movement‹, London, George Allen & Unwin, 1919. 2 Bde.

Deichmann, Baroneß, ›Impressions and Memories‹, London, John Murray, 1926.

Demeter, Karl, ›Das deutsche Heer und seine Offiziere: Das deutsche Offizierskorps in seinen historisch-soziologischen Grundlagen‹, Berlin, Reimar Hobbing, 1930.

–, ›Das deutsche Offizierskorps in Gesellschaft und Staat 1650–1945‹, Frankfurt/Main, Bernard und Graefe, 1962. (2., neubearbeitete und erweiterte Auflage).

Diesel, Eugen, ›Die deutsche Wandlung. Das Bild eines Volks‹, Stuttgart, J. G. Cotta, 1929.

Dietrich, Richard, ›Kleine Geschichte Preußens‹, Berlin, Haude und Spener'sche Verlagsbuchhandlung, 1966.

Droysen, Johann Gustav, ›Das Leben des Feldmarschalls Grafen Yorck von Wartenburg‹, Berlin und Leipzig, Veit, 1851–1852, 3 Bde.

Easum, Chester, ›Prince Henry of Prussia, Brother of Frederick the Great‹, Madison, University of Wisconsin Press, 1942.

Ellwein, Thomas, ›Das Erbe der Monarchie in der deutschen Staatskrise‹, München, Isar Verlag, 1954.

Ergang, Robert, ›The Potsdam Führer: Frederick William I, Father of Prussian Militarism‹, New York, Columbia University Press, 1941.

Ernestus II, Dux Saxoniae-Coburgi-Gothae, ›Aus meinem Leben und aus meiner Zeit‹, Berlin, Wilhelm Hertz, 1887–1889, 3 Bde.

Eulenberg, Herbert, ›Die Hohenzollern‹, Berlin, Bruno Cassirer, 1928.

Eyck, Erich, ›Bismarck: Leben und Werk‹, Erlenbach, E. Rentsch, 1941 bis 1944, 3 Bde.

Eylert, Rulemann Friedrich, ›Charakter-Züge und historische Fragmente aus dem Leben des Königs von Preußen Friedrich Wilhelm III. – Gesammelt nach eigenen Beobachtungen und selbstgemachten Erfahrungen‹, Magdeburg, Heinrichshofen, 1843–1846.

Fay, Sidney B., ›The Rise of Brandenburg-Prussia to 1786‹, durchgesehen von Klaus Epstein, New York, Holt, Rinehart & Winston, 1937; durchgesehene Ausgabe 1964.

Fontane, Theodor, ›Von Zwanzig bis Dreißig‹, Berlin, S. Fischer Verlag, 1925.

–, ›Wanderungen durch die Mark Brandenburg‹, Stuttgart, J. G. Cotta'sche Buchhandlung Nachf., 1925.

Forbes, Archibald, ›William of Germany: A Succinct Biography of William I. German Emperor and King of Prussia‹, London, Cassell, 1888.

Freund, Michael, ›Das Drama der 99 Tage: Krankheit und Tod Friedrichs III.‹ Köln und Berlin, Kiepenheuer & Witsch, 1966.

Freylingshausen, Johann Anastasius, ›Sieben Tage am Hofe Friedrich Wilhelms I., Tagebuch‹. Hg. von Bogdan Krieger, Berlin, A. Duncker, 1900.

Freytag, Gustav, ›Die Erhebung Preußens gegen Napoleon im Jahre 1813‹. Hg. von Otto *Siepmann*, London, Macmillan, 1914.

–, ›Der Kronprinz und die deutsche Kaiserkrone – Erinnerungsblätter‹ Leipzig, S. Hirzel, 1889.

Friedrich II., (Friedrich der Große), König von Preußen, ›Die Briefe Friedrichs des Großen an seinen vormaligen Kammerdiener Fredersdorf‹. Hg. von Johannes *Richter*, Berlin, Verlagsanstalt H. Klemm, 1926.

–, ›Der große König: Friedrich der Einzige in seinen Werken, Briefen, Erlässen und Berichten seiner Zeitgenossen‹. Hg. von Dr. Heinrich Schierbaum, Bielefeld-Leipzig, Velhagen und Klasing, 1920.

–, ›Die Werke Friedrichs des Großen in deutscher Übersetzung‹. Hg. von Berthold *Volz*, übersetzt von Friedrich von Oppeln-Bronikowski, Thassilo von Scheffer und anderen, illustriert von Adolph von *Menzel*, Berlin, Reimar Hobbing, 1913–1914. 10 Bde.

–, ›Œuvres de Frédéric le Grand‹. Hg. von J. D. E. *Preuß*, Berlin, 1846–1857. 30 Bde.

Friedrich III., Deutscher Kaiser und König von Preußen, ›Kaiser Friedrichs Tagebücher über die Kriege 1866 und 1870/71, sowie über seine Reisen nach dem Morgenlande und nach Spanien‹. Hg. von Margaretha von *Poschinger*, Berlin 1901.

–, ›Das Kriegstagebuch von 1870/71‹. Hg. von Heinrich Otto *Meißner*, Berlin, K. F. Koehler, 1926.

–, ›Tagebücher von 1848–1866‹. Hg. von Heinrich Otto *Meißner*, Leipzig, K. F. Koehler, 1929.

Gablentz, Otto Heinrich von der, ›Die Tragik des Preußentums‹, München, Verlag Franz Hanfstaengel, 1948.

Gaxotte, Pierre, ›Frederick the Great‹, New Haven, Connecticut; Yale University Press, 1942.

Gerard, James W., ›My Four Years in Germany‹, London, Toronto, Hodder & Stoughton, 1917.

Goethe, Johann Wolfgang von, ›Aus der Kampagne in Frankreich‹, Jubiläumsausgabe. Hg. von Richard *Friedenthal*, München - Zürich, Droemersche Verlagsanstalt Th. Knaur Nachf., 1957.

Gooch, George Peabody, ›Deutschland‹, Berlin, Ernst Wasmuth A. G., 1925.

–, ›Franco-German Relations 1871–1914‹, New York, Russell & Russell, 1923; London, Longmans, 1923.

–, ›Friedrich der Große: Herrscher, Schriftsteller, Mensch‹, übersetzt von Klaus Dockhorn, mit einem Geleitwort von Willy Andreas, Göttingen, Deuerlich, 1951.

–, ›Germany and the French Revolution‹, New York, Russell & Russell, 1920; London, Longmans, 1920.

–, ›History of Modern Europe, 1878–1919‹, New York, Holt, 1923; London, Cassell, 1923.

Griewank, Karl, ›Der Wiener Kongreß und die europäische Restauration 1814/15‹, 2. durchgesehene Auflage, Leipzig, Koehler & Amelang, 1954.

Hamerow, Theodore S., Hg. ›Otto von Bismarck: A Historical Assessment‹, Boston, D. C. Heath, 1962, 1965.

Hansen, Josef, ›Preußen und Rheinland von 1815–1915: 100 Jahre politisches Leben am Rhein‹, Bonn, A. Marcus & E. Weber, 1918.

Hartung, Fritz, ›Deutsche Verfassungsgeschichte vom 15. Jahrhundert bis zur Gegenwart‹, 5. durchgesehene Auflage, Stuttgart, K. F. Koehler, 1950.

–, ›König Friedrich Wilhelm I., Begründer des preußischen Staates‹, Berlin, DeGruyter, 1942.

Heim, Ernst Ludwig, ›Aus den Tagebüchern des alten Heims‹. Hg. von G. *Siegerist,* Berlin, Archiv der Brandenburgia; Gesellschaft für Heimatkunde der Provinz Brandenburg, 1901.

Heinig, Curt, ›Hohenzollern: Wilhelm II. und sein Haus – Der Kampf um den Kronbesitz‹, Berlin, 1921.

Henderson, Nicholas, ›Prince Eugen of Savoy‹, London, Weidenfeld and Nicholson, 1964.

Hillard-Steinbömer, Gustav, ›Herren und Narren der Welt‹, München, List, 1954.

Hindenburg, Paul von Beneckendorff und von, ›Aus meinem Leben‹, Leipzig, S. Hirzel, 1920.

–, ›Briefe, Reden, Berichte‹, Hg. von Fritz *Enders,* Ebenhausen - München, W. Langewiesche-Brandt, 1934.

Hinrichs, Karl, ›Friedrich Wilhelm I.‹, Hamburg, Hanseatische Verlagsanstalt, 1941.

–, ›Der Kronprinzenprozeß: Friedrich und Katte‹, Hamburg, Hanseatische Verlagsanstalt, 1936.

Hintze, Otto, ›Die Hohenzollern und ihr Werk: 500 Jahre vaterländische Geschichte‹, Berlin, P. Parey, 1915–1916.

Hinzpeter, G., ›Kaiser Wilhelm II: Eine Skizze nach der Natur gezeichnet‹; Bielefeld, 1888.

Hodgetts, E. A. Brayley, ›The House of Hohenzollern: Two Centuries of Berlin Court Life‹, London, Methuen, 1911.

Hohenlohe-Schillingfürst, Fürst Alexander von, ›Aus meinem Leben‹. Hg. von Gottlob *Anhäuser,* Frankfurt/Main, Frankfurter Societätsdruckerei, 1925.

Hohenlohe-Schillingfürst, Fürst Chlodwig zu, ›Denkwürdigkeiten‹. Hg. von Friedrich *Curtius,* Stuttgart, Deutsche Verlags-Anstalt, 1906–1907.

–, ›Denkwürdigkeiten der Reichskanzlerzeit‹. Hg. von Karl Alexander von *Müller,* Stuttgart, Deutsche Verlags-Anstalt, 1931.

Horn, David Bayne, ›Frederick the Great and the Rise of Prussia‹, London, English Universities Press, 1964.

Howard, Michael, ›The Franco-Prussian War‹, London, Rupert Hart-Davis, 1960.

Howard, Ethel, ›Potsdam Princes‹, London, Methuen, 1916.

Hubatsch, Walther, ›Die Ära Tirpitz: Studien zur deutschen Marinepolitik 1890–1918‹, Berlin und Frankfurt/Main, Musterschmidt, 1955.

–, ›Hohenzollern in der deutschen Geschichte‹, Frankfurt/Main, und Bonn, Athenäum-Verlag, 1961.

Humboldt, Alexander von, ›Alexander von Humboldt und das preußische Königshaus: Briefe aus den Jahren 1835–1857‹. Hg. von Conrad *Müller*, Leipzig, K. F. Koehler, 1928.

Hutchinson, J. R., ›The Romance of a Regiment: Being the True and Diverting Story of the Giant Grenadiers of Potsdam, How They Were Caught and Held in Captivity 1713–1740‹, London, Sampson Low, 1898.

Ilsemann, Sigurd von, ›Der Kaiser in Holland: Aufzeichnungen des letzten Flügeladjutanten Kaiser Wilhelms II. aus Amerongen und Doorn 1918–1923‹. Hg. von Harald von *Koenigswald*, München, Biederstein Verlag, 1967.

Jany, Kurt, ›Geschichte der Königlich Preußischen Armee bis zum Jahre 1807‹, Berlin, K. Siegismund, 1928. 3 Bde.

–, ›Die Königlich Preußische Armee und das deutsche Reichsheer 1807 bis 1914‹ (Bd. IV des obzitierten Werkes), Berlin, K. Siegismund, 1933.

Jonas, Klaus, ›Der Kronprinz Wilhelm‹, Frankfurt/Main, Scheffler, 1962.

Jones, C. Sheridan, ›The Story of the Hohenzollern‹, London, Jarrold & Sons, 1915.

Kautsky, Karl Johann, ›The Guilt of William Hohenzollern‹, London, Skeffington & Sons, 1920.

Kiaulehn, Walter, ›Berlin: Schicksal einer Weltstadt‹, München und Berlin, Biederstein Verlag, 1958.

Klein, Tim, ›Die Befreiung 1813, 1814, 1815: Dokumente‹, Ebenhausen-München, W. Langewiesche-Brandt, 1913.

Klepper, Jochen, ›Der Soldatenkönig und die Stillen im Lande‹, Berlin, Eckart-Verlag, 1938.

Klopp, Onno, ›Der König Friedrich II. von Preußen und seine Politik‹. 2. durchgesehene Auflage, Schaffhausen, Hurter'sche Buchhandlung, 1867.

–, ›Die preußische Politik des Friderizianismus nach Friedrich II.‹, Schaffhausen, Hurter'sche Buchhandlung, 1867.

Koenigswald, Harald von (Hg.), ›Preußisches Lesebuch: Zeugnisse aus drei Jahrhunderten‹, München, Biederstein Verlag, 1966.

–, ›Stirb und Werde: Aus Briefen und Kriegstagebuchblättern des Leutnants Bernhard von der Marwitz‹, Breslau, W. G. Korn, 1931.

Koser, Reinhold, ›Geschichte Friedrichs des Großen‹, Stuttgart, J. G. Cotta, 1921–1925. 4 Bde.

Krammer, Mario, ›Alexander von Humboldt: Mensch, Zeit, Werk‹, Berlin, Volksverband der Bücherfreunde, Wegweiser Verlag, 1951.

Kugler, Franz Theodor, ›Geschichte Friedrichs des Großen‹, Leipzig, Weber, 1840.

Küntzler, Georg, und *Hass*, Martin, ›Die politischen Testamente der Hohenzollern‹, Leipzig und Berlin, B. G. Teubner, 1919.

Lavisse, Ernest, ›Youth of Frederick the Great‹, London, Bentley & Son, 1891.

Lehndorff, E. A. Heinrich von, ›Dreißig Jahre am Hofe Friedrichs des Großen‹. Hg. von K. E. *Schmidt-Lötzen*, Gotha, F. A. Perthes, 1907.

Lochner, Louis P., ›What About Germany?‹, New York, Dodd, 1942.

Longman, F. W., ›Frederick the Great and the Seven Years War‹, 3. Aufl. London, Longmans, 1888.

Louis Ferdinand von Hohenzollern, Prinz von Preußen, ›The Rebel Prince: Memoire‹, mit einer Einführung von Louis P. *Lochner*, Chicago, Regnery, 1952.

Louise Sophie, Prinzessin von Preußen, ›Behind the Scenes at the Prussian Court‹, London, John Murray, 1939.

Ludwig, Emil, ›The Germans‹, übersetzt von Heinz und Ruth Norden. Boston, Little, Brown, 1941.

–, ›Wilhelm der II.‹, Berlin, Rowohlt (1925).

Ludwig, Hans, ›Altberliner Bilderbogen‹, Illustrationen von Klaus Ensikat, Berlin, Altberliner Verlag, Lucie Großer, 1965.

Lutz, Ralph Haswell (Hg.), ›The Fall of the German Empire, 1914 bis 1918: Documents of the German Revolution‹, Stanford, Calif., Stanford University Press, 1932.

Mackenzie, Sir Morell, ›Friedrich der Edle und seine Ärzte‹, 1888.

Marwitz, Friedrich August Ludwig von der, ›Aus dem Nachlasse . . .‹, Berlin, 1852.

–, ›Lebensbeschreibung‹. Hg. von F. *Meusel*, Berlin, E. S. Mittler und Sohn, 1908.

Maurice, C. Edmund, ›Life of Frederick William: The Great Elector of Brandenburg‹, London, 1926.

Maurice, J. F.; *Long*, Wilfred J.; *Sonnenschein*, A. (Hg.) ›The Franco-Prussian War‹, London, Swan Sonnenschein, 1900.

Mayhew, Athol, ›The Emperor of Germany, William I: A Life Sketch‹, London, T. Nelson & Sons, 1887.

Meinecke, Friedrich, ›Preußisch-deutsche Gestalten und Probleme‹, Leipzig, Koehler und Amelang, 1940.

–, ›Das Zeitalter der deutschen Erhebung, 1785 bis 1815.‹ Bielefeld, Velhagen & Clasing, 1924.

Mendelssohn-Bartholdy, Gustav, (Hg.) ›Der König: Friedrich der Große in seinen Briefen und Erlässen, sowie in zeitgenössischen Briefen,

Berichten und Anekdoten‹, München und Leipzig, Wilhelm Langewiesche, 1913.

Mendelssohn, Peter de, ›Zeitungsstadt Berlin: Menschen und Mächte in der Geschichte der deutschen Presse‹, Berlin, Ullstein, 1959.

Meyer, Arnold Oskar, ›Bismarck: der Mensch und der Staatsmann‹, mit einer Einleitung von Hans Rothfels. Stuttgart, K. F. Koehler, 1949.

Mirabeau, Honoré Gabriel Riquetti, Comte de, ›De la monarchie prussienne sous Frédéric le Grand‹. London und Paris, 1788.

Moltke, Graf Helmuth von, ›Ausgewählte Werke‹, Hg. von Ferdinand von *Schmerfeld*, Berlin, Reimar Hobbing, 1925. 4 Bde.

–, ›Erinnerungen, Briefe, Dokumente 1877–1916‹. Stuttgart, Der kommende Tag, 1922.

–, ›Gesammelte Schriften und Denkwürdigkeiten‹. Berlin, E. S. Mittler & Sohn, 1891–1893. 8 Bde.

–, ›Geschichte des deutsch-französischen Krieges von 1870/71‹. Berlin, E. S. Mittler und Sohn, 1895.

Müller, Georg Alexander von, ›Regierte der Kaiser? Kriegstagebücher, Aufzeichnungen und Briefe des Chefs des Marine-Kabinetts, Admiral Georg Alexander von Müller, 1914–1918‹. Vorwort von Sven von Müller, Hg. von Walter *Görlitz*, Frankfurt/Main, Musterschmidt, 1959.

Muschler, Reinhold Cäsar, ›Philipp zu Eulenburg, sein Leben und seine Zeit‹. Leipzig, F. W. Grunow, 1930.

Naumann, Friedrich, ›Das blaue Buch von Vaterland und Freiheit‹. Königsstein-Taunus, K. R. Langewiesche, 1914.

–, ›Freiheitskämpfe‹, Berlin, Georg Reimer, 1911.

Naumann, Viktor, ›Argumente und Dokumente‹. Berlin, Rowohlt, 1928.

Nelson, Walter Henry, ›The Berliners: Their Saga and Their City‹, New York, McKay, 1969; London, Longmans, 1969.

Nettelbeck, Joachim, ›Lebensgeschichte‹. Halle, Rengersche Buchhandlung, 1920.

Netzer, Hans-Joachim (Hg.), ›Preußen: Portrait einer politischen Kultur‹, München, Paul List Verlag, 1968.

Nicolai, Christoph Friedrich, ›Anekdoten von Friedrich dem Großen‹. Hg. von Emil *Schaeffer*, Leipzig, Insel-Bücherei, 1915.

Niemann, Alfred, ›Die Entthronung Kaiser Wilhelms II.‹ Leipzig, K. F. Koehler, 1924.

–, ›Kaiser und Revolution: Die entscheidenden Ereignisse im Großen Hauptquartier‹. Berlin, A. Scherl, 1922.

–, ›Wanderungen mit Kaiser Wilhelm II.‹ Leipzig und Berlin, K. F. Koehler, 1924.

Noske, Gustav, ›Erlebtes aus Aufstieg und Niedergang einer Demokratie‹. Offenbach, Bollwerk Verlag, 1947.

Oldenburg-Januschau, Elard von, ›Erinnerungen‹. Leipzig, Hase & Koehler, 1938.

Ormond, Henry, ›Juden als Soldaten‹, Artikel in der *Allgemeinen Unabhängigen Jüdischen Wochenzeitung,* Düsseldorf, 5. Juli 1968.
Passant, Ernest J., ›A Short History of Germany 1815–1945‹. New York, Columbia University Press, 1962.
Paulig, F. R., ›Friedrich der Große, König von Preußen. Neue Beiträge zur Geschichte seines Privatlebens, seines Hofes und seiner Zeit‹. Bd. 3, Familiengeschichte des Hohenzollernschen Kaiserhauses. Frankfurt an der Oder, 1892.
Philippson, Martin, ›Der Große Kurfürst Friedrich Wilhelm von Brandenburg‹. Berlin, S. Cronbach, 1897–1903, 3 Bde.
–, ›Das Leben Kaiser Friedrichs III.‹. Wiesbaden, J. F. Bergmann, 1900.
Poschinger, Margaretha von, ›Kaiser Friedrich in neuer quellenmäßiger Darstellung‹. Berlin, Richard Schroeder, 1898–1900, 3 Bde.
Preuss, Johann David Erdmann, ›Friedrich der Große: Eine Lebensgeschichte‹. Berlin, Nauck, 1832–1834, 5 Bde.
–, ›Friedrich der Große mit seinen Verwandten und Freunden: Eine historische Skizze‹. Berlin, Duncker & Humblot, 1938.
Radziwill, Prinzessin Marie Dorothée Elisabeth, ›Briefe vom deutschen Kaiserhof 1889–1915‹. Hg. von Paul Wiegler, Berlin, Deutscher Verlag, 1936.
Ranke, Leopold von, ›Hardenberg und die Geschichte des preußischen Staates, 1793–1813‹. Berlin, Duncker & Humblot, 1879.
–, ›Zwölf Bücher preußischer Geschichte‹. Leipzig, Duncker & Humblot, 1874.
Rathenau, Walter, ›Der Kaiser: Eine Betrachtung‹. Berlin, S. Fischer, 1919.
›Recollectious of the Three Kaisers/'by?'/, Being Reminiscences of a Court Employee under William I, Frederick III and William II‹. London, Herbert Jenkins, 1929.
Reddaway, William Fiddian, ›Frederick the Great and the Rise of Prussia‹. New York, Haskell House, 1904.
Reiners, Ludwig, ›Bismarck‹. München, C. H. Beck, 1956–1957. 2 Bde.
–, ›Friedrich der Große‹. München, C.H. Beck, 1952.
Reischach, Hugo Freiherr von, ›Unter drei Kaisern‹. Berlin, Verlag für Kulturpolitik, 1925.
Ritter, Gerhard, ›Carl Goerdeler und die deutsche Widerstandsbewegung‹, Stuttgart, Deutsche Verlags-Anstalt, 1954.
Ritthaler, Anton, ›Die Hohenzollern: Ein Bildwerk‹. Vorwort von Prinz Louis Ferdinand von Preußen. Frankfurt/Main und Bonn, Athenäum Verlag, 1961.
–, ›Kaiser Wilhelm II.: Herrscher in einer Zeitwende‹. Köln, Verlag Tradition und Leben, 1958.
Rochow, Caroline Louise Albertine von, geborene von der Marwitz, und Marie de la *Motte-Fouqué*, ›Leben am preußischen Hofe 1815–1852‹. Berlin, E. S. Mittler & Sohn, 1908.
Rodd, Sir James Rennell, ›Frederick, Crown Prince and Emperor: A

Biographical Sketch Dedicated to His Memory, with an Introduction by Her Majesty the Empress Frederick‹. London, David Stott, 1888.

Roon, Graf Albrecht von, ›Denkwürdigkeiten aus dem Leben des General-Feldmarschalls Kriegsminister Grafen von Roon‹. Hg. von Graf Waldemar von *Roon*, Breslau, E. Trewendt, 1892.

Rosenberg, Hans, ›Bureaucracy, Aristocracy and Autocracy: The Prussian Experience 1600–1815‹. Cambridge, Mass., Beacon Press, 1966.

Rothfels, Hans, ›Bismarck, der Osten und das Reich‹. Stuttgart, Kohlhammer, 1962.

–, ›Die deutsche Opposition gegen Hitler – Eine Würdigung‹. 2. Aufl. Krefeld, Scherpe, 1951.

Schadow, Gottfried, ›Biographie in Aufsätzen und Briefen‹. Hg. von J. *Friedländer*, Stuttgart, Ebner & Seubert, 1890.

Scheidemann, Philipp, ›Memoiren eines Sozialdemokraten‹. Dresden, C. Reissner, 1928, 2 Bde.

Schevill, Ferdinand, ›The Great Elector‹. Hamden, Conn., Shoe String Press, 1947.

Schieder, Theodor, ›Das deutsche Kaiserreich von 1871 als Nationalstaat‹. Köln-Opladen, Westdeutscher Verlag, 1961.

Schimmel-Falkenau, Walther, ›Kommen und Gehen Unter den Linden‹. Berlin, Rembrandt Verlag, 1963.

Schnabel, Franz, ›Deutsche Geschichte im 19. Jahrhundert‹. Freiburg im Breisgau, 1925.

Schneider, Reinhold, ›Die Hohenzollern‹. Leipzig, Hegner, 1932; 2. durchgesehene Auflage, Köln und Olten, Hegner, 1953.

Schoeps, Hans Joachim, ›Das war Preußen: Zeugnisse der Jahrhunderte. Eine Anthologie.‹ Honnef/Rhein, Dr. Hans Peters Verlag, 1955.

–, ›Das andere Preußen‹. Stuttgart, Friedrich Vorwerk Verlag, 1952.

–, ›Die Ehre Preußens‹. Stuttgart, Friedrich Vorwerk Verlag, 1951.

Schoof, Wilhelm, ›Die Gebrüder Grimm in Berlin‹. Berlin, Haude & Spenersche Verlagsbuchhandlung, 1964.

Schoppmeier, Karl-Heinz, ›Der Einfluß Preußens auf die Gesetzgebung des Reiches‹. Berlin, G. Stilke, 1929.

Schüssler, Wilhelm, ›Kaiser Wilhelm II., Schicksal und Schuld‹. Göttingen, Musterschmidt, 1962.

Schuster, George Naumann, ›The Germans: An Enquiry and an Estimate‹. New York, 1932.

Schwertfeger, Bernhard, ›Kaiser und Kabinettschef: Nach eigenen Aufzeichnungen und dem Briefwechsel von Valentini dargestellt‹. Oldenburg, Stalling, 1931.

Schwipps, Werner, ›Die Garnisonkirchen von Berlin und Potsdam‹. Berlin, Haude & Spenersche Verlagsbuchhandlung, 1964.

Simon, Edith, ›Friedrich der Große – Das Werden eines Königs‹. Übersetzt von E. M. Krauss, Tübingen, Wunderlich, 1964.

Spengler, Oswald, ›Preußentum und Sozialismus‹. München, C. H. Beck, 1920.

Steed, H. Wickham, ›From Frederick the Great to Hitler: The Consistency of German Aims‹. Artikel in *International Affairs*, London, The Royal Institute of International Affairs, Bd. XVII, Nr. 5 (September-Oktober 1938).

Stevenson, R. S., ›Morell Mackenzie: The Story of a Victorian Tragedy‹. London, William Heinemann, 1946.

Strauss, G. L. M., ›Emperor William: The Life of a Great King and Good Man‹ London, Ward & Downey, 1888.

Stürgkh, Graf Josef, ›Im deutschen großen Hauptquartier‹. Leipzig, Paul List, 1921.

–, ›Politische und militärische Erinnerungen‹. Leipzig, P. List, 1922.

Sybel, Heinrich von, ›Die Begründung des Deutschen Reiches durch Wilhelm I.‹ München, Oldenbourg, 1890. 5 Bde.

Sydow, Anna von, ›Gabrielle von Bülow, Tochter Wilhelm von Humboldts: Ein Lebensbild, aus den Familienpapieren Wilhelm von Humboldts und seiner Kinder, 1791–1887‹. Berlin, E. S. Mittler & Sohn, 1893.

Taylor, A. J. P., ›Bismarck: The Man and the Statesman‹. London, Hamish Hamilton, 1945.

–, ›The Course of German History‹. London, Hamish Hamilton, 1945.

–, ›The Habsburg Monarchy, 1809–1918: A History of the Austrian Empire and Austria-Hungary‹. London, Hamish Hamilton, 1948.

Temperley, Harold, ›Frederick the Great and Kaiser Joseph: An Episode of War and Diplomacy in the Eighteenth Century‹. London, Duckworth, 1915; 2. Aufl. New York, Barner & Noble, 1968.

Tirpitz, Alfred von, ›Deutschlands Ohnmachtpolitik im Weltkriege‹. Hamburg, Hanseatische Verlagsanstalt, 1926.

Treitschke, Heinrich von, ›Deutsche Geschichte im 19. Jahrhundert‹. Leipzig, 1879. 5 Bde.

–, ›Das deutsche Ordensland Preußen‹, Leipzig, Insel-Verlag, 1915.

Trenck, ›Memoiren und Kommentar‹. Hg. von Eberhard Cyran, Berlin, 1966.

Tuchman, Barbara Wertheim, ›August 1914‹. Übertragen von Grete und Karl Eberhard *Felten*. Bern, München, Wien; Scherz Verlag, 1964.

Valentin, Veit, ›Geschichte der Deutschen‹. Berlin und Stuttgart, Pontes Verlag, 2. Aufl. 1949.

Vehse, Dr. Carl Eduard, ›Memoirs of the Court of Prussia‹, übersetzt von C. F. Demmler, London, T. Nelson & Sons, 1854.

Viereck, George Sylvester, ›The Kaiser on Trial‹, London, Duckworth, 1938.

Vogel, Werner, ›Führer durch die Geschichte Berlins‹. Berlin, Rembrandt Verlag, 1966.

Voltaire, François Marie Arouet de, ›Mein Aufenthalt in Berlin‹. Hg. von Hans *Jacob*, München, O. C. Recht, 1921.

Waldersee, Graf Alfred von, ›Denkwürdigkeiten des General-Feldmarschalls Alfred Grafen von Waldersee. Auf Veranlassung des General-Leutnants Georg Grafen von Waldersee bearbeitet‹. Hg. von Heinrich Otto *Meissner*, Stuttgart, Deutsche Verlags-Anstalt, 1922–1925. 3 Bde.

Ward, Sir Adolphus William, ›The Origins of the Kingdom of Prussia: The Great Elector and the First Prussian King‹. Bd. IV der Cambridge Modern History, London, Cambridge University Press, 1902–1911.

Wedgwood, Cicely V., ›Der dreißigjährige Krieg‹. Übertragen von A. G. *Girschick*, München, Paul List, 1967.

Westarp, Graf Kuno von, ›Das Ende der Monarchie am 9. November 1918‹. Hg. von Werner *Conze*, Berlin, Rauschenbusch, 1952.

Wheeler-Bennett, Sir John W., ›Hindenburg: The Wooden Titan‹. London, Macmillan, 1936.

–, ›Die Nemesis der Macht – Die deutsche Armee in der Politik 1918–1945‹, Düsseldorf, Droste Verlag, 1954.

–, ›Three Episodes in the Life of Kaiser Wilhelm II.‹ The Leslie Stephen Lecture, 1955. London, The Syndics of Cambridge University Press, 1956.

Wiegler, Paul, ›Wilhelm der Erste – Sein Leben und seine Zeit‹. Hellerau bei Dresden, Avalun-Verlag, 1927.

Wilhelmine, Prinzessin von Preußen, Markgräfin von Bayreuth, ›Mein Bruder Fritz: Denkwürdigkeiten aus dem Leben der Markgräfin Wilhelmine von Bayreuth‹. Hg. von Georg *Heinrich*, Bd. I von ›Friedrich der Große in seiner Zeit‹, Leipzig, Georg Kummers Verlag, 1928.

(Kronprinz) *Wilhelm von Hohenzollern*, ›Erinnerungen‹. Hg. von Karl *Rosner*, Stuttgart, J. G. Cotta'sche Buchhandlung Nachf., 1922.

–, ›Ich suche die Wahrheit! – Ein Buch zur Kriegsschuldfrage‹. Stuttgart, J. G. Cotta'sche Buchhandlung Nachf., 1925.

–, ›Meine Erinnerungen aus Deutschlands Heldenkampf‹. Berlin, E. S. Mittler & Sohn, 1923.

Wilhelm I., Deutscher Kaiser und König von Preußen, ›Wilhelm's des Großen, Kaiser, Briefe, Reden und Schriften‹. Hg. von Ernst *Berner*, Berlin, E. S. Mittler & Sohn, 1906, 2 Bde.

–, ›Wilhelms I. Briefe an seinen Vater König Friedrich Wilhelm III. (1827–1839)‹. Hg. von Paul Alfred *Merbach*, Berlin, K. Curtius, 1922.

Wilhelm II., Deutscher Kaiser und König von Preußen, ›Ereignisse und Gestalten aus den Jahren 1878–1918‹. Leipzig, K. F. Koehler, 1922.

–, ›The German Emperor as Shown in His Public Utterances‹. Hg. von Christian *Gauss*, London und New York, William Heinemann, 1915.

–, ›My Ancestors‹, übers v. W. W. Zambra, London, William Heinemann, 1929.

–, ›My Early Life‹. London, Methuen, 1926.

Wilson, Lawrence, ›The Incredible Kaiser: A Portrait of William II.‹ London, Robert Hale, 1963.
Wolff, Richard, ›Vom Berliner Hof zur Zeit Friedrich Wilhelms I., Berichte des Braunschweiger Gesandten in Berlin‹. Berlin, E. S. Mittler & Sohn, 1914.
Zedlitz-Trützschler, Graf Robert, ›Zwölf Jahre am deutschen Kaiserhof: Aufzeichnungen‹. Stuttgart, Deutsche Verlags-Anstalt, 1925.

GENEALOGISCHE ÜBERSICHT

(Stammtafel des Hauses Hohenzollern)

BRANDENBURGER LINIE

Burghardt I. († 1061), Graf von Zollern

Friedrich I. († 1115)

Friedrich II. († 1145)

Burghardt († 1150)

Friedrich III. († um 1200)
Burggraf von Nürnberg als
Friedrich I.

Burghardt I. († 1193)
von Hohenzollern-Hohenberg
(die männliche ältere Hohenberger Linie starb damit
1193 aus)

Konrad I.
von Nürnberg
(† etwa 1260)

Friedrich IV.
von Zollern, der II. von
Nürnberg († 1251 oder 1255),
Gründer der Schwäbischen Linie

Friedrich III. († 1297)
Burggraf von Nürnberg

Friedrich IV. († 1332)

Johann II. († 1357)

Konrad II. († 1334)

Friedrich V. (1333–1398)
Burggraf von Nürnberg 1357–1397
von 1363 an Reichsfürst

Johann III. (etwa 1369–1420)
Burggraf von 1397–1420

Friedrich VI. (1371–1440)
Burggraf 1397–1440,
als Friedrich I. von 1415–1440
Markgraf von Brandenburg,
Kurfürst

Johannes der Alchimist († 1464)

Friedrich II. »Eisenzahn« (1413–1471),
von 1440–1470 Kurfürst von Brandenburg

Albert III. ›Achilles‹
(1414–1486), von
1470–1486 Kurfürst
von Brandenburg

Johann Cicero (1455–1499)
von 1486–1499 Kurfürst
von Brandenburg

Joachim I. (1484–1535)
von 1499–1535 Kurfürst
von Brandenburg

Albrecht (1490–1545)
1515 Erzbischof von Magdeburg
1514–1535 Erzbischof von Mainz

Joachim II. (1505–1571)
von 1535–1571 Kurfürst
von Brandenburg

Johann Georg (1525–1598)
von 1571–1598 Kurfürst
von Brandenburg

Joachim Friedrich
(1546–1608), von 1598–1608
Kurfürst von Brandenburg

Christian
Markgraf von
Bayreuth

Joachim
Markgraf von
Ansbach

weitere
21 Nachkommen

Johann Sigismund (1572–1620)
von 1608–1620 Kurfürst von Brandenburg

Katharina (1575–1612)
∞ Christian IV. von Dänemark

Friedrich Wilhelm, der ›Große Kurfürst‹,
(1620–1688), von 1657–1688 souveräner
Herzog von Preußen

Maria Eleonore (1599–1655)
∞ Gustav Adolf von Schweden

Friedrich III. (1657–1713),
von 1688–1713 Kurfürst von Brandenburg;
als Friedrich I. von 1701–1713 König
›in‹ Preußen

Friedrich III. (der spätere König Friedrich I.)
∞ (1) Elisabeth Henriette von Hessen-Kassel
∞ (2) Sophie Charlotte von Hannover
∞ (3) Sophie Luise von Mecklenburg-Schwerin

Friedrich August
(1685–1686)

Friedrich Wilhelm I. (1688–1740)
von 1713–1740 König von Preußen
∞ Sophie Dorothea
von Hannover-England

Friedrich II., ›der Große‹,
(1712–1786), von 1740–1786
König von Preußen
∞ Elisabeth von
Braunschweig-Bevern

August Wilhelm (1722–1758)
∞ Luise von Braunschweig-Bevern

12 weitere
Nachkommen

Friedrich Wilhelm II. (1744–1797),
von 1786–1797 König von Preußen
∞ (1) Elisabeth von Braunschweig-Wolfenbüttel
∞ (2) Friederike Luise von Hessen-Darmstadt
∞ (3) Julia von Voss (morganatisch)
∞ (4) Sophie Dönhoff (morganatisch)

Friedrich Wilhelm,
Graf von Brandenburg,
1792–1850

Friederike (1767–1820)
∞ Friedrich Herzog
von York

Friedrich Wilhelm III.
(1770–1840), von 1797
bis 1840 König von
Preußen
∞ (1) Luise von Mecklenburg-Strelitz
∞ (2) Augusta von Harrach

Friedrich Wilhelm IV.
(1795–1861) von 1840–1861
König von Preußen
∞ Elisabeth von Bayern

Wilhelm I. (1797–1888)
von 1861–1888 König von
Preußen, 1871–1888 deutscher Kaiser
∞ Augusta von Sachsen-Weimar

7 weitere
Nachkommen

Friedrich III. (1831–1888)
König von Preußen und
deutscher Kaiser im Jahr 1888
∞ Viktoria, Princess Royal

Prinz Friedrich Karl (1828–1885),
der Sohn von Karl (1801–1883) und
Maria von Sachsen-Weimar

Wilhelm II. (1859–1941), von 1888–1918
König von Preußen und deutscher Kaiser
∞ (1) Auguste Viktoria von Schleswig-Holstein-Sonderburg
∞ (2) Hermine von Schönaich-Carolath

Wilhelm (1882–1952),
von 1888–1918 deutscher Kronprinz
∞ Cäcilie von Mecklenburg-Schwerin

6 weitere Nachkommen, darunter die
Prinzen Eitel Friedrich, Adalbert,
August Wilhelm, Oskar, Joachim und
die Prinzessin Viktoria Luise

Wilhelm (1906–1940),
verzichtete 1933
auf alle Rechte
∞ Dorothea von Salviati

2 Hohenzollernprinzessinnen

Louis Ferdinand (1907–)
∞ Großherzogin Kyra Kirilowna
von Rußland

4 weitere
Nachkommen

Friedrich Wilhelm
(1939–)

Michael
(1940–)

Maria Cäcilie
(1942–)

Kyra
(1943–)

Ludwig Ferdinand
(1944–)

Christian Siegmund
(1946–)

Xenia
(1949–)

FAMILIENBANDE VON WILHELM II., DEUTSCHER KAISER VON 1888–1918, MIT GROSSBRITANNIEN

Königin Maria von Schottland
Königin von 1542–1567, † 1587

Jakob I. 1603–1625

Elisabeth ∞ Friedrich V., Kurpalatin, † 1662

Sophie ∞ Kurfürst Ernst August von Hannover
† 1714

Kurfürst Friedrich III. ∞ Sophie Charlotte
von Brandenburg
(ab 1701 König Friedrich I.) 1688–1713
Sophie Charlotte † 1705

Georg I. von England
1714–1727

König Friedrich Wilhelm I. ∞ Sophie Dorothea
1713–1740

Georg II. von England
1727–1760

König Friedrich II. (der Große)
1740–1786

August Wilhelm
† 1757

Friedrich Prinz
von Wales, † 1751

König Friedrich Wilhelm II.
1786–1797

Georg III. von England
1760–1820

Friedrich Wilhelm III.
König 1797–1840

Georg IV.
1820–1830

Wilhelm IV.
1830–1837

Edward, Herzog
von Kent
† 1820

Friedrich Wilhelm IV.
1840–1861

Wilhelm I.
König und Kaiser
1861–1888

Königin Viktoria
1837–1901

Friedrich III. ∞ Victoria,
1888 Kaiser
Princess Royal
† 1901

Edward VII.
1901–1910

Wilhelm II., 1888–1918
deutscher Kaiser
† 1941

Georg V.
1910–1936

FAMILIENBANDE DES DEUTSCHEN KAISERS WILHELM II., 1888–1918, MIT RUSSLAND

Katharina die Große
1729–1796

Zar Paul I. von Rußland
1754–1801

Karl August von
Sachsen-Weimar,
1757–1828

Karl Friedrich von
Sachsen-Weimar
1783–1853
∞ Maria von Rußland
1786–1859

König und
Kaiser Wilhelm I.
1797–1888
∞ Augusta von
Sachsen-Weimar
1811–1890

Kaiser Friedrich III.
1888

Wilhelm II., von 1888–1918
deutscher Kaiser

Charlotte (Schwester Wilhelms I.)
∞ Zar Nikolaus I. von Rußland
1825–1855

Zar Alexander II.
1855–1881

Zar Alexander III.
1881–1894

Zar Nikolaus II.
1894–1917

WICHTIGSTE PERSONEN DER SCHWÄBISCHEN LINIE DES HAUSES HOHENZOLLERN

Friedrich IV. von Zollern
(Friedrich II. von Nürnberg)
(† 1251 oder 1255)

Friedrich V. von Zollern
(† 1289)

3 weitere
Nachkommen

Friedrich VI. von Zollern
(† etwa 1298)

2 andere
Nachkommen

Friedrich I. von Zollern-
Schalksburg († etwa 1302)
(Die Schalksburger Linie
ist noch vor 1500
ausgestorben)

Friedrich VII. von Zollern
(† etwa 1304)

Friedrich VIII.
(† 1333)

3 weitere
Nachkommen

Friedrich IX. Graf von Hohenzollern († 1379)

Friedrich (1365)

Friedrich X. von Hohenzollern († 1412)

4 weitere Nachkommen

Friedrich XI. von Hohenzollern († 1401)

4 weitere Nachkommen

Friedrich XII. († 1443)

Eitel Friedrich I. von Hohenzollern († 1439)

Joseph Nikolaus I. († 1488)

Eitel Friedrich II. († 1512)

Franz († 1517)

Joachim († 1538)

Eitel Friedrich III. († 1525)

8 weitere Nachkommen

Joseph Nikolaus II. († 1558)

Karl I. († 1576)
Graf von Sigmaringen, 1534–1576
Graf von Hohenzollern, 1558–1576

Eitel Friedrich IV. (1545–1605), als Eitel Friedrich I. Graf von Hohenzollern-Hechingen

Karl II. (1547–1606) Graf von Hohenzollern-Sigmaringen

Christoph (1552–1592) Graf von Hohenzollern-Haigerloch

Die Hechinger Hohenzollernlinie setzt sich fort bis zu

Johann (1579–1606) Prinz von Hohenzollern-Sigmaringen 1623–1638

24 weitere Nachkommen

Friedrich Wilhelm Konstantin, Prinz von Hohenzollern-Hechingen (1801–1869), der seine souveränen Rechte 1849 zurücklegte

Die Sigmaringer Linie des Hauses Hohenzollern setzt sich fort bis zu

Karl Anton (1811–1885), der 1849 auf seine souveränen Rechte verzichtete und 1869 Prinz von Hohenzollern wurde

Prinz Leopold von Hohenzollern (1835–1905)
∞ Antonia von Portugal

Stephanie (1837–1859)
∞ Peter von Portugal

Karl (1839–1914), von 1866–1881 Prinz von Rumänien, von 1881 bis 1914 als Carol I. König von Rumänien

Prinz Wilhelm von Hohenzollern (1864–1927)
∞ Maria Theresia von Bourbon-Sizilien

Auguste Viktoria (1890–)
∞ (1) Manuel von Portugal
∞ (2) Robert Douglas

König Ferdinand von Rumänien (1865–1927), regierte 1914–1927

König Carol II. von Rumänien (1893–1953), regierte von 1930–1940
∞ (1) Helene von Griechenland
∞ (2) Magda Lupescu

König Michael von Rumänien (geb. 1921), regierte 1927–1930 und 1940–1947

zwei jüngere Söhne

drei Töchter
(1) Elisabeth (1894–
∞ Georg II. von Griechenland
(2) Maria (1900–)
∞ Alexander von Jugoslawien
(3) Ileana (1909–)
∞ Anton von Toscana

Register

E

F

G

L

Q

R

S

T

U

V

Leseprobe

11293

Die berühmte Bismarck-Biographie von Emil Ludwig

»Hier wird Bismarck dargestellt als ein Charakter, erfüllt von Stolz, Mut und Haß, den Grundelementen, aus denen seine Taten folgen...« So charakterisiert Emil Ludwig selbst sein groß angelegtes Bismarck-Porträt. 1926 zuerst erschienen, war es ein Riesenerfolg und wurde in 16 Sprachen übersetzt.

Emil Ludwigs Kunst bestand darin, seine Helden bis auf den Grund zu durchleuchten. Als erster wandte er die Erkenntnisse der jungen Psychoanalyse auf Gestalten von welthistorischem Rang an. Zu Recht prägte man für seine glanzvollen Biographien den Begriff ›Psychographie‹.

Ein Meisterwerk der biographischen Literatur.

I

„Graf Bismarck-Schönhausen würde es dankbar erkennen, wenn der Abgeordnete .... ihn vom 24. April ab abends 9 Uhr jeden Sonnabend während der Dauer der Reichstags-Session besuchen wollte."

Diese Einladung, nach Eröffnung des Norddeutschen Reichstages zum erstenmal versandt, erregte Unruhe, Begeisterung und Widerspruch unter den Volksboten, dergleichen war in Deutschland neu, Simson erklärte: natürlich Frack, zur Wahrung der Würde. Bismarck wollte weder Frack noch Würde, sondern eine wöchentliche Börse für Politiker, auf der man „in zehn Minuten in einer Salonecke erledigen kann, was sonst eine Anfrage im Reichstage nötig machte".

Schon lange nahm er keine Einladungen mehr an, ging kaum noch zu Hofe, trug sich übrigens lieber in langem Rock mit undefinierbarem Halstuch oder in einem Potpourri von Uniformstücken, das Moltkes Lächeln erregte; so führte ihn der nervöse Wunsch des verwöhnten, alternden Mannes, der Stolz des Autokraten, lieber Wirt als Gast zu sein und niemals danken zu müssen, zugleich geschäftliche Schlauheit und Berechnung persönlicher Suggestion zu dem Entschluß, seinen Hauptfeind alle Wochen unter das eigene Dach zu laden.

Denn wenn Bismarck schon im Jahrzehnte der Kriege Virchow und Duncker feindlicher empfand als Napoleon oder Franz Joseph, so trat nun mit Anbruch der zwei Jahrzehnte des Friedens der Reichstag in Front zu ihm. Schon daß er allein gegen ein paar Hundert stand, belebte Bismarcks Kampflust, denn daß er seinen Gegnern erst einfach ihr Haus verschlossen hatte und den Schlüssel eingesteckt, hat ihn keineswegs befriedigt; er brauchte vielmehr Widerspruch, er mußte schimpfen und seufzen können, um sich wohl zu befinden; er hätte bei absoluter Regierung selber dergleichen erfunden und geschaffen, um sich daran zu reiben. Wenn man in den nächsten zwanzig Jahren Bismarck stets unzufrieden, immer stöhnend finden wird, so erhöht doch dies Bewußtsein steter Friktionen das Lebensgefühl des Kämpfers; ohne diese immer neuen Schlachten im Innern hätte er Zusammenstöße nach außen weniger entschlossen verhindert.

Und doch liegt in dieser nie ermüdenden Tapferkeit zugleich der tiefere Grund seiner Mißgriffe mit beschlossen. Weil Bismarcks Menschenfeindschaft mit steigendem Alter zur grimmigen Menschenverachtung stieg, weil er nie einen Gegner in seiner Stellung, noch weniger in seinen Talenten anerkannte, weil er immer weniger zu verhandeln, immer mehr zu befehlen gestimmt war, verdunkelte sich sein Blick vor dem Wandel des Zeitgeistes, vor den logischen Gedanken und Wünschen anderer Menschen und Klassen. Nach außen hatte er nie einen Gegner unterschätzt, nie eine Aktion anders als mit überlegnen Kräften, Kanonen oder Koalitionen gewagt; nach innen fängt er nun an, es zu wagen. Weil seine gesetzlose Epoche erfolgreich war, steigern ihn seine Erfolge in solche Nichtachtung alter und neuer Gegner hinein, die ihn am Ende stürzen werden. Daß Bismarck Macht vor Recht gehen ließ, hat ihm Europa nachsehen müssen, weil Roons Kanonen, Moltkes Zündnadelgewehre und der Drill gehorsamer Preußen den Erdteil dazu zwangen; daß er aber Macht vor Geist setzte, dafür hat sich sein eignes Volk am Ende gerächt.

So hat er selber, seinen Charakter auf sein Land projizierend, aus dem Reichstag statt eines Werkzeuges den Todfeind gemacht, – Saturn, wie er die eignen Kinder frißt, so zeichnete ihn eine Karikatur, – so hat er sich alle Parteien nacheinander entfremdet, Bündnisse mit derselben Realistik je nach Lage im Inneren geschlossen und gebrochen, wie es ihm zuweilen nach außen nötig schien; so hat er allmählich alle Klassen des Volkes mißtrauisch gemacht, indem er im Wahlkampf alle fünf Jahre sich gegen einen andren Teil wandte, und während sein Genie als Europäer den Erdteil in Erstaunen, zuletzt in eine Art von Ehrfurcht zwang, erbitterte die Autokratie seiner innern Politik das Volk, das seine Künste in der äußern nicht zu erkennen vermochte. Hier konnte er allein beim Schach der Großmächte sitzen, verschwiegen, nur noch dem alten Könige verantwortlich, den er hinter sich herschleifte; dort, im Innern aber mußte jede Maßregel erst beantragt, dann verteidigt werden, wobei er dem Reichstag aus bloßem Haß gegen den oder jenen Führer ebenso viel verweigert, wie der Reichstag ihm aus dem gleichen Gefühl. Man ist Diktator oder Parlamentarier; nicht beides.

In den weiten, wenig geschmackvollen Räumen des Reichskanzlerhauses drängen sich am Sonnabend die Vertreter des Volkes, auch ein Teil der Opposition, angezogen vom großen Gegner wie vom ungewohnt reichen Büfett, das der Hausherr als politisches Quietiv mit Vorbedacht einführt. Jeden Gast begrüßt er überaus höflich, zuweilen mit bewußter Feierlichkeit; er erkennt jeden, ohne sich immer seines Namens zu erinnern, und vergleicht deshalb sein Auge mit der Wirkung des modernen Gewehres, sein Gedächtnis aber mit einer langsam feuernden Flinte. Nach dem Entree wird alles formlos, niemand bietet an, jeder geht an das Münchner Faß, um den Zapfen selber zu drehen, selten stören Damen die Ungeniertheit dieses klubähnlichen Abends; gegen Mitternacht pflegt der Gastgeber vor einem großen Kreise allein zu sprechen, Vergangenes erzählend, Geplantes skizzierend, immer wie ein Star unter Kollegen, die es auch so weit bringen möchten.

Da sitzt er, halb liegend, auf seiner großen Chaiselongue, die lange Pfeife in der Rechten, in einer Wolke von Zeitungen, die ihn nie verläßt, dem Chor gegenüber ein Solist, dessen forschende Blicke zwischen einigen Dutzend Augenpaaren hin und wieder gehen und die Hauptfeinde immer im Auge behalten. Da er indessen auch im Waffenrock keine Waffen trägt, so ist es für alle Fälle gut, ein paar Wächter neben sich zu haben: so, als Verteidiger ihres Herrn, immer wach, immer kampfbereit erscheinen die beiden Reichshunde, große schwarzgraue Doggen, vor, neben oder unter ihrem Herrn gelagert und an parlamentarischen Abenden, gegenüber hundert Gesichtern ohne Wohlwollen, sich entschieden im Dienste fühlend. „Er aß und trank reichlich dazu, schreibt ein Freund des Hauses, und sah, wenn er sich eine Pfeife bringen ließ, wie ein Patriarch unter seinen Jüngern aus."

Die hier im Kreise sitzen und stehen, tragen sehr verschiedene Köpfe, die sehr verschiedene Schicksale geschaffen haben.

Dieser dort, schlank und gerafft, ein rötliches Gesicht, von dunklem Vollbart eingerahmt, die hohe Stirn fast kahl, könnte mit seinen klugen Augen, dem freundlich ernsten Ausdruck für einen Humanisten gelten, aber gewisse Bewegungen, auch eine breite Narbe im Gesicht lassen doch auf einen adligen Offizier schließen, und in der Tat ist er beides: es ist Rudolf von Bennigsen, einer der besten Menschen und Köpfe dieser Zeit. Verschlossen und männlich, nobel und treu wie Roon, natürlich in bescheidenem Selbstgefühl, scheint er zur Leitung eines Ganzen gemacht, bringt aber, da er im entscheidenden Momente den Sprung ins Kabinett nicht wagt, sein Leben an der Spitze einer Partei zu, die er durch seltene, meist feierliche Reden, großen Fleiß in Kommissionen, ständigen Umgang mit allen Kollegen als der geborne Mittelsmann fördert: die Mittelpartei der Nationalliberalen, und in dieser wieder die ruhende Mitte zwischen beiden Flügeln.

Bismarck findet ihn zu weich, auch ist ihm seine Ästhetik, sein Mangel an Leidenschaft unheimlich, und wenn er ihn für einen deutschen Idealisten hält, der am Ende doch besser denkt als handelt, so hat er recht; mit Siebzig wird sich Bennigsen noch einmal auf die Göttinger Studentenbank setzen und lernen. Aber vor diesem niedersächsischen Generalssohn, dessen Ahnen so alt sind wie die Bismarcks, hat er doch eine Art von Respekt; auch daß er Hannover, seine Heimat, für Deutschland aufgibt, ohne Preußen zu lieben, versteht der Mann, der Hannover zu Preußen schlug; zuweilen nennt Bismarck ihn sogar „Verehrter Freund“. Daß er aber eine Partei führt, die ihn nicht unbedingt bekämpft, als sie ihm nicht mehr folgen will, das wird Bismarcks Natur nie begreifen: da nennt er ihn einen dummen Kerl.

Derber und kühler erscheint der Mann neben ihm, mehr Wille spricht schon aus der langen festen Gestalt, und das struppige Haar, das eben grau wird, scheint wie ein trotziger Akzent auf die Erscheinung gesetzt. Denn kämpferisch wie Bismarck, hochgemut und abweisend, nur jünger ist Wilhelm von Kardorff, und wenn er keine Brille trägt, raffen und fassen diese graublauen Augen wie jene. Aber mitten in den gebräunten männlichen Zügen steckt etwas Bläulichweißes und zieht den erschrockenen Blick des Fremden auf sich: es ist eine künstliche Nase, und sie erinnert an einen Sauhieb seiner Kavaliersjugend.

Der Wunsch nach Unabhängigkeit hat ihn vor Bismarcks Fängen bewahrt, den er durch Temperament und Klugheit anzog. Nur so konnte er die Freundschaft erhalten, die er im Amt verloren hätte, und wird dem Hause noch treu bleiben, wenn die andern Junker sich der neuen Sonne zuwenden werden. Beweglicher als seine Klasse saß Kardorff zwischen den rechten Parteien und wagte manchen Ausflug in freiere Luft, blieb aber wirtschaftlich in ostelbischen Vorstellungen verhaftet und hat auf Bismarcks Wendung zum Schutzzoll eingewirkt.

Der Orientale, der neben diesen deutschen Adligen steht, hager, dunkel, mit etwas spitzen Zügen: Eduard Lasker hatte, als der gleichaltrige Bennigsen auf den ererbten Gütern reiten und fechten lernte, als Knabe in einer Posenschen Kleinstadt den Talmud studiert und Schillers „Teilung der Erde" in hebräische Verse übertragen; kein Wunder, daß er der schärfere Jurist, der spitzere Geist, Führer des radikalen Flügels, bald Bennigsens heimlicher Rivale wurde. Als Kritiker, Debatter und Redner ihm überlegen, Idealist des Rechtstaates, während jener der des Nationalstaates heißt, sozialer, aber nicht minder vaterländisch, gleicht er neben jenem Führer einem Generalstabschef, ist sachlich und bedürfnislos, aber auch herrschsüchtig und schon deshalb Bismarck antipathisch, der wohlbeleibte Männer um sich wünscht.